Julia Schumacher
Realimus als Programm: Egon Monk
Modell einer Werkbiografie

Schriften zum Film

Herausgegeben von Heinz-B. Heller und Knut Hickethier
Band 18

BEREITS ERSCHIENEN

Bd. 10 Burkhard Röwekamp: «Vom *film noir* zur *méthode noire*.
Die Evolution filmischer Schwarzmalerei»

Bd. 11 Lars Damann: «Kino im Aufbruch. New Hollywood 1967–1976»

Bd. 12 Heinz-B. Heller, Matthias Steinle, Burkhard Röwekamp:
«All Quiet on the Genre Front? Zur Praxis und Theorie des Kriegsfilms»

Bd. 13 Anja Horbrügger: «Aufbruch zur Kontinuität – Kontinuität im Aufbruch.
Geschlechterkonstruktionen im west- und ostdeutschen Nachkriegsfilm von 1945 bis 1952»

Bd. 14 Florian Mundhenke: «Zufall und Schicksal – Möglichkeit und Wirklichkeit.
Erscheinungsweisen des Zufälligen im zeitgenössischen Film»

Bd. 15 Charlotte Lorber: «Die Filme von Nanni Moretti.
Erfahrung und Inszenierung von Räumlichkeit und Zeitlichkeit»

Bd. 16 Sonja Czekaj: «Deutsche Geschichtsbilder – Filme reflektieren Geschichte.
Modellierungen historischer (Dis-)Kontinuität in selbstreflexiven Non-Fiction Filmen»

Bd. 17 Julia Schumacher / Andreas Stuhlmann (Hg.): «Die Hamburgische Dramaturgie
der Medien. Egon Monk (1927–2007) – Autor, Regisseur, Produzent»

Bd. 18 Julia Schmacher: «Realismus als Programm: Egon Monk –
Modell einer Werbiografie»

Bd. 19 Philipp Blum: «Experimente zwischen Dokumentar- und Spielfilm»

Bd. 20 Carlo Maxim Thielmann: «Tier und Film – Theorie und Fallstudien zur filmischen
Modellierung anthropologischer Differenz»

Julia Schumacher

Realismus als Programm

Egon Monk
Modell einer Werkbiografie

Bibliografische Information der Deutschen Nationalbibliothek
Die Deutsche Nationalbibliothek verzeichnet diese Publikation in der
Deutschen Nationalbibliografie; detaillierte bibliografische Daten sind im Internet über
http://dnb.d-nb.de abrufbar.

Schüren Verlag GmbH
Universitätsstr. 55 · D-35037 Marburg
www.schueren-verlag.de
© Schüren Verlag 2018
Alle Rechte vorbehalten
Gestaltung: Erik Schüßler
Umschlag vorne: Porträt Egon Monk (ca. 1965, Ulla Monk); Umschlag hinten oben:
Screenshot aus DIE GEWEHRE DER FRAU CARRAR (DFF 1953), Umschlag hinten unten:
Screenshot aus WILHELMSBURGER FREITAG (NDR 1965)
Druck: Booksfactory, Stettin
Printed in Poland
ISBN 978-3-89472-979-0

Inhalt

Dank		7
1	**Auftakt**	11
2	**Werkbetrachtung und Re/konstruktion**	
	Theorie und Methode	27
3	**Material der Werkbiografie**	39
4	**1960–1968: Der Abteilungsleiter als *Auteur***	
	Programm und Programmatik des NDR-Fernsehspiels	49
5	**Das epische Theater und die audiovisuelle Form**	67
6	**1953–1958: Ausgangs-Formen**	
	DIE GEWEHRE DER FRAU CARRAR, DAS GELD LIEGT AUF DER STRASSE und DIE BRÜDER	79
7	**1961–1963: Modell-Arbeiten**	
	LEBEN DES GALILEI und WASSA SCHELESNOWA	99
8	**1962–1963: Vexierbilder deutscher Geschichte und Gegenwart**	
	ANFRAGE, SCHLACHTVIEH und MAUERN	113
9	**Der neue Realismus und der Film**	139
10	**1964–1966: Augenblicke des Alltags**	
	WILHELMSBURGER FREITAG, EIN TAG – BERICHT AUS EINEM DEUTSCHEN KONZENTRATIONSLAGER 1939, BERLIN N 65 und PREIS DER FREIHEIT	151
11	**1968–1970: Zwischen-Spiele**	
	Am Deutschen Schauspielhaus in Hamburg, GOLDENE STÄDTE und INDUSTRIELANDSCHAFT MIT EINZELHÄNDLERN im Fernsehen	179
12	**1973–1978: Re(tro)-Visonen**	
	BAUERN, BONZEN UND BOMBEN, DIE GEWEHRE DER FRAU CARRAR und «Hilferding»	207
13	**1983–1988: Gegenbilder deutscher Geschichte**	
	DIE GESCHWISTER OPPERMANN und DIE BERTINIS	235
14	**1981–2005: Gedanken-Spiele**	
	«Die Erennung» und «Café Leon»	271
15	**Schlussbild**	293
Anhang		
Werkverzeichnis Egon Monk		305
Quellen- und Literaturverzeichnis		311
AV-Medienverzeichnis		337
Abbildungsnachweis		343

Dank

Die erste Idee für diese Studie verdanke ich Knut Hickethier, da er mir im Frühjahr 2010 Ulla Monk vorstellte, die mir anschließend mehrmals den Zugang zu ihrer Privatwohnung gewährte, wo sich bis Juni 2012 der Nachlass des 2007 verstorbenen Egon Monk befand. Leider verstarb Ulla Monk wenige Monate bevor ich die Arbeit 2015 fertigstellte. Sie wird mir als eine charmante und redegewandte Frau in Erinnerung bleiben, die sich bei Kaffee oder Tee gern mit mir zusammensetze, um von ihrem Mann und der Zeit am Berliner Ensemble zu berichten; ihre liebste Anekdote war, wie sie als Schauspielschülerin aus dem Zuschauerraum die Probenarbeit beobachtete, und sich Bertolt Brecht ihr mit einer Geste, als würde er vor ihr die Mütze ziehen, namentlich vorstellte. Ich hätte gern mit ihr den Abschluss meines Projekts gefeiert, frage mich allerdings auch, ob ihr das vorliegende Buch gefallen hätte, da es wahrscheinlich nicht so geworden ist, wie sie es sich vorgestellt hatte.

Die Arbeit wurde unter dem Titel *Realistisches Erzählen in der Fernseharbeit Egon Monks* im Mai 2015 an der Universität Hamburg als Dissertation angenommen, im Juli 2015 erfolgte die Disputation. Für die Veröffentlichung habe ich neuere Literatur ergänzt. Knut Hickethier und Heinz B. Heller danke ich dafür, dass diese in der Reihe *Aufblende – Schriften zum Film* erfolgen kann; der Verlegerin Annette Schüren gilt mein herzlicher Dank für die vertrauensvolle und konstruktive Zusammenarbeit.

Die Erarbeitung der Dissertation zuvor war langwierig, das Schreiben mitunter mühsam und frustrierend, aber auch von vielen erfreulichen Erlebnissen geprägt. Der Abschluss erforderte vor allem Durchhaltevermögen. Für ihre Unterstützung während dieser Zeit habe ich vielen Menschen zu danken. Knut Hickethier und Andreas Stuhlmann waren mir die besten Doktorväter. Sie standen mir mit Rat und Kritik zur Seite, hinderten mich am Aufgeben, als es nötig war, und haben geduldig die Volten in der Konzeption dieser Arbeit akzeptiert und mich in entscheidenden Augenblicken motiviert, den jeweils mutigeren Weg einzuschlagen. Ihnen verdanke ich nicht nur, dass ich das vorliegende Buch geschrieben habe, sondern dass ich erkennen konnte, wie ich es schreiben wollte. Joan Kristin Bleicher, Kathrin Fahlenbrach und Uwe Hasebrink danke ich für ihre Teilnahme an der Kommission und die klugen Anmerkungen und Fragen zu meiner Arbeit, die noch lange in meinem Kopf nachhallten.

Zu Dank verpflichtet bin ich auch den Mitarbeiter*innen der Akademie der Künste Berlin, des Staatsarchiv Hamburg sowie des NDR-Unternehmensarchivs und des NDR-Fernseharchivs, die meine Recherchen unterstützen. Besonders danke ich Margit Thies und Joachim Brandt, die umstandslos die Sichtung diverser NDR-Fernsehspiele ermöglichten, während Andreas Gumz und Christoph Rohde mir wiederholt schnell zu Hilfe kamen, um offene Fragen zu klären. Ohne die Arbeit und Hilfestellung von Nicky Rittmeyer, dem Bearbeiter des Egon-Monk-Archivs in der Akademie der Künste Berlin, hätte ich mich zwischen Monks Skizzen, Notizen und Projektentwürfen leicht verzetteln können. Ihm gilt daher mein besonderer Dank – auch für die inspirierenden Gespräche in den ‹Arbeitspausen›.

Dank

Bertolt Monk und Sebastian Monk danke ich für die Erlaubnis, in dieser Arbeit aus unpublizierten Texten von Egon Monk zitieren zu dürfen.

Die Förderung durch ein Stipendium der Graduate School Media & Communication an der Universität Hamburg sowie der Zeit-Stiftung Ebelin und Gerd Bucerius erlaubte mir, mich zeitweise ganz auf die Recherchen und die Arbeit an meinem Schreibtisch zu konzentrieren. Die Gratudiertenschule, und insbesondere ihre Sprecher Michel Clement und Uwe Hasebrink, unterstützten auch die Arbeitstagung «Die Hamburgische Dramaturgie der Medien», die ich zusammen mit Knut Hickethier und Andreas Stuhlmann im Juni 2012 an der Universität Hamburg ausrichten konnte. Hans-Ulrich Wagner hat uns dafür viele wertvolle Impulse gegeben. Die Ergebnisse dieses Workshops, der Monks Tätigkeiten jenseits des Fernsehbetriebs beleuchtete, sind seit dem Frühjahr 2017 publiziert. Meinen Blick auf Monks Werkbiografie konnten sie jedoch lange davor weiten. Ich unterstreiche daher an dieser Stelle gern meinen herzlichen Dank an alle Teilnehmer*innen des Workshops für ihre inspirierenden Beiträge.

Die Kollegiat*innen der Graduate School Media & Communication und die Kolleg*innen am Institut für Medien und Kommunikation haben mir ein wunderbares Arbeitsumfeld geschenkt. Ich danke Ramona Bäuml, Juliane Finger, Irina Haffke, Skadi Loist, Katja Schumann, Sebastian Armbrust, Sebastian Bartosch, Benjamin Fellmann, Sascha Hölig und Christoph Klimmer; Marie Helene Harder und Nicola Valeska Weber haben zudem noch kurzfristig Textteile kritisch geprüft und Lea Wohl von Haselberg und Raphael Rauch geholfen, alles zum glücklichen Anschluss zu bringen. Ihnen verdanke ich, dass ich diese Phase in schöner Erinnerung behalten werde. Yvonne Genth, Carolin van der Leeden, Karin Verbeek und Benjamin Alex, die ich seit vielen Jahren zu meinen Freund*innen zählen darf, haben mir im Alltag den nötigen Rückhalt gegeben. Ohne ihre Unterstützung und die meiner Familie hätte ich dieses Projekt mit Sicherheit nicht abgeschlossen. Ich danke meinen Eltern Astrid und Bernt, meiner Schwester Anna Kristina und ihrem Mann Matthias, meiner Nichte Antonia und meinem Neffen Marlon. Sie alle haben auf ihre Weise zum Gelingen dieses Buches beigetragen. Ein besonderer Dank gebührt dennoch meiner «Titti», der besten Schwester aller Zeiten.

Hamburg, im Januar 2018
Julia Schumacher

Das ist es, was ich unter Realismus verstehe: Die in der Wirklichkeit verdeckten oder versteckten Zusammenhänge, das, was Brecht die kausale Realität nannte, im Film erkennbar und begreiflich zu machen. Pures Abbilden genügt nicht mehr, hat nie genügt, schon zu Zeiten des Naturalismus nicht und heute erst recht nicht. Seit Brecht ist es von Jahrzehnt zu Jahrzehnt immer schwieriger geworden, zur Wirklichkeit überhaupt erst einmal durchzustoßen […].

In Andersens Märchen von der Schneekönigin fliegt einem kleinen Jungen ein Splitter aus dem zerbrochenen Spiegel des Teufels ins Auge, und dieser Splitter bewirkt, daß der Junge die Welt nur noch verzerrt sehen kann. So geht es uns, die vor lauter Meinungen über die Wirklichkeit die Wirklichkeit selbst kaum noch erkennen können.

(Egon Monk, 2007)

1 Auftakt

1.

«Fragen Sie mal nach, wer Egon Monk oder Eberhard Fechner noch kennt. [...] Deren Programme haben politisch mindestens so viel bewegt wie Nachrichtenmagazine oder Reportagen», empörte sich der ehemalige Intendant des ZDF, Dieter Stolte, in einem *epd*-Interview mit Lutz Hachmeister darüber, «dass solche Namen», die er um Dieter Meichsner und Heinz Ungureit ergänzte, «aus dem Bewusstsein junger Leute verschwunden» seien, «die heute Programm gestalten» (Hachmeister 2014). Auch wenn er dabei bestimmte Personennamen hervorhebt, ist es kaum allein die mangelnde Würdigung der Genannten, die er beklagen will, und es sind auch nicht einzelne Sendungen, die er zu wenig erinnert sieht. Was dem einstigen ZDF-Funktionär durch das Vergessen einer jüngeren Generation von Fernsehschaffenden bedroht scheint, ist offenbar eine Tradition der Programmgestaltung des Fernsehens in der Bundesrepublik. Die Funktionalisierung des Namen ‹Egon Monk› für solche Zwecke ist nicht selten. So erinnerte beispielsweise das *Hamburger Abendblatt*, als der NDR am 1. April 2016 sein 60-jähriges Bestehen feierte, an «eine Pionierzeit voller spezieller Charaktere mit revolutionären Vorstellungen und unbändiger Freude an der neuen Rundfunkfreiheit» (Nyáry 2016). An oberer Stelle unter den Gemeinten: Monk, als Produzent «der ersten sozialkritischen Fernsehfilme», die im weiteren Verlauf der Eloge mit Jürgen Rolands «unübertroffene[m] ‹Tatort›-Vorläufer» STAHLNETZ und Rüdiger Proskes «Politmagazin» PANORAMA in eine beachtenswerte Reihe gestellt werden (ebd.). Aber auch in Ankündigungen und Kritiken von Fernsehfilmen jüngeren Datums findet sich häufiger noch der Verweis auf Monk. In diesen Fällen steht der Name beispielhaft für eine «lange und reiche Tradition» (Wick 2015) der Thematisierung des Nationalsozialismus im Fernsehfilm, der zeitgenössische Produktionen entweder folgten – wie es beispielsweise Klaudia Wick dem Dreiteiler TANNBACH (ZDF 2015, R.: Alexander Dierbach) attestiert (ebd.) –, oder deren Spuren sie verlassen hätten, wie Thorsten Körner (2014) über UNSERE MÜTTER, UNSERE VÄTER (ZDF 2013, R.: Philipp Kadelbach) befindet. Der Name ‹Monk› ist dem populären Mediengedächtnis also durchaus, aber als Chiffre erhalten geblieben.

Die medienwissenschaftliche Forschung bietet indessen wenig Anlass in Stoltes Klage einzustimmen. Wie der frühere ZDF-Intendant weist sie Monk eine zentrale Rolle für die Fernsehgeschichte der Bundesrepublik zu. So betonte Knut Hickethier auch wiederholt das Innovationspotenzial seiner Fernseharbeit: «Für die Entwicklung des deutschen Fernsehspiels hat kaum einer soviel getan wie Egon Monk, als Produzent und Hauptabteilungsleiter einer der größten Fernsehspielabteilungen in Deutschland, als Regisseur und als Autor» (1995a: 19). Keine Neuentdeckung, wohl aber eine umfassende Neuperspektivierung der Fernseharbeit Monks ist deswegen auch das Ziel der vorliegenden Studie. Sie knüpft daran an, dass Monk eine etablierte Figur der Fernsehgeschichte und damit auch das Resultat sich fortschreibender narrativer Muster ist, während sein Name dabei zugleich

1 Auftakt

für eine ästhetische Tradition steht, die selbst in akademischen Publikationen nur vage bestimmt ist. Obgleich damit Fragen der Ästhetik im Zentrum meines Forschungsinteresses stehen, möchte ich mit dieser Arbeit zugleich ein Modell für das werkbiografische Schreiben vorstellen, das die Auseinandersetzung mit dem Schaffen eines ‹Autors› als Scharnier auffasst, um medienhistorische und -theoretische Fragestellungen zu verbinden. Die Stationen der Werkbiografie Monks setzen somit die Ausgangspunkte für eine Veranschaulichung der (west)deutschen Fernseh- und Kulturgeschichte von den frühen 1950er-Jahren bis zum Ende der 1980er-Jahre, um die Entwicklung und Ausdifferenzierung von Formen des Erzählens im Fernsehen zu beleuchten, die teilweise bis heute die ästhetische Konventionen und Diskurse dieses Mediums bestimmen – während andere aufgegeben wurden. Dabei folge ich zunächst den Spuren, die durch die bisherige Forschung ausgelegt wurden.

2.

Wenn Hickethier, wie oben zitiert, die Verdienste Egon Monks sowohl im administrativen als auch im ästhetischen Bereich der Fernsehproduktion verortet, spiegelt diese Reihenfolge zugleich eine Hierarchie in der bisherigen Auseinandersetzung mit dessen Schaffen wider. Im Rahmen der Programm- und Institutionengeschichtsschreibung konzentrierte sich die Fernsehforschung vornehmlich auf Monks Leistungen als Begründer und Leiter der Hauptabteilung Fernsehspiel des NDR. Die einschlägigen Überblicksdarstellungen zur Fernsehgeschichte gewähren der Programmkonzeption, die er in den Jahren 1960–1968 in dieser Sparte realisierte, zumindest eine besondere Erwähnung und heben als Alleinstellungsmerkmal ihren gegenwartsorientierten, «zeitkritischen» Schwerpunkt hervor (vgl. Deiters 1973: 393, Schneider 1980: 12 f., Hickethier 1980: 264 ff.; 1994: 312 ff.; Hickethier/Hoff 1998: 242–250, Prümm 2004: 555 f.). So weisen auch Christian Hißnauer und Bernd Schmidt in ihrer 2013 publizierten Studie über die *Hamburger Schulen* Monk als eine «Schlüsselfigur» der westdeutschen Fernsehgeschichte aus. Sie akzentuieren darin seine Personalpolitik beim NDR, die – durch die Förderung von Regisseuren wie Eberhard Fechner und Klaus Wildenhahn – eine regional spezifische Ausdifferenzierung «hybrider Formen» im Grenzbereich zwischen Fernsehspiel und Dokumentation ermöglicht habe, denen ihr eigentliches Forschungsinteresse gilt (vgl. Hißnauer/Schmidt 2013: 101 ff., Hißnauer 2008). Die einzige bisher vorliegende Monografie zu Monks Fernseharbeit ist Sylvia Büttners Anfang 2015 online publizierte Dissertation, die eine Verbindung zwischen Monks Tätigkeit als Produzent und Hauptabteilungsleiter und seinen Regiearbeiten aus den Jahren 1960–1968 herzustellen versucht (vgl. Büttner 2015, bes. 112). Sowohl in Hinblick auf diese These als auch in der Wahl des Untersuchungszeitraums schließt Büttner damit an die Forschungsarbeit Hickethiers an, die sie um neue Interviews mit dem Regisseur aus den Jahren 2001 und 2004 ergänzt.

In der Auseinandersetzung mit der Regiearbeit Monks sind es ebenfalls die 1960er-Jahre und insbesondere die zwischen 1962 und 1965 realisierten Produktionen, auf die sich die Fernseh- bzw. Literaturwissenschaft bislang konzentrierte. Während Hickethier (1995a) einen Überblick der Regiearbeit aus diesem Zeitraum liefert, finden sich weitere Einzelbeiträge zu den Fernsehspielen ANFRAGE von 1962 (Struck 2003) und BERLIN N 65 (Prümm 1987), der von Monk verantworteten Episode der Gemeinschaftsproduktion AUGENBLICK DES FRIEDENS (NDR 1965). Joachim Lang widmete zudem Monks Fernsehspieladaption von Bertolt Brechts LEBEN DES GALILEI (NDR 1961/62) ein Kapitel seiner Monografie über *Episches Theater als Film* (2006: 270–310). Den Schwerpunkt der wissenschaftlichen Auseinandersetzung bildet indessen eindeutig das Fernsehspiel EIN TAG – BERICHT AUS EINEM DEUTSCHEN KONZENTRATIONSLAGER 1939 (NDR 1965), dem Karl Prümm (1995a; 2007; 2017), Thomas Koebner (1995) und Sebastian Pfau (2003) ausführliche Analysen widmeten. Zudem setzte sich Martina Thiele im Kontext ihrer Studie über *Publizistische Kontroversen über den Holocaust im Film* eingehend mit den Reaktionen der Kritiker*innen[1] auf diese Produktion auseinander (2001: 265–296). Darüber hinaus findet EIN TAG – als erste westdeutsche Produktion, die in einer fiktionalen Form ein Konzentrationslager zur Darstellung brachte – im Kontext der Forschung zur audiovisuellen Darstellung der Shoah vielfach Erwähnung (vgl. Classen 1999: 35, Schulz 2007: 210, Ebbrecht 2007: 224; 2011: 205 f., Stiglegger 2015: 11 f., 55, Schmidt 2015: 90 ff.).

Vor dem Hintergrund dieses Forschungsstandes lässt sich zunächst festhalten, dass im Hinblick auf eine immerhin 35 Jahre umfassende Arbeit für das Fernsehen nur ein Ausschnitt der Werkbiografie Monks betrachtet wurde.[2] Während seine Regiearbeit aus der ersten Hälfte der 1960er-Jahre relativ gut aufgearbeitet erscheint, bleibt dennoch festzustellen, dass eine Reihe der Fernsehspiele und -filme aus demselben Zeitraum sowie aus früheren und späteren Jahren nahezu unbeachtet blieben. Dazu zählen die Adaptionen von Brechts DIE GEWEHRE DER FRAU CARRAR, die Monk 1953 für das Versuchsprogramm des DDR-Fernsehens sowie erneut 1975 für das ZDF realisierte, und seine ersten westdeutschen Produktionen DAS GELD LIEGT AUF DER STRASSE und DIE BRÜDER von 1958 für den NWRV. Die Schauspieladaptionen WASSA SCHELESNOWA (NDR 1963) nach dem gleichnamigen Drama von Maxim Gorki und GOLDENE STÄDTE (HR 1969) nach Arnold Weskers *Their Very Own and Golden City* konnten bislang ebenso wenig die Aufmerksamkeit der Forschung gewinnen wie das seinerzeit von der Kritik hochgelobte Fernsehspiel PREIS DER FREIHEIT (NDR 1966) nach dem Drehbuch von Dieter Meichsner sowie INDUSTRIELANDSCHAFT MIT EINZELHÄNDLERN (NDR 1970) nach Monks eigenem Drehbuch. Mit Ausnahme von Wolfgang Gasts komparatistischer Analyse von BAUERN, BONZEN UND BOMBEN (NDR 1973) nach dem gleichnamigen Roman von Hans Fallada (Gast 2009) und einer Erwähnung im «Kanon der Literaturverfilmungen» im deutschen Fernsehen (Kind 1996) wurden auch die mehrteiligen Fernsehfilme aus den 1980er-Jahren nicht berücksichtigt. Obgleich der Historiker Wulf Kansteiner DIE GESCHWISTER OPPERMANN (ZDF 1983), eine zweiteilige Adaption von Lion Feuchtwangers gleichnamigem Roman, und den Fünfteiler DIE BERTINIS (ZDF 1988) nach der Vorlage von Ralph Giordano zu den «besten Holocausterzählungen» zählt, «die je produziert wurden» (2003: 270), sind sie bislang keiner differenzierten Analyse unterzogen worden. Dieses Forschungsdesiderat in der Aufarbeitung des Werkzusammenhangs zu erfüllen, ist das erste Anliegen der vorliegenden Studie.

---

1   Wenn Diversität nicht durch ‹*› markiert ist, dann, weil ich diese entweder auf Grund der Quellenlage nicht unterstellen kann oder in Fällen, in denen ich mich tatsächlich allein auf Männer oder Frauen beziehen möchte. In der Kennzeichnung funktionaler Figuren der Theorie übernehme ich, sofern sich diese nicht neutral bezeichnen lassen (z. B. ‹Instanz›), die überlieferte, zumeist männliche Schreibform der Literaturgrundlage (z. B. ‹auteur›) bzw. die ihrer deutschen Übersetzung (z. B. ‹Autor›). Für russische Namen, Film- und Aufsatztitel verwende ich die deutsche Transkription statt der wissenschaftlichen Transliteration (z. B. ‹Eisenstein› statt ‹Ėjzenštejn›). Nachschlagewerke und Werkausgaben werden nach gebräuchlichen Siglen angegeben (z. B. GBA für die *Große Berliner und Frankfurter Ausgabe* der Werke Bertolts Brechts), die im Literaturverzeichnis gelistet sind.

2   Weitere wesentliche Impulse für diese Arbeit verdanke ich zudem den Beiträger*innen der Arbeitstagung *Die «Hamburgische Dramaturgie» der Medien*, die ich mit Knut Hickethier und Andreas Stuhlmann im Juni 2012 an der Universität Hamburg ausgerichtet habe (siehe Dank); für die Beiträge siehe Schumacher/Stuhlmann 2017a.

1 Auftakt

1 Die Gewehre der Frau Carrar (1953)

2 Die Brüder (1958)

3 Leben des Galilei (1961/62)

4 Mauern (1963)

5 Wilhelmsburger Freitag (1964)

6 Preis der Freiheit (1966)

1 Auftakt

7 GOLDENE STÄDTE (1969)

8 INDUSTRIELANDSCHAFT MIT EINZELHÄNDLERN (1970)

9 BAUERN, BONZEN UND BOMBEN (1973)

10 DIE GEWEHRE DER FRAU CARRAR (1975)

11 DIE GESCHWISTER OPPERMANN (1983)

12 DIE BERTINIS (1988)

1 Auftakt

Meine Arbeit betrachtet erstmals das Werk Egon Monks in seiner Gesamtheit und legt zugleich einen neuen Schwerpunkt. Bislang wurden Monks Fernsehspiele und -filme vorwiegend unter thematischen Gesichtspunkten betrachtet, in erster Linie also auf die inhaltlichen Schwerpunkte ihrer Geschichten hin befragt, nicht aber im engeren Sinne ihre formale Ästhetik untersucht. Nach meinem Dafürhalten konnte auf dieser Basis die spezifische Qualität seiner Arbeit als Regisseur und Autor nicht zufriedenstellend herausgearbeitet werden.

Meine Untersuchung ist von dem Ziel geleitet, die ästhetische Differenzqualität aller Regiearbeiten Monks zu bestimmen, die er von 1953 bis 1988 für das Fernsehen realisierte. Um die Entwicklung seines Stils nachzuzeichnen, folge ich der Chronologie seines Lebenslaufs. Die Arbeit nimmt daher die Form einer Werkbiografie an. Es ist jedoch weder die Person Egon Monk und ihre geistige Entwicklung, die im Zuge der Analyse rekonstruiert werden soll, noch ist die Interpretation der Einzelwerke vor dem Hintergrund derselben intendiert. Ich frage nicht nach biografischen Spuren in diesen Texten, sondern nach spezifischen Konfigurationen in ihrem Aufbau und inwiefern diese Strukturen einer wiedererkennbaren Regel im morphologischen Sinne folgen (vgl. Wuss 1998), die den Namen des Regisseurs trägt. Dass im Zuge dieser Auseinandersetzung auch die Vorstellung von einer Person Egon Monk als Emergenz der Analysen entsteht, kann und soll auch nicht verhindert werden. Mein primäres Forschungsinteresse gilt jedoch dem ästhetischen Konzept, das Monks Fernsehspielen und -filmen zugrunde liegt. Worin der Kern dieses Konzepts liegen könnte, wurde in der bisherigen Forschung bereits mehrfach angedeutet – allerdings ohne ihm einen Namen zu geben und die Spuren, die von diesem Ausgangspunkt in den Blick geraten, weiter zu verfolgen. Wiederholt wurde Monks Fernseharbeit das Anliegen der «Aufklärung» zugeschrieben, sein Interesse an dem, «was in der Gesellschaft vorgeht» und die politische Konturierung seiner Arbeit betont (vgl. Hickethier 1995a, Hißnauer/Schmidt 2013: 104). Diese Hinweise, ebenso wie die Kennzeichnung der Ästhetik ausgewählter Fernsehspiele als «inszenierte Dokumente» (Prümm 1995a), leiten meine These an, dass Monk sich in die Tradition des Realismus einschreiben wollte. Somit können, wenn ich mich in dieser Untersuchung auf die Analyse seiner Regiearbeiten für das Fernsehen konzentriere, das Medium und seine Geschichte in der Bundesrepublik zwar den Betrachtungsrahmen der Untersuchungsgegenstände begrenzen, nicht aber die Reichweite der Fragen, die ich an die Ästhetik und in Bezug auf diese stelle. Es geht also um den Realismus.

3.

Der Begriff des Realismus bezeichnete in der Philosophie bis zum Ende des 18. Jahrhunderts zunächst nur erkenntnistheoretische Positionen.[3] Seit sich zu Beginn des 19. Jahrhunderts sein ästhetischer Sinn zu entfalten begann, findet er zudem als Epochenbeschreibung und zur Kennzeichnung von künstlerischen Strömungen und Stilen Anwendung (HWPh: 169–178, ÄG: 160–191, MPL: 495 f.). Aus welchen Gründen aber ein

---

3 Von der Antike bis zur Spätscholastik bezeichnete der Begriff des Realismus die Gegenposition zum Nominalismus (siehe Universalienstreit), in der Neuzeit eine erkenntnistheoretische Opposition zum Idealismus (Immanuel Kant), vgl. hierzu ÄG: 160 f., HWPh: 155. Während sich die Begriffsanwendung in den Literatur-, Kunst- und Medienwissenschaften auf die Beschreibung von ästhetischen Phänomenen beschränkt, bezeichnet der Begriff des Realismus in der Philosophie eine Vielzahl unterschiedlicher Positionen der Ontologie, Erkenntnistheorie und Ethik; für einen Überblick siehe HWPh: 147–169.

Kunstwerk[4] als realistisch einzustufen sei, bildet bis heute einen Gegenstand der Auseinandersetzung für die Theorie wie für die künstlerische Praxis, die sich dem Anliegen widmet, realistisch zu erzählen bzw. darzustellen.[5]

Als «ästhetische Konstante» der realistischen Tradition lässt sich im Anschluss an Martin Swales das «Streben nach Wirklichkeitsnähe» auffassen (1997: 11–15). Allein der Rückblick in die Geschichte der realistischen Literatur offenbart jedoch, dass neben unterschiedlichen Zielen und thematischen Schwerpunkten dem pronuncierten Streben durch z. T. sehr unterschiedliche ästhetische Mittel Ausdruck verliehen wurde (vgl. Bachleiter/Syrovy 2011: 251). Deren Gemeinsamkeit besteht indessen darin, dass sie sich innerhalb eines historisch spezifischen Zeitraums in recht markanter Weise von anderen Ausdrucksformen unterscheiden; ein realistischer Ausdruck stellt somit zunächst eine historisch variable Differenz zu einem nicht-realistischen Ausdruck dar (vgl. Swales 1997: 18). Auf dieser Grundlage lassen sich realistische Ausdrucksformen mithilfe einer Cluster-Definition zusammenfassen. Dieses Verfahren, das in der Medienwissenschaft u. a. für die Genreanalyse produktiv angewandt wurde (vgl. Kuhn et. al. 2013), beruht auf Ludwig Wittgensteins Idee von der «Familienähnlichkeit» (vgl. PU § 67–68). Das bedeutet, dass sich künstlerische Ausdrücke nicht auf Grund von hinreichenden oder notwendigen Bedingungen der Tradition des Realismus zuordnen lassen, sondern vielmehr, weil ihre Texteigenschaften Ähnlichkeiten mit jenen aufweisen, die wir *auch* realistisch nennen. Daraus folgt ebenso, dass manche Ausdrücke des Realismus in ihren Eigenschaften – die etwa in formal-ästhetischen Verfahren der Gestaltung, im Textaufbau oder in bevorzugten Sujets liegen können – Berührungspunkte aufweisen, über die andere wiederum gar nicht verfügen.

Die europäisch und angloamerikanisch ausgerichtete Mediengeschichte gewährte auch sehr verschiedenartigen Ausdrucksformen das Attribut ‹realistisch›. Spezifische Ausprägungen der Malerei und der Literatur des 19. Jahrhunderts oder der Dramatik in der ersten Hälfte des 20. Jahrhunderts könnten hier exemplarisch ebenso angeführt werden wie sehr unterschiedliche, als realistisch geltende Filmstile – etwa das Kino der sowjetischen Avantgarde, der französische Poetische Realismus, der italienische Neorealismus, der *social realism* der British New Wave oder das dänische Dogme 95. «Jede Epoche sucht ihren Realismus», stellte bereits der französische Filmtheoretiker André Bazin fest. «Das heißt jene Techniken und Ästhetik, die am besten einfangen, aufnehmen und wiedergeben können, was man von der Realität einfangen will» (1981: 46 f.). Vor dem Hintergrund dieser Aussage stellt sich der Realismus als epochenübergreifendes Projekt dar, das von einer immer wieder neu aufgenommenen Suche bestimmt ist, dem Streben nach Wirklichkeitsnähe einen adäquaten Ausdruck zu verleihen. In Anbetracht dieser wiederkehrenden und «variierenden Bestrebungen, Realismus zu erzielen», konstatiert auch Swales im Hinblick auf die Literatur, sei es selbstverständlich, dass wir «strenggenommen von Realis*men* reden sollten» (1997: 13, Herv. i. O.).

---

4   Ich verwende den Begriff der Kunst in diesem Zusammenhang als allgemeinen Sammelbegriff für alle künstlich erschaffenen Formen, die dem Zwecke der ästhetischen Erfahrung dienen bzw. diese ermöglichen, ganz unabhängig davon, ob sie sich dem Feld der Kunst oder der Unterhaltungsindustrie zuordnen lassen. Künstler*innen sind demzufolge diejenigen, denen die Verantwortung für die Herstellung dieser Formen zugesprochen wird.

5   Siehe bspw. das Forschungsprogramm des Graduiertenkollegs *Das Reale in der Kultur der Moderne* an der Universität Konstanz, URL: <http://www.uni-konstanz.de/reales/> (Zugriff: 28.11.2017), Fauch/Parr 2016, Marszalek/Mersch 2016a, bes. Marszalek/Mersch 2016b.

1 Auftakt

Anhand der Auseinandersetzungen in der Literatur-, Kunst- und Filmgeschichte lässt sich indessen nachvollziehen, dass sich in der Frage des Realismus Positionen zur Ästhetik mit jenen der Erkenntnistheorie und der Ethik bzw. der politischen Theorie überkreuzen. Da sich der realistische Ausdruck expressiv auf die empirische Wirklichkeit bezieht, formuliert er schließlich zugleich eine ästhetische Antwort auf die Frage danach, was Realität ist und welche Aspekte dieser Realität dargestellt werden sollten (vgl. Begemann 2007: 8, Ort 2007: 11 f., Kirsten 2014: 78 ff.). Folglich ist jeder realistische Ausdruck mit der Anforderung konfrontiert, eine *wahre* und *richtige* Aussage über die Welt zu machen. Eine «bemerkenswerte Paradoxie» stellte Roland Barthes deswegen auch «in den Grundlagen des Realismus, so wie unsere Literatur ihn gekannt hat», fest: «die Beziehung des Schriftstellers zum Wirklichen ist letztlich immer eine ethische und keine technische gewesen; geschichtlich gesprochen: der Realismus ist ein moralischer Begriff» (1956: 303).

Da realistische Ausdrücke nach Wirklichkeitsnähe streben, verweisen sie in ihrer ästhetischen Verfahrensweise mit größerem Nachdruck auf die empirische Wirklichkeit als andere (vgl. Ryan 1980). Sie zeichnen sich durch eine mehrdeutig verfasste Struktur aus, die häufig die Frage aufzuwerfen vermag, ob dem Text der pragmatische Status der Fiktion oder der Nicht-Fiktion zugeordnet werden sollte (Bunia 2007: 171 ff.). Diese Frage steht auch im Fokus der Debatten um das sogenannte Dokudrama, das in der jüngeren deutschsprachigen Fernsehforschung als «Inbegriff des Hybriden aus *Fact* und *Fiction*» gilt (Ebbrecht/Steinle 2008: 251, Herv. i. O.). Da diese Form insbesondere im Fernsehen prominent aufzutreten scheint, bildete sie einen zentralen Gegenstand fernsehwissenschaftlicher Auseinandersetzungen (vgl. etwa Hoffmann et al. 2012, Mundhenke 2017), die vor allem im Zusammenhang mit der audiovisuellen Darstellung von historischen Themen diskutiert wurde (vgl. Ebbrecht/Steinle 2008, Hißnauer 2008; 2009; 2010a; 2010b; 2011, Steinle 2009; 2010). Während produktionsseitig mit dem Ausdruck ‹Dokudrama› sehr unterschiedliche Formen bezeichnet werden, soll die Kennzeichnung innerhalb des fernsehwissenschaftlichen Diskurses zumeist auf einen formal-ästhetischen Aufbau verweisen, der Elemente der Dramatik (szenisches Spiel) mit Elementen der Dokumentation (Interviews und/oder *found footage*) verbindet und aus diesem Grund als semi-dokumentarisches respektive semi-fiktionales «Hybrid» verstanden wird. Obwohl diese Form in ihren ästhetischen Verfahren über eine große Ähnlichkeit mit jenen der realistischen Tradition verfügt, wurde das Dokudrama bislang nicht unter diesem Stichwort diskutiert. Dies liegt zumindest teilweise in außertextuellen Faktoren begründet, die zum einen mit der Art und Weise zusammenhängen, wie Fernsehen historisch betrachtet wird, und zum anderen mit spezifischen konventionellen Vorstellungen darüber, wie sich Realismus in einer filmischen Form[6] aktualisiert.

Die Medialität[7] des Fernsehens, die sich über die Struktur des Programms und daher auch über die Kombination sehr unterschiedlicher Ausdrucksformen definiert, leitet dazu

---

6   Als ‹filmisch› bezeichne ich Formen, die im Prinzip auf filmtechnischen Mitteln der Erzählung und Darstellung basieren, d. h. in Bezug auf Ausschnitt und Perspektive näher definierbare Bewegtbilder, deren Abfolge i. d. R. mittels Montage organisiert ist.

7   Unter ‹Medialität› verstehe ich im Anschluss an Hickethier «das als typisch angenommene Set von Eigenschaften, das für einzelne Medien als konstitutiv angesehen wird» (2003: 26). Dieses Set ergibt sich aus dem kulturellen Gebrauch, Vermittlungswegen und Aufführungspraktiken sowie den institutionellen und ökonomischen Bedingungen der Produktion und Rezeption (vgl. ebd. 25 ff.). Für das Rundfunkmedium Fernsehen können der potenzielle Live-Charakter der Sendungen, das temporal linear strukturierte Programm und sein konstanter *Flow* als konstitutiv und das Programm selbst als «Innenseite des Dispositivs Fernsehen» angesehen werden (Hickethier 1995b: 76 ff.).

an, nach intramedialen, sich gegenseitig beeinflussenden Verbindungslinien zwischen journalistisch und unterhaltend ausgerichteten Produktionen zu suchen (vgl. Hißnauer 2011a; 2011b, Hoffmann et. al 2012). Darüber hinaus dürften jedoch ebenso das Interesse der Fernsehforschung, einen von der Literatur- und Filmwissenschaft unabhängigen Gegenstandsbereich zu profilieren, eine Rolle spielen, sowie die Popularität des semio-pragmatischen Analyseansatzes nach Roger Odin (vgl. 1998), der die Forschungsperspektive in Richtung rezeptionsseitiger Lektüremodi lenkt. Auf dieser theoretischen Grundlage erfolgt die Zuordnung ‹dokumentarisch› oder ‹semi-dokumentarisch› (vgl. Hißnauer 2011), wenn die begründete Annahme besteht, dass Rezipient*innen einen ‹Text› derart auffassen (Kessler 1998: 66 f.). Demnach sind es nicht Hypothesen über produktionsseitig intendierte Konzepte, sondern vielmehr darüber, was davon in der Rezeption angenommen werden kann bzw. konnte, die die Analyse und Einordnung von ästhetischen Formen vorstrukturieren. D. h. die Analysierenden gehen in ihrer Untersuchung von theoretisch konstruierten Modell-Rezipient*innen aus, ‹deren› Medienerfahrung den Maßstab der Textzuordnung bildet.

Mir geht es an dieser Stelle nicht darum, den semio-pragmatischen Ansatz oder die daraus resultierenden Ergebnisse in Frage zu stellen, sondern vielmehr um eine Erweiterung des Horizonts: aus der Seperation des Fernsehens (oder des Kinofilms) von anderen Quellen sowohl der Inspiration von ‹Text›-Poduktion als auch der Medienerfahrung folgt eine eingeschränkte Perspektive auf die Mediengeschichte, die die Komplexität derartiger Prozesse unterschlägt. In theoretischer Hinsicht widerspricht sie dem Prinzip der *remediation* als Prämisse der Medienentwicklung sowie der *Intermedialität* jeder ‹Text›-Poduktion (Bolter/Grusin 2000, vgl. Rajewsky 2008, Müller 2008, Hickethier 2008a). Wenn wir diese anerkennen, erweitert sich nicht nur der Möglichkeitshorizont individueller Lektüren, sondern auch der theoretischen Einordnung von ästhetischen Formen – so auch im Falle des Dokudramas.

Vor dem Hintergrund der realistischen Tradition stellt sich die kombinatorische Ästhetik des Dokudramas als eine typische Strategie dar, die außerhalb des Mediums Fernsehens und ebenso außerhalb des Spielfilms vielfach erprobt wurde – man denke beispielsweise an die Collage- und Montagetechniken im Roman (John Dos Passos, Alfred Döblin) oder im Theater (Erwin Piscator, Bertolt Brecht) sowie die Adaption journalistischer Verfahren in der Literatur des französischen Naturalismus oder der Neuen Sachlichkeit. Diesen wird nicht regelhaft ein hybrider pragmatischer Status zugesprochen[8], es erscheint daher auch wenig einsichtig, im Falle des Dokudramas prinzipiell anders zu verfahren. Dass einschlägige Beispiele dieser Ausdrucksform – etwa DAS BEIL VON WANDSBEK (1982, R.: Heinrich Breloer/Horst Königstein) – nicht intuitiv mit dem Begriff des Realismus assoziiert werden, dürfte nicht zuletzt darin begründet liegen, dass die formale Ästhetik einem dominanten Konzept von *Realismus im Film* widerspricht, das sich in der Tradition des italienischen Nachkriegskinos etabliert hat (vgl. Kirsten 2013).[9] Diese Ausrichtung stellt allerdings nur eine von mehreren möglichen Anknüpfungspunkten für die Entwicklung des realistischen Erzählens im Fernsehen dar und sollte daher nicht den Untersuchungsrahmen einschränken.

---

8   Vgl. hierzu auch die Diskussion der Problematik von ‹realen Entitäten› innerhalb der Fiktion in Zipfel 2001: 76–102.
9   Auch Guido Kirsten bezieht in seiner 2013 publizierten Dissertation Dokudramen nicht in seine Analysen ein.

1 Auftakt

Meine Überlegungen sind von der Voraussetzung angeleitet, dass die Medienproduktion einer komplexen Entwicklungsdynamik unterliegt, die sich durch ständige intertextuelle Austauschbewegungen auszeichnet, in diesem Punkt aber nicht regelgeleitet sein muss, sodass sich auch die historische Rekonstruktion nicht auf identifizierbare Regeln berufen kann, um diese Prozesse nachzuvollziehen. Zur Beschreibung der Entwicklung des realistischen Erzählens im Fernsehen bietet sich daher die Denkfigur an, mit der Thomas Kuhn Prozesse der Sinnbildung in wissenschaftlichen Gemeinschaften beschreiben und historisch rekonstruierbar machen will (1976: 58; 1978: 392 ff.).

Kuhn erklärt mithilfe der Idee des Paradigmas, wie sich wissenschaftliche Traditionen «ohne Mitwirkung von angebbaren Regeln» ausbilden können (1976: 60), indem sich diejenigen, die an demselben Problem arbeiten, «durch Ähnlichkeit oder Nachbildung auf diesen oder jenen Teil des wissenschaftlichen Korpus beziehen, den die betreffende Gemeinschaft bereits zu ihren etablierten Leistungen rechnet» (ebd. 59 f.). Nach einem engeren Begriffsverständnis stellt das Paradigma ein «Musterbeispiel» dar, das als konkreter Lösungsvorschlag für eine Aufgabe aufzufassen ist, mit der eine Gemeinschaft konfrontiert ist (Kuhn 1978: 393). In seinen *Neueren Überlegungen zum Begriff des Paradigmas* entwickelt Kuhn jedoch ein weiter gefasstes Begriffsverständnis. Mit «Paradigma$_1$» bezeichnet er die «disziplinäre Matrix» einer Gemeinschaft, die sich aus «Verallgemeinerungen», «bevorzugten Analogien (Modellen)» und den «Musterbeispielen» zusammensetzt (ebd. 392 f.). Auf dieser Basis entwickelt er ein Erklärungsmuster für die ‹Bedingungen der Möglichkeit› der Forschung, das auch einen Ausgangspunkt für die theoretische Erfassung der Entwicklungsdynamik des realistischen Erzählens im Fernsehen anbietet. So führt Kuhn aus, dass «Verallgemeinerung», wie etwa die Lehrsätze der Physik, «unterinterpretiert» seien, weil ihnen die empirische Bedeutung oder Anwendung [fehlt]» (ebd.: 394). Daher seien sie zwar der «gemeinsame Besitz» der Mitglieder einer Gemeinschaft, bezugsfähig sei für diese jedoch nicht die Verallgemeinerung selbst, sondern «die eine oder andere spezielle Form derselben» (ebd.: 395), also das, was sich in Modellen und/oder Musterbeispielen präzisiert.

Die Idee, dass sich auch Kunstentwicklungen anhand von Nachbildungen und Adaptionen von Paradigmen (nach dem engeren Begriffsverständnis von Musterbeispielen) rekonstruieren lassen, wurde innerhalb der Filmwissenschaft angewandt, um das Genrekino zu erfassen (vgl. Kuhn et al. 2013, Schweinitz 2006). Auch Guido Kirsten beruft sich in seiner Monografie *Filmischer Realismus* (2013) auf exemplarische Musterbeispiele, um dessen historische Entwicklung nachzuzeichnen. Ich lege dieser Arbeit jedoch das weitere Begriffsverständnis zugrunde und fasse Realismus als ein ästhetisches Paradigma auf, das sich nach dem Organisationsprinzip von Kuhns «disziplinärer Matrix» beschreiben lässt. Das Streben nach Wirklichkeitsnähe lässt sich als vergleichbar «unterinterpretiert» auffassen und auch das profilierte Anliegen des Realismus bildet zwar den «gemeinsame[n] Besitz» der Künstler*innen, die sich diesem widmen. Dieser liefert Ansatzpunkte für die Realisation, indem er ein Bündel an Anschlussfragen provoziert, zu denen sich Künstler*innen im Zuge der Realisation verhalten müssen. Bezugsfähig ist für sie jedoch ebenso nur «die eine oder andere spezielle Form», wie etwa die verschiedenen historischen Realismen. Diese wiederum lassen sich als Modelle begreifen, die dem Streben eine Richtung geben. Sie präzisieren das Anliegen dahingehend, dass sie Idealvorstellungen formulieren, die ihrerseits die Möglichkeiten und Grenzen des künstlerischen Ausdrucks definieren (z. B. Bürgerlicher Realismus, Neue Sachlichkeit, episches Theater etc.). Auch diese Modelle haben Musterbeispiele, in denen sowohl die Gestaltungsregeln als auch die inhärenten Vorstellungen von Realität einen konkreten Ausdruck gefunden haben und somit die Wahrnehmung dessen lehren, was wir nach diesem Modell als ‹realistisch› zu verstehen haben (vgl. Kuhn

1978: 402, 404). Sie sind es, die als Bezugspunkt für die theoretische Ableitung von Gestaltungsregeln, die Werkkritik oder die künstlerische Hommage herangezogen werden.

Analog zu der skizzierten Dynamik wird mein methodisches Vorgehen von der Frage nach dem Verhältnis zwischen Modellen und Musterbeispielen des Realismus angeleitet, um Monks Konzept des Erzählens im Fernsehen in seinen Bezügen zur realistischen Tradition zu rekonstruieren und zu charakterisieren.

4.

Monk hat keine Poetik ausformuliert, der sich seine Vorstellungen in Hinblick auf die Möglichkeiten und Grenzen, die er dem künstlerischen Ausdruck in einer filmischen Form auferlegte, entnehmen ließen. Zu verschiedenen Gelegenheiten, in Interviews anlässlich aktueller Filmproduktionen oder im Rahmen von Preisverleihungen, stellte er jedoch die Parameter heraus, die seine Arbeit als Autor und Regisseur sowie als Programmverantwortlicher des NDR-Fernsehspiels bestimmten. Besonders Formulierungen aus dem späteren Abschnitt seiner Karriere lassen dabei eine Zuspitzung auf die Fragen des Realismus erkennen. Die prägnanteste unter ihnen entnehme ich einem Interview mit Karl Prümm, der ihn 1983 für *epd Kirche und Rundfunk* zu seinem zweiteiligen Fernsehfilm DIE GESCHWISTER OPPERMANN befragte und die in einer redigierten Fassung in die veröffentlichten Erinnerungen Monks eingegangen ist (2007: 206–211). Explizit benennt Monk hierin das Modell Brechts als Bezugspunkt seines Verständnisses von Realismus und macht die Übernahme dessen impliziter Voraussetzungen kenntlich: die Abgrenzung vom «pure[n] Abbilden» des «Naturalismus» zugunsten einer Form der Erzählung und Darstellung, welche die «in der Wirklichkeit verdeckten oder versteckten Zusammenhänge [...] im Film erkennbar und begreiflich» mache (ebd.: 211). Darin wird die Unterscheidung zwischen den *Erscheinungen* und dem *Wesen* der Dinge der Wirklichkeit erkennbar, die Brecht aus der Philosophie Georg Wilhelm Friedrich Hegels ableitete und auf seine Wirkungsästhetik übertrug (vgl. Knopf 1986: 94 f.). Indirekt liefert Monk damit auch eine Begründung für das von Kritiker*innen seinerzeit häufig attestierte didaktische Moment seiner Filmästhetik und ihre teilweise spröde Anmutung. Ein metaphorischer Gebrauch eines Motivs aus Hans Christian Andersens *Schneekönigin* (um 1840) erklärt zudem, dass die Gestaltung wider die geltenden Konventionen ideologiekritisch motiviert ist. Die Konventionen sind zu diesem Zeitpunkt, dem Vorbild der US-amerikanischen Mini-Serie HOLOCAUST (1978) folgend, figurenzentrierte, emotionalisierende und historische Zusammenhänge vereinfachende Dramaturgien, die sich mit Beginn der 1980er-Jahre im Fernsehen der Bundesrepublik durchsetzten (vgl. Hickethier/Hoff 1998: 356, ausführlich Rauch 2018). Wenn Monk diese Techniken der Erzählung und Darstellung mit den Splittern aus dem «Spiegel des Teufels» in Andersens Märchen gleichsetzt, versinnbildlicht das Motiv vor dem Hintergrund der Theorie Brechts die fundamentalen Aspekte von dessen Medienkritik.

In der *Schneekönigin* bewirkt ein Splitter im Auge aus dem zerbrochenen Spiegel des Teufels, dass den Menschen das Böse gut und das Schöne hässlich erscheint; er verhindert auch, wie im Falle des kleinen Jungen, der von der Schneekönigin gefangen gehalten wird, dass abstrakte Zusammenhänge richtig erkannt werden können. Trifft ein Splitter hingegen einen Menschen im Herzen, lässt er diesen innerlich vereisen, er stumpft ihn ab und lähmt seine Handlungsfähigkeit (vgl. GM: 259–293).[10]

---

10 Monk zeigte auch an anderer Stelle eine Affinität für Andersens Märchen. Seine veröffentlichten Erinnerungen beginnen mit Kindheitserinnerungen an diese (Monk 2007: 7–12), die einem von ihm verfassten

1 Auftakt

Brechts Medienkritik richtet sich nicht allein gegen die unrealistische Scheinwelt von populären Unterhaltungsangeboten, die sich als ein verzerrender Spiegel der Wirklichkeit deuten ließen (vgl. GBA 22.2: 682). Sie betrifft ebenso Formen, die in bester Absicht die soziale Wirklichkeit kritisch darzustellen intendieren, aufgrund ihrer formalen Ästhetik jedoch gleichfalls ein produktives Erkennen der Zusammenhänge verhindern – etwa, weil sie gesellschaftliche Verhältnisse als unvermeidlich darstellen und im Zuge der Rezeption lediglich Mitleid gegenüber dem Schicksal der dargestellten Figuren provozieren. Der Affekt des Mitleids führt nach Brecht jedoch nicht dazu, die dargestellten Verhältnisse aktiv ändern zu wollen, sondern lässt die Rezipient*innen, quasi vom Elend überwältigt, vor diesem kapitulieren (vgl. GBA 22.1: 170 f., Grimm 1966: 26 f., Surbiotto 1975: 46). Es lähmt demnach das Handeln und macht in letzter Konsequenz sogar gleichgültig. Die dramaturgische Anlage der epischen Dramen Brechts und die ästhetischen Strategien für ihre Aufführung zielen deswegen darauf, sowohl die Immersion in die dargestellten fiktiven Welten als auch die Einfühlung in die Psychologie der Figuren zumindest punktuell zu stören. Darüber sollten die Rezipient*innen von dem Dargestellten entfremdet und zum «eingreifenden Denken» angeregt werden (GBA 21: 524). In diese Tradition stellte sich Monk ganz unverhohlen.

5.

Die Berufung auf seinen «Lehrer» Brecht bildet eine Konstante in Monks öffentlichen Aussagen. Daher ist auch die These, dass sich seine Fernseharbeit von Brecht beeinflusst zeigt, nicht neu. Sie wurde von Hickethier, Prümm und Gerhard Schoenberner im Hinblick auf seine frühen Regiearbeiten formuliert (Hickethier 1995a: 23; 2010: 253, Prümm 1995a: 48, Schoenberner 1995: 6 f., vgl. Schumacher/Stuhlmann 2012: 162) und anschließend vielfach angenommen (Kaiser 2001: 71 ff., Pfau 2003, Hißnauer/Schmidt 2013: 101 f., Büttner 2015). Inwiefern sich Anspruch und Orientierung, die Monk in Interviews mit Nachdruck formulierte, in der Ästhetik seiner Regiearbeiten für das Fernsehen in der Kontinuität niederschlagen, wurde hingegen nicht systematisch untersucht, und auch für das Werk aus der ersten Hälfte der 1960er-Jahre nicht detailliert erörtert.

In der Brecht-Forschung stellt der Name Monk indessen nur eine Randnotiz dar. Mit Ausnahme eines Beitrags von Esther Slevogt im *Brecht Yearbook 37*, der sich dezidiert seiner Rolle innerhalb des Berliner Ensembles widmet (Slevogt 2012; vgl. 2017), tritt Monk letztlich nur als einer von vielen Assistenten in Erscheinung (Barnett 2015: 99 ff.), dessen Probenmitschriften und briefliche Auskünfte jedoch eine Quelle für die Rekonstruktion der Frühgeschichte des Berliner Ensembles (BE) bilden konnten (Subiotto 1975: 41, Schmitt 1980: 262, Buschey 2007, Barnett 2014: 89, 148, Tretow 2003: 392 f., 479). Peter Schmitt (1980; 1981) und Bernd Mahl (1986) untersuchten zwar ausführlicher die mit Brecht erarbeitete Adaption des *Urfaust* von Johann Wolfgang Goethe, die ihre Premiere 1952 in Potsdam und 1953 in Ostberlin hatte. Ihre Analysen fokussieren jedoch Brechts Klassikerverständnis und die Kulturpolitik der DDR und sind daher in Bezug auf die Frage nach Monks Zutun wenig ergiebig. Die einzige Studie, die dessen Regiearbeit tatsächlich im Hinblick auf die Frage nach der Orientierung an Brechts Wirkungsästhetik untersucht, stellt somit Langs Analyse von LEBEN DES GALILEI dar.

Text für die *Zeit*-Bibliothek entnommen sind (Monk 1980); für eine weitere Publikation, *Mutter Holunder – 21 Märchen aus dem Teekessel*, hat er zwei Jahre später das Nachwort verfasst (siehe Monk 1983). Monks Textbeiträge sind im Werkverzeichnis im Anhang gelistet.

Wenn ich im Rahmen dieser Arbeit Monks Fernsehspiele und -filme systematisch auf die Verbindunglinien zur Theatertheorie Brechts befrage, ist damit eine Neuperspektivierung seines Gesamtwerks intendiert. Wie Hißnauer und Schmidt in ihrem Forschungsbericht (2011) kritisch anmerken, stützt die Fernsehwissenschaft ihre Untersuchungen zu häufig auf die Selbstauskünfte von ‹Autoren› und anderer sogenannter ‹Macher› der Fernsehgeschichte, die über die Kritik oder in Eigendarstellungen der Sender überliefert sind. Die Strategien der Selbstpositionierung hingegen, die mit solchen Aussagen verfolgt werden, bleiben dabei häufig unreflektiert.[11] Das öffentliche Auftreten Monks auf Fachtagungen von Fernsehschaffenden, während Interviews und anlässlich von Preisverleihungen beförderte, wie Prümm konstatierte, dass seine Filme von der Kritik «stets als moralische Texte gelesen wurden» (1995a: 34). Diese Sicht schreibt sich auch in der wissenschaftlichen Auseinandersetzung fort. Da Monk sich jedoch zum einen selten öffentlich positionierte und zum anderen zur fast wortgenauen Wiederholung bestimmter Formulierungen neigte, sind es bis heute immer wieder dieselben Aussagen, die zur Charakterisierung seiner Programmatik herangezogen werden.[12] Auf der Grundlage weniger prägnanter Äußerungen schreibt sich in der Betrachtung und Beurteilung seines Werks deswegen eine Referenzkette einzelner Zitate fort, nach der Monk sich nicht für «private Leidenschaften» interessiere (Delling 1963) und er seine Zuschauer*innen auffordere, «lieber zweimal zu zweifeln, als einmal hinzunehmen» (Monk 1966: 50). Diese Konstellation fordert eine Überprüfung der Frage ein, inwiefern sich die in Selbst- und Fremdzuschreibungen prononcierten Anliegen in der Ästhetik der Regiearbeiten aktualisiert finden.

Für die Konzeption dieser Arbeit ergibt sich aus den vorangegangenen Erörterungen folgendes Vorgehen: Um die ästhetische Differenzqualität der Regiearbeiten Monks zu bestimmen, gilt es, das Werk Egon Monks zu rekonstruieren, um auf dieser Basis sein Modell des Realismus im Fernsehen zu charakterisieren. Hierzu reflektiere ich erstens die Konstruktion der Autor-Figur anhand des Materials, das Monk selbst sowie die Forschung zur Verfügung gestellt haben. Zweitens erörtere ich die in Frage kommenden Modelle des Realismus. Vor diesem Hintergrund sowie im Bezug auf die Medien- und Kulturgeschichte analysiere ich drittens die Fernsehspiele und -filme, für die Monk als Regisseur verantwortlich zeichnet.

Als Fernsehwissenschaftlerin sehe ich mich dabei mit dem generellen Problem konfrontiert, dass das, was das Fernsehen in seiner Medialität ausmacht, kaum zu rekonstruieren und zu historisieren ist. Das Fernsehen ist ein auf Gegenwärtigkeit ausgerichtetes Medium, sein «Programm [lässt] keine Vergangenheit [zu]» (Bleicher 1997: 56). Sein standardisierter, täglich inhaltlich variierender Angebotsteppich wird von den Rundfunkanstalten und Fernsehsendern nur bedingt archiviert. Auch sind nicht alle ausgestrahlten Sendungen überliefert. Aus diesem Grund wird das Fernsehen auch als «geschichtsloses

---

11 Sylvia Büttner bspw. beruft sich in ihrer Dissertation nahezu ausschließlich auf diese Quellen (siehe Büttner 2015: 8). Mit dem Ziel, «Egon Monk in seiner Funktion als ersten Leiter und Begründer der Hauptabteilung Fernsehspiel» des NDR «[unter besonderer Berücksichtigung seiner Arbeit als Autor und Regisseur] zu dokumentieren» (ebd.), gibt sie in langen Auszügen die aktualisierten Absichtsbekundungen ihres Interviewpartners unkommentiert wieder. Da die Verfasserin die «persönlichen Aussagen Egon Monks […] als wichtigste Basis» einstuft (ebd.: 11), beschränken diese sowohl ihre Perspektive auf die Werkbiografie als auch die Ästhetik der Regiearbeiten.

12 Tatsächlich entstammen die am häufigsten zitierten Aussagen Monks nur vier journalistischen Quellen (siehe Delling 1963, Simon 1965a; 1965b, Netenjakob 1966) sowie der Rede, die Monk anlässlich der Verleihung des DAG-Fernsehpreises für Ein Tag gehalten hatte und erstmals in *Theater heute* publiziert wurde (siehe Monk 1966a).

Medium» beschrieben (Keilbach 2005: 29, Keilbach/Thiele 2003: 70).[13] Diese Konstellation hat notwendigerweise Konsequenzen für die Gegenstände meiner Untersuchung, da für jede ästhetische Struktur gilt: Wenn sie aus dem Zusammenhang ihres ursprünglichen Präsentationskontextes, auf dessen dispositive Anordnung hin sie konfiguriert ist, herausgenommen wird, gewinnt sie zwangsläufig eine neue Qualität. Darüber hinaus sind meine Betrachtungen durch die historische Distanz prädisponiert. Ich kann Zusammenhänge rekonstruieren und durch Vergleiche mit anderen Ausdrucksformen aus demselben Zeitraum Konventionen abschätzen, aber niemals meinen historischen Standort verlassen. Den somit doppelt veränderten Charakter von Monks Fernsehspielen und -filmen nehme ich zum Anlass, diese *wie* Filme zu analysieren: unter einer (film)stilgeschichtlichen Perspektive (i. S. v. Bordwell 1997), die sie als Ausdruck einer Varianzästhetik innerhalb eines prägenden Rahmens (die Fernsehproduktion der Bundesrepublik) begreift und nach Übereinstimmungen und Abweichungen gegenüber dominanten Konventionen, ihrem Verhältnis zu anderen künstlerischen Ausdrücken (insbesondere, aber nicht ausschließlich des Fernsehens) sowie nach ihrer konzeptionellen Grundlage fragt.

Das Schaffen Monks unter einem ‹realistischen Paradigma› zu subsumieren läuft zum einen Gefahr, seiner Arbeit eine Stringenz zu unterstellen, die die Seiten- und Umwege empirischer künstlerischer Entwicklung überschreibt und zum anderen die konkreten Fernsehspiele und -filme als ‹Planerfüllung› eines Einzelnen zu interpretieren. Ich strebe nicht danach, im Rahmen meiner Analysen der Komplexität von empirischen Produktionsprozessen gerecht zu werden; auch die Textgenese steht nicht im Fokus meines Interesses, sondern das ästhetische Konzept, wie es sich in den Regiearbeiten aktualisiert. Die primären Quellen meiner Untersuchung bilden daher die Fernsehspiele und -filme in ihrer realisierten Form,[14] die ich mithilfe der hermeneutischen Methode der kontextualisierenden Filmanalyse (Hickethier 2012) untersuche, die durch eine neoformalistische Ausrichtung (Thompson 1995) geprägt ist.

Zu Monks Werk zählen für mich auch seine unveröffentlicht gebliebenen Projekte. Außer den audiovisuell überlieferten Fernsehspielen bildet daher der Nachlass Egon Monks eine weitere wichtige Quellengrundlage meiner Arbeit. Als erste Wissenschaftlerin konnte ich diesen bereits 2010 im Haus der inzwischen verstorbenen Witwe Ulla Monk[15] einsehen und systematisieren. Mittlerweile ist der Nachlass in der Akademie der Künste Berlin einsehbar, weswegen die Zitation auch nach dem dortigen Findbuch erfolgt.[16] Von den elf darin gelisteten Titeln seiner unveröffentlichten Projekte gehe ich auf drei vertiefend ein: Bereits vor der offiziellen Eröffnung des Archivs war der Fach- und Tagespresse zu entnehmen gewesen, dass Monk zwischen 1977 und 2007 an drei Filmprojekten mit den

---

13 Trotz verschiedener Initiativen (vgl. Behmer 2014) und Selbstverpflichtungen seitens der Rundfunkanstalten besteht das grundsätzliche Problem nach wie vor fort. Laut dem Zeithistoriker Christoph Classen liegt eine Lösung in einem Gesetz, das eine Archivierung der rundfunkhistorischen Quellen vorschreibt, siehe: Tagungsbericht: «Filmnarrationen zwischen Zeitgeschichtsschreibung und populärkultureller Aneignung» 17.10.2013–18.10.2013 Hannover, in: *H-Soz-Kult* (10.12.2013), URL: <www.hsozkult.de/conferencereport/id/tagungsberichte-5132> (Zugriff: 28.11.2017).

14 Wenn ich in Auszügen Dialoge oder Monologe aus Fernsehspielen oder -filmen zitiere, geben diese, sofern nicht anders angegeben, den transkribierten Wortlaut aus den realisierten Endprodukten wieder, die mir als DVD-Kopien vorliegen. Die Bildzitate sind (z. T. in schwarz-weiß konvertierte) Screenshots.

15 Ulla Monk bin ich zu großem Dank für die vertrauensvolle Atmosphäre und unermessliche Geduld während meiner Aufenthalte in ihrem Haus in Hamburg verpflichtet.

16 Ich danke Nicky Rittmeyer herzlich für die umsichtige Betreuung und die Unterstützung meiner Recherchen im Egon-Monk-Archiv [EMA] der Akademie der Künste Berlin [AdK].

Arbeitstiteln «Hilferding» (Netenjakob 1977: 121), «Die Ernennung» (Ungureit 1985: 38, Olsen 1992, Möller 2002) und «Café Leon» (Möller 2002) gearbeitet hatte. Auch die Forschung hat davon Kenntnis genommen (vgl. Hickethier 2010, Schumacher/Stuhlmann 2012, Slevogt 2012, Finger/Wagner 2014: 350,[17] Büttner 2015: 225). Der Frage jedoch, wie diese Projekte beschaffen sind und warum sie nicht realisiert wurden, ist sie bislang nicht nachgegangen.[18]

6.

Die Arbeit gliedert sich insgesamt in 15 Abschnitte und verknüpft in ihrer Anordnung die Werkbiografie Monks mit der medientheoretisch orientierten Frage nach dem realistischen Ausdruck in einer audiovisuellen Form und der medienhistorischen Frage nach der Entwicklung dieser Formen im Fernsehen der Bundesrepublik.

Die Kapitel 2 bis 4 dienen zunächst der Reflexion der Voraussetzungen dieser Werkbiografie. Während ich in Kapitel 2 den theoretischen Referenzrahmen vorstelle und die Methoden, die dieser Arbeit zugrunde liegen, beleuchte ich in den anschließenden Kapiteln das werkbiografische Ausgangsmaterial. Dabei verbinde ich eine Überblicksdarstellung der werkbiografischen Stationen Monks mit der Erörterung der Frage, welche Formeln dieser zur Deutung seiner Arbeit zur Verfügung stellte, welche Erzählmuster sich zu seinen Lebzeiten in der Presse etablierten und wie sie in der wissenschaftlichen Auseinandersetzung wieder aufgenommen wurden.

Die Reihenfolge der Filmanalysen orientiert sich an der Chronologie der Ausstrahlungsdaten. An denjenigen Stellen, an denen das Material dazu Anlass gibt, sind die Analyse-Kapitel mit theoretischen Erörterungen verzahnt. Zu deren Auftakt erörtere ich in Kapitel 5 die Möglichkeiten einer intermedialen Übertragbarkeit von Brechts Konzept des epischen Theaters in eine audiovisuelle Form, um diejenigen Kriterien abzuleiten, anhand derer sich die Qualität von Monks Adaption festmachen lässt. In Kapitel 9 nehme ich die Ergebnisse dieser Diskussion wieder auf, um Brechts Realismus-Modell denjenigen Strömungen gegenüberzustellen, die sich ab Mitte der 1960er-Jahre für das realistische Erzählen und Darstellen in Film und Fernsehen durchsetzten.

Da Monks Fernsehspiele und -filme sehr unterschiedlich verfasst sind und zu ihrem jeweiligen Produktionszeitpunkt auf verschiedenartige Konstellationen reagieren, ist auch der Fokus der Analysen unterschiedlich ausgerichtet. In den Kapiteln 13 und 14 variiere ich zudem mein analytisches Vorgehen: So ergänze ich in Kapitel 13 meine Analyse des fünfteiligen Fernsehfilms DIE BERTINIS um einen Vergleich mit der Fassung, die Eberhard Fechner in seiner Adaption von Giordanos Roman *Die Bertinis* (1982) verfasst hatte, bevor Monk das Projekt am 2. September 1986 offiziell übernahm. Monks Entscheidung, Fechners Drehbücher, die sich im Nachlass Monks befinden, nicht für seinen fünfteiligen Fernsehfilm zu verwenden, hat die Fachliteratur bislang nur konstatiert, ohne nach den Gründen zu fragen (Kansteiner 2003: 276, Anm. 61, Hißnauer/Schmidt 2013: 280). Durch eine komparative Analyse beider Fassungen kann ich eine maßgebliche konzeptionelle Differenz

---

17 Juliane Finger und Hans-Ulrich Wagner nutzen den Titel «Café Leon» und ein fingiertes Szenenbild im Rahmen einer empirischen Studie, die die langfristige Wirkung von über das Fernsehen vermittelten Darstellungen der Shoah untersucht, als Test für *false recognition*, siehe Finger/Wagner 2014: 350.

18 Neben der Positionierung im Werkzusammenhang, die die Projekte «Die Ernennung» und «Café Leon» besonders interessant macht, liegt meine Auswahl auch darin begründet, dass die Konvolute zu den genannten Titeln erstens besonders umfänglich und zweitens vollständig zugänglich waren und sich daher als hinreichend ergiebig für eine Rekonstruktion erwiesen haben.

zwischen Monk und Fechner herausstellen, die erklären kann, wieso Monk eine komplett neue Fassung erstellte.[19]

Das 14. Kapitel widmet sich den unveröffentlichten Projekten aus dem Zeitraum 1981–2005 und stellt «Die Ernennung» und «Café Leon» ins Zentrum. Entgegen anders lautender Angaben[20] hat Monk – mit Ausnahme einer nicht realisierten Kinospielfilmadaption von Ingeborg Bachmanns Hörspiel *Der gute Gott von Manhattan* – für keines seiner unveröffentlicht gebliebenen Filmprojekte Drehbücher hinterlassen, aus denen sich zumindest die geplante Dramaturgie und der Wortlaut der Dialoge zweifelsfrei entnehmen ließen. Es sind Sammlungen von Recherchematerial und Notizen überliefert, die in unterschiedlichem Maße darüber Auskunft geben, wie die Filmideen hätten realisiert werden sollen bzw. können. Aus dem vorliegenden Material habe ich drei unterschiedliche Fassungen für «Die Ernennung» und für «Café Leon» eine Fassung rekonstruiert, anhand derer ich darlegen kann, wie Monk im Zeitraum 1981 bis 2005 an den Schwerpunkt seiner Arbeit aus den 1980er-Jahren anzuknüpfen suchte. Der Überlieferungssituation geschuldet stellt das 14. Kapitel eine Ausnahme meines analytischen Vorgehens dar. Da das Material kaum valide Aussagen darüber zulässt, wie die Projekte in einer realisierten Form hätten verfasst sein sollen, kann ich hier nur Möglichkeiten skizzieren, die mir auf Grund der realisierten Fernsehspiele und -filme naheliegend erscheinen.[21]

Mein Anliegen ist nicht das Defizit zu beheben, das der ehemalige ZDF-Intendant Dieter Stolte im eingangs formulierten Zitat offenbarte: den Namen ‹Egon Monk› wieder in das «Bewusstsein junger Leute [...], die heute Programm gestalten», zu rücken. Allerdings erhebt diese Arbeit den Anspruch zu klären, in welcher Hinsicht Monks Beiträge für das Fernsehen der Bundesrepublik «politisch mindestens so viel bewegt [haben, JS] wie Nachrichtenmagazine oder Reportagen», und darzulegen, dass sich dieser Einfluss auf den programmatischen Realismus zurückführen lässt, den Monk in seiner Fernseharbeit verfolgte. Das 15. Kapitel liefert dafür eine Zusammenfassung der Ergebnisse und nimmt abschließend die Frage nach der Beschaffenheit der ästhetischen Tradition wieder auf, für die der Name ‹Egon Monk› noch heute als Chiffre fungieren kann.

---

19 Eventuell im Nachlass von Eberhard Fechner enthaltene Informationen konnten nicht mehr berücksichtigt werden, da das Eberhard-Fechner-Archiv in der Akademie der Künste Berlin erst am 1. Dezember 2017 offiziell eröffnet und der Forschung zugänglich wurde, siehe URL: <https://www.adk.de/de/presse/pressemitteilungen.htm?we_objectID=57883> (Zugriff: 28.11.2017).

20 Siehe hierzu die wohl auf Monks Angaben zurückgehende Behauptungen in Möller 2002 sowie Büttner 2015: 225; auch die Pressemitteilung der AdK vom 16. Oktober 2014, nach der für «Café Leon» ein «Filmskript» überliefert sei, ist nicht zutreffend, sofern darunter ein konventionelles Drehbuch mit ausgearbeiteten Szenen und Dialogen verstanden wird, vgl. URL: <http://www.adk.de/de/aktuell/pressemitteilungen/archiv.htm?we_objectID=33605> (Zugriff: 28.11.2017).

21 Für eine kürzere Fassung meiner Analyseergebnisse aus den Kapiteln 13 und 14 siehe Schumacher 2017b.

2 Werkbetrachtung und Re/konstruktion
Theorie und Methode

«Es scheint fast, als hätte sich die Filmwissenschaft zu entscheiden zwischen den Erkenntnissen der Filmtheorie der letzten drei Jahrzehnte auf der einen und der Werkanalyse auf der anderen Seite».
(Jan Distelmeyer 2005: 31)

1.

Meine Arbeit setzt voraus, dass sich ein Werk an eine schöpferisch tätige Instanz binden lässt und demzufolge eine Einheit von biografischer und künstlerischer Identität postuliert werden darf, die es mir ermöglicht, einzelne Werke sowohl miteinander als auch in Beziehung zum Gesamtwerk zu setzen und dieses als dynamisches Ganzes zu beschreiben (vgl. Hellwig 2009: 352). Der heuristische Wert eines werkbiografischen Zugangs zur Ästhetik und Geschichte des (Fernseh-)Films lässt sich indessen aus unterschiedlichen Gründen anzweifeln. In prominenter Weise knüpft die Kritik an der Form der (Werk-)Biografie oder an der Figur des ‹Autors› an. Diese Punkte liefern deswegen den Referenzrahmen dafür, die Möglichkeiten und Grenzen in der Re/konstruktion einer Werkbiografie, aber auch die möglichen Grenzüberschreitungen im theoretischen und methodischen Vorgehen meiner Untersuchung zu bestimmen.

Eine (Werk-)Biografie ist eine Darstellungsform, die ihre Ergebnisse narrativ formuliert und darüber die Referenzobjekte ihrer Untersuchung konstruiert. Sie erschafft letztlich das Werk genauso wie seine*n Urheber*in (Alt 2002: 29 f., Weigel 2006: 34, vgl. Klein 2009; 2002, Hemecker 2009, Fetz/Schweiger 2006). Diese Eigenschaft ist nicht für die Biografie allein charakteristisch. Jede historiographische Studie bedient sich, wie Hayden White in seiner Studie *Metahistory* (1973) nachgewiesen hat, in der Darstellung narrativer Strukturen und Stilmittel, die auf ihren Gehalt Einfluss nehmen und letztlich den Sinn der historischen Erzählung produzieren (vgl. Daniel 2004: 432 f., Martínez/Scheffel 2012: 172): Historiker*innen extrahieren aus der Geschichte ‹Ereignisse›, ordnen diese in einer ‹Chronik› an und verbinden sie zum Sinnzusammenhang einer ‹Geschichte›. Der eigentliche Sinn dieser Geschichte – also die Antwort auf die inhärente Frage nach dem ‹Warum› – wird durch rhetorische Figuren in der Darstellung der Forschungsergebnisse und durch «historische Erklärungen» hergestellt, die in der Tiefenstruktur des historiografischen Textes angelegt sind. Zu diesen Erklärungen gehört nach White, neben der formalen Schlussfolgerung und der ideologischen Implikation, das *emplotment,* ein wiedererkennbares Handlungsschema, nach dem sich der Verlauf der Geschichte *wie* eine Tragödie oder eine Farce gebärdet (Martínez/Scheffel 2012: 173, siehe White 1990: 60).

Whites Thesen boten lange Zeit Anlass zur Beunruhigung, weil die narratologischen Gemeinsamkeiten zwischen der Historiografie und beispielsweise einem historischen Roman scheinbar geeignet sind, ihre zentrale Differenz aufzuheben. Insbesondere in Debatten innerhalb der Geschichtswissenschaft wurde die Auseinandersetzung um die Narrativität der Geschichtsschreibung deswegen «auf einem Terrain angesiedelt, auf dem es immer um die Frage geht, ob narrativ präsentiertes Wissen überhaupt Wissen oder nicht vielmehr Fiktion sei» (Daniel 2004: 434).[1] Narrativität beschreibt jedoch allein eine Eigenschaft der Darstellung, Fiktionalität hingegen den pragmatischen Status einer ‹Rede› und betrifft damit das Referenzverhältnis der Aussagen eines Textes zur außermedialen Wirklichkeit (vgl. Schaeffer 2013, Martínez/Scheffel 2012: 15). «[D]er Geschichtsschreiber und der Dichter unterscheiden sich nicht dadurch voneinander, daß sich der eine in Versen und der andere in Prosa mitteilt», heißt es bekanntlich in der *Poetik* des Aristoteles, «sie unterscheiden sich vielmehr dadurch, daß der eine das wirklich Geschehene mitteilt, der andere, was geschehen könnte» (*poet.* [Kap. 9] 1451b). Die Praktiken der Geschichtsschreibung, zu denen schließlich auch die Biografik zählt, gehören im Sinne Gérard Genettes zu den «faktual erzählenden Diskursen» (1992: 66 f.). Diese unterscheiden sich von fiktional erzählenden Diskursen in erster Linie darin, dass die Frage nach dem Wahrheitsgehalt ihrer Aussagen überhaupt sinnvoll ist und sie auf ihren Wahrheitsanspruch verpflichtet werden können (ebd.: 67). Innerhalb des fiktionalen Diskurses hingegen sind nach John Searles Sprechakttheorie die Regeln der behauptenden (assertorischen) Rede außer Kraft gesetzt. Aussagen innerhalb eines fiktionalen Textes sind daher auch keine Lügen (Searle 1979: 62–66). Die angebotene Differenz der Textformen wird jedoch zu einem Problemfall, wenn wir die Betonung auf den ersten Teil der aristotelischen Formulierung legen: im Zweifelsfall gestattet keine textuelle Eigenschaft *allein* diesen als Fiktion zu identifizieren. Searle zufolge ist das konstituierende Kriterium deswegen in der Intention des ‹Sprechers› zu suchen (ebd.). Da ein solcher in der Regel jedoch sicherstellen will, dass seine Intention auch verstanden wird, wird er dafür Sorge tragen, diese im Text zu markieren, indem er die historisch gewachsenen Gestaltungskonventionen der Textform respektiert (siehe Klimmer 2009: 31 ff., Spoerhase 2007a: 92, Schaeffer 2013, Abschn. 4.2). Entsprechende Markierungen liefern daher gute Gründe zur Bestimmung eines Texttypus.

Ein plausibles Fiktionalitätsindiz der «narratologischen Ordnung» ist zumeist der Zugang zur Subjektivität einer Person oder ihre sprachliche Präsenz als eigenständige «Stimme» (Genette 1992: 76–79). Obgleich er keine notwendigen oder hinreichenden Kriterien der Unterscheidung liefert (vgl. Gertken/Köppe 2009: 240), ist der Modus der Erzählung demzufolge «ein Ort der narratologischen Divergenz zwischen den beiden Typen» (ebd.: 78). Darüber hinaus gehören nicht alle «Fiktionalitätsindices» (Käte Hamburger) dieser narratologischen Ordnung an: paratextuelle Kennzeichen und textuelle Indices der thematischen oder der stilistischen Ordnung, wie etwa die erlebte Rede, oder traditionelle Einleitungen – ‹Es war einmal› – liefern entsprechende Hinweise für eine adäquate Rezeption (Genette 1992: 89). Missverständnisse sind jedoch immer möglich (vgl. Martínez/Scheffel 2012: 16 ff.). In Hinblick auf die reale Praxis räumt Genette allerdings ein, dass «reine, von jeder Kontamination freie Formen» nur «im Reagenzglas des Poetikers» zu finden sind (1992: 92). Es existiere weder «eine reine Fiktion noch eine Geschichtsschreibung von solcher Strenge […], daß sie sich jeder ‹Intrige› und jedes romanhaften Verfahrens enthielte» (ebd.). Demnach müsste in letzter Konsequenz der Position Searles Recht gegeben werden.

---

1   Die «Gewohnheit ‹narrativ› und ‹fiktiv› gleichzusetzen» erklärt sich, wie Ute Daniel darlegt, aus der Diskursgeschichte der Disziplin (2004: 438). Die narrative Kompetenz der Geschichtsschreibung wurde zwar nicht immer als Zeichen einer defizitären wissenschaftlichen Praxis gedeutet, dennoch wird sie seit dem 19. Jahrhundert problematisiert (vgl. ebd.: 435 ff.).

Ein erhebliches Maße ihrer Plausibilität büßt die intentional argumentierende Position allerdings aus radikalen de/konstruktivistischen Perspektiven ein, nach denen sich die Wirklichkeit der menschlichen Erfahrung selbst als eine ‹Fiktion› darstellt («Panfiktionalismus», siehe Bareis 2008: 11). Auch wenn unter diesen Bedingungen in der Konsequenz die Möglichkeit des faktualen Erzählens zur Disposition steht, meint der Gebrauch des Ausdrucks hier aber, wie Frank Zipfel feststellt, etwas «fundamental anderes als die Rede davon, daß die Figuren oder Ereignisse in einem Roman nicht wirklich und – in einem anderen und engeren Sinne – erfunden sind». Letztlich habe «die Frage nach dem Status menschlicher Erkenntnis […] nichts mit der Frage nach dem Status von Figuren oder Geschichten in literarischen Texten zu tun» (2001: 73). Auch ein aus dieser Richtung formulierter Vorwurf der Fiktionalisierung von Forschungsergebnissen darf also (ohne die Komplexität der Debatte in unzulässiger Weise reduzieren zu wollen) an dieser Stelle zurückgewiesen werden (vgl. Schaeffer 2013, Abschn. 2.2).

Aus der Perspektive der Narratologie sind sogenannte «romanhafte» Verfahren in der Geschichtsdarstellung einer kompositorischen Motivierung geschuldet. Sie überformen die «stumpfe Kontingenz des Faktischen durch kulturell signifikante narrative Strukturen» und machen sie infolgedessen verständlicher (Martínez/Scheffel 2012: 174). Dadurch ändert sich nichts daran, dass historische Untersuchungen als «Chronik und als Geschichte» falsifizierbar sind. «Ihr tragischer, komischer usw. Sinn hingegen entspringt dem (bewussten oder unbewussten) Gestaltungswillen des Historikers und ist der Falsifizierbarkeit entzogen», da reale Ereignisse nicht von sich aus tragisch oder komisch *sind* (ebd.: 174 f., Herv. JS). Das *emplotment* liefert somit durchaus eine zusätzliche Dimension der Sinnbildung, deren Analyse zugleich eine zusätzliche Ebene der Quellenkritik eröffnen kann (vgl. Daniel 2004: 440 ff.).

Für die Biografik bedeutet Erzählen, wie Peter André Alt konstatiert, «nicht selten» die Lücken zu überbrücken, «die die Dokumentation des Lebens hinterlassen» habe (2002: 32 f.). Die Biografie selbst ist indessen nicht «die Darstellung des Lebens», wie Sigrid Weigel pointiert, «sondern der Hinterlassenschaften, also dessen, was von dem oder der Betreffenden überlebt hat» (2006: 35). Im Fall Egon Monks sind das zunächst seine Fernsehspiele und -filme sowie diejenigen Materialien, die sich heute in der Akademie der Künste Berlin befinden: Skizzen und Entwürfe seiner nicht realisierten Vorhaben, aber auch Produktionsunterlagen und Notizen zu den realisierten Filmen, Korrespondenzen und Sammlungen von Rechercheunterlagen und Rezensionen der Fachkritik. Darüber hinaus lassen sich jedoch in einem erweiterten Sinne die Veröffentlichungen über ihn zu seinen Hinterlassenschaften zählen, also zum einen seine Aussagen in Interviews sowie die von Fachkolleg*innen und Rezensent*innen, und zum anderen die Ergebnisse der Forschung, die ihrerseits (in unterschiedlichem Maße) auf solche Hinterlassenschaften zugegriffen haben. Während journalistische Portraits und Aussagen des Portraitierten selbst gleichsam narrationsinduzierende Angebote zur Charakterisierung von Person und Werk entworfen haben, hat die Forschung dieses Material wiederum ihrer narrativen Ordnung unterzogen. Bestimmte biografische Formeln und Erzählmuster sind daher bereits in die Quellen eingeschrieben, die ich der Re/konstruktion von Monks Werkbiografie zugrunde lege. Was ich auf dieser Basis rekonstruieren kann, ist nicht die Person Egon Monk, sondern ein öffentliches Bild, das sich aus Selbst- und Fremdzuschreibungen zusammensetzt. Diese sind mit zu reflektieren, wenn ich nach den Verbindungslinien zwischen Egon Monk und seinem filmischen Werk suche.

2.

Die Kritik an der Werkbiografie kann direkt an der modernen Vorstellung ansetzen, die den oder die Autor*in als Schöpfer*in eines Textes bestimmt. In radikalster Hinsicht wird diese Modellvorstellung aus poststrukturalistischer Position kritisiert. In diesem Zusammenhang Roland Barthes' und Michel Foucaults Thesen zur literarischen Autorschaft eine prominente Stellung ein, da sie den heuristischen Wert insbesondere der Werkbiografie systematisch in Zweifel ziehen (siehe Barthes 2006a [frz. 1968], Foucault [frz. 1969]). Wie ein roter Faden ziehen sie sich durch beinahe alle kritischen Auseinandersetzungen mit biografischer Theorie und Praxis (Klein 2002: 12). Barthes programmatischer Aufsatztitel *Der Tod des Autors* ist darüber zu einer «Kurzformel» (Jannidis et al. 1999: 16) geworden, die in dieser Debatte teilweise sehr unterschiedliche theoretische Positionen vereint, die sich in ihrer Eignung ähneln, Zweifel am Begriff und Konzept des Autors für die hermeneutische Praxis zu formulieren.

Barthes behauptet indessen nicht, dass «Schreiber» nicht existierten, sondern wendet sich gegen eine – heute noch immer – gängige Praxis der Textkritik, das Werk mit seinem oder seiner Urheber*in zu identifizieren und deswegen in der Person des bzw. der Autor*in die *Erklärung* für das Werk zu suchen (2006a: 58, 62). «Der ‹Autor› wird, falls man daran glaubt, immer als Vergangenheit seines eigenen Buches angesehen [...]; er unterhält zu seinem Werk die gleiche Beziehung der Vorgängigkeit wie ein Vater zu seinem Kind» (ebd.: 60). Tatsächlich sei diese Figur des ‹Autors› jedoch ein Produkt der modernen Philosophie- und Literaturgeschichte (ebd.: 57). Die ihm zugesprochene Autorität widerspräche jedoch der Funktionsweise von Sprache wie auch der Beschaffenheit von literarischen Texten. Ein solcher sei immer «ein Geflecht aus Zitaten, die aus tausend Brennpunkten der Kultur stammen» (ebd.: 61). Die «Wahrheit des Schreibens» sei deswegen, dass ein «Schriftsteller immer nur eine frühere und niemals eine ursprüngliche Geste nachahmen» kann, er ist also kein (genialer) Schöpfer originärer Ideen, sondern ein Kompilator vorgängiger Texte und Schreibweisen (ebd.). Darin liegt jedoch ein besonderer Gewinn für die Leser*innen, für die sich der einzelne Text, weil er sich mit anderen Texten verknüpfen lässt, als ein in sich dynamisch organisiertes Gebilde darstellt. Dieses auf die Intention einer Autoritätsfigur festzuschreiben und damit in seinen sinnstiftenden Möglichkeiten einzuschränken, ist kontraproduktiv für die ästhetische Erfahrung wie für die Textanalyse (ebd.: 62), die darüber letztlich die Auseinandersetzung mit der Komplexität des Einzelwerks umgeht (vgl. Spoerhase 2007a: 82).

Unter dieser Voraussetzung ist nicht nur der Erkenntnisgewinn werkbiografischer Zugänge zweifelhaft, sondern die Möglichkeiten von Biografien und Autobiografien selbst stehen in Frage: Welchen Nutzen hat die Rekonstruktion eines Autor*innenlebens über seinen Selbstzweck hinaus, wenn es nicht das Verständnis eines Werks sinnvoll erweitern kann? Und: Auf welcher Basis kann noch eine Werkgenese beschrieben werden, wenn das Werk sich letztlich gar nicht an eine schöpferisch tätige Instanz binden lässt?

Wie Whites Thesen dazu anregen, über die Bedingungen der Darstellung von Forschungsergebnissen und die Folgen nachzudenken, die aus traditionellen Konzeptionen erwachsen, fordert Barthes zu einem Perspektivwechsel gegenüber der Genese von Textbedeutung auf: Wenn diese nicht auf Seiten der Textproduzent*innen, sondern in der Aktualisierung von Potenzialen im Zuge der Rezeption zu suchen ist und die Interpretin eine intersubjektiv nachvollziehbare und rational ausweisbare Deutung vorlegen will, dann sind die Bedingungen zu rekonstruieren, unter denen Rezeption vonstattengeht. Eine zentrale Bedingung stellt die spezifische ästhetische Konfiguration des Textes dar, der –

wenn vielleicht auch ‹nur› in der Art und Weise der Kompilation – eine Eigenart unterstellt werden kann. Um den weiteren Rahmen dieser Bedingungen zu definieren, ist der Bezug auf einen ‹Autor› äußerst hilfreich, weil er den Text historisch fixiert und deswegen die Selektion von relevanten Kontexten legitimiert und somit zur Illustrierung und Plausibilisierung von Arbeitshypothesen zum Text beiträgt. Auch diejenigen Untersuchungen, die einen Text allein in seinen intertextuellen Verflechtungen analysieren, bedürfen in der Regel dieser Funktionen. Da selbst poststrukturalistisch motivierte Ansätze einen ‹Autor› als Prämisse der Textentstehung akzeptieren müssen, konstatieren Fotis Jannidis et al., dass die Setzung einer solchen Instanz für die hermeneutische Praxis als notwendig vorausgesetzt werden kann (1999: 24). Man könne zwar «auf den Begriff des Autors verzichten» und sich von seinem positivistisch, romantisch und idealistisch geprägten Gehalt verabschieden, nicht aber von den Funktionen, die diese Instanz für die Textkritik einnimmt (vgl. ebd.: 21–33).

Gemäß ihrer unterschiedlichen theoretischen Provenienz lassen sich in der hermeneutischen Praxis sehr unterschiedliche Autorkonzepte ausmachen (ebd.: 18–24, ausführlich Spoerhase 2007b). Sie differieren unter anderem darin, wie nahe sich die Instanz der Textproduktion an einer realen Person orientiert. Autorintentional argumentierende Positionen sind immer mit dem Problem konfrontiert, dass die faktische Intention aufgrund des «privaten Charakters» von Gedanken nicht intersubjektiv zugänglich ist, sondern nur dem bzw. der Autor*in selbst bekannt sein kann. Interpretationskonzepte, die sich auf diese Intention berufen, können somit der grundsätzlichen Anforderung an die wissenschaftliche Bedeutungszuschreibung, nach der alle Belege potenziell allen Diskursteilnehmer*innen zur Überprüfung zugänglich sein müssen, nicht nachkommen (Spoerhase 2007a: 83). Die Textproduzent*innen selbst sind zudem häufig keine zuverlässigen oder ergiebigen Quellen, weil ihre Aussagen von vielfältigen Interessen geleitet sind und nicht auf die Frage nach den Potenzialen eines Textes reagieren, sondern vielmehr bestrebt und in der Regel ja auch aufgefordert sind, seine Bedeutungsvielfalt einzuschränken. Diese Probleme lassen sich mit der Annahme eines *hypothetischen Intentionalismus* umgehen.

Der Ansatz des hypothetischen Intentionalismus reagiert auf die Voraussetzung, dass Textbedeutung im Zuge der Rezeption hergestellt wird, indem er «die *tatsächliche* Intention des Autors für irrelevant erklärt» (ebd.: 84, Herv. i. O.) und stattdessen von den ästhetischen Konfigurationen des Textes ausgehend konjektural auf dessen Intention schließt. Dieses Vorgehen hat zur Folge, «dass eine intentionalistische Position (relativ) unabhängig von einer generischen konzipiert werden kann» (ebd.).[2]

Eine der Grundannahmen des hypothetischen Intentionalismus ist, dass im Anschluss an William Tolhust zwischen einer «Sprecherbedeutung» (*utterer's meaning*) und einer «Äußerungsbedeutung» (*utterance meaning*) unterschieden wird (vgl. Tolhust 1979). Erstere entspricht der faktisch intendierten Bedeutung, die ein ‹Autor› mit einer Aussage verfolgt. In der Regel sollte damit das Ziel einhergehen, dass sie innerhalb der Kommunikation auch angenommen und deswegen in einer Art und Weise formuliert sein wird, die der intendierte Rezipient*innenkreis verstehen kann (vgl. Grice 1989). Die «Äußerungsbedeutung» ist somit diejenige Bedeutung, die der sich der *angesprochen wähnende*

---

2   Wie genau hypothetische Intentionen zu konzeptualisieren sind, welche weiteren Annahmen ihrer Rekonstruktion einen Rahmen verleihen können und letztlich auch die Frage, welcher ontologische Status der Autorinstanz zugeschrieben wird, ist Gegenstand einer umfassenden und andauernden theoretischen Auseinandersetzung, siehe Spoerhase 2007a. bes. 93–100.

Rezipient*innenkreis begründeter Weise annehmen darf (vgl. Tolhust 1979: 11). Somit formen die Wissensbestände, Überzeugungen und Einstellungen, die dem durch den ‹Autor› identifizierten Rezipient*innenkreis zugänglich sein *könnten*, den Rahmen für die Hypothesenbildung zu einer plausiblen «Äußerungsbedeutung» eines Textes (Spoerhase 2007a: 86). In dieser Fassung gewährleistet der hypothetische Intentionalismus eine historische Verankerung der Bedeutungszuweisung. Da es möglich und ebenso einkalkuliert ist, dass die rekonstruierte hypothetische Intention von der Intention des empirischen ‹Autors› abweicht, stellt sich unweigerlich die Frage, wieso sich eine Textinterpretin auf die plausiblen Bedeutungen eines temporalen «Möglichkeitshorizonts» beschränken sollte (vgl. ebd.: 89). Die Antwort ist vom Ziel der Untersuchung abhängig. Darüber hinaus lassen sich die Positionen des hypothetischen Intentionalismus, wie Carlos Spoerhase darlegt, darin unterscheiden, ob sie den Ausdruck ‹hypothetisch› «auf den epistemischen Status der Intentionszuschreibung» oder auf die «Kontrafaktizität der Sprecherinstanz» beziehen (ebd.: 96). Während im ersten Sinne letztlich doch ein empirischer ‹Autor› den Horizont der Untersuchung bestimmt, wird im zweiten Sinne ein nicht unabhängig vom Text beobachtbares Konstrukt, also eine fiktive Instanz, generiert (ebd.: 96 ff.). Für eine Werkbiografie scheint es geboten, das biografische Subjekt zwar als ein Konstrukt anzuerkennen, in der Re/konstruktion eines Werdegangs aber eine größtmögliche Annäherung an die empirische Person anzustreben.

Egon Monk dient in meiner Untersuchung als ‹Referenzobjekt› in der Mediengeschichte (vgl. Alt 2002: 27 f.). Seine Lebensdaten begrenzen den Zeitraum der Betrachtung und seine werkbiografischen Daten prädisponieren die Auswahl von Modellen und Musterbeispielen, vor deren Hintergrund ich seine Regiearbeiten analysiere. Die Konsequenz, die sich aus den skizzierten Punkten der Kritik ziehen lässt, ist jedoch, dass eine Erklärung für das Werk Monks nicht an die detaillierte Rekonstruktion seines Lebenswegs gebunden ist und die Suche nach den Spuren seines Lebens in seinen Fernsehspielen und -filmen nicht nur ausbleiben darf, sondern der Verzicht darauf sogar geboten ist. Darüber hinaus muss davon ausgegangen werden, das nicht das Werk der Person, also des empirischen ‹Autors› Monk zu rekonstruieren ist, sondern eine spezifische Konfiguration der Ästhetik, die sich aus dem audiovisuellen Material extrahieren lässt und die den ‹Namen des Autors› trägt. Da nicht von einer Identität zwischen der autorisierten und der im Text realisierten Textbedeutung ausgegangen werden kann, gehe ich im Anschluss an das Konzept der hypothetischen Autorschaft in der theoretischen Kontextualisierung der Fernsehspiele und -filme über das hinaus, was der empirische Autor Monk nachweislich rezipiert hat (Spoerhase 2007a: 89). Dennoch strebe ich einen theoretischen Ort der Überschneidung an, an dem die Geschichte und ihre Rekonstruktion, der empirische ‹Autor› und diese ästhetische Struktur aufeinandertreffen.

3.

In der Filmbetrachtung droht der Bezug auf einen ‹Autor› die Realität der Textgenese auf einer anderen Ebene zu verfehlen: Der Begriff des Autors vereint in der Regel zwei Funktionen in sich: «einerseits den *Urheber* des *Textes*» – im juristischen wie gestaltenden Sinne – und «andererseits den *konzeptuellen Schöpfer* des *Werks*» (Martínez 1999a: 474, Herv. i. O.). Für den Film – sowie vergleichbare audiovisuelle Formen wie das Fernsehspiel – ist die Zuordnung einer solchen Leistung jedoch nicht so einfach möglich, weil ein Film das Ergebnis eines arbeitsteilig organisierten Produktionsprozesses ist (vgl. Kuhn 2011: 115 f.). Siegfried Kracauer zufolge lässt sich die Filmproduktion sogar mit der industriellen Fabrikation gleichsetzen (Kracauer [engl. 1947] 1984: 11). Er geht deswegen davon aus, dass jeder Filmproduktionsstab «eine Mischung heterogener Interessen und Neigungen» verkörpere und «die Teamarbeit auf diesem Gebiet dazu [tendiert], willkürliche Handhabungen des Filmmaterials auszuschließen und individuelle Eigenarten zugunsten jener zu unterdrücken, die vielen Leuten gemeinsam sind» (ebd.).

Ich möchte Kracauers Einschätzung nicht grundlegend widersprechen, nur anders akzentuieren, da sie durch seinen Rekurs auf Wsewolod I. Pudowkin ein emphatisches Verständnis von Industrieproduktion als «Kollektivanstrengung» (ebd.) eingeschrieben trägt, das nach meinem Dafürhalten den empirischen Produktionsprozessen ebenfalls nicht gerecht wird. Die Filmproduktion ist nicht nur ein funktional sehr ausdifferenziertes Arbeitsfeld, sondern auch hierarchisch organisiert. Die «Teamarbeit» in der Produktion eines Films ähnelt daher erher der Zusammenarbeit zwischen verschiedenen spezialisierten Gewerken im Gebäudebau. Die überwiegende Mehrheit der am Produktionsprozess eines Films Beteiligten arbeitet weisungsabhängig gegenüber einem kleinen Kreis derjenigen, die kreative Entscheidungen zu treffen befugt sind, die in der Rezeption auffällig werden können. Der Grund für die Unterdrückung «individueller Eigenarten» liegt nicht darin, dass die «Interessen und Neigungen» aller in das Endprodukt eingehen, sondern ist vielmehr in dem Umstand zu suchen, dass die Arbeitsteilung ein hohes Maß an Verständigung erfordert und sich daher alle an Fragen der Gestaltung Beteiligten an etablierten Stereotypen orientieren (vgl. Schweinitz 2006: 3 ff.).

Die Filmtheorie hat die Frage, welcher Position innerhalb der Filmproduktion der Status der maßgeblich verantwortlichen Instanz und in diesem Sinne die Autorschaft zugeschrieben werden sollte, im Laufe ihrer Geschichte unterschiedlich beantwortet. In der Etablierungsphase des Kinos wurde ‹der Autor›, abgeleitet aus der Tradition des Theaters, mit dem bzw. der Verfasser*in der Spielvorlage identifiziert. Dies war nicht zuletzt dem Ziel geschuldet, die als minderwertig geltende Form der Unterhaltung durch die Namen bekannter Autor*innen aufzuwerten (Felix 2003: 18). Die Idee, stattdessen den bzw. die Regisseur*in als kreative*n Urheber*in des Films zu definieren, geht auf die *politiques des auteurs* der französischen Filmkritik (Truffaut 1999 [1954], vgl. Monaco 2001: 438, Felix 2003b: 24) und ihre Erweiterung zur *Auteur-Theory* nach Andrew Sarris zurück (Kamp 1999: 442 ff.). Dieser klassische *auteurism* pronociert den Akt der Aneignung eines Stoffes durch ‹den Regisseur›, der die Vorlage durch die Inszenierung zu seinem eigenen Werk formt und daher – unabhängig davon, ob dieser auch für das Drehbuch verantwortlich zeichnet[3] – als *Auteur* des Films zu begreifen ist. Die wiedererkennbare ‹Handschrift› des *Auteur* drückt sich indessen vornehmlich in der Mise en Scène aus, deren Gestalt allein auf die ästhetischen Entscheidungen ‹des Regisseurs› zurückgeführt wird, sodass sich dessen individuelle Weltsicht, gleichsam seine Persönlichkeit in die Gestalt des Films ein- und in seinem Stil von einem zum anderen Film fortschreibt (ebd.: 442). In seiner klassischen Form beinhaltet der *auteurism* somit sowohl einen faktischen Intentionalismus als auch Spuren einer romantisch-idealistischen Genie-Vorstellung (Distelmeyer 2005: 31, vgl. Kamp 1999: 444 ff.). In der populären Filmgeschichtsschreibung und -kritik bildet diese Vorstellung, wie Jan Distelmeyer darlegt, noch immer das dominante und zumeist unreflektiert verbleibende Autormodell (Distelmeyer 2005: 30 ff.). In filmtheoretischen

---

3 Die Figur des Autors im deutschen Autorenfilm hingegen verlangt nach einer Personalunion von Autor*in, Regisseur*in und Produzent*in, da diese filmpolitische Bewegung eine kreative Unabhängigkeit von den Produktionsgesellschaften anstrebte (ausführlich: Brauerhoch 1991, hier: 13 f.). Der politisch kontuierte Ausdruck ‹Autorenfilmer› ist ein «Versuch, möglichst viel Autorschaft in einer Person zu vereinen» (Kuhn 2011: 118).

2 Werkbetrachtung und Re/konstruktion

Diskursen hingegen erfüllt die Figur des Autors in erster Linie eine komplexitätsreduzierende Funktion, die bereits eine Idee von hypothetischer Autorschaft eingeschrieben trägt. In der Theorieentwicklung zur filmischen Autorschaft lässt sich dabei nachvollziehen, dass diese komplexitätsreduzierenden Autorkonzepte entweder einer Vorstellung von originärer Urheberschaft verpflichtet bleiben, oder sie ‹den Autor› als Verantwortungsträger konzeptualisieren, d. h. ihn als denjenigen auffassen, der die kreativen Kräfte der am Prozess der Filmproduktion Beteiligten bündelt (vgl. Distelmeyer 2005: 30 f.). Der letzteren Auffassung schließe ich mich an. In Anlehnung an Peter Wollens Konzept des «auteur-structuralism» bestimmt somit nicht die Frage nach dem kreativen Entstehungsprozess und nach der Intention eines empirischen *Auteur* das Ziel der Textanalyse, sondern vielmehr die Offenlegung einer Struktur im Werk, «die *post factum* einem Regisseur zugeschrieben werden kann» (Kamp 1999: 448).

Monk hat jedoch keine Filme für das Kino realisiert, sondern allein für das Fernsehen. Sowohl in der populären Kritik als auch in der akademischen Auseinandersetzung mit diesem Medium ist das Konzept des *Auteur*-Regisseurs weniger präsent als in cineastischen Kontexten. Die Gründe hierfür liegen in der Medialität des Fernsehens. In der Rezeption des Programms verschwindet das einzelne Werk genauso wie in seiner Erforschung. Der Bezug auf Autorinstanzen ist in der historischen Fernsehforschung dennoch virulent. Offenbar unterliegt er nur nicht demselben Legitimationszwang wie in der Filmwissenschaft, die sich, wie Distelmeyer konstatiert, scheinbar immer zu entscheiden hat «zwischen den Erkenntnissen der Filmtheorie der letzten drei Jahrzehnte auf der einen und der Werkanalyse auf der anderen Seite» (2005: 31).

In der Fernsehwissenschaft dient der Autorbezug vielfach dazu, exemplarische Beispiele aus der Fülle des Materials erst mal selektieren zu können. Die historisch ausgerichtete Forschung sieht sich zudem mit dem Umstand konfrontiert, dass das, was das Fernsehen ausmacht – das Programm – in seiner komplexen Struktur nicht mehr zugänglich ist (vgl. Keilbach 2005, Keilbach/Thiele 2003). Das Untersuchungsmaterial ist daher beschränkt auf archivierte Einzelsendungen, Programminformationen aus Fernsehzeitschriften, Fernsehkritiken, Selbstdarstellungen der Sender und die Aussagen von ‹Autoren›. Diese können entweder einer aktuellen Befragung entstammen oder sind im Rahmen von Interviews, publizierten Reden und gegebenenfalls in Form von programmatischen Aufsätzen von denjenigen überliefert, die sich um theoretische Einordnungen bemühten. Diese Quellenlage hat zur Folge, dass sich die historische Forschung häufig auf «orakelnde Textproduzenten» (Spoerhase 2007a: 83) – Regisseur*innen, Drehbuchautor*innen oder Leitungsfiguren der Sender – verlässt. Mitunter wird dabei den eingeschriebenen Interessen dieser Aussagen zu wenig Aufmerksamkeit geschenkt, genauso wie dem Umstand, dass sie häufig in die Unternehmensdarstellungen von Sendern eingebunden sind, die eine spezifische Vorstellung der Fernsehgeschichte perpetuieren wollen (Hißnauer/Schmidt 2011, vgl. Vonderau 2013).

Auf Seiten der Fernsehkritik und Produktionspraxis geht das Konzept der Autorschaft im Fernsehen wiederum auf eine Tradition zurück, die mit dem Begriff des Autors zunächst Drehbuchautor*innen bezeichnete. Dieser bildet auch in den 1950er-Jahren in den publizistischen Debatten um den ‹Kunstcharakter› des Fernsehspiels, ganz ähnlich wie in den Auseinandersetzungen um das Kino dreißig Jahre zuvor (Prümm 2004: 551), die künstlerisch tätige Instanz, während ‹der Regisseur› tatsächlich mehr als Realisator der künstlerischen Vorlage galt (Hickethier 1980: 224). Bereits in den 1960er-Jahren näherte man sich jedoch von produktionspraktischer Seite auch im Fernsehen der Bundesrepublik einer Autorkonzeption nach dem Vorbild der Nouvelle Vague an (ebd.: 227; 232). Insgesamt lassen sich ähnliche Tendenzen wie in cineastischen Diskursen feststellen: Die journalistische Kritik hebt immer wieder einzelne Sendungen und Fernseh-*Auteurs* aus der Masse des Programmangebots hervor (Dominik Graf, Helmut Dietl etc.) und lässt dabei in jüngerer Zeit zunehmend eine Hinwendung zu Produzenten (z. B. Nico Hofmann von der Firma teamWorx) erkennen.

Die Fernsehforschung hingegen hat mit der theoretischen Problematik umzugehen, dass die Komplexität des filmischen Herstellungsprozesses, die den Bezug auf die kreative Urheberschaft so problematisch macht, im Medium Fernsehen durch seine Programmstruktur potenziert ist (vgl. Bleicher 1994: 30). Während ein Kinofilm als Artefakt zumindest noch eine – wenn auch hinsichtlich anderer Intertexte offene – *singuläre Einheit* bildet, ist der Fernsehfilm bzw. das Fernsehspiel als «Einzelleistung in andere inhaltliche und visuelle Bezüge» (ebd.) des Programms eingebunden. Zu der Frage um die Zuschreibung der Verantwortung für die ästhetische Struktur des Films kommt im Fernsehen so unter anderem die Frage nach der Verantwortung für die Platzierung hinzu. Joan K. Bleicher unterscheidet aus diesem Grund drei Gruppierungen von «Fernsehautoren»: Redakteur*innen, Dramaturg*innen und Lektor*innen bestimmt sie als «angestellte Autoren». Da sie diejenigen sind, die die Auswahl der Stoffe vornehmen, Drehbücher und deren Realisation in Auftrag geben und somit die Richtung des Programms definieren, lassen sie sich als «Programm-Autoren» begreifen (vgl. ebd.: 33 f.). Drehbuchautor*innen von fiktional intendierten Sendungen und Verfasser*innen von Beiträgen in Informationssendungen begreift Bleicher als «Autoren des Wortbereichs», die Vertreter*innen der Abteilungen Kamera, Szenenbild und Schnitt, die für die visuelle Umsetzung derselben Sendungen zuständig sind, hingegen als «Autoren des Bildbereichs» (ebd.).

Monk besetzte im Laufe seiner Fernsehkarriere unterschiedliche dieser Positionen der Autorschaft. Als Leiter der Hauptabteilung Fernsehspiel des NDR 1960–1968 war er für diesen Programmbereich des Senders verantwortlich. Sein Tätigkeitsfeld umfasste auch die Aufgaben des Redakteurs und Produzenten. Es oblag somit seiner Verantwortung, die Arbeiten anderer zu ermöglichen und zu betreuen, d. h. die kreativen Kräfte der «angestellten Autoren» des Wort- und Bildbereichs zu bündeln und zu koordinieren, um im Ergebnis einen ‹Spielplan› vorzulegen. Er war zudem ein «Autor des Wortbereichs», also ein Verfasser von eigenen Drehbüchern, aber auch jemand, der sich Drehbücher, Bühnenstücke, Hörspiele und Romane anderer Verfasser*innen aneignete, um sie in der konkreten Inszenierung zu adaptieren. In seiner Position als Regisseur wiederum war er derjenige, dem die Verantwortung für die Zusammenstellung seines Produktionsstabs – Kameraleute, Szenenbildner*innen, Schnittmeister*innen, Schauspieler*innen etc. – oblag, deren Einzelleistungen die Ästhetik der Fernsehspiele und -filme formten.

Wenn ich für die Analyse auf dieses Ergebnis zugreife, verschwindet die Leistung der einzelnen am Produktionsprozess Beteiligen. Ebenso werden die Unterschiede zwischen Ergebnissen der Planung und all denjenigen ästhetischen Entscheidungen verwischt, die im Zuge der Filmproduktion durch zuvor nicht kalkulierte Bedingungen, mangelnde Sorgfalt oder schlicht zufällig eintretende Ereignisse während der Dreharbeiten verursacht sind und sich gleichfalls in die Gestalt des Films einschreiben. Der Fokus auf ästhetische Strukturen kann der Komplexität von empirischen Produktionsprozessen – der Filmproduktion wie der Zusammenhänge des Fernsehens – genauso wenig gerecht werden wie der Banalität des Arbeitsalltags.

In der Betrachtung und Analyse der realisierten Struktur besitzt jedoch jedes ihrer Elemente ein Bedeutungspotenzial, das sich in der Rezeption aktualisieren *kann*. Bela Balázs bezeichnet dieses Moment als «Pansymbolismus» des Films (Balázs [1924] 2001: 70 f.).

2 Werkbetrachtung und Re/konstruktion

Es sei eine «notwendige Kategorie der Wahrnehmung», dass die Dinge der Abbildung bedeutsam erscheinen, unabhängig davon, ob sie auf dieses Wirkungsziel arrangiert wurden oder nicht. Daher obliege es dem bzw. der Regisseur*in, mit diesem Material zu arbeiten (ebd.). Daraus ist nicht zu schließen, dass alle Elemente der (audio)visuellen Kunst die Folge bewusster und intendierter Entscheidungen *sind*, potenziell könnte nur das Vorkommen jedes betrachteten Elements derartig begründet sein. Auch eine kontextualisierende Filmanalyse kann nicht immer zwischen Planerfüllung und Zufall unterscheiden.[4]

Mir geht es allerdings auch nicht darum, im Sinne der *industry/production studies* Produktionsprozesse nachzuvollziehen[5], nicht um das produktive Zusammenwirken von Personen und Instutitionen und gleichfalls nicht im engeren Sinne um die Textgenese. Sofern sich mir relevante Informationen in dieser Hinsicht auftun, werde ich sie nicht ignorieren oder verschweigen. Das primäre Material meiner Untersuchung bildet jedoch die realisierte ästhetische Struktur. Dieses liegt mir indessen in einer Fassung vor, die sich entscheidend von ihrem ursprünglichen Präsentationskontext unterscheidet. Die audiovisuellen Regiearbeiten Monks enthalten zwar Spuren des Mediums Fernsehen, für das sie ursprünglich verfasst wurden wie beispielsweise Anpassungen an die Präsentationsfläche oder selbstreflexive Bezugnahmen auf den Präsentationsrahmen. Aus dem Zusammenhang des Programms extrahiert, erscheinen sie dennoch *wie* ein Film und lassen sich daher in der Analyse derartig erfassen.

4.

Da ich eine Annäherung an die empirischen Produktionsprozesse anstrebe und Monk nur in seltenen Fällen für die Stoffe seiner Filme verantwortlich zeichnet, liegt der Schwerpunkt meiner Analysen darin, die Beschaffenheit seiner audiovisuellen Inszenierung herauszustellen, die das Konzept seiner Aneignung widerspiegelt; in denjenigen Fällen, in denen er gleichfalls als Bearbeiter der Spielvorlage fungierte, berücksichtige ich auch die Art und Weise der Bearbeitung. Unter der Voraussetzung, dass potenziell hinter jedem Element der Gestaltung eine ästhetische Entscheidung stehen kann, die zwar nicht notwendigerweise dem bzw. der Regisseur*in zugeschrieben, aber mit dem Konzept der Aneignung kompatibel sein muss, kann ich von der Qualität der audiovisuellen Inszenierung ausgehend Schlussfolgerungen über das zugrundeliegende Konzept anstellen. Die Aktualisierung dieses Konzepts in der audiovisuellen Inszenierung begreife ich als Stil, die angewandte Methode ist demnach eine Stilanalyse.

Nach einem morphologischen Verständnis bezeichnet der Stilbegriff eine spezifische regelhafte Konfiguration im Aufbau eines Kunstwerks. Je nach Auflösungsgrad der Betrachtung lässt sich dieser für Einzelwerke (*Werkstil*), für ein Oeuvre (als *Individual-* bzw. *Personalstil*) oder für Gruppen von Werken (als *Gruppen-*, *Zeit-* oder *Epochenstil*) beschreiben. Für den Film lässt sich ein Stil anhand formaler Charakteristika festmachen, die in den Merkmalen der Erzählorganisation durch die Dramaturgie und die Montage sowie in

---

4 Handelt es sich hierbei beispielsweise um so ein gewichtiges Moment wie der plötzliche Tod eines Darstellers während der Dreharbeiten, der eine signifikante Änderung der Erzählstruktur oder der visuellen Inszenierung zur Folge hätte, ließe sich das Analyseergebnis durch die Hinzuziehung von Presseberichten korrigieren. Kleinere, in der Rezeption und Analyse jedoch möglicherweise als signifikant wahrgenommene Elemente, die durch zufällige Ereignisse während der Aufnahmen verursacht sein könnten, sind dieser Möglichkeit der Korrektur zumeist entzogen.

5 Zu den Methoden und Ansätzen der *industry-* und *production studies* vgl. Caldwell 2013, bes. 42 f.; 45, Vonderau 2013, Szczepanik/Vonderau 2013.

den Mitteln der Gestaltung, also im Szenenbild, der Kameraführung oder des Schauspielens liegen (Wuss 1998: 150 ff., vgl. Bordwell 1997: 4). Deren «Differenzqualitäten» lassen sich jedoch nur in ihrem Verhältnis zu den Normen und dominanten Konventionen erfassen, die zu einem spezifischen historischen Zeitpunkt die Formgestaltung für ein Medium bestimmten. Das ästhetische Vorgehen Monks stellt somit eine «Varianzästhetik» (Martínez 1999b: 435) innerhalb eines gegebenen Systems dar (i. S. v. Bordwell et al. 1985). Eine Stilanalyse erfordert demnach verschiedene Stufen der Kontextualisierung, um die «Spielräume für die jeweilige Variationsbreite einer bestimmten Formentscheidung» (Wuss 1998: 151) zu markieren.

Da alle künstlerischen Formen von ihren medialen Bedingungen bestimmt und in intertextuelle Verflechtungen eingebunden sind, lässt sich keine Form und keine stilistische Eigenart eines Einzelwerks unabhängig von der Mediengeschichte verstehen (vgl. Wuss 1998: 148, Bolter/Grusin 2000: 15, Müller 2008, Rajewski 2008: 50). Zur Bestimmung von Monks Individualstil bilden daher die Geschichte des Fernsehens in der Bundesrepublik und die historischen Entwicklungen der Formen des Fernsehspiels und des Films einen grundlegenden Bezugsrahmen. Sie stellen, etwa durch technisch-apparative Grundlagen der Produktion und Präsentation, historisch gebundene Normen und Konventionen in der Gestaltung und bezüglich der Aufnahme bestimmter Themen und Anliegen gewissermaßen die ‹Bedingung der Möglichkeiten› des Stils dar; sie prädisponieren die spezifische Art und Weise, in der die formalen Komponenten der Filmgestaltung in seinen Einzelwerken arrangiert werden können. Die «Differenzqualität» von Monks Regiearbeiten – also die spezifische Qualität im Verfahrenseinsatz seiner Inszenierungen – bestimme ich durch den Vergleich mit geeigneten Musterbeispielen aus demselben Zeitraum. Deren Auswahl ist indessen nicht davon bestimmt, ob Monk sie nachweislich rezipiert hat (in dieser Hinsicht existieren auch kaum Hinweise). Sie stellen vielmehr imaginäre Bezugspunkte dar, anhand derer ich exemplarisch Ähnlichkeiten und Abweichungen herausstellen kann.

Die Aussagen des Regisseurs in Interviews, aber auch seine unveröffentlichten schriftlichen Hinterlassenschaften deuten entschieden darauf hin, den konzeptionellen Hintergrund des Stils in seinem Bezug zu Bertolt Brecht zu suchen. Daher gehe ich zunächst davon aus, dass Monks audiovisuelle Inszenierungen von denjenigen wirkungsästhetischen Prämissen geprägt sind, die das Brecht'sche Realismus-Modell vorgibt – und darüber hinaus: Überzeugungen politischer und moralischer sowie epistemologischer Art, wie es für das realistische Paradigma charakteristisch ist. Um Monks Regiearbeiten daraufhin befragen zu können, inwiefern sie mit den Parametern des Brecht'schen Modells kompatibel sind oder von diesen abweichen, um also Absichtsbekundungen den realisierten Verfahren gegenüber zu stellen, ist eine medientheoretische Erörterung erforderlich, aus der ich die Kriterien ableite. Dabei beschränke ich mich auf diejenigen Aspekte, die für die Frage nach der intermedialen Übertragbarkeit relevant sind.

Da sich der audiovisuelle Ausdruck von Monks Regiearbeiten über einen Zeitraum von 35 Jahren als sehr variantenreich erweist, sind seine Fernsehspiele- und -filme immer wieder neu mit der Frage zu konfrontieren, welche formal-ästhetische Lösung er für das Anliegen der realistischen Erzähl- und Darstellungsweise formuliert. Für einige Regiearbeiten reicht der Verweis auf Brecht nicht aus, um ihren konzeptionellen Hintergrund zu deuten. Daher ziehe ich, ausgehend von den entsprechenden ästhetischen Merkmalen, weitere Modelle des Realismus hinzu. Die Interpretation der Einzelwerke hingegen ist von der Frage angeleitet, auf welche gesellschaftspolitisch und kulturell relevanten Fragen der jeweiligen Produktionszeit Monk damit jeweils antwortet. Um die Fernsehspiele

2 Werkbetrachtung und Re/konstruktion

und -filme daraufhin zu befragen, welche Bedeutung sie *in* und *für ihre Zeit* angenommen haben können sowie um einzuschätzen, inwiefern sie sich dabei als symptomatisch für die Diskurse ihrer Produktionszeiten erweisen, ist eine medien-kulturhistorische Kontextualisierung erforderlich.

Zur Überbrückung der historischen Distanz ziehe ich Rezensionen zu seinen Fernsehspielen und -filmen in Fachpublikationen, Tageszeitungen und Magazinen hinzu. Diese fungieren in erster Linie als Quelle, um Diskurse zu rekonstruieren, auf die Monks Fernsehspiele und -filme sowohl thematisch als auch in ihrer formalen Ästhetik eine Antwort formulieren sowie um einzuschätzen, inwiefern dieses Angebot in der historischen Rezeptionssituation angenommen wurde. Monk, der nachweislich die Reaktionen der Fachkritik sehr genau verfolgt und archiviert hat, könnte zudem durch diese auch veranlasst gewesen sein, seine Verfahrensweise in einer anschließenden Produktion neu zu justieren. Die Frage hingegen, wie Monks Filme seinerzeit von den Fernsehzuschauer*innen aufgenommen wurden, die nicht dem Kreis der Fachkritik zugerechnet werden können, ist von nachgeordnetem Interesse für mich und würde überdies einen anderen methodischen Zugang erfordern (vgl. Korte 1997: 158, ausführlich 1998).

3 Material der Werkbiografie

«Le style, c'est l'homme – bei Monk bestimmt».
(Fritz Rumler 1968: 210)

1.

Egon Monk wurde am 18. Mai 1927 im Berliner Stadtteil Wedding geboren. Nach dem Zweiten Weltkrieg, den er als Flakhelfer in Berlin überlebte, begann er 1945 eine Schauspielausbildung an der privaten Schauspielschule von Hilde Körber (Buschey 2007: 78). Den Beruf des Schauspielers auszuüben scheint jedoch nie sein Ziel gewesen zu sein. Wie er bei verschiedenen Gelegenheiten betonte, wollte Monk selbstständig inszenieren und er wollte zum Film (Netenjakob 1977: 177, Vogel 2004: 17, Monk 2007: 15, Büttner 2015: 38). Da sich hierfür zunächst keine Gelegenheit bot, bewarb er sich für den Veranstaltungsdienst der Berliner Volksbühne und hielt, wie er in seinen veröffentlichten Erinnerungen erklärt, in diversen Werkhallen und Betriebskantinen des Berliner Umlands Vorträge über Wladimir Majakowski und Maxim Gorki (Monk 2007: 16). Während eines Schauspielengagements bei einer Wanderbühne in Arnsberg im Sauerland lernte er 1947 seine spätere Ehefrau Ulla Wollank kennen. Sie folgte ihm 1948 nach Berlin, um Schauspiel zu studieren. Er hatte unterdessen ein Regiestudium am neugegründeten Nachwuchsstudio der DEFA begonnen, aus dem später die Hochschule für Filmkunst Potsdam-Babelsberg[1] hervorging (Buschey 2007: 81, Monk 2007: 32). Parallel zu dem auf zwei Jahre angelegten Lehrgang arbeitete Monk bereits an verschiedenen Theaterbühnen als Dramaturg. Diese Tätigkeiten blieben jedoch von kurzer Dauer. Drei Verträge kündigte er 1948 vor Ablauf der Spielzeit, zuletzt im Sommer 1948 ein Engagement am Theater in Frankfurt an der Oder, sodass er, um sein finanzielles Auskommen zu sichern, wieder zum Veranstaltungsdienst der Berliner Volksbühne zurückkehrte (Monk 2007: 15 f.). Hier traf er mit Bruno Lorenz zusammen und kreierte das am Agitprop orientierte Programm *Eine Stunde mit Bert Brecht*, das aus einer Auswahl von dessen Gedichten und Liedern der Vorkriegsjahre bestand. Gemeinsam mit der Schauspielerin Isot Kilian und dem Pianisten Fritz Hemmann traten Monk und Lorenz von 1948 bis 1949 in diversen Betriebskantinen auf (Slevogt 2017: 19, Buschey 2007: 79, Monk 2007: 17). Monk führte als Conférencier durch das Programm und informierte über die Neuigkeiten zu Brechts Rückkehr aus der Emigration (ebd.: 19). Durch die Initiative Kilians, die Helene Weigel bei einer öffentlichen Diskussion über *Mutter Courage und ihre Kinder* angesprochen hatte, kam die Gruppe in Kontakt mit Brecht selbst, und im Frühjahr 1949 wurden Kilian, Lorenz und Monk für das Berliner Ensemble engagiert (Slevogt 2017: 20f, vgl. Monk 2007: 31).

---

1 Diesen Namen trug die Schule seit 1954, am 13. Oktober 1969 wurde die Ausbildungsstätte in Hochschule für Film und Fernsehen umbenannt und am 18. Oktober 1985 durch den Zusatz «Konrad Wolf» ergänzt, siehe *DEFA-Stiftung* URL: <http://www.defa.de/cms/die-defa> (Zugriff: 28.11.2017).

Der am 5. April 1949 abgeschlossene Vertrag weist Monk als Schauspieler für die Spielzeit 1949/50 mit einer monatlichen Gage von 600 Mark aus.[2] Er war jedoch mit Beginn der Proben für *Herr Puntila und sein Knecht Matti* (1948) als Assistent Brechts tätig und mit der Aufgabe betraut, die Probenarbeit zu protokollieren (vgl. Monk 2007: 47). In dieser Funktion arbeitete er auch an Bertolt Viertels Inszenierung von Maxim Gorkis *Wassa Schelesnowa* (1910/35) mit.[3] Schnell avancierte Monk offenbar zu Brechts «Lieblingsschüler» (Mittenzwei 1986b: 388 f.; Wekwerth 2000: 77). Noch in derselben Spielzeit wurde «der junge Egon Monk», wie ihn das Ensemble im Impressum der *Theaterarbeit* ausweist (Berliner Ensemble/Weigel 1952), mit dem Auftrag betraut, die Rostocker Inszenierung des *Puntila* zu überwachen. Für die Regie war dort zunächst der Leiter der Schauspielsparte des Theaters, Harry Grunitzky, verantwortlich. Da Monk jedoch, wie Esther Slevogt pointiert, «über den Kopf des Regisseurs hinweg» die Inszenierung nach den Erfordernissen der Berliner Modellinszenierung neu zu arrangieren begann, «zog sich Grunitzky gedemütigt zurück», während Monk die Arbeit zu Ende führte (Slevogt 2017: 22).

Im Anschluss an sein Regiedebüt inszenierte Monk in Rostock Rudolf Wagner-Régenys Oper *Der Günstling* (1932/1934) nach einem Libretto von Caspar Neher und eröffnete damit die Rostocker Tage Neuer Musik (ebd., vgl. Schmidt/Pasdzierny 2017: 123). Zurück in Berlin realisierte er 1951 in Eigenregie Brechts *Herrenburger Bericht* für das Programm der Weltjugendfestspiele und Gerhart Hauptmanns *Biberpelz und Roter Hahn* mit Therese Giehse in der Hauptrolle, die Brechts Angaben zufolge auch die Idee hatte, «die Komödie und die Tragödie der Waschfrau Wolffen zu einer Tragikomödie auszugestalten» (GBA 24: 393, vgl. GBA 8: 586–588, Schoenberner 1995: 10). 1952 erarbeitete Monk gemeinsam mit Brecht eine Adaption von Goethes *Urfaust*, die am 25. April am Hans-Otto-Theater in Potsdam sowie in überarbeiteter Form am 13. März 1953 als Matinee-Vorstellung im Deutschen Theater Berlin Premiere hatte (Schmitt 1980: 5). Probenaufnahmen dieser Inszenierung sind in dem Film SYBERBERG FILMT BEI BRECHT (BRD 1993) enthalten. Mit beiden Aufführungen gerieten Brecht und Monk in der DDR-Kulturkritik unter Formalismusverdacht. Ihr Zugriff auf den Faust-Stoff widersprach dem geltenden Klassikerverständnis und die Inszenierung selbst den Anforderungen des Sozialistischen Realismus, ähnlich wie Hanns Eislers Oper *Johann Faustus*, dessen Libretto wenige Monate zuvor bereits derselben ablehnenden Beurteilung ausgesetzt gewesen war (ausführlich Schmitt 1980, bes. 40 ff., vgl. Mahl 1986, Mayer 1996b, Barnett 2015: 99 ff.).

Monks vorletzte Inszenierung für das Berliner Ensemble und gleichzeitig seine erste für das Medium Fernsehen wurde *Die Gewehre der Frau Carrar*, die er vom 4. bis 7. Februar 1953 im Jofa-Atelier Berlin-Johannisthal mit Helene Weigel in der Hauptrolle realisierte (vgl. Pietrzynski 2003: 65–76). Die Ausstrahlung des Stücks im Versuchsprogramm des Fernsehzentrums Berlin (FSZ)[4] am 11. September 1953 sollte Monk jedoch nicht mehr in der DDR mitverfolgen. Er verzichtete auf die Verlängerung seines Vertrags, der bis zum 30. April desselben Jahres reichte, und siedelte mit seiner Frau und dem Sohn Sebastian nach Westberlin über (Monk 2007: 178 ff.).

---

2 Die *Theaterarbeit* führt «Eine Stunde mit Bertolt Brecht» als «Betriebsarbeit» des Ensembles in den Spielzeiten 1949/50 und 1950/51 mit 62 Betriebsveranstaltungen auf, siehe Berliner Ensemble/Weigel 1952: 401.

3 In der *Theaterarbeit* wird Monk zwar nicht als Mitarbeiter aufgeführt, aus den hinterlassenen Mitschriften Monks (siehe EMA 90) geht jedoch eindeutig hervor, dass er am Probenprozess beteiligt war.

4 Das Versuchsprogramm des Fernsehzentrums (FSZ) Berlin sendete vom 6. Dezember 1952 bis zum 1. Januar 1956 und wurde dann durch das Vollprogramm des Deutschen Fernsehfunks (DFF) abgelöst. Nach der Erweiterung auf ein zweites (Farb-)Fernsehprogramm am 2. Oktober 1969 wurde der Sender am 11. Februar 1972 in Fernsehen der DDR umbenannt (vgl. Hickethier/Hoff 1998: 311 ff.).

Im Westen der Stadt konnte Monk zunächst an seine Tätigkeit am Theater anschließen. Für das Theater am Kurfürstendamm, deren Intendanz Oscar Fritz Schuh 1953 übernommen hatte, realisierte er im Juni 1954 unter dem Titel *Zum guten Nachbarn* eine Dramatisierung von Gerd Oelschlegels Hörspiel *Romeo und Julia in Berlin*, für die Nehers ‹Schüler› Ekkehard Grübler das Bühnenbild entwarf.[5] Im Anschluss inszenierte er mit Ernst Josef Aufricht die Revue *Bilderbogen aus Amerika*, die drei Balladen aus dem Musical *The Golden Apple* (1954) von John Treville Latouche und Jerome Moross in deutscher Übersetzung vorstellte, für die Monk ebenfalls verantwortlich zeichnet. Das Bühnenbild und die Kostüme stammten von George Grosz.[6] Danach blieben die Engagements aus und auch Monks ursprünglicher Plan, Oberspielleiter in Halle zu werden, zerschlug sich (Buschey 2007: 83). Deswegen begann er, vermittelt durch Joachim C. Fest, für den Rundfunk im amerikanischen Sektor (RIAS Berlin) sogenannte Hörbilder, eine nach US-amerikanischem und britischem Vorbild gestaltete Form des Features zu schreiben (vgl. Peitsch 2009: 199). Bei diesen hauptsächlich im Schulfunk ausgestrahlten Beiträgen in den Reihen *Wissen und Wahrheit* oder *Leben und Werk* handelt es sich um Portraits von Philosophen, Künstlern und historischen Persönlichkeiten wie Thomas Münzer, Karl Kraus oder Sergej M. Eisenstein, aber auch um Auseinandersetzungen mit *Ursachen und Entstehung des Antisemitismus* auf der Grundlage von Hannah Arendts *Elemente und Ursprünge totaler Herrschaft*.[7] Dieses Spektrum erweiterte sich um Regiearbeiten für das Hörspiel desselben Senders, etwa *Seine Majestät Mr. Seiler* nach einer Vorlage von Walter Jens, oder *Ein Löwe hat den Mond verschluckt* von Moscheh Ya'akov Ben-Gavriel (Schumacher/Stuhlmann 2012: 164, ausführl. Stuhlmann 2017a).

Ab 1956 begann Monk zudem für den Norddeutschen Rundfunk in Hamburg tätig zu werden und realisierte dort das Hörspiel *Die Festung* seines Schulfreundes und ehemaligen Kollegen am Berliner Ensemble Claus Hubalek, das am 15. November 1956 gesendet wurde (vgl. Monk 2007: 102). Im Frühjahr des folgenden Jahres inszenierte Monk auch dessen Komödie *Keine Fallen für die Füchse* an den Städtischen Bühnen in Frankfurt am Main (Schumacher 2017a: 56). Im Winter 1957 wurde er als Dramaturg der NDR-Hörspielabteilung angestellt und zog mit seiner Familie nach Hamburg. Unter Heinz Schwitzke, der von 1951 bis 1971 dort die Leitung der Abteilung Hörspiel und Dramaturgie innehatte, war Monk unter anderem für die Koordination der 18-teiligen Sendereihe *Aus der Frühzeit des Hörspiels* (1959) verantwortlich, in der alte Hörspiele wiederaufgeführt bzw. teilweise Fragmente aus diesen mit neuen Inszenierungen kombiniert wurden, sowie für die zehnteilige *Tönende Theatergeschichte* nach einer vergleichbaren Konzeption (vgl. *Der Spiegel* 1959). Zudem führte er bei diversen Hörspielproduktionen Regie, z. B. 1959 bei *Anabasis* von Wolfgang Weyrauch und *Auf einem Maulwurfshügel* von Franz Hiesel (Stuhlmann 2017a: 37). Letzterer wurde wenig später (1960–1968) Chefdramaturg und stellvertretender Leiter der Hauptabteilung Hörspiel des NDR.

Gleichfalls unter der Leitung von Schwitzke realisierte Monk 1958 zwei Fernsehspiele für den NWRV[8]: DAS GELD LIEGT AUF DER STRASSE von Werner-Jörg Lüddecke nach dessen

---

5   Siehe EMA 119. *Zum guten Nachbarn* findet sich auch erwähnt in Delling 1963: 56.
6   Siehe hierzu die Presse-Dokumentation, EMA 161, sowie das Programmheft, EMA 162.
7   Im Archiv der AdK sind insgesamt 29 Manuskripte des Features einsehbar, die sich Monks Tätigkeit für den RIAS zuordnen lassen. Zu *Thomas Münzer* siehe EMA 67, *Karl Kraus* EMA 74, *Sergej M. Eisenstein* EMA 76 sowie *Ursachen und Entstehung des Antisemitismus* EMA 357. Zu den Titeln und Sendedaten der oben aufgeführten Beiträge siehe Werkverzeichnis.
8   Am 31. März 1956 erfolgte die Teilung des NDWR (Nord- und Westdeutscher Rundfunkverband) in NDR und WDR, bis zum 31. März 1961 waren sie im Nord- und Westdeutschen Rundfunkverbund (NWRV) organisiert (Hickethier/Hoff 1998: 93 ff.).

gleichnamigem Hörspiel von 1952 und DIE BRÜDER nach dem Roman *Pierre et Jean* (1888) von Guy de Maupassant. Zudem übernahm er kurzfristig die Regie der Opera buffa *Die Schule der Frauen* von Rolf Liebermann (Komposition) und Heinrich Strobel (Libretto) nach Molières Komödie *L'école des femmes* (1662), die er in einem Bühnenbild von Caspar Neher inszenierte (vgl. Tretow 2003: 442) und die am 30. November 1958 *live* aus dem Schlosstheater in Celle übertragen wurde (vgl. Schmidt/Pasdzierny 2017: 123).

Im Zuge der Umstrukturierung des NWRV wurde Monk 1959 von dem Generalintendanten Werner Hilpert und dem Programmdirektor Hans Arnold beauftragt, für den NDR die Hauptabteilung Fernsehspiel aufzubauen.[9] Hier war er von 1960 bis 1968 verantwortlich für die Programmplanung der Ausstrahlung von Fernsehspielen, Spielfilmen und Theater- sowie Opern- und Konzertmitschnitten (vgl. Deiters 1973: 288). Sein Programm legte einen Schwerpunkt auf gesellschaftskritische Fernsehspiele, die sowohl auf eigens für das Medium Fernsehen verfassten Stoffen basierten als auch Adaption von Stoffen der Nachkriegsliteratur und -dramatik darstellten (vgl. Peitsch 2009: 198 f.). Nach der Einschätzung der Fachkritik hob sich der NDR damit positiv vom Programmangebot der anderen Sendeanstalten ab (vgl. Delling 1963, Simon 1965a, Netenjakob 1966).

Monks erste selbstständige Regiearbeiten zu Beginn der 1960er-Jahre waren eine im Studio inszenierte Fernsehadaption von Brechts LEBEN DES GALILEI (NDR 1962) und, für die Hamburgische Staatsoper, *Aufstieg und Fall der Stadt Mahagonny* von Brecht und Kurt Weill, die er nach Nehers Regiebuch und dem Bühnenbild der Berliner Erstaufführung von 1931 umsetzte (vgl. Tretow 2003: 132, 134). Eine Aufzeichnung dieser Produktion wurde 1962 auch im Fernsehprogramm des NDR ausgestrahlt. 1963 realisierte er zudem mit Therese Giehse in der Titelrolle Maxim Gorkis Drama WASSA SCHELESNOWA als Fernsehspiel in demselben Bühnenbild, das Teo Otto für die Inszenierung des Berliner Ensembles 1949 entworfen hatte. In Erinnerungen blieben jedoch vor allem diejenigen Regiearbeiten aus den Jahren 1960–1968, die sich durch die Zusammenarbeit mit Gegenwartsautoren auszeichneten: die Fernsehspiele bzw. -filme ANFRAGE (1962), SCHLACHTVIEH (1963) und WILHELMSBURGER FREITAG (1964), die auf Drehbüchern von Christian Geissler basieren, MAUERN (1963) und EIN TAG – BERICHT AUS EINEM DEUTSCHEN KONZENTRATIONSLAGER 1939 (1965), die Monk zusammen mit Gunther R. Lys verfasste sowie PREIS DER FREIHEIT (1966) nach einem Drehbuch von Dieter Meichsner. BERLIN N 65, eine von drei Episoden des Fernsehfilms AUGENBLICK DES FRIEDENS (1965), ging auf ein Originaldrehbuch von Monk selbst zurück (vgl. Prümm 1987).

Parallel zu seinen Tätigkeiten für das Fernsehen inszenierte Monk zwischen 1963 und 1967 fünf weitere Opern für die Hamburgische Staatsoper, die im Kontext des Uraufführungs-Programms des seit 1959 amtierenden Intendanten Rolf Liebermann zu sehen sind: 1963 *Figaro läßt sich scheiden* von Giselher Klebe, 1964 *Der goldene Bock* von Ernst Krenek und *Boris Gundunow* von Modest Mussorgski, 1965 *Das Lächeln am Fuße der Leiter* von Antonio Bibalo in einem Bühnenbild von Teo Otto und 1967 *Arden muss sterben* von Alexander Goehr (vgl. Schmidt/Padszierny 2017). In der Zusammenarbeit mit Liebermann entstand im Mai/Juni 1964[10] zudem ein Feature über dessen musikalischen Beitrag

9 Vgl. «Unterlagen zum Aufbau der Abteilung Fernsehspiel beim NDR 1960/61», o. D., 57 Bl., EMA 728.
10 Von dieser Produktion ist Fotomaterial überliefert, aus dem die Datierung hervorgeht, siehe EMA 1273; 941. Nach den Unterlagen des Unternehmensarchivs des NDR wurde der Beitrag am 15. März 1965 im Rahmen des Kulturprogramms Akademie III (präsentiert von Ernst Schnabel) um 20:15 Uhr im Deutschen Fernsehen gesendet. Ich danke Christoph Rohde und Andreas Gumz herzlich für ihre Hilfe in der Klärung dieser Frage. Im Fernseharchiv des NDR sowie in der AdK liegen jeweils eine digitale Kopie des Fernsehbeitrags (ohne Sign.) vor.

für die Schweizerische Landesausstellung Expo 64 (30. April – 25. Oktober 1964 in Lausanne), die Symphonie Les Echanges, die Monks Fernsehbeitrag LES ECHANGES (1965) in drei Variationen vorstellt: nach ihrer ursprünglichen Konzeption als Komposition für 156 präparierte Büromaschinen, die von einem Computer gesteuert wurden, in der Jazz-Variation für Klavier und zwei Schlagzeuge, die Georg Gruntz im Auftrag Liebermanns arrangierte[11] sowie zuletzt in einer durch Montage kombinierten Fassung, die nur in diesem Beitrag für den NDR existiert (zur Aufführung im Rahmen der Expo 64 vgl. Spirgi 2014, Müller 2013).

In der Retrospektive sticht das Jahr 1964 insgesamt als eines der intensivierten Beschäftigung mit dem Musik- und Sprechtheater heraus: Monks Inszenierung von Klebes *Figaro läßt sich scheiden* eröffnete am Abend des 15. Juni den vom internationalen Musikrat veranstalteten Kongress zum zeitgenössischen Musiktheater, der von 16. bis 23. Juni 1964 in der Hansestadt stattfand. Die Uraufführung von *Der goldene Bock* am 16. Juni und eine Wiederaufnahme seiner *Mahagonny*-Inszenierung am 22. Juni wurden im Zuge dieser Veranstaltung als Beispielaufführungen auf die Bühne der Hamburgischen Staatsoper gebracht, während Monk am 18. Juni geladen war, in der Sektion «Formen und Formelemente» zum «Einfluss Brechts» zu sprechen (siehe Thomas 1966: 9–15, Monk 1966b). Im September desselben Jahres feierte auch Monks Inszenierung von Siegfried Lenz' Schauspiel *Das Gesicht* am Deutschen Schauspielhaus in Hamburg Premiere (Schumacher/Stuhlmann 2012: 165, vgl. Jacobi 1964).

1968 verließ Monk den NDR, um die Intendanz am Deutschen Schauspielhaus in Hamburg zu übernehmen. 1967 war er bereits als Generalintendant der Städtischen Bühnen Frankfurt am Main angefragt worden. Als er jedoch nach dem vorzeitigen Rücktritt von Oscar Fritz Schuh für dessen Nachfolge am Schauspielhaus vorgeschlagen wurde, entschied sich Monk in Hamburg zu bleiben. Seine Intendanz an diesem Haus währte jedoch nur 75 Tage. Auf inneren und äußeren Druck hin gab er diesen Posten, den er am 1. August 1968 angetreten hatte, bereits am 15. Oktober wieder auf (vgl. Schumacher/Stuhlmann 2012: 169 f., Propfe 2017). Während dieser drei Monate entstanden zwei kontrovers diskutierte Inszenierungen: Die Schauspiel-Revue *Über den Gehorsam. Szenen aus Deutschland, wo die Unterwerfung des eigenen Willens unter einen fremden als Tugend gilt*, die Monk zusammen mit Hubalek verfasste, eröffnete die Spielzeit 1968/69 am 1. September 1968 und wurde *live* im Fernsehen übertragen. Darauf folgte am 15. September Friedrich Schillers Schauspiel *Die Räuber* (vgl. Propfe 2017: 161–164). Diese Aufführung wurde später im Studio nach einem Drehbuch von Fritz Umgelter re-inszeniert und am 23. November 1969 im Fernsehen gesendet (vgl. ebd.).

Nach seinem Rücktritt von der Intendanz des Deutschen Schauspielhauses kehrte Monk hauptberuflich als freier Autor und Regisseur zum Fernsehen zurück. Darüber hinaus war er zwischen 1970 und 1981 als Leiter einer Arbeitsgruppe beim NDR angestellt, wo er in Meichsners Abteilung die Funktion eines dramaturgischen Beraters erfüllte, der verschiedene Projektvorhaben auf ihre Umsetzbarkeit prüfte.[12] Dessen Worten nach zu urteilen, war Monk zu dieser Zeit auch an der Konzeption der NDR-Sendereihe *Verfilmte Literatur – Große Erzähler reflektieren die Gesellschaft ihrer Zeit* beteiligt (vgl. Meichsner 1996:

---

11 Beide Versionen sind online verfügbar unter URL: <http://ubu.com/sound/liebermann.html> (Zugriff: 28.11.2017).

12 Aufgrund dieser Anstellung musste sich Monk in dem genannten Zeitraum für die ZDF-Produktionen der GEWEHRE DER FRAU CARRAR (1975) und DIE GESCHWISTER OPPERMANN (1983) offiziell beurlauben und diese, wie auch jede weitere «außerdienstliche Nebentätigkeit» (z. B. Vorträge an Hochschulen) vom NDR-Intendanten Martin Neuffer genehmigen lassen, siehe EMA 1385, vgl. Rittmeyer 2017a: 268, Anm. 10.

336). Für den HR realisierte Monk 1969 das Fernsehspiel GOLDENE STÄDTE nach dem Schauspiel *Their very own and Golden City* (1966) von Arnold Wesker (für das Fernsehen eingerichtet von Willy Fritsch) und 1970 für die Fernsehspielabteilung des NDR INDUSTRIELANDSCHAFT MIT EINZELHÄNDLERN nach eigenem Drehbuch. 1973 lief seine fünfteilige Literaturadaption BAUERN, BONZEN UND BOMBEN nach dem Roman von Hans Fallada in der Reihe *Verfilmte Literatur* und 1975 folgte eine zweite Adaption des Brecht-Schauspiels *Die Gewehre der Frau Carrar* für das ZDF. Seine letzten beiden großen Regiearbeiten, für die er auch die Drehbücher verfasste, realisierte Monk ebenfalls für das ZDF-Fernsehspiel unter der Leitung von Heinz Ungureit: 1983 den zweiteiligen Fernsehfilm DIE GESCHWISTER OPPERMANN nach dem Roman von Lion Feuchtwanger und 1988 DIE BERTINIS nach dem Roman von Ralph Giordano als fünfteiligen Fernsehfilm. Dieses Projekt, das Monk von seinem erkrankten Freund, dem Schauspieler und Regisseur Eberhard Fechner übernommen hatte, war seine letzte Regiearbeit. Allein «in Form von Geburtstagsartikeln» (Möller 2002) blieb Monk in der Presseberichterstattung präsent, bis die Tageszeitungen am 28. Februar 2007 über seinen Tod berichteten. Monks Werkbiografie weist somit am Ende der 1980er-Jahre eine Lücke auf, die nach einer Erklärung verlangt. Seine Hinterlassenschaften bezeugen indessen, dass er zumindest nicht vorhatte, sich aus dem Geschäft zurückzuziehen. Bis zum seinem Tod war er mit verschiedenen Entwürfen für Originaldrehbücher befasst, deren Arbeitstitel er bei Gelegenheit sogar gegenüber der Presse lancierte: «Hilferding» (vgl. Netenjakob 1977), «Die Ernennung» und «Café Leon» (Olsen 1992, Möller 2002, Vogel 2004: 19).

2.

Das Material der Werkbiografie lässt sich um eine Reihe von kreativen Vorhaben ergänzen, die sich aus unterschiedlichen, häufig aber ungeklärten Gründen nicht umsetzen ließen. Dazu gehört eine Bühnenfassung von Joseph Roths Roman *Radetzkymarsch* (1932) für die Freie Volksbühne, an der Monk in den frühen 1950er-Jahren zusammen mit Caspar Neher arbeitete (vgl. Stuhlmann 2017a: 41 f.) und eine mit Ingeborg Bachmann verfasste Drehbuchvorlage für die Adaption ihres Hörspiels *Der gute Gott von Manhattan*, die sie im Sommer 1962 als Kinospielfilm realisieren wollten.[13] Ebenfalls aus diesem Zeitraum stammt auch eine Idee für ein Fernsehspiel über den Schwarzmarkthandel im Nachkriegsdeutschland, das den Arbeitstitel «So schön war mein Markt» trägt.[14]

Vier weitere, nicht realisierte Projekte lassen sich auf den Zeitraum 1967–1973 datieren: «Schwierige Trauer» auf der Basis von Siegfried Lenz' Kurzgeschichte *Schwierige Trauer. Eine Grabrede auf Henry Smolka*, für die Monk im Januar 1967 sogar in den polnischen Masuren auf Motivsuche ging, sowie «Posinsky» nach der gleichnamigen Novelle von Carl Sternheim. «Woran Budka dachte, als sein Freund Feld begraben wurde» und «Die Kartellnovelle» sind Entwürfe für Originaldrehbücher. Während Monk mit letzterem im Anschluss an sein Fernsehspiel INDUSTRIELANDSCHAFT MIT EINZELHÄNDLERN erneut versuchen wollte, einen «ökonomischen Sachverhalt» für das Fernsehen zu dramatisieren, ist «Woran Budka dachte» durch den plötzlichen Tod eines Freundes im Jahr 1968 veranlasst.[15] Keinen dieser Entwürfe übersetzte er jedoch in ein Drehbuch, was un-

---

13 Vgl. Gyula Trebitsch an Rodolfo Loewenthal, Hamburg-Wandsbek, den 29. März 1962, EMA 1552, zum Drehbuch vgl. EMA 55.
14 Für dieses Vorhaben sind nur die Sammlungen der Recherchematerialien überliefert, siehe EMA 123–127.
15 Für diesen Hinweis danke ich Nicky Rittmeyer.

ter anderem darin begründet liegen dürfte, dass er durch andere Verpflichtungen, wie die aufwändigen Produktionsvorbereitungen zu BAUERN, BONZEN UND BOMBEN vereinnahmt war. Diese hinderten Monk zumindest, die Arbeit an einer Sendereihe über «Das dramatische Werk» Brechts für den SFB fortzusetzen, die er zwischen 1970 und 1971 mit dem Literaturwissenschaftler Hans Mayer konzipierte. Das Programm sollte insgesamt zehn Stücke Brechts umfassen, die jeweils von dokumentarischen Hintergrundberichten und Gesprächsrunden gerahmt werden sollten.[16] Nicht weniger als eine «im Medium und mit den Mitteln des Fernsehens [...] gültige Gesamtdokumentation über das Dramatische Werk von Bertolt Brecht» planten alle Beteiligten zu realisieren.[17] Nachdem Monk sich bereits vorläufig aus dem Projekt zurückgezogen hatte, bedeutete der Tod von Helene Weigel am 6. Mai 1971, nachdem sich die Klärungen der Urheberrechte ebenso wie der Zugang zum Bertolt-Brecht-Archiv in Ostberlin erschwert hatten, endgültig das Scheitern dieses Vorhabens.[18]

Ab 1975 – und nach dem Abschluss der BERTINIS in zunehmendem Maße – fokussierte Monk sich auf die Projekte «Hilferding» (ca. 1975–1978), «Die Ernennung» (ca. 1981–1998) und «Café Leon» (ca. 1998–2003). Wie BAUERN, BONZEN UND BOMBEN und DIE GESCHWISTER OPPERMANN nehmen die Projekte «Hilferding» und «Die Ernennung» thematisch auf die historische Phase der politischen Machtübernahme der Nationalsozialisten und des damit verbundenen Scheiterns der Weimarer Republik Bezug. Die bloße Fülle an Materialien zu diesem Gegenstand, die sich sowohl zu den realisierten Fernsehfilmen als auch in den Sammlungen für die nicht realisierten Projekte finden, zeugt von einer akribischen Recherche und einer deutlichen Fokussierung auf den Zeitraum 1932–1933, die sich für Monks Schaffen ab Beginn der 1970er-Jahre feststellen lässt. Im Falle beider unveröffentlichten Filmprojekte war Monk offenbar durch die genannten Literaturverfilmungen inspiriert worden[19], und auch konzeptionell suchte er mit «Hilferding» und «Die Ernennung» an die Form audiovisueller Geschichtsdarstellung anzuknüpfen, mit der er in den 1970er- und 1980er-Jahren erfolgreich gewesen war: eine mehrteilig angelegte Erzählung, die politische Ereignisgeschichte in szenisches Spiel übersetzt, um anhand von Figurenkonstellationen und Szenen sozialer Interaktion diejenigen historischen Konstellationen offenzulegen, die die nationalsozialistische Herrschaft in Deutschland ermöglichten.

---

16 Siehe EMA 1599. Die Titelauswahl für die geplante Reihe beinhaltete: KUHLE WAMPE ODER: WEM GEHÖRT DIE WELT (1932), MUTTER COURAGE UND IHRE KINDER (DDR 1955, R.: Wolfgang Staudte), DER KAUKASISCHE KREIDEKREIS (SDR 1958, R.: Franz Peter Wirth), DAS LEBEN DES GALILEI (NDR 1961/62, R.: Egon Monk), FURCHT UND ELEND DES DRITTEN REICHES (NDR 1964, «Der Verrat», R.: Peter M. Ladiges»; «Die Rechtsfindung», R.: Rolf Busch; «Die jüdische Frau», R.: Claus-Peter Witt, «Der Spitzel», R.: Markus Scholz), DER GUTE MENSCH VON SEZUAN (SDR 1966, R.: Fritz Umgelter), MANN IST MANN (NDR 1966, Aufzeichnung der Inszenierung an der Schaubühne am Halleschen Ufer, R.: Hagen Mueller-Stahl), HERR PUNTILA UND SEIN KNECHT MATTI (HR 1966, R.: Rolf Hädrich), IM DICKICHT DER STÄDTE (1968, Aufzeichnung der Inszenierung an den Münchner Kammerspielen, R.: Martin Batty), DIE MUTTER (1970, Aufzeichnung der Inszenierung an der Schaubühne am Halleschen Ufer, R.: Peter Stein).

17 Siehe Alfred Berendt, Erinnerungsnotiz über das erste Planungsgespräch zur Sendereihe Bertolt Brecht («Das dramatische Werk»), 4. Bl., o. D., EMA 1599.

18 Siehe hierzu bes. Alfred Berendt, Sender Freies Berlin, Abteilung III. FS-Programm an Egon Monk/Norddeutscher Rundfunk, Berlin, den 17. Juli 1971, EMA 1599.

19 Während für das Projekt «Hilferding» das Datum des ersten Entwurfs (1975) und der thematische Schwerpunkt zu dieser Folgerung hinleiten, findet sich für «Die Ernennung» in Monks Korrespondenz mit Marta Feuchtwanger dokumentiert, dass er durch die Arbeit an DIE GESCHWISTER OPPERMANN dazu angeregt wurde, sich weiter mit den gesellschaftspolitischen Bedingungen auseinander zu setzen, die Hitlers Ernennung zum Reichskanzler begünstigten. Siehe Egon Monk an Marta Feuchtwanger, Hamburg, den 14. August 1984, EMA 708.

Zwei weitere Skizzen, die aus der Arbeit an der «Ernennung» hervorgegangen sind und die Arbeitstitel «30. Juni 1934/Ernst Röhm» (ca. 1984)[20] und «1. September 1939/Paul Schmidt» (ca. 1987)[21] tragen, lassen ebenfalls diesen Zugang erkennen. «Café Leon» hingegen nimmt einen subjektiven Erzählstandpunkt ein. Die Story des Spielfilmprojekts ist am Ende des Zweiten Weltkriegs in einem Berliner Jazz-Club situiert, den Monk in seiner Jugend besucht hatte. Sie reflektiert seine Begeisterung für Jazz und die Erfahrungen als Flakhelfer und verbindet Episoden über Freundschaft und erste sexuelle Erfahrungen zu einem *Coming-of-Age-Drama*. In der Wahl der Perspektive weist die Erzählung zwar Parallelen zu Monks Beitrag für den Episodenfilm AUGENBLICK DES FRIEDENS auf, der ebenso auf autobiografischen Erlebnissen beruht, gegenüber allen anderen Projekten erscheint diese Herangehensweise für Monks Schaffen jedoch eher ungewöhnlich und verweist auf eine retrospektive Haltung des Alters.

Die Auseinandersetzung mit der jüngeren Geschichte Deutschlands bildet einen deutlich erkennbaren thematischen Schwerpunkt in Monks Schaffen. Die unveröffentlichten schriftlichen Dokumente lassen allerdings darauf schließen, dass er sich in seiner letzten Schaffensphase besonders intensiv mit der Schwellenphase 1932–1933 beschäftigte und nach einer geeigneten Form suchte, dieses Thema in den populären Diskurs des Fernsehens einzuspeisen. Der Status der Dokumente belegt jedoch gleichzeitig das Scheitern dieses Vorhabens – für keines der genannten Projekte hat Monk ein fertiges Drehbuch hinterlassen. Gleichzeitig suchte Monk jedoch offenbar auch nach seinem Platz *in* der Geschichte. Neben den Bemühungen, weiterhin für das Fernsehen zu schreiben und zu inszenieren, verfolgte er seit den 1980er-Jahren auch verschiedene Ideen, seine Erfahrungen am Berliner Ensemble «Auf dem Platz neben Brecht»[22] zu verarbeiten. Im August 1985 führte er mehrere Gespräche mit Ditte Buchmann, die im Zuge ihrer Recherchen zu einem Gesprächsband mit Wera und Claus Küchenmeister[23] auf seine Aufzeichnungen aus der Frühzeit des Berliner Ensembles gestoßen war. Ihr gemeinsam geplanter zweiter Gesprächsband zu Brecht wurde jedoch nicht realisiert; Teile ihrer Gespräche gingen allerdings in redigierter Fassung in die von Reiner Nitsche herausgegebenen Erinnerungen Monks *Von Puntila zu den Bertinis* ein (Slevogt 2017: 15 f., vgl. Monk 2007: 231). Zu Buchmanns Funden gehörten auch Monks «Hofmeister-Notate»[24], die er als Assistent Brechts während der Proben zur Adaption von Jakob Michael Reinhold Lenz' *Der Hofmeister* (1774) durch das Berliner Ensemble 1950 angefertigt hatte. Monk plante, auf der Grundlage dieser und unter dem Titel «Die Probe» ein Schauspiel und/oder einen Film über die Theaterarbeit des Berliner Ensembles zu schreiben (vgl. Schumacher/Stuhlmann 2012).[25]

---

20 Für dieses Vorhaben sind nur die Sammlungen der Recherchematerialien überliefert, siehe EMA 1107–1109.
21 Siehe EMA 1103–1106.
22 «Auf dem Platz, Materialen», EMA o. Sign. («Auf dem Platz» steht für den Arbeitstitel des geplanten Buchs «Auf dem Platz neben Brecht», hier zit. n. Slevogt 2017: 16, Anm. 9).
23 Klaus Küchenmeister war Monks Regieassistent bei seiner *Urfaust*-Inszenierung gewesen.
24 Die Bezeichnung ‹Notate› war im Umfeld Brechts gebräuchlich. Peter Schmitt vermutet, dass es sich hierbei um eine Brecht'sche Wortprägung handelt, die sich aus der Bezeichnung für die schriftliche Fixierung von Tanzschritten (‹Notation›) ableitet (Schmitt 1980: 262, Anm. 2). Da in den Probennotaten des Berliner Ensembles das gestische Arrangement, d. h. die Gänge und Haltungen der Schauspieler*innen festgehalten wurden, scheint diese Vermutung plausibel. Monk bezeichnete den Ausdruck gegenüber Erdmut Wizisla als «gräßliches Wort», an das er sich nie habe gewöhnen können. Siehe Egon Monk an Erdmut Wizisla, Bertolt-Brecht-Archiv, Hamburg, 5. Juni 1996, EMA 547.
25 Bereits 1978 hatte Monk zudem unter dem Titel «Bertolt Brechts erste Probe in Berlin» Eindrücke zur Probenarbeit am BE in der *Zeit* veröffentlicht (siehe Monk 1978); die Information, Monk habe seine Er-

3 Material der Werkbiografie

Wie die anderen Projekte, die er seit der Ausstrahlung des ZDF-Fünfteilers DIE BERTINIS 1988 verfolgte, wurden jedoch auch dieses nicht mehr verwirklicht.

Monks Vorhaben, seine Rolle innerhalb des Berliner Ensembles zu dokumentieren, zeugen allerdings nicht allein von einer retrospektiven Haltung, sondern auch von Bestrebungen, der Deutung seines Werdegangs und damit auch der Rezeption seines Werks eine spezifische Richtung zu geben, indem er es selbst entschieden in die Tradition Brechts stellte. Während ihm der Prozess des Schreibens von Originaldrehbüchern offenbar Schwierigkeiten bereitete und auch der Zugang zur Fernsehproduktion zunehmend schwerer wurde, versuchte er anscheinend, seine Bedeutung für die Geschichte des Mediums zu konsolidieren als derjenige, der Brechts ‹Erbe› im westdeutschen Fernsehen angetreten hatte. Auch seine veröffentlichten Erinnerungen fluchten in dieser Interpretation:

> Sowohl die kommerzielle Filmproduktion (Ufa, Hollywood) wie später die staatlich kontrollierte Produktion (Defa) haben sehr viel mehr Energie darauf verwendet, sich Brecht vom Leibe zu halten, als sich auf seine Vorschläge einzulassen, deren Verwendbarkeit zu prüfen. [...] Brechts Chance wäre das Fernsehen der 60er Jahre gewesen: Als das Fernsehen noch neu war, die Zuschauerzahlen noch nicht groß genug, um interessant für Politiker zu werden. Damals suchten die Leute nach etwas, was den Fernsehfilm vom Kinofilm und vom Radio unterschied, «signifikant» mußte der Unterschied sein. Damals, auf der Suche nach Signifikantem, war vieles möglich. Ich habe diese Chance, hoffe ich, denke ich, wahrgenommen. *(Monk 2007: 227)*

Diese «[s]tatt eines Schlusses» (ebd.) formulierte Selbsteinschätzung am Ende seiner veröffentlichten Erinnerungen lässt sich sowohl auf die Regie- als auch die Programmarbeit beim NDR beziehen. Ihre Zuspitzung auf den Namen Brecht könnte dem Umstand geschuldet sein, dass sie ursprünglich für die geplante Monografie über seine Zeit am Berliner Ensemble verfasst war. Ungeachtet dessen entwirft Monk sich an dieser Stelle quasi als Brecht des Fernsehspiels, seine Abteilung als ein zweites Berliner Ensemble und die 1960er-Jahre als zentrale Phase seiner Werkbiografie.

Die öffentliche Wahrnehmung seiner Arbeit war, wie diverse journalistische Quellen bezeugen, allerdings bereits während der 1960er-Jahre maßgeblich durch den Verweis auf seine Nähe zu Brecht bestimmt, was nicht zuletzt darauf schließen lässt, dass sich Monk auch damals deutlich genug als ‹Brecht-Schüler› positioniert hatte. Keineswegs lagen «Selbstentwurf und Selbstinszenierung [...] dem politischen Erzähler Monk fern», wie Karl Prümm behauptet (1987: 386), sondern vielmehr gehörte es zu dessen Selbstinszenierung, den politischen Fernseherzähler zu geben. Ich möchte nicht behaupten, dass dies seiner Selbsteinschätzung nicht entsprochen hätte, sondern nur, dass sich Monk in der Öffentlichkeit strategisch verhielt und darum wusste, welche Anekdoten, biografische Formeln und Namen er seinen Interviewpartner*innen als Material zur Verfügung zu stellen hatte – ebenso wie viele andere, deren Beruf es schließlich ist, Geschichten zu erzählen. Mit fortschreitenden Jahren hat Monk dieses Spiel nur noch mit geringer Varianz im Ausdruck gespielt, wie sich anhand der von Sylvia Büttner dokumentierten Äußerungen zu seiner Biografie feststellen lässt (vgl. 2015). Pressekonferenzen anlässlich der Veröffentlichung von Filmen bereite er sogfältig vor, notierte sich seine «Antworten auf zu erwartende

---

fahrungen unter dem Titel «Die Probe» dramatisieren wollen, entstammt der persönlichen Auskunft von Ulla Monk im Juni 2012 in Hamburg.

3 Material der Werkbiografie

Standardfragen»[26] und plante Verweise auf die Namen von Autoren ebenso wie Zitate, die er bei Gelegenheit anführen wollte, um damit den Hintergrund zu skizzieren, vor dem die Fachkritik seine Filme besprechen konnte.

Monks Auftreten in der Öffentlichkeit inspirierte die Journalist*innen, ihn mit Sprachbildern zu beschreiben, die ihn als stringenten Vertreter einer Lehre ausweisen: als ‹Asket›, ‹Mönch› und ‹Lehrer› wird er in Portraits und Rezensionen im Verlauf seiner Karriere immer wieder charakterisiert. «Le style, c'est l'homme – bei Monk bestimmt», fasste Fritz Rumler seinen Eindruck 1968 im *Spiegel* zusammen (1968: 210). Da er den ‹Brecht-Schüler› mit Überzeugung und offenbar überzeugend verkörperte, bildete dieser Status auch häufig den Maßstab, an dem Monks Inszenierungen gemessen wurden.

Zu Beginn der 1960er-Jahre war die «eindeutig politische Akzentuierung», für die Monk mit seiner Arbeit für das Fernsehen einstand, neu und «ungewöhnlich für das Fernsehspiel», wie Hickethier betont (1995: 22 f.). Sein Programm zielte auf einen Bruch mit der dominanten «Poetik der Privatheit» (Schneider 1980: 11), die das Fernsehspiel der 1950er-Jahre bestimmt hatte. Von der Fachkritik wurde dieser Schritt entschieden begrüßt. Binnen weniger Jahre konnte sich die Verknüpfung zwischen dem Namen ‹Monk› und dem Fernsehspiel des NDR daher zu einem ‹Markennamen› etablieren. «M-O-N-K», buchstabierte Karl Günter Simon in seinem Portrait von 1965, «diese bescheidenen vier Buchstaben repräsentieren eine eigene Institution, die Fernsehspielabteilung des NDR» (1965a: 36, vgl Schumacher/Stuhlmann 2017b).

---

26   Siehe beispielsweise die Vorbereitungen zur Pressevorstellung von DIE GESCHWISTER OPPERMANN, EMA 1085.

4 1960–1968: Der Abteilungsleiter als *Auteur*
Programm und Programmatik des NDR-Fernsehspiels

> «Das hat man dann ja in der Presse ‹Hamburger Dramaturgie› genannt. [...] Genauso habe ich das auch empfunden und mitgemacht».
> *(Rolf Hädrich 2001)*[1]

1.

Als Monk seinen Posten als Hauptabteilungsleiter antrat, sollte sein Name zunächst für einen Neuanfang bürgen. Bis zu seiner Besetzung gab es innerhalb der Sendeanstalt keine eigenständige Produktionseinheit für das Fernsehspiel. Die Stoffentwicklung und die Spielpläne des NWDR bzw. des NWRV fußten auf der «Dramaturgischen Beratung» Heinz Schwitzkes, der aus seiner Position als Hauptabteilungsleiter des Hörspiels heraus seit 1952/53 Einfluss auf das Fernsehspiel übte. Unter dessen Ägide entwickelte der Sender keine ambitionierte Programmatik (vgl. Hickethier 2008b). Den Hauptteil der Eigenproduktion in der fiktionalen Programmsparte[2] bildeten die fernsehgerechte Aufarbeitung von dramatischen Stoffen, die im Studio aufgeführt und bis zur Etablierung der Magnetbandaufzeichnung (MAZ) 1958 vorwiegend als kontinuierliche szenische Darstellung *live* ausgestrahlt wurden (Deiters 1973: 392). Im Vergleich zu den kleineren Anstalten des ARD-Gemeinschaftsprogramms waren literarisch anspruchsvollere Produktionen dabei eher selten vertreten. Die Verantwortung dafür kann zum Teil Schwitzke zugesprochen werden, der im Programm die sogenannte leichte Unterhaltung förderte; häufig basierten die Fernsehspiele auch auf Stoffen, die sich bereits als Hörspiel bewährt hatten (Hickethier 2008b: 361, 363, 365 f., vgl. Schwitzke 1960). Dieser Umstand liegt aber auch in dem hohen Produktionsaufkommen begründet, das NWDR und NWRV zu bewältigen hatten. Nach der Aufnahme des regelmäßigen Fernsehbetriebs 1953 hatte der «NWDR-Fernsehdienst» zunächst alle, mit Beginn des ARD-Gemeinschaftsprogramms «Deutsches Fernsehen» 1954 immer noch 50 Prozent der Sendungen zum Fernsehprogramm beizusteuern (Hickthier 2008: 373); erst nach der Neuordnung des Fernsehens 1960/61 reduzierte sich der Anteil des NDR auf 20 Prozent (Hickethier/Hoff 1998: 126 f.).[3] Neben Lustspielen und Dramen deutschsprachiger, französischer und US-amerikanischer

---

1 FAKTEN UND FIKTIONEN. DAS DOKUDRAMA IM FERNSEHEN [im folgenden zitiert als FAKTEN] (2001), Min. 00:00:52–00:01:11. Ich danke Gerhard Lampe, dass er mir im Juni 2012 eine DVD-Kopie dieses Films zur Verfügung stellte.
2 Der Bereich Fiktion machte in den 1950er-Jahren insgesamt zwischen 14 bis 20 Prozent des Fernsehprogramms aus (siehe Hirsch et al. 1990, Kind 1996: 120).
3 Für das ARD-Gemeinschaftsprogramm beteiligte sich jede Anstalt an allen Sparten des Programms; 1964 machte der Anteil des WDR 25 Prozent und der des NDR 20 Prozent aus, der BR steuerte 17 Prozent, HR, SDR, SWF und SFB jeweils 8 Prozent zum Programm bei, RB und SR jeweils 3 Prozent (siehe Hickethier/Hoff 1998: 127).

4 1960–1968: Der Abteilungsleiter als *Auteur*

Autor*innen setzten sich deswegen im NWRV früh seriell erzählte Familien- und Kriminalgeschichten durch wie beispielsweise FAMILIE SCHÖLERMANN (1954–1960) oder DER POLIZEIBERICHT MELDET (1953–1961) (ebd.: 371 f.), wobei letztere zunächst von der Abteilung Zeitgeschehen produziert wurde (vgl. Hißnauer 2014: 152 ff.). Diese Situation änderte sich nicht sofort, als Monk an der Schwelle der 1960er-Jahre seinen Posten antrat.

Aus der Tradition des Live-Fernsehspiels und aus Mangel an originär für das Fernsehen verfassten Stoffen resultierte, dass sich auch zu Beginn der 1960er-Jahre noch ein deutlicher Mehranteil von Literatur- und vor allem Dramenadaptionen im westdeutschen Fernsehprogramm insgesamt feststellen lässt (Hickethier 1980: 93; ders. 1986b: 587; 590).[4] Auf den Bildschirmen sei «die Theaterwut ausgebrochen», schrieb deswegen der Kritiker *lupus* (Wolfgang Werner Paul Baranowsky) in der *Zeit* am 23. Juni 1961, «in einer Woche tut sich in der Zimmerecke mehr, als ein mittleres Großstadttheater in einer ganzen Saison zu bieten hat» (*lupus* 1961). Auch Monks Programmgestaltung für den NDR wies zu Beginn seiner Leitungstätigkeit einen für diesen Zeitraum typischen hohen Anteil an Dramenadaptionen und Mitschnitten von Theateraufführungen auf, zu denen beispielsweise auch die Übertragungen von volkstümlichen Schauspielen des Hamburger Ohnsorg-Theaters (z. B. TRATSCH IM TREPPENHAUS, 1962, R.: Hans Mahler) gehörten, die seit 1954 regelmäßig im Programm des NWDR bzw. NDR präsent waren (Hickethier 2008b: 369; vgl. Kind 1996: 133, Zimmermann 1979: 131). Für die Zeit nach 1963 ist Knut Hickethier zufolge jedoch ein starker Rückgang der Adaptionen festzustellen (1980: 89). Das von der Fernsehkritik eingeforderte sogenannte Originalfernsehspiel machte dennoch bis 1967 anteilig nur etwa ein Drittel aller Fernsehspiele aus (Deiters 1973: 393, vgl. Hickethier 1980: 231). Die Fernsehkritik hob trotzdem wiederholt die Differenzqualitäten der Programmplanung hervor, die «Monks modernes Hamburg» gegenüber anderen Sendeanstalten auszeichne (Netenjakob 1966: 1, vgl. Delling 1963, Simon 1965a; 1965b, vgl. Peitsch 2009: 197 ff.). Im Medienfachdienst FUNK-Korrespondenz stellte Egon Netenjakob kurzum fest, Monks Spielplan unterscheide sich nicht nur in «Anteil und Art der originalen Fernsehspiele», sondern auch «in der Auswahl der dramatischen und epischen Stoffe» (Netenjakob 1966: 1).

In Abgrenzung zu den Produktionen des Süddeutschen Rundfunks (SDR) verzichtete die NDR-Fernsehspielabteilung weitestgehend auf die Adaption von Klassikern und widmete sich – von einigen Gerhart-Hauptmann-Adaptionen anlässlich dessen 100. Geburtstags 1962 abgesehen[5] – vorwiegend den Dramen des 20. Jahrhunderts (vgl. Simon 1965a: 37). Als Beispiele sind hier DER WALZER DER TOREROS nach dem Schauspiel (1952) von Jean Anouilh (1962, R.: Peter Beauvais), HABEN (1938) von Julius Hay (1964, R.: Rolf Hädrich), sowie DIE ERMITTLUNG (1966, R.: Peter Schulze-Rohr) und DIE VERFOLGUNG UND ERMORDUNG JEAN PAUL MARATS (1967, R.: Peter Schulze-Rohr) nach den Bühnenstücken

---

4   Nach Knut Hickethier waren in den Jahren 1951–1959 79,3 Prozent der in der BRD produzierten Fernsehspiele Dramenadaptionen, 13,3 Prozent waren Adaptionen epischer Vorlagen (Romane) und 6,1 Prozent Hörspieladaptionen. Für die Jahre 1960–1969 verschiebt sich diese Verteilung bezüglich der Literaturvorlagen für das Fernsehspiel auf 71,5 Prozent Dramenadaptionen, 23,8 Prozent Adaptionen epischer Vorlagen, 3,1 Prozent Hörspieladaptionen (Hickethier 1980: 93).

5   Das NDR-Programm bot DER BIBERPELZ und DER ROTE HAHN in der Bearbeitung und Regie von John Olden sowie ROSE BERND (R.: Gustav Burmester). Andere Sendeanstalten komplettierten dieses Jubiläumsprogramm: Der DFF zeigte DIE RATTEN (R.: Fritz Bennewitz) sowie VOR SONNENAUFGANG und VOR SONNENUNTERGANG (R.: Hagen Müller-Stahl), der SFB GABRIEL SCHILLINGS FLUCHT (R.: William Dieterle) und der WDR einen Theatermittschnitt des Zürcher Schauspielhauses von FUHRMANN HENSCHEL (R.: Kurt Hirschfeld).

von Peter Weiss zu nennen, für die Monk redaktionell bzw. als Produzent verantwortlich zeichnet.

Unter den Romanadaptionen hob der Kritiker Karl Günter Simon als Publikumserfolg die dreiteilige Verfilmung DIE REVOLUTION ENTLÄSST IHRE KINDER (1962, R.: Rolf Hädrich) nach der Autobiografie von Wolfgang Leonhard und einem Drehbuch von Claus Hubalek hervor, der in besonderem Maße als «Roman-Adaptor die Fernseh-Stilistik» bereichern würde. Nach dessen Vorlage, basierend auf seinem Bühnenstück von 1962, wurden beispielsweise auch STALINGRAD (1963, R.: Gustav Burmester) nach Motiven von Theodor Plievier und IM SCHLARAFFENLAND (1965, R.: Claus-Peter Witt) nach dem Roman von Heinrich Mann im NDR gesendet (Simon 1965a: 37). Hubalkes letzte Drehbucharbeit für den NDR, ZUCHTHAUS (1967, R.: Rolf Hädrich) nach dem Roman *Die bestrafte Zeit* von Henry Jäger veranlasste einen weiteren Fernsehkritiker, Werner Kließ, dazu, bezeichnenderweise nicht dem Drehbuchautor oder dem Regisseur, sondern dem Abteilungsleiter Monk und dessen Programmkonzeption eine spezifische Ausrichtung zu attestieren, die er als «Egon Monks Hamburgische Dramaturgie» bezeichnete (1967). Sowohl die Stoffauswahl des Spiels, das den Alltag in einem Gefängnis ins Zentrum der Handlung rückt, als auch die formale Umsetzung in der Bearbeitung des Romans deutet er als «ein Resultat des Monkschen Produktionsteams» (ebd.: 38). Damit spricht er thematische und formal-ästhetische Schwerpunkte, aber auch bestimmte personelle Konstellationen an, die in Monks Programmgestaltung wirksam wurden.

Hubalek gehörte zu einer kleineren Gruppe von Autor*innen, die, wie Monk selbst, Hädrich und andere Regisseure und Dramaturgen zuvor im Bereich des Hörspiels gearbeitet hatten und nun zu Beginn der 1960er-Jahre Tätigkeiten für das Fernsehen aufnahmen (Hickethier 1986a: 134).[6] Ein Großteil der im Literaturbetrieb anerkannten Autor*innen, etwa viele Vertreter*innen der Gruppe 47, ließ sich jedoch nicht für die Fernseharbeit vereinnahmen. Von Manfred Delling im Interview befragt, gab Monk 1963 an, dass er allein deswegen nur selten mit bekannten Schriftsteller*innen zusammenarbeite, weil es viel weniger Stoffvorschläge von ihnen gäbe, als er ursprünglich gehofft habe: «[I]ch bin fest davon überzeugt, daß Dürrenmatt und Frisch,[7] um nur zwei Namen zu nennen, ganz excellente [!] Fernsehspiele schreiben würden, wenn sie Fernsehspiele schrieben. Beide Autoren», fuhr er vorsichtig formulierend fort, «sind mit den Arbeiten beschäftigt, die ihnen am Herzen liegen, nämlich mit dem Abfassen von Theaterstücken und Romanen» (Monk in Delling 1963: 57).

Nach einer Idee von Hubalek, der 1963 Joachim C. Fest als Chefdramaturg der Abteilung abgelöst hatte, entstand 1965 das transnationale Kooperationsprojekt AUGENBLICK DES FRIEDENS (1965), ein episodischer Fernsehfilm, der das Ende des Zweiten Weltkrieges aus deutscher, französischer und polnischer Perspektive erzählt. Während Monk selbst das Segment BERLIN N 65 in Buch und Regie verantwortete, konnte Marguerite Duras, die mit ihrem Drehbuch für den Kinofilm HIROSHIMA, MON AMOUR (F 1959, R.: Alain Resnais) internationale Bekanntheit erlangt hatte, für die Episode LES RIDEAUX BLANCS (R.: Georges Franju) gewonnen werden; die dritte Episode MATURA geht auf ein Drehbuch des polnischen Regisseurs Tadeusz Konwicki zurück. Zu der gewünschten Zusammenarbeit mit

---

6   Hierzu gehörten u. a. auch der österreichische Dramatiker Franz Hiesel, dessen Arbeit mit dem Fernsehspiel AN DER SCHÖNEN BLAUEN DONAU (1965, R.: John Olden) im Programm des NDR vertreten war.
7   Max Frisch hatte Monk kennengelernt, als er im März 1962 Ingeborg Bachmann in Rom besuchte. Siehe Egon Monk an Dr. Jost Schneider, Ruhr-Universität Bochum, Fakultät für Philologie, Germanistisches Institut, Hamburg, am 2. Mai 1992, 2.Bl., EMA 1551.

dem Schweizer Schriftsteller Friedrich Dürrenmatt kam es 1967, als dieser in Eigenregie FRANK V. – DIE OPER EINER PRIVATBANK für den NDR realisierte. Viele Schriftsteller*innen der Bundesrepublik hingegen tendierten, einem Ideal der literarischen Produktion verpflichtet, zu einer ablehnendem Haltung gegenüber dem Medium Fernsehen, die dem Einfluss der Kritischen Theorie zuzurechnen ist (Peitsch 2009: 199 f.; 203, Hickethier 1986a 133 ff.; 1980: 224 ff.). Einige jüngere Autor*innen hingegen, die in der zweiten Hälfte der 1950er-Jahre Ansätze für einen – erst retrospektiv so benannten – «Neuen Realismus» (vgl. Hickethier 1980: 264) in der Literatur und im Hörspiel entwickelt hatten, zeigten sich interessiert, diese in den 1960er-Jahren in der Form des gegenwartsbezogenen Fernsehspiels umzusetzen. Zu diesen gehörten neben Hubalek unter anderem die Autoren Gerd Oelschlegel, Dieter Meichsner und Horst Lommer. Monks Programmplanung konnte ihren Bestrebungen «eine neue institutionelle und programmatische Qualität» verleihen (Hickethier 1980: 264). Während Oelschlegels Drehbücher jedoch vorwiegend für den SDR realisiert wurden, waren Hubalek, Meichsner und Lommer regelmäßig, teilweise bis zu Monks Ausscheiden aus der Abteilung 1968 sogar ausschließlich für den NDR tätig. Ihre Drehbucharbeiten, aber auch die der Autoren Christian Geissler und Gunther R. Lys bildeten die Grundlage für eine sozialkritische, damals als «zeitkritisch» charakterisierte Ausrichtung des NDR-Fernsehspielprogramms, für die Monk in den folgenden Jahren bekannt wurde.

Die thematischen Ausrichtungen der «zeitkritischen» Fernsehspiele in Monks Programmplanung korrespondierten mit dominanten Tendenzen, die Thomas Koebner für diese Gattung im Fernsehen der Bundesrepubk in den 1960er-Jahre insgesamt ausmacht: die Thematisierung der nationalsozialistischen Vergangenheit, die Ost-West-Problematik und die Sichtung der bundesdeutschen Gegenwartsgesellschaft in der Darstellung verschiedener sozialer Milieus (vgl. Koebner 1975). Dass diese Themenschwerpunkte keineswegs auf das NDR-Fernsehspiel begrenzt waren, lässt sich an den Arbeiten Meichsners exemplarisch festmachen. Bevor dieser beginnend mit dem Fernsehspiel PREIS DER FREIHEIT (1966) regelmäßig als Autor für den NDR tätig wurde, hatte er in den 1960er-Jahren als freier Schriftsteller verschiedene Sendeanstalten mit Drehbüchern beliefert: Gemeinsam mit dem Regisseur Hädrich hatte er für den HR NACHRUF AUF JÜRGEN TRAHNKE (1962), eine Adaption seines Romans *Die Studenten von Berlin* (1954), sowie NACH LADENSCHLUSS (1964) für den SDR realisiert. DIE GESCHICHTE DES RITTMEISTERS SCHACH VON WUTHENOW (1966, R.: Hans-Dieter Schwarze) nach dem Roman von Theodor Fontane wurde im WDR gesendet, DAS ARRANGEMENT (1967, R.: Günter Gräwert) hingegen im ZDF. 1967 folgten dann für den NDR in der Regie von Rolf Busch GERHARD LANGHAMMER UND DIE FREIHEIT und WIE EIN HIRSCHBERGER DÄNISCH LERNTE, Monks letzte ausgewiesene Produzentenarbeit vor seinem Wechsel zum Schauspielhaus. Wie schon sein Hörspiel *Besuch aus der Zone* (1954) nehmen sich Meichsners NACHRUF AUF JÜRGEN TRANKE, PREIS DER FREIHEIT und GERHARD LANGHAMMER UND DIE FREIHEIT der Ost-West-Problematik an – deutlich ein dominantes Thema seines Werks –, während sich beispielsweise NACH LADENSCHLUSS der Alltagsdarstellung in der Bundesrepublik und WIE EIN HIRSCHBERGER DÄNISCH LERNTE dem Exil rassistisch Verfolgter zu Zeiten des Nationalsozialismus widmen.

Aus der historischen Distanz ist die Hinwendung zum engagierten, sozialkritischen Erzählen in Monks Programmplanung als Teil einer Gesamtentwicklung des Fernsehspiels (Hickethier 1980: 271) einzuschätzen, die wiederum für die gesellschaftliche Umbruchssituation der Bundesrepublik steht, die nach Axel Schildt zum Ende der 1950er-Jahre einsetzte und das folgende Jahrzehnt als «Dynamische Zeiten» charakterisiert (Schildt et al. 2000).

4 1960–1968: Der Abteilungsleiter als *Auteur*

Die 1960er-Jahre waren insgesamt durch eine Intensivierung vergangenheitspolitischer Diskurse geprägt (ebd.: 36). Ausgelöst durch den ‹Ulmer Einsatzgruppenprozess› von 1958, der die NS-Vernichtungspolitik in Polen und der Sowjetunion einer breiten Öffentlichkeit kenntlich machte, wurde in der Folge auch die Eingliederung der NS-Funktionseliten in die «Wiederaufbaugesellschaft», die nach der Gründung der Bunderepublik relativ umstandslos erfolgt war, zunehmend Gegenstand öffentlicher Debatten (Siegfried 2000: 78–83, vgl. Osterloh/Vollnhals 2011, ausführlich Fröhlich 2011). Diese vertieften sich anlässlich der juristischen Verfahren gegen Adolf Eichmann in Jerusalem 1961 und die nationalsozialistischen Gewaltverbrecher in den ersten drei ‹Frankfurter Auschwitzprozessen› (1963–65; 1965–66; 1967–68, vgl. Osterloh/Vollnhals 2011) und verschafften auch pädagogischen Bestrebungen zur schulischen Auseinandersetzung mit dem Nationalsozialismus eine neue Legitimität (vgl. Siegfried 2000: 83 ff.). Rückblickend konstatieren Axel Schildt und Detlef Siegfried für die *Deutsche Kulturgeschichte* (2009), dass sich entlang dieses Themas die Idee einer kritischen Medienöffentlichkeit in der Bundesrepublik ausbildete (ebd.: 201). Christina von Hodenberg zufolge zeichnet sich mit dem Beginn der 1960er-Jahre zudem ein grundlegender Wandel im professionellen Selbstverständnis von Journalist*innen ab. Während diese die Funktion ihrer Tätigkeit bis in die späten 1950er-Jahre hinein als gesellschaftsstabilisierend definiert hatten und damit ihre Möglichkeiten zur Kritik an der Politik der Bundesregierung selbst eingrenzten, kam nun zunehmend eine Form der Berichterstattung auf, die einen kritischen und persönlichen politischen Standpunkt erkennen ließ (vgl. 2006: 195–205). Diese Neuausrichtung wurde im damaligen Diskurs als «zeitkritisch» bezeichnet (ebd.: 293 ff.).

Von Hodenberg sieht den Richtungswechsel im Journalismus in erheblichem Maße in der Durchsetzung einer Generation von Medienschaffenden der Jahrgänge 1921 bis 1931 in den zentralen Positionen der Massenmedien begründet (ebd.: 248–251). In Analogie zu den sogenannten ‹68ern› bezeichnet sie diese als «45er»-Generation und deutet das Engagement ihrer Vertreter*innen für einen neuen «zeitkritischen» Journalismus als einen kollektivpsychologischen Reflex auf ihre biografische Prägung: Übereinstimmend berichteten viele Angehörige dieser Generation, die wie Monk den Zweiten Weltkrieg und die nationalsozialistische Herrschaft als Heranwachsende – als junge Soldaten oder jugendliche Flakhelfer, im Volkssturm oder in nationalsozialistischen Jugendorganisationen – erlebt hatten, von der Schock-Erfahrung durch die Aufklärung über die Verbrechen des NS-Regimes, das ihnen in der Kindheit und Jugend Ideale und Werte vermittelt hatte (ebd.: 251–256). Aus einem hieraus resultierenden Gefühl des Betrogen-Seins um echte Werte und teilweise aus der Einsicht in eine fälschliche frühere Bindung an den Nationalsozialismus bildeten sie in der Folge einen charakteristischen Umgang mit der NS-Vergangenheit aus, den von Hodenberg als «Weimar Syndrom» bezeichnet (ebd.: 282). «Die letzten Jahre der Weimarer Republik, die Umstände des Untergangs dieser ersten deutschen Demokratie, waren die Vergleichsfolie», so von Hodenberg, «die viele Redakteure und Reporter an die zeitgenössischen Verhältnisse der Bundesrepublik anlegten» (ebd.: 283). Die jüngere Generation der Journalist*innen wehrte sich gegen das dominante Öffentlichkeitskonzept der 1950er-Jahre, das «die Massenmedien zu Instrumenten der Erlangung und Beschwörung gesellschaftlicher Harmonie reduzierte» (ebd.: 195), weil sich hierin eine Fortführung von journalistischen Traditionen abzuzeichnen schien, die letztlich im Nationalsozialismus gemündet hatte. Viele sahen die demokratische Ordnung der Bundesrepublik als ungefestigt und von innen gefährdet durch die autoritäre Regierung Adenauer und die personellen Kontinuitäten von Nazi-(Mit)Täter*innen und -Mitläufer*innen in der Politik, der Wirtschaft und den Massenmedien. Um ein neues «1933» zu verhindern, wollten sie deswegen die Medien zu Instrumenten der politischen Aufklärung und Bildung formen. Unter dem Schlagwort der «Zeitkritik» lässt sich von Hodenberg zufolge deswegen auch die gemeinsame Agenda dieser aufblühenden «Medienelite» fassen, die sich mit geradezu «missionarischem Eifer» daran machte, die Bevölkerung zu ‹demokratisieren› (ebd.: 280). Durch moderne Kommunikationsformen nach US-amerikanischen und britischen Vorbildern sollten die Bundesbürger*innen aufgeklärt und ihr Vertrauen in die Obrigkeit durch eine Haltung der Skepsis ersetzt werden. Das Nachrichtenmagazin *Der Spiegel* (nach dem Vorbild der *Times*) stellte dabei ein Muster für ein «zeitkritisches» Vorgehen dieser Tage dar, das auch für politische Magazine im Fernsehen wie z. B. PANORAMA (ebd.: 284 f.) prägend war.

Selbst ein Vertreter der «45er»-Generation, dürfte Monk sich innerhalb dieser Konstellation geradezu aufgefordert gefühlt haben, sich in thematischer wie formal-ästhetischer Hinsicht gegenüber denjenigen Formen abzugrenzen, die das Fernsehspiel bislang produziert hatte. Als «muffige Spießerkomödien, mit kleinen Angestellten im Mittelpunkt» charakterisiert er das dominierende Angebot in einem handschriftlich verfassten ersten Entwurf für sein Konzept zum Aufbau der Hauptabteilung. In diesem findet sich auch sein Anliegen dokumentiert, die Thematisierung der NS-Vergangenheit Deutschlands voranzutreiben; die «Spielzeit 61/62» plante er mit einer Fernsehspiel-Reihe zu den Nürnberger Prozessen zu bestücken, die durch Dokumentationen gerahmt werden sollte.[8] Im Interview mit Manfred Delling schloss sich Monk 1963 explizit dem Anliegen der «zeitkritischen Agenda» an, wenn er das Ziel seiner Programmarbeit als Aufklärung des Publikums definiert und die Legitimation dafür aus den Erfahrungen der deutschen Geschichte ableitet. Schließlich habe diese gezeigt, dass «allzu großes Vertrauen zur Staatsform, zu Regierungen, zur Obrigkeit, zur Administration […] zu schlimmen Folgen geführt» habe. «[E]in Teil unserer Fernsehspiele ist deshalb darauf ausgerichtet, etwas mehr Mißtrauen an die Stelle von Vertrauen zu setzen und, neben der Bereitschaft zu glauben, die Fähigkeit zu zweifeln etwas zu aktivieren» (Monk in Delling 1963: 56). Politisches Engagement sei für ihn und alle seine Mitarbeiter*innen «die selbstgewählte und uns selbstverständlich erscheinende Voraussetzung für unsere Arbeit», erklärte er auch 1966 anlässlich der Verleihung des DAG-Fernsehpreises für EIN TAG – BERICHT AUS EINEM DEUTSCHEN KONZENTRATIONSLAGER 1939 und begründete dies mit einer moralischen Verantwortlichkeit:

> Wir wissen, wir arbeiten nicht für eine Minderheit, sondern für die Mehrheit. Es wäre unverantwortlich, dies als bloße Tatsache hinzunehmen, ohne die entsprechende Konsequenz zu ziehen. In den eineinhalb Stunden, die ein Fernsehspiel dauert, sehen und hören zehn oder fünfzehn Millionen Menschen der Geschichte zu, die wir erzählen. In dieser Zeit beeinflussen wir die Meinung vieler. Und da wir es wiederholt tun, bilden wir auch welche.
>
> *(Monk 1966a: 49)*

Nicht zuletzt aufgrund derartiger öffentlicher Positionierungen charakterisiert Egon Netenjakob den Fernsehspielleiter Monk in seinem Résumée zu «Fünf Jahren Fernsehspiel des NDR» als einen «politischen Moralisten», der zugunsten der Aufklärung auch Misserfolge bei seinem Publikum in Kauf nehme. Bei den Infratest-Umfragen wurde mehr als ein Viertel der Fernsehspiele «wenig gut oder nicht gut aufgenommen». (Netenjakob 1966: 2) Auch Karl Günter Simon befand: «Monk-Produktionen sind selten bequeme

---

8 Egon Monk [«Konzept zum Aufbau der Hauptabteilung Fernsehspiel»], 3 Bl., hier: 2, EMA 728, vgl. Rittmeyer 2013: 118 ff.

Unterhaltung» (1965a: 37). Eine Ausnahme von dieser Regel bilden Horst Lommers Gesellschaftskomödien, die der NDR ab 1962 jährlich und stets in der Regie von Peter Beauvais ins Programm brachte (vgl. Hickethier 1986b: 597). Monk zeigte sich redaktionell verantwortlich für SCHÖNES WOCHENENDE (1963) und DAS GLÜCK LÄUFT HINTERHER (1963); für MACH'S BESTE DRAUS (1965), GEIBELSTRASSE 27 und ZUG DER ZEIT (1967) wird er als Produzent ausgewiesen. Gegenüber den Fernsehspielen, die Monk auf der Grundlage der Drehbücher von Geissler und Lys realisierte, sind diese Komödien leichtgängige Unterhaltung. Mit DIE GENTLEMEN BITTEN ZUR KASSE (1966, R.: John Olden), Helga Feddersens VIER STUNDEN VOR ELBE 1 (1967, R.: Eberhard Fechner) und fünf Folgen der ab 1965 jährlich ausgestrahlten siebenteiligen Serie DIE UNVERBESSERLICHEN (1965–1971) fielen weitere eher unterhaltende und an das Konzept Lommer/Beauvais anschließende Angebote in Monks redaktionellen Verantwortungsbereich (vgl. ebd., Hickethier 1980: 276 ff.; ders. 1986b: 597 f.). Darüber hinaus wurden auch erfolgreiche Kriminalfilmreihen wie STAHLNETZ (1958–1968, R.: Jürgen Rohland, B.: Wolfgang Menge), die als Vorläuferin des TATORT (ab 1970) gilt, in Monks Abteilungen weiterproduziert (vgl. Hißnauer 2014). Das Bild des «politischen Moralisten», des «Missionars» und asketisch veranlagten «Mönchs», dem «das lachende Auge zu fehlen» scheine (Simon 1965a: 37), konnten diese Produktionen dennoch nicht revidieren. Die damalige Kritik hieß sie willkommen, nahm sie aber eigentlich als Fremdkörper in Monks Programmkonzeption war.

Ab Mitte der 1960er-Jahre, also etwa zu dem Zeitpunkt, in dem Netenjakob seine lobenden Worte auf Monk verfasste, begann die NDR-Abteilung ihre konzeptionelle Vormachtstellung im Bereich des modernen Fernsehspiels sukzessive an den WDR zu verlieren, als Günter Rohrbach ein Konzept zur Neubestimmung des Fernsehspiels vorlegte, das sich dezidiert am Spielfilm orientierte (Hickethier/Hoff 1998: 248 ff.; Hickethier 1991: 193). Es spricht allerdings nichts dafür, dass Monk aus diesem Grund 1968 den NDR verließ. Vielmehr scheint er seinen Posten in der Blüte seiner Fernsehkarriere aufgegeben zu haben, um wieder am Theater zu arbeiten. Die prestigeträchtige Intendanz des Deutschen Schauspielhauses in Hamburg versprach einen Aufstieg innerhalb seiner professionellen Laufbahn. Nach seinem Scheitern dort gestatteten ihm die Kontakte, die er aus seiner privilegierten Position beim NDR heraus hatte knüpfen können, die Rückkehr zum Fernsehen als freier Autor und Regisseur. Auch deswegen bildet Monks Tätigkeit als Hauptabteilungsleiter des Fernsehspiels eine zentrale Station seiner Werkbiografie. Sie hatte ihm ein medienübergreifendes Betätigungsfeld ermöglicht und mit Künstlern unterschiedlicher Professionen zusammengebracht, deren Arbeit die Ästhetik seiner Fernsehspiele und -filme mitprägte (vgl. Schumacher/Stuhlmann 2017a; 2017b). Dazu gehören sicherlich die langjährige Zusammenarbeit mit dem Produzenten Gyula Trebitsch, der als Kopf des Studio Hamburg und u. a. der Gyula Trebitsch Produktion GmbH (seit 1961) zahlreiche Fernsehspiele und -filme Monks produzierte sowie mit dem Intendanten der Hamburgischen Staatsoper, Rolf Liebermann, der Monks Opernszenierungen in den 1960er-Jahren ermöglichte. In dieser Zeit hat auch die Zusammenarbeit mit dem Komponisten Alexander Goehr ihren Ursprung, der die Filmmusik für die zweite Fernsehinszenierung der GEWEHRE DER FRAU CARRAR und die drei mehrteiligen Fernsehfilme schrieb, wie auch die mit dem österreichischen Saxophonisten Hans Koller. Dieser war 1958–1965 Leiter des Jazz-Workshops am NDR gewesen und komponierte die Musik zu SCHLACHTVIEH, WILHELMSBURGER FREITAG und die Szenenfolge ÜBER DEN GEHORSAM (Meeker 2017: 2016). Während seiner Intendanz am Deutschen Schauspielhaus hatte Monk ein festes Jazz-Orchester eingerichtet und Koller als dessen Musikalischen Direktor für die Spielzeit 1968/69 angestellt (*Hamburger Abendblatt* 1968).

2.

In der akademischen Auseinandersetzung mit dem Werk Monks versuchten Einige das Wirken und Nachwirken seiner Fernsehspielarbeit mit Formeln wie «Hamburgische Dramaturgie» (vgl. Hickethier 1995a; 2010) oder «Hamburger Schule» zu erfassen (vgl. Berg-Walz 1995; Königstein 1997; Kaiser 2001; Hißnauer 2007; 2011; Hißnauer/Schmidt 2013). Beide Ausdrücke können letztlich auf frühere Formulierungen in Fernsehkritiken zurückgeführt werden, die das NDR-Fernsehspielprogramm auf der Basis von Monks eigenen Regiearbeiten charakterisieren. So befand etwa Margret Trappmann anlässlich ihrer Kritik zu PREIS DER FREIHEIT 1966 in der FUNK-Korrespondenz:

> [I]m Fernsehen [hat] sich eine «Schule» gebildet, die im wesentlichen [...] durch den Verzicht auf autonomen Formalismus, aber auch auf konventionelle Theaterdramaturgie und durch Reduktion der landläufigen Fabel gekennzeichnet ist. Thematik der Stücke, Regiestil und gesellschaftskritisches Engagement der – durchweg jungen – Autoren drücken jedem Fernsehspiel der Hamburger Hauptabteilung ihren Stempel auf. [...] Besonders in der Darstellung politischer Themen bewies dieser Stil vehemente Durchschlagskraft. Nicht die Satire, sondern der objektivierende Verismus, so zeigte sich, hebt die immanente «Dramatik» [...] am provozierendsten ins Bewusstsein. *(Trappmann 1966: 17)*

Eine ähnliche Richtung schlug auch Werner Kließ in seiner Kritik zum Fernsehspiel ZUCHTHAUS ein Jahr später ein, in der er dessen formal-ästhetische Umsetzung insbesondere mit EIN TAG vergleicht und Gemeinsamkeiten in der Nachdrücklichkeit entdeckt, mit der in diesem Fernsehspiel auf alltägliche Aktionen geschaut würde und in dem «sachlichen Abschildern» des Schauplatzes, das «die emotionale Aufladung [...] auf ein Minimum reduziert» (1967: 39). Neben den angesprochenen thematischen Schwerpunktsetzungen wird in Kritiken wie diesen eine gruppenstilistische Dimension angesprochen, die sich an geteilten dramaturgischen und visuellen Merkmalen in den Produktionen der Hamburger Fernsehspielabteilung festmachen lassen soll.

Die Ähnlichkeiten in der visuellen Inszenierung könnten einfach daher rühren, dass die NDR-Regisseure häufiger mit denselben Kameraleuten zusammen arbeiteten. Hierzu gehört beispielsweise Walter Fehdmer, der von 1946 bis 1962 bereits zahlreiche Dokumentar- und Spielfilme für die DEFA realisiert hatte und für die Kameraführung von Monks WILHELMSBURGER FREITAG (hier zusammen mit Horst Schröder), EIN TAG und PREIS DER FREIHEIT verantwortlich war. Beginnend mit DAS GLÜCK LÄUFT HINTERHER hatte er zudem die Komödien in der Regie von Beauvais visuell in Szene gesetzt sowie Hädrichs ZUCHTHAUS und Meichsners DER GROSSE TAG DER BERTA LAUBE (vgl. *DEFA-Stiftung.de; filmportal.de*). Nach der Einschätzung Egon Netenjakobs verfolgte Monk in seiner Abteilung jedoch bewusst auch einen Ensemblegedanken und versammelte spezifische Filmschaffende um sich, die seine programmatische ästhetische Grundausrichtung, möglicherweise auch sein politisches Anliegen teilten (Netenjakob 1989: 96).

Knut Hickethier schätzt Monks Programmkonzeption als bewusste Abgrenzungen von der Ausrichtung des Fernsehspiels ein, das der NWDR in den 1950er-Jahren kultiviert hatte. Nur vordergründig ziele Kließ' Formulierung von der «Hamburgischen Dramaturgie» deswegen auf die Stadt Hamburg als Sitz des NDR-Fernsehspiels, sondern spiele vielmehr «auf Lessings Neubegründung des deutschen bürgerlichen Theaters durch eine Reihe von Texten an, die [...] eine neue Dramentheorie, eben eine *neue Dramaturgie* darstellten» (Hickethier 1995a: 19, Herv. JS). Dass Monk nach seinem Antritt als Hauptabteilungsleiter sein Produktionszentrum auf dem Gelände des Studio Hamburg im Stadtteil Jenfeld und nicht in der Nähe der Fernsehstudios in Hamburg-Lokstedt ansiedelte, deutet Hickethier so auch als «symptomatische Tat» für einen Bruch mit der Traditionen des NWDR bzw. NWRV (ebd.: 22). Die angesprochenen Differenzen zwischen den Programmkonzeptionen liegen im Verständnis der Funktion des Programmbereichs: Während das Fernsehspielprogramm des NDWR bzw. des NWRV Unterhaltung als Angebot zur Entspannung definierte, die sich durch Ablenkung vom Alltag einstellt und darin mit dem Ideal des Rückzugs in die Privatheit der ‹Adenauer-Ära› korrespondiert (vgl. Doering-Manteuffel 2000: 332), wähnte Monk sich gewissermaßen mit einem Bildungsauftrag im Sinne der Demokratieförderung ausgestattet. So liege das produktive Moment der Arbeit Monks nach Hickethier auch insbesondere darin, dass dieser seine Bemühungen um die künstlerische Ausdifferenzierung des Fernsehspiels mit einem Engagement für die Aufklärung verknüpft habe (Hickethier 1995a: 22). Die «Hamburgische Dramaturgie» sei deswegen nicht «ein aufgesetztes Etikett, sondern als ein umfassendes ästhetisches Konzept» zu verstehen (ebd.: 33), das nach neuen künstlerischen Ausdrucksformen für die aktuellen Themen des bundesrepublikanischen Diskurs suchte. Letztlich sei sie als Versuch zu werten, eine genuine Fernsehspielästhetik zu entwickeln, die weder ‹abgefilmtes Theater›, noch einfach Film im Fernsehen sein sollte. Das Fernsehspiel ANFRAGE stellt nach Hickethier ein Musterbeispiel für dieses Bestreben und zudem auch dafür dar, dass Monk zu Beginn der 1960erJahre die Mittel und die Möglichkeiten hatte, dass Programm nach seinen Vorstellungen zu formen: Eine Inszenierung desselben Stoffes in der Regie von Hannes Dahlberg war bereits für den 26. Oktober 1961 vorgesehen gewesen (vgl. Klünder/Lavies 1978: 18); offenkundig genügte diese jedoch nicht den Ansprüchen Monks, der das Fernsehspiel daraufhin erneut inszenierte (Hickethier 1995a: 28; 2010: 255, Töteberg 2014: 202–205; 2017: 83 f.).[9]

In der Geschichte des Fernsehens bildet nach Hickethier die Phase der formal-ästhetischen Experimente im Fernsehspiel eine kurze Episode; im Prozess seiner weiteren Entwicklung passte sich die historische Form des Fernsehspiels formal dem Kinofilm an. Retrospektiv betrachtet liegt die besondere Leistung Monks für die Mediengeschichte der Bundesrepublik deswegen in seiner Funktionsbestimmung des Fernsehens als Medium der politischen Aufklärung. Von der «Monkschen Fernsehspielarbeit» ausgehend konnten im Fernsehen wie im Kino, so Hickethier, «Traditionen einsetzen, die dann in den siebziger Jahren zu einer sehr viel deutlicheren und schärferen Kritik an der Gesellschaft» vorstießen (1986b: 597; vgl. 1991: 199).

Hickethiers Einschätzung hatte auch zur Folge, dass sich die jüngere historische Fernsehforschung bislang mehr auf Monks vorbildhaftes Wirken konzentrierte statt die Ästhetik seiner Fernsehspiele und –filme zu untersuchen. So bildet Monks Personalpolitik während seiner Tätigkeit als Hauptabteilungsleiter in den Jahren 1960–1968 den Ausgangspunkt für die fernsehhistorische Einordnung einer ganzen Reihe von ‹Autoren›: Neben Hädrich, Meichsner und Hubalek waren beispielsweise auch Eberhard Fechner und Klaus Wildenhahn für Monks Fernsehspielabteilung tätig. Wenn auch deren bekannte Arbeiten nach 1968, also unter der redaktionellen Leitung von Monks Nachfolger Meichsner entstanden, wird es Monk als Verdienst zugeschrieben, Fechner und Wildenhahn die Realisierung ihrer ersten eigenverantworteten Regiearbeiten ermöglicht zu haben (Hickethier 1995a: 30 ff., Hißnauer/Schmidt 2013: 101 ff., Hißnauer 2017).

---

9   Die erste Fassung der ANFRAGE in der Regie von Hannes Dahlberg ist leider bislang nicht auffindbar. In Michael Tötebergs Aufsatz sind jedoch Szenenfotos abgebildet, die eine Eindruck von der visuellen Inszenierung vermitteln können, siehe Töteberg 2014: 203.

4 1960-1968: Der Abteilungsleiter als *Auteur*

Bevor Fechner als Regisseur auf sich aufmerksam machte – und auch parallel zu dieser Tätigkeit – war der ausgebildete Schauspieler als Darsteller in Monks Fernsehfilmen zu sehen; erstmals in der Rolle des Häftlings «Mennes» in EIN TAG. Nach einer weiteren Zusammenarbeit mit Monk als Regisseur in PREIS DER FREIHEIT begann Fechner im Dezember 1965 als Redaktionsassistent der Abteilung tätig zu werden (Netenjakob 1989: 94). Parallel dazu trat er weiterhin in NDR-Fernsehspielen der Redaktion Monk als Schauspieler auf und realisierte seinen ersten Film SELBSTBEDIENUNG (1967, B./R.: Eberhard Fechner), dessen Drehbuch auf einem Zeitungsartikel über drei Kaufhauseinbrecher und Interviews mit den Dieben selbst beruhte (ebd.: 96). Fechners erster Dokumentarfilm, NACHREDE AUF KLARA HEYDEBRECK (1969), wurde allerdings bereits von Meichsner produziert.

Wildenhahn hingegen war zunächst nach Tätigkeiten für die Fernsehlotterie in der Hauptabteilung Zeitgeschehen unter der Leitung von Rüdiger Proske als sogenannter Realisator[10] für das Magazin PANORAMA angestellt gewesen (Hißnauer/Schmidt 2013: 121). Auch seine erste direkte Zusammenarbeit mit Monk nahm mit der Produktion von EIN TAG ihren Anfang, bei der er als Regieassistent beschäftigt war. Im selben Jahr war Monk redaktionell für Wildenhahns Dokumentarkurzfilm ZWISCHEN 3 UND 7 UHR MORGENS (1964) verantwortlich gewesen. Die in den Folgejahren realisierten Künstlerportraits Wildenhahns zu den BAYREUTHER PROBEN (1966), SMITH, JAMES O. – ORGANIST (1966), JOHN CAGE (1966) oder dem HARLEM THEATRE (1968) wurden im Rahmen der NDR-Fernsehspielabteilung produziert. Der Dokumentarfilm IN DER FREMDE (1968), der seine Erstveröffentlichung bei den Oberhausener Filmtagen im April 1968 feierte, gehörte zu Monks letzten redaktionellen Zuständigkeiten, bevor er die Intendanz am Deutschen Schauspielhaus antrat.

Dass mit Wildenhahn und Fechner in der Hamburger Fernsehspielabteilung offenbar Filmemacher gefördert wurden, deren Arbeiten als Dokumentarfilme verstanden werden,[11] deuten Christian Hißnauer und Bernd Schmidt als Hinweis dafür, dass Monks ästhetisches Gesamtkonzept für das NDR-Fernsehspiel auf eine Verschränkung der akademisch separat gedachten Erzähltraditionen zielte: «als Autor, Regisseur und Redakteur [war Monk] ungewöhnlich experimentierfreudig und durchbrach mit großer Lust Gattungsgrenzen» (Hißnauer/Schmidt 2013: 102). Aus diesem Grund stelle er eine «Schlüsselfigur» der Hamburger Fernsehgeschichte dar, dessen Programmarbeit für das Fernseh*spiel* auch die Entwicklung des Fernseh*dokumentarismus* entscheidend geprägt habe (ebd.: 101 ff., Herv. i. O.). Ähnlich wie Hickethier definieren Hißnauer und Schmidt damit den Abteilungsleiter Monk also als Angelpunkt eines Gruppenstils. Diesen ordnen sie jedoch einer regionalen Traditionslinie unter, die sie als «Hamburger Schulen» bezeichnen (Hißnauer/Schmidt 2013, vgl. Hißnauer 2007).

Während der Begriff der «Hamburgischen Dramaturgie» nach Hickethier allein einen ästhetischen Programmentwurf für das NDR-Fernsehspiel der 1960er-Jahre bezeichnen

---

10 Die Bezeichnung entstammt dem Sprachgebrauch in der Personalabteilung des NDR, die mit Realisatoren «Sachbearbeiter mit besonders schwierigen Aufgaben» bezeichneten (Hißnauer/Schmidt 2013: 121, Anm. 144). Bei PANORAMA war Wildenhahn für die visuelle Umsetzung (Kameraführung und Schnitt) von Beiträgen verantwortlich.

11 Diese Einschätzung muss allerdings insofern relativiert werden, als der NDR im Gegensatz zum ZDF keine eigene Dokumentarspielredaktion hatte, an der die Produktion hätte stattdessen angesiedelt werden können (Hickethier 1994b). Darüber hinaus könnte die Förderung Wildenhahns personell auch dem Stellvertretenden Hauptabteilungsleiter Hans Brecht zugeschrieben werden, der redaktionell für die Dokumentationen im Programm verantwortlich war. Brecht war es, der Wildenhahn mit den Vertretern des Direct Cinema, Richard Leacock und Don Allan Pennebaker in Kontakt brachte und Fechner den Auftrag für NACHREDE AUF KLARA HEYDEBRECK erteilte (vgl. Netenjakob 1989: 98 f.).

soll, beschreiben die «Hamburger Schulen» nach Hißnauer und Schmidt ein Modell für die Programmentwicklung des Senders. Dieses stellt dokumentarische Sendungen des NDR und deren ‹Autoren› in eine genealogische Abfolge, die von 1950 bis heute reicht. Es umfasst drei «Generationen» und zielt somit darauf, einerseits historisch spezifische Gruppenstile nach Innovationssprüngen zu isolieren und betont andererseits fortdauernde Erzähl- und Darstellungstraditionen (vgl. Hißnauer/Schmidt 2013: 31). Der unmittelbare Anknüpfungspunkt für die Bezeichnung «Hamburger Schulen» ist nicht die oben zitierte Fernsehkritik Trappmanns. Hißnauer und Schmidt leiten sie jedoch aus ähnlichen journalistischen Quellen, Pressemitteilungen des NDR und Interviewaussagen der ‹Protagonisten› selbst her, die den Namen der «Hamburger Schule» – im Singular – jeweils für ihre Arbeit in Anspruch nehmen (ebd., vgl. auch Berg-Walz 1995: 69, Kaiser 2001: 71). Dazu gehören der NWRV-Kameramann Carsten Diercks, der Autor und Fernsehspielabteilungsleiter Meichsner und der Redakteur und Regisseur Horst Königstein (vgl. Diercks 1991, Meichsner in Schütt 2008; Königstein 1997: 247).

Als Vertreter der «Ersten Generation» bestimmen Hißnauer und Schmidt einen Kreis um Rüdiger Proske. Seine gemeinsam mit Max H. Rehbein und Carsten Diercks in den 1950er-Jahren realisierten Sendereihen für den NWDR bzw. den NWRV hatten sich von den Darstellungstraditionen des Kulturfilms lösen können, indem sie unter anderem Elemente des Features und der Reportage kombinierten.[12] Als wichtigste ‹Autoren› der «Zweiten Generation» werden Wildenhahn und Fechner angeführt, deren Filme sich gegenüber denen ihrer Vorgänger, die in ihrer Berichterstattung einen «Objektivitätsgestus» (ebd.: 101) pflegten, durch einen parteilichen Erzählstandpunkt auszeichnen. Diese Herangehensweise führen Hißnauer und Schmidt auf das sozialkritische Anliegen zurück, das Monk und zum Teil auch sein Nachfolger Meichsner in der Hauptabteilung bzw. Abteilung Fernsehspiel des NDR verfolgten (ebd.: 101 f., 106 ff., vgl. Hißnauer 2007: 119). Insbesondere die Regiearbeiten Fechners sind Hißnauer und Schmidt zufolge derart verfasst, dass sie eine deutliche Gattungszuordnung – Dokumentar- *oder* Spielfilm – erschwerten: Während sich, beginnend mit SELBSTBEDIENUNG, die Stoffe seiner Spielfilme durch akribische – journalistische – Hintergrundrecherchen auszeichneten, sei das herausstechende Merkmal der von ihm kultivierten Form des «Interviewdokumentarismus» (Koebner 1975) eine Montage, die einzelne Elemente der Interviews zu neuen, erzählenden Zusammenhängen verbindet (vgl. Hißnauer/Schmidt 2013: 222 ff.). Darüber konstruieren seine Filme Dialoge, die an einem «imaginären Tisch» (ebd.: 238) stattfinden. Hißnauer und Schmidt folgern daraus, dass sich in den Filmen Fechners eine «Hybridisierung» von Erzähltraditionen und -anliegen des informationsorientierten Journalismus bzw. der Gattung Dokumentarfilm mit solchen des unterhaltungsorientierten Spiel- bzw. Fernsehfilms abzeichne. Vergleichbare Ansätze sehen sie auch in Filmen von Meichsner und Hädrich realisiert, die dramatische und dokumentarische Darstellungsweisen kombinieren – z. B. ERINNERUNGEN AN EINEN SOMMER IN BERLIN (1972, B./R.: Rolf Hädrich) (ebd.: 300 f.). In den Filmen von Breloer und Königstein, die die «Dritte Generation der Hamburger Schulen [!]» bilden, würden die hier erprobten Verschränkungen von formalen Mitteln der Darstellung und der ihnen zugrundeliegenden Anliegen fortgesetzt und zu

---

12 Siehe z. B. MUSURI. BERICHT EINER FERNSEHEXPEDITION NACH BELGISCH-KONGO (NWDR 1954, 2 Teile); AUF DER SUCHE NACH FRIEDEN UND FREIHEIT (NWRV 1957; 7 Folgen zusammen mit Max H. Rehbein und Carsten Diercks); PAZIFISTISCHES TAGEBUCH (NWRV 1957, 5 Folgen). Durch den Einsatz moderner Produktionstechnik wie der mit Pilotton ausgestatteten Schulterkamera konnte das Team um Proske sogar im Ansatz eine Bildästhetik entfalten, die das US-amerikanische Direct Cinema zu Beginn der 1960er-Jahre berühmt machte (Hißnauer/Schmidt 2013: 39 ff., vgl. Zimmermann 1994: 217–221).

ihrer Form des «DokuDramas» ausdifferenziert, die sich in der spezifischen Kombination von inszeniertem Spiel, Interview und *found footage* ausdrückt[13] (ebd.: 117, 296 ff., 323 ff.).

Hißnauer und Schmidt schreiben Monks Programmkonzeption für das NDR-Fernsehspiel eine sehr bedeutsame Rolle innerhalb dieser skizzierten Entwicklungen zu. Da er die genannten ‹Autoren› in seiner Abteilung beschäftigte, förderte und auch gemäß ihrer eigenen Angaben darin bestärkte, eine kritische Haltung gegenüber der bundesrepublikanischen Gesellschaft in ihren Filmen zu formulieren, deuten sie Monks Tätigkeiten gewissermaßen als ‹Bedingung der Möglichkeit› für den Innovationssprung von der «Ersten-» zur «Zweiten Generation» sowie als Fundament der «Dritten Generation der Hamburger Schule». Dennoch bildet Monk in ihren Ausführungen nicht viel mehr als eine Randfigur. In ihrem Fokus auf die Entwicklung des Fernsehdokumentarismus gerät die Ästhetik seiner Regiearbeiten ebenso wenig in den Blick, wie sie nach dem normativen Gehalt seiner Programmkonzeption fragen. Während sie beispielsweise die Arbeiten Fechners und Wildenhahns durch dokumentarfilmtheoretische Erörterungen kontextualisieren, verlassen sie sich im Falle Monks auf die (Selbst)Deutungen der ‹Protagonisten› und die (ihrerseits kaum durch Belege abgesicherten) Ausführungen von Michael Kaiser (siehe Kaiser 2001: 73 ff., vgl. Hißnauer/Schmidt 2013: 104 f.). Darüber hinaus ist ihre Untersuchung durch die theoretischen Prämissen des semio-pragmatischen Ansatzes Roger Odins vorstrukturiert (siehe Hißnauer/Schmidt 2013: 101/Anm. 110, 296 ff./Anm. 497, 289 f., 320 ff.). Aus der hieraus abgeleiteten Begriffssystematik ergeben sich weitreichende Konsequenzen für die Einschätzung der ästhetischen Entwicklung.

Im Sinne der Semio-Pragmatik vollziehen Hißnauer und Schmidt die kategoriale Unterscheidung zwischen fiktionalen respektive non-fiktionalen ‹Texten› auf der Grundlage von konventionalisierten Markierungen, aus denen sich theoretisch plausible «Lektüremodi», – die rezeptionsseitige «Dokumentarisierung» oder «Fiktionalisierung» eines ‹Texts› – ableiten lassen (vgl. Odin 1998). Auf Basis dieses Begriffsverständnisses für den Dokumentar- und Spielfilm bzw. das Fernsehspiel können sie aus der Kombination von dokumentarischen und dramatischen Erzähl- und Darstellungsmitteln innerhalb der formal-ästhetischen Struktur auf eine Mischform schließen, die sie als semi-fiktionales respektive semi-dokumentarisches Hybrid definieren. Da auch Monks Regiearbeiten aus den 1960er-Jahren zum Teil scheinbar gegensätzliche Markierungen aufweisen, verleiten die Thesen Hißnauers und Schmidts dazu, erstens diese Filme in ihrem Sinne als «DokuDramen» *avant la lettre* zu lesen (siehe Weiß 2014: 93), und zweitens damit auch eine Orientierung an Referenzquellen eines journalistischen Diskurses zu unterstellen (vgl. ebd.). Während mir beide Konsequenzen zu weitreichend erscheinen, erweist sich ihre Perspektive auf die Fernseh- und Filmgeschichte gleichzeitig auch als zu einschränkend.

Indem Hißnauer und Schmidt die historische Entwicklung beim NDR auf eine ‹Hybridisierung der Gattungen› festschreiben, vernachlässigen sie andere, nicht unmittelbar dem journalistischen Diskurs bzw. dokumentarischen Bewegungen wie etwa dem Direct Cinema zugehörige Vorbilder der Literatur-, Kunst- oder Filmgeschichte, die die Kombination von Materialien aus unterschiedlichen Ursprungskontexten vor der Etablierung des Fernsehens erprobt hatten und deren Einbeziehung zu anderen Schlussfolgerungen über die kategoriale Zuordnung der betrachteten Formen führen könnte; beispielhaft sei hier nur auf die Collagetechniken der klassischen Avantgarden verwiesen. Auch der explizite Wirklichkeitsbezug, der die Arbeiten der Hamburger Fernsehspielabteilung auszeichnet und der

---

13 Exemplarisch: Das Beil von Wandsbek (1982), Die Staatskanzlei (1989), Todesspiel (1998), Die Manns – Ein Jahrhundertroman (2001).

sich in der Bildästhetik als dokumentarische Anmutung niederschlägt, lässt nicht zweifelsfrei auf eine direkte Orientierung an journalistischen Ausdrucksformen des Fernsehens schließen. Nach meinem Dafürhalten ist der gemeinsame Fluchtpunkt der Regiearbeiten Monks wie der Fernsehspiele und Dokumentarfilme, die während seiner Tätigkeit als Hauptabteilungsleiter und in deren Gefolge produziert wurden, deswegen vielmehr in der offener formulierten Frage nach dem Realismus ihrer Erzählung und Darstellung zu finden.

Hinsichtlich der ästhetischen Entwicklung des Fernsehspiels ist die Annahme plausibel, dass eine Reihe Hamburger ‹Autoren› zunächst an Traditionen der erzählenden und der dramatischen Literatur des Realismus und des Naturalismus anknüpfen. Nicht nur, dass in den Adaptionen naturalistischer Dramatiker – beispielsweise in den Hauptmann-Inszenierungen John Oldens – ebenso eine Übernahme der naturalistischen Ästhetik im Fernsehspiel erfolgt war, auch Oelschlegel und Meichsner hatten diese im Fernsehspiel in den frühen 1960er-Jahren schon erprobt (Hickethier 1980: 279 f.). Darüber hinaus hatte das filmische Realismuskonzept des italienischen Nachkriegskinos zu dieser Zeit insgesamt einen starken ästhetischen Einfluss auf die Kunstentwicklung der Bundesrepublik (Öhlschläger et al. 2012: 8 f., Scherer 2012: 37 ff., Perrone Capano 2012: 90). Die Dramaturgie und die Mise en Scène dieser Filmproduktionen könnten deswegen vorbildhaft für die *dokumentarische Anmutung* der Fernsehspiele der Hamburger Fernsehspielabteilung gewesen sein. Denkbar wäre ebenso, dass ‹Autoren› wie Monk, weil sie mit ihren Filmen vergleichbare Intentionen verfolgten, auch ähnliche ästhetische Strategien entwickelten wie die ‹Autoren› beispielsweise des Neorealismus. Für Einschätzungen in dieser Hinsicht reicht es jedoch nicht aus, die Ähnlichkeiten im Einsatz formal-ästhetischer Mittel zu konstatieren, sondern es muss nach der konzeptionellen Grundlage gefragt werden.

3.

Als Monk im Interview mit Gerhard Lampe auf die «Hamburgische Dramaturgie» angesprochen wurde, zeigte er sich geschmeichelt über die Referenz auf Gotthold Ephraim Lessing, der ihm «von unseren Klassikern [...] immer sehr nahe gestanden» habe (siehe FAKTEN [2001], Min. 1:11–1:56). Da er seine Arbeit, wie er in einem hausinternen Interview für den NDR 1975 bekannte, als «Fortsetzung» der «langen europäischen Tradition [...] der Aufklärung» begriff,[14] scheint der Vergleich glücklich gewählt, um eine Erneuerung des Fernsehspiels vom Standort Hamburg aus zu beschreiben. Als maßgebliches Vorbild seiner Arbeit für das Fernsehen dürfte indessen nicht Lessings «Hamburgische Dramaturgie», sondern vielmehr die Konzeption Bertolt Brechts gedient haben. Somit erweist sich die Referenz auch als irreführend. Sie bietet den Ausgangspunkt für das populäre Missverständnis, Monk habe die Zuschauer*innen «durch Mitfühlen» zur Tugend erziehen wollen, wie es etwa Josef Nyáry in seinem Beitrag für das *Hamburger Abendblatt* formuliert (Nyáry 2016). Lessing zielte mit seiner Neuinterpretation der Aristotelischen Poetik auf eine Revision der Affektlehre im bürgerlichen Trauerspiel (vgl. Barner 1998: 179–200), während Brecht mit seiner Dramatik und dem *Kleinen Organon für das Theater* (1948) ein Gegenmodell zum Aristotelischen Katharsis-Konzept konzipiert hatte (Mayer 1986, vgl. Hinck 1966). Die Struktur der Brecht'schen Dramen und ihre intendierte Aktualisierung auf der Bühne sollen eine Einfühlung in die Figuren des dargestellten Geschehens

---

14 Siehe Fragebogen zum Interview mit Manfred Jahnke am 17. Januar 1975, 10 Bl., hier: Zusatzblatt zur 2. Frage, EMA 938. Vgl. hierzu Hißnauer/Schmidt 2013: 102–105, die die Aussagen nach der Aufzeichnung des Interviews zitieren, das sich im Archiv des NDR befindet.

gerade verhindern und, statt die Zuschauer*innen auf dem Weg der ästhetischen Erfahrung von ihren Affekten reinigen (*poet*. [Kap. 6] 1449b26) bzw. im Sinne Lessings moralisch schulen zu wollen, ‹soziologische› Erkenntnisprozesse provozieren (Hinck 1966: 22). Dieses Kunstverständnis spiegelt sich in Monks funktionalistischer Bestimmung des Fernsehspiels wider. An anderer Stelle haben Andreas Stuhlmann und ich diese Konzeption deswegen als «Kleines Organon für das Fernsehen» beschrieben (Schumacher/Stuhlmann 2012).

Mit dem *Kleinen Organon* war Monk aus seiner Zeit am Berliner Ensemble bestens vertraut. Esther Slevogt charakterisiert dieses als «Manifest» einer Generation, «das offenbar nicht nur Anleitungen zum Theatermachen, sondern auch zu Identitätskonstruktionen vermittelt hat» (Slevogt 2017: 21). Alle Assistenten hätten diese Schrift auswendig gelernt. In Monks Probennotaten aus dieser Zeit lassen sich Paraphrasierungen daraus wiederfinden (ebd.) und auch der «Sound von Brechts Diktion» sei in seinen Texten «unüberhörbar» (ebd.). Dasselbe lässt sich über jene Formulierungen festhalten, mit denen Monk sich öffentlich zu seiner Ästhetik und Programmatik äußerte. Wiederholt greift er dabei auf dieselbe Begründungsformel zurück: «Die Schwierigkeit besteht immer darin, daß die Realität als Prozess begriffen werden muss und es einen mühevollen Weg gibt, der in die Realität hinein zurückgelegt werden muß von dem, der versucht, sie darzulegen», erklärte er 1977 im Interview mit Netenjakob «die Aufgabe des Fernsehspielrealisten».

> [Die Wirklichkeit, JS] enthüllt sich nicht von selbst. Die Aufgabe [...] ist es also nicht, die Wirklichkeit gleichsam abzulesen, sondern sie zu durchdringen, die soziale Kausalität, die in der Wirklichkeit verborgen ist, in der abgebildeten Wirklichkeit sichtbar und erkennbar zu machen.
> *(Monk in Netenjakob 1977: 121)*

Dass er unter Realismus verstehe, die «in der Wirklichkeit verdeckten oder versteckten Zusammenhänge» kenntlich zu machen, und auch seine Abgrenzung vom «puren Abbilden» als Darstellungstechnik in der Tradition des Naturalismus führte Monk erneut aus, als er sich 1983 zu DIE GESCHWISTER OPPERMANN äußerte (Monk in Prümm 1983). Eine weitere semantische Variation dieses Grundsatzes zitiert auch Fechner – sich explizit auf Monk beziehend – wenn er seinen Fernsehfilm TADELLÖSER & WOLFF (1975) nach dem Roman von Walter Kempowski dieser Auslegung des Realismus zugeordnet wissen will (Fechner 1979: 35). Monk wiederum benennt mit seinem Axiom ein Kernelement der Ästhetik Brechts und variiert Aussagen, die in den *Schriften zum Theater* nicht nur in dessen Auseinandersetzung mit der Dramatik, sondern auch der Fotografie und dem Film niedergelegt sind: «Es müssen die Gesetze sichtbar werden, welche den Ablauf der Prozesse des Lebens beherrschen», die ihrerseits «nicht auf Photographien sichtbar» würden, heißt es etwa im *Messingkauf* (GBA 22.2: 792). Diese Einsicht spitzt Brecht in seiner wohl am häufigsten zitierten Aussage zu:

> Die Lage wird dadurch so kompliziert, daß weniger denn je eine einfache ‹Wiedergabe der Realität› etwas über die Realität aussagt. Eine Photographie der Kruppwerke oder der AEG ergibt beinahe nichts über diese Institute. [...] [W]er von der Realität nur das Erlebbare gibt, gibt sie selbst nicht wieder.
> *(GBA 21: 469)*

Um mithilfe der Darstellung über die Erscheinungen der erlebbaren Wirklichkeit hinauszugehen und das abstrakte Wesen der Dinge sichtbar zu machen, sei daher «tatsächlich Kunst nötig» (ebd.).

Brechts Folgerung gründet sich auf einen epistemologischen Bezugsrahmen, der durch die Philosophie Georg Wilhelm Friedrich Hegels und den dialektischen Materialismus geprägt ist (Knopf 1986, kritisch Katzmeier 2010: 16) und bezieht sich überdies auf den konkreten gesellschaftspolitischen Kontext der Weimarer Republik wie auf die populären Medienangebote dieser Zeit. Ob Monks Aussagen dieselbe philosophische Durchdringung zugesprochen werden kann, ist zweifelhaft, und in welchem Maße er mit der Theorie des Marxismus sympathisierte, ist schwierig einzuschätzen.

Mit konkreten Angaben zu seiner politischen Orientierung hielt Monk sich Zeit seines Lebens zurück. Gleichwohl er sich durch die Referenz auf Brecht in der Bundesrepublik als Linksintellektueller positionierte (vgl. Delling 1963, Timm 1988), vermied er zumeist Aussagen zu seiner politischen Überzeugung. 1968 jedoch bekannte er sich in einem Interview mit dem *Spiegel*, das am Vorabend der Premiere zu seiner ersten Inszenierung als Intendant des Deutschen Schauspielhauses erschien, plötzlich zum «demokratischen Sozialismus» (*Der Spiegel* 1968a: 113). Der Ausdruck und die intensive Auseinandersetzung mit dem SPD-Politiker Rudolf Hilferding und dessen Theorie des «organisierten Kapitalismus» in den 1970er-Jahren deuten auf Sympathien mit dieser Ausrichtung der marxistischen Theorie hin, nach der die soziale Demokratie auf dem Weg von Reformen zu verwirklichen sei (vgl. Gottschalch 1972). Monks Ablehnung der kommunistischen Partei, der historischen KPD wie der SED hingegen ist zumindest in der Retrospektive dokumentiert: «Daß ich kein Kommunist war, bin, je sein werde, weißt du», erinnerte er Manfred Wekwerth in einem Brief vom 12. Mai 1991, in dem er dem früheren Kollegen seine Freundschaft versicherte, als dieser wegen seiner Mitgliedschaft im Zentralkomitee der SED von der Intendanz des Berliner Ensembles zurücktreten musste.[15]

Nicht als ‹kommunistisch›, doch auch nicht als ‹marxistisch› wollte Monk offenbar seine Arbeit überschrieben sehen (Delling 1963: 57). Ob er und Brecht also in politisch-philosophischer Hinsicht im Detail übereinstimmten, lässt sich nicht aufklären. Wenn Monk die Produktionsbedingungen des westdeutschen Fernsehens der 1960er-Jahre rückblickend als «Brechts Chance» (Monk 2007: 227) beschreibt, wird jedoch deutlich, dass er sich mit vergleichbaren Anforderungen konfrontiert sah, wie Brecht, als dieser das Theater eines neuen Zeitalters prognostizierte (vgl. Hinck 1966: 164 f., Müller 2009: 215). Die politischen Rahmenbedingungen und die Medienlandschaft hatten sich zwar verändert. Die dominanten Formen und Stile des populären deutschen Kinospielfilms und des Fernsehspiels in den 1950er-Jahren waren dennoch nach hinreichend ähnlichen Prinzipien aufgebaut, wie 20 Jahre zuvor (vgl. Göttler 2004). Da es sich hierbei nicht allein um ‹bürgerliche Darstellungstechniken› handelte, sondern auch um dieselben Mittel, die im Faschismus zu Verführungs- und Ablenkungszwecken zum Einsatz gekommen waren (vgl. GBA 22.1: 667 ff.), konnten sie in letzter Konsequenz nicht an den Diskurs der «Zeitkritik» anschlussfähig sein. Wenn Monk also im Interview Sylvia Büttner erklärte, dass er Dannenbergs Inszenierung der ANFRAGE abgelehnt habe, weil diese dem Stil der Ufa folgte, soll dies kaum allein als «Synonym für leichte, unterhaltsame Filmkost verstanden sein» (Büttner 2015: 120), sondern stellt vielmehr eine Chiffre für eine NS-Filmästhetik dar, die er für den kritischen Inhalt von Geisslers Stück als besonders unangemessen befand. Die poetologischen Auseinandersetzungen um die Form des Fernsehspiels in der ambitionierten Fernsehkritik zu Beginn der 1960er-Jahre begünstigten zudem, dass sich das Fernsehen in diesem Jahrzehnt zu einem Produktionsumfeld entwickelte, in dem es möglich

---

15 Egon Monk an Manfred Wekwerth, Hamburg, den 12. Mai 1991, EMA 566, vgl. auch die Korrespondenz zwischen Monk und Christian Geissler, EMA 649.

war, für die neuen Themen auch neue Formen der Darstellung zu erproben (Schneider 1980, Hickethier 1980: 45 ff.). Sowohl in seiner redaktionellen Arbeit als auch in der Inszenierung von Fernsehspielen konnte Monk deswegen mit einem Rückgriff auf das reagieren, was er «vorher gelernt hatte» (2007: 181 f.).

Seinen ersten Notizen zur Konzeption der Fernsehspielabteilung lässt sich entnehmen, dass Monk sich keineswegs allein auf seine Erfahrungen am Berliner Ensemble verließ, sondern zur Verbesserung der Fernsehspielproduktion eine Orientierung an «handwerklich vorbildlichen» Beispielen aus dem britischen und US-amerikanischen Produktionsraum empfahl.[16] Zu diesem Zweck informierte sich ein Mitarbeiter auch im November 1960 vor Ort bei der ABC Television sowie der BBC in London.[17] Die Förderung des Nachwuchses sah indessen die Übernahme des «Ausbildungssystems Brechts im BE»[18] vor. In der Tradition der dortigen Praxis (vgl. Barnett 2015: 99 ff.) ließ Monk beispielsweise 1964 vier Szenen aus Brechts *Furcht und Elend des III. Reiches* von Nachwuchsregisseuren seiner Abteilung für das NDR-Programm inszenieren (Schumacher/Stuhlmann [2018]. Insofern ist es also zutreffend, wenn Netenjakob es als ein «Echo aus Brechts Berliner Ensemble» charakterisiert, dass Monk damals Fechner und Wildenhahn die Realisierung ihrer ersten Filme «ohne kleinliche Kontrolle» ermöglicht habe (1989: 96). Auch die Genannten selbst oder Hädrich und Meichsner äußerten sich in ähnlicher Weise.[19] Hißnauer und Schmidt legen diese Aussagen, wenn sie die Merkmale und Kontinuitäten der «Zweiten Hamburger Schule» herausarbeiten, jedoch derart aus, als wäre damit auch implizit eine konzeptionelle Übereinstimmung in Fragen der Ästhetik gegeben. Vor dem Hintergrund eines durch Brecht geprägten Verständnisses von Realismus ist das aber durchaus widersprüchlich. Die Dramaturgie von Fechners Kempowski-Verfilmungen oder der Stil des Direct Cinema, den Wildenhahn adaptierte, enthalten Anlagen, die in Brechts Diktion als «naturalistisch» bezeichnet werden können. Dasselbe gilt für die Positionen, die Wildenhahn in seinem Disput mit dem Filmkritiker Klaus Kreimer einnahm (siehe Stadt Duisburg/Filmforum der Volkshochschule 1980; 1981, vgl. Hißnauer/Schmidt 2013: 196–201). Sicherlich verhalten sich Menschen nicht immer theoretisch kongruent und die Programmplanung im Fernsehen erforderte Zugeständnisse. Zumindest ab den 1970er-Jahren erscheinen die Produktionen der drei Regisseure stilistisch jedoch so weit auseinander, dass das Verhältnis zwischen der Ästhetik Monks und der Wildenhahns wie Fechners einer neuen Perspektivierung bedarf. Dafür erscheint es produktiver, einmal weniger von behaupteten Kontinuitäten und Einflussnahmen auszugehen, sondern die Differenzqualitäten ihrer Filme in den Blick zu nehmen.

4.

Monks Einzelwerke sind im Detail sehr unterschiedlich gestaltet. An ausgewählten Fernsehspielen von 1962/63 ist eine künstlerisch selbstreflexive Struktur augenfällig, die verschiedene Mittel der Darstellung kombiniert. In ANFRAGE, MAUERN, SCHLACHTVIEH und EIN TAG ist die Orientierung an den Prinzipien des epischen Theaters relativ offensicht-

---

16 Siehe EMA 728.
17 Siehe Römicke, Gedächtnisprotokoll zur Informationsreise und Besichtigung der ABC Television und der BBC in London, 4 Bl., EMA 728.
18 Egon Monk, «Gespräch mit Herrn Dr. Arnold», 2 Bl., o. D., EMA 728.
19 Vgl. FAKTEN (2001), Min. 00:00:52 (Hädrich) und Min. 00:12:00 (Meichsner), ORT DER HANDLUNG [1987], Min. 3:50 (Meichsner), Min. 5:20; 22:10 (Fechner).

lich in der Oberflächenästhetik markiert, da teilweise dieselben ästhetischen Strategien Anwendung finden wie in den Aufführungen der epischen Dramatik, etwa die Einblendung von Titeltafeln oder der Verstoß gegen die Konvention der Vierten Wand; die Fernsehforschung hat das mehrfach hervorgehoben (siehe Hickethier 1995a, Prümm 1995a, Koebner 1995). Darüber hinaus sind diese Fernsehspiele in der Art und Weise ihrer Bildorganisation besonders auffällig. Im Interview von Deling dazu befragt bestätigte Monk, dass er versuche, Ideen aus den «Schriften der klassischen Russen, Eisenstein, Pudowkin usw.» in das Fernsehspiel zu übertragen (Delling 1963: 57). Eine solche Synthese der Ansätze Brechts und Eisensteins, die Sebastian Pfau auch für EIN TAG diagnostiziert (Pfau 2003), erscheint auf den ersten Blick aus zweierlei Gründen plausibel: zum einen gibt Monk selbst an, im Rahmen seiner Regieausbildung am DEFA-Nachwuchsstudio mit den Schriften Eisensteins und Pudowkins in Kontakt gekommen zu sein und er hat schließlich auch eines der RIAS-Hörbilder der Biografie Eisensteins gewidmet. Zum anderen ist eine theoretische Kongruenz der Konzepte Brechts und Eisensteins von Wolfgang Gersch als Grundlage einer Übersetzung des Konzept des epischen Theaters in die Form des Film kolportiert worden (Gersch 1975: 39–43, vgl. auch Bruch 1973: xix). In medientheoretischer Hinsicht ist eine solche Verbindung jedoch durchaus widersprüchlich einzuschätzen, da Brecht und Eisenstein zwar von ähnlichen wirkungsästhetischen Prämissen ausgingen, in der Rezeption aber zumindest teilweise auch sehr unterschiedliche Effekte produzieren wollten.

5 Das epische Theater und die audiovisuelle Form

1.

Das Konzept des epischen Theaters lässt sich in formaler Hinsicht als eine politisch intendierte Wirkungsästhetik begreifen, die einer bestimmten Funktionalität folgt: Die Dramaturgie und die formal-ästhetischen Mittel der Darstellung zielen auf spezifische Effekte in der Rezeption, die in der Gesamtheit die Zuschauer*innen in eine distanzierte und ‹mitdenkende› Haltung gegenüber den präsentierten Vorgängen versetzen und somit von diesen *entfremden* sollen. Daraus folgt einerseits, dass die intendierte Wirkung sich nicht allein auf den Bereich der ästhetischen Erfahrung beschränkt und andererseits, dass sich das Konzept in der Theorie grundlegend von denjenigen Poetiken unterscheidet, die ihre Wirkung durch die Förderung einer affirmativen Haltung generieren wollen, wie es die *Poetik* des Aristoteles nahelegt (*poet.* [Kap. 6] 1449b26, vgl. Knopf 1986: 102 ff.). Aus diesem Grund wird es auch als «anti-aristotelisch» bezeichnet (Mayer 1986). Gleichzeitig ist das epische Theater «anti-naturalistisch», weil es sich gegen Erzähl- und Darstellungstraditionen der naturalistischen Dramatik richtet, die «Brechts eigentlicher, weil zeitgenössisch wirksamer Gegenpol» waren (Knopf 1986: 107).[1]

Für die Herstellung des Rezeptionszustands der Entfremdung bedient sich das epische Theater unterschiedlicher ästhetischer Verfahren, die, indem sie einen Bruch mit Gewohnheiten darstellen, die Aufmerksamkeit auf die Gestaltung selbst lenken (vgl. Knopf 1986: 112–122). Dieses Konzept der *Verfremdung* unterscheidet sich von demjenigen, das die russische Formale Schule mit dem Begriff der *Ostranenie* als basales Prinzip der Kunstgestaltung beschreibt.

Im Sinne der Formalen Schule (Victor Sklovskij) dient Kunst vorwiegend dem Zweck, die durch den Alltag abgestumpfte Wahrnehmung der Rezipient*innen zu beleben, indem sie diese durch die Mittel der Gestaltung perzeptiv, emotional und kognitiv herausfordert (vgl. Kesser 1996: 52 f., Thompson 1995: 31). Die Anforderung, die Automatisierung der Wahrnehmung zu vermeiden, lässt die Kunst auch ständig nach Veränderung streben (vgl. Thompson 1995: 31, Wuss 1998: 148). Die Offenlegung der Gestaltung des Kunstwerks durch die Form der Gestaltung stellt für dieses Anliegen «geradezu […] ein formalistisches Moment par excellence» dar (Kessler 1996: 55). Zumindest in diesem Punkt lässt sich eine Entsprechung zu Brechts Konzeption für das epische Theater ausmachen. Der entscheidende Unterschied zwischen beiden ist jedoch, dass das Verfremdungskonzept der Formalen Schule ästhetizistische Selbstgenügsamkeit erlaubt (ebd.) – worin unter anderem auch der pejorative Gebrauch der Bezeichnung ‹formalistisch› begründet liegt –, während Brecht den Einsatz der Verfahren mit einem sehr spezifischen Anspruch verbindet.

---

[1] Brechts Abgrenzung vom Naturalismus ist dennoch nicht total: in einigen Punkten, in denen sich das Konzept der naturalistischen Dramatik gegen klassische Konventionen der Dramengestaltung richtet, wie bspw. die Anforderung der Geschlossenheit der Fabel, finden sich durchaus Übereinstimmungen. Näheres diskutiere ich in Kapitel 9.

5 Das epische Theater und die audiovisuelle Form

Ungeachtet der terminologischen Ähnlichkeiten bezieht sich Brecht, wie Jan Knopf darlegt, dezidiert *nicht* auf den Begriff und das Konzept der Verfremdung der Formalen Schule, sondern leitetet es vielmehr aus Hegels Entfremdungsbegriff her (Knopf 1986: 95 ff.). Dieser bezieht sich eigentlich auf Prozesse der Subjektivierung. Brecht verwendet den Begriff jedoch erkenntnistheoretisch im Sinne einer «Bedingung für bestimmtes Erkennen» und überträgt ihn auf die Kunst «damit sie in bestimmter Weise auf Wirklichkeit aufmerksam macht» (ebd.: 94 f.). Kunst soll demnach die Funktion erfüllen, den Zuschauer*innen die Bedingungen des menschlichen Zusammenlebens vor Augen zu führen, deren Erkenntnis ihnen im Alltag verstellt ist. Diese Einschätzung lässt sich wiederum auf eine Übernahme der Hegelianischen Unterscheidung zwischen der sinnlich erfahrbaren *Erscheinung* und dem nur abstrakt (geistig) erfassbaren *Wesen* der Dinge in der menschlichen Erkenntnisfähigkeit der Realität zurückführen, die zum Teil auch Brechts Ablehnung des Naturalismus erklärt – «wer von der Realität nur das von ihr Erlebbare gibt, gibt sie selbst nicht wieder» (GBA 21: 469). Der Verfremdungsbegriff im Sinne Brechts ist somit dialektisch angelegt und zielt auf eine «Negation der Negation» (GBA 22.1: 401).

Verfremdung ist die Negation bzw. Entfremdung der [...] Entfremdung, die so gewohnt, so vertraut ist, daß sie als solche gar nicht mehr bemerkt wird [...]. Auf sie macht «Verfremdung», und zwar auf künstlerische Weise (in Analogie zum Vorgang des Erkennens), überhaupt erst aufmerksam, um sie – im dialektischen «Umschlag» zu negieren, das heißt: durchschauen zu lehren und reales Eingreifen, Veränderungen zu ermöglichen.

(Knopf 1986: 97 f.)

Auf einer formal-ästhetischen Ebene lässt sich zwischen unterschiedlichen Mitteln der Verfremdung unterscheiden, die sich auf episierende Prinzipien zurückführen lassen. Das Bühnengeschehen selbst wird als Vorführung eines Modells begriffen. Zur Vermeidung einer emotionalen Einfühlung in das vorgeführte Geschehen soll dieses erkennbar als Modell gestaltet sein (Prinzip: *Vorführen statt Abbilden*). Im Wesentlichen werden hierfür drei ästhetische Strategien angewandt:

Die erste Strategie besteht in der Kenntlichmachung der Medialität. Indem die Theatersituation selbst thematisiert wird, soll den Zuschauer*innen eine ‹Außensicht› auf das Bühnengeschehen ermöglicht werden. Der Bühnenbau ist dafür nach einem *Prinzip der Auswahl* gestaltet und strebt in seiner Ausstattung nicht nach einer naturgetreuen Wiedergabe der äußeren Realität, sondern beinhaltet nur diejenigen Gegenstände, die für das Modell notwendig sind (vgl. GBA 22.1: 227–232, 260–264, Berliner Ensemble/Weigel 1952: 169 f.). Die Beleuchtung der Szenerie ist für diesen Zweck kontinuierlich sehr hell, statt atmosphärisch den Stimmungen angepasst gestaltet (GBA 22.1: 239 f., vgl. Hinck 1966: 114.). Das Schauspiel soll dem Prinzip des *Zeigens statt Einfühlens* folgen. Dieser auch als «gestisch» bezeichnete Schauspielstil hebt in der Verkörperung einer Rolle die äußeren, sichtbaren Haltungen und Handlungen der Figur hervor, die ihre soziale Situation – ihren *Gestus* – offenbaren (GBA 22.2: 641). Als Stil und Methode steht das gestische Spiel in einem engen Zusammenhang zu einer Figurenkonzeption, die nicht individuelle psychische Dispositionen betonen, sondern das Allgemeine, Typische der Figuren in bestimmten situativen Konstellationen kenntlich machen will (vgl. «Die Straßenszene», GBA 22.1: 370–381).[2] So zeigt sich der Gestus in der spezifischen Art und Weise, wie sie

---

2   Als Methode unterscheidet sich das gestische Spiel sowohl von denjenigen Schauspielstilen, die – wie die Stanislawski-Methode und daran schließend das *Method-Acting* Lee Strasbergs – der Verkörperung

in diesen agieren, in der Choreographie ihrer Bewegungen und Positionierungen auf der Bühne und im Arrangement der Handelnden zueinander (GBA 22.2: 616 f., GBA 23: 87 ff., 94 f.). «Das epische Theater [...] hat nicht so sehr Handlungen zu entwickeln, als Zustände darzustellen», fasst es Walter Benjamin prägnant zusammen (1966: 26). In der Geste finden sich diese Zustände gewissermaßen eingefangen. Die Unterbrechung von kontinuierlichen Abläufen vereinzelt diese und hebt sie somit hervor (ebd.). Deswegen kann die Unterbrechung als die zweite zentrale ästhetische Strategie des epischen Theaters betrachtet werden (vgl. Lindner 2006: 28). Eine direkte Ansprache des Publikums – teilweise auch durch Gesang –, die den geschlossenen Illusionsraum der Bühne aufbricht, weil sie einen Verstoß gegen die Konvention der unsichtbaren Vierte Wand darstellt, sowie Text- und Filmprojektionen bilden die zentralen Stilmittel dafür. Eine besondere dritte Funktion können dabei Ansprachen und Textprojektionen einnehmen, die das Bühnengeschehen kommentieren oder sogar den Inhalt der folgenden Darstellung vorwegnehmen. Diese Verfahren dienen dem *Prinzip der Historisierung*, nach dem Vergangenes oder Gegenwärtiges einer historiographischen Perspektive gleich als vergangen und historisch veränderlich dargeboten wird (GBA 22.1: 265 ff., vgl. Knopf 1986: 108 ff.).

Die angeführten formal-ästhetischen Mittel der Verfremdung sind, da sie nicht für jedes Stück der Brecht'schen Dramatik angelegt sind, auch nicht in jedem Einzelfall vorzufinden. Sie bilden nur gewissermaßen ein Repertoire der epischen Darstellungsweise, dessen sich Brecht und das Berliner Ensemble teilweise auch für die Adaption nicht-epischer Vorlagen bediente, wie z. B. bei Jakob Michael Reinhold Lenz' *Der Hofmeister* oder Gerhart Hauptmanns *Der Biberpelz* und *Der Rote Hahn* (vgl. Hinck 1966: 101, ausführlich Subiotto 1975). Da diese Mittel in Opposition zu tradierten Konventionen der Gestaltung verfasst sind, ist ihr Wirkungspotenzial ebenso von der historisch situierten Medienerfahrung der Rezipient*innen abhängig, wie sie für ein Medium spezifisch sind. Für die Adaption von Brechts Theaterstücken in ein anderes Medium sowie generell zur intermedialen Übertragbarkeit des Konzepts des epischen Theaters stellt sich deswegen die Frage, welche konkreten Konsequenzen ein Medienwechsel für das verfremdende Potenzial der jeweiligen ästhetischen Mittel zu einem bestimmten historischen Zeitpunkt hat (vgl. Lang 2006: 14). Die Qualität einer Adaption des Konzepts in eine audiovisuelle Form misst sich letztlich daran, ob die intendierten Rezeptionseffekte, d. h. einen dialektischen Abstraktionsprozess zu ermöglichen, erreicht werden können. Da Brecht selbst sich vielfältig auch mit dem Film auseinandersetzte, ist es naheliegend, für die Erörterung dieser Fragen zunächst seine Beiträge zu konsultieren.

2.

Sowohl in den 1920er-Jahren als auch während der Zeit seines amerikanischen Exils 1941–1947 verfasste Brecht zahlreiche Filmdrehbücher und -skizzen. Als wesentliche Bezugspunkte für seine Einschätzungen zur Filmgestaltung gelten jedoch die theoretischen

---

der Rolle einen Vorgang psychischer Einfühlung zugrunde legen, aber auch von denjenigen, die das Spiel über einen Kanon von Posen aufbauen (siehe Blank 2001). Brecht lehnt die Einfühlung des bzw. der Schauspieler*in in die Rolle ab, weil er «den Grad der Identifikation des Zuschauers mit der dargestellten Figur abhängig vom Grad der Identifikation des Schauspielers mit seiner Rolle [sieht]» (Hinck 1966: 97, vgl. GBA 22.2: 641 f.). Mithilfe der verfremdenden Spielweise soll nach der Theorie zudem das identifikatorische Potenzial derjenigen Figuren, die sich ihrer Konzeption nach durch ein hohes Maß an dramatischer Vitalität auszeichnen – wie beispielsweise Galileo Galilei oder Teresa Carrar –, in epische Figuren transformiert werden (Hinck 1966: 102).

5 Das epische Theater und die audiovisuelle Form

Erörterungen im *Dreigroschenprozess* (1930) – darunter besonders das Fragment *Die Beule*, Brechts Entwurf für einen «Dreigroschenfilm» (GBA 19: 307–320) – sowie der Spielfilm KUHLE WAMPE ODER WEM GEHÖRT DIE WELT? (1932, R.: Slatan Dudow), der, obwohl er als Produkt eines Produktionskollektivs[3] ausgewiesen ist, exemplarisch für eine ‹Brecht'sche Filmästhetik› steht (siehe Gersch 1975: 120 ff.; 1997, Lang 2006: 37, Lindner 2006: 23 ff., Witte 2006: 62–70, Mittenzwei 1986a: 375 ff., 413).

Unter der Voraussetzung, dass Brecht mit seiner anti-naturalistischen Ästhetik den Widerspruch zwischen Wesen und Erscheinung zur Darstellung bringen möchte (Lang 2006: 27), bildet die fotografische Abbildfähigkeit des Films ein zentrales Problem für die Adaption des Konzepts (vgl. Hinck 1966: 337). In der Betrachtung einer fotografischen Aufnahme stellt sich ein unmittelbarer Realitätseindruck ein, der aus der phänomenalen Ähnlichkeit zwischen dem Abgebildeten und der Wirklichkeit der menschlichen Wahrnehmung ergibt. In einem psychologischen Reflex auf das Wissen um ihre automatische Entstehung sind wir zudem, wie der französische Filmtheoretiker André Bazin konstatiert, «gezwungen, an die Existenz des wiedergegebenen Gegenstands zu glauben, der ja tatsächlich [...] in Raum und Zeit wieder gegenwärtig gemacht wird» (Bazin [1951/52/55] 2009a: 37). Der Film trägt, da er in perfekter Weise die Erscheinung der Wirklichkeit zu reproduzieren vermag, somit die Disposition, dem naturalistischen Darstellungsideal Émile Zolas von der «absoluten Illusion» zu entsprechen (vgl. Grimm 1966, Hinck 1966: 102; 135 ff., ÄG: 540–553). Aus diesem Grund deutet Brecht die Affinität des fotografischen Abbilds zu den Erscheinungen der Wirklichkeit auch als einen Mangel an Ausdrucksfähigkeit – «(e)ine Fotografie der Kruppwerke oder der AEG ergibt beinahe nichts über diese Institute» (GBA 21: 469). Die Kunst des Films müsse deswegen in einer dem Zwecke der intendierten Aussage angepassten *neuen* «Technik des Servierens» bestehen (ebd.: 480, vgl. Gersch 1975: 88–94, Lang 2006: 18 ff.). Da sich das Konzept des Naturalismus nicht in der Herstellung phänomenaler Ähnlichkeit erschöpft, misst sich auch an einer Reihe weiterer Kriterien, ob ein Film im Sinne Brechts eine anti-naturalistische Erzählhaltung einnehmen kann: zum einen an der dramaturgischen Anlage der Ereignisfolgen (in Brechts Diktion die Konstruktion der Fabel, der «Bau» der Handlung), und zum anderen an der Art und Weise der Darstellung sowie an der Organisation der Bildfolgen durch die Montage.

Brechts Vorschläge für die Filmgestaltung – wie auch die Konzeption des epischen Theaters selbst – sind nachvollziehbar vom Stummfilm beeinflusst (vgl. Hinck 1966: 335 ff.). Besonders die US-amerikanischen Slapstick-Stücke Charlie Chaplins und die Filme der sowjetischen Avantgarde der 1920er-Jahre lieferten ihm konzeptionelle Impulse (Gersch 1975: 39–43, Lang 2006: 27 ff.; 37 ff., Lindner 2006: 21, Witte 2006), die er auch in zahlreichen Drehbüchern verarbeitete (Gersch 1975: 20 ff.). Obwohl seine Vorschläge in *Die Beule* an den Stoff der *Dreigroschenoper* gebunden sind, lässt sich nach Wolfgang Gersch aus dieser nicht realisierten Vorlage für einen «Dreigroschenfilm» eine «allgemeine Haltung Brechts zum Film ablesen» (ebd.: 58). Es finden sich hierin Verfahrensweisen beschrie-

---

3 Dieses Kollektiv setzte sich neben Brecht und dem Regisseur Dudow, der mit KUHLE WAMPE seinen ersten Spielfilm (und nach dem Dokumentarfilm WIE DER BERLINER ARBEITER WOHNT seinen zweiten Film überhaupt) realisierte, u. a. zusammen aus Ernst Ottwald, mit dem Brecht das Drehbuch schrieb, und Hanns Eisler, der die Musik verfasste. Für die Produktion des Films zeichnete sich die Prometeus Film verantwortlich. Brecht, Dudow, Ottwald, Eisler und Elisabeth Hauptmann hatten zuvor bereits gemeinsam Brechts Stück *Die Maßnahme* (UA 13. Dezember 1930, R.: Slatan Dudow) und die Adaption von Maxim Gorkis Roman *Die Mutter* (1906/07) erarbeitet (Mittenzwei 1986a: 345–364). Werner Mittenzwei charakterisiert diesen Kreis als eine «Mannschaft», die die zentralen o. A. wirkungsästhetischen Prämissen teilte (ebd.: 380, 382 ff.).

ben, die in ähnlicher Form auch in der Theatertheorie enthalten sind, wie die Strukturierung der Handlung durch Zwischentitel oder die Einbindung von Gesang. Darüber hinaus erwägt das Konzept selbstreferenzielle Bezugnahmen auf das Kino seiner Zeit sowie Sequenzen einer nach rhythmischen Gesichtspunkten gestalteten und den Regeln der *Découpage Classique* widersprechenden Bildorganisationen (GBA 19: 307). Letzteres ist insofern naheliegend, als die *Continuity Montage* in der Form des sogenannten ‹unsichtbaren Schnitts› als etablierte Konvention den artifiziellen Charakter des Films verschleiert und außerdem häufig – allerdings nicht zwangsläufig – mit einer visuellen Einfühlungsdramaturgie einhergeht.

In seinem funktionalistischen Ansatz wie den Montagekonzepten erkennt Gersch Parallelen zu Sergej M. Eisensteins Filmtheorie. Die Anlage zur Kombination vielfältiger ästhetischer Verfahren in *Die Beule* deutet er deswegen – «einen Begriff Eisensteins benutzend» – als «*Polyphonie* verschiedener Ausdrucksweisen», mit der Brecht «auf spielerische und gleichzeitig aggressive Weise die ‹Beziehungen zwischen den Erscheinungen der Wirklichkeit›» herausstellen wolle (Gersch 1975: 55, Herv. JS). Damit arbeite er ein Programm aus, das eine konträre Position zu Georg Lukács Widerspiegelungstheorie einnimmt (ebd.: 87). Diese fordert für eine realistische Darstellung, das widersprüchliche Verhältnis von Wesen und Erscheinung zu einer unmittelbar erfassbaren Einheit zu verbinden (Lukács 1969a: 64; vgl. [1932] 1969b).[4] Die ästhetische Strategie der Polyphonie hingegen zielt darauf, das künstlerische Gesamtkonstrukt brüchig zu machen. Durch unterschiedliche stilistische Akzente tritt die Einheit des filmischen Konstrukts merklich auseinander und lässt so einzelne Elemente der Filmhandlung als eigenständig bestehen. Auf diesem Wege soll der Widerspruch zwischen Wesen und Erscheinung selbst in die Form eingeschrieben und sichtbar gemacht werden (vgl. Eisenstein 2006f [1929]: 88 ff.).

In KUHLE WAMPE findet sich diese ästhetische Strategie in die Praxis umgesetzt. Zwar lässt sich in diesem Spielfilm, der von einer Berliner Arbeiterfamilie erzählt, eine kontinuierlich verlaufende Handlung ausmachen, die ihren Anfang beim Selbstmord des Sohnes nimmt, nach der Zwangsräumung der Familie von ihrer Übersiedelung in die Zeltkolonie «Kuhle Wampe» erzählt und mit einem Dialog über Kaffeepreise nach dem Arbeitersportfest endet. Der Konzeption von *Die Beule* vergleichbar angelegt, kann jedoch jedes dieser vier ‹Kapitel› der Filmerzählung und sogar jede längere Sequenz durch unterschiedliche narrative und stilistische Akzentuierungen eine Eigenständigkeit gewinnen. Schwarz hinterlegte Titeleinblendungen wie extradiegetisch eingesetzter Gesang markieren scharf die Trennung zwischen den einzelnen Teilen; auf musikalisch unterlegte, rhythmisierte Montagesequenzen folgen Szenen der familiären Situation, die im gestischen Spiel umgesetzt sind. Die Wettkämpfe eines Arbeitersportfests im dritten ‹Kapitel› sind in einer Montagesequenz verdichtet, die einzelne Ausschnitte der Vorgänge zu einem Panorama der Ereignisse verbindet, das an Dziga Vertovs CHELOVEK S KINO-APPARATOM (1929, dt. DER MANN MIT DER KAMERA) erinnert (vgl. Mittenzwei 1986a: 414), während sich der weitere Verlauf dieser Veranstaltung als Abfolge intradiegetischer artistischer Darbietungen darstellt. Um diese Gestaltung als Übertragung des Konzepts des epischen Theaters in eine filmische Form zu verstehen, ist jedoch zu beachten, was zwischen den Abbruchstellen der polyphonen Anlage, also innerhalb der einzelnen Sequenzen des Films zu Tage tritt – mediale Selbstreflexivität deckt sich nicht *per se* mit Brechts Intentionen

---

4 Dazu ist anzumerken, dass Lukács über den *realistischen Roman* schreibt. Das prononcierte Darstellungsideal gilt dennoch auch für die darstellenden Künste, zu denen der narrative Spielfilm gerechnet werden kann.

5 Das epische Theater und die audiovisuelle Form

für das epische Theater, wie sich an dessen Einschätzung der Bühnenexperimente Erwin Piscators ablesen lässt (vgl. GBA 21: 225 ff.).

Burkhardt Lindner zufolge gilt Brechts primäres Interesse am Film ungeachtet der medialen Differenz wie im epischen Theater auch der «Herausstellung der Geste» (Lindner 2006: 26). Das Gestische, das nach Benjamin durch die Unterbrechung von Handlungen potenziert wird, kann im Film auf technischem Wege durch die Auflösung in unterschiedliche Kameraeinstellungen zu einzelnen Momentaufnahmen fixiert werden. Wechselnde Einstellungsgrößen und Perspektiven können so das, was dem alltäglichen Blick verborgen bleibe, präzise herausstellen und die zugrundeliegenden Zustände offenlegen (vgl. ebd.: 26–30). In KUHLE WAMPE realisiert sich dieses Prinzip beispielsweise in der Eröffnungssequenz, in der auf eine Abfolge von Zeitungsschlagzeilen, die die steigenden Arbeitslosenzahlen verkünden, die ‹Jagd› der Arbeiter auf eine Anstellung folgt. Unterlegt mit der Musik Hanns Eislers zeigt die Montagesequenz, wie die Arbeiter auf ihren Fahrrädern durch die Straßen der Großstadt Berlin fahren. Dem Rhythmus der Musik entsprechend folgen Detailaufnahmen und Ansichten in der Totalen darauf in dynamischer Frequenz angeordnet. Diese Folge wiederholt sich im Verlauf der Sequenz insgesamt dreimal. Sie wird unterbrochen durch vergleichsweise ruhige Ansichten, in denen die Ankunft und Abfahrt der Arbeiter vor den Fabriken in andauernden Totalen gezeigt werden. In der letzten Einstellung dieser Art fahren sie in einen Gewerbehof und kommen, die Räder schiebend, wieder heraus. Einer – es ist der junge Arbeiter, der sich in der Folgesequenz das Leben nehmen wird – zerknüllt das mitgenommene Zeitungsblatt und wirft es auf den Boden. Die Musik setzt aus. Somit fasst die Sequenz die soziale Situation der Arbeiter, die durch die Zeitungsschlagzeilen zu Beginn abstrakt benannt wurde, in konkrete Bilder, zwischen denen mittels der Montage ein erweiterter Bedeutungszusammenhang evoziert wird: Das Bemühen um Arbeit stellt sich als ein sinnloses Wettrennen der Arbeiter dar, weil an der Zielmarkierung keine Belohnung zu erhoffen ist – ein Gestus der Massenarbeitslosigkeit also.

Die Parallelen zu Eisensteins Konzept der sogenannten Konfliktmontage – wie sie beispielsweise in STACHKA (1925, dt. STREIK), BRONENOSETS POTYMKIN (1925, dt. PANZERKREUZER POTEMKIN) oder OKTYABR (1928, dt. OKTOBER) realisiert sind – erscheinen in der visuellen Gestaltung von KUHLE WAMPE an verschiedenen Punkten offensichtlich (vgl. Gersch 1975: 334, Lindner 2006: 27, Witte 2006: 70). Der Prämisse folgend, dass es sich bei KUHLE WAMPE um einen ‹Brecht-Film› handelt, ist dieser Umstand in theoretischer Hinsicht gleichermaßen plausibel wie widersprüchlich, da Brecht wie Eisenstein zwar dialektisch angelegte Konzepte der Wirkungsästhetik verfolgten, sie mithilfe der ästhetischen Verfahren jedoch zum Teil sogar konträre Rezeptionseffekte anstrebten.

Zunächst lassen sich auf verschiedenen Ebenen durchaus Berührungspunkte zwischen Brecht und Eisenstein ausmachen (sie waren überdies auch miteinander bekannt, vgl. Hermann 1998: 160, Mittenzwei 1986a: 413). Das Kunstverständnis beider richtete sich in den 1920er- und 1930er-Jahren gegen etablierten Darstellungsformen – weil sie diese gleichsam in einem bürgerlichen Verblendungszusammenhang verorteten–, und beider Kunst sollte (auch) agitatorischen Zwecken im Sinne einer proletarischen Revolution dienen. Eisensteins künstlerische Sozialisation erfolgte zudem am Theater. Bevor er 1923 bei Lew W. Kuleschow Kurse an der staatlichen Filmschule besuchte und 1924 die Arbeit an seinem ersten Film STREIK aufnahm, war er unter anderem als Regisseur am Theater Proletkult und als Assistent von Wsewolod E. Mayerholds tätig (Herrmann 1998: 167 f., Lenz 2006: 423), dessen Schauspieltheorie wiederum ein Einfluss auf Brechts Gestus-Konzept zugerechnet wird (Mittenzwei 1986a: 161). Auch zeugen Eisensteins frühe Schriften von dramaturgischen Überlegungen, die Ähnlichkeiten mit jenen Brechts aufweisen wie etwa die Loslösung vom aristotelischen Aktschema zugunsten einer abwechslungsreichen Szenenfolge, die Eisenstein aus der Aufführungspraxis des Zirkus ableitet (Eisenstein [1923] 2006a: 13), oder die Vermeidung von psychologisierenden, individuelle ‹Helden› formenden Erzählstrategien zugunsten typisierter Figurenkonzepte ([1924] 2006b: 23, 2006c [1929]: 72 ff.). In seinen Schriften kommt auch dieselbe Skepsis gegenüber dem Aussage- und Wirkungspotenzial dokumentarischer Aufnahmen im Allgemeinen und dem Einzelbild im Besonderen zum Ausdruck (2006c: 65 ff.). In einer Polemik gegen Béla Balázs (Eisenstein 2006d [1926]) wehrte er sich deswegen heftig gegen dessen These, das größte Wirkungspotenzial des Films sei in der Einstellung der Kamera zu suchen (ebd.: 54). Dieses liegt Eisenstein zufolge in einer «Montage der Attraktionen», womit jedoch nicht allein die Organisation der filmischen Bildfolgen beschrieben, sondern vielmehr die Anordnung von Erzähleinheiten gemeint ist, die Brecht als «Bau» bezeichnet.

Nach einem weiter gefassten Begriffsverständnis begreift Eisenstein die Montage als ein Strukturprinzip der Kunst, deren Basis er, abgeleitet aus dem dialektischen Materialismus (nach Wladimir I. Lenin) im «Konflikt» sieht (Eisenstein 2006e [1929]). Darauf aufbauend definiert er die Montage im engeren Sinn als ein ästhetisches Verfahren zur Herstellung einer (audio-)visuellen Struktur, die auf jenem Konflikt beruht, der aus der Kombination von Bildfolgen unterschiedlicher Qualität in ihrem Zwischenraum entsteht. Konflikte können sich im Sinne Eisensteins auf verschiedenen Ebenen ausdrücken. Sie entstehen aus visuellen Differenzen in der grafischen Anordnung, der Volumen oder der Beleuchtung, die die einzelnen Abbildungen zueinander aufweisen, genauso wie aus unterschiedlichen Richtungen und Tempi der Bewegungen in diesen. Darüber hinaus kann sich dieses Moment der Reibung auch inhaltlich im Sujet selbst ausdrücken. In der «Dramaturgie der Film-Form» findet sich nach Eisenstein somit einerseits der Widerspruch zwischen Wesen und Erscheinung abgebildet. Anderseits geht er davon aus, dass mithilfe spezifischer Montageverfahren, die unterschiedliche visuelle und/oder inhaltliche Qualitäten miteinander kollidieren lassen, in der Rezeption dialektische Erkenntnisprozesse gezielt provoziert werden können (siehe 2006e: 88–98).[5] Anders als Brecht will Eisenstein mit seinen Filmen die Rezipient*innen jedoch nicht von dem Dargestellten distanzieren, sondern vielmehr mittels der ästhetischen Strategien *affizieren*. In seiner Stummfilmtheorie entwickelt er dafür verschiedene Stilfiguren der Kollisions- bzw. Konfliktmontage.

Nach dem Konzept der (filmischen) *Attraktionsmontage* ist die Konfliktmontage im Grunde eine Sonderform der Parallelmontage, die mithilfe des *cross-cutting* nicht nur die Gleichzeitigkeit von Ereignissen evoziert, die an unterschiedlichen Orten lokalisiert sind (wie z. B. in der klassischen Verfolgungsjagd), sondern einen inhaltlichen Vergleich zwischen den Darstellungen herausfordert, aus dem sich ein erweiterter Bedeutungsgehalt ergibt. In seinem ersten Spielfilm STREIK ist dieses Verfahren in der hinlänglich bekannten Sequenz umgesetzt, in der Szenen der Niederschlagung eines Arbeiteraufstandes durch zaristische Soldaten mit einer Rinderschlachtung parallelisiert sind. Ihre Wirkung entfaltet diese Sequenz jedoch nicht allein dadurch, dass sie die unterschiedlichen Sujets assoziativ verkoppelt. Während blutige Details der Schlachtung in Großaufnahmen, als «Chocks» eingesetzt, zur emotionalen Anteilnahme herausfordern, wird gleichzeitig durch eine Steigerung der Schnittfrequenz, nach der sich die durchschnittliche Länge der Einstellungen sukzessive verkürzt, die Spannung bis zum Höhepunkt der Sequenz immer

---

5 Diesen Text verfasste Eisenstein anlässlich eines Vortrags für die Stuttgarter Film- und Fotoausstellung von 1929, in deutscher Sprache (siehe Lenz 2006: 444, Anm. 29, siehe auch Bulgakowa 1998: 7).

weiter angehoben. Diese Ansätze differenziert Eisenstein in seinem theoretischen und filmpraktischen Werk zwischen 1925–1942 immer weiter aus (vgl. Lenz 2006; 2008). Das Moment der assoziativen Verkopplung findet sich in der *Intellektuellen Montage* sowie der erst 1938 formulierten Idee vom *Gesamtbild* wieder, in denen die Möglichkeiten einer visuellen Darstellung abstrakter Begriffe und Zusammenhänge von verschiedenen Seiten theoretisch geprüft und diskutiert werden (vgl. Eisenstein 2006c: 60; 2006f [1938]: 162). Den rhythmischen Aspekt der Montage und deren synästhetisches und affektlenkendes Potenzial hingegen arbeitet Eisenstein theoretisch u. a. zum Konzept des *Pathos* aus. Hierbei handelt es sich letztlich um eine sinnlich wirksame Überwältigungsstrategie, die – im Unterschied zu Pathos *im* Film – als Effekt aus dem Einsatz der kinematographischen Mittel hervorgeht. Durch Auswahl, Kombination und rhythmische Dynamisierungen der Bildfolgen soll die pathetische Montage die Filmrezipient*innen emotional aufwühlen und in gespannte Ekstase versetzen (vgl. Lenz 2006: 446, Joost 2008: 171). Die Treppensequenz in PANZERKREUZER POTEMKIN oder die Darstellung der mechanischen Milchproduktion in DIE GENERALLINIE stehen beispielhaft für dieses Konzept.

Gesche Joost zufolge lässt sich Eisensteins Filmtheorie *avant la lettre* als Rhetorik des Films lesen (Joost 2008: 157); seine Montagen sind demnach filmische Strategien der Überzeugung (vgl. ebd.: 33). Eisensteins Konzept des *Pathos* widerspricht deutlich Brechts Intentionen für das epische Theater (vgl. Barthes [1974] 1990: 96, 99). Die Idee hingegen, durch eine Reihung konkreter Darstellungen abstrakte Zusammenhänge erfahrbar zu machen, ist an dessen Ansätze anschlussfähig und findet sich im Konzept der Szenenfolge wieder, wie sich beispielhaft an *Furcht und Elend des III. Reiches* feststellen lässt. Den (hauptsächlich) im Zeitraum von 1935 bis 1943 im Exil verfassten Zyklus bezeichnete Brecht 1938 in seinem *Arbeitsjournal* als «montage von 27 szenen», die eine «gestentafel» bildeten: «gesten des verstummens, sich umblickens, erschreckens usw.» (GBA 26: 318, vgl. GBA 24: 226 f.). Das Ende jeder Szene sieht ein Abschlussarrangement vor, das für einen kurzen Moment die prononcierte «Gestik der Diktatur» stillstellt (Hartung 2004: 277). Nach Roland Barthes kann sich das Konzept der Gestentafel, weil es letztlich bildhaft angelegt sei, erstens auf die Ästhetik Denis Diderots[6] berufen und zweitens darüber mit Eisensteins Stummfilmen verglichen werden (Barthes 1990: 95). Die entscheidende Gemeinsamkeit zwischen beider Ästhetik liege in der tableaulesquen Anlage der Szenenbildgestaltung und ihrer episodischen Anordnung. Der gesamte signifikante und reizvolle Gehalt stecke in jeder Einzelszene, nicht im Ganzen (ebd.: 96). Im epischen Drama wie im Stummfilm Eisensteins gäbe es keine Entfaltung, «keinen letzten Sinn, nichts als Ausschnitte, von denen jeder ein hinreichendes Deutungsvermögen besitzt». Nach Barthes sind daher das Theater Brechts und die Filme Eisensteins als «Abfolgen prägnanter Augenblicke» (ebd.: 97) aufzufassen, wie sie Gotthold Ephraim Lessing im *Laokoon* beschrieben hat (ebd.: 98, vgl. Lessing [1766] 2012: 115).

Wolfgang Gersch deutet die ästhetischen Übereinstimmungen zwischen Brecht und Eisenstein als einen Ausdruck ihrer philosophischen Übereinstimmung im dialektischen Materialismus (Gersch 1975: 169). Dass ihre Ästhetiken zumindest einen ähnlichen theoretischen Grundgedanken zum Ausgangspunkt haben, ist sicherlich auch naheliegend. Es lässt sich jedoch ebeno folgern, dass in relativer Unabhängigkeit davon dieselben Ab-

---

6 Diderot fasste die Einbettung von *Tableaux Vivants* in Theaterstücke als positive Störung auf; die Unterbrechung einer Darbietung durch «die Einfrierung der Szene sollte die Aufmerksamkeit des Zuschauers auf einen besonderen Sachverhalt» lenken und eine «nachdrückliche Anschauung» ermöglichen (Barck 2008: 25).

grenzungsfolien in der Kunst zu ähnlich erscheinenden Ergebnissen führen. Darüber hinaus kann insbesondere für die ästhetische Gestaltung von KUHLE WAMPE bis zu einem gewissen Grad von einer ästhetischen Beeinflussung Brechts *durch* Eisenstein ausgegangen werden, d. h. weniger durch seine Schriften, denn über seine Filme.

PANZERKREUZER POTEMKIN war in Deutschland sehr erfolgreich und erfuhr nach seiner Veröffentlichung 1929, die, wie später KUHLE WAMPE, durch den Verleih der Prometheus Film ermöglicht wurde, eine große Resonanz unter Kritikern und Literaten. Lion Feuchtwanger nahm in seinem Roman *Erfolg* darauf Bezug (vgl. Schmitz 1983), Siegfried Kracauer und Béla Balázs hoben die innovativen Qualitäten des Films hervor (vgl. Korte 1978: 35), und Elisabeth Hauptmann berichtete, dass Brecht den Film offenbar sehr gelungen fand (Gersch 1975: 39; 322 Anm. 2). Somit mögen die Parallelen zwischen der formal-ästhetischen Gestaltung von KUHLE WAMPE und Eisensteins Montagekonzepten zum Teil einer bewussten Orientierung an dem Musterbeispiel geschuldet sein. Einige Sequenzen, wie beispielsweise die skizzierte Eröffnung oder das Arbeitersportfest im dritten ‹Kapitel›, sind in der Bildorganisation nach rhythmischen, sich wiederholenden Mustern organisiert, die Ansätze der beschriebenen Steigerungsmomente aufweisen, die im Sinne Eisensteins als pathetisch beschreibbar sind. Überdies zeigt sich in den Kontrastmontagen von KUHLE WAMPE jedoch stellenweise eine ironisierende Gegenüberstellung von Sujets, die nicht auf Eisenstein, sondern vielmehr auf Brecht zurückgeführt werden muss.

Der Einsatz von Ironie dient nach Brechts Konzeption des epischen Theaters dazu, dem «hohlen Pathos» entgegenzuwirken. Als Pathos lässt sich dabei ein Element der dramatischen Form auffassen, das z. B. eine idealistische Position zum Ausdruck bringt, die den empirischen gesellschaftlichen Zusammenhängen widerspricht. Indem beispielsweise eine solche Äußerung in gestischem Spiel (z. B. in bewusst aufgesagtem Tonfall) wiedergegeben oder ihr im Dialog eine ‹trockene› oder prosaische Wendung entgegengesetzt wird, soll diese als Phrase entlarvt werden. Ein Beispiel dafür wäre in LEBEN DES GALILEI, wenn, nachdem der Physiker seine Thesen vor der Inquisition widerrufen hat, dessen Schüler Andrea konstatiert: «Armes Land, das keine Helden hat», und Galilei daraufhin erwidert: «Armes Land, das Helden braucht» (vgl. Hinck 1966: 79). Diese Form der ironischen Kommentierung findet sich in KUHLE WAMPE zwar durchaus in der Dialogführung umgesetzt, sie erfolgt jedoch auch allein durch die Mittel der Bildorganisation. Ein Beispiel dafür ist eine Sequenz im zweiten ‹Kapitel›, in der der Vater der Arbeiterfamilie seiner Frau einen Zeitungsartikel über die 1917 als Spionin entlarvte Nackttänzerin Mata Hari vorliest. Während er, zwar stockend vorgetragen, aber in genießerischem Tonfall die Details ihres dekadenten Lebenswandels wiedergibt, sitzt die Frau über ihr Rechnungsbuch gebeugt. Sein Vortrag ist weiterhin im *voice-over* zu hören als schlaglichtartig Bilder von Auslagen in Geschäften und Marktständen die Szenerie am Küchentisch unterbrechen. Der Wortlaut des Zeitungsartikels, der von den Kosten für Champagner und andere Ausschweifungen berichtet, produziert einen starken und komisch wirksamen Kontrast zu den ausgewiesenen Preisen für «*Fettfische*», die sich die Arbeiterfamilie offenbar nicht leisten kann. Neben der Kritik an der Ungleichverteilung der Güter, die sich aus dem Widerspruch zwischen den visuellen Darstellungen und dem nur durch den Bericht imaginär produzierten Sujet ergibt, wird in dieser Sequenz mit den Mitteln der Ironie auch die Haltung des Mannes der Kritik feilgeboten, der diesen Widerspruch nicht erkennt.

Eine Übertragung des Konzepts des epischen Theaters in den Film sollte nicht auf die Parallelen zu Eisensteins Kontrastmontagen verkürzt werden. Neben der Organisation der Einstellungs*folgen* ist gleichfalls die Qualität der Darstellung selbst zu bedenken, d. h. zum einen, welche Handlungen überhaupt zur Darstellung gebracht werden – und *welche* nicht –, und zum anderen, wie sie konkret filmisch reproduziert werden. So lässt sich den betrachteten Vorlagen Brechts entnehmen, dass auf spezifische Darstellungsformen, die auf eine psychologische Einfühlung zielen oder solche, die als Elendsbeschreibungen aufgefasst werden können, explizit verzichtet wird (vgl. Lang 2006: 42 f.). Dies zeigt sich beispielsweise in der Inszenierung des Suizids des Arbeitersohns zu Beginn von KUHLE WAMPE, die in starkem Kontrast zu einer vergleichbaren Beispielszene in MUTTER KRAUSENS FAHRT INS GLÜCK (1929) steht, der ebenfalls von der Prometheus Film produziert wurde.

In KUHLE WAMPE zeigt die Kamera den jungen Mann zunächst in einer statischen halbnahen Einstellung. Ein Schwenk begleitet ihn, in der Rückenansicht aufgenommen, als er das Fenster öffnet. Als er aus dem Fenster sehend seine Hände am oberen Rahmen abstützt, fährt die Kamera in die Nahaufnahme heran und fokussiert seine Armbanduhr am Handgelenk, während sich sein Gesicht, das Profil innerhalb der Kadrage nur im Anschnitt erkennbar, in Richtung derselben senkt. Er nimmt die Uhr ab und verschiebt die Topfpflanzen auf dem Fensterbrett, auf das er danach klettert. Weiterhin in der Nahen aufgenommen, sind nur seine Beine und Füße zu sehen. Nach einem Zwischenschnitt auf die Mutter, die den Treppenaufgang des Hauses emporsteigt, zeigt die folgende Detailaufnahme, wie die Hände den oberen Fensterrahmen loslassen. Ein schriller Schrei ist zu hören. Die visuelle Inszenierung zerlegt also die Vorbereitungen zur eigentlichen Handlung in Ansichten und Ausschnitte, die eine emotionale Anteilnahme deutlich erschweren. Dem gegenüber ist der erweiterte Suizid einer alten Frau und eines Kindes in MUTTER KRAUSENS FAHRT INS GLÜCK in Großaufnahmen ihrer Gesichter aufgelöst. So wird auch in der anschließenden Darstellungsverfahren, wenn Menschen die Wohnung der alten Frau stürmen und Großaufnahmen die entsetzte Reaktion im Gesicht der Nachbarin Friede, der Mutter des Kindes, einfangen und in dynamischer Folge mit Ansichten der Gesichter der Toten verbinden. In KUHLE WAMPE hingegen werden die Reaktionen auf den Tod des Arbeitersohns durch Kommentare der Nachbar*innen untereinander und eine kleine Gruppe Kinder auf dem Hof dargestellt, die sich lakonisch fragen, aus welchem Fenster der Junge eigentlich gesprungen ist.

Die Unterschiedlichkeit der Konzepte zwischen KUHLE WAMPE und MUTTER KRAUSENS FAHRT INS GLÜCK liegt freilich nicht allein auf der Ebene der formal-ästhetischen Inszenierung. Für das Wirkungspotenzial der beschriebenen Szenen spielt auch ihre Position innerhalb der Erzählstruktur eine entscheidende Rolle. Während die Szene des Suizids in MUTTER KRAUSENS FAHRT INS GLÜCK einem klassischen Tragödienschema folgend den Kulminationspunkt des Konflikts der dramatischen Erzählung markiert, beschließt sie in KUHLE WAMPE lediglich das erste ‹Kapitel› (Korte 1978: 184). Dieser Positionierung liegt die Intention zugrunde, die sozialen Umstände produktiv kritisieren zu wollen. Um die Haltung des Arbeiters zwar verständlich zu machen, seinem Handeln aber gleichzeitig den Charakter der Unvermeidlichkeit abzusprechen, werden im Verlauf der Filmerzählung andere Lösungswege vorgeschlagen, der sozialen Ungerechtigkeit zu begegnen. Darüber sollen die Zuschauer*innen die Möglichkeit einer Veränderung der Umstände zum Besseren hin erkennen. Die Positionierung der Szene des Suizids in MUTTER KRAUSENS FAHRT INS GLÜCK hingegen zielt vorwiegend auf die Provokation von Mitleid gegenüber dem Elend der Protagonistin; ein Rezeptionseffekt, der nach Brechts Auffassung die Erkenntnis der Zusammenhänge der Wirklichkeit verstellt und nicht zum Handeln auffordert, das heißt somit letztlich dem Endziel der Agitation entgegensteht, das diesem Spielfilm und Brechts Dramenkonzeption zugrunde liegt (GBA 21: 477). Auch der wiederholte Einsatz von Ironie durch verschieden Mittel der Erzählung und Darstellung in KUHLE WAMPE folgt dieser dramaturgischen Strategie der Vermeidung von Mitleid. Aus dem Vergleich der unterschiedlichen Verfahren der audiovisuellen Inszenierung lässt sich dennoch folgern, dass für eine filmischen Adaption des epischen Theaters in die audiovisuelle Form der Verzicht auf mitleiderzeugende Emotionalisierung, einerseits durch Auslassungen und andererseits durch eine distanzerzeugende visuelle Inszenierung, von maßgeblicher Bedeutung sind.

Die Theorien von Brecht und Eisenstein setzen voraus, dass ein ‹Autor› die Rezeption seines ‹Textes› durch die strukturelle Anlage sowie die Art und Weise der Darstellung steuern kann, und sie formulieren eine Reihe von ästhetischen Strategien, die dem Ziel zustreben, Rezeptionsprozesse auf eine spezifische intendierte Wirkung und Aussage hin zu formen. Gemessen am heutigen Stand der Rezeptionsforschung sind die wirkungsästhetischen Annahmen zum Teil als unterkomplex zu bezeichnen. Wie ein Bedeutungspotenzial in Hinblick auf eine konkrete Aussage in der Rezeption aktualisiert, ist von einer Reihe individueller Faktoren abhängig und daher weniger präzise lenkbar, als es Brecht und Eisenstein modellieren (vgl. Hall [1973] 2013, Fiske 1992: 64–67). In der Praxis waren Brecht wie Eisenstein auch durchaus damit konfrontiert, dass sich ästhetische Strategien im Einzelnen nicht im intendierten Sinne in der Rezeption entfalteten. Damit ist jedoch nicht ausgeschlossen, dass die beschriebenen Mittel – auch heute noch – die konzeptualisierte Wirkung entfalten können. So haben viele der von Eisenstein entwickelten Montagefiguren in einer adaptierten Form Eingang in die heute konventionelle Filmsprache gefunden. Das gilt sowohl für die Kontrastmontage als auch für das Pathos-Konzept, das in exzellenter Weise das Ziel der dynamisch komponierten Bildfolgen in vielen zeitgenössischen Spielfilmen und Fernsehserien prononcieren kann, die nicht in Eisensteins Sinne ein sowjetisch-revolutionäres, aber nationalistisches Pathos generieren wollen.

Im Hinblick auf Brechts Verfremdungskonzept ist jedoch zu bedenken, dass die rezeptionsseitige Einfühlung in die Psychologie der Figuren sowie das Eintauchen in ein fiktives Bühnen- oder Filmgeschehen (was sich auch unter dem Begriff der *Immersion* fassen lässt), im Zug der Rezeption nicht total erfolgt, wie es Brecht für die Ausdrücke seiner Abgrenzung postuliert. Es ist davon auszugehen, dass in der Rezeption immer auch ein Teil des Bewusstseins die Art und Weise der Gestaltung registriert (vgl. Voss 2008: 79, Kirsten 2013: 161). Eine Schauspielerin kann beispielsweise vordergründig in ihrer Rollenbiografie wahrgenommen oder spezifische Mittel der Gestaltung können als zu auffällig empfunden werden. Da letztere auch Moden und Trends unterworfen sind, die sehr schnell ‹altern›, können Verfremdungsmomente bereits durch eine nur geringe historische Distanz gegenüber einer Medienproduktion hervorgerufen werden. Demzufolge ist theoretisch zwischen nicht-intendierten und intendierten Verfremdungseffekten zu unterscheiden, die sich im Hinblick auf die Gesamtkonstruktion postulieren lassen. Ungeachtet dessen ist es aber ein populäres Missverständnis anzunehmen, dass Brecht in der Dramenkonzeption oder etwa die Inszenierungen am Berliner Ensemble darauf zielten, jegliche Form der Empathie oder rezeptionsseitiger Immersion zu verhindern (vgl. Suvin 2008). «Die nichtaristotelische Dramatik liegt in der Ausschaltung der restlosen Illusion, nicht in der restlosen Ausschaltung der Illusion» (GBA 22.1: 262), versuchte Brecht selbst diesen Punkt klarzustellen.

3.

Es existieren keine schriftlich verfassten Belege, die Auskunft darüber geben, in welchem Maße Monk Brechts Ausführungen zum Film tatsächlich kannte und befolgen wollte. Dasselbe gilt für seine Kenntnisse zum theoretischen Werk Eisensteins.

Eigenen Aussagen zufolge hatte Monk im Zuge seines Studiums am DEFA-Nachwuchsstudio in Potsdam-Babelsberg Schriften von Eisenstein und Wsevolod I. Pudowkin rezipiert. Da seinerzeit von diesen jedoch kaum Übersetzungen vorlagen und Monk kein Russisch konnte, können ihm – abgesehen von den Aufsätzen, die Eisenstein in deutscher Sprache verfasst hatte – nur sehr wenige Schriften überhaupt zugänglich gewesen sein. Seine im Interview gegenüber Gerhard Lampe gebrauchte Formulierung, er habe in einem Antiquariat eine «kleine Schrift von Pudowkin»[7] *gefunden* (FAKTEN [2001], vgl. Min. 0:21:20–0:22:20), deutet ferner darauf hin, dass die Auseinandersetzung mit den Theoretikern der Stummfilm-Avantgarde nicht zum regulären Curriculum seiner DEFA-Ausbildung gehörte. Angesichts der sowjetischen Kulturpolitik zum Ende der 1940er-Jahre wäre das auch nicht wahrscheinlich, da deren konstruktivistisch ausgerichteten theoretischen Ansätze zu diesem Zeitpunkt als ‹formalistisch› gelten mussten (vgl. Lenz 2006). Vor der Aufnahme des Lehrbetriebs der Deutschen Hochschule für Filmkunst 1954 war die Nachwuchsausbildung der DEFA zudem eher auf die Vermittlung praktischer Fertigkeiten der Filmproduktion ausgerichtet (Kersten 1963: 244, vgl. Büttner 2015: 37 f.). Es besteht zwar die Möglichkeit, dass ausgewählte Stummfilme Eisensteins auf Grund ihrer handwerklichen Qualitäten im Rahmen der DEFA-Ausbildung zu Schulungszwecken eingesetzt wurden. Die kulturpolitischen Richtlinien verboten jedoch die öffentliche Aufführung seines frühen Filmwerks in den Kinos der sowjetischen Besatzungszone bzw. der DDR. Die Einkäufe russischer Filme beschränkten sich weitestgehend auf «stalinistische Klassiker» (Heimann 1994: 83, Anm. 158). Der einzige an diese Politik anschlussfähige Film Eisensteins war IWAN GROSNY (dt. IWAN DER SCHRECKLICHE I, 1942), der 1945 in einer synchronisierten Fassung, die unter der Leitung Wolfgang Staudtes entstand, in Berliner Kinos ausgeführt wurde. Mit Ausnahme von PANZERKREUZER POTEMKIN im Jahr 1949/50 wurde jedoch kein Stummfilm Eisensteins in den Kinos der SBZ repektive der DDR gezeigt (Kersten 1963: 368 f., Heimann 1994: 76, Anm. 81; 83, Anm. 158). Ein umfassenderes frühes werkbiografisches ‹Erweckungserlebnis› Monks durch das Werk Eisensteins bleibt aus diesen Gründen zweifelhaft.[8] Dennoch geben Entsprechungen zu den skizzierten Gestaltungsmerkmalen, die sich in der formalen Ästhetik seiner Fernsehspiele und -filme finden lassen zu der Vermutung Anlass, dass er sich bewusst an den epischen Prinzipien orientiert und auch Beispiele der Übertragung ihrer ästhetischen Strategien in die audiovisuelle Form kannte. Von dem ehemaligen Filmstudenten könnte diese Vorgehensweise jedoch direkt aus seinen praktischen Erfahrungen mit dem epischen Theater abgeleitet sein. In der Zusammenarbeit mit Brecht für dessen eigene Stücke sowie in der Adaption anderer Vorlagen, die derart inszeniert wurden, dass sie den Intentionen des epischen Theaters entsprachen (siehe GBA 24: 371–379; 393 f., vgl. Subiotto 1975, Schmitt 1980), hatte er die Anwendung der zentralen ästhetischen Strategien gelernt.

---

7   Hierbei handelt es sich wahrscheinlich das von Eisenstein, Pudowkin und Grigorij W. Alexandrow verfasste *Manifest zum Tonfilm* (1928). Pudowkin realisierte in den 1920er-Jahren ähnliche Montagekonzepte wie Eisenstein (siehe z. B. die Gegenüberstellung von Kriegs- und Börsenentwicklung in DIE LETZTEN TAGE VON ST. PETERSBURG), ihre theoretischen Auslegungen unterscheiden sich jedoch im Detail: Pudowkin begreift die kontrastierende Parallelmontage (Additive Montage) als ein visuelles Argument, dem der bzw. die Rezipient*in folgt (A+B=AB), während für Eisenstein, der Erkenntnis als einen Prozess des Werdens auffasst, die erweiterte, abstrakte Bedeutung aus dem Zusammenprall von Widersprüchen in der Rezeption geboren wird (A+B=X), siehe Pudowkin [ca. 1940] 2003: 77, vgl. Eisenstein 2006e: 92.

8   Wahrscheinlich hat Monk erst später seine Kenntnisse über Eisensteins Filmmontage durch die Lektüre derjenigen Aufsätze erweitert, die 1960 als *Ausgewählte Aufsätze* in deutscher Übersetzung im Henschel Verlag sowie 1962 im Züricher Arche-Verlag veröffentlicht wurden. Den genannten Ausgaben sind u. a. «Montage 1938», «Dickens, Griffith und wir» (1942) und «Pars pro toto/3. Abschnitt Zwölf Apostel» (1945) enthalten; «Die Dramaturgie der Film-Form» hingegen ist den *Schriften* enthalten, die erst ab Ende 1973 publiziert wurden.

13 Die Gewehre der
Frau Carrar (1953)

6 1953–1958: Ausgangs-Formen
Die Gewehre der Frau Carrar, Das Geld liegt auf der Strasse und Die Brüder

1.

Monks Zusammenarbeit mit Brecht während seiner kurzen Zeit am Berliner Ensemble (1949–1953) wird in der Literatur als besonders eng beschrieben. Verschiedentlich findet sich als Randbemerkung formuliert, dass Brecht ihn seinen anderen Assistenten wie Peter Palitzsch, Benno Besson oder Manfred Wekwerth vorgezogen haben soll. «Sofern man bei Brecht überhaupt von einem Lieblingsschüler sprechen kann, kam nur Egon Monk in Betracht», stellte Werner Mittenzwei fest (1986: 287, vgl. auch Mayer 1996a: 82 f.). Folglich war dieser der erste aus dem Assistentenstab, der eigenständige Regieaufgaben übertragen bekam (Mittenzwei 1986b: 388, Schoenberner 1995: 6).

> Monk [verfügte] [...] über jene «Trockenheit», die Brecht vor allem haben wollte, um auf der Bühne das hohle Pathos auszutilgen. Die hohen Dinge der Theorie und Poesie bekamen in Monks Diktion einen ganz anderen Bezug, wurden umgänglicher, praktischer. Was Brecht auf der Bühne wollte, poetische Vorgänge ganz «trocken» darzustellen, fand er bei Monk im täglichen Umgang realisiert. *(Mittenzwei 1986b: 388)*

«[G]erade weil er Brecht so sympathisch ist, mischt sich Brecht oft in seine Arbeit ein und nimmt sie ihm ab», deutete Wekwerth in seiner Autobiografie das Verhältnis der beiden. «Brecht lässt sich von Monk so anregen, dass er es am Ende selbst macht. Besson würde wahnsinnig werden. Monk nimmt es mit monkscher Ruhe» (2000: 77 f.). Auch Monk selbst beschreibt in seinen Erinnerungen, wie Brecht während der Probenarbeit zu *Biberpelz und Roter Hahn* 1951 in die Regie eingriff: «Ich [war] ganz einverstanden damit, jedenfalls um diese Zeit noch, Assistent zu sein, und trat jederzeit, nicht gerade froh zwar, aber ohne Hintergedanken am Pult zurück» (2007: 164). «Ich muß doch noch eine ganze Weile ganz klein bei Brecht bleiben», hatte er auch einige Monate zuvor, als er Brecht im Sommer 1950 zu den Proben der Münchner Inszenierung von *Mutter Courage und ihre Kinder* begleiten durfte, in einem Brief an seine Ehefrau Ulla Monk nach Berlin vermeldet.[1] In München habe Brecht ihm anhand der Textvorlage von Gerhart Hauptmann erläutert, «wohin er mit der Bearbeitung wollte» (ebd.: 128). «Es ging lebhaft zu, beinahe lebhafter noch als in Berlin, und es machte großen Spaß» (ebd.: 129).

Als Assistent am Berliner Ensemble war Monk während der Erarbeitung von Modellinszenierungen an den sogenannten Modellbüchern beteiligt (siehe GBA 24: 357, vgl. BHB 4: 495 f.; 502 ff.), in denen die Positionierungen der Darsteller*innen auf der Bühne und ihre Posen und Haltungen in ihrem Verhältnis zueinander fotografisch festgehalten wurde (Monk 2007: 118 ff., Mittenzwei 1986b: 397, vgl. Deutsch-Schreier 2016: 206–209, de Ponte 2006: 94 ff.). Die Modellbuchfotografie diente nicht zu Reklamezwecken, sondern wurde zum einen als Korrektiv für die Inszenierung gebraucht, um die Bühnenarrangements auf «Sinn und Schönheit nachzuprüfen» (Berliner Ensemble/Weigel 1952: 343). Zum anderen sollte mithilfe der Fotografien verhindert werden, dass bei auswärtigen Inszenierungen von ausgewählten Stücken Brechts «falsche Darstellungen» die Intentionen der Fabel untergruben (ebd.: 285 ff.). In der *Theaterarbeit* führen die Herausgeber*innen zur Veranschaulichung eine Darstellung aus der 12. Szene von *Mutter Courage und ihre Kinder* (1938/39) an, in der die Courage ihre tote Tochter, die stumme Kattrin, in den Armen hält und die eingenommene Haltung dabei der Pose der *Pietà* entspricht (ebd.: 287). So «effektvoll» es sein möge, zeige diese Darstellung dennoch «eine falsche Auffassung» (ebd.), weil die kritisierte Haltung eine ikonische Opferpose ist, die das Leid der Mutter durch den Verlust ihres Kindes symbolisiert. «Wir müssen aber eine unbelehrbare Mutter zeigen. Eine Mutter, deren Hoffnung es war, sich selber und die ihren mit Gewinn durch den Krieg zu bringen» (ebd.: 294). Monk war zwar selbst nicht als Fotograf tätig, seine Aufgabe bestand lediglich darin, die Fotografien anzuordnen (Mittenzwei 1986b: 396 f.). Diese Arbeit verschaffte ihm jedoch bereits während seiner Zeit am BE die Gelegenheit, sich mit den Möglichkeiten der fotografischen Reproduktion von Bühnenarrangements, der Anordnung der Darsteller*innen zueinander in Bezug auf die Einstellungsgröße und Perspektive der Kamera auseinanderzusetzen. So macht auch seine Inszenierung von *Die Gewehre der Frau Carrar* (1937) für das Fernsehen der DDR dieses Abbildungsprinzip deutlich sichtbar.

Seine erste Filminszenierung realisierte Monk im Anschluss an die Potsdamer Premiere der ersten Fassung von Johann Wolfgang Goethes *Urfaust*. Die SED-Kulturpolitik stand zu diesem Zeitpunkt unter dem Eindruck der sogenannten Formalismusdebatte, deren Fluchtpunkt die Frage nach der adäquaten Darstellungsweise einer realistischen *und* dem Sozialismus verpflichteten Kunst war. Hierin wirken die zentralen Positionen jener Debatte

---

1 Egon Monk an Ulla Monk, München, 29. September 1950, EMA 111, abgedruckt in Monk 2007: 130 f., hier: 131.

aus den 1930er-Jahren fort, die der Auseinandersetzung mit dem deutschen Expressionismus in der Malerei, der Musik und der Literatur gewidmet war und in der DDR von der aus dem Moskauer Exil zurückgekehrten Gruppe um Walter Ulbricht, Fritz Erpenbeck und Alfred Kurella wieder aufgenommen wurde (vgl. BHB 4: 375–377).

Die geltende Doktrin des sozialistischen Realismus sah im Kern eine Orientierung an der realistischen Literatur des ausgehenden 19. Jahrhunderts vor und forderte eine Wirkungsästhetik, die eine rezeptionsseitige Einfühlung in nachahmenswerte Figuren und Handlungen ermöglichte; als Musterbeispiel galt Maxim Gorkis *Die Mutter* (1907). Künstlerische Gestaltungsformen hingegen, die in der Tradition der klassischen Avantgarde diesen Prinzipien widersprachen, wurden als Formalismen und Ausdrücke «bürgerlicher Dekadenz» (Alexander Dymschitz) diskreditiert. Brecht hatte sich bereits in der zwanzig Jahre zurückliegenden Expressionismusdebatte gegen die dogmatische Verurteilung bestimmter künstlerischer Techniken auf der einen und die Annahme eines gültigen Formenkanons für künftiges realistisches Schreiben auf der anderen Seite gewandt (GBA 22.1: 409 ff., vgl. ebd.: 417–419, 424–433). Auch war sein ästhetisches Konzept für das Theater, das er mit dem Berliner Ensemble in der DDR realisierte, schwerlich mit den Forderungen des sozialistischen Realismus in Einklang zu bringen. Bereits mit der Inszenierung von *Mutter Courage und ihre Kinder* am Deutschen Theater 1949 und anlässlich der Oper *Das Verhör des Lukullus* 1951 war er deswegen mit dem Formalismus-Vorwurf konfrontiert gewesen (BHB 4: 397 ff.; 504 f., Mittenzwei 1986b: 329, vgl. Tretow 2003: 398–401). Im Falle des *Urfaust* hingegen erwies sich die Wahl des Stoffes selbst als sensibler Punkt. Die Kritik an der Faust-Figur, die in Brechts und Monks Inszenierung zum Ausdruck kam, wurde in der DDR vor allem als Kritik an den deutschen Klassikern und ihren Werken verstanden (BHB 4 : 386–392, vgl. Mahl 1986: 188–200), die nach der geltenden Lehrmeinung als vorbildhaft für die neue sozialistisch-realistische Kunst standen. Wahrscheinlich konnte der 24-jährige Monk nicht abschätzen, dass er, als er sich mit Brecht darauf einließ, den *Urfaust* zu bearbeiten, in eine Auseinandersetzung geraten musste, die sein ‹Lehrer› bereits 1932 mit dem Literaturtheoretiker Georg Lukács ausgefochten hatte (siehe Lukács 1969b, vgl. Ziegler 1969: 50, Hartung 2004: 254–261). Dessen Positionen wiederum nahmen einen zentralen Stellenwert in der Kulturpolitik der DDR ein. Sie finden sich daher auch in der Kritik von Johanna Rudolph in *Neues Deutschland* wieder, in der sie die «Wurzel» der Konzeption der *Urfaust*-Inszenierung mit dem «pseudorevolutionären Proletkult» identifiziert (Rudolph 1953). Da diese sowjetische Kunstbewegung, der u. a. auch Sergej M. Eisenstein in den 1920er-Jahren angehörte, auf der Grundlage von Lenins Einschätzungen *Über Proletarische Kultur* (LW 31: 307 ff.) unter Josef Stalin verboten worden war, hatte der Hinweis auf diese bereits in Lukács' Aufsatz *Aus der Not eine Tugend* (1932) als Chiffre fungieren können, um Brecht als Vertreter einer «Antigestaltungstheorie» (Lukács 1969b: 167) zu kennzeichnen, die auf «die Schmalheit [seiner, JS] Klassenbasis» (ebd.: 177) verweise. Wie 1932 war somit auch 1953 die Kritik an der Darstellung politisch-ideologisch motiviert.

Da die Filmproduktion der DDR nach der vom Zentralkomitee der SED einberufenen Konferenz der Filmschaffenden vom 17.–18. September 1952 einem dogmatischen Verständnis des sozialistischen Realismus folgte (Kersten 1977, vgl. VEB DEFA Studio für Spielfilme 1984: 61 ff.), galten zu dieser Zeit die meisten der Stücke Brechts als nichtverfilmbar. *Die Gewehre der Frau Carrar* war jedoch mit dieser Doktrin kompatibel. Brecht hatte das Schauspiel im dänischen Exil verfasst, um für die Einmischung in den bewaffneten Konflikt in Spanien zu agitieren, der sich nach dem Militärputsch von 1936 unter General Francisco Franco gegenüber der demokratisch gewählten Volksfrontregierung zum Spanischen Bürgerkrieg entwickelte (vgl. Tuñón de Lara 1987). Slatan Dudow, der sich zu diesem Zeitpunkt im Pariser Exil befand, hatte Brecht um ein Stück für sein Ensemble «Die Laterne» gebeten, das den Protest der Exilant*innen gegenüber der Nichteinmischungspolitik des französischen Präsidenten Albert Lebrun Ausdruck verleihen sollte (Mittenzwei 1986a: 584 ff.). Die Dramaturgie der *Gewehre der Frau Carrar* ist deswegen nach dem klassischen Konfliktauflösungsschema gestaltet, das Brecht in seiner Dramenkonzeption eigentlich zu vermeiden suchte, und weist in ihrer Anlage kaum Ansätze für den Verfremdungseffekt auf. «Den Stil der Aufführung denke ich mir sehr einfach», schrieb Brecht im Juli 1937 an Dudow anlässlich der Uraufführung des Stücks in Paris am 16. Oktober 1937. «Die Figuren plastisch vor gekalkten Wänden, die einzelnen Gruppierungen sehr sorgfältig durchkomponiert wie auf Gemälden» (GBA 29: 35 f.). Die filmische Inszenierung des Stücks von 1953 wiederum war von Seiten Brechts als Dokumentation der Ensemblearbeit intendiert (vgl. Monk 1998: 75). Monk hatte *Die Gewehre der Frau Carrar* bereits im November 1952 für die Bühne und im Januar 1953 in einer Hörspielfassung inszeniert, in denen gleichfalls Helene Weigel und Erwin Geschonneck in den Hauptrollen wirkten (ebd. 77 f., vgl. Pietrzynski 2003: 65).[2] Der Bühnenfassung entsprachen auch die Dekorationen und Arrangements. Das Drehbuch schrieb Monk in Zusammenarbeit mit Palitzsch, während sie parallel in die Vorbereitungen von Erwin Strittmatters *Katzgraben* und Brechts Adaption von William Shakespeares *Coriolanus* eingebunden waren (Monk 1998: 77).

DIE GEWEHRE DER FRAU CARRAR gilt als das «erste Studio-Gastspiel eines DDR-Theaters» (Rülicke-Weiler et al. 1979: 165), das im Rahmen des am 21. Dezember 1952 aufgenommenen Versuchsprogramms am 11. September 1953[3] gesendet wurde. Käte Rülicke-Weiler und ihren Mitverfasser*innen zufolge wurde das Stück «unter Brechts Leitung von Egon Monk inszeniert und in Brechts Beisein [...] aufgenommen»; die filmische Auflösung, also die Mise en Scène und die Montage des Films, schreiben sie ebenfalls Brecht selbst zu (ebd.). Rückblickend gibt auch Monk an, unter der Maßgabe gehandelt zu haben, «die Aufführung ohne Weglassungen oder Hinzufügungen, so wie sie auf der Bühne zu sehen sei, auf Film [zu] übertragen» (1998: 76). Seiner Auskunft nach war Brecht jedoch weder bei den Dreharbeiten noch der Postproduktion zugegen (ORT DER HANDLUNG: DEUTSCHLAND. EGON MONK UND SEINE FILME [1987][4], Min. 31:25–33:15). Er habe sich jedoch bemüht, in der visuellen Inszenierung dessen Vorliebe für totale und halbtotale Ansichten auf das Spielgeschehen zu berücksichtigen (Monk 1998: 78).

Monks visuelle Inszenierung der *Gewehre der Frau Carrar*, die mithilfe von drei simultan aufnehmenden Kameras[5] realisiert wurde (Pietrzynski 2003: 74), ist deutlich erkennbar an einer Bühnendarbietung orientiert: alle Kameraeinstellungen entsprechen in ihrer perspektivischen Ausrichtung dem Theaterdispositv. Zwar werden einzelne Handlungen in halbnahen und sogar nahen Einstellungsgrößen hervorgehoben, die Kamera über-

---

2   Die Premiere am Berliner Ensemble war am 11. November 1952, die Sendung der Hörspielfassung erfolgte am 23. Januar 1953, siehe URL: < http://www.dra.de/online/hinweisdienste/dra_info_audio/dia_2011–2.pdf > (Zugriff: 28.11.2017).
3   Die Quellen widersprechen sich, Rülicke-Weiler et al. geben den 9. November desselben Jahres als Erstausstrahlungsdatum von DIE GEWEHRE DER FRAU CARRAR an (siehe ebd.: 165).
4   Im Folgenden angegeben als ORT DER HANDLUNG (1987).
5   Ingrid Pietrzynski führt hierzu aus, dass mithilfe einer zentral positionierten Kamera permanent eine Totale aufgenommen wurde, während zwei an den Seiten der Bühne positionierte Kameras für die Aufnahme der späteren «Schnittbilder» eingesetzt wurden. Im Anschluss an die viertägigen Dreharbeiten wurden die Aufnahmen klassisch filmisch montiert (2003: 74).

schreitet jedoch niemals die Bildachse, die den imaginären Bühnenraum von jenem der Zuschauer*innen trennt. Wie im Stück angelegt wird die Einheit von Ort und Zeit nicht verletzt. Die Handlung ist durchgängig im Haus der Protagonistin Teresa Carrar (Helene Weigel) situiert. Das einzige Szenenbild zeigt deswegen ein Zimmer, das nur wenige Gegenstände beinhaltet: in der Mitte befindet sich ein Tisch mit Stühlen, daneben am vorderen rechten Bildrand ein Ofen. Im Hintergrund sind hinter dem Tisch eine große Truhe und links darüber ein kleines Fester erkennbar. Im Vordergrund der linken Bühnenhälfte liegt ausgebreitet ein Fischernetz, das Teresa Carrar im Verlauf der Handlung wiederholt zum Knüpfen aufnimmt, im Hintergrund ist eine Tür (siehe Abb. 13). Dieser Raum ist als funktional ausgestaltetes Bühnenarrangement erkennbar und mutet in seiner Materialität gleichzeitig plastisch an. Die Wände und der Ofen erscheinen grob und dick aus Lehm gebaut, der Fußboden aus Stein, der Tisch und die Truhe aus Holz, die ganze Kargheit des Inventars macht es glaubhaft, dass wir uns in einem andalusischen Fischerhaus zur Zeit des Spanischen Bürgerkriegs befinden könnten.

Der zentrale Konflikt des Stücks besteht darin, dass Teresa Carrar, nachdem ihr Ehemann im Kampf gegen die Franco-Faschisten gefallen ist, die Söhne Juan und José (Ekkehard Schall) davon abhalten will, sich gleichfalls den Milizen der Volksfront anzuschließen. Ihr Bruder Pedro (Erwin Geschonneck), Juans Verlobte Manuela (Regine Lutz) und die Nachbarin Frau Perez (Angelika Hurwicz) versuchen sie umzustimmen und zur Herausgabe der Gewehre ihres verstorbenen Mannes zu bewegen, die in einem Versteck unterhalb der Truhe aufbewahrt werden. Doch erst nachdem ihr die Dorfbewohner*innen den Leichnam Juans, der während des Fischfangs von einer Streife faschistischer Streitkräfte erschossen wurde, ins Haus getragen haben, ist sie bereit, die Haltung der Neutralität aufzugeben. Gemeinsam mit ihrem Bruder und dem jüngeren Sohn José verlässt sie das Haus, um sich den republikanischen Truppen anzuschließen.

Die filmische Auflösung der Handlung ist darauf ausgerichtet, die Inszenierung auf der ‹Bühne› zu unterstützen. Ihren Anfang nimmt sie mit einer leicht aufsichtigen halbnahen Einstellung des Fischernetzes. In einer Kamerarückfahrt in die Totale und einem gleichzeitigen Rechtsschwenk wird das Bühnenarrangement sichtbar: José schnitzend an die Truhe gelehnt und Teresa Carrar im rechten Bühnenvordergrund. Sie bearbeitet einen Brotlaib, schiebt ihn anschließend in den Ofen. Während eines Dialogs über Juan, den José durch das geöffnete Fenster beim Fischen beobachten soll, folgt die Kamera den Bewegungen Carrars nach links, als sie sich zum Knüpfen an das Fischernetz setzt. Die folgende Einstellung (ab Min. 1:42) fokussiert sie in der Halbtotalen, José erscheint nun in diagonaler Ausrichtung rechts hinter ihr platziert. Aus dem Off sind Kanonenschüsse zu hören, eine Radioansprache «des Generals» setzt ein, die José als Provokation der Familie Perez erläutert. Teresa knüpft weiter stoisch an dem Netz, bis es an der Tür klopft und, nach einem Einstellungswechsel in eine links ausgerichtete Totale (ab Min. 4:29), ihr Bruder Pedro die Szenerie betritt. Wieder folgt die Kamera den Bewegungen der Darsteller*innen nach rechts – Pedro und José setzen sich an den Tisch, Carrar holt Wein – und zurück nach links, als Carrar sich wieder erneut zum Fischernetz begibt. Aus der nun resultierenden Anordnung – die Männer am Tisch nahe beieinander sitzend, die Carrar in der linken Bühnenhälfte platziert – entsteht ein verhältnismäßig großer Abstand zwischen den Darsteller*innen. Dieses Arrangement, das die konträren Haltungen der Figuren zum Krieg markiert, nimmt die Inszenierung wiederholt auf.

Die Kameraführung der GEWEHRE DER FRAU CARRAR lässt sich als eine beobachtende charakterisieren, die die handelnden Figuren in ihren Körperhaltungen und Bewegungen, in ihrem Hantieren und ihrer räumlichen Anordnung zueinander betont und darüber ihren Gestus unterstreicht. Es handelt sich demnach um ein Abbildungskonzept, nach dem die Kamera als filmische Erzählinstanz den Standpunkt des Beobachters einnimmt, den das epische Theater produzieren will. Durch die Wahl der Einstellungsgrößen und -perspektiven sowie ihrer Anordnung durch die Montage wird jedoch nicht, wie üblicherweise im Theater vorgesehen, *eine* als ideal angenommene Position dafür vorgegeben, die sich in der Mitte des Zuschauerraums befindet. Vielmehr lenken die unterschiedlichen Bildansichten die Aufmerksamkeit auf Details des Bühnenarrangements und legen darüber hinaus eine Interpretation des Dargestellten nahe. Das zeigt sich bereits in der ersten Einstellung, die das Fischernetz als zentrales Objekt des Hantierens der Carrar einführt, das als Symbol ihrer Verstrickung in falsche Ansichten dient. Fortwährend nimmt sie die Arbeit an diesem auf, wenn sie mit ihrer kriegsneutralen Haltung konfrontiert wird: in den anfänglichen Gesprächen, als die Lieder der vorbeiziehenden Internationalen Brigaden aus dem Off zu hören sind, in der Konfrontationssituation zwischen ihrem Bruder und dem sie besuchenden, gleichfalls Neutralität gelobenden Priester (Harry Gillmann) sowie während des Besuchs der republikanisch eingestellten Frau Perez. Derartige – in der Spielvorlage angelegte –leitmotivische Wiederholungen werden mithilfe sich gleichfalls wiederholender Abbildungsverfahren in Perspektive und Bildausschnitt – hier eine von der linken Bühnenseite ausgerichtete Totale oder Halbtotale – unterstrichen. Auf recht subtile Weise wird so die Rezeption des Dargestellten angeleitet. Als beispielsweise im Anschluss an die oben skizzierte Einführungsszene die Rede auf die Todesumstände ihres Mannes kommt und Teresa Carrar nach rechts die Bühne verlässt, wechselt die Kameraperspektive genau dann in die totale Ansicht der Bühne (Min. 7:58), als José seinem Onkel von jenem Moment berichtet, als der Mutter der Leichnam des Mannes gebracht wurde: Die Dorfbewohner*innen hätten an den Wänden des Zimmers aufgereiht gestanden, berichtet er, während zwei Männer den Körper hineintrugen und in der Raummitte auf den Fußboden legten. In derselben Einstellung und genau wie hier beschrieben ist schließlich die Situation inszeniert, in der zum Ende des Stücks der tote Juan nach Hause gebracht wird (Min. 54:00).

Der Intention einer Dokumentation der Bühneninszenierung entsprechend zeigt sich in den Abbildungsstrategien der filmischen Inszenierung eine Orientierung am Ideal der Modellbuchfotografie des Berliner Ensembles. Wie die *Theaterarbeit* darlegt, wurden diese Fotografien gleichfalls nicht allein aus der Zentralperspektive aus der Mitte des Zuschauerraums aufgenommen (vgl. Berliner Ensemble/Weigel 1952: 294–299; 341–346). Bereits den Bühneninszenierungen des epischen Theaters waren demnach mehr als *eine* ideal gedachte Position der Betrachtung eingeschrieben (ebd.: 299). So gesehen kann Monks Filminszenierung der GEWEHRE DER FRAU CARRAR als eine Verfeinerung der Methode der Modellbuchfotografie betrachtet werden. Durch das filmische Mittel der Montage gewinnt seine Inszenierung jedoch eine weitere entscheidende rezeptionslenkende Qualität.

Die Dauer der Einstellungen liegt zumeist bei einer bis eineinhalb Minuten. In den drei Szenen des dialogisch geführten Disputs über die Kriegsneutralität lässt sich jedoch eine deutliche Dynamisierung der Montage feststellen. Für die Gesamtinszenierung ergibt sich daraus ein wellenförmiges Muster der Intensitätssteigerung und -abnahme. Im kleineren Maßstab findet sich dieses auch innerhalb der Szenen wieder, in denen sich Teresa Carrar in einen Disput verwickelt. Als beispielsweise im letzten Drittel der Handlung Frau Perez die Szenerie betritt (ab Min. 36:08), wird zunächst ihre Platzierung im Zentrum aufgenommen (Totale, 52 Sek.) und in den folgenden drei Einstellungen die Konstellation zu Teresa Carrar auf der linken Seite (Halbnahe, 22 Sek.) sowie Pedro und José auf der rechten Seite (Halbtotale, 4 Sek.) hervorgehoben und anschließend erneut das Gesamtarrangement (Totale, 18 Sek.) herausgestellt. Nachdem Frau Perez vom Tod ihrer Tochter Ines im Kampf gegen die Faschisten berichtet hat, entspinnt sich die Auseinandersetzung über die Sinnhaftigkeit des bewaffneten Kampfes. Diese ist in einem Wechsel von Halbnahen der Carrar und Halbtotalen, die Frau Perez und Pedros fokussieren, aufgelöst ist, deren Dauer sich sukzessive im Zuge der Auseinandersetzung immer weiter verkürzt. Die Folge verlangsamt, als Carrar ihre Position unterstreicht (ab Min. 39:52 Nahe, 54 Sek.), um sich dann, als Frau Perez die Szenerie verlässt und Pedro und José die Herausgabe der Gewehre fordern, erneut zu dynamisieren. Im letzten Abschnitt der Darbietung (ab Min. 43:50–51:50) wird die Dauer der vier Einstellungen analog zur Einstiegssequenz wieder deutlich langsamer.

In Monks visueller Inszenierung der GEWEHRE DER FRAU CARRAR interpretiert also der Rhythmus der Montage die Situation und vereinfacht somit ihr Verständnis als dramatischen Konflikt in einer Weise, die auch für jeden Spielfilm typisch ist, der nach dem klassischen Schema inszeniert wurde (vgl. Bazin 2009b: 99). In der Gesamtbetrachtung bleibt dennoch der Eindruck dominant, dass es sich bei dieser Inszenierung von 1953 um abgefilmtes Theater handelt und ihre formale Gestalt bestätigt, dass sie nach der Maßgabe aufgebaut wurde, die Fabel des Stücks herauszustellen. Monk hat mit seiner Inszenierung für das Fernsehen der DDR also gewissermaßen eine Modellinszenierung vorgelegt, an der sich der Stil des Berliner Ensembles, schwerlich aber sein Individualstil ausmachen lässt.

Aus welchen Gründen genau der lernbegierige Schüler im April 1953 das Ensemble verließ, geht weder aus Monks veröffentlichten Erinnerungen noch aus anderen Quellen hervor. Ökonomische Gründe dürften für ihn genauso eine Rolle gespielt haben wie das negative Echo, das die Inszenierung des *Urfaust* in der Presse der DDR und teilweise auch unter den Beschäftigten des Theaters hervorgerufen hatte (vgl. GBA 24: 429–431, Monk 2007: 179 f.). Darüber hinaus scheint sich jedoch auch das persönliche Verhältnis zwischen Brecht und Monk verschlechtert zu haben. Den Vorhaben, Gorkis *Die Mutter* und Strittmatters *Katzgraben* zu inszenieren, stand Monk, wie er in seinen Erinnerungen vermerkt, kritisch gegenüber (vgl. ebd.: 142 f., 177–180). Esther Slevogt zufolge bemühte er sich zudem seit geraumer Zeit um mehr Autonomie. Bereits 1952 habe er das Ensemble verlassen wollen, um eigenständiger inszenieren zu können (2017: 24; 26, vgl. Mittenzwei 1986b: 399). Monk selbst vermied es, zu diesem Punkt Stellung zu beziehen. Die konkreteste Aussage machte er bezeichnenderweise gegenüber der britischen Presse, als er 1979 anlässlich der Ausstrahlung seines Fünfteilers BAUERN, BONZEN UND BOMBEN im englischen Fernsehen interviewt wurde. Auf die Frage hin, wieso er die DDR verlassen habe, antwortete Monk der *Radio Times*:

> ‹I did not find there the socialism I had hoped for. And also because I had to get away from Brecht. All that time with a genius was too overpowering. It became unbearable that everything I could do he'd already done. He was too clever, too aware of stage-craft, too helpful›.
> *(Monk in Pryce-Jones 1979: 19)*

Gegenüber der westdeutschen Presse machte Monk nie eine annähernd distanzierende Bemerkung über sein Verhältnis zu Brecht, und eine (außerfilmische) Einschätzung zur Politik der DDR ist ansonsten nicht überliefert. Vor dem Hintergrund dieser Aussage liest sich seine 1950 im Brief an seine Frau gewählte Formulierung, er müsse weiterhin «klein bei Brecht bleiben», nicht mehr allein als Einsicht darüber, dass er noch das ‹Handwerk› des epischen Theaters erlernen müsse, sondern deutet ebenfalls darauf hin, dass er sich in Brechts Augen als ‹klein›, nur in der Rolle des Schülers sah, der nicht selbstständig ästhetische Entscheidungen treffe könne. Die Vorbehalte gegen Gorkis ‹sozialistischen Klassiker› und das Bühnenstück des Nationalpreisträgers Strittmatter wiederum, die Monk in seinen veröffentlichten Erinnerungen niederlegt, bieten Hinweise für seine Ablehnung des DDR-Sozialismus und vermögen darüber auch eine Enttäuschung über Brechts Anpassung an die Bedingungen der DDR-Kulturpolitik auszudrücken, die seinen Weggang in einem anderen Licht erscheinen lassen.

2.

In Westberlin konnte Monk zwar nicht nahtlos an seine Tätigkeit am Theater anschließen, er hatte am Berliner Ensemble jedoch Kontakte geknüpft, die ihm nun hilfreich wurden. Sein erstes Theaterengagement 1954 verdankte er wahrscheinlich der Fürsprache Casper Nehers, der den jungen Regisseur dem neuen Intendanten des Theaters am Kurfürstendamm, Oscar Fritz Schuh, empfahl (Stuhlmann 2017a: 31, Schumacher 2017a: 55). Monk hatte Neher während der Probenarbeit für *Herr Puntila und sein Knecht Matti* und *Der Hofmeister* kennengelernt (vgl. Tretow 2003: 396) und anschließend für die Operninzensierung *Der Günstling* bereits enger mit ihm zusammengearbeitet, während Neher und Schuh bereits 1940 in Wien gemeinsam Opern inszeniert hatten (ausführlich ebd.: 284–298, vgl. de Ponte 2006: 128). Schuh war 1953 mit der Übernahme der Intendanz des Theaters am Kurfürstendamm zugleich künstlerischer Leiter der Freien Volksbühne geworden, die zu dieser Zeit gerade ein Programm zur Förderung des Theaternachwuchses initiiert hatte: Seit Beginn des Jahres 1953 lobte sie den Gerhart-Hauptmann-Preis für junge Dramatiker*innen aus und bot diesen, wie auch weiteren Nachwuchstalenten des Theaterbetriebs, mit den «Studio-Aufführungen» im Matinee-Programm ein Podium zur Profilierung (vgl. Nestriepke 1956: 251 f.). Auf diesem Wege bekamen Monk und Nehers ‹Schüler›, der Bühnenbildner Ekkehard Grübler, Gelegenheit für das Theater am Kurfürstendamm zu arbeiten. Der erste Preisträger des Gerhart-Hauptmann-Preises wiederum war Monks Schulfreund Claus Hubalek, der auch als Dramaturg am BE gewesen war. Er war jedoch bereits im Frühjar 1952 – aus ebenso wenig definitiv bekannten Gründen wie Monk – nach Westberlin gezogen. Sein prämiertes Bühnenstück, *Der Hauptmann und sein Held* (1953), wurde am 14. Januar 1954 in der Regie von Schuh am Theater am Kurfürstendamm uraufgeführt, sodass letztlich es auch Hubalek gewesen sein könnte, der Monk zu seinem Regieauftrag verhalf (Schumacher 2017a: 55).

Mit seiner Übersiedelung nach Westberlin zeichnet sich in Monks Werkbiografie auch eine künstlerische Hinwendung zum Westen ab: Das erste Stück, das er schließlich im Juni 1954 am Theater am Kurfürstendamm inszenierte, war *Zum guten Nachbarn* von Gerd Oelschlegel, das auf dessen Hörspiel *Romeo und Julia in Berlin* (1953) basierte und 1957 – ebenfalls unter diesem Titel – als Fernsehspiel (R.: Hanns Korngiebel) im NWRV gesendet wurde. Wie der Hör- und Fernsehspieltitel bereits verdeutlicht, thematisiert das Schauspiel die deutsch-deutsche Teilung mithilfe des Romeo-und-Julia-Motivs als private Konfliktkonstellation mit tragischem Ausgang (vgl. Jacobi 1957, Hickethier 1980: 266; 2002: 2 f.). Mit *Bilderbogen aus Amerika* inszenierte Monk anschließend an der Komödie, dem zweiten Haus der Freien Volksbühne, eine Revue nach der Konzeption von Ernst Josef Aufricht, die Motive des Musicals *The Golden Apple* (1954) von John Treville Latouche und Jerome Moross aufnimmt. Die Bühnenbilder stammten von George Grozs. Siegfried Nestriepke vermerkt dazu in seinen Erinnerungen nur, dass *Bilderbogen aus Amerika* «enttäuscht» habe (1956: 241)[6], die Presse kritsierte vor allem Monks eigenständige Übersetzung der englischsprachigen Vorlage.[7] Seine letzte Westberliner Theaterinszenierung, *1001 Nacht*, realisierte Monk ein Jahr später für das Kabarettensemble «Die Stachelschweine» (Stuhlmann 2017a: 31).[8] Das Vohaben, mit einer Bühnenfassung von Joseph Roths *Radetzkymarsch* (1932), an der er etwa seit 1954 mit Neher arbeitete[9], an die Volksbühne zurückzukehren, ließ sich nicht realisieren. Ab 1955 begann er deswegen als Autor und Hörspielregisseur für den RIAS tätig zu werden. Diese Arbeit, die ihm künftig das finanzielle Auskommen sicherte, wurde ihm durch Joachim C. Fest vermittelt, den Monk über dessen Schwager und früheren BE-Kollegen Peter Schulze-Rohr kannte.[10]

Der Rundfunk bot in den 1950er-Jahren vielen Autor*innen, die heute zu den bekannten Namen der deutschen Nachkriegsliteratur und des Fernsehens zählen, «die herausragende Möglichkeit, [...] «gegen Bezahlung Arbeiten veröffentlichen zu können» (Schneider 1985: 190). Neben der ökonomischen Motivation erscheint Monks Wechsel zum Radio aber auch für den ‹Brecht-Schüler› naheliegend, da Brecht selbst für das Radio geschrieben und theoretische Reflexionen über den *Rundfunk als Kommunikationsapparat* (1932) angestellt hatte (Schumacher/Stuhlmann 2012: 164). Die politisch-didaktische Ausrichtung der sogenannten Hörbilder, die Monk zwischen 1955 und 1958 für den Schulfunk verfasste, entsprach indessen nicht Brechts Vorstellungen für die Nutzung des Rundfunks, sondern folgte vielmehr der Agenda des RIAS-Programms und dienten somit einer Propagierung der Werte eines westlichen Demokratieverständnisses (vgl. Schneider 1985: 186). Wie Andreas Stuhlmann ausführt, erwies sich Monk wohl als besonders geeignet für diese Aufgabe, weil er «Themen und Autoren der Linken wie Theodor Plievier und Maxim Gorki, des utopischen Sozialismus und die Literatur und Kultur der Sowjetunion engagiert, aber undogmatisch auffasste und seine Interpretationen beim Wettbewerb um die Köpfe der Jugend in Ost und West gegen die Parteilinie der SED in Stellung brachte» (2017a: 32). Für den Verfasser hingegen, «der [...] in autobiografischen Zeugnissen – nicht ohne Koketterie – seinen Mangel an formaler Bildung konzediert», bot die Arbeit für den Schulfunk «Gelegenheit, sich selbst Wissen zu einer großen Bandbreite an Themen anzulesen» (Stuhlmann 2017b: 47). Die 28 erhaltenen Sendemanuskripte in der Akademie der Künste können dies bezeugen. Für die Reihe *Der Traum vom besseren Staat* schrieb Monk beispielsweise über *Platons Politeia*[11] und für *Sprache und Dichtung* über *Das elisabethanische Theater*,[12] für *Wissen und Wahrheit* über die *Geschichte der Räteregierung*

---

6   Monks Regietätigkeit wird in Nestriepkes Erinnerungen nicht genannt, sondern *Bilderbogen aus Amerika* der «Produktion Aufricht» zugewiesen. Aufricht war ein weiterer langjähriger Bekannter von Caspar Neher, der 1928–1931 Direktor des Theaters am Schiffbauerdamm gewesen war, wo am 31. August 1928 die Uraufführung der *Dreigroschenoper* stattfand (vgl. Tretow 2003: 127 f.). 1933 floh er vor der antisemitischen Verfolgung ins Exil (von der Schweiz über Frankreich in die USA), 1953 kehrte er nach Westberlin zurück (vgl. LdJA: 261 f.). 1955 spielte Aufricht in Claus Hubalkes zweitem Bühnenstück *Herr Nachtigall*. Die Bekanntschaft von Monk und Aufricht belegt auch ein Brief Nehers an Monk, in dem er sich nach Aufricht erkundigt, siehe Caspar Neher an Egon Monk, [1954], EMA 456, abgedruckt und transkribiert in Stuhlmann 2017a: 41 f.

7   Vgl. hierzu den Presse-Spiegel in EMA 161, bes. die nicht näher zuordbare Kritik von Walter Kauf: «Die erste Ballade war die beste. Aufrichts ‹Bilderbogen aus Amerika› in der Komödie» (23. Sept. 1954).

8   Vgl. hierzu das Programmheft (EMA 163), Textbuch (EMA 164) und die Pressesammlung (EMA 165) im Nachlass Monks.

9   Vgl. Caspar Neher an Egon Monk, [1954].

10 Auskunft Ulla Monk, Hamburg, im März 2011.

11 *Platons «Politeia»*, Sendemanuskript, 19. Bl., 1955, EMA 64.

12 *«Vier Bretter und eine Leidenschaft» – Das elisabethanische Theater – Shakespeare, Marlowe, Jonson*, Sendemanuskript, 20 Bl., 1955, EMA 77.

in Deutschland und Russland[13] und die Geschichte der Atomenergie.[14] Darüber hinaus porträtierte er, neben den Schriftstellern Gorki[15], Pli[e]vier[16] und Wolfgang Leonhardt[17], auch den sowjetischen Regisseur Eisenstein[18], historische Figuren wie Trotzki[19] und Thomas Münzer[20], und widmete sich auf der Grundlage von Hannah Arendts Studie Elemente und Ursprünge totaler Herrschaft (dt. 1955) den Ursachen und Entstehung des Antisemitismus.[21] Die Wiederaufnahme dieser und weiterer Themen aus seinen Beiträgen für den RIAS lässt sich sowohl in Monks Programmkonzeption für das Fernsehspiel des NDR als auch in seinen Regiearbeiten nachvollziehen (siehe hier Kap. 4 u. Kap. 10). Das zugrundeliegende Geschichtsmodell wiederum sieht Stuhlmann maßgeblich von dem Literaturtheoretiker Hans Mayer beeinflusst, den Monk näher kennengelernt hatte, als dieser anlässlich der Hofmeister-Proben sowie zur Vorbereitung des Urfaust zu Vorträgen am Berliner Ensemble geladen war (2017a: 33, 2017b: 45 ff.; 50, vgl. Mayer 1996a). Nach seiner «Emanzipation von Brecht» 1953 wurde Mayer, wie Stuhlmann feststellt, «zur Schlüsselfigur für Monks Suche nach einer neuen künstlerisch-politischen Haltung» (2017a: 33).

Retrospektiv betrachtet, erwiesen sich Monks Arbeiten für den RIAS-Schulfunk als Sprungbrett für Regieaufträge im Hörspiel (ebd.: 35 f.). Nachdem er für den Berliner Sender u. a. Walter Jens' Seine Majestät Mr. Seiler (1956) und Günter Eichs Geh nicht nach El Kuwehd (1956) inszeniert hatte, konnte er als freier Regisseur für den NDR in Hamburg das tragisch konzipierte Weltkriegshörspiel Die Festung (1956) seines Freundes Hubalek realisieren. Diese Produktion entwickelte sich zu einem großen Erfolg bei den Kritiker*innen; sie wurde drei Mal im Programm des NDR wiederholt und stellte für den Autor wie den Regisseur gewissermaßen die Eintrittskarte für den Wechsel zum Fernsehen dar (vgl. Schumacher 2017a: 57). Zunächst wurde Monk 1957 als Dramaturg in der NDR-Hörspielabteilung unter Heinz Schwitzke angestellt. Da unter dessen Einfluss auch die Stoffentwicklung für das NWDR- bzw. NWRV-Fernsehspiel von der Hörspieldramaturgie betrieben wurde, und Schwitzke sowohl Stücke von Hörspielautor*innen umarbeiten ließ als auch Hörspielregisseur*innen mit der Fernsehregie betraute (Hickethier 2008b: 360 f.), erhielt Monk schnell die Gelegenheit, in diesem Bereich tätig zu werden. Bereits 1958 inszenierte er für den NWRV zwei Fernsehspiele, DAS GELD LIEGT AUF DER STRASSE und DIE BRÜDER, und übernahm zudem – als ‹Einspringer› für den erkrankten Regisseur Schuh – kurzfristig die Regie der Opernproduktion Die Schule der Frauen (Komposition: Rolf Liebermann, Bühnenbild: Caspar Neher), die am 30. November im Schlosstheater Celle aufgeführt und im Fernsehen als Eurovisions-Sendung ausgestrahlt wurde (J. J. 1958, vgl. Pasdzierny/Schmidt 2017: 122).

---

13 Alle Macht den Räten – Die Geschichte der Räteregierungen in Deutschland und Russland, Sendemanuskript, 20 Bl., 1955, EMA 73.
14 Die Geschichte der Atomenergie, Sendemanuskript, 15 Bl., 1955, EMA 70.
15 Maxim Gorki – Ein Lebensbild, Sendemanuskript, 20 Bl., 1955, EMA 355.
16 Theodor Plivier – Ein Schriftsteller unserer Zeit, Sendemanuskript, 22 Bl., 1955, EMA 72.
17 Wolfgang Leonard: Das Ende einer Illusion, Sendemanuskript, 28 Bl., 1957, EMA 358.
18 Sergej Michailowitsch Eisenstein – Die Tragödie einer genialen Begabung, Sendemanuskript, 20 Bl., 1955, EMA 76.
19 Trotzki, Sendemanuskript, 22 Bl., 1955, EMA 68.
20 Thomas Münzer, Sendemanuskript, 19 Bl., 1955, EMA 67.
21 Ursachen und Entstehung des Antisemitismus, Sendemanuskript, 22 Bl., 1957, EMA 357.

3.

Als Monk 1958 begann, für das Fernsehen der Bundesrepublik zu inszenieren, fand er einen bereits sehr viel stärker institutionalisierten Betrieb vor als zum Zeitpunkt seines Fernsehdebüts, zu Beginn des Versuchsprogramms in der DDR. Von den modernen Fernsehstudios in Hamburg und Köln aus wurde seit 1953 ein regelmäßiges Programm ausgestrahlt, in dem sich der Anteil an Fernsehspielen stetig erhöhte. Damit konnte Monk jedoch nicht nur von professionellen Produktionsbedingungen profitieren, er war auch mit gewachsenen Konventionen für die Erzählung und Darstellung von Fernsehspielen konfrontiert, die sich zumindest teilweise aus der vorherrschenden Produktionsweise ergaben (vgl. Hickethier 2008b: 364 ff.).

In den 1950er-Jahren wurden Fernsehspiele in der Regel als Studio-Produktionen realisiert, die als kontinuierliche szenische Darstellung aufgebaut waren und – mit elektronischen Kameras aufgenommen – *live* ausgestrahlt wurden. In der Inszenierung des Spielgeschehens weist diese Form gleichermaßen eine Orientierung an der Theaterbühne wie dem Kinospielfilm auf. Die Handlung ist in einem oder mehreren aufeinander folgenden Bühnenbildern organisiert. Sie wird dabei jedoch wie bei einem Spielfilm in unterschiedlichen Einstellungsgrößen und Perspektiven der Kamera reproduziert, und die Zusammensetzung der Bilderfolgen gehorcht in der Regel auch denselben Konventionen wie beispielsweise der *Continuity Montage* und der Vermeidung von Achsensprüngen. Gegenüber dem Kinofilm lässt sich in der visuellen Inszenierung des Fernsehspiels eine Dominanz von Groß- und Nahaufnahmen feststellen, die der verkleinerten Präsentationsfläche des Fernsehbildschirms geschuldet ist. Da sich die elektronische Produktionsweise zudem von der Filmischen unterscheidet, lassen sich darüber hinaus weitere formal-ästhetische Differenzqualitäten anführen.

Anders als in der Mehrheit der Filmproduktionen wurden im elektronischen Fernsehspiel ganze szenische Einheiten mit drei bis vier Kameras simultan aufgenommen und parallel zu Bildfolgen *gemischt*. Dieses technische Verfahren produziert ein der Filmmontage ähnliches Ergebnis. In dieser Form erfordert das *multiple-camera setup* jedoch die Ausleuchtung der gesamten Szenerie, nicht nur der Bildelemente, die durch die jeweilige Perspektivwahl der Kamera hervorgehoben werden sollen. Die Fernsehspiele dieser Zeit erscheinen deswegen häufig sehr viel heller und in der Folge auch weniger atmosphärisch ausgeleuchtet als Kinospielfilme, und die Abbildungen reichen weniger in die Tiefe des Raumes. Darüber hinaus lassen sich in der Mischung von simultan aufgenommenen Bildfolgen keine exakten Schuss-Gegenschuss-Verfahren umsetzen, in denen frontal oder *overshoulder* aufgenommene Ansichten einander gegenübergestellt werden. Aus dieser eingeschränkten Perspektivität resultiert unter anderem die charakteristische ‹theaterhafte› Anmutung des Fernsehspiels aus diesem Produktionszeitraum.[22] Da die elektronische Aufnahmeapparatur zudem recht unhandlich war, erforderte sie letztlich auch die Inszenierung im Studio. Außenaufnahmen wurden auf 35mm- oder 16mm-Film realisiert, um zum Zeitpunkt der Ausstrahlung eingespielt zu werden (Hickethier 1980: 44 f.). Auch

---

22 Dasselbe Moment lässt sich auch heute noch bei US-amerikanischen *Situation Comedys* nachweisen, die im Studio vor einem Live-Publikum inszeniert und aufgezeichnet werden. Das *multiple-camera setup* produziert jedoch nicht notwendigerweise diesen Effekt eingeschränkter Perspektivität. In der zeitgenössischen Film- und Fernsehproduktion wird es vielfach aus produktionsökonomischen Gründen eingesetzt, um simultan zwei bis drei Perspektiven auf eine szenische Einheit zu produzieren, um davon anschließend eine auswählen zu können. In dieser Form wurde das Verfahren auch bei Monks erster Fernsehinszenierung, DIE GEWEHRE DER FRAU CARRAR, eingesetzt.

die Konservierung von Fernsehspielen konnte bis zur Einführung der Magnetbandaufzeichnungstechnik (MAZ) in der Bundesrepublik nur auf diesen Trägermedien erfolgen. Die Fernseh-GmbH hatte zu diesem Zwecke 1952 ein Aufzeichnungsgerät eingeführt, mit dessen Hilfe Live-Spiele während der Aufführung vom Monitor abgefilmt werden konnten (Hickethier/Hoff 1998: 70).

Mit der Einführung der MAZ-Technik 1958/59 wurde die Live-Produktion von Fernsehspielen zunehmend obsolet, da diese nun vollständig elektronisch, filmisch oder in einer elektronisch-filmischen Mischform vorproduziert werden konnten. Als ersten reinen Fernseh*film* sendete der Süddeutsche Rundfunk am 7. September 1957 Friedrich Dürrenmatts DER RICHTER UND SEIN HENKER (R.: Franz Peter Wirth). Da für das hohe Aufkommen an Fernsehspielen im Programm – vierzig bis fünfzig pro Jahr – diese Produktionsform jedoch zu kostspielig war (vgl. *Der Spiegel* 1957), dominierte weiterhin die elektronische Produktionsweise (Hickethier 2008b: 368). Ihren technischen Bedingungen ist unter anderem die etwas behäbig wirkende Bildästhetik geschuldet, die sich retrospektiv für das Fernsehspiel bis zur Mitte der 1960er-Jahre konstatieren lässt.[23] Aber auch die zugrundeliegende Stoffauswahl und die kulturellen Rahmenbedingungen der Produktion bilden hierfür Einflussfaktoren (vgl. Hickethier 1980: 41 ff.). Dennoch lässt sich festhalten, dass die Fernsehspiele der 1950er-Jahre in der audiovisuellen Inszenierung nicht so unterkomplex aufgebaut waren, wie die in diesem Zusammenhang gern gebrauchte Rede vom ‹abgefilmten Theater› vermuten lässt; ein Vergleich zwischen DER RICHTER UND SEIN HENKER und beispielsweise einer Aufzeichnung aus dem Hamburger Ohnsorg-Theater kann das schnell offenbaren.[24]

Das vorherrschende Repräsentationskonzept für Fernsehspiele und -serien wie etwa FAMILIE SCHÖLERMANN lag in einer an die Tradition des Naturalismus anschließenden Ausgestaltung des Szenenbilds und einem sich unauffällig gebärdenden Stil der audiovisuellen Inszenierung, der im Prinzip dem zeitgleich produzierten kommerziellen Spielfilm ähnelt. Ein Gegenkonzept zu den von Kritiker*innen damals auch als ‹bieder› gekennzeichneten Produktionen des NWRV, die das Angebot dominierten, verfolgte ab der zweiten Hälfte der 1950er-Jahre der SDR. Dessen bis 1958 *live* gesendeten Fernsehspieladaptionen der modernen französischen und englischsprachigen Dramatik wurden als «Stuttgarter Stil» bekannt (vgl. Hickethier 1998: 384–389, Grisko/Helms 2012: 343). Die Differenzqualität dieses Stils lässt sich zum einem am Szenenbild festmachen, das nicht Umgebungen und Lichtverhältnisse zu imitieren anstrebte, sondern das Geschehen in grafisch angedeuteten Räumen oder bewusst artifiziellen Kulissen inszenierte (Hickethier 1998: 385 f.). Zum anderen generierten sich infolge der Live-Produktion zum Teil Bildkompositionen mit verkanteten Perspektiven und Arrangements, die den Prinzipien harmonischer Bildkomposition zuwiderlaufen, wie sich beispielsweise in der visuellen Auflösung von JEANNE ODER DIE LERCHE (1956, R.: Franz Peter Wirth) nach Jean Anouilhs *L'Alouette* (1953) zeigt, das als Aufzeichnung vom Bildschirm erhalten geblieben ist.

Während die Produktionen des SDR eine Ausnahmeerscheinung im Bereich des Fernsehspiels darstellten, stimmte ihr visuelles Gestaltungskonzept mit dominanten Tendenzen des Theaters in der Bunderepublik der 1950er-Jahre überein. In diesem Feld prakti-

---

23 Siehe hierzu beispielsweise die seinerzeit äußerst erfolgreiche sechsteilige Kriminalserie DAS HALSTUCH (WDR 1962, R.: Hans Quest) nach einer Vorlage von Francis Durbridge oder die Familienserie DER FORELLENHOF (SDR 1965, R.: Wolfgang Schleif).
24 Vgl. hierzu beispielsweise einen ‹Klassiker› des Ohnsorg-Theaters wie TRATSCH IM TREPPENHAUS (NDR 1966, R.: Alfred Jost/Hans Mahler).

zierten, wie Dorothea Kraus feststellt, «die maßgeblichen Regisseure» wie Gustav Rudolf Seller oder sogar Gustaf Gründgens nicht mehr den «Illusionismus», gegen den Brecht sich in der Konzeption des epischen Theaters gewandt hatte. «Allerdings war diese Tatsache anders als bei Brecht nicht wirkungs-, sondern darstellungsästhetisch motiviert. Es ging darum, für den ‹Geist› der Dichtung und den Willen des Dichters adäquate Ausdrucksmittel zu finden» (Kraus 2007: 60). Die reflexive Distanz, die auch hiermit angestrebt wurde, galt somit nicht der Erkenntnis gesellschaftspolitischer Zusammenhänge, sondern bezog sich «immer auf das Werk als geistiges Bildungsgut und die Aussageabsicht des Dichters» (ebd.: 63). Dieses Verständnis lag letztlich auch den Fernsehspielen der «Stuttgarter Schule» zugrunde (vgl. Hickethier 1998: 384 f.). Daher erscheint es auch weniger verwunderlich, dass sich Monk dieser Ausrichtung nicht anschloss, sondern sich ‹handwerklich› offenbar ebenso an britischen und US-amerikanischen Fernsehspielen orientierte, wie er es 1959 in seinem ersten Konzeptpapier zum Aufbau der Hauptabteilung Fernsehspiel für künftige Fernsehspielproduktionen empfiehlt.[25]

4.

Monks erstes westdeutsche Fernsehspiel, DAS GELD LIEGT AUF DER STRASSE, das am 10. Februar 1958 ausgestrahlt wurde, basiert auf einem Hörspiel von Werner Jörg Lüddecke, der zu diesem Zeitpunkt zu den renommierteren Drehbuchautoren der Bundesrepublik zählte.[26] Im Zentrum der Erzählung steht der Angestellte Kurt Wandel (Peter Lehmbrock), der 150 D-Mark aus der Materialkasse unterschlagen hat, um damit seinem vermeintlichen Freund Gregor (Joachim Rake) auszuhelfen. Als dieser ihm den Betrag nicht wie versprochen am Vorabend der Kassenrevision zurückzahlt, versucht Wandel sich das Geld von anderer Seite zu borgen. Da seine Zimmerwirtin Frau Sladky (Lotte Klein) sich zunächst weigert, irrt er durch die nächtliche Stadt auf der Suche nach einem Geldgeber. Doch weder Freunde noch Zufallsbekanntschaften, die er unterwegs macht, können oder wollen ihm helfen. Nachdem Wandel unverschuldet in den Besitz von Falschgeld gelangt und deswegen verhaftet wird, gesteht er dem Inspektor (Heinz Klingenberg) die Unterschlagung des Firmengeldes. Daraufhin entlässt ihn der Polizist unter der Bedingung, dass er sich dem Chef gegenüber erkläre. Als Wandel am Morgen dieses Versprechen einlösen will, erscheint plötzlich die Zimmerwirtin in seinem Büro. Von Gewissensbissen geplagt will sie Wandel nun doch helfen, seinen Fehltritt zu vertuschen. Doch dazu kommt es nicht, da der Chef (Kurt Kramer) zuvor verkündet, dass er fortan, auf Wandels Redlichkeit vertrauend, die Kassenrevision nur noch halbjährlich durchführen wolle.

Die Dramaturgie der Ereignisfolgen dient dazu, ein Gesellschaftsbild der Bunderepublik zu entwerfen. Mithilfe der Figur des naiven Wandels und seiner Suche nach einem Geldgeber können unterschiedliche Typen der Nachkriegsgesellschaft aufgespürt werden,

---

25 Siehe EMA 728,

26 Werner Jörg Lüddecke hatte zusammen mit Wolfgang Staudte die erste Fassung für die 1951 von der DEFA produzierten Verfilmung von Arnold Zweigs Roman *Das Beil von Wandsbek* (hebr. 1943) verfasst, deren Aufführung verboten wurde, und auch Staudtes Regiearbeiten LEUCHTFEUER (1954) und MADELEINE UND DER LEGIONÄR (1958), sowie DER 20. JULI (1955, R.: Falk Harnacks) und NACHTS, WENN DER TEUFEL KAM (1957, R.: Robert Siodmaks) basierten auf Lüddeckes Drehbüchern. Später folgten DER TIGER VON ESCHNAPUR (1959) und DAS INDISCHE GRABMAL (1959) in der Regie von Fritz Lang, DAS TOTENSCHIFF (1959, R.: Georg Tressler) und HERRENPARTIE (1963, R.: Wolfgang Stautde); 1965 wurde sein Roman *Morituri* (1943) in der Regie von Bernhard Wicki verfilmt. Siehe URL: <http://www.filmportal.de/person/werner-joerg-lueddecke_6bb394cc03304e6dad9d7d1538e1c60b> (Zugriff: 28.11.2017).

die verschiedenartige Gründe dafür angeben, wieso sie ihm am Monatsende nicht mit dem benötigten Betrag aushelfen können – oder wollen. Neben einem von vornherein eingeschränkten Einkommen, das die Zimmerwirtin Frau Sladky oder einen blinden Rentner, dem Wandel zufällig auf der Straße begegnet, zu einer äußerst sparsamen Lebensweise zwingen, sind es beispielsweise im Falle seines Freundes Albert (Gerlach Fiedler) die Ausgaben für den Konsum – Ratenzahlungen für Möbel usw. –, derentwegen er selbst verschuldet ist. Andere wiederum, denen die entsprechenden Mittel zur Verfügung stünden, verhalten sich schlicht egoistisch oder werden durch momentane Umstände von ihrer Freigiebigkeit abgehalten. Das Geld liegt auf der Strasse ist jedoch weder eine scharf formulierte Satire auf die bundesrepublikanische Gesellschaft, noch wird, wie in Die Gewehre der Frau Carrar, mithilfe der dramatischen Erzählung offen ein bestimmtes Verhalten eingefordert. Vorbildliche wie abgrenzungswürdige Handlungs- und Lebensweisen werden dennoch – wenig verschlüsselt – durch typisierende Zuschreibungen in der Figurenzeichnung vorgeführt.

Schon zu Beginn der Handlung wird deutlich, dass der Freund Gregor, um derentwillen Kurt Wandel das Geld unterschlagen hatte, einen für die 1950er-Jahre zweifelhaften Lebenswandel verfolgt, weil er unverheiratet mit einer Frau (Helga Keck) zusammenlebt, die Wandel im Negligé die Tür öffnet, und er sich zudem als notorischer Glücksspieler herausstellt. Der Künstler Töll (Balduin Baas), erkennbar durch schwarze Kleidung und ein unordentliches Atelier, in dem sich zum späten Abendessen mit reichlich Alkohol an ein niedriges Nierentischchen gesetzt wird, mokiert sich über Wandels Bürgerlichkeit und verweigert ihm dann aus niedrigen Motiven die Hilfe. Der Geldverleiher Sam Löbel (Alfred Balthoff), den Wandel in der Mitte der Nacht um ein Darlehen bittet, ist offenbar dem Stereotyp entsprechend Jude, wie aus seinem ‹jiddelnden› Sprachduktus deutlich wird (vgl. Wohl von Haselberg 2016: 168 f.) – aus Sorge um sein erkranktes Enkelkind «schon ganz meschugge» (Min. 49:31) kann er sich zunächst nicht um Wandels Anliegen kümmern. Nachdem der Arzt jedoch die baldige Genesung des Kindes in Aussicht gestellt hat, will Löbel aus Freude darüber Wandel den benötigten Wechsel ausstellen. Dieser hat jedoch mittlerweile die Wohnung enttäuscht verlassen. Als hilfreich erweisen sich letztlich nur die alte Zimmerwirtin und der Polizist, die, als rechtschaffene und quasi ‹natürliche› Autoritäten gezeichnet, Kurt Wandel durch freundliche Ermahnung und Nachgiebigkeit zurück auf den Pfad der Tugend führen.

Das dramatische Geschehen ist in 17 Szenen organisiert, die jeweils mit einem Wechsel des Schauplatzes korrespondieren und durch Schwarzblenden (2 Sek.) voneinander getrennt sind. Der Großteil der Spielhandlung ist in Innenräumen situiert, die in Studiokulissen umgesetzt und mithilfe dreier elektronischer Kameras[27] aufgenommen sind; der Kulissenbau und seine Ausleuchtung imitieren dabei die Bedingungen realer Räume (Abb. 14). Die Außen situierten Szenen (insgesamt vier Passagen) wurden hingegen filmisch realisiert (Abb. 15). Während diese jeweils durch eine totale bzw. halbtotale Ansicht einer Straßenszenerie eingeleitet werden, findet sich im Aufbau der visuellen Inszenierung jeder Innenszene dasselbe Muster wieder: sie sind alle durch eine Detailansicht eingeleitet, an die eine Rückfahrt der Kamera anschließt, die eine totale oder halbtotale Sicht auf den Raum und die zentrale Figur freigibt, um damit den Handlungsraum der Szene zu etablieren und durch die Gestaltung des Szenenbildes sogleich den Figurentypus zu charakterisieren. Dieses Muster stellt eine funktionale, der verkleinerten Bildfläche des Fernsehschirms angepasste Strategie der Rezeptionslenkung dar. Da die Präsentations-

---

27 Der Abspann weist drei Kameramänner und eine Schnittmeisterin für den elektronischen Bildschnitt aus.

fläche eines Fernsehbildschirms sehr viel kleiner ist als eine Filmprojektion im Kinosaal, besteht die Gefahr, dass der als Totale angelegte *Mastershot* nicht die gewünschte Orientierung über den Handlungsraum liefert. Um dennoch einen vergleichbaren Effekt zu generieren, wird für die analytische Form der Montage die Reihenfolge der Einstellungsgrößen einfach umgekehrt dargeboten.

Im Vergleich zu Monks visueller Inszenierung der GEWEHRE DER FRAU CARRAR ist die Kameraführung von DAS GELD LIEGT AUF DER STRASSE deutlich variantenreicher. Durch Heranfahrten und *zoom-ins* auf die Gesichter der Schauspieler*innen, raumgreifende Schwenks und sogar Dolly-Fahrten erscheint sie auch insgesamt bewegter. Die Bildausschnitte sind jedoch sehr viel enger komponiert und weisen häufig eine geschlossene Kadrierung auf, in der die Grenzen des abgebildeten Raumes mit den Grenzen des Bildausschnitts übereinstimmen. In der visuellen Auflösung der Gesprächssituationen dominieren halbtotale und halbnahe Einstellungen, die den Dialog – eingeschränkt durch die Perspektivwahl, die aus dem *multi camera-setup* resultiert – im Wechsel von Initial und Reaktion (*action-reaction-shot*) wiedergeben.

14 DAS GELD LIEGT AUF DER STRASSE (1958): Der Inspektor (Heinz Klingenberg) ermahnt Kurt Wandel (Peter Lehmbrock)

15 DAS GELD LIEGT AUF DER STRASSE (1958): Kurt Wandel (Peter Lehmbrock) allein in der nächtlichen Stadt

In der Organisation der Bildfolgen wird eine auktoriale Erzählhaltung ersichtlich, die durch die analytische Form der Montage zur Interpretation der szenischen Situationen anleitet und in der Tendenz auch das Verhalten der Figuren bewertet, noch bevor die Pointe der Szene im Dialog offenbart wird. Als beispielsweise Kurt Wandels Bitte um ein Darlehen erneut von einem Freund, dem Kunstmaler Töll abgewiesen wird, obwohl dieser gerade ein Bild für 1.100 D-Mark verkaufen konnte, zeigt die Kamera, während Töll behauptet, er würde erst am Folgetag ausgezahlt werden, wiederholt in nahen Ansichten die Reaktion im Gesicht seiner Lebensgefährtin Schrippe (Sonja Wilken). Die auf diesem Wege vorbereitete Skepsis um Tölls Aufrichtigkeit bestätigt sich, nachdem Wandel das Dachstubenatelier der beiden wieder verlassen hat und Töll auf die Frage seiner Freundin hin erklärt, dass er seinen ungewohnten neuen Reichtum einfach nicht teilen wolle. Eine Szene bricht in auffälliger Weise mit diesem Muster: Als Kurt Wandel seinen Freund Albert in dessen Küche aufsucht, in der sich dieser vor den Gästen seiner eigenen Verlobungsfeier versteckt, ist das Gespräch in *einer* andauernden Einstellung aufgenommen (siehe Min. 35:45–42:45). Für einen kurzen Moment bereitet die Kamera also eine ‹Bühne›, auf der die Schauspieler in der Verkörperung ihrer Figuren im Sinne Brechts eine Haltung ausstellen können. Die Aufmerksamkeit wird somit auf den sozialen Gestus der Figur

Alberts gelenkt, der sich durch Konsumausgaben verschuldet hat und deswegen seinem Freund nicht aushelfen kann. Offensichtich ist er, der sich schließlich vor den Gästen seiner Verlobungsfeier in der Küche versteckt hält, total gefangen in seiner Lebenssituation, die seiner Kontrolle und auch seinen Wünschen entglitten ist.

Monks zweite Regiearbeit im Auftrag des NWRV aus dem Jahr 1958 ähnelt der visuellen Inszenierung von DAS GELD LIEGT AUF DER STRASSE in vielerlei Hinsicht, ist jedoch insgesamt komplexer aufgebaut. Das Fernsehspiel DIE BRÜDER, das am 21. Dezember gesendet wurde, basiert auf dem kurzen Roman *Pierre et Jean* (1887/88) von Guy de Maupassant. Da dessen Prosa häufig ein überschaubares Figurenensemble in intimeren Konstellationen vorsieht, wurden Vorlagen von Maupassant im Fernsehspiel der 1950er-Jahre gern genutzt (Hickethier 1980: 137).

Das Geschehen folgt im Wesentlichen der Romanvorlage. Jean (Helmut Griem), der jüngere Sohn der Familie Roland, wird unerwartet zum Universalerben eines Freundes seiner Eltern, Léon Maréchal, ernannt. Eine beiläufige Bemerkung des Apothekers Marowsko (Joe Furtner) lässt in seinem älteren Bruder Pierre (Paul Albert Krumm) die Vermutung aufkommen, dass Jean tatsächlich der leibliche Sohn des Verstorbenen ist. Die physische Ähnlichkeit zwischen ihm und dem Portrait des Familienfreundes sowie die schuldbewusste Haltung der Mutter (Gisela von Collande) bestätigen den Verdacht, der zum Bruch zwischen dem schambelasteten Pierre und der zuvor so verehrten Mutter führt. Die Situation spitzt sich zu, als der heiter veranlagte Jean nicht nur die Kapitänswitwe Frau Rosémilly (Sascha Keith) für sich gewinnen, sondern auch die repräsentative Wohnung anmieten kann, die Pierre gleichfalls begehrte. Im offenen Streit prangert Pierre seinem Bruder gegenüber den Ehebruch der Mutter an und stürmt anschließend verzweifelt aus der Wohnung. Daraufhin gesteht die Mutter ihrem jüngeren Sohn die Affäre mit Maréchal – auch nach dessen Tod noch die große Liebe ihres Lebens. Jean kann schließlich die angespannte familiäre Situation auflösen, indem er Pierre eine Anstellung als Schiffsarzt verschafft. Kurz bevor das Schiff den Hafen verlässt, versöhnen sich Pierre und seine Mutter; der Vater der Familie (Josef Dahmen) bleibt bis zum Schluss ahnungslos.

Die Gestaltung des Szenenbildes dieses Fernsehspiels, für die wieder Nehers ‹Schüler› Grübler verantwortlich zeichnet, zielt auf eine atmosphärische Rekonstruktion einer kleinstädtischen, bürgerlichen Umgebung im ausgehenden 19. Jahrhundert, es kann diesen Anspruch aber nur bedingt einlösen. In der Nachahmung der Moden in Requisite und Kostüm sind DIE BRÜDER im Prinzip einem historischen Spielfilm bzw. Kostümfilm ähnlich gestaltet. Das Fernsehspiel bietet jedoch nicht die hierfür charakteristischen visuellen Schauwerte durch aufwändige Bauten oder Massenszenen. Die Handlung ist auf einen kleinen Personenkreis und die Szenerien deswegen auf intime familiäre Situationen begrenzt. Die Außenaufnahmen (vgl. Abb. 16) liefern zwar maritime Ansichten, wie etwa einen Leuchtturm, Dünen oder die Masten eines Schiffes im Hintergrund. Das urbane Umfeld des Handlungsortes Le Havre wird jedoch nicht ersichtlich, da keine visuellen Eindrücke der Architektur in ihren Außenfassaden vermittelt werden – ein Moment, das offensichtlich dem Umstand geschuldet ist, dass die Dreharbeiten in Norddeutschland stattfanden.

Die Studiobauten der Innenräume sind indessen wesentlich komplexer gestaltet als in DAS GELD LIEGT AUF DER STRASSE. In der visuellen Inszenierung der familiären Auseinandersetzungen, die in der Stadtvilla der Familie Roland oder der Wohnung Jeans situiert sind, werden durch offene Kadrierungen, die Ansichten auf angrenzende Zimmer erlauben, Raumeindrücke evoziert, die sich kaum von solchen unterscheiden, die aus der Filmarbeit an *locations* resultieren. Da auch die Kameraarrangements, besonders in der Inszenierung von Tischgesprächen, sehr viel aufwändiger aufgebaut sind, werden nahezu vollständige filmische Räume generiert. Als beispielsweise die Familie beim Abendessen von Jeans Erbschaft erfährt, ist die Situation mithilfe von Kamerafahrten inszeniert, die, punktuell unterbrochen, eine halbkreisförmige Bewegung um den Tisch beschreiben und einzelne Personen hervorheben. Die hier etablierten Ansichten werden durch nahe und halbnahe Einstellungen ergänzt, die aus insgesamt vier weiteren perspektivischen Ausrichtungen die Reaktionen wiederum anderer Personen fokussieren (Min. 5:28–10:57). Zusätzlich steigert sich dabei die Abfolge der Bildwechsel kontinuierlich und zeichnet damit die eifersüchtige Reaktion Pierres vor, bis dieser das Zimmer verlässt. Die audiovisuelle Inszenierung entwirft somit eine angespannte Atmosphäre und zielt zugleich darauf, sie in den Rezeptionseffekt der Spannung zu übersetzen.

16 Die Brüder (1958): Eröffnungseinstellung

17 Die Brüder (1958): Die Aussprache zwischen Jean Roland (Helmut Griem) und seiner Mutter (Gisela von Collande)

Das zweite auffällige Moment der visuellen Inszenierung liegt stellenweise in der Bildkomposition. Familiäre Konfliktsituationen sind häufig in nahen und halbnahen Einstellungen umgesetzt, die zwei Personen im Gespräch abbilden. Dabei halten die Darsteller*innen auffällig lang dieselbe Pose. Die Aussprache zwischen Jean und seiner Mutter (siehe Abb. 17) ist sogar in einer andauernden, halbnahen Einstellung umgesetzt, in der sie sich nicht aus der ausbalancierten Bildkomposition bewegen (Min. 52:44–56:27). Diese Darstellungsweise mutet einerseits theatralisch an, entspricht jedoch andererseits genau den Konventionen des Spielfilms für die Inszenierung melodramatischer Situationen im Stil des klassischen Hollywoodfilms. In der Ähnlichkeit mit diesem und dem höheren Anteil an Außenaufnahmen liegt auch begründet, wieso das Fernsehspiel Die Brüder insgesamt einem Kinospielfilm aus demselben Produktionszeitraum ähnlicher erscheint als Das Geld liegt auf der Strasse.

5.

Wie sein ostdeutsches Fernsehdebüt, Die Gewehre der Frau Carrar, sind auch Monks erste Inszenierungen für das westdeutsche Fernsehen keine, über die sich festhalten ließe, dass der Regisseur in markanter Weise eine eigenständige Agenda verfolgte. Weniger in der Auswahl der Stoffe als in der Inszenierung dürfen sie jedoch durchaus als modern eingestuft werden. Monk schließt sich hierin einer 1958 gerade erst aufkommenden Tendenz innerhalb der Entwicklung des Fernsehspiels der Bundesrepublik an, die die Idee von «Fernsehrealismus» mit der Anlehnung an eine – mithin filmisch definierte – Ästhetik verband, die ihr Vorbild in britischen und US-amerikanischen Fernsehproduktionen hatte (vgl. Hickethier 1980: 264 f.). Diese Ausrichtung, die unter anderem Dieter Meichsner, Rolf Hädrich und Gerd Oelschlegel verfolgten, lässt sich als Gegenbewegung zur ent-konkretisierenden Ästhetik lesen, die in den 1950er-Jahren das Gegenwartstheater der Bundesrepublik dominierte und auch im «Stuttgarter Stil» des SDR-Fernsehspiels einen Ausdruck fand.

Monks Angaben lässt sich entnehmen, dass seine ersten Fernsehspiele Übungen darstellten, mit denen er die audiovisuelle Inzenierung erprobte (vgl. Delling 1963, Winkler 2001: 226). Offenbar versuchte er sich damit zugleich auch an verschiedenen Strategien, um mithilfe der filmischen Auflösung soziale Situationen zu charakterisieren und die Aufmerksamkeit auf bestimmte Aspekte der Spielhandlung zu lenken. Die Stoffe beider Fernsehspiele eignen sich dafür, das Verhalten von Menschen zu thematisieren und im Sinne Brechts soziologisch auszulegen. In der Inszenierung passt sich Monk jedoch einem Modell des Realismus an, das zum einen naturalistisch ausgestaltete Szenenbilder und zum anderen die nach André Bazin als «analytisch» zu bezeichnende Auflösung der Spielsituationen nach den klassischen Konventionen des Hollywoodkinos vorsieht. Wirkungsästhetisch stehen diese Regiearbeiten damit unverkennbar im Widerspruch zum Modell des epischen Theaters, da sie etablierten ästhetischen Strategien zur Verschleierung der Künstlichkeit folgen und in ihrer Dramaturgie und in ihrer visuellen Inszenierung auf eine immersive Rezeptionshaltung gegenüber dem Dargestellten angelegt sind.

Während die eher unauffällig gestalteten Fernsehspiele in den 1950er-Jahren in der Regel auf Zuspruch unter den Rezipient*innen stießen (Schildt 1995: 277, 286 f.), interessierte sich die Fernsehkritik mehr für die in literarischer respektive formal-ästhetischer Hinsicht ausgefalleneren Produktionen, wie etwa die Inszenierungen im «Stuttgarter Stil» (ebd.: 290 f.). Die Anforderungen an die Ästhetik, die die Kritik damit zugleich formulierte, wirkte auch auf die Fernsehpraxis zurück (vgl. Hickethier 1994a: 26–29). In der Nachfolge der ambitionierten Film-, Radio- und Theaterkritik wurden in der Kritik des Fernsehspiels anhand der Auseinandersetzung mit einem Einzelwerk immer auch andere Themen mitverhandelt. Die künstlerischen Möglichkeiten dieser Form im Hinblick auf die Gesetzmäßigkeiten des Mediums wurden dabei häufig erörtert, sodass auch die «Utopie eines anderen, besseren Fernsehens» dabei aufblitzen konnte (ebd.: 95).

Da die Kritik in den 1950er-Jahren, der frühen Fernsehspieltheorie folgend, das Fernsehspiel als eine neue Ausdrucksform der Kunst definierte, kreisten ihre Debatten um die Frage, inwiefern es sich als eigenständige Form des Fernsehens gegenüber denen anderer Medien – also dem Theaterstück, dem Hörspiel und dem Kinospielfilm – abgrenzte (vgl. Schneider 1980: 9 ff., Hickethier 1980: 39–61, Prümm 2004: 555). Diese poetologischen Auseinandersetzungen begünstigten, dass sich dieser Produktionsbereich zu Beginn der 1960er-Jahre – im Gegensatz zur deutschen Kinofilmproduktion – zu einem Umfeld entwickelte, in dem formal-ästhetische Experimente plötzlich gefragt waren. Gleichzeitig befand sich die Bundesrepublik zu diesem Zeitpunkt in einer kulturellen und gesellschaftlichen Umbruchsituation, die Medienschaffende zu gesellschaftspolitischen Stellungnahmen herausforderte (vgl. Schildt et al. 2000, Hodenberg 2006). Obgleich das Kunstverständnis des Fernsehspieldiskurses im Hinblick auf die funktionale Bestimmung von Kunst nicht unbedingt mit Brechts Definition übereinstimmte, erlaubte diese Konstellation eine politisch motivierte Ästhetik im Medium Fernsehen. Ähnlich wie Monk (vgl. 2007: 227) erinnert sich daher auch Christian Geissler, Drehbuchautor der Fernsehspiele ANFRAGE, SCHLACHTVIEH und WILHELMSBURGER FREITAG, an eine optimistische Aufbruchstimmung zu Beginn des Jahrzehnts:

> Wir haben noch gedacht, mit Aufkommen des Fernsehens kommen wir mit unserem Wissen und unserer Lust zu vermitteln in die Wohnzimmer. Wir haben uns richtig mit Freuden an die Arbeit gemacht: Jetzt kommen wir, und jetzt kommen wir zu euch. [...] Da seid ihr, wir haben die gleiche Geschichte im ganzen, wir sind zu anderen Ergebnissen gekommen, wir teilen euch die Ergebnisse mit, und zwar weil wir sie für richtig halten. *(Geissler 1999: 19)*

Sowohl was das aufklärerische Ziel ihrer Arbeit als auch den Optimismus anbelangt, dieses unter den damals herrschenden diskursiven Bedingungen realisieren zu können, dürfen Monk und Geissler sicherlich als Gleichgesinnte betrachtet werden. Dennoch stellt sich vor dem Hintergrund der intellektuellen Biografie Geisslers die Frage, ob er und der Regisseur und Abteilungsleiter eigentlich dieselben «Ergebnisse» mitteilen wollten. Bis 1964 waren sie sich wohl hinreichend einig – und danach allem Anschein nach nicht mehr, als Geissler begann, sich als Anhänger der kommunistischen Idee zu bekennen, dies auch fortan durch ein kleines ‹k› in seinen Namen markierte, und sich überdies als literarischer Bündnispartner der RAF anbot (Kramer 2008). Zwar blieben Monk und Geissler, wie ihre Korrespondenz belegt,[28] sporadisch in Kontakt, entfremdeten sich über die Jahre aber immer mehr (Töteberg 2017: 90 ff.).

Das Fernsehspiel ANFRAGE nach dem gleichnamigen Roman und dem Drehbuch von Geissler, das in der Forschung zu den häufigsten angeführten Regiearbeiten in Monks Werk zählt (vgl. Hickethier 1980: 272; 1995a: 28 f., Struck 2003: 425 ff.), war jedoch nicht die erste Produktion, mit der sich der neue Leiter der Hauptabteilung Fernsehspiel des NDR als Regisseur profilieren wollte. Sobald er sich in seiner Leitungsposition etabliert hatte, wollte er offenbar zunächst mit Brechts LEBEN DES GALILEI sehr direkt an seine künstlerische Sozialisation am Berliner Ensemble anknüpfen. Waren DIE GEWEHRE DER FRAU CARRAR gewissermaßen Monks ‹Gesellenstück› für das Fernsehen gewesen, ist seine erste Regiearbeit für den NDR in dieser Hinsicht als sein ‹Meisterstück› zu betrachten. Sie bildet den Anfang einer Reihe von Inszenierungen für das Fernsehen und die Bühne, in denen sich Brechts «Lieblingsschüler» im Westen für dessen Dramatik und Inszenierungsstil stark machte.

---

28 Siehe hierzu EMA 649.

18 Leben des Galilei (1961/62)]

7 1961–1963: Modell-Arbeiten
Leben des Galilei und Wassa Schelesnowa

«Glotzen ist nicht sehen».
(Leben des Galilei)[1]

1.

Das erste Fernsehspiel, mit dem sich Monk nach seinem Antritt als Leiter der Hauptabteilung Fernsehspiel des NDR dem Publikum und der Fachkritik als Regisseur vorstellte, war eine Inszenierung von Bertolt Brechts *Leben des Galilei*. Die Wahl dieser Vorlage scheint in mehrfacher Hinsicht bedeutsam.

Die Inszenierung von *Leben des Galilei* war die letzte in der Reihe der Modellinszenierungen, die Brecht zwischen 1948 und 1956 mit den Mitgliedern des Berliner Ensembles erarbeite. Monk selbst hatte während seiner Assistenz 1949–1953 an der Erarbeitung von *Herr Puntila und sein Knecht Matti* und *Der Hofmeister* mitgewirkt (vgl. GBA 24: 357; GBA 8: 559). Bereits 1950 beschäftigte Brecht auch schon das Vorhaben, *Leben des Galilei* zu inszenieren, es ließ sich aus verschiedenen Gründen jedoch zunächst nicht realisieren (de Ponte 2006: 102–105). Noch während der Probenarbeit, die erst im Dezember 1955 begann, verstarb Brecht am 14. August 1956. Die Premiere erfolgte am 15. Januar 1957

---

1   Siehe GBA 5: 192.

im Theater am Schiffbauerdamm. Anschließend gastierte diese Inszenierung in der Regie von Friedrich Engel und einem Bühnenbild von Caspar Neher bis Ende 1960 erfolgreich in verschiedenen europäischen Städten und war sogar in Hamburg zu sehen (Blanck 2006: 142 f., vgl. Tretow 2003: 415 f.).

Indem Monk ausgerechet *Leben des Galilei* als Vorlage seiner ersten Regiearbeit für den NDR auswählte, unterstrich er deutlich seine öffentliche Rolle als ‹Schüler› Brechts, bot sich hier schon gar als dessen ‹Erbe› an. Zugleich ist das Fernsehspiel als programmatischer Aufschlag zu werten. Da das Stück leitmotivisch das «neue Sehen», die kritische Reflexion der Wahrnehmung, dem bloßen «Glotzen» gegenüber stellt (vgl. Knopf 1996: 16, Breuer 2004: 126 f.), markierte Monk mit diesem Fernsehspiel auch den Gegensatz zwischen dem neuen Konzept des NDR und dem früheren Angebot des NWRV (vgl. Hickethier 2017: 70 f.).

LEBEN DES GALILEI ist eine besonders aufwändige Produktion, die in der Zusammensetzung des Stabs der Mitarbeiter*innen eine Anknüpfung an die Tradition des Berliner Ensembles, aber auch das Bestreben widerspiegelt, den Produktionsstandort Hamburg auszustellen. Für den Kulissenbau verpflichtete Monk den Szenenbildner Herbert Kirchhoff, der von 1932 bis 1983 zu Nehers Assistenten zählte, und dessen Mitarbeiter Albrecht Becker (Bartosch 2017: 169 f.); sie gehörten seit Mitte der 1950er-Jahre zu den etablierten Vertretern ihrer Profession und zeichnen u. a. für das Szenenbild des Publikumserfolgs DER HAUPTMANN VON KÖPENICK (1956) und weiterer Filme in der Regie von Helmut Käutner verantwortlich, die von der Real Film produziert wurden, aus der Studio Hamburg hervorging (vgl. Winkler 2001: 250–263). Unter den Schauspieler*innen waren Angelika Hurwicz und Hartmut Reck, die in den 1950er-Jahren dem Berliner Ensemble angehört hatten, sowie Peter Lehmbrock und Josef Dahmen, die bereits in Monks Fernsehspielen von 1958 wirkten. Die bekannte Schauspielerin und Leiterin der Hamburger Kammerspiele, Ida Ehre, tritt in einer kleinen, aber exponierten Nebenrolle auf, während die Titelfigur von Ernst Schröder verkörpert wird, der zu dieser Zeit als Film- und Theaterschauspieler ebenfalls große Bekanntheit genoss; u. a. hatte er auch die Hauptrolle in DER HAUPTMANN UND SEIN HELD (1955, R.: Max Nosseck), der Spielfilmadaption des gleichnamigen Bühnenstücks von Monks Schulfreund Claus Hubalk gespielt (vgl. Schumacher 2017a: 56).

Leben des Galilei zählt zu Brechts «Geschichtsdramen im engeren Sinne» (Breuer 2004: 94), in denen die Handlung zwar historisch verortet ist, aber dennoch auf aktuelle Themen des Bearbeitungszeitraums bezug nimmt, die der Dramatiker gleichsam «aus der historischen Folie herauspräparieren konnte» (ebd.: 97). Monks Fernsehspielinszenierung liegt die dritte Fassung des Stücks von 1955/56 zugrunde, in der Brecht unter dem Eindruck der US-amerikanischen Atombombenabwürfe über Hiroshima und Nagasaki im August 1945 seine zuerst positive Zeichnung der Titelfigur revidierte und den Aspekt der Verantwortung des Wissenschaftlers in den Vordergrund hob (Lang 2006: 270 ff.). Diese Fassung geht auf eine Überarbeitung von Elisabeth Hauptmann, Benno Besson und Ruth Berlau zurück, die sie 1953 auf Grundlage der zweiten Fassung anfertigten, die Brecht unter dem Titel *Galileo* (1948) im amerikanischen Exil mit dem Schauspieler Charles Laughten ausgearbeitet hatte. Somit mag Monks Fernsehspiel auch als Kommentar zur Debatte um eine mögliche nukleare Bewaffnung der Bundeswehr gelten, das den Argumenten der Gegner*innen in der Friedensbewegung in die Hände spielt.

Ursprünglich war das Fernsehspiel für die Ausstrahlung im Oktober 1961, also etwa ein Jahr, nachdem die Bühneninszenierung in Hamburg gastierte, angesetzt gewesen. Nach dem Bau der Berliner Mauer im August 1961 geriet Brecht in Westdeutschland jedoch nach den ‹Brecht-Boykotten› in Reaktion auf die Ereignisse des 17. Juli 1953 sowie in Ungarn 1956 zum dritten Mal so stark in die öffentliche Kritik (vgl. BHB 4: 508 ␣f.), dass die Ausstrahlung auf den 11. Januar 1962 verschoben werden musste (vgl. Hohnhäuser 1979, Buchloh 2002: 177 f.).

Wie Joachim Lang in seiner ausführlichen Analyse darlegt, weist Monks Bearbeitung des Stücks einige signifikante Kürzungen und Änderungen gegenüber der Bühnenvorlage auf (vgl. 2006: 275–282). Diese sind jedoch zu großen Teilen der Einrichtung für die Rezeptionsbedingungen des Fernsehens geschuldet. Die Handlung entspricht im Wesentlichen dem Bühnenstück. LEBEN DES GALILEI erzählt somit, einen Zeitraum von 28 Jahren umspannend, wie der Gelehrte in Opposition zur Lehrmeinung der katholischen Kirche das kopernikanische Weltbild empirisch beweisen will. Auf den Druck der Inquisition hin widerruft Galilei seine Ansichten jedoch. Er muss sich in ein Landhaus zurückziehen, wo ihm gestattet bleibt, in kleinem Rahmen physikalische Studien zu betreiben. Seine *Discorsi*, die Lehre von der Bewegung der Körper, hält der Vatikan jedoch unter Verschluss. Als sein ehemaliger Schüler Andrea Sarti (Harmut Reck) ihn auf dem Weg nach Holland besucht, übergibt Galilei ihm eine heimlich verfasste Abschrift. Der Folgerung Andreas, der Lehrer habe mit der öffentlichen Abschwörung seiner Thesen also intentional die List verfolgt, seine wissenschaftlichen Studien im Geheimen fortsetzen zu können, widerspricht Galilei jedoch. So endet das Fernsehspiel mit der Selbstanklage Galileis, er habe zuerst sein Wissen verkauft, um dann erneut die Wissenschaft aus Angst vor der Folter zu verraten.

Monks Inszenierung lässt sowohl eine direkte Orientierung am epischen Theater wie am Spielfilm erkennen. Dem strukturellen Aufbau des Bühnenstückes ähnlich, ist das Fernsehspiel in 14 Sequenzen organisiert, die an die unterschiedlichen Orte der Handlung gebunden sind; in der 7. und 10. Sequenz wird die Einheit von Ort und Zeit jedoch durch Parallelmontagen unterbrochen. Alle Sequenzen sind durch Blendeneffekte voneinander getrennt, die teilweise mit Einblendungen von Titeltafeln kombiniert sind, die Zeitsprünge anzeigen, aber auch das Thema der folgenden Darstellung in wenigen Sätzen zusammengefasst vorwegnehmen. Dazu singt ein extradiegetisch eingesetzter Kinderchor nach der Komposition von Hanns Eisler den Wortlaut des Textes ein. Extradiegetisch eingesetzte Instrumentalmusik wird in vielen Filmszenen eher im konventionellen Sinne zur Untermalung des Geschehens eingesetzt, zum Teil entfaltet sie jedoch auch ironisch kommentierendes Wirkungspotenzial. Als ein weiteres musikalisches Mittel der Episierung findet sich im Rahmen eines Fastnachtszugs in der 10. Handlungssequenz ein Balladengesang (Ida Ehre und Josef Dahmen) wieder, der intradiegetisch das Geschehen kommentiert. Die abschließende Selbstanklage Galileis erfolgt in direkter Ansprache der Kamera und stellt somit einen Verstoß gegen die imaginäre Vierte Wand des filmischen Raumes dar, während diese Konvention ansonsten in der Inszenierung gewahrt bleibt. Die Kameraarbeit des Fernsehspiels zeichnet sich durch relativ komplexe Kombinationen aus Fahrten und Schwenks in vorwiegend totalen, halbtotalen und halbnahen Einstellungsgrößen aus, die in der Regel mittels *Continuity Montage* verbunden sind. Daher lässt sich zunächst festhalten, dass LEBEN DES GALILEI – der Vorlage geschuldet – einerseits mehr Stilmittel des epischen Theaters aufweist als DIE GEWEHRE DER FRAU CARRAR, aber andererseits nicht deren räumliche Bühnenorientierung. Vielmehr werden durch Perspektivwechsel der Kamera nahezu vollständige filmische Räume generiert, für die eine atmosphärische Beleuchtung unterschiedliche Tageszeiten und Stimmungen markiert. Die Schnittfrequenz ist insgesamt deutlich höher, es lässt sich aber auch erneut die Tendenz ausmachen, nach der sich die Einstellungslängen in Szenen der Konfrontation verkürzen.

Die charakteristischen Steigerungsmomente treten besonders deutlich in der 7. Handlungssequenz zu Tage, in der sich Galilei während eines Maskenballs im Kardinalspalast mit den Kardinälen Barberini (Richard Lauffen) und Bellarmin (William Trenk) in einen Disput über das kopernikanische Weltbild verwickelt. Durch eine Parallelmontage ist diese Szene mit einer Unterredung zwischen dem Inquisitor (Wolfgang Büttner) und Galileis Tochter Virgina (Angela Schmidt) verknüpft, die im Bühnenstück eine gesonderte Handlungssequenz bildet. Im Fernsehspiel unterbricht diese drei Mal das Gespräch zwischen Galilei und den Kardinälen und provoziert auf der formalen Ebene einen Kontrast, da diese Szenen in andauernden totalen Einstellungen umgesetzt sind, während sich der Konflikt zwischen Galilei und den Kardinälen durch eine sich sukzessive dynamisierende Montagekomposition auszeichnet. In der Kombination wird darüber ein Szenario zunehmender Bedrohung aufgebaut. So erkundigt sich der Inquisitor nach den Heiratsplänen Virginias mit Ludovico Marsili (Georg Thomas), die einen gesellschaftlichen Aufstieg der Familie Galilei verspricht, und ermahnt sie scheinbar freundlich, den Vater in ihre Gebete einzuschließen. In der anschließenden Szene eröffnen die Kardinäle Galilei, dass das heilige Offizium in der Nacht beschlossen habe, Kopernikus' Lehre als ketzerisch zu verurteilen. Während ihr Gespräch zunächst scherzhaft erscheint und durch nahe Einstellungen allen drei Figuren eine gleichwertige Position zugeordnet wurde, ist diese Ankündigung in einer halbtotalen Ansicht auf das Geschehen umgesetzt, die – durch einen Zoom aus der *Overshoulder*-Perspektive Galileis hervorgehend – die Kardinäle Galilei gegenüberstellt. Der Gegenschuss zeigt Galileis Reaktion in der Nahen: ein ergeben erscheinendes Senken des Blicks. Kardinal Barberini ermahnt ihn offiziös, seine ketzerische Meinung aufzugeben und lässt seine Worte von einem von zwei Priestern wiederholen, die im Hintergrund des Geschehens scheinbar mit einem Schachspiel beschäftigt waren und sich nun als Protokollanten der Unterredung herausstellen. Wie die folgende weite Einstellung des Raumes offenbart (siehe Abb. 19), sind die Schachspieler – in einiger Entfernung – direkt hinter den Kardinälen positioniert, sodass im letzten Bild der Sequenz der Eindruck entsteht, die kirchliche Obrigkeit stehe Galilei wie eine geschlossene Formation entgegen (Min. 53:43–1:06:33).

Durchaus ähnlich wie in DIE GEWEHRE DER FRAU CARRAR unterstreicht die visuelle Inszenierung durch das Arrangement der Darsteller den sozialen Gestus der Figuren und damit auch ihr Verhältnis zueinander, das sich hinsichtlich der Machtpositionen erst im Verlauf der Handlungssequenz offenbart. Die Arrangements werden jedoch sehr viel deutlicher durch die filmische Auflösung der Spielsituation als durch die Positionierungen der Darsteller*innen innerhalb totaler Raumabbildungen hergestellt. Durch die Verknüpfung von zwei nach der Bühnenkonzeption separaten szenischen Zusammenhängen mittels der Parallelmontage sowie durch die Wahl und die Folge der Kameraeinstellungen wird den Zuschauer*innen zudem nachdrücklicher ein Weg für die Beobachtung der Situation zubereitet. Die Interpretation der Textgrundlage ist somit in LEBEN DES GALILEI deutlicher in die Form des Films übersetzt. Die Einstellungslängen unterstreichen zudem den Charakter der Figuren wie die Handlungssituationen selbst. Die andauernden Einstellungen korrespondieren mit der ruhigen, unterschwellig drohenden Haltung des Inquisitors, während die Steigerungsmontage die Zuspitzung der Auseinandersetzung zwischen Galilei und den Kardinälen betont. In diesem Verfahren, vor allem aber darin, gegen Ende der Sequenz Galileis Reaktion auf seine Niederlage vorwiegend in der Nahen aufzulösen, lassen sich Tendenzen einer visuellen Einfühlungsdramaturgie ausmachen, die Brechts Intentionen für das epische Theater entgegenstehen dürften. Dasselbe gilt eigentlich auch für einen weiteren zentralen Aspekt der visuellen Gestaltung, das Szenenbild.

7 1961–1963: Modell-Arbeiten

19 LEBEN DES GALILEI (1961/62): Szenenbild des Vatikanischen Palasts; im Hintergrund: Galileo Galilei (Ernst Schröder) und die Karinäle Barberini (Richard Lauffen) und Bellarmin (William Trenk), im Vordergrund: die protokollierenden Sekretäre (Jürgen Scheller und Peter Lehmbrock)

20 DER KAUKASISCHE KREIDEKREIS (SDR), Szenenbild des Live-Fernsehspiels im «Stuttgarter Stil»

Für Innen- und Außenaufnahmen basiert das Szenenbild auf aufwändigen Studiobauten, die im Prinzip den Kulissen des historischen Spielfilms vergleichbar gestaltet und ausgeleuchtet erscheinen. Dieser Befund trifft teilweise sogar auf die Größe der Räume, besonders der Vatikanischen Paläste zu, die mit Säulen und Fresken ausgestattet in totalen bis weiten Kameraeinstellungen inszeniert sind. Im Vergleich zu der drei Jahre zuvor produzierten Live-Fernsehspiel-Inszenierung von DER KAUKASISCHE KREIDEKREIS (SDR 1958, R.: Franz-Peter Wirth), die als Filmaufzeichnung vom Bildschirm erhalten geblieben ist, wird dieser Aspekt besonders augenfällig. Brechts Schauspiel ist hier, nach dem «Stuttgarter Stil», auf einer erkennbar simulierten Bühne umgesetzt, die in der Ausgestaltung sehr reduziert ist. Die Bauten, wie etwa das Haus des Gouverneurs Abaschwili zu Beginn des Stücks, sind nur über einzelne Bauelemente angedeutet. Die Flucht der Magd Grusche (Käthe Reichel) mit dem erretteten Säugling Michael vollzieht sich auf einem leeren, kugelförmig gerundeten Bühnenabschnitt, und die Hütte ihres Bruders, in der sie mit dem Kind zunächst Zuflucht findet, ist sichtbar offen, nur als Umriss eines Gebäudes ausgebaut (siehe Abb. 20). Diese Form der Gestaltung scheint eher der Konzeption für ein realistisches Bühnenbild nach dem *Prinzip der Auswahl* zu entsprechen, das eine Reduktion auf das für das Spiel Notwendige fordert (siehe Kap. 5). In Monks LEBEN DES GALILEI ist das Szenenbild jedoch vollständig, bis ins Detail ausgestaltet. Dennoch ist es nicht als naturalistisch in Brechts Sinne zu bezeichnen.

Zunächst ist dabei zu bedenken, dass die Konzeption des Bühnenstücks *Leben des Galilei* als «Geschichtsdrama» Markierungen von Historizität und ein stärker plastisches Bühnenbild vorsieht, während *Der kaukasische Kreidekreis* zu Brechts sogenannten ‹asiatischen Stücken› zu zählen ist, die temporal und räumlich in «abstrakten Modellräumen» situiert sind (Breuer 2004: 92). Darüber hinaus ist der Kulissenbau für LEBEN DES GALILEI durchaus funktional ausgerichtet. Obwohl die Ähnlichkeit mit dem Kinospielfilm nicht zu verleugnen ist, bietet Monks Fernsehspiel nicht die dem dominanten Stil des historischen Spielfilms dieser Zeit entsprechende visuelle Opulenz. Seine Inszenierung ist in dem Sinne reduziert, das sie keinen ‹Überschuss› durch eskapistische Bildmotive (z. B. Architektur- und Landschaftsaufnahmen, Massenszenen) produziert. Wie sich anhand der 6. Sequenz (Min. 46:36–53:42) veranschaulichen lässt, sollen die großen Räume offensichtlich auch dazu dienen, mehrere Figuren zu artifiziellen Formationen zu choreographieren.

Nachdem Galileo Galilei am Ende der 5. Sequenz von einem Geistlichen im Gefolge des Prinzen von Florenz eröffnet wurde, der Prinz würde seine Thesen von Calvius, dem Hauptastronomen im päpstlichen Kollegium in Rom prüfen lassen, wird mithilfe einer sich sternförmig öffnenden Blende in die sechste Sequenz übergeleitet. Für einen kurzen Moment erscheint deswegen das Gesicht Galileis inmitten eines Freskos, in dessen Zentrum eine Christusfigur mit Heiligenschein abgebildet ist (Abb. 21). Von der halbnahen Ansicht dieses Freskos schwenkt die Kamera rechts abwärts, bis davorstehend eine Gruppe von Priestern in der Halbnahen erscheint, um dann in einer Rückfahrt in die Totale eines großen, von Säulen eingefassten Raums überzugehen, in dem sich mehrere Gruppen von Männern in schwarzen Priestergewändern zusammen bewegen und laut lachen. Darüber wird zu Beginn ein Schrifttext eingeblendet, dessen Wortlaut der Kinderchor wiedergibt: «Das hat die Welt nicht oft gesehn / Daß Lehrer selbst ans Lernen gehn / Clavius, der Gottesknecht / Gab dem Galilei recht» (Min. 46:36–47:28). Im Gegenschuss ist zunächst Galilei in der Totalen allein in der Rückansicht zu sehen, dann bewegen sich die Priester von rechts und links in den Bildkader und gehen geschlossen durch den Raum auf ihn zu. Auf einen erneuten Gegenschuss zu dieser Anordnung schließt eine Folge von halbtotalen Einstellungen an, in denen sich die Priester in kleine Gruppen auseinander und wieder zusammen bewegen und Galilei verspotten. Ein Mönch, der vereinzelt unter dem Fresko gestanden hatte, durchschreitet, von einer Kamerarückfahrt begleitet, die Weite des Raums auf Galilei zu, bis beide in der Halbtotalen abgebildet sind. Rückwärts gehend stellt er sich zu der Gruppe der Priester, die im rechten Bildkader angeordnet ist. Diese Gruppenformation teilt sich wieder, als ein von hinten aus der Tür unter dem Fresko kommender Bote verkündet, Clavius habe Galileis Thesen bestätigt. Dabei wendet er sich niemandem direkt zu, sondern legt, frontal zur Kamera stehend, nur den Kopf leicht zur Seite (Abb. 22). Wie der Mönch in seinem Rückwärtsschritt zuvor bewegt er sich, als wolle er dem imaginären Publikum nicht den Rücken zuwenden. Er geht rechts aus dem Bildkader und die Gruppe löst sich auf. Die Sequenz endet damit, dass Galilei dem Mönch hinterherruft, die Vernunft habe gesiegt. Dann schreitet jedoch der Kardinal Inquisitor grußlos durch den Raum an ihm vorbei (Abb. 23). Kurz bevor er durch die Tür an dessen Ende geht, schließt sich die sternenförmige Blende wieder im Heiligenschein des Christusbildes.

7 1961–1963: Modell-Arbeiten

21 LEBEN DES GALILEI (1961/62): Überbeldungseffekt. Galilei (Ernst Schröder) im Zentrum des Fresko

22 LEBEN DES GALILEI (1961/62): Choreografie der Geistlichen

23 LEBEN DES GALILEI (1961/62): Der Kardinal Inquisitor (Wolfgang Büttner) durchschreitet den Saal

Diese kurze Sequenz zeichnet sich durch ihren vielfältigen Einsatz verfremdender Stilmittel aus. Durch den Einsatz der Blende wird zunächst Galileis Verhältnis zur Kirche in ironischer Weise kommentiert. Seine Forschungsergebnisse stellen das geltende Weltbild in Frage, das durch die Christusfigur symbolisiert ist. Er selbst bildet deswegen das Zentrum des neuen Weltbildes. Der vorangestellte Titeltext nimmt das Ergebnis der Untersuchung Clavius, das diese Sicht bestätigt und das alle innerhalb der Szene Handelnden gespannt erwarten, bereits vorweg und erlaubt somit, die Konzentration der Zuschauer*innen auf das vorgeführte Verhalten zu lenken. Dieses zeigt sich nicht in einem naturalistischen Spiel der Darsteller, sondern in tänzerischen Bewegungsfolgen, deren Fluss durch Momente des Innehaltens in statischen Posen unterbrochen wird. Immer wieder bewegen sich die Priestergruppen und der Mönch auf Galilei zu und wieder weg, während dieser vergleichsweise unbewegt am Fuße des Raumes steht. Erst als seine Ergebnisse bestätigt wurden, durchschreitet Galilei den Raum auf der horizontalen Achse. Der zum Schluss der Sequenz auftretende Inquisitor ist es jedoch, der die Weite des Raumes auf der im Christusbilde fluchtenden vertikalen Achse durchschreitet. Galileis Einschätzung der Situation, dass die Vernunft gesiegt habe, wird dadurch konterkariert. Denn die Bewegung wie die schließende Blende verdeutlichen, dass das Weltbild sich vielmehr nach den geltenden Machtverhältnissen richtet, die durch die Figur des Inquisitors repräsentiert sind.

Im Gegensatz zur Form der Inszenierung von DER KAUKASISCHE KREIDEKREIS, die in offener Analogie zu einer Bühnendarbietung konzipiert ist, orientiert sich Monks audiovisuelle Brecht-Adaption vorwiegend am Spielfilm und verfährt in der verfremdenden Stilisierung vergleichsweise unauffällig. Während in Wirths Inszenierung die Schauspieler*innen teilweise auch in gestischer Verfremdung sprechen, d. h., sprechen, als würden sie den Text zitieren (vgl. GBA 22.1: 650), verzichtet Monk auf dieses Mittel und bedient sich filmischer Verfahren, um das Gestische herzustellen und – etwa durch den Blendeneinsatz – ironisch zu kommentieren. Im Einsatz der Titel und Gesänge sowie den Anlagen zur kontrastierenden Parallelmontage lassen sich in Monks visueller Inszenierung von LEBEN DES GALILEI dennoch Entsprechungen zu dem nachweisen, was sich aus Brechts Schriften konzeptionell für einen ‹epischen Film› ableiten lässt. In der 12. Sequenz, in der die Schüler Galileis und seine Tochter die Nachricht abwarten, ob er seine Thesen vor der Inquisition widerruft, findet sich sogar eine Hommage an die Filmästhetik der sowjetischen Avantgarde eingebettet. Die Gesichter und Gesten sind in Großaufnahmen abgebildet, die in diskontinuierlicher Anordnung und schneller Abfolge montiert sind: Virgina, die sich unter den Arkaden auf dem Boden zusammenkrümmt, Andrea Sarti, der auf die steinerne Bank inmitten des Hofes steigt, Virginia, laut betend und ihr Gesicht zum Himmel wendend, der kleine Mönch, der seine Hände in gegenteiliger Intention mit verkrampften Händen zum Gebet zusammenfaltet und den Kopf senkt. In der Regel folgt die Montage jedoch der *Decoupage Classique*.

Die «zeichenhafte» Einstellungsfolge, die weniger verbindet, denn einzelne Ausdrücke und Gesten isoliert abbildet, scheint eher Brechts Intention zu entsprechen (Lang 2006: 41, vgl. Lindner 2006: 27, Witte 2006: 66). Wie sich anhand der oben beschriebenen Verfahrensweise festmachen lässt, kann sie aber auch zur Spannungssteigerung oder – wie etwa in MUTTER KRAUSENS FAHRT INS GLÜCK – als emotionale Überwältigungsstrategie eingesetzt werden. Somit bildet die visuelle Inszenierung auch an dieser Stelle einen stärkeren Widerspruch zu Brechts Konzeption als die kontinuierlich verbundenen Abbildungen, von denen in diesem Beispiel nicht auf eine illusionistische bzw. im Brecht'schen Sinne naturalistische Grundtendenz des Fernsehspiels geschlossen werden muss. Vielmehr kann dadurch das Potenzial der enthaltenen formal-ästhetischen Mittel der Verfremdung, die den Fluss der audiovisuellen Erzählung fortwährend unterbrechen, gesteigert werden. So hat die Selbstanklage Galileis in der letzten Szene auch tatsächlich schockierendes Wirkungspotenzial. Schließlich hat die Inszenierung mittels der Privilegierung dieser Figur – u. a. durch Momente visueller Einfühlungsdramaturgie – kontinuierlich auch Sympathien für diese produzieren können, die abschließend durch sein Geständnis entzogen werden. Der Konventionsbruch verstärkt dieses Wirkungspotenzial.

2.

1963 realisierte Monk mit WASSA SCHELESNOWA eine zweite Regiearbeit, die deutlich in der Tradition seiner Arbeit für das Berliner Ensemble steht. Das Drama von Maxim Gorki war dort im Dezember 1949, auf der Grundlage der überarbeiteten Fassung von 1935, in der Regie von Bertolt Viertel aufgeführt worden. Monk war, wie seine Mitschriften belegen, am Probenprozess beteiligt.[2] Seine freundschaftliche Bekanntschaft mit der Schauspielerin Therese Giehse, die auch in seiner Inszenierung die Titelrolle verkörperte, gründet sich auf diese Zeit (Monk 2007: 125). Für die Fernsehfassung, die am 3. April 1963 ausgestrahlt wurde, übernahm Monk das Bühnen- und Kostümbild, das Teo Otto für die Berliner Aufführung entworfen hatte (Berliner Ensemble/Weigel 1952: 63). Neben Therese Giehse verkörpert auch Angelika Hurwicz wieder dieselbe Rolle und die Theaterschauspielerin Hanne Hiob, die Tochter von Brecht und Marianne Zoff, ist hier in ihrer ersten Rolle im Fernsehen der Bundesrepublik zu sehen.

Während die visuelle Inszenierung von LEBEN DES GALILEI sich offenkundig formal-ästhetischer Mittel bedient, die zum Teil eine Entsprechung im epischen Theater selbst haben, trifft das nicht auf WASSA SCHELESNOWA zu. Dies dürfte nicht zuletzt darin begründet liegen, dass Gorkis Drama ein anderes Ideal der realistischen Darstellung zugrundeliegt, als Brecht es konzeptionell im epischem Theater verfolgte: *Wassa Schelesnowa* entwirft ein, wie es George Lukács formulieren würde, der «Totalität» der Wirklichkeitserfahrung entsprechendes, in sich geschlossenes Bild einer familiären Situation, die spezifische Konstellationen der russischen Gesellschaft repräsentieren soll (vgl. Lukács 1969a: 62 ff.). Den Ausführungen Wolfgang Böttchers, eines weiteren Assistenten am Berliner Ensemble, lässt sich entnehmen, dass der Regisseur Viertel in seiner Inszenierung des Stücks von 1949 diesem Ziel Rechnung trug. Ihm sei es, wie Böttcher erläutert, darauf angekommen, «das Stück breit dahinfließen zu lassen und es nur in einzelnen Handlungsmomenten emporzutreiben». Zudem habe er «[g]roße Sorgfalt» darauf verwendet, «die oft nur knapp angedeuteten Beziehungen der einzelnen Familienmitglieder untereinander klarzulegen und ihre kranke Verkommenheit kraß aufzudecken [...]» (Böttcher 1952: 58). Die Herausarbeitung der Atmosphäre und Stimmung des Sujets sei Viertel ebenso wichtig gewesen wie die «einzelner spezifisch russischer Charaktere» (ebd.). An genau dieser Maßgabe scheint sich auch Monk in seiner Inszenierung für das westdeutsche Fernsehen orientiert zu haben. Es ist bemerkenswert, wie eng er sich dabei an die Vorlage des Berliner Ensembles hält, deren Erarbeitung er zumindest teilweise begleitet hatte.

Die Handlung ist im bürgerlichen Milieu der russischen Provinz zu Beginn des 20. Jahrhunderts angesiedelt. Wassa Schelesnowas Ehemann (Josef Dahmen) soll wegen Kinderschändung angeklagt werden, der Bruder der Protagonistin, Prochor (Hanns Ernst Jäger), ist ein vergnügungssüchtiger Trinker, genauso wie die ältere Tochter Natalja (Hanne

2   Siehe EMA 90.

Hiob), während die jüngere, Ludmilla (Angela Schmid), sich äußerst infantil gebärdet. Wassa Schelesnowas Sohn liegt offenbar im Schweizer Exil im Sterben. Um die Schande eines Strafprozesses zu vermeiden, überredet Wassa den Ehemann zum Selbstmord. Das Dienstmädchen Liza, das von Prochor schwanger ist und beobachtet hat, wie die Hausherrin ihrem Mann ein verdächtiges Pulver aufdrängt, begeht daraufhin gleichfalls Suizid. Als die Schwiegertochter Rachel Topas (Ingmar Zeisberg), eine Revolutionärin, aus dem Exil zurückkehrt, um ihren Sohn Kolja in die Obhut ihrer in der Schweiz lebenden Schwester zu bringen, weigert sich Wassa Schelesnowa, ihr den Aufenthaltsort des Kindes zu verraten. Sie will den Enkel zum Erben ihres Schifffahrtsunternehmens erziehen und plant, Rachel bei der Polizei anzuzeigen. Nachdem sie abends von einem Bestechungsvorhaben zurückkehrt und in ihrem Zimmer den Ausgang eines Trinkgelages ihrer Töchter und Prochors vorfindet, erleidet sie einen Herzanfall. Die Sekretärin Anna Onoschenkowa (Angelika Hurwicz), die sie allein im Zimmer auffindet, bestiehlt erst die Verstorbene, bevor sie die Familie informiert; Prochor macht sich sogleich daran, das Vermögen im Tresor zu zählen.

Gorkis Drama hat nur einen zentralen Handlungsort: das Zimmer, in dem Wassa Schelesnowas Schreibtisch steht und in dem alle Mitglieder ihrer Familie, über die sie als strenges Oberhaupt regiert wie über ihr Geschäft, immer wieder zusammentreffen. Diesen Schauplatz verlässt auch Monks Fernsehspiel nicht; die Szenenübergänge sind durch die Auf- und Abgänge der Darsteller*innen strukturiert, nur zweimal markieren Schwarzblenden den Beginn eines neuen Aktes. Das Szenenbild ist bis in die Details von Requisite und Kostüm beinahe exakt genauso gestaltet wie das Bühnenbild, das Teo Otto mit Viertel für die Aufführung des Berliner Ensembles konzipiert hatte (siehe Abb. 24 u. 25). Es zeigt einen großen, mit schweren, dunklen Möbeln und vielen Accessoires ausgestatteten Raum, dessen Wände mit einer gemusterten Tapete bespannt sind und an dessen Kopf ein großes Fenster in den Wintergarten weist. Durch ihre Detailliertheit mutet die gesamte Dekoration sehr plastisch an, die Beleuchtung ist atmosphärisch. Tagsüber scheint es, als würde die Sonne durch das Panoramafenster, das von Samtvorhängen eingefasst ist und dessen Fensterscheiben zum Teil mit halb geöffneten Jalousien bedeckt sind, das Zimmer in ein schummrig-milchiges Licht tauchen. In den abendlich situierten Szenen ist es deutlich dunkler.

Teo Ottos Bühne war so gebaut, dass sich auf ihr separate «Spielfelder» ergeben, «auf denen die einzelnen Szenen konzentriert gegeben werden konnten» (Berliner Ensemble/ Weigel 1952: 63, vgl. GBA 24: 423 f.). Diese Idee liegt auch der filmischen Inszenierung Monks zugrunde, die durch die Perspektivierung der Kameraeinstellungen die verschiedenen Bereiche des Raums voneinander abgesondert zeigt. Auch in diesem Fernsehspiel erfolgt die Eröffnung im Prinzip nach dem bekannten Muster, das erst sukzessive den Blick auf die ‹Bühne› bereitet: Über dem Ausschnitt einer Landkarte der Wolgaregion wird der Titel in Frakturschrift eingeblendet, darauf folgt eine Kamerarückfahrt, bis die Titelfigur hinter ihrem Schreibtisch sitzend in der Nahen abgebildet ist. Die folgenden Dialoge zwischen ihr und ihren Angestellten sind jedoch – obwohl für jede Situation jeweils eine neue Leitperspektive etabliert wird – so abgebildet, dass nur die Nische des Gesamtraums ersichtlich wird, in dem ihr Schreibtisch und der Tresor stehen bzw. das, was sich im Gegenschuss genau gegenüber befindet. Zu Beginn der folgenden Szene, in der Wassa das Dienstmädchen Liza tadelt und dabei vor ihrem Schreibtisch steht, bleiben im Gegenschuss die Abmessungen des Raum verborgen, weil sie in der Tiefenunschärfe verschwimmen. Erst als die Titelfigur (ab Min. 11:06) von Kameraschwenks begleitet das Zimmer in verschiedene Richtungen durchstreift, werden die räumlichen Zusammenhänge deutlich. Ihr Schreibtisch befindet sich, im Vordergrund angeordnet, auf der rech-

7 1961–1963: Modell-Arbeiten

24 Bühnenbild von Teo Otto
für die Inszenierung von
Wassa Schlesnowa am Berliner
Ensemble (1949)

25 Szenenbild des Fernsehspiels
WASSA SCHLESNOWA (1963), im
Vordergrund Prochor Charapow
(Hanns Ernst Jäger), in der Mitte
Rachel Topaz (Ingmar Zeisberg),
im Hintergrund Wassa
Schelesnowa (Therese Giehse)

ten Seite des Raumes. In der Mitte desselben stehen ein Divan und dahinter ein runder Tisch mit Stühlen. Diesen gegenüber, an der rechten Seite, befindet sich das Geländer einer zweistufigen Treppe, die den Weg von der dahinter liegenden Tür in das Zentrum des Zimmers bahnt. Der hintere Teil des Zimmers ist durch ein Podest erhöht. Vor dem Fenster stehen auf der linken Seite ein wuchtiger Sessel, rechts davon sind mehrere Topfpflanzen aufgereiht. Eine versteckte Tür führt hier in den Raum.

Im Verlauf der Handlung wird für jede Szene über die Perspektivierung der Kamera ein neues «Spielfeld» innerhalb dieser gestaffelten Bühnenkonstruktion etabliert. Je weiter die Handlung fortschreitet, desto mehr verlagern sich diese Spielflächen in das Zentrum des Raumes. Als Wassa Schelesnowa ihrem Mann die Notwendigkeit seines Suizids anträgt, sind sie beispielsweise auf dem Divan im Vordergrund platziert. Die folgende Szene zwischen Prochor und dem Dienstmädchen Liza (ab. Min. 17:38) ordnet die Darsteller*innen zwischen dem Divan und dem dahinter stehenden Kaffeetisch an, während der anschließende Dialog zwischen Prochor und Natalja um die bevorstehende Verhaftung des Vaters stattfindet, als sich beide am Tisch gegenübersitzen. Arrangements um diesen Tisch, jeweils in verschiedenen Leitperspektiven dargestellt, bilden auch die Spielfelder für die Auseinandersetzung zwischen Wassa und der Revolutionärin Rachel Topas. In der Sterbeszene wiederholt sich das Muster, nach dem Wassa Schlesnowa den Raum in verschiedene Richtungen durchschreitet, um dann auf dem Sessel im linken Bildhintergrund tot zusammenzusinken. Die letzte Einstellung zeigt alle Darsteller*innen vereinzelt im Raum verteilt (vgl. Abb. 25).

Die visuelle Inszenierung von WASSA SCHELESNOWA ist in der Kameraführung und der Montage sehr unauffällig gestaltet, als sollten die formalen Mittel hinter dem Text der gesprochenen Sprache und den durchkomponierten Figuren-Arrangements zurücktreten. Es handelt sich um einen Abbildungsstil, der die Darsteller*innen in ihren Bewegungen, ihren Gängen und Gesten kontinuierlich verfolgt und darüber zunächst auch verschleiern kann, dass die Studio-Dekoration wie Ottos Bühnenbild keine Vierte Wand aufweist. Es finden sich keine signifikanten Unterbrechungen des Handlungsgeschehens, das relativ gleichförmig dahinzufließen scheint. Weder auffällige Einstellungswechsel noch Blenden stören diesen Eindruck. Die gesetzten Schwarzblenden leiten bruchlos in den nächsten Akt hinüber. In ihren zentralen Dialogpassagen, die häufig im Schuss-Gegenschuss-Verfahren umgesetzt sind, werden die Darsteller*innen in halbnahen und nahen Einstellungen und mittels der klassischen Drei-Punkt-Ausleuchtung in Szene gesetzt. Dabei lädt die Inszenierung jedoch weniger zur emotionalen Anteilnahme gegenüber den Figuren ein, als sie den gesprochenen Text betont. Deswegen mutet die Inszenierung auch, obwohl sie im Einsatz der formal-ästhetischen Mittel in eher konventionellem Sinne filmisch ist, theatralisch an und fördert darüber eine distanzierte Rezeptionshaltung gegenüber der familiären Situation der Schelesnowa, die sich als eine Versuchsanordnung darstellt.

3.

Wie Monks Fernsehspiele von 1958 zeichnen sich auch seine Schauspieladaptionen LEBEN DES GALILEI und WASSA SCHELESNOWA durch eine deutliche Orientierung an der Bildästhetik des Spielfilms aus. Dabei sind die Mittel des Films hauptsächlich, von der Parallelmontage und dem ironisch funktionalisierten Blendeneinsatz in LEBEN DES GALILEI abgesehen, zur Unterstützung von denjenigen Inszenierungsstrategien funktionalisiert, die er aus der Praxis des Theaters kannte. Besonders deutlich wird dies anhand der visuellen Inszenierung von WASSA SCHELESNOWA, in der er Viertels Konzept der Inszenierung für das Berliner Ensemble übernimmt und gleichsam in die Sprache des Films übersetzt. Somit erweist sich Brechts «Lieblingsschüler» in seinen westdeutschen Fernsehinszenierungen seinem ›Lehrer‹ ebenso konservativ verpflichtet wie in der DDR.

Ein gleichsam konservatorisches Moment ließ auch Monks Inszenierung von *Aufstieg und Fall der Stadt Mahagonny* erkennen, die am 16. September 1962 an der Hamburgischen Staatsoper die Saison eröffnete. Der Kritiker Josef Müller-Marian bemerkte, dass diese nicht nur in den Bühnenbildern umgesetzt schienen, die Neher für die Berliner Erstaufführung von 1931 gestaltet hatte, sondern auch nach dessen Regiekonzept (Müller-Marein 1962). Tatsächlich war Monk in diesem Fall sogar vertraglich dazu angehalten, die Anweisungen des Regiebuchs von 1930 zu beachten, in dem der Einsatz der Neher'schen Prjektionstafeln erläutert und als «feste[r] Bestandteil des Werks» ausgewiesen werden (Tretow 2003: 133; 134, Anm. 257). Da dieses Regiebuch in der Aufführungspraxis von *Aufstieg und Fall der Stadt Mahagonny* nach dem Zweiten Weltkrieg gewöhnlich ignoriert wurde (ebd. 133 f., vgl. Hauff 1997: 93), bildet Monks Inszenierung für die Hamburgische Staatsoper ein seltenes Beispiel seiner Beachtung.

Monk inszenierte also wie Brecht, wie Viertel, wie Neher? Allem Anschein nach verfolgte er zumindest nicht das Ziel, sich mit diesen Arbeiten als Regie-Persönlichkeit zu profilieren, sondern ließ sich in sehr direkter Weise von den jeweiligen Modellkonzeptionen anleiten. Vor dem Hintergrund des dritten ‹Brecht-Boykotts› zu Beginn der 1960er-Jahre stellen sich diese Reminiszenzen als Reaktion des ‹Schülers› auf die Kritik an seinem ‹Meister› dar, mit denen das westdeutsche Publikum von Sinn und Schönheit dieser Theaterform überzeugt werden sollte. Den Rezensionen zu LEBEN DES GALILEI nach zu urteilen, war ihm dies sogar recht gut gelungen (vgl. Lang 2006: 305 ff.). Zugleich zeigen die Besprechungen seiner Arbeit an, dass der Name ‹Monk› mit der Kennzeichnung als «Brecht-Schüler» fest verknüpft war. Während die Ausstrahlung der «aufgeschobene[n] ‹Galilei›-Inszenierung des Hamburger Fernsehspielchefs und Brecht-Schülers Egon Monk» nach Ansicht des *Spiegels* bereits das Abebben der «Anti-Brecht-Welle» anzeigen konnte, «markierte» die Hamburger *Mahagonny*-Aufführung «das Ende des dritten Brecht-Boykotts in der Bundesrepublik» (*Der Spiegel* 1962a).

Wie DIE GEWEHRE DER FRAU CARRAR sind die Fernsehspieladaptionen LEBEN DES GALILEI und WASSA SCHELESNOWA als Modellinszenierungen zu betrachten, die mehr den Stil des Berliner Ensembles denn ihres Regisseurs repräsentieren können. Ein spezifisches artifizielles Konzept für die Form des Fernsehspiels, wie es Knut Hickethier Monks Regiearbeiten der frühen 1960er-Jahre zuschreibt (vgl. 1995a), lässt sich anhand *dieser* Reihe schwerlich ausmachen. Im Rückblick auf die Regiearbeiten für den NWRV, DAS GELD LIEGT AUF DER STRASSE und DIE BRÜDER, wird jedoch nachvollziehbar, dass sich Monk Inszenierungen für das Fernsehen durch einen zeigenden Gestus auszeichnen. Sie beobachten das soziale Verhalten der Figuren. Im Vergleich zu Alternativangeboten des Fernsehens, die dieses Moment ebenfalls in sich tragen, wie beispielsweise der Serie FAMILIE SCHÖLERMANN (1954–1960), die dem Publikum als «unsere Nachbarn heute Abend» vorgestellt wurden, stellen Monks Fernsehspiele dabei jedoch weniger gute und abgrenzungswürdige Verhaltensweisen aus, die in der Folge auch das Publikum zu Besserung anregen sollen. Sie betonen sie vielmehr die sozialen Zusammenhänge, die deren Handlungsmotivationen erklärbar machen können, ohne dabei vereinfachte Unterschiede zwischen den ‹guten› und den ‹schlechten› zu ziehen. Sie stellen also ebenso wie Walter Benjamin über das epische Theater befand, »Zustände« aus, um «die Zustände einmal zu entdecken» (1966: 26).

Vor dem Hintergrund des Programmangebots des Fernsehens in diesem Produktionszeitraum erscheint es auch als methodisch bedachter Schritt, dem Publikum das von Brecht inspirierte Konzept über die Stücke *Leben des Galilei* und *Wassa Schelesnowa* vorzustellen, anstatt beispielsweise über *Der gute Mensch von Sezuan* oder eine neue Inszenierung von *Der kaukasische Kreidekreis*. Obgleich die Vorlage für das Fernsehspiel LEBEN DES GALILEI Vefremdungselemente vorsieht, zählt diese im Hinblick auf die Dramaturgie doch zu den «traditioneller gebaute[n]» Stücken Brechts (Breuer 2004: 125), und auch WASSA SCHELESNOWA dürfte die Zuschauer*innen durch die Erzählorganisation nicht herausgefordert haben. Sowohl im Hinblick auf die angesprochenen Themen als auch in der formalen Ästhetik wählte Monk also Vorlagen aus, die zumindest teilweise an die Rezeptionsgewohnheiten der Fernsehzuschauer*innen anknüpften – als wollte er sie nicht verschrecken und vermeiden, den Argumenten der Gegner*innen der Brecht'schen Dramatik eine Stütze zu liefern.

Während Monk für die Inszenierung jener Stoffe, deren Verbindung zu Brecht bzw. dem Berliner Ensemble als allgemeiner bekannter vorausgesetzt werden konnte, die ‹traditioneller gebauten› wählte, verfolgte er zur selben Zeit auch Projekte, die bereits in ihrer Grundkonzeption geeignet waren den Widerspruch des Publikums herauszufordern.

Das gilt für die Regiearbeiten ANFRAGE, SCHLACHTVIEH und MAUERN, mit denen er sich dem unter den Medienschaffenden seiner Zeit verbreitetem Anliegen der «Zeitkritik» anschloss (vgl. Hohenerger 2006: 280), aber auch für Projekte, die er in seiner Rolle als Hauptabteilungsleiter initiierte, wie beispielsweise STALINGRAD (1963).

Die dramatische Adaption von Theodor Plieviers *Stalingrad* (1945/1947), die Hubalek im Auftrag Monks verfasste, war offenkundig als Provokation geplant (vgl. Schumacher 2017a: 59 f.). Bereits der Roman war in der Bundesrepublik umstritten gewesen (Müller 1983, bes. 384 f., 444, 450, Peitsch 1981: 93–98), sodass das Vorhaben einer Bühnen- und Fernsehspielfassung nach dessen Motiven an sich schon Kontroversen in Aussicht stellen konnte. Während die Premiere des Bühnenstücks am 21. Dezember 1962 an den Städtischen Bühnen Köln (R.: Oscar Fritz Schuh) noch vergleichsweise wenig Resonanz erhielt, rief die Ausstrahlung des Fernsehspiels (R.: Gustav Burmester) am 31. Januar 1963 einen Skandal hervor: Über einen Bericht im *Spiegel* wurde bekannt, dass der Generalinspektor der Bundeswehr, Friedrich Foertsch, durch eine gezielt eingesetzte Alarmübung im ganzen Bundesgebiet die Soldaten am Fernsehen gehindert hatte, weil er das Fernsehspiel als «Kampfmittel der bewussten Gegner der Freiheit» einstufte (siehe *Der Spiegel* 1963). Ein Anlass dafür war, dass Hubalek und Monk STALINGRAD als Folge von 16 lose verknüpften Szenen konzipiert hatten, die Motive des Romans derart zuspitzten, dass sich hieraus ein Gegendarstellung zu den tragischen Untergangszenarien ergab, von den die populären Kriegsfilme der 1950er-Jahre erzählten (z. B. HUNDE, WOLLT IHR EWIG LEBEN?, 1959, R.: Frank Wisbar, vgl. *Der Spiegel* 1962b). STALINGRAD war somit nicht geeignet, die Duchhalteparole zu bekräftigen, die Foertsch als «zu allen Zeiten und auch in Zukunft» gefordert sehen wollte (zit. n. *Der Spiegel* 1963).

Das dramaturgische Vorbild für die Szenenfolge liegt in Brechts «Gestentafel» *Furcht und Elend des III. Reiches*, die Monk schließlich 1964 auch von vier Nachwuchsrregisseuren seiner Abteilung als Fernsehspiel realisieren ließ (Kap. 4). Für die Dramaturgie dieses Stücks, das verschiedene Situationen und unterschiedliche Typen darstellt, um die «Gestik unter der Diktatur» kenntlich zu machen (GBA 26, S. 318, vgl. GBA 24: 226 f.), hatte Brecht das assoziativ und konstratierend wirksame Prinzip der Montage in die Form des Theaters übersetzt, wie es in den 1920er- und 1930er-Jahren vor allem im sowjetischen Avantgardefilm erprobt wurde (siehe hier Kap. 5). Für Monk wiederum bildete die «Gestentafel» eines der bevorzugten Muster für die Erzählorganisation im Fernsehspiel, auf das er für die Adaption von Vorlagen verschiedener Autoren im Fernsehspiel zurückgriff. Dieses Stilmerkmal, wie auch die Übertragung von Inszenierungsstrategien des epischen Theaters, tritt besonders deutlichen in jenen Fernsehspielen hervor, die Monk ebenfalls im Zeitraum 1962–1962 auf der Grundlage der Drehbücher von Christian Geissler und Gunther R. Lys realisierte.

26 Einfahrtsgebäude des KZ Auschwitz-Birkenau

27 Schlachtvieh (1963), Eröffnungsbild der Spielhandlung

8 1962–1963: Vexierbilder deutscher Gegenwart und Geschichte
Anfrage, Schlachtvieh und Mauern

1.

Bereits in seiner ersten Skizze zur Konzeption der Hauptabteilung Fernsehspiel des NDR 1959 formulierte Monk sein Anliegen das Fernsehspielprogramm des NDR zu einem Raum der Auseinandersetzung mit der jüngeren Vergangenheit zu formen.[1] Die Vorbilder

---

1 Siehe EMA 728.

dafür konnte er vorwiegend in britischen und US-amerikanischen Produktionen finden, die nicht allein «handwerklich», also in formal-ästhetischer Hinsicht überzeugten, sondern auch im Hinblick auf die Thematisierung der NS-Verbrechen in der Form des Fernsehspiels den deutschen Fernsehanstalten voraus waren (vgl. Jordan 2013: 90–94). So basierte auch der prominent besetzte Kinospielfilm JUDGEMENT AT NUREMBERG (dt. DAS URTEIL VON NÜRNBERG, USA 1961, R.: Stanley Kramer), der am 14. Dezember 1961 – einen Tag vor der Verkündung des Urteils im Jerusalemer Prozess gegen Adolf Eichmann – in Deutschland uraufgeführt wurde, auf einem Fernsehspiel, das unter demselben Titel am 16. April 1959 in der CBS-Reihe *Playhouse 90* ausgestrahlt worden war (JUDGEMENT AT NUREMBERG, R.: Georg Roy Hill, B.: Abby Mann). Womöglich hatte Monk davon erfahren und war somit zu der Idee einer Fernsehspiel-Reihe über die Nürnberger Prozesse inspiriert worden, die er laut seiner Notizen für die Spielzeit 1961/62 geplant hatte.[2] In der engeren Auswahl für seinen etwas weiter gefassten Themenschwerpunkt war das Fernsehspiel ECHO FROM AFAR (UK 1959, R.: Eric Fawcett, B.: Jack Pulman) aus der BBC-Reihe *Sunday-Night-Theatre*, das Monk im Rahmen einer senderinternen Vorführung gesichtet hatte.[3] Dieses rückt einen Arzt aus dem Konzentrationslager Buchenwald ins Zentrum seiner Erzählung, der 15 Jahre später unerkannt in den Vereinigten Staaten lebt (vgl. Jordan 2013: 92). Mit NACH ALL DER ZEIT (1960, R.: Hans Lietzau) entstand – als einer der ersten Produktionen, die Monks Programmagenda folgten – ein Remake, das am 16. November 1960 gesendet wurde. Neben Fernsehspielen, die während der Zeit der nationalsozialistischen Herrschaft situiert sind – etwa KORCZAK UND DIE KINDER (1961, R.: Sam Besekow) nach dem gleichnamigen Bühnenstück (1957) von Erwin Sylvanus[4] –, findet sich in vielen Fernsehspielen der frühen 1960er-Jahre dieselbe Konstellation wieder, nach der die Vergangenheit plötzlich wieder in der Gegenwart aufscheint. Dieses Motiv wurde gleichwohl bereits bereits in Theaterstücken, Hör- und Fernsehspielen in den späten 1950er-Jahren etabliert. Während die historischen Ereignisse, auf die sie Bezug nehmen, dabei in einer parabolisch-verschlüsselten Form dargeboten waren, sodass auch die nationalsozialistischen Gewaltverbrechen nur vage benannt wurden (vgl. Schumacher 2017a: 57 f.), zeichnet sich in den 1960er-Jahren eine zunehmende Konkretisierung und Fokussierung auf die Verfolgung und Ermordung von Jüdinnen und Juden ab. Diese Entwicklung zu Beginn der 1960er-Jahre lässt sich zumindest teilweise auf das vom 11. April bis 15. Dezember 1961 andauernde Gerichtsverfahren gegen Adolf Eichmann in Jerusalem zurückführen.

Durch die umfängliche Berichterstattung des Fernsehens entwickelte sich der Eichmann-Prozess zu einem internationalen Medienereignis (Keilbach 2014: 17), in dessen Folge sich die televisuelle Thematisierung des Nationalsozialismus insgesamt, auch in den USA und England, intensivierte (vgl. Jordan 2013: 91 ff.). Das Fernsehen der Bundesrepublik reagierte unter anderem mit der TV-Dokumentation AUF DEN SPUREN DES HENKERS (1961) und räumte mit EINE EPOCHE VOR GERICHT der Prozessberichterstattung zweimal wöchentlich einen festen Termin ein; auch wurde zu diesem Anlass die zehnteilige Dokumentationsreihe DAS DRITTE REICH (1960) wiederholt (vgl. Siegfried 2000: 86 f.). Mirjam Wenzel zufolge initiierte das Jerusalemer Verfahren eine an den Regeln des Strafprozesses orientierte diskursive Formation, die das ‹öffentliche Sprechen› über die

---

2 EMA 728, Bl. 2.
3 Ebd.
4 Unter dem Titel DOCTOR KORCZAK AND THE CHILDREN (R.: Rudolph Cartier) sendete die BBC am 13. August 1962 eine Fernsehspieladaption von Sylvanus' Bühnenstück. Beiden Versionen geht eine dänische Fassung voraus – HERR KORCZAK OG BØRNENE (1960) –, für deren Regie Sam Besekow ebenso verantwortlich zeichnet wie für die NDR-Produktion.

Shoah in Deutschland bis zum Ende der 1960er-Jahre bestimmte und die sie als «Gerichtsformation» bezeichnet (Wenzel 2009: 13). Die Logik der «Gerichtsformation» erlaubt es, konfrontativ die Frage nach der Schuld und der Verantwortlichkeit des bzw. der Einzelnen zu stellen, Aussagen einzufordern und Beweise zu sichten, um in einen Prozess der Auseinandersetzung einzutreten. Im Dokumentartheater sieht Wenzel diese Formation in eine dramatische Form übersetzt. Dies jedoch nicht allein, indem es das Gericht als Sujet wählt. Vielmehr involviere das Dokumentartheater seine Zuschauer*innen in einen «Prozess der Meinungsbildung, an dessen Ende ein eindeutiges Urteil stehen soll». In ihm trete «der Aufklärungs- und Erziehungsanspruch der Gerichtsformation und deren Ziel zutage, politische Handlungen initiieren zu wollen» (ebd.: 16).

Die von Wenzel prononcierten Ziele des Dokumentartheaters korrespondieren mit jenen, für die Monk öffentlich einstand und die offenbar seiner Programmplanung für das NDR-Fernsehspiel zugrunde lagen; einige Fernsehspiele seines Programms – zu denen schließlich auch Peter Weiss' DIE ERMITTLUNG (1966, R.: Peter Schulze-Rohr), aber auch Originalfernsehspiele wie DAS STANDGERICHT (1966, R.: Rolf Busch, B.: Maria Matray/ Answalt Krüger) gehörten – zeichnen sich offenkundig durch einen Bezug auf diese «Gerichtsformation» aus. Auch ANFRAGE, Monks erster eigener Beitrag zu seiner «zeitkritischen» Agenda, lässt sich diesem Umfeld zuordnen. Da das am 15. Februar 1962 in der ARD ausgestrahlte Fernsehspiel auf dem gleichnamigen Roman von Christian Geissler aus dem Jahr 1960 basiert und, ungeachtet einer Reihe von Änderungen, dessen Konstellationen dramatisiert, kann es nicht allein als Reaktion auf den Eichmann-Prozess gelesen werden. Die Logik der «Gerichtsformation» findet sich hierin dennoch wieder.

Der Universitätsassistent Klaus Köhler (Harmut Reck) wird von seinem Chef, Professor Fischer (Carl Lange), gebeten, ihn während des anstehenden Besuchs des jüdischen Amerikaners Mr. Weismantel zu vertreten. Dieser ist mit der Familie Valentin verwandt, der das Haus, in dem ihr Institut untergebracht ist, früher gehörte. Mit der Ausnahme von einem – Joachim Valentin – sind alle Mitglieder dieser Familie während des Nationalsozialismus deportiert und ermordet worden. Da Professor Fischer selbst aktiver Nationalsozialist gewesen war, fürchtet er die Begegnung mit dem Besucher. Köhler hingegen nimmt die Situation zum Anlass für eine Suche nach dem überlebenden Valentin. Seine Nachforschungen führen ihn zu entfernten Bekannten Valentins wie dem Gärtner Mollwitz (Erich Dunskus) und dem Fotografen Kurz (Gerhard Bünte), zum Assessor der Wiedergutmachungsstelle (Kurt-Otto Fritsch), zu seinem ehemaligen Lehrer Kramer (Albert Johannes) und dem Schwager des Verschwundenen, dem erfolgreichen Unternehmer Huber (Walter Jokisch). Alle lassen Verstrickungen in die Verbrechen des Nationalsozialismus und zu großen Teilen auch bestehende antisemitische Haltungen erkennen. Den Aufenthaltsort und den neuen Namen, den Valentin nach dem Krieg angenommen hat, kann Köhler allerdings nicht in Erfahrung bringen. Vielmehr eröffnet ihm Mollwitz, dass er heute sogar mit jenem Gestapomann, der damals die Deportation der Familie Valentin anleitete, unter einem Dach lebe. Als Köhler Mr. Weismantel (Konrad Wagner) von seinen Nachforschungen berichtet, fordert dieser ihn auf, die Vergangenheit ruhen zu lassen. Daraufhin reist Köhler mit ihm zur Gedenkstätte des Konzentrationslagers Dachau und der Amerikaner bricht seinen Besuch in Deutschland ab.

Die Erzählung ist als linear-chronologische Abfolge der verschiedenen Gespräche Köhlers im szenischen Spiel organisiert, die sich durch eine gestaffelte Rahmenerzählung eingeklammert finden. Seinen Anfang nimmt das Fernsehspiel mit Filmaufnahmen eines leeren Gerichtssaals, die mit atmosphärischen Tönen hinterlegt sind. Eine männliche Stimme kündigt im Duktus eines Reporters die baldige Verkündung des Urteils durch den

Prozessvorsitzenden an. Zuvor sei jedoch dem Angeklagten das Wort erteilt worden. Nun ersucht eine zweite männliche Stimme um eine rechtskräftige Verurteilung: er bittet dem Antrag seines Verteidigers, ihn gemäß des Paragraphen 51 für schuldunfähig zu erklären, abzuweisen, da seinem Sohn eher ein schuldiger denn ein unzurechnungsfähiger Vater zuzumuten sei. Darauf wird über die Filmaufnahme des leeren Gerichtssaals ein Rolltext eingeblendet, der darüber informiert, dass die Gerichtsszene und «*insbesondere der Vater*» erfunden seien, die folgenden Szenen, «*insbesondere die Väter*» jedoch nicht. Daraus ergebe sich die «*Anfrage*». Zeitgleich erscheint der Titel des Fernsehspiels in weißer, serifenloser Typographie vor einem schwarzen Hintergrund; Thelonious Monks *Rhythm-a-Ning* (1957) setzt als extradiegetische Musikuntermalung ein. Über den anschließenden Filmbildern, die zuerst eine moderne Außenfassade und anschließend Ansichten aus dem Bonner Bundestag zeigen, erklärt der Schauspieler Hartmut Reck im *voice-over* die Herkunft des Ausdrucks «*Anfrage*» aus dem parlamentarischen Sprachgebrauch. Als daraufhin eine belebte Straßenszene ins Bild rückt führt er weiter aus, dass in diesem Falle die jüngere Generation eine Anfrage an die ältere stellen würde. Es folgt schließlich eine Kompilation von *found footage* nationalsozialistischer Massenveranstaltungen, die mit atmosphärischen Tönen synchronisiert sind. Die Stimme des Schauspielers im *voice-over* präzisiert nun das Anliegen: «*damit diejenigen, die damals geschrien, geschwiegen und gefeiert haben, selbst endlich ihren Irrtum zur Sprache bringen*». Daraufhin tritt Hartmut Reck in der Verkörperung der Figur Klaus Köhler auf. Eine halbtotale Kameraeinstellung zeigt ihn vor einem neutralen Hintergrund. Im Gegensatz zu den vorherigen Aufnahmen ist diese mit einer elektronischen Kamera umgesetzt und weist eine weniger grobkörnige Bildqualität auf. In direkter Ansprache der Kamera stellt Köhler sich vor, ‹führt› anschließend durch die Szenerie, die hinter ihm erkennbar wird, und charakterisiert sich selbst, indem er die Funktion der hierin befindlichen Gegenstände beschreibt. Das Szenenbild ist auffällig reduziert und künstlich gestaltet. Wenige Requisiten in einem großen, hell ausgeleuchteten Raum deuten das Zimmer nur an; die Kadrierung unterstreicht dabei, dass dieser nicht vollständig ausgestaltet ist und dadurch eine bühnenhafte Anmutung gewinnt.

Die Einführungssequenz (insg. 6:40 Min.) leitet nicht nur zum Thema hin, sondern eröffnet auch ein Panorama der formal-ästhetischen Mittel der Verfremdung, die in diesem Fernsehspiel zum Einsatz kommen. Jede neue Begegnung Köhlers wird durch eine Titeleinblendung eingeleitet, die einen Satz aus dem kommenden Gespräch herausstellt. Darauf folgt, sofern ein neuer Handlungsort eingeführt wird, eine kurze Zusammenstellung filmischer Aufnahmen realer Räume und Architekturen – Fassaden, Straßen, Flure oder Treppenhäuser –, die in Hand- bzw. Schulterkameraführung umgesetzt sind. Die Gespräche hingegen sind mit elektronischen Fernsehkameras aufgenommen und finden innerhalb reduziert ausgestatteter Studiokulissen statt, in denen die Requisiten allein dazu dienen, den Figurentyp des Gesprächspartners zu charakterisieren: den proletarischen Gärtner Mollwitz durch einen grob gezimmerten Küchentisch, den Lehrer Kramer durch eine Tafel, den Unternehmer Huber durch sein Auto. Die Spielfläche der simulierten Bühne erscheint sehr viel kleiner als in Monks Schauspieladaptionen und die Ausleuchtung versperrt den Blick in die Raumtiefe (siehe Abb. 28). So lassen sich in der Positionierung der Darsteller*innen auch nicht die choreographierten Arrangements feststellen, die in LEBEN DES GALILEI und WASSA SCHELESNOWA so deutlich hervortreten. Auch ist die visuelle Inszenierung der Spielszenen selbst wenig bemerkenswert. Die Gespräche sind vornehmlich in halbnahen Einstellungen der Gesichter aufgelöst und es lassen sich kaum Momente der Dynamisierung durch die Montage feststellen.

Die Figur Köhler fungiert als Protagonist, dessen Ziele und Wünsche die Handlung vorantreiben, und als Ich-Erzähler des Fernsehspiels, dessen subjektiver Erzählstandpunkt in den filmischen Aufnahmen repräsentiert ist, während seine Stimme im *voice-over* von inneren Gedankengängen berichtet. Darüber hinaus kommentiert Köhler aus dem Off die Gesten seiner Gesprächspartner und hebt damit ihre Haltungen hervor; stellenweise tritt die Figur Köhler aber auch aus dem dramatischen Geschehen selbst heraus, um sich, wie in der Einführung, kommentierend der Kamera zuzuwenden und damit das Fernsehpublikum direkt anzusprechen.

In den Gesprächssituationen tritt Köhler als Detektiv in Erscheinung, der durch seine Befragung die Gesprächspartner zur Offenbarung ihrer Ansichten und Handlungsmotivationen verleitet. Allein durch die Dialogführung werden damit Momente der Schuldabwehr gegenüber den Verbrechen der Nationalsozialisten und bestehende antisemitische Vorurteile aufgedeckt. In den anfangs noch ganz unverfänglichen Gesprächen mit der Sekretärin seines Chefs (Anneli Granget) und dem Fotografen Kurz, der den Abzug eines Portraits von Joachim Valentin herstellen soll, werden diese Ansichten durch kommunikative Missverständnisse offenbart (siehe Min. 13:30–16:48 u. Min. 21:17–23:15).

Nachdem Köhler der Sekretärin von der Ermordung der früheren Hausbesitzer erzählt hat, zeigt sie sich zweifelnd: «*Ich denk immer: was die alles reden*», um kurz danach zu murmeln: «*Wie die wohl ausgesehen haben*». «*Wie Teufel? Glauben Sie?*», fragt Köhler daraufhin, und sie antwortet: «*Nein, nicht die Juden – ich meine die, die es getan haben*». «*Die meine ich doch auch!*», entgegnet Köhler und zeigt ihr eine Fotografie seines Vaters. Sie versteht seine Motivation jedoch nicht. «*So haben sie ausgesehen, die es getan haben*», erklärt Köhler, «*wie mein Vater, und wie Ihrer, wenn Sie erlauben*». Im Gespräch mit Kurz stellt sich eine vergleichbare Situation ein, als dieser zuerst die Familie Valentin als «*anständige Leute*» charakterisiert, um dann auf Köhlers Nachfrage hin, ob er damals viele gekannt habe, die «*anständig*» gewesen seien, zu erwidern: «*Ja, die haben halt mitgemacht.*» Wenngleich Kurz den Genozid nicht gutzuheißen scheint, zeigt er sich dennoch verständig, weil «*die Juden doch irgendwie anders*» gewesen seien. «*Hätte man den Juden doch eine Insel gegeben. Sie wären schon irgendwie durchgekommen*», formuliert er nachdenklich. In diesem Moment unterbricht die Spielhandlung: In der Nahen abgebildet, bittet Köhler um eine Rekapitulation des Gesagten. Kurz, der zuvor in der Halbnahen aufgenommen war, wird nun durch eine Totale exponiert und wiederholt den Satz «*Ich weiß nicht, irgendwie sind sie doch anders*». Daraufhin erzählt Köhler, wieder in der Nahen abgebildet, eine Anekdote über eine deutsche Lehrerin, die ihren Schülerinnen 1960 das Problem der Rassentrennung in den USA damit erklärt habe, dass sie sich auch unwohl fühlen würden, wenn sie eine jüdische Mitschülerin hätten. «*Aber einen nennenswerten Antisemitismus gibt es bei uns nicht, steht in der Zeitung*», schließt Köhler seine Ausführungen. Im folgenden Wechsel zwischen Kurz' Wiederholungen und den Kommentierungen durch Köhler steigert sich dessen Wut gegenüber dem Gesagten, bis er die Passage mit der Erkenntnis beschließt, es ginge nicht um die «*sogenannte unbewältigte Vergangenheit*», sondern um die «*unbewältigte Gegenwart*» (siehe Min. 23:02–25:15).

In den anschließenden Sequenzen zeigt sich Köhler zunehmend aggressiv in der Gesprächsführung und macht direkt auf despektierliche Äußerungen aufmerksam – beispielsweise, wenn der Assessor der Wiedergutmachungsstelle ihn für seine Nachforschungen auf die jüdische Gemeinde verweist, die für diese Zwecke «*eine Art Fundbüro*» eingerichtet habe. Im Dialog mit Mr. Weismantel, der seinen moralisch legitimierten Zorn nicht wie erwartet teilt, wird jedoch deutlich, dass Köhler der gesellschaftlichen Situation hilflos gegenüber steht. Er kann keinen Lösungsvorschlag anbieten, nur die Anregung

Weismantels, zu vergessen und zu vergeben, mit dem Verweis auf die Konzentrations- und Vernichtungslager ablehnen. Derselben Strategie folgt auch das Fernsehspiel ANFRAGE durch seine Erzählstruktur.

Sein Ende leitet eine etwa fünfminütige Sequenz ein, die Filmaufnahmen von der Gedenkstätte Dachau zeigt. Eingeführt durch die Titeltafel «*Damit die Gemütlichkeit aufhört*», zeigen die ersten, durch die Frontscheibe eines fahrenden Autos aufgenommenen Bilder dieser Sequenz eine Straße und die umgebende, verschneite Landschaft. Eine Reihe von Aufnahmen fokussiert, jeweils durch ein *Zoom-in*, die Hinweisschilder auf die Gedenkstätte, dann den Besucherparkplatz und die «Pepsi»-Reklame einer Gaststätte. Darauf folgt eine Panoramaaufnahme, die die Lagerstraße zum Hauptgebäude zeigt und dabei derselben Komposition im Bildaufbau folgt wie die ikonische Fotografie des Haupttores von Auschwitz-Birkenau, in der Schienen wie zentralperspektivische Fluchtlinien auf das Gebäude am Horizont zulaufen und die Umgebung durchschneiden; in der Filmaufnahme aus Dachau fluchtet eine Pappel-Allee auf ein Gebäude am Bildhorizont hin (Abb. 29). Darüber hinaus sind jedoch vereinzelt Menschen – nur als Schemen erkennbare Erwachsene in Winterkleidung, die Kinder auf Schlitten über die verschneite Straße ziehen – erkennbar. Stumm und im winterlichen Morgenlicht aufgenommen vermittelt das Bild eine irritierend friedliche Atmosphäre. Es folgt eine Kamerafahrt, offenbar wieder aus einem fahrenden Auto aufgenommen, die die ehemaligen Häftlingsbaracken zeigt. In ihren Stichstraßen sind zum Teil spielende Kinder und parkende Autos zu sehen. Aus der Ferne ist ein bellender Hund zu hören. Es folgen Ansichten auf Zäune, Hinweisschilder und Gedenksteine am Boden, die an die Verstorbenen und die Umstände ihres Todes erinnern, anschließend Innenaufnahmen einer Ausstellung. Fotos und einzelne Dokumente werden fokussiert, dann folgt die Kamera den Hinweisen auf das «*Brausebad*» und erkundet den Raum durch Schwenks und Großaufnahmen einzelner Details – an der Decke die Einströmventile für das Gas und die Abflussgitter am gefliesten Fußboden –, um dann im Krematorium zu enden. Von den abgelegten Trauerkränzen an der Stirn des Raums schwenkt die Kamera zurück zum Verbrennungsofen, über dem Seile mit dem Hinweis bedacht herabhängen, dass dort die Leichen der Häftlinge aufgehängt wurden (Abb. 30).

Das Fernsehspiel endet damit, dass Köhler dem Publikum von der Abreise Mr. Weismantels berichtet und anschließend in Ausschnitten die prägnantesten Formulierungen seiner Gesprächspartner wiederholt werden. Auch die rahmende Gerichtsszene erhält ihren Abschluss: Der Vorsitzende erklärt den Angeklagten für schuldunfähig und überweist ihn für zwölf Jahre in eine Nervenheilanstalt. Die Prozesszuschauer gingen, so Köhlers abschließender Kommentar, «*um 12 Jahre erleichtert*» nach Hause. Auf diese Weise betont das Fernsehspiel also in seinen letzten zehn Minuten den gegenwärtigen Zustand der Bundesrepublik und zeichnet ein desolates Bild der Nachkriegsgesellschaft. Schließlich entwirft der Ausgang der Gerichtsszene die These, dass diejenigen, die sich nicht weigern, die Schuld der Vergangenheit anzuerkennen, in der Bundesrepublik für geisteskrank erklärt würden. Da der Zeitraum der Einweisung des namenlosen Angeklagten dem der NS-Herrschaft in Deutschland entspricht, ist die ihm verweigerte Gefängnisstrafe zudem als verschlüsselter Kommentar auf das Abwehrmotiv lesbar, das die öffentliche Auseinandersetzung mit den Verbrechen der Nationalsozialisten nach dem Krieg bis in die 1960er-Jahre dominiert hatte: dass die deutsche Bevölkerung für diese nicht zur Verantwortung gezogen werden könne, weil ihre Beteiligung auf die Verführung durch wenige – geisteskranke – Einzeltäter zurückzuführen sei (vgl. Fröhlich 2011: 240).

Die Rahmung durch die Gerichtsszenen, die Erklärung über den Gebrauch des Ausdrucks «*Anfrage*» wie auch teilweise der Wortlaut der Dialoge und der inneren Monologe

Köhlers sind direkt aus der Romanvorlage Geisslers übernommen.[5] Für die Dramatisierung wurden die Formulierungen der Figur Köhler allerdings von der dritten in die erste Person Singular übertragen und die Anordnung der Gespräche innerhalb der Erzählung geändert. Darüber hinaus weist die Bearbeitung der Stoffgrundlage, neben vielen weiteren Verdichtungen, bezeichnenderweise an jenen Passagen Auslassungen auf, in denen die Haltung einzelner Figuren – beispielsweise der Institutssekretärin – psychologisch motiviert und damit nachträglich relativiert werden (vgl. Geissler 1996: [6] u. 253 f., 27 ff.). Die modellhafte Zuspitzung der gezeigten Situationen ist somit, wenngleich in der Romanvorlage angelegt, als Ergebnis der Adaption für das Fernsehen zu betrachten (vgl. Töteberg 2017: 84 f.).

28 ANFRAGE (1962): Szenenbild Innen, Klaus Köhler (Hartmut Reck) führt durch seine Wohnung

Augenfälliger als in seinen Schauspieladaptionen bedient sich Monk in der audiovisuellen Inszenierung von ANFRAGE der ästhetischen Strategien des epischen Theaters: die Ausstellung der Medialität durch den Kontrast zwischen den sehr real anmutenden Filmaufnahmen und der Kulissenhaftigkeit der Innenräume, die Unterbrechung des dramatischen Geschehens durch Titeleinblendungen und den Verstoß gegen die Konvention der Vierten Wand durch direkte Ansprache der Kamera. In der Reduktion der Studiodekorationen ist das Szenenbild gemäß des *Prinzips der Auswahl* gestaltet; es weist nur diejenigen Gegenstände auf, die zum Verständnis der Situation und zur Charakterisierung der Figur notwendig sind (vgl. Bartosch 2017: 173–177). Womöglich war jedoch auch das Fernsehspiel KORCZAK UND SEINE KINDER, das, wie schon in Sylvanus' Bühnenstück angelegt, einen ähnlich reduzierten Kulissenbau aufweist, ein direktes Vorbild für die Szenenbilder

29 ANFRAGE (1962): Totale Ansicht auf das Hauptgebäude des ehemaligen KZ Dachau

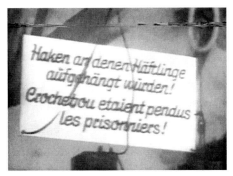

30 ANFRAGE (1962): Hinweisschild in der Ausstellung der Gedenkstätte des KZ Dachau

von ANFRAGE. Das ästhetisch innovative Moment in der Gestaltung von ANFRAGE liegt auch weniger darin, dass Verfahren des epischen Theaters respektive des Spielfilms Anwendung

---

5 In seinem Roman setzt Geissler Kontraste, indem er kursiv hervorgehobene Phrasen verwendet, die NS-Sprache und -ideen verdeutlichen.

finden, sondern dass die Ästhetik formal die medialen Bedingungen des Fernsehens reflektiert, unter denen die Verfahren zur Herstellung des Verfremdungseffekts nicht denselben wirkungsästhetischen Voraussetzungen unterliegen, wie in den anderen Medien. Anders als im Theater oder im Spielfilm sind Unterbrechungen und Wechsel zwischen – auch stilistisch – unterschiedlich verfassten Passagen für das Fernsehen nicht per se ungewöhnlich, sondern vielmehr konstitutiv für das Programm, und eine direkte Ansprache der Kamera typisch für informative Sendungen (Hickethier 1995a: 29 f.). Neben der kritischen Bezugnahme auf die Bunderepublik der Gegenwart ist das Fernsehspiel ANFRAGE deswegen auch ein Spiel mit dem Fernsehen. Es simuliert dessen mediale Bedingungen in der Gegenüberstellung von Studioaufnahmen – für das Fernsehspiel typisch – mit den filmischen Außenaufnahmen, die an die Bildproduktion für journalistische Zwecke im Fernsehen erinnern. Für sie zeichnet Horst Schröder, ein Kameramann der aktuellen Berichterstattung verantwortlich, der aus der Abteilung Zeitgeschehen zu Monks Team gestoßen war.[6] Durch seine bewegte Kameraführung, die auffällige Perspektiven wie extreme Untersichten mit Reißschwenks verbindet sowie plötzliche Erschütterungen und Blendenverschiebungen (*zoom-in* bzw. *zoom-out*) aufweist, entfalten die Außenaufnahmen eine visuelle Ästhetik, die dem Stil des Direct Cinema ähnlich erscheint (z. B. PRIMARY, USA 1960, R.: Robert Drew).[7] Aus dieser Ähnlichkeit mit dokumentarisch intendierten Aufnahmen generieren die Bildfolgen einen Eindruck von unmittelbarer Realitätsnähe, der die Studioaufnahmen um so künstlicher erscheinen lässt. Während die Modellhaftigkeit der Spielszenen darüber deutlich hervortritt, wird zugleich auch das Modell in der Alltagsrealität verankert.

Die Bilder aus dem ehemaligen Konzentrationslager nehmen in diesem Kontext eine Sonderstellung ein. An sich sind sie nach demselben Prinzip wie die anderen Filmaufnahmen gestaltet. Im Unterschied zu diesen sollen die Aufnahmen der Gedenkstätte Dachau jedoch exakt den Ort beschreiben, als der er intradiegetisch ausgewiesen ist. Alle anderen im Rahmen des Fernsehspiels gezeigten Orte sind für kundige Betrachter*innen zwar sehr wohl als Gebäude und Straßen der Stadt Hamburg erkennbar,[8] sie sollen jedoch nicht auf diese verweisen – die Erzählung ANFRAGE ist in einer fiktiven süddeutschen Stadt angesiedelt, die sich etwa 50 km entfernt von Dachau befindet. Neben der Ausführlichkeit der Darstellung, trägt das scheinbar ungebrochene Referenzverhältnis zur außermedialen Realität dazu bei, dass die Aufnahmen der Dachau-Sequenz wie ein Fremdkörper innerhalb der Gesamtkonstruktion wirken.

Die Sequenz erscheint als eine dokumentarisch intendierte topografische Bestandsaufnahme der Gedenkstätte in ihrem Ist-Zustand. Zum Zeitpunkt der Fernsehspielproduktion war diese noch ein Provisorium mit einer kleinen Ausstellungsfläche. Das Gelände, teilweise überwuchert und die architektonischen Zeichen morsch und zerstört, diente zudem, und das sogar in den Baracken selbst, als Auffanglager für «Flüchtlinge und Heimatlose».[9] Offiziell wurde die Gedenkstätte erst 1965 eröffnet, und bis Mitte der

---

6 Horst Schröders Anstellung bei der Abteilung Zeitgeschehen geht aus den archivierten NDR-Unterlagen hervor, siehe NDR-Bestand StA-HH 621–1-144–1046.

7 Im Gegensatz zu den Dokumentarfilmen der Drew Associates, die ihre Filme seit 1960 im Pilotton-Verfahren umsetzten, sind die Filmaufnahmen in ANFRAGE allerdings, anders als bei Struck 2003 angegeben, stumm. Die vereinzelnd wahrnehmbaren atmosphärischen Töne sind nachträglich hinzugefügt.

8 Hierzu gehören beispielsweise der Jungfernstieg, der Paternoster und der Flur im Haus Grindelallee 64, das heute noch als Verwaltungsgebäude dient, und der Eingang wie der Flur der «Bismarck-Oberrealschule» in der Bogenstraße (heute: Gymnasium Kaiser-Friedrich-Ufer).

9 Siehe URL: <https://www.kz-gedenkstaette-dachau.de/gedenkstaette-einfuehrung.html> (Zugriff: 28.11.2017).

1980er-Jahre existierte in der Bundesrepublik nur eine weitere KZ-Gedenkstätte in Bergen-Belsen (Eberle 2009: 181, vgl. Distel 2002). Die Art und Weise der Repräsentation ist der von Alain Resnais vergleichbar, der sieben Jahre zuvor mit NUIT ET BROUILLARD (dt. NACHT UND NEBEL, 1955) die Vernichtungslager Auschwitz-Birkenau und Majdanek in ihrem damaligen Ist-Zustand filmisch erkundet hatte. In diesem Dokumentarfilm stehen die Bilder der verlassenen Lager jedoch im Kontrast zu den mittlerweile ikonischen Aufnahmen der Konzentrationslager, die unter anderem dem polnischen Spielfilm OSTATNI ETAP (dt. DIE LETZTE ETAPPE, PLN 1948, R.: Wanda Jakubowska) entnommen sind (Loewy 2003), sowie jenen Aufnahmen, die die Alliierten von der Befreiung der Konzentrationslager gemacht hatten und die auf diese Weise auch der breiten Öffentlichkeit bekannt wurden (vgl. Eberle 2009: 175ff).[10] ANFRAGE hingegen zeigt nur ausschnitthafte Eindrücke dessen, was Besucher*innen vor Ort in Dachau erfahren könnten, so auch zwei historische Fotografien, die im Rahmen der Ausstellung zu sehen sind. Somit weist die Passage in ANFRAGE – nur in der retrospektiven Betrachtung – Parallelen zu denjenigen Passagen in Claude Lanzmanns SHOAH (F 1985) auf, in denen allein der (damals) aktuelle Zustand der Lagergelände dokumentiert ist (vgl. Struck 2003: 426).

Dass Monk für seine Aufnahmen das Gelände in Dachau wählte, ist sicherlich dem symbolischen Wert dieses speziellen Ortes geschuldet.[11] In Dachau wurde bereits wenige Wochen nach Hitlers Wahl zum Reichskanzler das erste Konzentrationslager für politische Gefangene errichtet, das als Modell für alle späteren Konzentrationslager diente (vgl. Benz et al. 2009: 302). Der Ort selbst verkörpert somit die Bestätigung für Hannah Arendts in *Elemente und Ursprünge totaler Herrschaft* formulierte Definition des Konzentrationslagers als Modell des NS-Gesellschafts- und Herrschaftssystems (vgl. Arendt 1955: 693). Wolfgang Struck zufolge erreicht die Inszenierung an genau diesem Ort jedoch einen Punkt, «von dem der Film nicht mehr zu seiner Narration zurückfindet» (2003: 437). «In dem Augenblick, als Monks Film die bundesrepublikanische Autobahn verlässt und einen Weg in die Vergangenheit einschlägt», geriete er «in den Bann ihrer Spuren» (ebd.: 437 f.) und die Bilder des Konzentrationslagers entwickelten einen Eigenwert, der sich nicht in das Brecht'sche Modell integrieren ließe (ebd., vgl. Brink 1998: 231–234). Dieser Einschätzung stimme ich nur zum Teil zu. Denn die ‹bannende› Eigenschaft der fotografischen Repräsentation von Konzentrationslagern liegt in ihrem Gebrauch im Kontext des Shoah-Diskurses begründet. Claudia Brink bezeichnet sie deswegen als «Ikonen der Vernichtung», weil wir in ihnen eine der orthodoxen Heiligendarstellung vergleichbare Kraft zusprechen. Wie diese eine Spur

---

10 Das Foto- bzw. Filmmaterial, das nach der Befreiung der Konzentrations- und Vernichtungslager entstand, wurde bereits 1945/46 im Rahmen des Programms der Wochenschau im Kino gezeigt (Thiele 2001: 83). Erst durch ihre Verwendung in Resnais' 30-minütigem Dokumentarfilm erhielten sie jedoch eine breitere Verbreitung: In der Bundesrepublik wurde der Film erstmals 1956 im Rahmen der Berlinale im französischen Original aufgeführt und lief anschließend in der deutsch-synchronisierten Fassung bis 1957 in den Kinos. Außerdem wurde der Film am Gründonnerstag 1957 in der ARD gesendet und die Bundeszentrale für politische Bildung stellte darüber hinaus seit 1957 synchronisierte Filmkopien für nicht-kommerzielle Aufführungszwecke zur Verfügung. (Thiele 2001: 188 f., näheres zur Entstehungs- und Rezeptionsgeschichte von NUIT ET BROUILLARD in der Bundesrepublik vgl. ebd.: 166–206; zu Reaktionen auf die Fotografien aus den Lagern vgl. Mühl-Benninghaus 2001, ausführlich Brink 1998.) Einige dieser Aufnahmen finden sich zudem auch in dem US-amerikanischen Spielfilm JUDGMENT AT NUREMBERG (1961) wieder (vgl. Min. 1:28:25–1:32:55).

11 Theoretisch wäre Monks Produktionsstandort das Gelände des südöstlich von Hamburg gelegenen KZ Neuengamme näher gewesen. Da die Gebäude und das Gelände von 1948 bis 2006 jedoch von der Freien und Hansestadt Hamburg für den Strafvollzug genutzt wurden, war Neuengamme praktisch kein optionaler Drehort (siehe <http://www.kz-gedenkstaette-neuengamme.de/geschichte/nachkriegsnutzung/> [Zugriff: 28.11.2017]).

der Heiligkeit in sich tragen sollen, scheint die Lagerfotografie eine Spur des Verbrechens selbst zu bewahren (Brink 1998: 237). Daher ist auch die Neigung, der Dachau-Passage eine andere pragmatische Qualität zuzuschreiben, als Folge des erlernten Gebrauchs der Lagerfotografie zu betrachten. Eine noch so akkurate Repräsentation eines anderen, beliebig ausgewählten erkennbaren Orts würde an dieser Stelle wahrscheinlich gar nicht die Vermutung aufkommen lassen, dass Monks Inszenierung den Rahmen des fiktionalen Diskurses zu verlassen intendierte. Struck ist insofern zuzustimmen, als sich mit dieser Passage der Eindruck einstellt, als würde die gleichmäßig geflochtene Struktur des Fernsehspiels plötzlich einen Riss aufweisen, durch den für einen Moment die Wirklichkeit selbst durchzuscheinen scheint. Aber was wir dadurch sehen, ist ein Ort, an dem sich dieselbe Konstellation abbildet, die die modellhafte Konstruktion des Fernsehspiels aufbaut: ein Vexierbild, in dem die Vergangenheit und die Gegenwart zugleich präsent sind. Was wir vordergründig wahrnehmen ist abhängig davon, welches Detail wir in diesen Bildern fixieren – die architektonischen Zeichen oder die spielenden Kinder. Somit erweist sich die Gedenkstätte des Konzentrationslagers Dachau als Modell für die Gesellschaft der Bundesrepublik.

Gerade weil die Passage einen Eigenwert entwickelt und die Rezipient*innen in einer direkteren Form anzusprechen scheint, ist sie kompatibel mit einer Brecht'schen Wirkungsästhetik. Die Dachau-Passage ist ein in die Mittel filmischer Erzählweise übersetztes Äquivalent für eine Darstellerin, die aus ihrer Rolle heraustritt, um sich direkt an das Publikum zu wenden. Zugleich liegt in der besonderen Qualität dieser bewegten Lagerfotografie das Potenzial, die hilflose Erstarrung angesichts der Vergangenheit, die die Figur Klaus Köhler in der Szene zuvor gegenüber Mr. Weismantel nur sprachlich zum Ausdruck bringt, in einen unmittelbaren Rezeptionseffekt zu übersetzen. Auch dieser ist sehr wohl in das Modell Brechts integrierbar, weil er verhindert, dass sich die Rezipient*innen von ihrem Schuldgefühl distanzieren. Da das Fernsehspiel zudem einen offenen Ausgang nimmt, lässt es keinen kathartischen Moment der Entschuldung aufkommen.

Aus historischer Perspektive findet sich in dem Fernsehspiel ANFRAGE dokumentiert, in welcher Form 1962 die Auseinandersetzung mit den nationalsozialistischen Gewaltverbrechen im Fernsehen möglich war. Während das Konzentrationslager als «Symbol des gesamten NS-Terrorsystems» dient, bleiben seine Opfer und ebenso die Täter*innen – repräsentativ für den Stand des Shoah-Diskurses zu dieser Zeit –, namenlos und unsichtbar (vgl. Eberle 2009: 189, Kansteiner 2003). Die Bilder der gegenwärtigen Topografie des Lagers können «lediglich von den Hinterlassenschaften des Massenmordes [zeugen]. Das Geschehen selbst ist in ihnen nicht zu finden» (Eberle 2009: 176). Dennoch ist in diesem Fernsehspiel deutlich das Bestreben nachzuvollziehen, die Frage nach der Verantwortlichkeit der deutschen Bevölkerung aufzunehmen, die unter anderem durch den medienwirksamen Eichmann-Prozess in das öffentliche Bewusstsein der Bunderepublik vorgedrungen war (vgl. Krause 2011: 285; Siegfried 2000: 86). Explizit tritt es der Auffassung entgegen, die Verbrechen der Nationalsozialisten seien allein auf die Taten von Exzess- und Einzeltätern zurückzuführen und deswegen nicht der Bevölkerung anzulasten – eine Haltung, die nicht zuletzt die Bundesregierung seinerzeit anlässlich des Eichmann-Prozesses erneut demonstriert hatte (Krause 2011: 292 f.).

2.

Die Frage nach der kollektiven Verantwortlichkeit tangiert auch das Originalfernsehspiel SCHLACHTVIEH, das am 14. Februar 1963 gesendet wurde. In der Form einer Parabel erzählt, liefert es ebenfalls eine aktuell ausgerichtete Gesellschaftsdiagnose, die nicht ohne Verweise auf die Vergangenheit auskommt.

Ein Zug und seine Fahrgäste versinnbildlichen die bundesrepublikanische Gesellschaft (vgl. Hickethier 1995a: 25). Nach einer rätselhaften Lautsprecherdurchsage ist es einzig eine junge Bahnangestellte (Ingmar Zeisberg), die offensiv nach deren Bedeutung fragt. Als weitere unerklärliche Zustände offenkundig werden – der Zugang zum hinteren Teil des Zuges ist versperrt, die Fenster sind verriegelt und der Fahrplan wird nicht eingehalten –, insistiert sie immer heftiger darauf, dass man den Vorkommnissen auf den Grund gehen sollte. Nur eine junge Frau (Ina Peters), die gemeinsam mit ihrem Mann, einem Journalisten (Gert Haucke), und dessen Kollegen (Hartmut Reck) reist, stellt sich von Beginn an auf ihre Seite. Die männlichen Fahrgäste hingegen, und unter ihnen besonders der Pfarrer (Ernst Jacobi) und ein Betriebspsychologe (Gerlach Fiedler), bemühen sich aktiv, jeden ihrer Aufklärungsversuche zu verhindern und sie sowohl öffentlich als auch in Einzelgesprächen mit den anderen Passagier*innen zu diskreditieren. Als sich herausstellt, dass auch die Notbremsen des Zuges nicht funktionieren, beginnen ein junger Offiziersanwärter der Bundeswehr (Bruno Dietrich) und ein aus der DDR übergesiedelter Reisender (Uwe Friedrichsen), die Bahnangestellte zu unterstützen. Der Pfarrer und der Psychologe verfolgen unterdessen die Strategie, die immer unruhiger werdenden Gäste abzulenken. Während der Psychologe in Form einer Lautsprecheransage zur Ruhe mahnt, schlägt der Pfarrer ein Spiel vor. Unter der Anleitung der Journalisten wird daraufhin die Charade *Schlachtvieh* aufgeführt, in der die Gäste abwechselnd pantomimisch die Schlachtung von Tieren und zu ihrem Höhepunkt die Tötung von Menschen vorführen. Nach einem plötzlichen Halt des Zuges, gefolgt von einem Stromausfall, steigert sich die Panik unter den Passagier*innen. Der Zugführer will daraufhin dem immigrierten DDR-Bürger erlauben, den hinteren Teil des Zuges zu überprüfen, erneut weiß der Pfarrer dies jedoch zu verhindern. Nach einem von ihm initiierten Abstimmungsverfahren entscheidet sich die Mehrheit der Fahrgäste dafür, nicht wissen zu wollen, was sich im hinteren Teil des Zugs befindet. Die Bahnangestellte wird «*zu ihrer Sicherheit*» vom Schaffner (Kurt-Otto Fritsch) in Gewahrsam genommen, bis der Zug am Zielbahnhof ankommt.

Das dramatische Geschehen ist in eine assoziativ gestaltete Rahmenhandlung eingebettet. Das Fernsehspiel beginnt mit der Titeleinblendung eines Heinrich Manns *Die Jugend des Königs Henri Quatre* (1935) entnommenen Zitats: «*Es ist spannend, einem erstaunlichen Vorgang beizuwohnen. Aber bestimmen, was er bedeutet, kann gefährlich sein*». Über einer Totalen, die grasende Kühe auf einer Wiese zeigt, werden anschließend der Haupt- und der Untertitel «*Fernsehspiel für Menschen in einem unterentwickelten Land*» eingeblendet. Vogelgezwitscher ist zu hören, während die Kühe in verschiedenen Ansichten gezeigt werden, und eine weibliche und eine männliche Stimme sich in einer Ansprache im *voice-over* abwechseln. Sie verwenden Formulierungen, die der politischen und der konsumorientierten Werbung sowie den Verhaltensanweisungen entnommen sind, die in den 1950er-Jahren im Falle eines atomaren Bombenangriffs nahegelegt wurden (vgl. Töteberg 2017: 87 f.). Anhand von semantischen Ähnlichkeiten finden sich diese Phrasen zu einer, in sanft, geradezu lieblichem Tonfall vorgetragenen Beschwörungsformel kombiniert. Der Ausspruch «*Die Lebensform freier Menschen*» wird innerhalb der fast dreiminütigen Sequenz dabei dreimal und der Appell «*Vor allem: Ruhe bewahren*» zweimal wiederholt.

Die asynchrone Kombination von Bild und extradiegetischem Ton erreicht hier eine andere Qualität als in dem zuvor betrachteten Fernsehspiel. In ANFRAGE wird das Verfahren eingesetzt, um die visuelle Darstellung des dramatischen Geschehens zu ersetzen. In SCHLACHTVIEH hingegen provozieren die auditiven Informationen einen Widerspruch zu den visuell Dargebotenen. Dieser Kontrast verschärft sich (ab Min. 1:20), als ein Lastwagen

8 1962–1963: Vexierbilder deutscher Gegenwart und Geschichte

vorfährt und drei Männer in weißer Schutzkleidung und Schaftstiefeln die Kühe zusammentreiben. Sie sind fragmentiert abgebildet: Während sie über die Wiese schreiten, sind nur ihre Stiefel zu sehen, die im Gleichschritt marschieren oder ihre Arme und Hände, die mit Holzstöcken auf die Kühe einschlagen. Währenddessen ist der folgende Text zu hören:

> «Mehr Schwung» / «Der Wahlspruch freier Menschen einer freien Welt» / «Den Freunden guter Körperpflege sind unsere Mittel natürlich längst vertraut» / «Mittel der Tradition im Stil unserer Zeit» / «Vor allem: Ruhe bewahren» / «Und gegen die Strahlung: einfach ein nasses Kleid über den Kopf»
> (Min. 1:36–1:55)

Nachdem die Ladeklappe hinter den Kühen geschlossen wurde, wechselt die Szenerie (ab. Min. 2.16). Der Lastwagen befindet sich auf einer nächtlichen Straße. Als die Kamera das Schaufenster einer Schlachterei fokussiert, sieht im Gegenschuss eine Kuh unter der Abdeckplane hervor; diese Einstellung nimmt ein Bildmotiv auf, das durch NUIT ET BROUILLARD bekannt wurde: die Aufnahme der neunjährigen Anna Maria «Settela» Steinbach, die, eingebunden in die Passage zur Deportation aus dem niederländischen Durchgangslanger Westerbork, als Schlüsselbild der Shoah in das kulturelle Gedächtnis einging (Abb. 31). Wie die anschließende Großaufnahme in SCHLACHTVIEH zeigt, liegt in der Schaufensterauslage ein Kalbsschädel auf einem Tablett dekoriert, Brokkoli-Röschen und Tomaten schmücken seine Augenhöhlen (Abb. 32–33). Im Gegenschuss wendet sich die Kuh ab, das Auto fährt an und die folgende Textpassage setzt sich fort:

> «Aber wohin geht denn die Reise?» / «Besser Leben» / «Jeder hat eine Chance» / «Keine Experimente» / «Sicherheit für alle» / «Nichts aufs Spiel setzen» / «Die Lebensform freier Menschen»
> (Min. 2:40–2:56)

In einer engen Kadrierung, die die Umgebung nicht ersichtlich macht, zeigt die nächste Einstellung, wie die Kühe in einen Verschlag getrieben werden, gefolgt von einem Kameraschwenk nach rechts auf die Ansicht eines Bahnsteigs in der Totalen (2:57). Nach dem Ende der dramatischen Handlung wird, als die Gäste den Zug bereits verlassen haben, ersichtlich, dass es diese Kühe waren, die im hinteren Teil desselben mitfuhren. Sie trotten aus dem Verschlag, gefolgt von Männern in weißer Schutzkleidung: es sind dieselben Schauspieler, die die männlichen Fahrgäste verkörperten. Anschließend folgt eine kurze Szene, in der die Kühe in den Schlachthof getrieben werden. Die letzte Großaufnahme zeigt den Kopf einer Kuh, die durch einen Bolzenschuss getötet wird.

Anders als in ANFRAGE lassen sich in SCHLACHTVIEH kaum signifikante Unterschiede der Bildästhetik zwischen Außen- und Innenaufnahmen, zwischen realexistierenden Landschaften und Architekturen und gebauten Kulissen feststellen. Die Kamerahandhabung ist für beide Elemente sowohl statisch als auch bewegt. Der Ku-

31 NUIT ET BROUILLARD (1956): Die ikonische Aufnahme von Anna Maria «Settela» Steinbach während der Deportation aus dem Durchgangslager Westerbork

lissenbau des Zuginneren wurde von den Szenenbildnern Albrecht Becker und Herbert Kirchhoff derart gestaltet, dass er die Bedingungen eines realen Raums perfekt nachahmt (vgl. Bartosch 2017, Winkler 2001); er verfügt über keine offene Vierte Wand, die der Kamera erlauben würde, unrealistische Perspektiven einzunehmen. Die Mise en Scène zeichnet sich deswegen durch enge, geschlossene Kadrierungen und eine eingeschränkte Beweglichkeit der Kamera aus, die der visuellen Repräsentation einer *location* entspricht und darüber den Eindruck eines sehr eng begrenzten Handlungsraums vermittelt (siehe Abb. 34).

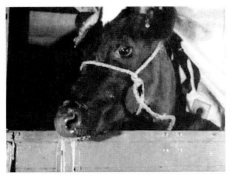

32 SCHLACHTVIEH (1963): Eine Kuh sieht aus dem Transporter

Der Fokus der Fernsehspielinszenierung liegt auf dem gesprochenen Wort. Die sprachlichen Stilmittel der Einführungssequenz finden sich auch innerhalb der Spielhandlung wieder. In den Gesprächen der Passagier*innen reihen sich phrasenhafte Formulierungen aneinander, und auch die gegenüber der Bahnangestellten vorgetragenen Gründe, wieso sie sich nicht einmischen solle, erscheinen als Echo der eingangs zitierten Beschwörungsformeln. Durch ihre Aussagen und die Zuschreibungen der Anderen werden die Figuren als Typen gezeichnet, die gesellschaftliche Gruppierungen der Bundesrepublik repräsentieren: ein betagtes rückwärts gewandtes Ehepaar (verkörpert von Mita von Ahlefeldt und Albert Johannes), das «*immer nur rückwärts fährt*» – «*alles andere ist uns zu kompliziert*» –, ein vergnügungs- und konsumorientierter Toningenieur (Peter Lehmbrock); ein manipulierender Psychologe und ein Pfarrer, die an der Ostfront offenbar an Kriegsverbrechen beteiligt waren – diese Figuren kennzeichnen den gegenwärtigen Zustand der Nachkriegsgesellschaft. Die beiden Journalisten, die nach eigenen Angaben Herausgeber einer «*kritischen Zeitung*»

33 SCHLACHTVIEH (1963): Gegenschuss, ein Kalbsschädel im Schaufenster einer Schlachterei

34 SCHLACHTVIEH (1963): Szenenbild des Zuginneren

(wohl nach dem Vorbild des Magazins *Der Spiegel*) sind, deren Verhalten aber nicht weniger borniert Züge aufweist, komplettieren diese Formation, die auch durch den leicht zu verunsichernden, deutlich jüngeren Offiziersanwärter und den immigrierten DDR-Bürger, der ständig in eine entschuldigende Haltung gedrängt wird, nicht ausgeglichen wird.

Die Figur der Bahnangestellten sticht in mehrerlei Hinsicht aus diesem Ensemble heraus: In ihrer Verkörperung der skeptischen Haltung der jüngeren Generation erfüllt sie zunächst dieselbe Rolle, die Klaus Köhler in ANFRAGE innehat. Als weibliche Figur dient sie jedoch darüber hinaus dazu, die chauvinistische Komponente der Gesellschaft zu beleuchten. Im Verhalten der männlichen Figuren ihr gegenüber äußern sich sowohl betont maskuline Gesten – sie entwickeln breitschultrige Körperhaltungen, drängen sich teilweise schützend, teilweise drohend vor sie –, als auch offen ausgesprochene sexistisch begründete Ressentiments. Nachdem sie die Flirtversuche des Psychologen (Min. 14:00–17:20) und des Toningenieurs (Min. 32:00) abgewehrt hat, verständigen sich die Journalisten darauf, die Ursache ihrer unnachgiebigen Haltung mit unbefriedigten sexuellen Wünschen zu identifizieren (Min. 43:39). Dem sexistischen Muster folgen auch der Pfarrer und der Psychologe, wenn sie das Verhalten der Bahnangestellten als emotional – also nicht maskulin-vernünftig – abtun und gleichzeitig ihre selbstbewusste Aktivität dämonisieren. «*Dieses Mädchen ist ein Teufel*», stellt der Pfarrer unumwunden fest (Min. 01:15:46). Die Bahnangestellte verhält sich somit im doppelten Sinne unangemessen: einerseits als Bundesbürger, weil sie dem Credo «*Ruhe bewahren*» nicht Folge leistet, und andererseits als Frau, weil sie ihre Rolle in der Gesellschaft nicht allein darauf reduzieren lässt, ein Objekt männlicher Begierde zu sein.[12] Diese Eva, die nun die Früchte vom Baum der Erkenntnis pflücken will und darüber unweigerlich die Vertreibung aus dem Paradies einleiten würde, konstruiert das Fernsehspiel eindeutig als Identifikationsfigur. In den Momenten der größten Bedrängnis – wenn der Pfarrer sie ins ‹Kreuzverhör› nimmt (Min. 33:48– 37:47) und zum Höhepunkt des Konflikts, als sich die Gemeinschaft der Passagiere vor der verschlossenen Tür des hinteren Zugteils aktiv dagegen entscheidet, den Raum dahinter zu überprüfen (Min. 1:24:16) –, identifiziert sich die Kamera mit ihrem Blick. Jeweils durch eine Großaufnahme ihres Gesichts ein- und wieder ausgeleitet, verdeutlicht eine dynamisch montierte Folge von Großaufnahmen die subjektive Sicht der Bahnangestellten auf die Gesichter ihrer Gegner. Darüber scheinen die Blicke der Anderen, die eigentlich sie fokussieren, die Rezipient*innen direkt anzusehen. In dieser Form diegetisch legitimiert, produziert der Verstoß gegen die Vierte Wand keinen distanzierenden Effekt, sondern versetzt die Rezipient*innen selbst in die Position der Fragenden und drängt sie damit in die Haltung, die das Fernsehspiel vorzugsweise provozieren will: «lieber zwei Mal zu zweifeln, als einmal hinzunehmen» (Monk in Delling 1963).

Ähnlich wie im *Ersten Traum* von Günter Eichs sechsteiligem Hörspielzyklus symbolisiert der Zug in SCHLACHTVIEH gleichzeitig den Zustand der historischen Gegenwart, wie er als Versinnbildlichung der Shoah fungiert. Über zehn Jahre nach der Sendung dieses Hörspiels hat sich der Symbolwert dieses Motivs intensiviert. Nicht zuletzt durch jene durch NUIT ET BROUILLARD bekannt gewordene Passage, die die Abfahrt des Deportationszuges in Westerbork am 14. Mai 1944 zeigt, zählt es – neben der gestreiften Häftlingskleidung, Stacheldrahtzäunen und den Schornsteinen der Krematorien – zu den prominenten visuellen Zeichen der Ermordung der europäischen Jüdinnen und Juden, die nicht allein als Symbole des historischen Ereignisses dienen, sondern auch «den Blick auf gegenwärtige Untaten [strukturieren]» (Brick 1998: 237, vgl. Eberle 2009: 176). Das Fern-

---

12 Die Kritik an der Ungleichbehandlung der Frau seitens der katholischen Kirche, die hier zum Ausdruck kommt, findet sich auch im Roman *Anfrage* des Autors Geissler wieder. Als beispielsweise die Figur Klaus Köhler eine Kirche betritt, fällt ihm ein Hinweisschild auf: «Diese Kirche ist kein Museum. Besucher, die in unangemessener Kleidung angetroffen werden, insbesondere Frauen und Mädchen ... / ... also wie sonst. Frauen und Mädchen meistens nicht so sehr angemessen, eine alte Geschichte, die älteste, auf einer kleinen braunen Tafel aus Holz: *Für Besucher*» (Geissler 1996: 11, Herv. i. O.).

sehspiel SCHLACHTVIEH entwirft mithilfe dieses etablierten Motivs das Bild einer Gesellschaft, die sich in ihrem Wohlstand eingerichtet hat und nicht merken will, dass sie dabei auf eine Katastrophe zusteuern könnte. An drei Haltestationen, die sich mit den Bundestagswahlen nach dem Beginn der Debatten um die Wiederbewaffnung der Bundesrepublik identifizieren lassen, haben sie ihren Zug vorbeifahren lassen, ohne auch nur daran zu denken, die Notbremse zu ziehen (vgl. E. J. 1963). Sie wissen nicht, wohin sie fahren – ein Atomkrieg könnte es sein –, aber sie entscheiden sich in demokratischer Abstimmung dafür, nicht danach zu fragen. Im Unterschied zu Eichs Hörspielsegment identifiziert SCHLACHTVIEH jedoch eine Ursache für dieses kollektivpsychologische Moment: die Passagier*innen lassen sich durch die Kirche und die Medien manipulieren und durch diese ebenso dazu verleiten, nicht am Thema der verdrängten Vergangenheit zu rühren, die sie fest verschlossen im hinteren Güterwagon begleitet.

Die Doppeldeutigkeit, die das Motiv des Zuges in SCHLACHTVIEH annimmt, fordert in der Konsequenz dazu auf, die Gegenwart vor der Folie der Vergangenheit zu betrachten. In der Tradition Brechts funktionalisiert die Vorlage Geisslers die Parabelform also, um Kausalzusammenhänge aufzuzeigen und in diesem Fall die historische Kontinuitäten in den gesellschaftlichen Vorgängen zu entlarven. Monks audiovisuelle Inszenierung unterstreicht diese Intention, indem sie assoziative Verbindungen heraufbeschwört, mithilfe derer er Bilder der Gegenwart mit solchen der Vergangenheit überschreibt. So nimmt auch die Komposition der totalen Ansicht des Bahnsteigs, die zur eigentlichen Spielhandlung hinleitet, auf die ikonische Fotografie des Hauptores von Auschwitz-Birkenau Bezug, auf die bereits ANFRAGE hingewiesen hatte: Bloß im Bildvordergrund ausgeleuchtet fluchten nur als Punkte erkennbare Lichtquellen rechts und links von der Plattform auf den Bildhorizont im Mittegrund zu und lässt die Filmaufnahme darüber wie einen horizontal gespiegelten Negativabzug der bekannten Repräsentation erscheinen (siehe Abb. 26–27).

Die Rahmenhandlung um den Schlachttransport der Kühe bedient sich eines bekannten Tropus der Umschreibung für die organisierte Ermordung der europäischen Jüdinnen und Juden, der den damaligen Fernsehzuschauer*innen aus der Berichterstattung zu den NSG-Prozessen vertraut gewesen sein dürfte: Eisensteins Parallelführung des Aufstands mit der Rindsschlachtung in STREIK vergleichbar (vgl. Abb. 35–37) wird hier unterstrichen, dass die jüdische Bevölkerung ‹wie Vieh abgeschlachtet› wurde (siehe Fröhlich 2011: 240). Wenn die Passagier*innen sich kollektiv entscheiden, nicht wissen zu wollen, wer oder was sich im hinteren Teil des Zuges verbirgt, verhalten sie sich demnach wie die Mehrheit der deutschen Bevölkerung während des Nationalsozialismus, die von der Deportation der Jüdinnen und Juden nichts gewusst haben will. Als am Ende der dramatischen Handlung dieselben Männer, die zuvor Fahrgäste verkörperten, in den ‹Uniformen› der Viehtreiber aus dem Zug steigen, wird jedoch deutlich, dass die Rahmenhandlung der Logik des Vexierbildes folgt: die Deutung, dass die Fahrgäste früher Täter waren und nun unerkannt als Pfarrer, Psychologe oder Schaffner inmitten der Gesellschaft leben (oder: ihre Haltung dem Gestus des Täters entspricht), erscheint ebenso naheliegend, wie die Schlussfolgerung möglich ist, dass sich nun die Bürger*innen der Bunderepublik gegenüber Autoritäten wie ‹dummes Schlachtvieh› verhalten und sich willenlos zur ‹Schlachtbank› führen lassen. Dieser Effekt einer Kippfigur wird auch durch die vorangegangene Sequenz unterstützt, in der sich die verunsicherten Fahrgäste die Zeit mit der Charade «Schlachtvieh» vertreiben (Min. 1:01:07–1:11:59), die im Verhalten der Spieler ihre destruktive Mentalität offenbart. In symbolischer Hinsicht verweist dieses Spiel im Spiel nicht allein auf den brutalen Umgang mit Tieren. Ebenso offenbart der Vorgang der Schlachtung

8 1962–1963: Vexierbilder deutscher Gegenwart und Geschichte

35 Streik (1925): Zaristische Soldaten schlagen einen Aufstand von Arbeiter*innen nieder

36 Streik (1925): Parallelführung mit der Rinderschlachtung

37 Streik (1925): Schlussbild

ein Verhalten, dem eine Abwertung des Lebens vorausgehen muss, der auf die Praktiken der Nationalsozialisten zur ‹Entmenschlichung› von Jüdinnen und Juden als Voraussetzung ihrer ‹Abschlachtung› verweist.[13] Am Ende dieses Spiels ahmt die von Gert Haucke verkörperte Figur die «*Schlachtung von Menschen*» nach, indem er zunächst die Haltung eines Piloten am Schaltknüppel einnimmt und Motorengeräusche intoniert. Die Männer, die sich in Gesprächen zuvor als Frontsoldaten des Zweiten Weltkriegs erklärt hatten, stimmen nach und nach ein, bis sie einen laut brummenden Chor bilden und schließlich mit einem Falsett-Ton Haukes Geste begleiten, die einen Bombenabwurf anzeigt. Im Finale ahmt dieser dann pantomimisch die pilzförmige Gestalt einer atomaren Explosion nach. Wenn diese Männer, so die offenkundige Botschaft des Fernsehspiels, zum Kriegsspiel herausgefordert werden, wird ihre Haltung einen Atomkrieg herbeiführen.

Von der Kritik wurden die Fernsehspiele ANFRAGE und SCHLACHTVIEH seinerzeit als Ensemble aufgefasst, mit dem Regisseur und Autor zuerst die Generation der Väter kritisierten, um sich anschließend mahnend an ihre Altersgenoss*innen zu wenden (siehe R. D. 1963). Das am 30. Mai 1963 gesendete Fernsehspiel MAUERN komplettiert diese Reihe um ein Ost-West-Stück, das beide Schwerpunkte verbindet. *Von Vätern und Söhnen* heißt deswegen auch, vielleicht passender, das auf derselben Textvorlage basierende Hörspiel,[14] das im März 1966 im Westdeutschen Rundfunk gesendet wurde (vgl. Schumacher 2014).

3.

MAUERN rekonstruiert die Umstände eines fiktiven Todesfalls an der innerdeutschen Grenze: Zwei Männer, Hans Nast (Ernst Jacobi) und Walter Koslowski (Hartmut Reck), sollen bei einem versuchten Grenzübertritt an der Berliner Oberbaumbrücke erschossen worden sein. Auf beiden Seiten der geteilten Stadt werden ihre Angehörigen verhört. Anhand ihrer Aussagen und anschließender Rückblenden enthüllt sich die Verbindung zwischen den beiden Flüchtigen, die sich auf die Bekanntschaft ihrer Väter gründet. 1932 hat der Kommunist Paul Koslowski (Ernst Ronnecker) den NSDAP-Angehörigen Werner Nast (Siegfried Wischnewski), der bei einem Straßenkampf verletzt worden war, in seiner Wohnung versorgt und vor der Polizei versteckt. Im Gegenzug gewährt Werner Nast der Familie Koslowski in den Folgejahren in der Kellerwohnung seines Hauses einen Unterschlupf vor der politischen Verfolgung. Da sich Nast jedoch innerhalb der Partei weiter profilieren will, drängt er 1934 seinen Bekannten zur Flucht ins Saarland, wo dieser in KZ-Gefangenschaft gerät. Nast hingegen profitiert ab 1938 sozial und wirtschaftlich von der rassistischen NS-Politik. Nach dem Krieg kehren sich die Verhältnisse jedoch um: als Nast 1952 aus der Gefangenschaft im Speziallager Bautzen zurückkehrt, ist Koslowski zum SED-Funktionär aufgestiegen und darf das Berliner Haus nun sein eigen nennen. Die beiden Söhne wenden sich von diesen Vätern ab; unbelastet von ihrer Geschichte wollen sie sich in die Wiederaufbaugesellschaft der DDR integrieren. Hans Nast lässt sogar seine Verlobte Hilde Weiss (Lis Verhoeven) und seine Mutter ohne ihn in den Westen übersiedeln. Erst als sein Freund Walter Koslowski als Hauptmann der Volkspolizei zum Wachdienst an der Mauer berufen wird, sieht sich Hans Nast gezwungen, den Osten zu verlassen.

---

13 Gemeint sind beispielsweise die Sprachformeln und Bilder der Propaganda, die Jüdinnen und Juden mit Ungeziefer vergleichen oder die Prozeduren zur Unkenntlichmachung der Individualität in den Konzentrations- und Vernichtungslagern.

14 *Von Vätern und Söhnen*, Hörspiel (WDR) 1966, R.: Gustav Burmester, B.: Gunther R. Lys, Sendung am 20. März 1966 im Rahmen der Beitragsreihe «Hörspiel in der Diskussion», vgl. URL: <https://user.in-berlin.de/~hoerdat/select.php> (Zugriff: 12.5.2012).

Konkret nennt er Walter Ort und Zeit seiner geplanten Flucht und nötigt ihm somit eine Entscheidung ab: entweder seine Pflicht als Grenzposten zu verraten oder den Freund zu erschießen. Offenbar entschließt sich auch Walter kurzfristig zur Flucht in den Westen; er überlebt diese, sein Freund hingegen nicht.

In der audiovisuellen Inszenierung des Geschehens knüpft Monk nicht an die für SCHLACHTVIEH erprobten Verfahren an, sondern folgt vielmehr einem ANFRAGE ähnlich erscheinenden polyphonen Gestaltungskonzept, mit dem er seinen Vorbildern Brecht und Eisenstein eine Referenz erweist. Die Erzählung selbst ist achronologisch organisiert. Insgesamt sechs gegenwärtig situierte Zeugenaussagen bilden jeweils den Rahmen für eine Rückblende, innerhalb derer Schlüsselsituationen im szenischen Spiel dargestellt sind. Daraus ergibt sich eine Erzählstruktur, die weniger einem Aktschema folgt, denn sich als Abfolge von sieben, zwar aufeinander aufbauenden, aber relativ autonom wirkenden Sequenzen darstellt. Erneut finden sich diese durch Einblendungen von Titeltafeln unterbrochen. Sie sind als Zitate von u. a. Adolf Hitler, Walter Ulbricht oder Ernst Thälmann ausgewiesen und werden dazu eingesetzt, die anschließenden Verhörsituationen zu kommentieren. Die Verwandten der beiden Flüchtigen machen ihre Aussagen mit einem frontalen Blick in die Kamera. Teilweise scheinen sie sogar Augenkontakt mit dem Publikum aufzunehmen, das so perspektivisch in die Rolle ihrer Befrager versetzt wird, die nur als Stimmen aus dem Off in Erscheinung treten (als westdeutscher Kommissar Kurt-Otto Fritsch; Gert Haucke und Peter Lehmbrock als Männer vom Staatssicherheitsdienst).

Die Inszenierung verweist abermals selbstreflexiv auf die Form des Fernsehspiels und lässt die Kombination aus ästhetischen Mitteln des Theaters, des Hörspiels und des Films durch Kontraste deutlich hervortreten. Die Aussagenden sind hinter einem Tisch platziert, auf dem sich verschiedene Gegenstände befinden, die den Ort der Handlung nur andeuten: ein Telefon, eine Lampe und Schreibutensilien für die Amtsstuben oder eine gehäkelte Decke und Porzellan für den privaten Kaffeetisch. Währenddessen sind die Aussagenden in einer andauernden statischen halbnahen Kameraeinstellung und vor einem tiefschwarzen Bildhintergrund abgebildet, der sie und das zentrale Requisit mithilfe einer expressiven Ausleuchtung überdeutlich im Bild hervortreten lässt. Jede Rückblende wird durch Filmaufnahmen von realen Architekturen und Räumen eingeleitet, während die letzten Sätze der Aussagenden darüber als *voice-over* erklingen. Hektisch und zittrig, aus der Schulterkameraführung aufgenommen, ähneln diese Aufnahmen, für die wieder Horst Schröder verantwortlich zeichnet, an die Bildsprache der tagesaktuellen Berichterstattung oder der Dokumentationen für das Fernsehen. Zumeist sollen sie jedoch den Ort der Handlung nur andeuten. Die anschließenden Spielszenen sind wiederum in Studiokulissen umgesetzt, deren Künstlichkeit durch ein reduziertes Dekor und die Ausleuchtung offensichtlich ist. Diese Innenräume haben keine sichtbaren Wände, das Mobiliar markiert nur die Umrisse einer Wohnung innerhalb eines schwarzen Raumes, der allein deswegen auch als Bühne erscheint, weil die Kamera niemals das Gegenüber der abgebildeten Anordnung im Gegenschuss zeigt.

Der eigentlichen Spielhandlung vorangestellt ist eine beinahe fünfminütige Montagesequenz, die sich allein aus *found footage* zusammensetzt. Fotografien und kurze Filmausschnitte aus den Nachrichtenbeiträgen der TAGESSCHAU, Dokumentationen und Kinowochenschauen der Vorkriegsjahre sind dynamisch im Rhythmus von Instrumentalmusik angeordnet: An jene Bilder, die damals im Auftrag des SFB den Bau der Berliner Mauer für die aktuelle Berichterstattung in Westdeutschland dokumentierten, schließen Aufnahmen von Straßenkämpfen zwischen Nationalsozialisten in Uniform und kommunistischen Gruppen auf den Straßen Berlins an; auf frenetisch jubelnde Menschenmassen, die den Arm zum «Hitlergruß» erheben, folgen Ansichten der Konzentrationslager Buchenwald und Auschwitz, die NUIT ET BROUILLARD entnommen sind und wiederum übergehen in Bilder vom zerbombten Berlin und den Warnschildern der Sektorengrenzen.

Die Montagekomposition beruht zum einen auf der rhythmischen Steigerung der Schnittfrequenz. Ähnlich wie in KUHLE WAMPE ODER: WEM GEHÖRT DIE WELT wird in einer Wiederholungsschleife insgesamt drei Mal dasselbe formale Muster aufgenommen, nachdem sich in der Bilderfolge die durchschnittliche Einstellungslänge von zu Beginn sechs Sekunden auf drei bis eine Sekunde zum Ende hin verkürzt. Zum anderen zielt die Anordnung der Bilder jedoch auf die Herstellung von Konflikten im Sinne Eisensteins. Sie bedient sich, wie Eisenstein selbst es beispielsweise in der Treppensequenz in PANZERKREUZER POTEMKIN vorgemacht hat, sowohl «grafischer» Konflikte der Bildoberflächen – also unterschiedlichen Bewegungsrichtungen und Schattierungen innerhalb der Abbildungen – als auch Konflikten, die sich aus der Gegenüberstellung konträrer Bildinhalte ergeben, für die die Schlachtungssequenz in STREIK die Vorlage darstellt (Kap. 5).

38 MAUERN (1963): Aufmarsch der NS, Detail der einführenden Montagesequenz

39 MAUERN (1963): Aufmarsch der KPD, Detail der einführenden Montagesequenz

Somit finden sich im Vorspiel zu MAUERN zwei Grundmuster der Konfliktmontage zu einer komplexen Form kombiniert, die auf zu unterscheidende, hier aber ineinander greifende Rezeptionseffekte zielen: Die «grafische» Anlage der Bildfolge suggeriert, dass sich die marschierenden Nationalsozialisten und Kommunisten von rechts und links aufeinander zubewegen (siehe Abb. 38 u. 39). Extradiegetische Töne, die hier dergestalt mit den Bildern synchronisiert sind, als wären sie atmosphärische Originaltöne, unterstützen diesen Eindruck; teilweise sind sogar sich bewegende Münder zu sehen, während Parolen wie «Deutschland erwache!», die ersten Zeilen des «Horst-Wessel-Lieds», «Brüder zur Sonne zur Freiheit» und der «Internationalen» erklingen. Die Steigerung der Schnittfrequenz interpretiert die Bildfolge als Zuspitzung einer Konfrontation. Die Montage intensiviert die Spannung auf eine emotional wirksame Weise und entspricht damit dem *Pathos*-Konzept Eisensteins. Die Kombination dieser Bildfolgen mit den Aufnahmen vom Bau der Berliner Mauer hingegen schließt an die dialektisch gedachte *Intellektuelle Montage* an, nach der sich aus dem Zusammenprall von Konflikten des Bildinhalts ein abstrakter Bedeutungszusammenhang generieren kann, hier: dass die Teilung Deutschlands in einem Kausalzusammenhang zu den politischen Konflikten der Weimarer Republik steht, die in der Herrschaft der Nationalsozialisten und somit der Shoah mündeten, die im letzten

40 MAUERN (1963): Auschwitz-Birkenau, Aufnahme aus NUIT ET BROUILLARD (1956), Detail der einführenden Montagesequenz

41 MAUERN (1963): Grenzanlage BRD/DDR, Detail der einführenden Montagesequenz

Drittel der Montagesequenz durch die Ansichten von Konzentrations- und Vernichtungslagern repräsentiert wird. Auditiv ist diese Passage von der Stimme Joseph Goebbels überlagert: «*hier habe ich keine Gerechtigkeit zu üben, sondern nur vernichten und auszurotten, weiter nichts*» (Min. 0:36–0:43). Wenn daran erneut Bilder vom Mauerbau anschließen und Aufnahmen von russischen Soldaten inmitten der städtischen Trümmerlandschaft folgen, lässt sich daraus schließen, dass der Nationalsozialismus und seine Konzentrations- und Vernichtungslager ebenso die Vernichtung der deutschen Gesellschaft und die Zerschlagung des nationalstaatlichen Gefüges zur Folge hatten (siehe Abb. 40–41). Die Sequenz endet schließlich damit, dass eine unsichtbare Hand den letzten Stein in einem Mauerwerk platziert und darüber bildschirmfüllend in gefetteten Lettern der Titel das Fernsehspiels erscheint. Der Bau der Berliner Mauer, lässt sich folgern, ist also nur der vorläufige Abschluss der zurückliegenden historischen Entwicklung.

Genretypisch für die Ost-West-Erzählung thematisiert die Spielhandlung von MAUERN die Entscheidungsfindung für oder wider das Leben im Osten oder Westen. Darin gleichen sich die Produktionen dieser Zeit in der DDR und der Bundesrepublik (vgl. Hickethier 2002). Untypisch für ein westdeutsches Stück hingegen ist, dass es letztlich nicht die Einschränkung individueller Lebenswünsche als Grund für die Entscheidung Hans Nasts heraufbeschwört, die DDR zu verlassen. Zwar ruft die Erzählung durchaus das Motiv der «an der Mauer zu Schaden gekommenen Liebe» auf, spielt dieses aber keineswegs, wie Hickethier behauptet, als «melodramatische Konstruktion» aus (ebd.). Ähnlich wie KUHLE WAMPE daramturgisch mit dem Suizid des jungen Arbeiters verfährt (siehe Kap. 5), schildert MAUERN die potenziell emotional involvierende Passage als kurze Begebenheit am Beginn der Erzählung, um in ihrem weiteren Verlauf überhaupt nicht mehr darauf zu verweisen. Nicht das Liebesglück oder den Familienzusammenhalt inszeniert das Fernsehspiel durch die Mauer als bedroht. Vielmehr gerät die Grenzbefestigung inmitten der Stadt zum Symbol einer moralischen Bewährungsprobe, auf die die Männer der nachgeborenen Generation reagieren. Durch die Mauer sehen sie sich gezwungen, die Haltung ihrer Väter anzunehmen und die Geschichte sich so wiederholen zu lassen. «*Deutsche schießen auf Deutsche [...] seit aschgrauen Zeiten*», formuliert so auch der überlebende Flüchtige Walter Koslowski am Ende vor der westdeutschen Polizei bitter (vgl. Schumacher 2014).

Den Vorwurf «Deutsche schießen auf Deutsche», erklärte Monk, als er 1985 im Fernsehinterview zur Produktionsgeschichte von MAUERN befragt wurde, habe er sehr oft «von

Westberliner Seite aus gesprochen und hinübergerufen gehört», als er im Sommer des Jahres 1961 in Berlin gewesen war, um die Orte aufzusuchen, an denen die Grenzbefestigung nun die Stadt teilte. «Es wurde nicht geschossen, aber es wurde angenommen, dass es zu Schüssen wohl kommen würde» (Monk in: ORT DER HANDLUNG [1987], Min. 53:30–56:37). Den «Satz ‹Deutsche schießen auf Deutsche›» fand er «zwar naheliegend, aber ebenso falsch wie naheliegend». Daher wollte er mit MAUERN der Annahme, dass Deutsche zuvor nicht auf Deutsche geschossen hätten, widersprechen (ebd.).

Die Voraussetzungen des Fernsehspiels waren damit andere als die seines ostdeutschen Äquivalents, dem DEFA-Spielfilm ...UND DEINE LIEBE AUCH (1962, R.: Frank Vogel, B.: Paul Wiens), das den Bau der Berliner Mauer aus der Perspektive der DDR zum Thema machte und ein halbes Jahr vor der Ausstrahlung von MAUERN seine Kinopremiere feierte. Ihren Vorsprung verdankte die Produktion dem Umstand, dass die Ereignisse des 13. August 1961 die Dreharbeiten für einen anderes Filmprojekt des Regisseurs unterbrachen und er sich kurzfristig entschied, die Stimmung in Ostberlin zu dokumentieren. In stilistischer Hinsicht ist das Resultat äußerst innovativ. Die Bildästhetik zeigt sich an der Nouvelle Vague orientiert: in der Beweglichkeit der Kamera, einer Vorliebe für verkantete Perspektiven und kontrastreiche Zusammenstellungen von Aufnahmen aus der extremen Aufsicht mit solchen inmitten von Menschenmengen, die sehr nah an die Gesichter herangehen; ihre Kombination mit lyrischen Monologpassagen im *voice-over* verweist deutlich auf das Vorbild Alain Resnais. «DDR – mon amour» hätte Vogel seinen Film auch gern genannt (*Der Spiegel* 1962c: 113). Der Konflikt ist allerdings eher simpel gestrickt: zwei ungleiche Stiefbrüder verlieben sich in dieselbe Frau. Während der eine, Ulrich Settich (Armin Müller-Stahl), mit seiner Kampfgruppe an der Mauer seinen Posten bezieht, verführt sein Bruder Klaus Husemann (Ulrich Thein), der sich als Taxifahrer im Westen verdingt hatte, die begehrte Postbotin Eva (Kati Székely). Er entpuppt sich als brutaler Mann, der die Frau schlägt und, als sie von ihm schwanger wird, zur Abtreibung und zur Flucht in den Westen überreden will. Sie trennt sich und findet am Ende doch mit Ulrich zusammen, der zuvor noch die Republikflucht seines Stiefbruders verhindern konnte.

Ob Monk ...UND DEINE LIEBE AUCH gesehen hat, ist nicht bekannt. Seinen Angaben zufolge ist das Fernsehspiel MAUERN, mit dem er auf ein aktuelles Ereignis regieren wollte, vielmehr als eine Reaktion auf die – westdeutsche – Reaktion zu verstehen. So zeigt sich die audiovisuelle Inszenierung auch nicht interessiert, die Stimmung in der Stadt auszuloten. Zu Beginn der eigentlichen Spielhandlung finden sich die Worte der Passanten, die Monk im Sommer 1961 gehört haben will, als Stimmen im *voice-over* wieder, wenn die Kamera von der Oberbaumbrücke in Richtung der anliegenden Mietshäuser und wieder zurück schwenkt. In dieser Art Mauerschau ist auch die Flucht über die Spree, zu der die Spielhandlung an ihrem Ende zurückkehrt, inszeniert. Nur die Stimmen der Beteiligten sind zu hören, während die Kamera die Lichtspiegelungen des Stacheldrahts im Wasser fokussiert.

Dass der DEFA-Spielfilm seine Erzählung zur Legitimation der Mauer funktionalisiert, mag nun wenig überraschen. Fortwährend wiederholt sich in Gesprächen und inneren Monologen der Satz «*Irgendwo muss eine Grenze sein*», ähnlich wie sich in MAUERN der Ausspruch «*Deutsche schießen auf Deutsche*» als Verbalisierung der bereits im Vorspiel aufgezeigten Kontinuität leitmotivisch in den Dialogen wiederfindet. MAUERN möchte die Mauer erklären und dabei anscheinend nicht für das Leben im Westen propagieren. Vordergründig zielt das Fernsehspiel darauf, eine historische Entwicklungslinie nachzuzeichnen, die von dem Punkt des Scheiterns der demokratischen Ordnung in der Weimarer Republik zum Bau der Berliner Mauer am 13. August 1961 führt. Die deutsche Teilung wird somit nicht als Verfügung der alliierten Besatzung, sondern als Konsequenz der Geschichte interpretiert (vgl. Hickethier 1995a: 26). Diese Geschichte stellt sich als die Geschichte einer in sich gespaltenen Nation und einer Gesellschaft dar, die sich von innen heraus selbst zerstört. Die historische Narration, die damit entworfen wird, ist für den Zeitpunkt der Produktion des Fernsehspiels insofern bemerkenswert, als sie in der Konsequenz auch ein alternatives Erklärungsmuster für die Shoah bereitstellt, als das die deutsche Bevölkerung von Einzeltätern verführt wurde. Mithilfe seines typisierten Figurenensembles entwickelt MAUERN jedoch eine zweite historische Narration, das die zu diesem Zeitpunkt populäre Totalitarismus-These aufgreift, die Gemeinsamkeiten zwischen dem nationalsozialistischen und sowjetischen Regime betont (vgl. Siegfried 2000: 91 ff.).

Die Vaterfiguren, der Nazi-Aufsteiger Werner Nast und der kommunistische Arbeiter Paul Koslowski, gleichen sich durch ihre Lagererfahrung, ihrem dargestellten Verhalten und im Vokabular ihrer Rechtfertigungsbekundungen für das favorisierte System – im Streit mit seinem Vater formuliert Walter Koslowski diesen Umstand sogar offen als Vorwurf. Auch zeigen die Frauenfiguren, die den Männern zur Seite gestellt sind, dieselbe passive und entschuldigende Haltung. Die Unterschiede zwischen den Vätern erscheinen somit nur dadurch bestimmt, welche politische Gruppierung gerade an der Macht ist. Die wechselnden Besitzverhältnisse des Berliner Stadthauses, das beide Familien bewohnen, und die Platzierung ihrer Wohnstätten im Verhältnis von Oben und Unten drücken jeweils aus, welche Partei die Hegemonialmacht vertritt: Als sie das erste Mal aufeinander treffen, holt Paul Koslowski den verletzten Werner Nast aus dem Keller zu sich nach oben in die Wohnung. Zur Zeit der NS-Herrschaft bewohnt die Familie Nast die *Belle Etage* einer Stadtvilla, die Koslowskis hingegen sind im Keller desselben Hauses untergebracht. Nach dem Krieg wiederum finden sich die Nasts in dieser Kellerwohnung wieder, während die Koslowskis die obere Etage bewohnen. Geändert hat sich in der Wohnung nur wenig, statt eines röhrenden Hirschs zieren nun Lenin und Stalin den Bilderrahmen an der Wand (siehe Abb. 42–43). Die Söhne dieser Familien aber treffen nur an öffentlichen Orten zusammen: auf der Straße und in einem Café. Im Gegensatz zu den privaten Wohnungen sind diese Orte nicht zum Verweilen bestimmt, sondern solche des Übergangs, die somit die gedankliche Flexibilität und das Entwicklungspotenzial der jüngeren Generation symbolisieren können (vgl. Schumacher 2013: 307 ff.), während die Platzierung der Eltern auch die festgefahrene Haltung ihrer Generation unterstreicht.

Mit seinem Totalitarismus-Vergleich spielt MAUERN den aus ostdeutscher Perspektive häufig und nicht zu unrecht erhobenen Vorwurf, das Leben in der Bundesrepublik würde weiterhin von Nazis bestimmt, in Richtung der DDR zurück. Dieser Staat, daran lässt das Fernsehspiel kaum Zweifel, befördert bei seinen Bürger*innen dieselben Haltungen wie der NS-Staat zuvor. Wollten der Autor und der Regisseur also auf eine anti-sowjetische oder sogar eine anti-kommunistische Botschaft hinaus? 1963, als ein politisches Denken in Blöcken noch sehr verbreitet war (vgl. Doering-Manteuffel 2000: 326; 332), konnte man es sicherlich so verstehen. Dazu ist ergänzend zu bemerken, dass die Idee der ‹Singularität des Holocaust› zu diesem Zeitpunkt noch nicht etabliert war und die Ent-Konkretisierung und De-Historisierung der Shoah, die die Fernsehspielerzählung mithin beinhaltet, als symptomatisch für den damaligen Diskurs angesehen werden darf (vgl. Diner 2011).

Das Aufgreifen der Totalitarismus-These könnte einen konkreten Grund darin haben, dass der Co-Drehbuchautor Gunther R. Lys, der von 1942 bis 1945 im KZ Sachsenhausen und dessen Außenlager Lieberose inhaftiert gewesen war, nach der Befreiung die Umfunktionierung von Lieberose in ein sowjetisches Internierungslager erlebt hatte. Dass die neuen Machthaber im Speziallager Jamlitz nun Kriegsgefangene an demselben Ort in Haft hielten, an dem die Nazis zuvor Regimegegner und Juden gequält, ermordet und ihre Deportation nach Auschwitz vorbereitet hatten, begriff er als historisches Unrecht (siehe Weigelt 2007: 263). 1949 hatte er diesen Eindruck auch sehr deutlich in einem Brief an seine Jugendliebe Ruth Chwolles-Reisner in Israel formuliert: «Nun verkehren sich die Verfolgten und Unterdrücker von gestern in die Unterdrücker und Verfolger von heute» (zit. n. ebd.). Auch Monks vielzitierter Aufruf zur Skepsis gegenüber der Staatsmacht ließe sich in dieser Richtung ausdeuten. Bislang ist er immer vor dem Hintergrund seiner antifaschistischen Agenda interpretiert worden. Im Hinblick auf dieses Fernsehspiel eröffnet sich jedoch die Möglichkeit, dass er damit ebenfalls die DDR im Blick gehabt haben könnte (vgl. Schumacher 2014: 24). Allerdings erweisen sich Monk und Lys nicht als Kalte Krieger, die die Bundesrepublik als den zweifellos besseren Staat hinstellen. Schließlich müsse jeder Bundeswehrsoldat bereit sein, «*auf seine Landsleute diesseits der Elbe zu schießen*», sagt Walter Koslowski, als er am Ende des Fernsehspiels vor der westdeutschen Grenzpolizei aussagen muss. «*Ist das schlimmer als Deutsche auf Russen, Russen auf Ungarn, Italiener auf Griechen?*», fügt er später hinzu. «*Wo waren Sie Soldat, Herr? [...] Welche Konsequenz haben sie gezogen? Ich vermute: keine. Ich bin desertiert. Das war meine Konsequenz*» (Min. 1:19:10–1:20:31). Scheinbar Augenkontakt aufnehmend wenden sich seine Worte mahnend an das westdeutsche Publikum. Ein pazifistischer Aufruf steht somit am Ende des Fernsehspiels.

42 Mauern (1963): Szenenbild der Wohnung Nast; der NSDAP-Aufsteiger Werner Nast (Siegfried Wischnewski) und sein Parteifreund Prützmann (Max Buchsbaum)

43 Mauern (1963): Szenenbild der Wohnung Koslowski; Walter Koslowski (Hartmut Reck) und sein Vater, der SED-Funktionär Paul Koslowski (Ernst Ronnecker)

4.

Die Vorbildfunktion des epischen Theaters (vgl. Hickethier 1995a) respektive des Musterbeispiels seiner Übertragung in die Form des Films, Kuhle Wampe, tritt in der Reihe der «zeitkritischen» Fernsehspiele von 1962/63 tatsächlich sehr prägnant hervor. So bedient sich Monk in der audiovisuellen Inszenierung zum Teil derselben Mittel, die er als Assistent Brechts am Berliner Ensemble kennengelernt hatte. Dazu gehören die direkte Ansprache des Publikums durch die Darsteller*innen oder die bühnenhaft-reduzierte Szenenbildgestaltung, mit der er in Anfrage und Mauern dem *Prinzip der Auswahl*

Rechnung trägt (vgl. Bartosch 2017) und so jeweils den modellhaften Charakter des Fernsehspiels betont. Mit dem Einsatz von Titeltafeln zur Unterbrechung der Spielhandlung nimmt er wiederum ein Mittel auf, das Brecht aus der Form des Stummfilms übernommen hatte, und führt es in die audiovisuelle Form zurück. Im Hinblick auf den vielfältigen Einsatz ästhetischer Mittel lässt sich das Gestaltungskonzept der «zeitkritischen» Fernsehspiele zudem als «polyphon» (Gersch 1975: 55) bezeichnen.

Die Basisidee der «zeitkritischen Fernsehspiele» bildet die Figur des Kontrasts. Diese findet sich nicht allein in den Montagesequenzen realisiert, die allem Anschein nach Eisensteins Konfliktmontagen adaptieren, sondern bildet in allen drei Fernsehspielen ein durchgängiges Prinzip der Gestaltung: in ANFRAGE und MAUERN ist es der Gegensatz zwischen den Spielsituationen auf der simulierten Bühne und den dokumentarisch anmutenden Außenaufnahmen, in SCHLACHTVIEH der Widerspruch zwischen der extremen Wirklichkeitsnähe des Szenenbildes und der Künstlichkeit in der Sprache der Dialoge. In der Filmtheorie Eisensteins ist die Figur des Kontrasts untrennbar mit marxistischer Überzeugung verbunden (vgl. Lenz 2006). Nicht aber in einer philosophischen Übereinstimmung in dieser Hinsicht, sondern vielmehr in dem forminnovativen Potenzial dieses Gestaltungprinzips ist Monks Anknüpfungspunkt an die sowjetische Filmtheorie zu finden: Offenkundig bedient er sich der Konfliktmontage als filmrhetorischem Mittel, um kausale Zusammenhänge zu evozieren und auf Widersprüche in der Gesellschaft aufmerksam zu machen. Die kontrastreiche Kombination von Studio-Innen und filmischem Außen dient dazu, die Modellhaftigkeit der Spielhandlung hervorzuheben und gleichzeitig das Modell an die Realität rückzubinden. Darüber hinaus tritt in dieser Verfahrensweise jedoch ein parodistisches Moment zu Tage, das sich auch in der Dramatik Brechts findet (vgl. Mayer 1996c: 314 f.). Es liefert einen ironischen Kommentar zu der dominanten Konvention, das Fernsehspiel als «Illusionstheater in elektronischen Studioinszenierungen» zu zeigen, obwohl das Medium, wie bereits Hickethier konstatierte, in seiner Präsentation «über eine ganz andere Vielfalt an ästhetischen Mitteln verfügte» (1995a: 30). Mithilfe des Kontrasts parodiert Monk daher die überkommene Form des Fernsehspiels, das in seiner medialen Umgebung immer mit dem Realitätseindruck dokumentarischer Beiträge konfrontiert ist.

Monks «zeitkritische» Fernsehspiele tragen deutliche Züge eines Experiments. Sie sind gleichermaßen als Beitrag zur Kunst gemeint wie sie im Anschluss an Brecht dazu funktionalisiert sind, «Klärung zu bewirken – und durch die Klärung schließlich Veränderung der Umstände» (Mayer 1996c: 317). Der Vorlage KUHLE WAMPE ähnlich, sollen durch die abwechslungsreiche Kombination verschiedener ästhetischer Verfahren «auf spielerische und gleichzeitig aggressive Weise die ‹Beziehungen zwischen den Erscheinungen der Wirklichkeit›» (Gersch 1975: 55.) offen gelegt werden. Im Unterschied zu dieser thematisieren ANFRAGE, SCHLACHTVIEH und MAUERN jedoch nicht den Zusammenhang zwischen Ökonomie und Machtverteilung und agitieren auch nicht im engeren Sinne, sondern führen gesellschaftliche Konstellationen in der Bundesrepublik der Gegenwart auf historische Kontinuitäten zurück. Vergleichsweise ‹aggressiv› fordern sie darüber jedoch die Zuschauer*innen zu einer Haltungsänderung in Bezug auf die angesprochenen Themen auf. Von der Fachkritik wurden sie seinerzeit auch durchaus in dieser Weise aufgenommen: Monks «künstlerische Intelligenz» werde nicht von der Aktion, sondern von der These in Bewegung gesetzt – «die Anstalt, die er zu einem großen Teil in den Händen hält, ist ein einziges großes Besserungsinstitut für Deutschlands sündigen Teil», konstatierte etwa der etablierte *Zeit*-Kritiker *lupus* in seinem Beitrag zu MAUERN (siehe 1963). Wie «fast immer» sei das Ergebnis «zwiespältig», aber dennoch «im höchsten Maße sehenswert» (ebd.). Der Drehbuchautor Oliver Storz hingegen störte sich an den offensiv belehrenden Tendenzen der Monk'schen Regiearbeiten. «[Das] wird ein bißchen sehr Praeceptor Germaniae», urteilte er und meldete Zweifel darüber an, dass «der geometrische Ort der zukünftigen Gattung Fernsehspiel», nach dem Autoren wie er suchten, «im Bereich einer Stilart liegen» könne, «die ihren künstlerischen Effekt dort erreicht, wo Fernsehspiel im Grunde gar kein Spiel mehr sein will, sondern nur durch Spielelemente gerade noch kaschierter Leitartikel» (Storz [1963] 1979: 140 f.). Daher «bedürfte [es] eines fernseheigenen Brechts», fuhr Storz mit einem Seitenblick auf dessen erklärten ‹Schüler› fort, um die Divergenzen zwischen dem Anspruch auf Aufklärung und der primären Funktion des Fernsehspiels, «zu unterhalten», zu vereinigen. «Es gibt ihn nicht», lautete sein anschließendes Urteil (ebd.).

5.

Ab 1964 nahm sich Monk mit vier weiteren Produktionen in Eigenregie noch einmal dieselben Themen vor, die die Reihe der Fernsehspiele von 1962/63 bestimmt hatte. Die Bildsprache dieses zweiten Durchgangs ist allerdings in radikaler Weise anders. Die in erkennbarer Analogie zum epischen Theater konzipierten Strategien der Verfremdung treten zugunsten einer audiovisuellen Inszenierung zurück, die in der Gestaltung des Szenenbildes und im Einsatz der filmischen Mittel sehr viel stärker die Atmosphäre der dargestellten Situationen betont. Beginnend mit WILHELMSBURGER FREITAG realisierte Monk seine Filme nun zu größeren Teilen an vorgefundenen *locations* bzw. ließ die Filmarchitekten Kirchhoff und Becker weiterhin Studiokulissen bauen, die die Wirklichkeit so perfekt imitierten, dass kein Unterschied zwischen vorgefundener und gebauter Kulisse erkennbar ist. Diese Verfahrensweise, die vor allem im Hinblick auf Brechts Ablehnung der naturalistischen Bühnenbildgestaltung zu irritieren vermag, lässt auf eine entscheidende Richtungsänderung in Monks Definition von realistischem Fernsehspiel schließen, die sich mithin nicht länger an den Bühnendarbietungen des epischen Theaters, sondern vielmehr primär an filmischen Produktionen, also Kinospielfilmen oder Dokumentationen orientiert zeigt. Monks Formulierungen im Interview gegenüber Christoph Winkler können diese Einschätzung bestätigen: im Unterschied zu den «frühen Fernsehstücken», in denen er «Experimente mit der Dekoration» erprobt hatte, bestimmt er dort seine anschließenden Regiearbeiten explizit als «Filme im konventionellen Sinne» (siehe Winkler 2001: 225). Auch sei er schließlich zu der Überzeugung gelangt, «dass der Film authentizitätssüchtig ist» und die «vollständige Wirklichkeit braucht» (ebd.: 229). Die Berücksichtigung von Brechts Prinzip der Auswahl bliebe infolgedessen fortan auf die Kameraarbeit beschränkt (ebd., vgl. Bartosch 2017: 179 f.).

Die rückblickende Äußerung Monks zu einer, mit der Produktion von SCHLACHTVIEH[15] einsetzenden und sich später verfestigenden Einschätzung der Medialität seiner Ausdrucksform ist nicht der einzige Anhaltspunkt, der auf eine Re-Orientierung in der Frage nach einer realistischen Erzählung und Darstellung im Fernsehen hindeutet, die sich in seinen Regiearbeiten zwischen 1964 und 1966 ausdrückt. Bei Fachkritiker*innen riefen deren formal-ästhetische Qualitäten seinerzeit Assoziationen zum italienischen Nachkriegskino hervor (vgl. Trappmann 1966, Ross 1966: 119 ff.), und auch Regiekollegen wie

---

15 Bemerkenswert ist, dass Monk an dieser Stelle seine stilistische Entwicklung selbst verkürzend darstellt. Offenbar ging er 2001 davon aus, dass sich niemand an die Ästhetik seiner Fernsehspiele von 1958 erinnern würde, die ebenso keine «Experimente mit der Dekoration» aufweisen.

Rolf Hädrich oder Horst Königstein meinten, als sie im Rückblick ihren Eindruck zu WILHELMSBURGER FREITAG beschrieben, einen neorealistischen Ansatz zu erkennen (siehe FAKTEN [2001], Min. 11:40). Dieser Charakterisierung lohnt es sich etwas ausführlicher nachzugehen. Dem neorealistischen Spielfilm darf ein zentrale Bedeutung für das europäische Filmschaffen in dieser Zeit zugesprochen werden, und seine Ästhetik konnte bis heute unsere Vorstellung von Realismus im Film maßgeblich prägen (vgl. Kirsten 2013: 241). Dass Monk – der jedes Interesse an cineastischen Entwicklungen abstritt (siehe Delling 1963) – von dieser Strömung unbeeinflusst blieb, erscheint unwahrscheinlich. Die wirkungsästhetischen Prämissen, die André Bazin zufolge diesen ‹neuen Realismus im Film› auszeichnen, sind jedoch nur bedingt mit jenen kompatibel, die Brecht für das epische Theater aufstellte und widersprechen somit auch jenen, die sich im Anschluss daran für einen realistischen Film *im Sinne Brechts* postulieren lassen. Das heißt, wenn Monk neorealistisches Erzählen adaptierte, musste er sich damit zugleich in konzeptionelle Widersprüche verstricken.

9 Der neue Realismus und der Film

1.

Der Neorealismus italienischer Prägung war ein transmediales Phänomen, das sich in Fotografie, Film und Literatur ausdrückte (Ölschläger et al. 2012: 8). Für die Begriffsverwendung hat sich jedoch weitestgehend der filmische Referenzpunkt durchgesetzt, weil sich einige der italienischen Nachkriegsproduktionen mit einem Paradigmenwechsel im Verständnis von Realismus im Film «nach den Avantgarden» assoziieren lassen (Perrone Capano 2012: 88).[1] Vittorio de Sicas LADRI DI BICICLETTE (1948, dt. FAHRRADDIEBE) gilt unter diesen als «neorealistischer Film par excellence» (Chiellino 1979: 29). All jene Elemente, «die man je nach Standpunkt für seine Definition des Neorealismus benötigt», erläutert Carmine Chiellino, lassen sich in diesem Film ausmachen: ein «volkstümliches Ambiente, viele Massenszenen, Armut [und, JS] Ansätze zur Sozialkritik»; die Dreharbeiten wurden «mit Laiendarstellern in echter Umgebung und ohne Tricks» umgesetzt, und das Szenario basiert auf dem Drehbuch Cesare Zavattinis, eines «Theoretiker[s] des Neorealismus» (Chiellino 1979: 29 f., vgl. Bordwell/Thompson 1990: 396, Glasenapp 2012).

In seiner Hinwendung zu den sozialen und regional spezifischen Milieus insbesondere der Landbevölkerung sowie in seinem Bemühen, möglichst lebensechte Szenenbilder und Charaktere zu entwerfen, knüpft der Neorealismus an den italienischen Zweig der realistischen Tradition, den Verismus (z. B. Giovanni Verga und Luigi Capuana) an, der sich wiederum konzeptionell unter anderem auf den französischen Naturalismus Émile Zolas berief. Während dieser jedoch eine neutrale Erzählhaltung einzunehmen bestrebt war, forderte der Verismus eine Standortbestimmung des Autors ein. Dieser Anspruch gewann im Neorealismus eine zentrale Bedeutung (vgl. Perrone Capano 2012: 90). Ohne sich auf ein gemeinsames Manifest zu berufen, speiste sich sein künstlerischer Ausdruck aus einer anti-faschistischen und einer anti-bürgerlichen Widerstandshaltung (vgl. Chiellino 1979: 20–25). Bekannte Schriftsteller des Neorealismus wie Cesare Parvese und Italo Calvino wiesen der literarischen Opposition eine konkrete Aufgabe in der *Resistenza* zu (ebd.: 24, siehe auch Eitel 1979), und einige unter ihnen, wie Zavattini, engagierten sich ab 1932 ebenfalls für den Film. Sie verfolgten dabei das erklärte Ziel, eine Alternative zu den staatlich finanzierten Unterhaltungsfilmen, den Historienepen und als *Telefoni Bianchi* bezeichneten Melodramen zu realisieren, die – ähnlich wie die deutschen Spielfilme während des Nationalsozialismus – die Propaganda nicht immer offen an der Oberfläche markierten, sondern die faschistischen Ideen von Gesellschaft, Nation und Familie hinter opulenten Settings verborgen zu vermitteln suchten. Aus dieser Oppositionshaltung

---

1 Die Herkunft der Bezeichnung ist nach wie vor unklar. Auch konnte die Filmwissenschaft bislang – gleichwohl es sich um ein gut erfasstes Forschungsfeld handelt – weder einen Konsens über die exakte zeitliche Eingrenzung des Phänomens noch über die Extension des neorealistischen Korpus erzielen (vgl. Kirsten 2013: 240, Anm. 70).

heraus realisierten beispielsweise Michelangelo Antonioni 1942 sein Erstlingswerk, den dokumentarischen Kurzfilm GENTE DEL PO (dt. MENSCHEN AM PO), und Luchino Visconti im selben Jahr den Spielfilm OSSESSIONE (dt. BESESSENHEIT) (Chiellino 1979: 21). Die «Inkubationszeit» des filmischen Neorealismus ist deswegen Chiellino zufolge während der letzten Phase des Faschismus zu verorten (ebd.). Zu seiner Entfaltung kam der Stil jedoch erst nach dem Sturz Benito Mussolinis 1943 und unter den spezifischen Bedingungen der ersten Nachkriegsjahre.

In der Forschung wird der Neorealismus als eine «mit einem gewissen Pathos versehene Reaktion» auf die Widerstands- und Kriegserlebnisse in Italien gedeutet. Diese «radikalisier[te] Erfahrung des Entzugs metaphysischer Gewissheiten, über die schon der Realismus des 19. Jhs. reflektierte», wie Claudia Öhlschläger ihren Sammelband einleitet, habe «Konzepte der Sichtbarmachung des Realen» hervorgebracht, die «die Beschreibung alltäglicher Dinge, die Schilderung von peripheren Lebensräumen und Lebensumständen ‹kleiner Leute›» umfasse und «Erzählformen des Dokumentarischen und Chronikalischen» provoziert (2012: 8 f.). Die Gründe, warum Regisseure wie Roberto Rossellini ihre Filme auf den Straßen, Plätzen und in den Privatwohnungen Roms umsetzten, lagen allerdings nicht allein in einem geteilten «Bedürfnis nach Wahrheit», wie es etwa Antonioni retrospektiv behauptete (siehe Chiellino 1979: 24). Sie hatten kaum eine Alternative, da die Filmstudios in Cinecittà zu großen Teilen im Krieg zerstört worden waren. Auch mangelte es an Filmmaterial und Equipment. So rührt die raue, dokumentarisch anmutende Bildästhetik von ROMA, CITTÀ APERTA (dt. ROM, OFFENE STADT, 1945) und PAISÀ (1946) unter anderem daher, dass unter den gegebenen Umständen die klassische Drei-Punkt-Ausleuchtung der Szenerien nicht umsetzbar war. Gleichzeitig erlaubten die Dreharbeiten jenseits gebauter Studiosets eine freiere Handhabung der Kamera und einen größeren Spielraum in der Kadrierung (vgl. Bordwell/Thompson 1990: 396).

Obwohl nur ein kleiner Anteil der italienischen Filmproduktion zwischen 1945 und etwa 1952 einer programmatischen Ausrichtung des Neorealismus folgte, konnten die Erzählformen und die Bildästhetik dieser Filme einen forminnovativen Einfluss auf das europäische Kulturschaffen entfalten. Dieser erstreckte sich insbesondere auf die ‹neuen Wellen› des französischen und britischen Spiel- und Dokumentarfilms, konnte sich beispielsweise aber auch in die deutsche Nachkriegsliteratur, etwa in das Werk von Alfred Andersch verästelten (siehe Perrone Capano 2012, vgl. ÄG: 191 ff.).[2] Zum Zeitpunkt seiner Produktion war der Neorealismus allerdings kein populäres Publikumsphänomen (Glasenapp 2012: 183). Seine Bedeutung für die Filmgeschichte verdankt der Stil der Aufmerksamkeit, die er in cineastischen Kreisen, unter Filmpraktiker*innen und kinobegeisterten Intellektuellen vor allem in Frankreich erfuhr (Bordwell 1997: 47 f.). Die «ausstrahlende Kraft» (Gian Piero Brunetta zit. n. Perrone Capano 2012), die der Neorealismus für den europäischen Film und darüber hinaus entwickeln konnte, liegt – neben seinen unbestreitbaren ästhetischen Qualitäten – in der emphatischen Aufnahme durch dieses Publikum und eine neue Form der Filmkritik begründet, die sich bis dato in Frankreich ausgebildet hatte. Seinen einflussreichen Fürsprecher fand der Stil in André Bazin (Bordwell 1997: 48 ff.), der 1951 mit Jacques Doniol-Valcroze die *Cahiers du cinéma* gründete – jene Fachzeitschrift, unter deren Dach die Karriere einiger der bekanntesten Regisseure der Nouvelle Vague ihren Anfang nahm. Da Bazins Schriften auch das akademische

---

2   Die Verbreitung der neorealistischen Literatur schätzt Wolfgang Eitel – von einem «kleinen Boom» zwischen 1955 und dem Beginn der 1960er-Jahre abgesehen – allerdings als marginal ein (1979: 47–58, bes. 56).

Verständnis des Neorealismus nachhaltig prägten, ist «der Neorealismus der internationalen Filmwissenschaft», wie Jörn Glasenapp konstatiert, heute noch immer zu großen Teilen «Bazins Neorealismus» (2012: 176).[3]

2.

Die Grundlage für Bazins Einschätzungen zum Neorealismus bilden die Thesen, die er in *Ontologie des photographischen Bildes* ([1945] 2009a) entwickelt. Wie Siegfried Kracauer betrachtet Bazin den Film in einer genealogischen Reihe mit der Fotografie (vgl. Kracauer 1985: 11–13). Aus dem physikalisch-chemischen Entstehungsprozess der fotografischen Aufnahme leitet Bazin «protosemiotisch» (Kirsten 2013: 97) ein spezifisches Verhältnis zwischen dem fotografischen Bild und dem Gegenstand seiner Abbildung ab, der «wie ein Fingerabdruck» die Spur seiner Existenz im Bild hinterlasse und darüber auch die Zeit «[ein]balsamiert» (Bazin 2009a: 39, vgl. Glasenapp 2012: 166 f., kritisch hierzu Kirsten 2013: 93–96). In dieser Qualität liegt nach Bazin zum einen der Realismus *des* Films begründet, womit ein Rezeptionseffekt gemeint ist, der sich spontan und unabhängig vom Sujet der Darstellung einstellt (Bazin 2009a: 37; [1951] 2009b: 194 f.). Zum anderen schließt er von der fotografischen Qualität ausgehend auf eine «realistische Bestimmung der Filmkunst» (Bazin [1951/52/55] 2009c: 109). Die Erfüllung des medialen Potenzials, die Kontinuität von Raum und Zeit sichtbar zu machen, ist in Bazins Sinne das Telos der *Entwicklung der Filmsprache* (2009c) und bildet somit auch die Grundlage seiner Bewertung von filmischen Gestaltungsmitteln.

In seinen Filmbesprechungen und stilgeschichtlichen Einschätzungen hob Bazin diejenigen Qualitäten des Films hervor, die zuvor als geeignet gegolten hatten, ihm seinen Kunstcharakter abzusprechen. In positiver Konnotation definierte er den Film als ein *Wirklichkeit abbildendes Medium* und als eine dem Roman und dem Drama verwandte *narrative* und *populäre Kunstform*. Damit stellt er, wie David Bordwell pointiert, die zuvor geltende «Standardversion» der Filmstilgeschichtsschreibung auf den Kopf: Diese Einschätzung wandte sich explizit gegen das Ideal des sowjetischen Stummfilms und den damit assoziierten Auffassungen zur artifiziellen Filmgestaltung, um im Gegenzug die Erzähl- und Darstellungstechniken aufzuwerten, die das Hollywoodstudiosystem nach der Etablierung des Tonfilms perfektioniert hatte (Bordwell 1997: 50–56). So hatte Bazin zufolge dieser Stil 1938/39 im Gebrauch seiner Mittel ein Stadium «klassische[r] Vollkommenheit erreicht» (2009c: 97). Orson Welles CITIZEN KANE (1941) und THE MAGNIFICENT AMBERSONS (1942) sowie William Wylers THE LITTLE FOXES (1941) und THE BEST YEARS OF OUR LIVES (1946) galten ihm als hervorragende Beispiele dafür (Bazin 2009c: 101). Folglich bedeute der Ton, heißt es in einem polemischen Seitenblick auf das Manifest der sowjetischen Filmtheoretiker Sergej M. Eisenstein, Wsewolod I. Pudowkin und Grigorij W. Alexandrow, nur «für eine bestimmte Ästhetik der Filmsprache den Tod», nämlich für diejenige, «die sich am weitesten von der *realistischen Bestimmung des Films* entfernt» hatte (ebd.: 108, Herv. JS).

In der Auseinandersetzung mit dem Kino entdeckte Bazin, ebenso wie weitere Vertreter der französischen Filmkritik, ein Mittel der Gestaltung als besonderes Qualitätsmerkmal: *la profondeur de champ* – womit im damaligen Diskurs sowohl eine tiefenscharfe Aufnahme (*deep focus cinematography*) als auch ein gestaffeltes Arrangement von Objekten innerhalb ihres Repräsentationsraums (*deep-staging*) gemeint sein konnten, die in einer

---

[3] Zur Editions- und Rezeptionsgeschichte von Bazins Schriften in Deutschland siehe Fischer 2009: 13 ff.

totalen Kameraeinstellung und in langer Dauer (*long shot*) realisiert sind (Bordwell 1997: 56). Nach der dominanten Lehrmeinung galt dies als ein theatral anmutendes Verfahren der Gestaltung, das durch die Montage überwunden worden war. Bazin zufolge erweitere jedoch genau dieses ästhetische Verfahren, wie es sich in den Werken von Wells und Wyler realisiere, das Set der Ausdrucksmittel in einem entscheidenden Maße: Während die Montage in der filmischen Auflösung einer Situation eine künstliche Wirklichkeit erschaffe – argumentiert er im Einklang mit der Philosophie Maurice Merleau-Pontys und Jean Paul Sartres –, entspräche *la profondeur de champ* der menschlichen Wahrnehmung und würde daher ihre Erfahrungsrealität repräsentieren (ebd.: 56 ff.). Für Bazin ist deswegen, erstens, «die Struktur des Bildes, unabhängig von seinem Inhalt, realistischer» (Bazin 2009c: 103). Zweitens wird den Rezipient*innen, anstatt ihren Blick durch analytisch montierte Bildfolgen zu führen, die Freiheit der eigenen Interpretation zugestanden. Drittens führte das ästhetische Verfahren die *Möglichkeit* in die filmische Repräsentation ein, der *Mehrdeutigkeit der Welt* Ausdruck zu verleihen – etwas, das die Montage ihrem Wesen nach nicht leisten könne (ebd.: 104, Herv. JS).[4] In den Spielfilmen des italienischen Neorealismus wiederum meinte Bazin, diese phänomenologische Qualität auf besondere Weise respektiert zu sehen (ebd.: 105).

Bazins Filmkritiken betrachten den neorealistischen Spielfilm in einer sehr spezifischen Weise. Materialistisch argumentierende Kritiker pronsierten eher die Sujets, die die italienischen Produktionen zu ihrer Zeit von dem konventionellen Unterhaltungskino abhoben (vgl. Kirsten 2013: 219 ff.). Bazin hingegen berief sich, wie Gilles Deleuze im ersten Kapitel über *Das Zeit-Bild* (frz. 1985) hervorhebt, «auf die Notwendigkeit formalästhetischer Kriterien», um auf dieser Basis den Neorealismus als neue Form der Repräsentation von Realität zu definieren (ZB: 11). Die Differenzqualität des neorealistischen Spielfilms ist somit nach Bazin auch nicht in der Handlung zu suchen (Bazin [1948] 2009d: 302) – und letztlich auch nicht in «volkstümliche(m) Ambiente» oder «Ansätzen zur Sozialkritik» (vgl. Chiellino 1979: 29). Sie aktualisiert sich vielmehr in den Erzähl- und Darstellungsstrategien, die sich sowohl von der klassischen Filmerzählung des Hollywoodkinos als auch der politisch motivierten Ästhetik der Stummfilm-Avantgarde der 1920er-Jahre unterscheiden.

Das erste charakteristische Merkmal des neorealistischen Spielfilms betrifft die Dramaturgie: In der Organisation der Ereignisse orientiert sich die neorealistische Filmerzählung, wie Bazin feststellt, nicht am klassischen Dramenaufbau, sondern bedient sich «romanhafter» Erzählweisen, die sich nicht allein durch eine episodische Anlage auszeichnen, sondern ein gleichsam ausschweifendes Moment beinhalten (Bazin [1948] 2009e: 349).[5] Nicht alle Elemente der Erzählung lassen sich der strengen Ökonomie von dramatischen Erfordernissen unterordnen, wie es etwa für den klassischen Hollywoodstil kennzeichnend ist, und die Verknüpfung der erzählten Episoden ist auch nicht durch

---

4 Da Guido Kirsten zufolge die letzte Prämisse auf «problematischen metaphysischen Axiomen» (2013: 99) basiert, sieht er eine Notwendigkeit, sie ohne diesen «Ballast zu refomulieren und die tiefenscharfe Plansequenz als insofern realistischer zu erachten, als sie den realen Wahrnehmungs- und Kognitionsbedingungen näher kommt, als die analytische Auflösung in einzelne kurze Einstellungen (ebd.). Damit reagiert Kirsten allerdings nicht auf die pronsierte Problematik, ob Realität einheitlich sei. Wesentlich fragwürdiger erscheint mir an dieser Stelle auch, dem Verfahren der Montage grundsätzlich die Möglichkeit ambivalenter Bedeutungsproduktion abzusprechen.

5 «Romanhaft» lässt sich diese Erzählweise auch deswegen auffassen, weil die von Bazin genannten ästhetischen Verfahren mit denjenigen vergleichbar sind, die aus semiotischer Perspektive die realistische Literatur auszeichnen. Siehe hierzu Zeller [1980]1987: 566–570.

die Ziele und Wünsche der Protagonist*innen bestimmt (Bazin 2009d: 314, vgl. Bordwell et al. 1985: 12–40). Im Unterschied zur politisch motivierten Ästhetik des sowjetischen Stummfilms wiederum ist die Ereignisfolge der neorealistischen Filmerzählung in der Regel nicht konfliktprovozierend angelegt. Sie bietet sich vielmehr als eine Kette von «Tatsachen-Bildern» dar, die nicht ineinandergreifen wie «eine Kette auf einem Zahnrad», sondern in der Rezeption den Verstand springen lassen, «wie man von Stein zu Stein hüpft, um einen Bach zu überqueren» (Bazin 2009d: 319). Filme wie LADRI DI BICICLETTE, LA TERRA TREMA (dt. DIE ERDE BEBT, I 1948, R.: Luchino Visconti) oder UMBERTO D (I 1952, R.: Vittorio De Sica) lassen sich deswegen weder auf einen zentralen dramatischen Konflikt noch eine spezifische Botschaft festschreiben; sie wirken wie eine Abfolge von gleichwertig gewichteten «konkreten Augenblicken des Lebens» (vgl. Bazin [1952] 2009f: 377).

Die zweite markante Besonderheit des neorealistischen Spielfilms liegt in der Art und Weise der Repräsentation des Geschehens. Das Wesen der einzelnen «Tatsachen-Bilder» besteht für Bazin darin, dass sie «die Wirklichkeit in ihrer tatsächlichen Kontinuität auf die Leinwand» bringen und dafür die Montage auf ein Minimum reduzieren (2009c: 106 f.). Sie lassen voneinander unabhängige Handlungen verschiedener Figuren in einem Bildausschnitt gleichzeitig ablaufen oder folgen den Ausführungen einer Einzelnen, ohne sie mithilfe von Ellipsen zu raffen oder auf ihr Ergebnis hin dramatisch zuzuspitzen (2009d: 329 f.). Eine besondere Leistung des neorealistischen Films liegt für Bazin überdies darin, dass sie die sinnlichen Qualitäten räumlicher Bedingungen herausstellen und Handlungen beschreiben, «ohne sie aus ihrem materiellen Kontext zu lösen und ohne die menschliche Eigentümlichkeit zu verwischen, mit der sie verzahnt ist» (Bazin 2009d: 322).

Das Ziel des neorealistischen Spielfilms ist nach Bazin nicht, eine spezifische ‹Botschaft› zu vermitteln, sondern in einer Registratur der Realität in ihren verschiedenen Facetten. Demgemäß würden Figuren und Ereignisse auch nicht auf ihren Symbolwert reduziert. Während beispielsweise in Eisensteins BRONENOSETS POTYMKIN (dt. PANZERKREUZER POTEMKIN) die ausfahrende Flotte der Schifferbote für die revolutionäre Begeisterung und Zustimmung der Bevölkerung von Odessa stehe, sei die Flotte der Schiffer in Viscontis LA TERRA TREMA lediglich die Flotte aus dem Dorf (Bazin [1948] 2009g: 328). Dass diese «Filme [nicht] vergessen, daß die Welt, *bevor* sie etwas zu verurteilendes ist, einfach *ist*», kennzeichnet für Bazin den «filmische[n] Realismus» der «italienische[n] Schule nach der Befreiung» (Bazin 2009d: 302, Herv. JS).

3.

Da die Einschätzungen des Filmkritikers Bazin durch seine philosophische Perspektive vorgeprägt sind, liegen die Reibungsflächen, die sich intuitiv zwischen ‹Bazins Neorealismus› und dem Modell Brechts auftun, zum Teil in den unterschiedlichen weltanschaulichen Grundlagen begründet. Gleichwohl Bazin Sympathien mit der Idee des Kommunismus erkennen lässt (vgl. 2009h) und somit die politischen Ziele sogar noch ausreichend ähnlich zu jenen Brechts sein könnten, trennt sie ihr jeweiliger epistemologischer und medientheoretischer Bezugsrahmen (vgl. Elsaesser/Hagener 2011: 23–48). Was in Bazins Sinne eine adäquate Wiedergabe der Wirklichkeit ist, kann nach Brecht nur in unzureichender Weise ihre Erscheinung repräsentieren. Die Vorstellung indessen, dass ein Verfahren der Darstellung richtig sei, weil es dem Wesen des Mediums mehr entgegenkomme als eine anderes, widerspricht dem taktischen Medienverständnis Brechts: Da es diesem letztlich um eine Veränderung der kritisierten Umstände ging, sollte dafür am

Ende des Abends die Botschaft verstanden sein (vgl. Mayer 1996c: 321). Allein aus diesem Grund muss eine konsequente Übertragung von Brechts Konzept des epischen Theaters in eine filmische Form *auch* diejenigen Elemente enthalten, deren Abwesenheit Bazin am neorealistischen Spielfilm begrüßt.

Ungeachtet der philosophischen Differenz zwischen Brecht und Bazin verweisen die Einschätzungen des letzteren jedoch auf formale Merkmale der Gestaltung, die auf markante Unterschiede in der Wirkungsästhetik hindeuten, die zwischen dem Filmstil selbst und Brechts Auffassung von Realismus postuliert werden können. Da beide Konzepte Bezüge zur naturalistischen Literatur und Dramatik aufweisen, lassen sich diese durch ihr jeweiliges Verhältnis zu den ästhetischen Merkmalen des Naturalismus herausstellen. Das verbindende Moment zwischen Brechts epischem Theater und dem neorealistischen Film, das auf dieser Basis zunächst zu konstatieren ist, liegt in der «anti-aristotelisch» angelegten «epischen» Dramaturgie, die Brecht schließlich aus der naturalistischen Dramakonzeption abgeleitet hatte (GBA 21: 434 f., GBA 27: 94 f., vgl. Grimm 1966: 26). Brechts Kritik an der naturalistischen Dramatik indessen setzt an der objektivierenden Erzählhaltung gegenüber dem Geschehen an, die detailgenau die Zustände von sozialen Milieus feststellt, sich aber jede Kommentierung und Bewertung derselben untersagt. Ebenso lehnte er bekanntlich das naturalistische Darstellungsideal der «absoluten Illusion» im Sinne Zolas ab (GBA 221.: 262), womit das Streben nach einer perfekten, lebensechten Reproduktion der Wirklichkeit im Sprachduktus der Dialoge (Dialekt, Soziolekt, die Imitation von natürlichen Sprachsituationen), wie in der Gestaltung des Bühnenbilds und dem Spiel der Darsteller*innen bezeichnet ist (Grimm 1966: 15). Trotz positiv zu bewertender Ansätze zur Sozialkritik, die Brecht einigen naturalistischen Stücken wie beispielsweise Gerhart Hauptmanns *Der Biberpelz* und *Der rote Hahn* zubilligte, provozierten ihre ästhetischen Strategien seines Erachtens die falschen Effekte. Der Anspruch der naturalistischen Dramatiker, das Milieu ‹sich selbst erzählen zu lassen›, verhinderte, dass die soziale Bedingtheit der dargestellten Situationen den Zuschauer*innen kenntlich gemacht werden könne. Die formalen Mittel der naturalistischen Darstellung unterstützten nur, dass «wir in bezug [!] auf die Gesellschaft nicht mehr [bekommen,] als das ‹Milieu› gibt» (GBA 23: 78). Darüber hinaus hatten nach Ansicht Brechts die naturalistischen Dramatiker die Tradition des «alten Theater[s]» nicht überwunden, den Menschen als passiv, lediglich reagierend, und auch die dargestellten Zustände als unvermeidlich darzubieten: «Die Weber antworten auf die Unterdrückung durch den Fabrikanten Dreißiger, Nora auf ihren Ehemann», formulierte er im Rahmen seiner *Notizen über Shakespeare*. Die Menschen handelten «ihrem ‹Charakter› entsprechend, ihr Charakter ist ‹ewig›, unbeeinflussbar, er kann sich nur zeigen, er hat keine den Menschen erreichbare Ursache» (GBA 22.2: 612). In der Konsequenz führten die ästhetischen Strategien des Naturalismus daher zu einer Naturalisierung der sozialen Zusammenhänge, die eigentlich kritisiert werden sollten (GBA 21: 232; 433 f.). Aus diesem Grund fügte Brecht in der Bearbeitung von *Der Biberpelz* und *Der rote Hahn* den Stücken kommentierende Elemente hinzu, die gleichsam die neutrale Erzählhaltung der Vorlagen in eine auktoriale transformierten (GBA 8: 588–591, vgl. Surbiotto 1975: 44–71, bes. 55–58, Grimm 1966: 28 ff.).

Vor dem Hintergrund der historischen und der medialen Distanz zwischen den Modellen sind die ästhetischen Verfahren des neorealistischen Spielfilms freilich nicht so ohne Weiteres mit jenen der naturalistischen Dramatik gleichzusetzen. Dennoch lassen sich bedenkenswerte Analogien postulieren. Einige der Verfahren, die im neorealistischen Spielfilm typischerweise zur Anwendung kommen, muten geradezu als Steigerung derjenigen Techniken an, mit denen Zola auf der Bühne die «absolute Illusion» der Wirklichkeit erzeugen wollte: Während die Realisierung der Dreharbeiten an vorgefundenen Orten den Realitätseindruck von Bühnenbildern übertrifft, zielt vor allem das Verfahren der tiefenscharfen Plansequenz, indem es versuche, «die Filmrezeption durch dieselben Strukturierungsmuster hindurch zu steuern, wie die Wirklichkeitserfahrung» (Engell 1992: 180), auf genau jenen Effekt, den Brecht unbedingt zu vermeiden suchte (vgl. GBA 22.1: 211, 262). Doch auch in seiner eher konstatierenden Haltung gegenüber den Zuständen des Milieus scheint der neorealistische Spielfilm durchaus Ähnlichkeiten mit der naturalistischen Erzählweise aufzuweisen. Im Gegensatz zur dieser, die über ihre Milieu- und Charakterzeichnungen unverkennbar soziologische und psychologische Erklärungsmuster für das Verhalten von Figuren in bestimmten Konstellationen anbietet, zeichnet sich ein Spielfilm wie LADRI DI BICICLETTE jedoch gerade durch seine Unbestimmtheit in diesem Punkt aus. In dieser Hinsicht lässt sich vielmehr eine konzeptionelle Ähnlichkeit zwischen dem Neorealismus und der Neuen Sachlichkeit konstatieren, die sich ebenso eine Registratur der Realität zum Ziel nahm.

Die Neue Sachlichkeit kann nach Sabina Becker als ein nachexpressionistisches ästhetisches Programm definiert werden, das sich in Deutschland von 1920 bis etwa 1933 über die Malerei, Literatur und Dramatik erstreckte (Becker 2007: 73 ff., ausführlich Becker 2000a). Zu den zentralen Anliegen der neusachlichen Prosa-Autor*innen zählen die Anschaulichkeit und Nüchternheit der Darstellung. Wie der traditionelle Naturalismus fordert auch die Neue Sachlichkeit eine neutrale Erzählhaltung ein, strebt in der Beschreibung aber einen anti-psychologischen, berichtenden Stil an, der Elemente der Reportage in die Form des Romans integriert (Becker 2007: 82). Von Siegfried Kracauer als «neuer Realismus» charakterisiert, schlug sich diese Ausrichtung auch prominent im Film der Weimarer Republik nieder (1984: 174–190). Zugleich zeigen sich die neusachliche Literatur und Dramatik von den ästhetischen Verfahren des Films inspiriert. Wie Karl Prümm am Beispiel von Hans Falladas Roman *Kleiner Mann – was nun?* darlegt, sind die Schauplätze in der detaillierten Beschreibung von Gegenständen und ihren Oberflächenstrukturen gleichsam bildhaft gestaltet und weisen darüber der materiellen Welt einen besonderen Stellenwert zu (Prümm 1995b, vgl. Becker 1995: 21).

Für Georg Lukács gehörte die Neue Sachlichkeit zu jenen literarischen Richtungen, die er ablehnte, weil sie sich von dem traditionellen Vorbild des bürgerlichen Realismus abgewandt hatten (1969a: 67 f.). So bestehe Falladas *Kleiner Mann – was nun?* zwar «aus einer Reihe von glänzend geschilderten, in ihrer Bewegung erfassten Einzelepisoden» (Lukács 1980: 87). Diese seien jedoch nur «Zustandsmontagen» (ebd.). Daher verfehlte der Roman auch das Ziel, das Lukács zufolge ein Werk des Realismus auszeichnet: ein unmittelbar einsichtiges Gesamtbild zu generieren, das die gesellschaftlichen Zusammenhänge aufzudecken vermag (vgl. 1969a: 67 ff.). Obgleich Brecht bekanntlich Lukács' prinzipielle Ablehnung von Montagetechniken in der Literatur und Dramatik nicht teilte und auch die Vorbildfunktion des bürgerlichen Realismus nicht uneingeschränkt anerkannte, ist seinen Ausführungen zum «Zeitstück» zu entnehmen, dass auch er der Ausrichtung der Neuen Sachlichkeit kritisch gegenüberstand, da sie bloß Zustände zur Kenntnis nehme und nicht produktiv kritisiere (GBA 21: 558, vgl. GBA 22.1: 170 f.). Ähnlich urteilte auch Kracauer über den neusachlichen Film: «Das Hauptmerkmal der Neuen Sachlichkeit», fasst er zusammen, «ist die Weigerung, Fragen zu stellen, Stellung zu beziehen. Die Wirklichkeit wird nicht dargestellt, um Tatsachen ihre Bedeutung zu entlocken, sondern um alle Bedeutungen in einem Ozean von Tatsachen zu ertränken» (1984: 174 f.). In – gleichwohl negativer Konnotation – schreibt Kracauer dem neusachlichen Spielfilm somit dasselbe Ziel zu wie Bazin der «italienischen Schule» des Nachkriegskinos (2009d: 302). Trotz solcher

Parallelen unterscheiden sich der neue Realismus der Neuen Sachlichkeit und der des Neorealismus jedoch in einem entscheidenden Punkt.

Nach Deleuze vollzieht sich im Neorealismus «die Krise des Aktionsbildes», das heißt jenes Typus des «Bewegungs-Bildes», das ihm zufolge das Zeichensystem des Films durch die Herstellung von «sensomotorischen Zusammenhängen» bestimmt hatte (BB: 254–288). Statt mit einem «Kino der Aktion» hätten wir es nunmehr «mit einem Kino des Sehenden» zu tun (ZB: 13). Im Neorealismus ist es nicht mehr der Mensch, der gestaltend in die Realität eingreift oder auf ihre Erfordernisse reagiert und somit das Zentrum der Situation und ihrer Inszenierung bildet. Die Figur wird vielmehr «selbst gewissermaßen zum Zuschauer. [...] Kaum zur Reaktion fähig, registriert sie nur noch. Kaum zum Eingriff fähig, ist sie einer Vision ausgeliefert, wird von ihr verfolgt oder verfolgt sie selbst» (ebd.). Durch das Anwachsen dieser rein «optischen Situationen» (ebd.) sieht Deleuze einen neuen filmischen Umgang mit der Realität erreicht, der den Neorealismus erheblich von dem früherer Realismen unterscheidet:

> Nicht nur der Zuschauer, auch die Protagonisten müssen nun die Milieus und die Gegenstände durch ihren Blick besetzen, sie müssen die Dinge und Leute sehen und verstehen, damit die Aktion und die Passion entsteht und in den Alltag eindringt, der immer schon abläuft.
>
> *(ZB: 15)*

Somit thematisiert der neorealistische Spielfilm nach Deleuze nicht in erster Linie die Handlungen von Menschen – wie es Brechts Dramatik vorsieht –, sondern sinnliche Erfahrungsqualitäten. Überdies führt die Lockerung der sensomotorischen Verbindungen zwischen den Bildfolgen nach Deleuze zu weiteren Auflösungserscheinungen: die Unterscheidung zwischen dem Gewöhnlichen und dem Ungewöhnlichen wird ebenso relativ wie die zwischen dem Objektiven und dem Subjektiven (ebd.: 17–21). Im Unterschied zu Filmen, die nach dem Schema des klassischen Hollywoodfilms gestaltet sind, verzichtet der neorealistische Spielfilm darauf, die Differenz zwischen objektiv und subjektiv gesetzten Kameraeinstellungen kenntlich zu machen. In der Tendenz führt diese Verfahrensweise nach Deleuze dazu, die Unterscheidbarkeit von (gegebenem) Realen und Imaginären aufzulösen, die eine «traditionelle ‹realistische› Beschreibung» voraussetzt (ebd.: 19).

Zusammengefasst sind es somit einige Kriterien, die es äußerst widersprüchlich erscheinen lassen, dass der bekennende ‹Brecht-Schüler› Monk konzeptionell an den neorealistischen Spielfilm anknüpfte: seine naturalistischen Tendenzen im Hinblick auf die konstatierende Erzählhaltung und die kontinuitätsschwache Anlage der Dramaturgie laufen dem Anliegen zuwider, «verdeckte Zusammenhänge [...] erkennbar zu machen» (Monk 2007: 211). Die Verfahren der audiovisuellen Inszenierung, die nicht die Künstlichkeit des Dargestellten offenlegen, zielen vielmehr auf einen Eindruck unmittelbarer Wirklichkeitsnähe ab. Da der Realismus Brechts zudem auf der Unterscheidbarkeit zwischen dem Wesen und den Erscheinungen der Wirklichkeit basiert, muss ein darauf aufbauender Film letztlich den Unterschied zwischen dem Objektiven und dem Subjektiven deutlich machen. Dennoch ist zu bedenken, dass der neorealistische Filmstil ein Realismuskonzept repräsentiert, das sich antithetisch gegenüber dem konventionellen Unterhaltungsfilm definiert und in dieser Hinsicht zumindest mit Monks Anliegen für realistisches Erzählen im Fernsehen kompatibel ist. Aufgrund seiner Entwicklungsgeschichte beinhaltet der Filmstil zudem ein Element anti-faschistischer Opposition – ein Aspekt, der zumindest teilweise auch für die Beliebtheit der italienischen Produktionen im Frankreich der unmittelbaren Nachkriegsjahre bedeutsam gewesen sein dürfte.

4.

In Frankreich und England knüpften die ‹neuen Wellen› der künstlerisch ambitionierten Kinofilmproduktion an die formal-ästhetischen Innovationen des Neorealismus an. Einige ihrer prominenten Beispiele zeichnen sich dabei durch die von Deleuze prononcierte Verfahrensweise aus, die strikte Trennung zwischen objektiven und subjektiven visuellen Beschreibungen zu unterlassen – LA NOTTE (I/F 1961, R.: Antonioni), L'ANNÉE DERNIÈRE À MARIENBAD (F 1961, dt. LETZTES JAHR IN MARIENBAD, R.: Alain Resnais) oder 8 ½ (I 1963, R.: Federico Fellini). Das deutsche Kinofilmschaffen blieb, wie auch die Unterzeichner des Oberhausener Manifests 1962 monierten, von den modernen Strömungen des europäischen Spielfilms zunächst relativ unbeeinflusst (Grob 2004: 224, vgl. Hickethier 1991). Im Bereich des Fernsehens jedoch begann sich nun zunehmend die filmische Produktionsweise zu etablieren und damit auch mit «bislang ungeahnte[r] Dynamik» forminnovative Verfahrensweisen zu entfalten (Prümm 2004: 555).

Allgemein lässt sich festhalten, dass sich im Zuge dieser Entwicklung für den Kinofilm wie das Fernsehspiel die Umsetzung der Dreharbeiten außerhalb des Studios, und damit ebenso das Verständnis durchsetzte, auf diese Weise per se wahrhaftiger erzählen zu können. Während sowohl aus praktischer als auch aus analytischer Perspektive nur ein gradueller, aber kein prinzipieller Unterschied darin liegt, ob ein Film die fiktive Welt mithilfe von Studiobauten in Gips und Pappe erschafft, oder diese allein durch die visuelle Inszenierung in Ausschnitt, Perspektive und Einstellungsgröße der Kamera hergestellt wird, gilt das seit dem Neorealismus nicht für die Rezeption. In der Rezeption eines Films kann der Glaube daran, dass das Repräsentierte auch außerfilmisch existiert, den generellen *Eindruck* von Realismus sehr unterstützen. Hinweise in Filmankündigungen oder Aussagen von ‹Autoren› im Rahmen von Interviews, die die Echtheit von Schauplätzen oder die Mitwirkung von Laiendarsteller*innen betonen, sind dafür sehr zuträglich. Ihr Potenzial entfalten können diese Lektüreanweisungen jedoch erst im Zusammenspiel mit ästhetischen Strategien der Inszenierung, die auf dem Wege der ästhetischen Erfahrung das paratextuell formulierte Versprechen zu bestätigen scheinen.

Jörn Glasenapp zufolge kann der Eindruck eines gesteigerten Realismus im neorealistischen Spielfilm auf eine ästhetische Erfahrung der Differenz gegenüber anderen Filmen zurückgeführt werden. Da die Medienerfahrung der Zuschauer*innen, neben den früheren italienischen Produktionen, vor allem durch klassische Hollywoodfilme geprägt war, bildet dieser Stil – in der Erzählweise wie der Bildästhetik – auch die Kontrastfläche, vor deren Hintergrund sich der Eindruck des Realismus erst entfalten kann. Gleichzeitig macht der Neorealismus auf diesem Wege seinen Zuschauer*innen deutlich, dass der Hollywoodfilm *nicht* realistisch ist. Auf dieses Verhältnis spielt, so Glasenapp, auch die zentrale Szene zu Beginn von LADRI DI BICICLETTE an, in der der Tagelöner Antonio Ricci etwas ungeschickt eine Werbung für den Spielfilm GILDA (USA 1946, R.: Charles Vidor) plakatiert und dabei nicht bemerkt, wie sein Fahrrad gestohlen wird (2012: 183 ff.).

Der Spur eines Zusammenhangs zwischen dem Eindruck von Realismus und ästhetischer Differenzerfahrung folgt auch Guido Kirsten. Ihm zufolge liegt die zentrale ästhetische Strategie des neorealistischen Spielfilms in der Einbindung von «anti-dramatischen Einzelhandlungen» (2009: 148). Im weiteren Sinne bezieht er sich dabei auf jene «Handlungen, die aus dem roten Faden des Filmplots, der Kausalkette der Narration herausfallen» (ebd.: 150), wie beispielsweise eine dreiminütige Szene in UMBERTO D, die das Zimmermädchen in ihrer morgendlichen Routine zeigt. Solche Episoden können in der Rezeption einen vergleichbaren Effekt provozieren, wie die «funktionslosen Details» der Beschreibung, die Roland Barthes (2006b [1968]) in der französischen realistische Literatur des 19. Jahrhunderts feststellt: einen «Wirklichkeitseffekt» (*effet de réel*). Ähnlich wie der semantische Überschuss in der Beschreibung von Schauplätzen in Gustave Flauberts Erzählungen, sollen die ausführlichen ‹Beschreibungen› von Alltagssituationen in Filmen des Neorealismus der Darstellung Plastizität verleihen; sie signalisieren ebenso ‹wir sind das Wirkliche› (vgl. Barthes 2006b: 171). Für die Entfaltung des filmischen «Wirklichkeitseffekt» bedarf es jedoch, wie Kirsten weiter ausführt, zusätzlicher ästhetischer Mittel. In der Regel unterstützen «naturalistisches Schauspiel, detailreiches Dekor und authentische Kostüme [...] sowie ein bestimmter Umgang mit dem Sounddesign und den Dialogen [...] die Wirkung der dramaturgisch überschüssigen Detailhandlungen als Signifikanten der realistischen Diegese» (Kirsten 2009: 156 f.). Unter der Bedingung, dass sie zudem ostentativ und von auffälliger Dauer gestaltet sind, sowie einen «Alltagsbezug» (ebd.: 154) aufweisen, generiert sich aus dem Zusammenspiel der «Eindruck von Authentizität» (ebd.: 157). Im Anschluss an Gérard Genette gibt auch Kirsten zu bedenken, dass sich der Wirklichkeitseffekt der «Leerhandlungen» nicht unmittelbar während der Rezeption, sondern auch erst retrospektiv einstellen kann (ebd.: 153); solche Episoden können ermüdend wirken und die Immersion stören, weil sie – als funktionslos für die Handlung erkannt – die Aufmerksamkeit auf die Art und Weise der Darstellung lenken (vgl. 151 ff.). Im Gegensatz zu Brechts Konzeption ist dieses Verfremdungsmoment jedoch nicht intendiert.

Im Neorealismus zielen die eingesetzten ästetischen Mittel darauf, in der Rezeption einen Moment des Wiedererkennens hervorzurufen. Dieser entspricht zwar nicht genau jenem Eindruck, den Brecht als «das habe ich auch schon *gefühlt*» zusammenfasst (GBA 22.1: 110, Herv. JS), er basiert aber in vergleichbarer Weise auf einer Ähnlichkeitserfahrung im Sinne eines ‹das habe ich auch schon *erlebt*›. Nach Bazin wäre die Ursache dieser Einschätzung in der phänomenalen Ähnlichkeit zu finden, die seines Erachtens zwischen der Darstellung im neorealistischen Spielfilm und der Erfahrungsrealität der Zuschauer*innen besteht. Ein Film führt uns häufig jedoch an Orte und in Situationen, die wir gar nicht aus eigener Anschauung kennen. Außerdem ist jeder Film ein komplexes artifizielles Konstrukt, das in vielen Aspekten nicht der Alltagswahrnehmung entspricht – etwa in der rechtwinkligen Einfassung des Wahrnehmungshorizonts, der kameratechnisch vorgegebenen Perspektivierung und den Kontinuitätsbrüchen in der visuellen Anschauung. Über diese hinwegzusehen, ist eine erlernte Kompetenz, die anhand von historisch spezifischen Ausdrücken erworben wird. Es liegt daher nahe, auch den Eindruck, dass die Repräsentation der phänomenalen Welterfahrung entspricht, als Effekt aufzufassen, der medial erst produziert werden muss. Diese Idee findet sich im Ansatz bereits in Barthes' Ausführungen zum «Wirklichkeitseffekt» formuliert.

Nach Barthes entfaltet sich der «Wirklichkeitseffekt» der «unnützen Details» in der realistischen Literatur zwar, wie Kirsten bemerkt, vor dem Hintergrund literarischer Konventionen, nach denen jedes Detail funktionalisiert ist (2006b: 170). Zugleich ist es jedoch die Ähnlichkeit mit Verfahren der faktualen Geschichtsschreibung, die «die Zwischenräume zwischen ihren Funktionen mit strukturell überflüssigen Eintragungen auffüllen», die den Eindruck des gesteigerten Realismus befördert (ebd.). Ebenso ist es die Ähnlichkeit zwischen einer Beschreibung der Stadt Rouen und einem Gemälde desselben Sujets, die ihr den Eindruck von Realismus verleiht (ebd.: 168). Barthes bezeichnet daher die entsprechenden Passagen in der realistischen Literatur auch als Nachbildungen: «der Schriftsteller vollzieht hier die Definition des Künstlers nach Planton, der in ihm einen Macher dritten Grades sieht, ahmt er doch nur das nach, was bereits die Vortäuschung einer Wesenheit ist» (ebd., vgl. rep. X, 598a–602a). Daran anknüpfend lässt sich folgern, dass der Eindruck, dass die angeführten literarischen wie filmischen Beschreibungen der Wirklichkeitswahrnehmung der Rezipient*innen entsprechen, sich nicht direkt aus der Ähnlichkeit zwischen der Beschreibung und der phänomenalen Erfahrung, sondern vielmehr über die erfahrene Ähnlichkeit gegenüber anderen ästhetischen Formen einstellt, die zu einem bestimmten historischen Zeitpunkt bereits als adäquate ‹Wirklichkeitsbeschreibung› gelten dürfen. Zusammengefasst entspringt der Eindruck des Realismus somit aus einem Zusammenspiel zweier, nur analytisch zu trennender Dimensionen der ästhetischen Erfahrung: der Differenz gegenüber als nicht-realistisch gesetzten Ausdrücken, *und* der Ähnlichkeit mit anderen Formen des realistischen Paradigmas.

Für die Betrachtung von filmischen Formen, seien sie nun für das Kino oder das Fernsehen produziert, ist zudem zu bedenken, dass parallel zum Aufstieg der ‹neuen Wellen› im Spielfilm in den 1960er-Jahren ebenso ‹neue Wellen› im Bereich des dokumentarischen Erzählens durchsetzen. Insbesondere der um Richard Leacock, Don Allen Pennebacker und den Brüdern Albert und David Maysles sich formierende Bewegung des Direct Cinema kann ein großer Einfluss auf das dokumentarische Filmschaffen zugesprochen werden, der mit seiner weiteren Verbreitung auch die Rezeptionserwartungen und -gewohnheiten entscheidend prägte.

Die Anhänger des Direct Cinema verzichteten auf den bis dato üblichen rezeptionslenkenden Kommentar im *voice-over* und setzten ihre Filme – sich eine quasi behavioristische Beobachtung zum Ziel nehmend – mithilfe leichter, mit Pilotton ausgestatteten Kameras um, die ihnen erlaubten, spontan auf das Geschehen zu reagieren. Dieser Gruppenstil zeichnet sich deswegen durch eine bewegte, die Protagonist*innen begleitende Kameraführung aus, die zum Teil – wie durch die charakteristischen Reissschwenks, aber auch die Montage suggeriert wird – auch deren Blickausrichtungen aufzunehmen scheinen. Damit konnten sie eine ästhetische Differenzerfahrung gegenüber konventionalisierten dokumentarischen Angeboten provozieren. Zugleich scheint die Bildsprache von beispielsweise PRIMARY (1960, dt. DER VORWAHLKAMPF) oder DONT LOOK BACK (1967) passagenweise auch dem Stil des Neorealismus ähnlich, wenngleich die Bildkadrierung zumeist enger gefasst ist und die Praxis der Dokumentation keine Planseqeunzen erlaubte.

Neben der Adaption der Techniken des Direct Cinema im Fernsehen der Bundesrepublik, die sich u. a. im Werk Klaus Wildenhahns deutlich nachvollziehen lässt (vgl. Hißnauer/Schmidt 2013: 136 ff.), erlebte im Verlauf der 1960er-Jahren auch die Kategorie des Dokumentarischen eine allgemeine Aufwertung. In verschiedenen Bereichen der Kunst wurde es *en vogue*, wie Karl Prümm feststellt, sich dokumentarischer Praktiken zu bedienen – in der Literatur durch «veristische Schreibweisen wie Berichte, Reportagen und Protokolle», zugleich wurde in dieser Zeit der Begriff «Dokumentartheater [...] geprägt für Stücke, die sich allein auf verfügbare Quellen, auf nachprüfbares Material beriefen» (2017: 108). Überall wurde das «Dokument [...] wie ein Fetisch des Eigentlichen und Wahrhaftigen hochgehalten» (ebd.). Auch vor diesem Hintergrund ist Monks Hinwenung zum filmischen Erzählen zu sehen.

44 Wilhelmsburger Freitag
(1964)

10 1964–1966: Augenblicke des Alltags
Wilhelmsburger Freitag, Ein Tag – Bericht aus einem deutschen Konzentrationslager 1939, Berlin N 65 und Preis der Freiheit

> «Eine kleine nouvelle vague gab es in Deutschland nur im Fernsehen».
> *(Karl Prümm 2004: 556)*

1.

Das Anliegen der «Zeitkritik» und der Anspruch an ästhetische Innovation für das Fernsehspiel, mit denen Monk an seine Regiearbeit zu Beginn der 1960er-Jahre herangetreten war, kennzeichnet auch seine Folgeproduktionen aus der zweiten Hälfte dieses Jahrzehnts.

Das erste Beispiel dieser Reihe, Wilhelmsburger Freitag, basiert abermals auf einem Drehbuch von Christian Geissler. Es ist der erste Film, den Monk zusammen mit den Kameramännern Horst Schröder und Walter Fehdmer in Farbe realisierte; vier Jahre vor der Einführung des Farbfernsehens wurde er jedoch am 19. März 1964 in Schwarz-Weiß ausgestrahlt.

Wilhelmsburger Freitag portraitiert einen gewöhnlichen Tag im Leben des Ehepaars Renate (Ingeborg Hartmann) und Jan Ahlers (Edgar Bessen) – er ist Baggerführer, sie ist

Hausfrau und schwanger. Offenbar haben sie erst vor kurzem eine Neubauwohnung im titelgebenden Hamburger Stadtteil bezogen. Nun lasten die Ratenzahlungen für die neuen Möbel, die Haushaltsgeräte und das Auto schwer auf dem alleinverdienenden Mann, der sich neben seiner regulären Arbeit auf der Baustelle noch mit Gelegenheitstätigkeiten für seinen Chef Rathjen (Harald Vock) etwas dazu verdient. Zur Mittagszeit hat Renate bereits alle Aufgaben im Haushalt erledigt und fährt in die Hamburger Innenstadt. Dort bummelt sie durch die Einkaufsstraßen und ein großes, überfülltes Kaufhaus. Sie beobachtet die sie umgebenden Menschen, besonders in ihrem Umgang mit Kindern, immer wieder bleibt ihr Blick auch an Geschäftsauslagen von Kindermöbeln und Spielzeug hängen. Sobald eine Verkäuferin sie aber über die Preise informieren will, zieht sie weiter und ersteht schließlich nur einen kleinen Spielzeug-Esel und die Schallplatte eines Schlagers, der am Morgen im Radio gespielt wurde. Am Abend sieht sie sich einen Musikfilm im Kino an. Als sie in der Nacht wieder mit ihrem Mann zusammentrifft, erklärt sie, dass sie kein Kind haben wolle.

Die Dramaturgie der Ereignisfolgen weist weder markante Unterbrechungen im epischen noch erkennbare Peripetien im klassischen Sinne auf, sondern ordnet viele kleine Situationen in einem gleichmäßig dahinfließenden Rhythmus an. Dadurch entsteht der Eindruck, WILHELMSBURGER FREITAG würde bloß vorgefundene Begebenheiten aus dem Alltag des Ehepaares registrieren, statt einen dramatischen Handlungsbogen zu entwerfen. Die Dreharbeiten erfolgten zu großen Teilen an vorfilmisch existierenden Schauplätzen und wurden ohne künstliche Beleuchtung und unter Verwendung des Originaltons umgesetzt. In ungefilterter Weise vermitteln die Außenaufnahmen so die trüben Lichtverhältnisse eines Hamburger Wintertages – Bewölkung und Nieselregen lassen die Umgebung in verwaschenen Farben erscheinen, Motorenlärm und Menschenstimmen generieren eine beständig summende Geräuschkulisse. Während Edgar Bessen dem Publikum damals aus den NDR-Fernsehübertragungen des Ohnsorg-Theaters bekannt gewesen sein dürfte, werden die Rolle der Ehefrau Renate wie auch einige der Nebenrollen von Laiendarsteller*innen verkörpert (vgl. Monk 2007: 184–190).

Die visuelle Inszenierung von WILHELMSBURGER FREITAG zeichnet sich durch überwiegend eng gefasste Bildausschnitte und viele Nah- und Detailaufnahmen aus, die die Gesichter von Menschen und einzelne ihrer Gesten in den Fokus der Aufmerksamkeit rücken; häufig nimmt die Kamera eine Position an der Seite der Protagonistin Renate ein und begleitet sie auf Augenhöhe in ihrer Bewegung, zeitweilig von den leichten Erschütterungen der freien Handhabung begleitet. Somit erinnern Kameraführung und Montagekomposition in ihrem Kontext weniger an einen neorealistischen Spielfilm denn an die moderne dokumentarische Bildproduktion für das Fernsehen, etwa nach dem Vorbild des Direct Cinema. Die ‹mitlaufende› Hand- bzw. Schulterkamera, die die beobachteten Personen in nahen Einstellungen exponiert, ist für diesen Stil genauso charakteristisch wie der Einsatz von abrupten Blendenveränderungen und Reißschwenks, derer sich die visuelle Inszenierung von WILHELMSBURGER FREITAG stellenweise bedient (vgl. Schumacher 2011: 26 f.). Die Ähnlichkeit mit der Bildsprache dieses Dokumentarfilmstils könnte jedoch ebenso dem Umstand geschuldet sein, dass Monk dezidiert weite Bildkompositionen vermeiden wollte, um den Rezipient*innen gerade die Freiheit des Blickes zu verweigern, die Bazin an der neorealistischen Bildsprache rühmte (vgl. Winkler 2001: 230). Wenn die Kamera in WILHELMSBURGER FREITAG als gleichzeitig beobachtende und beteiligte Erzählinstanz auftritt, erhält sie dennoch eine ganz ähnliche Funktion wie in dieser und nimmt darüber eine grundlegend andere Haltung ein als in den Fernsehspielen, die Monk zwischen 1962 und 1963 für den NDR realisiert hatte.

Die Expositionssequenz folgt im Prinzip noch dem bekannten Muster von Monks Inszenierungen. Vor einem weiß erscheinenden Hintergrund werden der Titel und der Verfasser des Fernsehfilms in serifenloser Typographie eingeblendet. Dann wird jedoch ein winziger beweglicher Punkt als ein Vogel und der Bildhintergrund damit plötzlich als dicht bewölkter Himmel erkennbar, von dem ausgehend die Kamera abwärts schwenkt und eine Straßenbeschilderung in den Fokus rückt, die unter anderem den Weg zur Autobahn und zum Stadtteil Wilhelmsburg weist, der sich von der Hamburger Innenstadt aus betrachtet am gegenüberliegenden Elbufer befindet. Es folgt eine kurze Bildreihe, die in diskontinuierlicher Weise Straßen-, Brücken- und Stadtimpressionen zeigt und mit einer totalen Ansicht auf ein Mehrfamilienhaus endet – die typische geradlinige und schmucklose Rotklinkerarchitektur der frühen 1960er-Jahre –, das anscheinend erst vor kurzem bezugsfertig wurde. Der Vorplatz besteht aus schlammigem Lehmuntergrund, leere Materialfässer sind im vorderen linken Bildausschnitt zu sehen. Ein *match-cut* verbindet diese Ansicht mit der ersten Innenaufnahme der Wohnung des Ehepaars Ahlers, in deren Flur sich leere Farbeimer und Kartons befinden. Die anschließende szenische Darstellung der Morgenroutine des Paares etabliert das Milieu und ihre Beziehung: Renate bereitet das Frühstück, während Jan sich noch anzieht und sich anschließend an den gedeckten Küchentisch setzt. Während sie ihm Brote für die Mittagspause zurechtmacht, kommt ihre mögliche Schwangerschaft zur Sprache. Aus einer gleichbleibenden Position heraus, in halbtotalen und halbnahen Einstellungsgrößen repräsentiert, werden die distanzierte Haltung der Figuren zueinander und gleichzeitig die karge Inneneinrichtung der Küche erkennbar.

Der zeigende Gestus in der Inszenierung und damit auch ihr offensiv modellhaftes Moment treten im weiteren Verlauf der Erzählung jedoch zurück. Fortan folgt diese einem Ordnungsmuster, das die Handlungen der Frau mit denen des Mannes parallelisiert. Die Kamera beobachtet dabei jedoch nicht nur die Protagonist*innen, sondern scheint auch ihre Blicke auf die Welt aufzunehmen und gewährt dabei jenen Momenten, die das soziale Verhalten der Menschen in ihrer Umgebung ausstellen, eine besondere Ausführlichkeit. Die Abfolge der Ereignisse dieser Filmerzählung generiert sich somit nicht allein aus einem zielgerichteten Handeln der Hauptfiguren, wie es der von Gilles Deleuze als «Aktionsbild» beschriebenen Logik klassischer Filmdramaturgie entsprechen würde. Sie findet sich vielmehr fortwährend durch Episoden unterbrochen, die sich innerhalb der jeweiligen konkreten Situation als folgenlos für das Handeln der Protagonist*innen erweisen und sich deswegen als «rein optische Situationen» im Sinne des Philosophen fassen lassen, die allein dazu dienen, den Zustand der Welt zu beschreiben. Die visuelle Auflösung der einzelnen Situationen zeigt sich zwar bemüht, durch die Wahl des Ausschnitts, die Schärfenregelung und die Montage die Aufmerksamkeit der Rezipient*innen auf bestimmte Gesten und Ausdrücke der Menschen zu lenken und über diese äußerlich sichtbaren Handlungen ihren sozialen Gestus herauszustellen (vgl. Prümm 1995a: 41). Monk vermeidet es jedoch, zwischen diesen Episoden Kontraste herzustellen, die eine intellektuelle Schlussfolgerung herausfordert, die über die konkrete dargestellte Situation hinausweist. WILHELMSBURGER FREITAG scheint somit – in weiten Teilen – nicht ein «bereits dechiffriertes Reales zu repräsentieren» (ZB: 11), wie es von einem ‹Brecht-Schüler› zu erwarten wäre, sondern die Auslegung den Rezipient*innen selbst zu überlassen.

Die kohärenzschwache Erzählweise macht es schwierig, den Bedeutungsgehalt von WILHELMSBURGER FREITAG festzuschreiben (vgl. Bazin 2009h). Gleichwohl lassen sich wiederkehrende Motive herauskristallisieren, die Rückschlüsse darauf zulassen, was der Film als Erklärung für die Lebenssituation der Protagonist*innen anbieten möchte und die sich, ausgehend von der ersten Dialogszene zwischen Renate und Jan Ahlers, versprengt über einzelne Episoden verteilt finden.

Während des Gesprächs am Frühstückstisch erklärt sich Jan außerstande, die Unterhaltszahlungen für ein Kind adäquat zu gewährleisten. Die finanzielle Situation, die ihm das unmöglich erscheinen lässt, ergibt sich jedoch unter anderem daraus, dass Renate mit der Eheschließung offenbar ihren Beruf aufgegeben hat. Ihre Vorschläg, entweder auf die Anschaffung eines Kinderwagens zu verzichten oder weiter zu arbeiten, nimmt er nicht an; ihn sorgt, was «*die Leute*» sagen könnten, er will es sich leisten können, dass seine Frau nicht arbeitet (Min. 0:05:10–0:05:18). Sein Verhalten zeigt sich den Lebens- und Glücksvorstellungen einer Konsumgesellschaft verhaftet, in der diejenigen Gegenstände, die das Leben zu erleichtern und zu verschönern versprechen, die Freiheit des Einzelnen einschränken und der beständige, unerfüllbare Wunsch nach diesen Dingen zum Anlass der privaten Misere wird. Autos und Kinderwagen respektive Platzhalter für diese finden sich somit im Verlauf der Filmerzählung auch wiederholt als Symbole dieses Konflikts eingesetzt.

Auf den morgendlichen Dialog folgt eine Szene, die Jan auf seinem Weg zur Baustelle in seinem Auto zeigt. Ein größerer Wagen überholt ihn. Als er, sechs Szenen später, im Führerhaus seines Baggers sitzt, macht sein Blick dasselbe Fahrzeug aus, als es an der Baustelleneinfahrt hält. Der Fahrer, seiner Kleidung nach kein Arbeiter, begrüßt eine junge Frau, die mit einem schicken neuen Kinderwagen am Straßenrand steht, und lässt sie mit dem Baby auf dem Arm einsteigen, während er das Gefährt in den Kofferraum lädt. Jan, erneut von diesem Fremden übertrumpft, wendet sich wieder seiner Arbeit zu (Min. 20:45–22:30). Wenig später wird dieses Motiv erneut aufgenommen, als die Arbeiter einen alten Kindertretroller in der Baugrube finden, den Jan schließlich aus dem Schlamm zieht. Nachdem er dessen Funktionstüchtigkeit festgestellt hat, gibt er murmelnd seinen Plan zu, ihn «*für später*» herrichten zu wollen, und verlädt ihn in den Kofferraum seines Wagens. Obwohl Jan später auch im Dialog mit seinem Chef nochmals bekräftigen wird, dass er wegen seiner prekären finanziellen Verhältnisse keinen Familienzuwachs wünsche, verdeutlichen seine Handlungen und die ihm zugeschriebenen Blicke eine ambivalente Haltung in diesem Punkt. Im letzten Abschnitt der Erzählung, als er sich nachts von der Nebentätigkeit bei seinem Chef auf dem Weg nach Hause befindet, wird er den Tretroller jedoch am Straßenrand wieder ablegen (Min. 1:19:40).[1]

Am Morgen kann die Missstimmung zwischen den Eheleuten durch den Schlager «Liebe mich» des populären niederländischen Duos *Blue Diamonds* besänftigt werden, der beide an den Beginn ihrer Beziehung erinnert. Als dieser im Radio erklingt, treffen sich unvermittelt ihre Blicke und Jan unterbricht seine Klage über die finanziellen Belastungen, um mit nun zärtlichem Ausdruck zu beschreiben, wie er damals «*gar nicht' genug Groschen*» verdienen konnte, um ihr den Wunsch zu erfüllen, die Jukebox das Lied spielen zu lassen.[2] Am Nachmittag im Kaufhaus lässt sich Renate dann in der Musikabteilung die Schallplatte desselben Liedes auflegen. Über Kopfhörer lauscht sie den ersten Takten und beobachtet dabei die kaufwilligen Menschen auf der überfüllten Rolltreppe, deren hektisches Treiben der Gegenschuss repräsentiert und darüber die süßlichen Klänge des Schlagers

---

1 Renates Prozess der Auseinandersetzung mit ihrer möglichen Mutterschaft ist ähnlich visualisiert (vgl. Schumacher 2011: 27).

2 Monk selbst interpretiert die Szene nicht als Konflikt zwischen den Eheleuten; ihm zufolge erkennt Jan Ahlers, dass sich seine Frau auf das Kind freut und das Thema deswegen ruhen lässt (siehe Monk 2007: 183).

als Konsumprodukt der Kulturindustrie ausweist, die in Renates wenig ausgefülltem Alltag ein große Rolle spielt.

Vormittags unterbricht sie häufig ihre Hausarbeit, um eine Illustrierte zur Hand zu nehmen. Ihre Aufmerksamkeit konzentriert sich dann – neben Anzeigen für Babyausstattung – auf Fotoreportagen über Adelige und Prominente. Einen Bericht über Soldaten hingegen überblättert sie sofort. Als sie am Nachmittag ihren ehemaligen Arbeitsplatz aufsucht, entleiht sie in der Werksbibliothek Kriminalromane. Auf ihrem weiteren Weg durch die Stadt bleibt sie auch vor dem Schaufenster einer Buchhandlung stehen. Während dort eine elegante Kundin, tatsächlich die Ehefrau des Arbeitsgebers ihres Mannes, selbstbewusst dem Verkäufers gegenüber ihre Wünsche äußert, traut sich Renate gar nicht erst, den Laden zu betreten. Wie ihr Mann zeigt sich Renate somit gefangen in ihrer sozialen Rolle. Auch das Kino, in dessen Auslage Michelangelo Antonionis LA NOTTE (I/F 1961) beworben wird, betritt sie nicht. Sie verharrt zwar länger vor dem Schaukasten und zeigt sich durchaus interessiert an einem Spielfilm über die Ehekrise eines bürgerlichen Paars in Mailand (siehe Abb. 44). Doch offenbar fühlt sie sich abgeschreckt von der Menschengruppe, die plötzlich aus dem Haupteingang tritt, als sie auf die Kartenausgabe zugehen will. Renate wähnt sich fehl am Platz zwischen den jungen Intellektuellen und entscheidet sich stattdessen für die österreichische Schlager-Revue SING, ABER SPIEL NICHT MIT MIR (1963, R.: Kurt Nachmann), die in einem anderen Kino gespielt wird. Die Glücksversprechen der Kulturindustrie können der Realität jedoch nicht standhalten. In der letzten Szene stellt sich Renate zunächst schlafend, als ihr Mann in der Nacht nach Hause kommt. Sie öffnet aber wieder die Augen, als er den Plattenspieler anmacht und die ersten Takte des Schlagers erklingen, den sie im Kaufhaus erworben hatte. Sie küssen sich, während die *Blue Diamonds* von der «*immer und ewiglich*» währenden Liebe singen, doch Jan löst die Umarmung schnell wieder. Ohne sie anzusehen, versucht er zu erklären, dass er sich gleichzeitig getrieben und gefangen fühle; sie starrt derweilen ins Leere. Nachdem er dann das Licht der Nachttischlampe gelöscht hat, verkündet sie schließlich, dass sie kein Kind haben wolle. Er rät ihr zum Arzt zu gehen – ein Glück wäre, wenn sie bloß krank sei. «*So ein armes Mensch*» ist ihr gemeinsames Urteil über das ungeborene Kind.

WILHELMSBURGER FREITAG zeichnet eine kalte Welt,[3] in der sich Renate und Jan Ahlers einsam, immer etwas abseits von ihren Mitmenschen, unglücklich und letztlich auch unfähig, daran etwas zu ändern, bewegen. Ein destruktives Moment unterliegt der modernisierten Oberfläche dieser Gesellschaft, das durch ein wenig tiefere Grabungen hervortritt, wie der Kinderroller, den die Arbeiter in der Baugrube finden: «*Von '43*» kommentiert in dieser Szene ein älterer Arbeiter gegenüber Jan lakonisch den Fund, «*vielleicht find'st du noch die Knochen dazu, ganz kleine*». Während eines Spaziergangs am Fluss beobachtet Renate ein Mädchen, dass Vögel mit Brotkrumen füttert, bis plötzlich ein etwa gleichaltriger Junge aus einer Spielzeugpistole schießend angelaufen kommt und die Tiere vertreibt. Der Vater des Jungen nimmt ihn daraufhin laut jubelnd in die Arme, das Mädchen bleibt unterdessen in unveränderter Pose am nun einsamen Ufer stehen. In der folgenden Szene sieht Renate einen anderen Jungen, der vor einem Kriegsdenkmal steht und die in Stein gelassenen, scheinbar vorwärts marschierenden Soldaten betrachtet.[4]

3   Kalte Zeiten ist auch der Titel des Romans, zu dem Geissler den Stoff anschließend verarbeitete und der 1965 im Claassen-Verlag erschien (vgl. Geissler 2014: 91–195).
4   Es handelt sich hierbei um das «Kriegerdenkmal der 76er», das sich zwischen dem Botanischen Garten «Planten & Blomen» und dem Dammtordamm befindet. Es wurde von dem Bildhauer Richard Kuöhl gestaltet und während der NS-Herrschaft, im Zeitraum 1934–1936, im Auftrag der Traditionsvereine des Infanterieregiments 76 errichtet (siehe Marg/Fleher 1983: o. S., Bau Nr. 96, vgl. Walden 1980).

10 1964–1966: Augenblicke des Alltags

45 WILHELMSBURGER FREITAG (1964): Renate Ahlers (Ingeborg Hartmann) im Vorraum des Kinos

46 LADRI DI BICICLETTE (1948): Antonio Ricci (Lamberto Maggiorani) plakatiert eine Poster für den US-amerikanischen Spielfilm GILDA (1946)

Das private Unglück des portraitierten Ehepaares liegt keineswegs allein im Konsum begründet. Die Mütter, die Renate auf dem Spielplatz und in der Einkaufsstraße beobachtet, zeigen keinen liebevollen Umgang mit ihren Kindern. Sie zerren an ihnen herum und verbieten sofort jede Frage. Von Vorsicht und Missgunst geprägt ist das Verhalten der Arbeiter auf der Baustelle, die sich voneinander wegdrehen, um das Geld in ihrer Lohntüte zu zählen. Dennoch lässt sich festhalten, dass in dieser Zusammenarbeit von Geissler und Monk der Kommentar der zeitgenössischen Kulturindustrie eine besondere Kontur gewinnt. Seinen prägnantesten Ausdruck findet dieser in der Kino-Sequenz. Diese tatsächlich sehr kurze Episode verdeutlicht nicht nur äußerst komprimiert den sozialen Gestus der weiblichen Hauptfigur, sondern lässt sich gleichfalls als Geste der Verbeugung wie der Abgrenzung gegenüber dem damaligen Medienangebot lesen.

Die Referenz, die der Fernsehfilm LA NOTTE erweist, sollen wir nach Monks Aussagen als ein Produkt des Zufalls werten; er hätte lediglich die Protagonistin vor dem Besuch eines «europäischen Kunstfilms» zurückschrecken lassen wollen (FAKTEN [2001], Min. 8:12). Dafür korrespondieren die Logik der Erzählung und einzelne Motive von WILHELMSBUR-

10 1964–1966: Augenblicke des Alltags

47 Wilhelmsburger Freitag (1964): Eine Gruppe Frauen, die Renate Ahlers auf dem Spielplatz beobachtet

48 Werbeauslage für den Unterhaltungsfilm Sing, aber spiel nicht mit mir (1963), den sich die Protagonistin aus Wilhelmsburger Freitag im Kino ansieht

ger Freitag jedoch in bemerkenswerter Weise mit Antonionis Spielfilm.[5] Auch lässt Monk in der Inszenierung derjenigen Szene, in der Renate unschlüssig vor dem Schaukasten verharrt, inmitten des herausströmenden Publikums den Drehbuchautor Geissler aus dem Kino auf die Straße treten, wo dieser sich, in einer Großaufnahme exponiert, eine Zigarette anzündet. Somit verweisen Autor und Regisseur selbst auf die mögliche intertextuelle Verknüpfung zwischen beiden Filmen. Dennoch müssen die Ähnlichkeiten zwischen Wilhelmsburger Freitag und La Notte nicht zwangsläufig aus einer von den ‹Autoren› des Fernsehfilms intendierten Nachahmung herrühren, sondern könnten sich ebenso aus ihrer Adaption neorealistischer Erzählweise generiert haben oder lediglich in einer Über-

5 Ungeachtet der formal-ästhetischen und der thematischen Unterschiede ähneln sich Wilhelmsburger Freitag und La Notte in der kohärenzschwachen Erzählweise bei einer gleichzeitigen Fokussierung auf den begrenzten Zeitabschnitt eines Tages bzw. einer Nacht, im Hinblick auf die Entfremdung der Eheleute und die flanierende Protagonistin in urbaner Umgebung. Ähnlich wie La Notte bringt auch der Fernsehfilm die «tote Zeit des Alltags» zur Darstellung (ZB: 16), diejenigen Momente des Lebens also, die nicht durch zielgerichtetes Handeln, sondern durch bloßes ‹in der Welt sein› bestimmt sind.

einstimmung von Gestaltungsprinzipien begründet liegen, die sich in Abgrenzung zu den Erzähltraditionen des klassischen Hollywoodfilms definieren. So vermag auch die ästhetische Differenzqualität des Fernsehfilms besonders prägnant hervortreten, wenn er vor dem Hintergrund der Kinogeschichte platziert wird, wie in derjenigen Einstellung, in der Renate vor einer Collage aus bekannten Filmmotiven auf den Einlass in den Kinosaal wartet. Dieses Bild, das mit Nachdruck die Einsamkeit und Verlorenheit der weiblichen Hauptfigur inszeniert, legt zugleich die programmatische Abgrenzung des Fernsehfilms von der Scheinwelt des populären Kinos offen (Abb. 45–46); der Hinweis gehorcht demselben Prizip wie jene zentrale Szene in LADRI DI BICICLETTE, in der dem Protagonisten sein Fahrrad gestohlen wird, als er gerade eine Werbung für den Spielfilm GILDA (USA 1946, R.: Charles Vidor) plakatiert (vgl. Glasenapp 2012: 183 ff., Kap. 9). Die relevante Abgrenzungsfläche für WILHELMSBURGER FREITAG bildet indes weniger der klassische Hollywoodfilm, sondern vielmehr Renates Filmauswahl in der beschriebenen Szene, der deutschsprachige Unterhaltungsfilm in der Form von SING, ABER SPIEL NICHT MIT MIR. Aus der Differenzerfahrung gegenüber den Sehgewohnheiten, die durch genau jene Produktionen geprägt wurden, kann sich deswegen auch der Eindruck eines gesteigerten Realismus von WILHELMSBURGER FREITAG generieren (Abb. 47–48). Dieser liegt zwar ebenso in der kohärenzschwachen Anlage der Erzählung, ihren retardierenden Momenten sowie der betonten Nüchternheit der audiovisuellen Inszenierung begründet (vgl. Kirsten 2013). Als Wirklichkeitseffekte entfalten können sich diese ästhetischen Verfahren jedoch in besonderem Maße durch einen impliziten Vergleich zur dynamischen Taktung der Dramaturgie, den bunt gestalteten Kulissen und den modernistischen Gesangsnummern des deutschsprachigen Unterhaltungsfilms, der zur selben Zeit produziert wurde.

2.

Im Anschluss an WILHELMSBURGER FREITAG realisierte Monk mit EIN TAG – BERICHT AUS EINEM DEUTSCHEN KONZENTRATIONSLAGER 1939 schließlich die Produktion, die ihm eine herausragende Stellung in der deutschen Film- und Fernsehgeschichte sicherte. In Egon Netenjakobs *TV-Filmlexikon* als einer «der meistgenannten- und geschätzten Filme der Fernsehspielgeschichte» (1994: 268 f.) verzeichnet, bietet die Rezeptionsgeschichte weniger Anlass, diesen als «noch immer verkannt» auszuweisen, als es Karl Prümm nahelegt (siehe 2002). Bereits vor seiner Erstausstrahlung in der ARD am 6. Mai 1965 war EIN TAG von der Tagespresse als großes Programmereignis angekündigt worden und konnte schließlich 46 Prozent der Zuschauer*innen erreichen, die an diesem Abend den Fernseher anschalteten (Thiele 2001: 281). Von der Fachkritik wurde der Film sehr gelobt und 1966 mit zahlreichen Preisen ausgezeichnet.[6] Auch ist es die erste Produktion Monks, die eine internationale Auswertung erfuhr, unter anderem in den USA, wo der Film ebenfalls ein beachtliches Presseecho hervorrief (ebd.: 283).[7] 1977 zeigte ihn die BBC, ein Jahr später erwarb die Gedenkstädte Yad Vashem in Jerusalem eine Kopie (Weigelt 2007: 320). Zuletzt wurde der Film (nach, zugegeben, langer Zeit) am 23. März 2015 um 23:15 Uhr im NDR gezeigt. In der Forschung stellt EIN TAG überdies die am häufigsten bemerkte und auch am gründlichsten analysierte Regiearbeit Monks dar.[8]

---

6 So mit dem Preis der Deutschen Angestellten Gewerkschaft (DAG), der Goldenen Kamera, dem Adolf-Grimme-Preis in Silber und dem Fernsehpreis der Akademie der Darstellenden Künste.
7 Vgl. hierzu die Presse-Sammlung in EMA 1015.
8 Ausführlich Prümm 1995a: 43–46; 2002; 2017; Koebner 1995, Pfau 2003, Thiele 2001: 265–296, siehe

Die Breitenwirkung des Films liegt mit Sicherheit darin begründet, dass EIN TAG die erste westdeutsche Produktion ist, die in der Form eines fiktionalen Spielfilms ein Konzentrationslager darstellte. In der DDR waren zuvor zwei Verfilmungen des Romans *Nackt unter Wölfen* (1958) von Bruno Apitz realisiert worden, dessen Handlung im Konzentrationslager Buchenwald situiert ist – 1960 zunächst für das Fernsehen unter der Regie von Georg Leopold, gefolgt 1963 von der sehr viel bekannteren DEFA-Kinofilmproduktion in der Regie von Frank Beyer. Letzterer wurde auch in den Feuilletons der westdeutschen Presse diskutiert und überwiegend wohlwollend aufgenommen. Zu sehen war der Spielfilm jedoch zunächst nur ihm Rahmen geschlossener Veranstaltungen, bis er 1968 einen Verleih in der Bundesrepublik erhielt. Wiederholt wurde damals in den Rezensionen zu Beyers NACKT UNTER WÖLFEN die Frage nach den Gründen aufgeworfen, die eine Verwertung des Spielfilms in der Bundesrepublik verhinderten und wieso sich keine Filmproduktion im eigenen Land an der filmischen Darstellung der Konzentrationslager versuchte (Thiele 2001: 249, 252). Der erste ‹Frankfurter Auschwitzprozess› (1963–1965) hatte eine Steigerung des öffentlichen Interesses an der Auseinandersetzung mit den NS-Gewaltverbrechen bewirken können, die sich durch die zeitgleich erfolgte deutschsprachige Publikation von Hannah Arendts kontrovers diskutierter Studie *Eichmann in Jerusalem* auf die Frage nach dem individuellen und systemisch bedingten Charakter der Täter wie der Tat selbst zuspitzte (vgl. Wenzel 2009). Dass das Filmprojekt EIN TAG schließlich mit einem Produktionsbudget von einer Millionen D-Mark ausgestattet wurde (Weigelt 2007: 312) – was den damaligen Standard bei weitem übertraf –, mag auch als Bemühen des Norddeutschen Rundfunks gelten, auf diesen Diskurs zu reagieren.[9]

Als Reaktion auf diese Konstellation hatte Monk 1964 in seiner Funktion als Hauptabteilungsleiter eine Fernsehadaption von Brechts *Furcht und Elend des III. Reiches* initiiert. Seine eigene Regiearbeit aus dem Folgejahr ist indessen als Versuch zu werten, die Abstraktion in der Darstellung der Verbrechen des Nationalsozialismus zu überwinden, die sowohl Brechts Szenenfolge als auch die bis dato veröffentlichten Stücke des Dokumentartheaters, etwa Rolf Hochhuths *Der Stellvertreter* (1963) aufweisen. Offenkundig bezieht sich EIN TAG zudem auf die ausländischen Kinoproduktionen, die Anfang der 1960er-Jahre das nationalsozialistische Konzentrationslager zur Darstellung brachten: Beyers NACKT UNTER WÖLFEN, der französisch-jugoslawische Spielfilm L'ENCLOS (F/YU 1961, dt. DER VERSCHLAG) in der Regie des französischen Dramatikers Armand Gatti sowie Gillo Pontecorvos von der Kritik heftig gescholtenen KAPÒ (I/F/YU 1960).

Das erklärte Ziel war, wie Monk anlässlich seiner Rede zur DAG-Preisverleihung erklärte, mithilfe des Films «das Grauen» des Konzentrationslagers sinnlich erfahrbar zu machen (Monk 1966a: 50). Das – zusammen mit Gunther R. Lys und dem Dramaturgen Claus Hubalek verfasste – Drehbuch stützt sich dafür auf Aussagen von Überlebenden der Konzentrationslager, Günter Weisenborns *Der lautlose Widerstand*, Eugen Kogons *Der SS-Staat* sowie Viktor Klemperers veröffentlichte Erinnerungen. In hohem Maße basiert es

---

außerdem Delling 1975: 124 ff., Hickethier 1980: 272, Classen 1999: 35, Lang 2006: 63 f., Ebbrecht 2007: 224; 2011: 205 f., Hißnauer/Schmidt 2013: 110 f., 266, Schulz 2007: 210, Schmidt 2015: 90–93, Stiglegger 2015: 11 f., 55; Büttner 2015: 174–193.

[9] Monks und Lys' Auskünften nach stieß ihr Projekt zunächst auf Widerstand im Sender (Monk in ORT DER HANDLUNG [1987], Min. 15:38, Weigelt 2007: 312). Einer Anekdote Lys' zufolge war es der besonderen Fürsprache des stellvertretenden Intendanten des NDR, Ludwig von Hammerstein-Equord zu verdanken, dass die Produktion so großzügig finanziert wurde: «und wenn der ganze Sender pleite geht», soll sich dieser geäußert haben, es sei «eine Ehrenpflicht», dass der Film so gut wie möglich realisiert werden könnte (zit. n. Weigelt 2007: 312).

jedoch auf Lys' autobiografischen Erfahrungen (vgl. Monk 1966a: 49; 2007: 190, Weigelt 2007: 308 ff.). Dessen Zeugnis findet sich für den Fernsehfilm in eine hochgradig verdichtete dramatische Form übersetzt, die sich – wie die Forschung einhellig betont hat – abermals von den Gestaltungsprinzipien Brechts bestimmt zeigt (Koebner 1995, Pfau 2003, vgl. Prümm 1995a: 43).

Die ästhetische Orientierung der Form ist gleich zu Beginn deutlich markiert. Ein Brecht-Zitat leitet die Spielhandlung ein: «*Mögen andere von ihrer Schande sprechen, ich spreche von der meinen*» – die Präambel aus dem Gedicht *Deutschland*, dessen erste Strophe[10] auch Arendt der deutschen Ausgabe ihres *Bericht von der Banalität des Bösen* voranstellte (GBA 15: 76, vgl. Arendt 1964). Damit stellt der Film die Haltung heraus, die er gegenüber dem Erzählen einnimmt und von seinem Publikum einfordert: die Verpflichtung, sich einer nationalen Schande zu stellen.

Die Spielhandlung ist in acht Abschnitte unterteilt: ein Vorspiel und sieben ‹Kapitel›, deren Beginn jeweils durch eine Titeltafel eingeleitet ist, die die Stationen eines Tagesablaufs bezeichnet. Die szenische Darstellung selbst beginnt *in medias res* mit einer Gruppe von Männern, die eng zusammengepfercht in einem Lastwagen stehen und aufgefordert werden, den Blick nicht vom Licht einer Lampe an dessen Decke abzuwenden. Auf die Titeleinblendung des Fernsehfilms folgt ihre «ANKUNFT» [1] im Konzentrationslager «Altenburg» – einem fiktiven Aufbaulager irgendwo in Norddeutschland, in dem erklärte politische Gegner der Nationalsozialisten (Kommunisten und Sozialdemokraten), Juden, Sinti und Roma, Bibelforscher sowie Kriminelle inhaftiert sind. Am Morgen haben sich die Häftlinge dem militärisch strukturierten «APPELL» [2] zu unterziehen, währenddessen ihre Zahl von den SS-Wachmannschaften kontrolliert wird. Der «ALLTAG» [3] im Lager beginnt mit der Einteilung der Gefangenen zu verschiedenen Arbeitskommandos. Diejenigen, die nicht in den Steinbruch geführt werden, sollen auf dem Appellplatz eine Grube ausheben. Es folgen «GESCHÄFTE SCHWIERIGKEITEN SORGEN» [4]: Während SS-Obersturmführer Rüttig (Gert Haucke) in seiner Amtsstube eine Nassrasur erhält und den Neuankömmlingen die Haare geschoren werden, befiehlt der Rapportführer Eichner (Conny Palme), die erkrankten jüdischen Gefangenen zur Arbeit an der Grube hinzuzuziehen – am Abend will er möglichst viele von ihnen tot sehen, insbesondere den «Judenältesten» Katz (Josef Schaper). Der zweite «Lagerälteste» Reusch (Ernst Ronnecker) sieht sich gezwungen, zu selektieren, und beordert schließlich alle Juden bis auf einen zum Zertrümmern der ausgehobenen Steine; den gesündesten unter ihnen, den jugendlichen Hans Steinberger (Reent Reins), versteckt er indessen unter falschem Namen im Krankenrevier. Während der Obersturmführer drinnen Geschäftsbriefe diktiert, fordert die sinnlose Arbeit an der Grube draußen ihre ersten Todesopfer. Rapportführer Eichner ertappt einen Pfarrer (Ernst Jacobi) dabei, wie dieser für einen der Toten betet und lässt ihn unter Ankündigung der Strafe abführen. Die «Lagerältesten» Reusch und Herrmann (Hans Giese), beide zuvor bekannte politische Aktivisten, verhören unterdessen den Neuzugang Ernst Springer (Hartmut Reck), der sich bei seiner Musterung durch Eichner zuvor selbst als «*Spanienkämpfer*» und «*alten Vaterlandsverräter*» bezeichnet hatte. Er war 1933 bereits im KZ Buchenwald interniert gewesen. Den Verdacht der «Lagerältesten», er sei von den Nazis eingeschleust, um ihre subversiven Operationen innerhalb des Lagers auszuspionieren, kann er nicht entkräften. Dennoch entscheiden sich die «Lagerältesten» ihm vorerst zu vertrauen. In der Mittagspause fordert Obersturmführer Rüttig von seinem

---

10 «Oh Deutschland, bleiche Mutter! / Wie sitzt du besudelt / Unter den Völkern. / Unter den Befleckten / Fällst du auf» (GBA 15: 76).

Rapportführer, den Appellplatz bis zum Abend wieder in seinen Ursprungszustand versetzen zu lassen. Im Akkord haben die Gefangenen die ausgehobene Grube wieder zuzuschütten. Eichner fordert nun nachdrücklich den «TOD DES ANWALTS KATZ» [5]. Während sie die anderen Gefangenen im Chor «Und Juda den Tod» skandieren lassen, zwingen der Blockführer Schwarz und Mennes (Eberhard Fechner), der Anführer der Berufsverbrecher unter den Häftlingen («BV»), daraufhin den «Judenältesten», sich von dem Wachposten am Zaun erschießen zu lassen. Beim abendlichen «APPELL» [6] droht aufzufallen, dass Reusch und Herrmann den jungen Steinberger unter falschem Namen in ihren Listen vermerkt haben; an diesem Abend können sie die Wachmannschaft jedoch überzeugen, einem Additionsfehler zu unterliegen. Während die am Tage angekündigten Strafmaßnahmen verhängt werden, lässt Rüttig den Abend in einer Gaststube «UNTER ORDENTLICHEN MENSCHEN» [7] ausklingen.

EIN TAG portraitiert das Konzentrationslager, ohne dafür Protagonisten oder einen zentralen dramatischen Konflikt zu etablieren. Darin liegt der entscheidende Unterschied gegenüber den Kinoproduktionen, die Monk in seiner Rede anlässlich der DAG-Preisverleihung als die einzigen ihm zum Zeitpunkt seiner Produktion bekannten fiktionalen KZ-Darstellungen benannte, NACKT UNTER WÖLFEN und L'ENCLOS (Monk 1966a: 49, 2007: 191). Beide Spielfilme fokussieren den Widerstand der Häftlinge und die Konflikte, die sich hieraus für die Protagonisten ergeben. In NACKT UNTER WÖLFEN versteckt eine kleine Gruppe von politischen Häftlingen im KZ Buchenwald kurz vor dem Ende des Krieges einen kleinen Jungen vor den SS-Wachmannschaften. Da sie damit auch die Aufdeckung ihrer geheimen Organisation riskieren, stellt dieses Bemühen den «Lagerältesten» Walter Kraemer (Erwin Geschonneck) und den «Kapo» André Höfel (Armin Mueller-Stahl) vor moralische Bewährungsproben. Ihr humanistischer Sinn kann jedoch jeden durch taktische Überlegungen angeleiteten Zweifel besiegen, auch der Folter können sie widerstehen. Als das Lager geräumt werden soll, können die organisierten Häftlinge sich sogar selbst mit Waffengewalt befreien. L'ENCLOS hingegen ist – wie EIN TAG – in einem fiktiven Konzentrationslager situiert. Es trägt, wie in Gattis Bühnendrama *La Seconde existence du camp de Tatenberg* (dt. *Die zweite Existenz des Lagers Tatenberg*) den Namen «Tatenberg» und verweist hier wie dort auf den Steinbruch des KZ Mauthausen in Österreich, den «Totenberg».[11] Zwei Männer finden sich hier in einen Verschlag gesperrt, weil der SS-Standartenführer Weissenborn (Maks Furijan) und der jüngere SS-Obersturmführer Scheller (Herbert Wochins) eine Wette darüber abgeschlossen haben, welcher von ihnen nach 24 Stunden seinen Mithäftling erschlagen haben wird, um sein eigenes Leben zu retten: der deutsche politische Häftling Karl Schongauer (Hans Christian Blech) oder der jüdische Franzose David Stein (Jean Négroni). Entgegen der Annahme der SS-Offiziere überwinden diese Häftlinge jedoch ihren gegenseitigen Argwohn und bekämpfen sich nicht. Schongauer wird, da er eine zentrale Figur der Widerstandsgruppe im Lager darstellt, in der Nacht befreit und unter der Identität eines Verstorbenen im Krankenrevier versteckt. David Stein jedoch muss sich am Morgen zur Vollstreckung seines Todesurteils melden.

Die Erzählungen beider Spielfilme verfügen über dieselben Motive wie EIN TAG: die geheime Organisation der politischen Funktionshäftlinge, das Verstecken eines Einzel-

---

11 Der Name «Tatenberg» verweist gleichzeitig auf einen Ort in den Hamburger Marschlanden, in dessen Nähe Gatti als junger Mann selbst als Zwangsarbeiter interniert war und über den eine Zugverbindung führte, die den verzweigten Komplex der Konzentrations- und Zwangsarbeiterlager im Umland von Hamburg miteinander verband.

49 L'ENCLOS (1961): Eröffnungseinstellung, das fiktive KZ «Tatenberg»

50 EIN TAG (1965): Die KZ-Häftlinge Hans Neumann (Josef Fröhlich) und Ernst Springer (Hartmut Reck) in der Eröffnungsszene, während des Transports in das fiktive Aufbaulager «Altenburg»

nen und das brutale Vorgehen der Kapos, die die Zwangsarbeiter mit Schlägen antreiben und dabei ihre Mithäftlinge töten oder dazu nötigen, sich gegenseitig umzubringen. Ihren verschiedenen Erzähl- und Darstellungstraditionen geschuldet, finden sich diese Motive nur unterschiedlich akzentuiert. Der DEFA-Spielfilm zeichnet seine Figuren im Sinne des sozialistischen Realismus als proletarische Helden und setzt deren subversive Handlungen entsprechend pathetisch in Szene. Während jüdische oder weibliche Häftlinge gar nicht vorkommen, wird der kommunistische Widerstand im Lager deutlich überbetont. In der letzten Szene trägt Walter Kraemer das errettete Kleinkind, Symbol der Hoffnung und des Widerstandes, auf den Armen, während um ihn herum die Massen der Häftlinge singend zum Ausgang des Lagers stürmen. Der formal an der französischen Nachkriegsdramatik orientierte L'ENCLOS fokussiert indes sehr viel stärker die existenzialistische Frage, wie sich der einzelne Insasse eines Konzentrationslagers seine Menschlichkeit bewahren kann. Zugleich formuliert er eine düsterere Aussage über den organisierten Widerstand, der zugunsten der Rettung des politischen – deutschen – Häftlings die Ermordung des jüdischen Franzosen in Kauf nimmt. Die letzte Szene zeigt, wie dieser einer Lautsprecheransage folgend einen Lastwagen besteigt, der ihn zum Ort seiner Vergasung bringen soll. EIN TAG etabliert einen anderen Zugang: Nicht der individuelle Mensch im Lager, sondern das Verschwinden des Einzelnen durch das Lagersystem zu verdeutlichen ist das Ziel seiner Erzähl- und Darstellungsstrategie, die sich explizit als Antithese zu der von L'ENCLOS definiert: «eigentlich» sei dieser, erklärte Monk im Interview mit Sebastian Pfau, «weniger mit dem KZ beschäftigt als mit Psychologie» (Pfau 2003: 53).

L'ENCLOS eröffnet zunächst mit einer visuell eindrucksvollen Sequenz, die mithilfe von Panoramaaufnahmen das Ausmaß des Steinbruchgeländes veranschaulicht (Abb. 49). In einer langen Reihe erklimmen die Häftlinge in Holzpantinen den Anstieg aus der Grube. Bodennahe Detail-Einstellungen lassen keine individuellen Unterschiede zwischen ihnen, sondern immer nur wieder ein neues Paar Füße erkennen. Weiter oben tragen zwei Männer einen grob gezimmerten Holzbehälter mit Bruchsteinen. Sie verschütten ihre Ladung, als einer von ihnen stolpert. Daraufhin weist ein «Kapo», der sich von dem SS-Obersturmführer Scheller aus einer erhöhten Position beobachtet wähnt, den anderen Häftling an, seinen Mitgefangenen mit einem Stein zu erschlagen. Dieser folgt. Das hiermit veranschaulichte perfide System der sogenannten «Häftlings-Selbstverwaltung», das die Funktionshäftlinge im KZ zu Komplizen ihrer Peiniger formt, spitzt L'ENCLOS mit dem

Fortschritt der Erzählung auf die besondere, von den SS-Offizieren durch ihre Wette verursachte Situation der zwei Männer im Verschlag zu. In weiten Teilen nimmt der Film deswegen die Form eines Kammerspiels an, das über dialogische Erörterungen die Erfahrungen, Hoffnungen und Ängste der beiden Protagonisten beleuchtet, aber darüber auch die sinnlich erfahrbare Konkretion der Expositionssequenz verliert. Die visuelle Inszenierung lässt die sinnliche Anschaulichkeit des Ortes zugunsten des Gesprächs zurücktreten, die Atmosphäre der Nacht bringt die Umgebung des Lagers durch Dunkelheit beinahe zum Verschwinden. Nur an einer Stelle wird der architektonische Aufbau des KZs durch einen aufsichtigen Plankameraschwenk hervorgehoben. Sie ist dabei jedoch mit einem *voice-over*-Monolog Karl Schongauers verknüpft, der über den Funktionszusammenhang der Gebäude Auskunft gibt. So dominiert auch hier das gesprochene Wort über die visuelle Darbietung bzw. die szenisch dargestellte Handlung. EIN TAG folgt demgegenüber einer Konzeption, die dieses Verhältnis genau umkehrt. Statt einer orientierenden Aufsicht strebt der Fernsehfilm eine Innensicht des Lagers an, die dessen interne Vorgänge vorwiegend in hellem Wintertageslicht exponiert.

Im Kontrast zur Darstellung in L'ENCLOS charakterisiert EIN TAG das Lager als einen Ort der hektischen Betriebsamkeit, dessen Alltag von sinnlosen Arbeitsaufträgen und absurd anmutenden militärisch strukturierten Ritualen bestimmt ist und die Spur des Einzelnen sich daher schnell verliert. In den ersten Szenen exponiert die Kamera wiederholt die «Neuankömmlinge» Ernst Springer und Hans Neumann in der Großaufnahme (Abb. 50). Nach der klassischen Verfahrensweise filmischen Erzählens würden sie damit als Protagonisten des Stückes ausgewiesen werden. Schon während des Morgenappells geraten sie jedoch aus dem Blick. Immer wieder werden so einzelne Figuren aus dem Personenstab des Konzentrationslagers herausgestellt. Der ständige Wechsel in der Fokussierung erlaubt es jedoch nicht, ihren Geschichten kontinuierlich zu folgen. Stattdessen schildert der Film in kurzen, fast autonom wirkenden Episoden verschiedene Konstellationen des Lageralltags, die unterschiedliche Figuren, verschiedene Opfergruppen und Tätertypen ins Zentrum stellen. Obwohl die Einheit des Ortes gewahrt bleibt, lässt sich die Erzählung somit als «Gestentafel» des Konzentrationslagers begreifen.

Die Bildsprache zeichnet sich durch eine vergleichbar bewegliche und beteiligt erscheinende Kameraführung aus wie in WILHELMSBURGER FREITAG, die darüber eine dokumentarische Anmutung gewinnt, dass sie sehr häufig den Bewegungen der Figuren folgt, statt ihnen vorauszueilen und in der Kombination der Einstellungsfolgen die klassischen Montageregeln verletzt. Das Schuss-Gegenschuss-Verfahren wird weitestgehend vermieden, selbst Zwiegespräche und Konfrontationen sind mithilfe von Schwenks realisiert (vgl. Pfau 2003: 55). Mitunter folgen ganz unvermittelt Nahaufnahmen auf totale Ansichten, als hätte der Kameramann Walter Fehdmer sich tatsächlich aus der Situation heraus entschieden, das Gesicht eines Einzelnen zu exponieren, um dann mit einem Reißschwenk der Bewegung seines Kopfes zu folgen. Die Strategien der Rezeptionslenkung in der audiovisuellen Inszenierung von EIN TAG erweisen sich jedoch als viel stärker ausgeprägt als in WILHELMSBURGER FREITAG. Die Anordnung der Episoden gehorcht nicht der von Bazin metaphorisch beschriebenen Logik, die den Verstand «von Stein zu Stein» hüpfen lässt (2009d: 319), sondern lässt vielmehr deren Inhalte nach dem bekannten Muster der Fernsehspiele von 1962/63 miteinander kollidieren; auf eine Szene etwa, in der ein Häftling dem Lagerleiter mit sanften, vorsichtigen Bewegungen eine Nassrasur bereitet, folgt eine Darstellung, in der einem der «Neuzugänge» durch eine rasche, routinierte Bewegung der Kopf geschoren wird.

Die audiovisuelle Inszenierung zielt darauf, die Atmosphäre des Lagers spürbar werden zu lassen. Die Hektik und die physischen Anstrengungen, die der Alltag des Lagers für die

Häftlinge bedeutet, finden sich in äußerst dynamische Montagekompositionen übersetzt. Als sich die Häftlinge am Morgen nach dem Appell den verschiedenen Arbeitskommandos zuordnen müssen, stobt ihre Formation – noch in der Totalen abgebildet – plötzlich auseinander, um sich in einer Abfolge von Nahaufnahmen im Sekundentakt vollkommen in Köpfe, Arme, Füße aufzulösen, deren Bewegungsrichtungen sich chaotisch kreuzen. Demgegenüber stehen wiederum Passagen, die sehr ruhig, teilweise durch eine andauernde Einstellung inszeniert sind. In der Darstellung der Appelle dominieren totale Einstellungsgrößen, die das militärisch strukturierte Ritual aus der Distanz betrachten lassen und darüber ihre Absurdität offenlegt: Bevor die neu hinzugekommenen Häftlinge das Lagergelände betreten, werden erst Protokollbögen ausgetauscht, die unterschrieben und gegengezeichnet werden müssen. Sie aus der Mappe zu holen, fällt dem Mann, der den Transport verantwortet, aber schwer, die Beweglichkeit seiner Hände ist durch Handschuhe eingeschränkt. Ein junger SS-Offizier nestelt an seinem Mantelaufschlag, um dem Vorgesetzten den Stift zu reichen, der nach seinem Gesichtsausdruck zu urteilen sichtlich genervt ist (Min. 5:00).

Die «Bürokratenmentalität», die in der Zeichnung der KZ-Personage zum Ausdruck kommt, deutet Thomas Koebner als «ein Echo» auf Arendts Thesen über die «Banalität des Bösen» (1995: 53 f., vgl. Delling 1975: 124). Diese Beobachtung scheint insbesondere in Bezug auf die Figur des Lagerleiters Rüttig einleuchtend, die nach dem Typus des Schreibtischtäters gezeichnet ist. Obwohl er von seinen Aufgaben ermüdet scheint, erfüllt er seine Dienstpflicht mit Sorgsamkeit nach Vorschrift. Bis er sich mit dem nahenden Krieg neuen, größeren Aufgaben zu stellen gedenkt, diktiert er Geschäftsbriefe – etwa, um der Firma Topf & Söhne die kostenlose Arbeitskraft der Häftlinge aus seinem Lager zuzusichern. Bisweilen zeigt er sich auch um Eigeninitiative bemüht: Da er keine Weisung erhalten hat, wohin er die Männerhaare zur Verwertung schicken soll, hat er sich selbstständig darum gekümmert. Während die Figur Rütting somit jene Haltung verkörpert, die Arendt zufolge für Adolf Eichmann bezeichnend war (Arendt 1964, vgl. Krause 2011), lassen sich seine Handlungen – nicht zuletzt durch den Hinweis auf jenen Betrieb, der für den Bau der Krematorien in Auschwitz-Birkenau verantwortlich war – als Vorbereitungen für den «Verwaltungsmassenmord» lesen, wie Arendt den Genozid an den europäischen Jüdinnen und Juden bezeichnet hatte.

Das eigentliche Thema dieses Films ist jedoch nicht der Massenmord, sondern die Bedingungen, die ihn ermöglichten. Die Inspirationsquelle dafür scheint mir zudem weniger in Arendts Betrachtungen zu Eichmann denn in ihrer früheren Studie *Elemente und Ursprünge totaler Herrschaft* zu liegen, die Monk bereits für sein RIAS-Feature 1957 verarbeitet hatte.[12] Dieses Werk konnte ihm nicht nur die Definition des Lagers als Modell des totalitären Herrschaftsapparats liefern, die er in seiner Rede anlässlich der DAG-Preisverleihung formulierte (siehe Monk 1966a: 50, vgl. Arendt 1955: 693), sondern ebenfalls sein wirkungsästhetisches Ziel profilieren: «die Erkenntnis politischer Zusammenhänge und die Mobilisierung politischer Leidenschaften», worin Arendt zufolge allein der Sinn eines «Verweilen beim Grauen» des Konzentrationslagers liegen kann (Arendt 1955: 698). In besonders prägnanter Weise findet sich dieses Moment in der Sequenz «TOD DES ANWALTS KATZ» aktualisiert.

Dass Katz den Tag nicht überleben soll, hat der «Rapportführer» Eichner bereits nach dem ersten Appell angekündigt. Am Nachmittag soll ihn nun der «Vorarbeiter» Erich (Curt Timm) aus der Häftlingsgruppe der Kriminellen erschlagen. Dieser weigert sich

---

12 Siehe EMA 357.

jedoch und bittet Katz stattdessen, selbst «*in den Zaun zu gehen*» (siehe Min. 1:04:28). Die Grube, die am Vormittag ausgehoben wurde, ist mittlerweile wieder zugeschüttet und die Häftlinge müssen die Erde plantreten und dabei «*Und Juda den Tod*» singen, während Katz ihren Chor dirigiert. Der zweite «Lagerälteste» Reusch hatte ihn dorthin abkommandiert, um ihn vor den Plänen der Kriminellen zu schützen. Als deren Anführer Mennes den Blockführer Schwarz daran erinnert, man könne ihm «*Judenbegünstigung*» vorwerfen, wenn Katz heute nicht sterbe, lässt er diesen zu sich rufen. Der «Vorarbeiter» Erwin (Gottfried Kramer) reist diesem die Mütze vom Kopf und wirft sie Schwarz zu, der sie mit einer geschmeidigen Wendung in Richtung des Stacheldrahtzauns schleudert. «*Hol die Mütz'*», befiehlt er. Jetzt wird zum ersten Mal Katz' Gesicht in einer Großaufnahme exponiert. Die Stimmen des Chores sind plötzlich verstummt. Die Kamera wechselt hektisch die Perspektiven. In rascher Abfolge zeigt sie den Ausdruck der Männer, die diese Situation mit verursacht haben, und derjenigen, die gezwungen sind, hilflos zuzuschauen. Alle Aufnahmen erscheinen überbelichtet, die Gesichter der Männer wie die schneebedeckte Umgebung sind in grelles weißes Licht getaucht, nur das Geräusch des Windes ist zu hören. Dann zieht sich Katz die Schuhe aus und wirft sie der Gruppe der jüdischen Häftlinge entgegen. Während Erwin diesen befiehlt, wieder den Gesang anzustimmen, geht Katz langsam auf den Zaun zu. Die anschließende Totale zeigt die Umrisse seines Körpers durch ein Fadenkreuz gerahmt (Min. 1:11:02). Nach einer nochmaligen Rekadrierung, die das Geschehen aus der Perspektive außerhalb des Zauns fokussiert, geht die Gestalt in der letzten totalen Einstellung mit den Geräuschen einer Maschinengewehrsalve zu Boden.

Im Prinzip ähnlich wie die Szene in der Exposition von L'ENCLOS verweist die Sequenz «TOD DES ANWALTS KATZ» auf die spezifische, durch das Lagersystem generierte Konstellation zwischen Tätern und Opfern sowie der Opfer zueinander, die die Ermordung des (Mit)Häftlings ermöglicht. Die Ausführlichkeit der Darstellung, die gegenüber L'ENCLOS betrachtet, als eine Rücknahme von dramatischer Verdichtung erscheint, generiert ein hohes Maß an Anschaulichkeit für die Grausamkeit der Situation. Eine zusätzliche Intensität gewinnt die Sequenz zudem durch die vorangestellte Titeleinblendung, die den Ausgang der Handlung am Beginn offenlegt und somit die Aufmerksamkeit auf die Frage lenkt, wie die Ermordung geschehen wird. In auffälliger Weise verzichtet die Inszenierung indessen darauf, «das Grauen» durch einen entsprechenden Einsatz filmischer Mittel zu unterstreichen, und scheint damit um diejenige moralische Angemessenheit bemüht, die Jacques Rivette an Gillo Pontecorvos Spielfilm KAPÓ vermisste [1961] 2006: 131). Insbesondere dessen Inszenierung einer kurzen Szene, die eine vergleichbare Situation veranschaulicht, diente Rivette in den *Cahiers du Cinéma* als Beispiel für ein infames, voyeuristisches Vorgehen des Regisseurs: Als sich eine KZ-Gefangene in suizidaler Absicht in den elektrischen Zaun wirft, betont eine Heranfahrt auf das Gesicht der Frau den Moment, in dem ihr Körper von der Elektrizität erfasst wird, um in einer anschließenden Detaileinstellung das letzte Zucken ihrer Hand herauszustellen. Offensichtlich wollte Monk vermeiden, die Opfer der NS-Gewaltverbrechen in entwürdigender Weise bloßzustellen (siehe Abb. 51–56). Letztlich dient die Sequenz «TOD DES ANWALTS KATZ» jedoch auch einem anderen Ziel. Im Unterschied zu der entsprechenden Szene in KAPÓ soll sie nicht allein den gewaltsamen Tod eines Menschen zeigen und uns als Beobachter*innen dieses Vorgangs zwingen, bei seinem Grauen zu verweilen (vgl. Arendt 1955: 698). Ihre Absicht liegt vielmehr darin, über das Verhalten aller Beteiligten auszustellen, wie der Ermordung des Einzelnen im Lager die Ermordung der «moralischen Person» vorausgeht (ebd.: 1955: 701).

10 1964–1966: Augenblicke des Alltags

51 KAPÒ (1961): Halbtotale der KZ-Gefangenen Terese (Emmanuelle Riva), die sich in suizidaler Absicht in den elektrischen Zaun wirft

52 KAPÒ: Rekadrierung, Nahe der KZ-Gefangenen Terese (Emmanuelle Riva)

EIN TAG zeigt sich bemüht, das Konzentrationslager als einen Ausdruck des NS-Gesellschaftssystems auszuweisen. Zu diesem Zweck sind im dritten und sechsten Abschnitt kurze Montagesequenzen aus *found footage* der NS-Wochenschau eingebunden, um jeweils eine Verbindung zwischen dem Alltag des Lagers und dem öffentlichen Leben zur Zeit des Nationalsozialismus herzustellen. Im ersten Fall unterbricht die Montagesequenz die Darstellung «ALLTAG», die zunächst den Aufbruch der Arbeitskommandos aus dem Lager und schließlich die Initiation der am Morgen angekommenen Häftlinge zeigt, die sich während des Appells am Rande des Geschehens aufhielten. Der «Neuankömmling» Hans Neumann sieht sich plötzlich aufgefordert, dabei zu helfen, die Leiche eines in der Nacht zuvor am Zaun erschossenen Häftlings zu bergen (Min. 17:40–19:30). Eine Unschärfe-Überblendung leitet zu einer stummen Aufnahme über, die – wie eine nun einsetzende Stimme im *voice-over* informiert – Hitlers Empfang des diplomatischen Corps zeigen. Wir sehen Hitler und Männer in Galauniform höflich parlieren, dann Menschenmassen auf der Straße, die einem Gebäude den Hitlergruß entgegenstrecken. Jubelgeräusche schwellen auf, immer lauter, bis die Stimme Eichners mit den Worten «*Und wir ...*» in das Lager zurückleitet. «*Wir*», wiederholt er in der Großaufnahme, «*heben eine Grube aus*» (siehe Min. 19:30–20:35). Für einen kurzen Moment zeigt die abschließende Tonüberblendung somit an, dass die Masse der Menschen, die Hitler befürwortet, ebenso dem «Rapportführer» des KZ zujubelt.

Während die Montageform den Widerspruch zwischen der propagandistischen Repräsentation und der sinnlosen Brutalität innerhalb des Lagers herausstellt, formuliert die Abschlusssequenz «UNTER ORDENTLICHEN MENSCHEN» (1:26:55–1:29:50) eine kausale Verbindung zum Alltagsleben im ‹Dritten Reich›. Sie zeigt ein gutbürgerliches Lokal. Neben dem Obersturmführer in Uniform, der dort sein Abendessen zu sich nimmt, sitzen an den Tischen, von der Kamera in einem durchgehenden Schwenk wie beiläufig registriert, auch ein Liebespaar, eine Familie mit Kindern und eine Gruppe von Männern am Stammtisch, von denen einer ein Parteiabzeichen der NSDAP am Revers trägt. Die murmelnden Stimmen ihrer Unterhaltungen werden immer leiser und von den Geräuschen überlagert, die das Konzentrationslager kennzeichnen, wie die gebrüllten Kommandos der SS-Offiziere und den Laut von Schritten im gleichmäßigen Rhythmus des Marschierens. Das Lokal und das KZ sind also Teil desselben Systemzusammenhangs.

Während öffentlichen Debatte um nationalsozialistische Gewaltverbrechen, die sich Mitte der 1960er-Jahre intensivierte, setzten sich die ‹Autoren› des Fernsehspiels EIN TAG offenkundig das Ziel zu erklären, wie es zu den Verbrechen, deren Ausmaß durch den

10 1964–1966: Augenblicke des Alltags

53 EIN TAG (1965): «TOD DES ANWALTS KATZ», Katz (Josef Scharper) in der Nahaufnahme

54 EIN TAG (1965): Katz (Josef Scharper) geht auf den Zaun zu

55 EIN TAG (1965): Katz (Josef Schaper) im Fadenkreuz

56 EIN TAG (1965): Rekadrierung, Ansicht von Außerhalb des Zauns auf den Toten

laufenden Prozess aufgedeckt wurde, kommen konnte. Im Hinblick auf die Thematisierung des organisierten Massenmords stellt sich das Konzept als eine Gratwanderung zwischen Konkretion und Abstraktion dar, die auf die Möglichkeiten und Grenzen verweist, die zum Produktionszeitpunkt für eine solches Vorhaben galten (vgl. hierzu Classen 1999: 89, Kansteiner 2003). Es ist davon auszugehen, dass die ‹Autoren› bewusst das Jahr 1939 wählten und die Handlung somit nicht im Zeitraum nach der Wannseekonferenz situierten, was auf der Grundlage ihrer Quellen durchaus möglich gewesen wäre. Ein Arbeitslager wie Buchenwald oder gar ein Vernichtungslager hätten sie jedoch – aus vielfältigen Gründen – nicht mit demselben Realismus-Anspruch darstellen können.[13]

Für die Geschichte der fiktionalen Thematisierung von nationalsozialistischen Gewaltverbrechen ist vor allem bemerkenswert, dass die ‹Autoren› ihrem Vorhaben eine ästhetische Form zu geben vermochten, die in so hohem Maße auf Sinnstiftung verzichtet (vgl. Loewy 2003). Zwar klingen in einigen Szenen Momente der Solidarität unter den Inhaftierten oder moralisch begründeten Widerstandshandlungen an. Die an Brechts «Gesten-

---

13 In diesem Punkt, der häufig als historisches Versagen der Nachkriegsgeneration aufgefasst wird, kommen nicht zuletzt moralische Vorbehalte zum Tragen, die auch heute noch diskussionswürdig sind. In Kapitel 13 gehe ich näher auf dieses Problem ein.

tafel» orientierte Erzählweise und die audiovisuelle Inszenierung des Geschehens verhindern jedoch, dass diese Motive ein größeres Gewicht erhalten als andere. Somit bleibt am Ende des Stückes auch nichts, was der Erfahrung des Konzentrationslagers nachträglich einen Sinn verleihen könnte. Dieser beschränkt sich allein auf seine Funktion innerhalb des NS-Systems.

3.

Monks zweite Arbeit aus dem Jahr 1965 ist Teil der internationalen Koproduktion AUGENBLICK DES FRIEDENS, die am 25. November in der ARD gesendet wurde. In drei Episoden à 30 Minuten, jeweils aus einer französischen, einer deutschen und einer polnischen Perspektive, erzählt dieser Film vom Ende des Zweiten Weltkrieges. Jede dieser Episoden – DIE WEISSEN VORHÄNGE, BERLIN N 65 und MATURA – stellt einen heranwachsenden Jungen ins Zentrum ihrer Handlung. Im ersten Segment ist es ein Zehnjähriger, der sich während des Krieges an der Seite einer alten Frau mit Diebstählen durchgeschlagen hat und die Plakatankündigung «Liberté» nur mit Mühe entziffern kann, weil er nie zur Schule gegangen ist; im dritten Teil verhindert die Abiturprüfung in Mathematik, dass sich der Jugendliche Kominek in den letzten Stunden des Krieges noch den Partisanen anschließt. Das mittlere Stück, für das Monk in der Regie und zum ersten Mal auch allein für das Drehbuch verantwortlich zeichnete, erzählt von einer Nacht im Luftschutzkeller im Berliner Wedding kurz vor dem Einmarsch der Roten Armee. Die Hauptfigur ist ein 17 Jahre alter Gymnasiast ohne Namen, der nach dem Vorbild des Regisseurs selbst gestaltet ist (Prümm 1987: 385 ff.).

Als Motorenlärm bereits den bevorstehenden Luftangriff ankündigt und seine Mutter (Martha Creutzig) das Bettzeug zusammenpackt, nimmt sich der Junge (Peter Kappner) noch die Zeit, das Radio anzuschalten. Im Luftschutzkeller des Mietshauses hält er sich abseits von den anderen. Bei einer Kontrolle fordern Feldgendarmen ihn und zwei weitere Männer im ‹wehrfähigen Alter› auf, sich sofort bei der nächsten Polizeidienststelle zum Volkssturmeinsatz zu melden. Auf dem Weg dorthin fallen sie beinahe dem Bombardement zum Opfer und kehren in den Keller zurück. Dort werden drei Wehrmachtssoldaten mit Suppe versorgt. Der Junge muss ihnen den Weg zu seiner Wohnung weisen, deren Balkon auf die Straße zeigt. Mit dem jüngsten der Soldaten (Lutz Mackenzy) tauscht er Erinnerungen an ihre Zeit als Luftwaffenhelfer aus. Während der Vorgesetzte auf dem Dachboden Stellung beziehen will, entschließt sich der dritte Soldat zu desertieren und bittet den Jungen um die Zivilkleidung seines Vaters. Nachdem ein NSDAP-Funktionär (Kurt Otto Fritsch) der Hausgemeinschaft die Räumung des gesamten Blocks angekündigt hat, sammelt diese ihre Alkoholbestände und rührt in einem Waschzuber eine Bohle an. Als die Erwachsenen sich betrinken, stehlen sich der Junge und eine junge verheiratete Frau in den Hausflur. Es kommt zu einem flüchtigen Austausch von Zärtlichkeiten, nur kurz unterbrochen durch den Deserteur, der im Anzug des Vaters über den Hof flieht. Am Morgen trennt die Mutter das weißunterlegte Hakenkreuzemblem von der NS-Flagge, um wie alle anderen in der Straße die einmarschierende russische Armee mit einer roten Fahne zu begrüßen. Der Junge will auf dem Dachboden nach einer Befestigung für diese suchen und entdeckt dort die Leiche des gleichaltrigen Soldaten. Der Körper des Verstorbenen krümmt sich über die Leiter, die aufwärts zur Dachluke führt.

Mit BERLIN N 65 erprobt Monk eine Synthese aus den Repräsentationskonzepten seiner Vorgängerproduktionen: Er knüpft an die Erzählweise von WILHELMSBURGER FREITAG an, in der die Ereignisse allein durch die Präsenz der Hauptfigur verbunden und nicht – wie etwa auch in der Episode MATURA – durch dessen Ziele und Wünsche in ihrer Abfolge motiviert sind. Der Junge in BERLIN N 65 ist Situationen ausgesetzt, in denen er gar nicht zu zielgerichtetem Handeln fähig ist, sondern lediglich reagieren und beobachten kann. Die «sensomotorischen» Verbindungen zwischen den Szenen finden sich unterbrochen durch «rein optische Situationen», in denen die Kamera zum Teil die Blicke repräsentiert, mit denen der Junge seine Umgebung erfasst, aber auch als autonom agierende Erzählinstanz sein Verhalten beobachtet. In der visuellen Inszenierung dominieren nahe Einstellungen und Detailaufnahmen, die die Aufmerksamkeit auf die kleinen Gesten der Figuren und die Gesichtsausdrücke lenken, mit denen diese sich gegenseitig begegnen. Die Kamera schwenkt zwischen ihnen hin und her und agiert stellenweise, als wäre sie selbst nur eine weitere Person, an der man sich in der Enge des Kellers vorbei drücken müsste (vgl. Bazin 2009d). Auf diese Weise unterstreicht die filmische Auflösung die räumlich beengte Atmosphäre des Schauplatzes und wehrt den Eindruck ab, dass das Spielgeschehen für die Kamera inszeniert sei (Abb. 57). Dieses wiederum ist in elf Sequenzen organisiert, die die letzte Bombennacht elliptisch zusammenfassen und dabei wieder der Logik der «Gestentafel» folgen, die anhand von konkreten, exemplarisch aufzufassenden Konstellationen eine Gesellschaft im Übergang portraitiert. Die Zäsuren sind jedoch buchstäblich weich, nur durch Unschärfeüberblendungen markiert und schaffen fließende Übergänge zwischen den einzelnen Sequenzen. Durch das erkennbare Ordnungsmuster, aber auch infolge der Komprimierung der Erzählung auf 30 Minuten, erscheint die Abfolge der Situationen weniger kontingent als in WILHELMSBURGER FREITAG. Gleichzeitig sind die Verbindungen zwischen ihnen nicht wie in EIN TAG assoziativ oder kontrastierend, sondern kontinuierlich durch die Figur des Jungen verknüpft.

Die Hauptfigur ist als introvertierter junger Mann gezeichnet, der sich in seinem Habitus von dem proletarisch-kleinbürgerlichen Milieu der Berliner Mietskaserne abhebt: Als literarisch gebildet, künstlerisch ambitioniert und von Jazzmusik begeistert charakterisieren ihn die ersten Szenen, aber auch unwirsch und einsilbig der Mutter gegenüber und ein bisschen eitel, wenn er unvermittelt einen Kamm aus der Hosentasche zieht, um sich die Haare zu kämmen. Im Unterschied zu den anderen Hausbewohner*innen ist sein Sprachausdruck nicht durch Dialekt gefärbt. Er wählt seine Worte mit Bedacht und zeigt sich umsichtig im Umgang mit Autoritäten. Ruhig erklärt er den Feldgendarmen, wieso er weder zur Wehrmacht noch zum Aufgebot des Volkssturms eingezogen ist und gibt mit einer Nebenbemerkung dem linientreuen Nachbarn gleichzeitig zu erkennen, dass er von dessen polizeilicher Anzeige gegen ihn weiß. Zumeist ist er in die Rolle des Beobachters zurückgezogen, der seine soziale Umgebung mit kritischer Distanz festhält, die einer abgeklärten wie jugendlich-naiv anmutenden Haltung entspringt. Sowohl in seinen phänotypischen Merkmalen als auch in der Funktion für die Erzählung entspricht der Junge damit dem Figurentypus des angehenden Intellektuellen, der aus der deutschen Nachkriegsliteratur bekannt ist; ein zukünftiger Schriftsteller, der als sensibler Beobachter die gesellschaftliche Mentalität während des Faschismus beschreibt und somit als eine moralische Instanz im Erzählprozess fungiert, die jedoch mit der Schwäche des jugendlichen Alters ausgestattet ist. So spiegelt sich auch in der Geschichte des schlaksigen Teenagers, dem sein Anzug zu groß ist, das Trauma der Generation des Drehbuchautors Monk wider, die historische Konstellation überlebt zu haben, ohne selbst im Widerstand tätig gewesen zu sein (vgl. Prümm 1987: 389).

Indem BERLIN N 65 einen Jugendlichen an der Schwelle zum Erwachsensein ins Zentrum seiner Erzählung und Darstellung stellt, verknüpft der Film ein historisches Portrait mit den charakteristischen Motiven eines *Coming-of-Age-Dramas* und interpretiert darüber den historischen Zeitabschnitt als einen Prozess des Übergangs (vgl. Schumacher 2013). Die letzte Bombennacht in BERLIN N 65 markiert, wie Prümm treffend konstatiert, einen «Schnittpunkt zweier Welten» (1987: 388), an dem sich die Zukunft des Friedens bereits ankündigt, aber die Vergangenheit des Krieges noch fortwirkt. Die Inszenierung übersetzt diese Konstellation, indem sie die Filmhandlung auf unterschiedlichen Ebenen des Mietshauses situiert, die gleichzeitig die Lebenssituation des Adoleszenten symbolisieren und über diese hinausweisen. Die Orte, die zu Beginn der Filmerzählung die Gegenwart des Jungen wie der gesamten Hausgemeinschaft repräsentieren, sind demnach auch der Hausflur und die Wohnung der Mutter, die sich auf einer mittleren Ebene zwischen dem Keller und dem Dachboden befinden, die ihrerseits auf die Vergangenheit und die Zukunft verweisen. Und nur der jugendliche Protagonist kann bzw. muss sich relativ autonom zwischen diesen Räumen bewegen.

In der Eröffnungssequenz bahnt sich der Junge seinen Weg aufwärts durch das überfüllte Treppenhaus, während ihm die anderen Hausbewohner*innen entgegenkommen, die in Erwartung des Luftangriffs kollektiv in Richtung des Luftschutzkellers eilen. An diesem Ort offenbaren sich die Konstellationen, die das Leben der Menschen im Krieg und während der faschistischen Herrschaft bislang bestimmten. In seinem Inneren zeigen sich bereits die ersten Auflösungserscheinungen der nationalsozialistischen Herrschaft, als im Verlauf der Nacht einige Frauen damit beginnen, Seite für Seite die Spuren ihrer eigenen Verstrickung in Heftchen und Broschüren mit Titel wie «*Hitler, wie ihn keiner kennt*» zu verbrennen. Die äußeren Bedingungen bestehen jedoch fort und sie können jederzeit in den Schutzraum der Hausgemeinschaft eindringen – wie die Feldgendarmen verdeutlichen, die den Keller auf der Suche nach ‹Volkssturmpflichtigen› inspizieren, der kleine Soldatentrupp der Wehrmacht und der Parteifunktionär, der am Fuße der Treppe den Bewohner*innen die Räumung des Blocks ankündigt. Die Hausgemeinschaft zeigt sich routiniert im Umgang mit diesen Eindringlingen, lahm skandieren sie «*Heil Hitler*» im Chor, um den Funktionär zu verabschieden, und kehren danach zurück in ihren Zustand des Wartens. Allein der Junge sieht sich wiederholt veranlasst, die relative Sicherheit des Kellers zu verlassen und sich an die Orte zu begeben, die den fluiden Zustand der Gegenwart konnotieren: nachdem er die Soldaten treppauf in seine Wohnung geführt hat, verwickelt er sich in ein Gespräch mit dem Jüngsten unter ihnen. Im Keller war er dessen Blick noch schuldbewusst ausgewichen. Nun stellt sich heraus, dass sie vieles gemeinsam haben. Eigentlich sind sie noch Schüler, beide waren Flakhelfer und haben während dieser Zeit heimlich den Radiosender AFN gehört. Nur, dass der eine jetzt Soldat ist, der andere nicht. Im Hausflur, im Zwischenraum von Krieg und Frieden, erlebt der Junge sein erstes Mal. Zuvor hatte er die junge Frau immer wieder mit begehrlichen Blicken gemustert, aber eher verschreckt und mit angehaltenem Atem reagiert, als sie sich in der Enge des Kellers an ihm vorbeidrückte und ihre Hand wie zufällig seine streifte. Als die anderen Erwachsenen sich betrinken, folgt er ihr in den Hausflur, wo sie wortlos ihre Bluse öffnet.

Einen konkreten Augenblick des Friedens zeigt BERLIN N 65 tatsächlich nicht. Ein spontaner Moment der Freude unterbricht die Vorbereitungen des Jungen und seiner Mutter, die russische Armee mit einer roten Fahne zu begrüßen, als sich plötzlich der Strom wieder anschaltet und das Radio eine Big Band-Melodie spielt, die sie zum ersten Mal laut hören dürfen. Ungestüm rennt der Junge die Treppen zum Dachgeschoss hinauf und überholt dabei alle anderen Bewohner*innen, die wieder die Wege im Hausflur blockieren, weil sie ihre Habseligkeiten aus dem Keller zurück in ihre Wohnungen tragen. Doch bereits am Eingang zum Dachboden stehend entdeckt er den toten Gleichaltrigen, der in dem Moment erschossen wurde, als er die Leiter zum Dach erklimmen wollte.

Prümm zufolge weist Monk die Hauptfigur seiner Episode nicht explizit «als Stellvertreter der eigenen Erfahrung aus», auch in Vorberichten und Vorankündigungen habe er sich «jeder grundsätzlichen Erklärung, die auf eine Referenz zur eigenen Biografie schließen ließe», enthalten (1987: 386). Für den Großteil der Rezipient*innen musste BERLIN N 65 deswegen als beliebige fiktive Filmerzählung erscheinen. Zumindest für diejenigen jedoch, die das Bild des Regisseurs kannten, war die Verbindung durchaus an der Oberfläche kenntlich gemacht: Der Darsteller Peter Kappner ist Monk in seiner Physiognomie erstaunlich ähnlich. In den Großaufnahmen erscheint er, dunkelhaarig mit einer großen Brille, als eine glaubhafte jüngere Version des erwachsenen Mannes. Über die Lokalität, das Milieu und die Lebensdaten, die der Junge den Feldgendarmen gegenüber offenbart, legt Monk zudem die Äquivalenz zur eigenen Biografie offen. «So kommt denn doch ein genaues Selbstporträt zustande», resümiert daher auch Prümm, «Monk spricht hier intensiv über sich selbst, über eine entscheidende Phase seines Lebens, wie er es an keiner anderen Stelle getan hat» (ebd.: 387). Monk betrachtete seine Geschichte laut Prümm als eine typisch deutsche Geschichte und sich selbst als einen typischen Vertreter seiner Generation, allein das habe in seinen Augen die «exakte Selbstdarstellung» legitimiert (ebd.: 386). Die Figur des Jungen in BERLIN N 65 entspricht jedoch so auffällig dem Phänotyp des jungen Intellektuellen, dass mir dieses Selbstporträt des Autors und Regisseurs (Abb. 58) vielmehr als eine Rückprojektion erscheint, mit der er sich selbst als typischen literarischen Intellektuellen entwirft (vgl. Heukenkamp 2000: 310 f.; 2002, Möckel 2014: 387).

57 BERLIN N 65 (1965): Die Berliner Hausgemeinschaft im Luftschutzkeller

58 BERLIN N 65 (1965): Der jugendliche Protagonist (Peter Kapper) als Reflexion im Spiegel

4.

Die letzte Regiearbeit für das Fernsehen, mit der sich Monk vor seinem Abschied vom NDR hervortat, ist PREIS DER FREIHEIT. Basierend auf dem Drehbuch seines Nachfolgers Dieter Meichsner thematisiert dieser Film, der am 15. Februar 1966 gesendet wurde, die Situation der deutschen Teilung. Der Ort der Handlung ist ein Zonengrenzabschnitt irgendwo im Berliner Umland, dessen Befestigungen eine Wohn- und Schrebergartensiedlung im Westen von einem Waldstück im Osten trennen. Dort ist eine Kompanie der Nationalen Volksarmee stationiert, die regelmäßig Fluchtversuche von Staatsbürger*innen der DDR vereiteln muss. Die Westberliner Schutzpolizisten sind es jedoch gewohnt, dass mitunter ostdeutsche Grenzer selbst zu ihnen überlaufen. Überdies ist offenbar auch jemand aus dem

Zug des Unteroffiziers Pierrot (Eberhard Fechner) bereit, einer kleinen Gruppe Ostberliner Studierenden zum Grenzübertritt zu verhelfen. Der Probelauf ihres Unterfangens scheitert jedoch. Die Soldaten leisten ihren nächtlichen Wachtdienst in Zweiergruppen ab. Unter ihnen herrscht nervöse Anspannung: Einerseits zeigen sie, dass sie ängstlich darauf bedacht sind, kein verdächtiges Vorkommnis zu übersehen, andererseits misstrauen sie sich auch gegenseitig. Die Gespräche, mit denen sie die Zeit totschlagen, bleiben deswegen belanglos. Während die Studierenden Christa (Angelika Lingemann) und Lothar (András Fricsay) ratlos in einer nahegelegenen Gaststube verweilen – später wird die junge Frau ihrem Freund Georg (Henning Venske) ihre Zweifel an den gemeinsamen Fluchtplänen mitteilen –, verhindern Pierrot und der Gefreite Rühl (Nikolaus Dutsch) den Durchbruch zweier Flüchtiger; andere bemerken derweil ein verdächtiges Auto, das auf der anderen Seite der Grenzbefestigung parkt. Die Westberliner Polizisten fordern die Fahrer zur Umkehr auf. Am Morgen ist das Grenzland in Nebel getaucht. Plötzlich sind Schüsse zu hören und wenig später taumelt der Gefreite Petri (Peter Müller) auf die Wache der Westberliner Schutzpolizei. Unter Schock erklärt er, dass er soeben seinen Kameraden Grüttner (Lutz Mackenzy) mit dem Gewehrkolben bewusstlos geschlagen habe und anschließend unbemerkt über den Zaun geklettert sei. An dieser Stelle stehen sich zum Abschluss des Fernsehfilms die Grenzer aus Ost und West gegenüber und brüllen sich an. Sie können sich jedoch nicht verstehen, weil ein kreisender Hubschrauber ihre Stimmen übertönt.

PREIS DER FREIHEIT portraitiert die Situation an der Grenze aus drei unterschiedlichen Perspektiven – jener der Westberliner Schutzpolizisten, der Kompanie der NVA und der Studierenden. Dieses in der Exposition etablierte Muster differenziert sich mit der Durchführung jedoch analog zur Aufteilung der ostdeutschen Grenzsoldaten in fünf Zweiergruppen weiter aus. In der Folge finden sich die Ereignisse während der Patrouillen mit der Situation der Studierenden und Einsichten in die Standortkompanie der NVA sowie der Polizeiwache im Westen parallelisiert. Die Abfolge der Sequenzen ist dabei nicht offensiv auf die Herstellung von Kontrasten, sondern vielmehr darauf angelegt, Missverständnisse zwischen den Figuren zu motivieren und darüber eine spannungsreiche Atmosphäre zu generieren. Ungeachtet dessen treten durch die Parallelführung der in Ost- und Westdeutschland lokalisierten Situationen Unterschiede in der Szenerie und im Verhalten der Figuren hervor, die letztlich auf eine über Gegensätze markierte Charakterisierung der nationalen Verhältnisse hinausläuft. So stellen die ersten Sequenzen dem militärischen und bürokratischen Apparat der DDR-Grenzbewacher die provinzielle Gemütlichkeit der Westberliner Polizisten gegenüber: während diese «im Mittagsfrieden», so der Wortlaut im Drehbuch ([Meichsner] 1966: 51), durch die Siedlung zur Wachablösung radeln und zur Begrüßung miteinander scherzen, wird in der Kompanie der NVA eine außerordentliche Versammlung der FDJ abgehalten, in der sich der Gefreite Firzlaff (Fritz Hollenbeck) dafür rechtfertigen muss, während des Wachdienstes eingeschlafen zu sein. Anschließend nutzt Siebert (Hans G. Harnisch), der SED-Parteigruppenorganisator der Kompanie, die Gelegenheit, die «prinzipielle Frage» anzusprechen und über die Gefahren der «völligen Subjektivierung und Verfälschung des Wettbewerbs» zu dozieren.

Wenngleich PREIS DER FREIHEIT den ostdeutschen Figuren mehr Aufmerksamkeit schenkt, stellt die Filmerzählung auch aus diesem Ensemble keine Protagonisten heraus. Zudem erlaubt diese kaum Einblicke in die Psychologie der Figuren, ihre Motive und Ziele. Sie sind allein durch ihr Auftreten und den Duktus ihrer Sprache charakterisiert, die durch Dialektfärbung auf Unterschiede der regionalen Herkunft und des Bildungsstandes verweist. Individuelle Prozesse der Entscheidungsfindung für oder wider das Leben in der DDR, wie es für dieses Genre des Fernsehspiels bis zu Beginn der 1960er-Jahre typisch war (vgl. Hickethier 2002), werden in PREIS DER FREIHEIT nicht thematisiert. Bis zum Ende bleibt auch im Unklaren, wer aus dem Gefolge des Unteroffiziers Pierrot den Ostberliner Studierenden zur Flucht verhelfen will. Durch eine Zigarettenschachtel, die er auf dem Weg zur Wachablösung aus dem Fond des Transportwagens wirft, sollte dieser signalisieren, für welchen Grenzabschnitt er zur Patrouille eingeteilt ist. Als die Studierenden Christa und Lothar wie verabredet an der Feldwegkreuzung stehen, entsorgen jedoch zwei der Gefreiten – der blonde Abiturient Grüttner und sein Kamerad Zunkel (Joachim Richert) – ganz beiläufig ein leeres Päckchen auf die Straße. Wer wollte also das Zeichen geben?

Die formale Gestaltung des Fernsehfilms folgt einem puristischen Konzept, das sich keine extradiegetische Musik, keine Inserts, bedeutungsvollen Montagesequenzen oder selbstreflexiv wirksame Zitate erlaubt. Die Bildsprache schließt im Prinzip an die etablierte Verfahrensweise der Vorgängerproduktionen Monks an. Das Szenenbild ist detailreich gestaltet und seine Ausleuchtung zeugt von einem Bemühen, die natürlichen Lichtverhältnisse der verschiedenen Tageszeiten wiederzugeben. Insgesamt mutet die visuelle Ästhetik dieses Films jedoch weniger rau und am Dokumentarfilm orientiert an. Die Schwarz-Weiß-Aufnahmen erscheinen einerseits glatter – was auf einen höheren Beleuchtungsaufwand schließen lässt – und andererseits in ihrer Komposition noch atmosphärischer gestaltet als die der Vorgängerproduktionen. Die Stimmungen des Abend- und Morgengrauens sind beispielsweise durch eine auffällig kontrastreiche Bildgestaltung akzentuiert, die der Bildsprache Antonionis sehr ähnlich erscheint. Die Kameraführung ist zwar beweglich, bedient sich aber im Unterschied zu WILHELMSBURGER FREITAG oder EIN TAG keiner auffälligen Reißschwenks, auch weisen die Bildfolgen keine abrupten Wechsel zwischen nahen und totalen Ansichten auf. Die filmische Auflösung der einzelnen Situationen ist vorwiegend analytisch, auf einfache Lesbarkeit bedacht. Die FDJ-Versammlung in der Exposition beispielsweise eröffnet klassisch mit einer orientierenden Totalen des Klubraumes, um dann in einer Folge von Nahaufnahmen die Personage vorzustellen. Sie zeigt zugleich, dass die Anwesenden dem Vortrag des Vorsitzenden Siebert mit einer stoisch-abwartende Haltung begegen, während – durch einen Zwischenschnitt eingebunden – die Nahaufnahme einer Ausgabe der Ausgewählten Werke Lenins (das einzige Buch im Regal) auf die ideologische Verankerung der Rede hinweist.

Der Schwerpunkt des Films liegt in der Charakterisierung der Stimmung im Sperrgebiet, das die ostdeutschen Soldaten während ihrer Nachtwache durchstreifen. Das Grenzland ist dabei als ein unübersichtlicher Raum inszeniert, dessen Topografie und Vegetation in Dunkelheit und Nebel verschwimmen (Abb. 59). Erneut ist es deswegen das Wahrnehmen und Sehen selbst, die dieser Film zum Thema macht. Doch obwohl subjektive Kameraperspektiven verdeutlichen, wie sich die Soldaten ihrer Situation visuell zu bemächtigen suchen, generieren sich daraus keine «optischen Situationen» in Deleuzes Sinne, sondern sie sind vielmehr dafür funktionalisiert, die Konstellationen einer fortwährenden, wechselseitigen Beobachtung auszudrücken. Als unterstützendes Bildmotiv finden sich Feldstecher eingesetzt, mithilfe derer die Wachposten die Umgebung und ihr Gegenüber im Westen abtasten (Abb. 60). Zum Teil scherzen die ostdeutschen Grenzer dabei auch mit den Wachposten auf der anderen Seite des Zauns und Pierrot zieht sogar zum Gruß seine Mütze in Richtung ihres Wachturms, als er am Stacheldraht entlang patrouilliert. Offenbar stecken auch regelmäßig Westberliner Polizisten den NVA-Gefreiten Zigaretten und Zeitschriften zu. Die ostdeutschen Grenzer beobachten jedoch nicht nur ihre Gegner im Westen. Immer wieder richtet sich das Fadenkreuz ihres Feldstechers auf die Männer aus den eigenen Reihen. Misstrauisch beäugen sich auch die jungen Soldaten.

10 1964–1966: Augenblicke des Alltags

59 PREIS DER FREIHEIT (1966): Das Grenzland im Nebel

60 PREIS DER FREIHEIT (1966): Die Grenzsoldaten auf Beobachtungsposten

Anscheinend befürchten sie immer, der Kamerad, mit dem sie zum Dienst an der Grenze eingeteilt sind, wäre beauftragt, sie zu bespitzeln. Zugleich wähnen sie sich aber auch in der Pflicht, einen jederzeit möglichen Grenzübertritt ihres Begleiters zu verhindern. Die DDR, legt die Filmerzählung PREIS DER FREIHEIT somit nahe, ist ein panoptisch organisiertes System: Die gegenseitige Beobachtung oder vielmehr die Ahnung, jederzeit unter Beobachtung stehen zu können, schränkt die Freiheit ebenso ein wie die Zäune und Wachtürme der Grenzanlage, die als ikonische Zeichen der deutschen Teilung (vgl. Hickethier 2002) immer wieder prominent hervorgehoben werden.

5.

Während sich die Ästhetik der Fernsehspiele von 1962/63 gewissermaßen in einem Zwischenraum von Film und Theater entfaltet, zeichnen sich die Beispiele dieser Reihe durch eine uneingeschränkte Einlassung auf die filmische Form des Erzählens aus. Obwohl es sicherlich einen Verlust ihrer spezifischen Qualität bedeuten würde, könnte der überwiegende Teil der Handlung von ANFRAGE, SCHLACHTVIEH und MAUERN auch auf einer Bühne umgesetzt werden – die der Filme aus dem Zeitraum 1964–66 hingegen nicht. WILHELMSBURGER FREITAG, EIN TAG, BERLIN N 65 und PREIS DER FREIHEIT sind sehr komplex konstruierte Filmerzählungen, die durch ihre Dramaturgie und die Inszenierung stellenweise den Eindruck zu erwecken vermögen, sie wären genau das nicht. Im Unterschied zu den Fernsehspielen von 1962/63 sind ihre Vorlagen nicht im engeren Sinne dramatisch strukturiert; sie lassen sich nicht auf einen Konflikt zuspitzen, um den sich ihre Handlung zentriert, sondern setzen sich vielmehr aus Impressionen, Augenblicken des Alltags zusammen und erfordern daher eine filmische Erzählweise. Obwohl es zum Teil zwar möglich ist, den Figuren Wünsche und Ziele zuzuschreiben, die ihr Verhalten bestimmen, handeln diese auch nicht im dramatischen Sinne, sondern reagieren vielmehr nur auf ihre Umwelt. Bereits aus diesen Gründen lassen diese Regiearbeiten, mit Ausnahme von EIN TAG, weniger Übereinstimmungen mit Brechts Konzept des epischen Theaters erkennen, als die Fernsehspiele, die Monk zuvor realisiert hatte.

Alle Filme dieser Reihe zeigen sich von der neorealistischen Erzählweise inspiriert. Ihr gemeinsames charakteristisches Moment liegt darin, dass sie die Wahrnehmungsbedingungen ihrer Figuren thematisieren. Diese sind in erster Linie Beobachter*innen, die sich in prinzipiell unübersichtlichen Situationen zurechtzufinden suchen. In der Tendenz findet sich daher auch die strikte Trennung zwischen objektiv und subjektiv gesetzten filmischen Beschreibungen aufgelöst, wie es Deleuze als Kennzeichen dieses neuen Realismus im Film gegenüber der traditionellen Auffassung benannt hat, die sich in Monks Werk vor allem in DAS GELD LIEGT AUF DER STRASSE und DIE BRÜDER zeigt (Kap. 6). Am umfassendsten zeigt sich WILHELMSBURGER FREITAG vom Repräsentationskonzept des Neorealismus beeinflusst. Die Erzählweise dieses Fernsehfilms ließe sich exzellent auch mit ausgewählten Passagen aus Bazins Filmkritiken zu LADRI DI BICICLETTE oder UMBERTO D. beschreiben. Ebenso wie diese setzt sich WILHELMSBURGER FREITAG als Abfolge von gleichwertig gewichteten «konkreten Augenblicken des Lebens» (Bazin 2009f: 377) zusammen, die nur lose miteinander verknüpft sind, und lässt sich daher auch kaum auf einen definitiven Bedeutungsgehalt festschreiben. EIN TAG, BERLIN N 65 und PREIS DER FREIHEIT sind zwar im Prinzip ähnlich strukturiert, verweisen durch ihre Inszenierung jedoch sehr viel deutlicher auf eine Vorzugslesart des Geschehens.

Als wiederkehrendes Stilmerkmal gegenüber Monks Vorgängerproduktionen lässt sich erneut die soziologische Erzählhaltung benennen, die sich in der audiovisuellen Inszenierung dieser Filme aktualisiert. Sie liefern präzise Beobachtungen des Verhaltens von Menschen und zeichnen ihren sozialen Gestus nach. Im Vergleich zu ANFRAGE oder MAUERN tritt dieses Moment nur weniger offenkundig zu Tage. EIN TAG und BERLIN N 65 lassen sich dennoch als «Gestentafeln» auffassen. Obgleich die Episoden durch die Kontinuität von Raum und Zeit verbunden sind und die Verfahren ihrer audiovisuellen Inszenierung jeglichen Eindruck von Künstlichkeit zu vermeiden suchen, gehorchen EIN TAG und BERLIN N 65 letztlich derselben Logik wie Brechts *Furcht und Elend des III. Reiches*. Anders als WILHELMSBURGER FREITAG und PREIS DER FREIHEIT ist in ihnen die Abfolge der Momentaufnahmen kontrastierend angelegt und dient dazu, ein Panorama unterschiedlicher Verhaltensweisen zu entwerfen, die die Reaktionen verschiedener Typen auf spezifische Situationen zeigen. Da dies die Projekte sind, die Monk im Drehbuch (mit)verantwortete, drängt sich die Folgerung auf, dass der Autor Monk hier explizit eine Methode erprobte, ein Brecht'sches Konzept mit den formal-ästhetischen Mitteln zu erzählen, die zu diesem Zeitpunkt realistisch apostrophierende Filme kennzeichneten.

Der Eindruck eines gesteigerten Realismus aller Filme dieser Reihe entspringt zum einen ihrer Ähnlichkeit gegenüber modernen dokumentarischen Produktionen des Direct Cinema bzw. Spielfilmen, die bereits auf einem solchen Ähnlichkeitsverhältnis basieren, und zum anderen aus einem Moment der Abweichung von konventionellen fiktionalen Produktionen. An diesem Beispiel zeigt sich, dass die dafür angewandten ästhetischen Strategien einander bedingen und sich daher nur analytisch, nicht aber in Hinblick auf die ästhetische Erfahrung trennen lassen: Die Adaption spezifischer bildsprachlicher Verfahren – eine bewegliche Kameraführung, unvermittelte Reißschwenks und Blendenveränderungen – genauso wie die kohärenzschwache, dramatisch weniger verdichtete Anlage der Erzählung selbst sind gleichzeitig dem dokumentarischen Erzählen ähnlich, wie sie eine Differenzerfahrung gegenüber dem Unterhaltungskino generieren.

Auch diesem Konzept des Realismus liegt eine Idee der Verfremdung zugrunde, die sich zwar, wie es Brecht für das epische Theater entwarf, in Abgrenzung zu Konventionen der Darstellung definiert, aber dennoch einer anderen Logik gehorcht: Brechts Verfremdungskonzept zielt, indem es – in Abgrenzung zu naturalistischen Verfahren – die Künstlichkeit der Darstellung offensiv markiert, auf eine Störung der rezeptionsseitigen Immersion in die fiktive Welt und ihre Figuren. Monks Fernsehfilme aus den Jahren 1964–66 hingegen stellen die Darstellungskonventionen des Unterhaltungskinos aus, indem sie diese durch Nicht-Berücksichtigung in Erinnerung rufen. Die Dramaturgie und die Kameraästhetik befördern in der Tendenz zwar auch eine distanzierte Rezeptionshaltung gegenüber dem Geschehen, dennoch zielen die ästhetischen Verfahren auf einen Eindruck größtmöglicher Wirklichkeitsnähe. In Hinblick auf diesen Aspekt sind sie daher im Brecht'schen Sinne als naturalistisch zu bezeichnen.

Obgleich die ästhetische Erfahrung für die damaligen Rezipient*innen wahrscheinlich eindrücklicher war, als wir es heute in der Betrachtung etwa von WILHELMSBURGER FREITAG erleben, wirken diese Filme noch immer realistisch. Das gilt zum einen, weil sowohl dokumentarische Produktionen als auch Unterhaltungsfilme heute noch hinreichend ähnlich gestaltet sind wie vor 50 Jahren und daher auch die angewandten ästhetischen Verfahren nach wie vor ihre Wirksamkeit entfalten können. Zum anderen sind es diese, oder zumindest derart realisierte Filme, die sich als Musterbeispiele des realistischen Erzählens im Film etabliert haben. In der Bundesrepublik wurde diese Form, wie Prümm hervorhebt, zuerst im Fernsehen erprobt und vermittelt (Prümm 2004: 556). Monks Regiearbeiten leisteten dafür einen entscheidenden Beitrag.

Während in der wissenschaftlichen Auseinandersetzung mit dem Schaffen Monks wiederholt WILHELMSBURGER FREITAG als besonders bemerkenswerte Produktion hervorgehoben wurde (vgl. Hickethier 1995a: 30 ff., Prümm 1995a: 42 f., Hißnauer/Schmidt 2013: 110), rief seinerzeit – neben EIN TAG – vor allem PREIS DER FREIHEIT ein enorm positives Echo in der Presse hervor (vgl. Trappmann 1966, de Haas 1966, Paul 1966, *mdf* 1966, E. J. 1966). Die Forschung hat diesen Fernsehfilm kaum zur Kenntnis genommen bzw. gar nicht dem Œuvre Monks, sondern vielmehr dem seines Drehbuchautors Meichsner zugerechnet (vgl. Hickethier 2002: 10). Obgleich in ihnen der Ausdruck nicht explizit benannt ist, lassen die Rezensionen zu PREIS DER FREIHEIT sehr wohl erkennen, dass die Kritiker*innen seinerzeit die formgebende Tendenz des Neorealismus prononcierten: seinen «Verismus» und «Verzicht auf [...] konventionelle Theaterdramaturgie» (Trappmann 1966) sowie die «Portraitstudien», denen größeres Gewicht zukomme als der Fabel (de Haas 1966). «Kennzeichnend für die Darstellung Meichsners ist es, daß in ihr das Alltägliche mit dem Ungewöhnlichen identisch wird», fasst Dieter Ross in *Rundfunk und Fernsehen* prägnant zusammen (1966: 119). «Die Personen, die der Autor uns vorstellt, handeln nicht, sie reagieren bloß; und beherrscht wird die Szenerie ausschließlich von der Situation an der Grenze» (ebd.). Auch Werner Kließ, der 1967 mit seiner Kritik des Fernsehspiels ZUCHTHAUS die Formel von «Egon Monks Hamburgischer Dramaturgie» prägte, hebt als «dramaturgische[n] Gewinn» Charakteristika der neorealistisch inspirierten Ästhetik Monks hervor (siehe Kließ 1967) – und nicht etwa eine dokumentarische Ausrichtung im Sinne journalistischer Produktion, wie es Christian Hißnauer und Bernd Schmidt nahelegen (vgl. 2013: 107 ff.).

Die Entwicklung zu einer puristischen Form des Erzählens und Darstellens, die vollkommen auf kontrastierende Gestaltungselemente verzichtet, wie sie sich in Monks Fernsehfilmen aus den Jahren 1964–66 abzeichnet, darf nicht für seine Ästhetik insgesamt angenommen werden. Die Inszenierungen, die er in demselben Zeitraum für die Hamburgische Staatsoper realisierte, schließen vielmehr an das polyphone Gestaltungskonzept seiner früheren Fernsehspiele an, das auf der Kombination von Mitteln des Films mit solchen des Theaters basiert (vgl. Schmidt/Pasdzierny 2017: 127–133, 140–142). Die nachvollziehbare Re-Orientierung in Monks Konzept des Realismus beschränkt sich somit auf das audiovisuelle Erzählen für das Fernsehen. In seiner Regiearbeit für dieses Medium konnte er damit offenbar genau das erfüllen, wonach der Diskurs zu dieser Zeit verlangte.

In der zweiten Hälfte der 1960er-Jahre stand Monks Fernseharbeit für Modernität. Während sich Günter Rohrbach nach der Einschätzung Egon Netenjakobs Monks Konzept zum Vorbild für die Revision der Fernsehspielprogrammplanung des WDR nahm

(Netenjakob 1966, vgl. Prümm 2004: 556), fand das seit 1964 erprobte Modell für realistisches Erzählen im Fernsehen in den folgenden Jahren viele Nachahmer; neben ZUCHTHAUS drückt sich dies besonders markant in der Bildsprache von Rolf Hädrichs Regiearbeit MORD IN FRANKFURT (1967) aus, die in der Kameraästhetik PREIS DER FREIHEIT sehr ähnlich ist. Rückblickend befand Monks Nachfolger Meichsner sogar, sei es seinem Vorgänger als besonderes historisches Verdienst anzurechnen sei, dass er das realistische Erzählen im westdeutschen Fernsehen reinstalliert habe.[14]

Nachdem Monk erfolgreich die Neuausrichtung des NDR-Fernsehspiels angeleitet hatte, sollte sein Name nun auch für eine Reform des Theaters stehen. Als der amtierende Intendant des Deutschen Schauspielhauses, Oscar Fritz Schuh, seinen vorzeitigen Rücktritt für 1968 erklärte, kam Monk für diesen Posten ins Gespräch (Propfe 2017: 155). Am 9. Mai 1967 wurde seine Berufung öffentlich bekannt (vgl. Kipphoff 1967). Der Titel von Kließ' ZUCHTHAUS-Rezension zielt somit nicht nur auf einen Vergleich zwischen der Programmatik Monks und Lessings im Sinne der Aufklärung, sondern spielt bereits auf die zukünftige Aufgabe des Hauptabteilungsleiters an.

Petra Kipphoff, die Kultur- und Theaterredakteurin der *Zeit*, versprach sich von Monks Berufung vor allem einen produktiven Bruch mit der konservativen Programmatik von Gustaf Gründgens' Nachfolger Schuh. Dieser hatte sich als Gegner eines festen Ensembles wie des Gegenwartsdramas erwiesen und darüber die großen Namen von der Hamburger Bühne ferngehalten. Die bekannten Schauspieler*innen der Zeit traten in München oder Frankfurt auf, Peter Weiss' *Marat/Sade* oder Rolf Hochhuths *Der Stellvertreter* wurden am Deutschen Schauspielhaus nicht aufgeführt (Kipphoff 1967: 17 f.). Auch Hellmuth Karasek begrüßte die Entscheidung; Monk erschien als «linker Mann zur rechten Zeit» (Karasek 1967). Michael Propfe zufolge schien also alles für den Kandidaten zu sprechen: «die Prominenz des Namens Monk» dieser Tage, «auch der technologische Glanz des neuen Mediums» und «die Bedeutung des Lehrmeisters Brecht», ebenso wie «das sozialkritische Ethos», das er durch seine Fernseharbeit verkörperte, «schien zu erfüllen, was man suchte (in einer Zeit, in der auch die Theaterpresse überquoll von Begriffen wie Revolution, revolutionär, gesellschaftlich» (Propfe 2017: 156). Diese Konstellation und die gesellschaftliche Umbruchsituation von 1968 insgesamt dürften Monk auch dazu bewogen haben, seine zuvor gepflegte Zurückhaltung gegenüber politischen Positionierungen in der Öffentlichkeit aufzugeben und vor seiner ersten Premiere im *Spiegel*-Interview seine Sympathien mit der Idee des «demokratischen Sozialismus» zu offenbaren (*Der Spiegel* 1968a: 113).

---

14 Siehe StA-HH 131–1II_6640.

61 GOLDENE STÄDTE (1969)

11 1968–1970: Zwischen-Spiele
Am Deutschen Schauspielhaus in Hamburg, GOLDENE STÄDTE und INDUSTRIELANDSCHAFT MIT EINZELHÄNDLERN im Fernsehen

1.

Nach seinen Erfolgen als Regisseur und Leiter der – als besonders innovativ ausgewiesenen –Fernsehspielabteilung des NDR konnte sich Monk bestätigt sehen, auch für seine neue Aufgabe am Deutschen Schauspielhaus «an das anzuknüpfen», was er «bei Brecht gelernt hatte» (vgl. Monk 2007: 181 f.). Wie zuversichtlich er seinem Amtsantritt entgegen sah, bezeugen seine Briefe an Benno Besson. Für seine erste Spielzeit wollte Monk den früheren BE-Kollegen, der seit 1962 Chefregisseur am Deutschen Theater in Ostberlin war (vgl. Stuber 1998: 213 ff.), unbedingt engagieren. Ausgelassen skizzierte er ihm am 7. November 1967 seine vorläufigen Pläne, immer mit dem Hinweis versehen, dass Besson doch dieses oder jenes Stück inszenieren könnte und stellte, da «Geld – wie unser Lehrer Brecht so richtig sagte – eine kolossal belebende Wirkung» habe,[1] zum Anschluss ein großzügiges Honorar in Aussicht. Der euphorische Tonfall dieses mit zahlreichen ironischen Nebenbemerkungen versehenen Schreibens – «[k]ennst du Büchners

---

1 Egon Monk an Benno Besson, Deutsches Theater, Fax-Auszug vom 7. November 1967, EMA 686.

Übersetzungen von Hugos Lucrezia Borgia und Maria Tudor? Beides sind Schinken, aber lustige»[2] – bildet einen starken Gegensatz zu dem betont nüchternen Gebaren, das Monk einmal mehr in der Öffentlichkeit einnahm. «Egon Monk ... eine Predigt für den Zweifel» lautet die Bildunterschrift der seinem Interview mit dem *Spiegel* beigegeben Portraitfotografie, die ihn in einer Pose abbildet, als würde er soeben – die Zigarette in der erhobenen Hand – eine gewichtige Erklärung abgeben (siehe *Der Spiegel* 1968a: 111). «Monk schätzt einen asketischen Dozenten-Look, trägt sich steif, schulmeistert gern und verliert bei öffentlichen Auftritten leicht den Humor», unterstrich Fritz Rumler später nochmals im *Spiegel* (1968: 210). Von Beginn an hatte Monk seine Rolle als ‹Brecht-Schüler› überdeutlich angelegt. Programmatisch krönte so auch, wie Petra Kipphoff in der *Zeit* bemerkte, ein Satz aus dem *Kleinen Organon* den Handzettel, den der neue Intendant in seiner ersten Pressekonferenz im Februar 1968 der Ankündigung seines Spielplans beigab: «Theater besteht darin, daß lebende Abbildungen von überlieferten oder erdachten Geschehnissen zwischen Menschen hergestellt werden, und zwar zur Unterhaltung» (zit. n. Kipphoff 1968, siehe GBA 22.1: 66). Dieselbe Textstelle eröffnete seinerzeit auch den Prospekt für die Abonnent*innen (Deutsches Schauspielhaus 1968a).

Monks Spielplan – nach seiner Aussage einer, «der den wirklichen Interessen der Zuschauer entspricht» (*Der Spiegel* 1968a: 111) – legt einen Schwerpunkt auf die Themen Krieg und Gewalt und beinhaltet zudem eine Reihe von Stücken, die in der Spielzeit 1967/68 ihre Uraufführung erlebt hatten: Rolf Hochhuths Bühnenstück *Soldaten*, das bei seiner Premiere an der Freien Volksbühne Berlin im Oktober 1967 ein überwiegend negatives Presseecho hervorgerufen hatte (*Der Spiegel* 1967a) und Max Frischs *Biografie: ein Spiel*, dessen Uraufführung im Januar 1968 am Züricher Schauspielhaus erfolgt war. Diesen Titel, den *Der Spiegel* als «das zweite Saisonereignis [nach Hochhuths *Soldaten*]» bezeichnete (*Der Spiegel* 1968b), hatte allerdings sein Vorgänger, Oscar Fritz Schuh, bereits zugesagt. Aus dessen Planung übernahm Monk außerdem noch Edward Bonds kontroverses Drama *Gerettet* (*Saved*),[3] das im Herbst des Vorjahres in der Regie von Peter Stein an den Münchner Kammerspielen in einer bayrischen Mundartfassung aufgeführt worden war. Für diese war Martin Sperr verantwortlich, der durch sein Debutstück *Jagdszenen aus Niederbayern* schnell bekannt geworden war (*Der Spiegel* 1967b). Dessen neues kritisches Volksstück *Landshuter Erzählungen* stand nach der Münchner Premiere im Oktober 1967 auf vielen Spielplänen der Bundesrepublik (H. R. 1968). Neben den *Soldaten* zählte es zu denjenigen Titeln, die Monk Besson in seinem Brief bereits angekündigt hatte. Aus dieser Liste übernahm er für seinen Spielplan zudem *Lucretia Borgia*, das Märchenstück *Die Schneekönigin* von Jewgeni Lwowitsch Schwarz sowie Aristophanes' pazifistische Komödie *Lysistrata*, die Besson schließlich nach der gemeinsam mit Heiner Müller verantworteten Übersetzung inszenieren sollte (siehe EMA 686). Insgesamt vier Mal wollte Monk zudem in seiner ersten Saison selbst die Regie übernehmen und Friedrich Schillers *Die Räuber*, Bertolt Brechts *Der aufhaltsame Aufstieg des Arturo Ui* und Maxim Gorkis *Wassa Schlesnowa* – wieder mit Therese Giehse in der Titelrolle – für die Bühne des Deutschen Schauspielhauses realisieren. Die mit seinem erneut als Chefdramaturgen eingesetzten Freund Claus Hubeleks verfasste Revue *Über den Gehorsam. Szenen aus Deutschland, wo*

---

2   Ebd.
3   Auf Grund einer Szene, in der Jugendliche einen Säugling steinigen, wurde das Bühnenstück kurz nach der Premiere (R.: William Gaskill) am 3. November 1965 am Londoner Royal Court Theatre verboten. Die hieran anknüpfende öffentliche Diskussion konnte das Ende der britischen Theaterzensur 1968 herbeiführen (siehe Ellis 2003, Costa 2011).

die Unterwerfung des eigenen Willens unter einen fremden als Tugend gilt sollte die Spielzeit eröffnen (vgl. Kipphoff 1968, H. R. 1968).

Allem Anschein nach setzte Monks Idee von einem modernen Theater bei seinen Erfahrungen an. Weder an neueren Ausdrucksformen, wie dem aufkommenden Straßentheater (*Der Spiegel* 1968a: 113), noch – wie bereits das Zitat aus dem *Kleinen Organon* markiert – an einer nicht-mimetischen Darstellung (z. B. Peter Handkes *Publikumsbeschimpfung*) zeigte er sich interessiert. Neben Besson verpflichtete er mit Peter Palitzsch für die Inszenierung von *Gerettet* einen weiteren ‹Brecht-Schüler› und mit Gerhard Klingenberg, der die Regie für die *Soldaten* übernehmen sollte, den dritten Regisseur, der zuvor auch am Berliner Ensemble gearbeitet hatte; womöglich hatte sich dieser Monk insbesondere auch durch seine Fernsehspieladaption von Heiner Kipphardts ZUR SACHE J. ROBERT OPPENHEIMER (HR 1964) empfohlen. Die BE-Tradition aufnehmend, plante Monk überdies, die Premierenabende durch Diskussionen mit Autoren zu ergänzen – genannt wurden Frisch, Hochhuth, Sperr und Bond (Kipphoff 1968). Wie eine Reminiszenz an die vergangenen Inszenierungen am BE erscheint auch, dass Monk den Literaturwissenschaftler Hans Mayer zu einem Vortrag vor dem Schauspielhaus-Ensemble sowie zu einem Begleittext für die *Räuber*-Inszenierung einlud (vgl. Deutsches Schauspielhaus 1968a).

Vieles spricht zudem dafür, dass Monk ähnliche Arbeitsstrukturen wie am BE etablieren wollte (vgl. Propfe 2017: 160). Bereits im Vorfeld hatte er offen bekannt, dass seine Vorstellung von Theaterarbeit keine Stars dulden konnte (siehe Kipphoff 1967, *Der Spiegel* 1968a, Wiese 1968). Der Zusammenstoß mit den verbliebenen Mitgliedern des ‹Gründgens-Ensembles› – Joana Maria Gorvin, Ehmi Bessel, Herrmann Schomberg und Eduard Marks –, die ihm nach wenigen Wochen die Zusammenarbeit verweigerten (vgl. Rumler 1968), scheint deswegen geradezu vorprogrammiert gewesen zu sein. Namentlich Gorvin stand Monk wohl von Beginn an eher ablehnend gegenüber. So hatte er auch Bessons ursprüngliche Absicht, *Die Kameliendame* zu inszenieren, mit dem Hinweis beantwortet, dass er in diesem Fall die *Grande Dame* des Schauspielhauses in der Hauptrolle besetzen müsste,[4] die «in den früheren 50ern alle guten Rollen in den Inszenierungen von Jürgen Fehling» gespielt habe.[5] Ob er damit auf das Alter der Schauspielerin oder auf den Beginn ihrer Karriere und die Regieerfolge ihres Lebensgefährten während der nationalsozialistischen Herrschaft anspielen wollte, bleibt ungewiss; allein durch ihre künstlerische Sozialisation durch Gustaf Gründgens konnte Gorvin jedoch eine Theatertradition verkörpern, der sich weder Monk noch Besson anschließen mochten.

Offensichtlich war Monk vor allem interessiert, die Zusammenarbeit mit denjenigen fortsetzen, die er kannte und schätzte. So finden sich auf der Ensembleliste neben jenen, die seit Gründgens' Tagen dem Schauspielhaus angehörten, auch die bekannten Namen aus seinen Fernsehproduktionen wieder: Ernst Jacobi, Gert Haucke, Peter Lembrock, Eberhard Fechner und Angela Schmid; neu hinzu kamen u. a. Rolf Boysen, der durch seine Rolle als «Ekel Alfred» bekannte Heinz Schubert, der spätere TATORT-Kommissar Charles Brauer sowie Witta Pohl und Carola Regnier, die ebenfalls in Film und Fernsehen noch sehr bekannt werden sollten, es aber noch nicht waren. Daher bot die Ensembleliste der Theaterkritikerin Kipphoff auch «keinen Anlass zur Ekstase» (Kipphoff 1968)

Von den Plänen des Februars konnte Monk nur einen Bruchteil verwirklichen. Zunächst musste wegen der Absage Bessons, die womöglich politisch erzwungen war (Propfe

---

4 Dies lag wohl auch nahe, weil Joana Maria Gorvin die Rolle der Marguerite Gautier 1963 für eine Hörspielproduktion des BR (R.: Heinz Günter Stramm) gesprochen hatte.
5 Monk an Besson 1967, EMA 686.

2017: 159), die *Lysistrata* aus dem Programm genommen werden. Sie wurde durch Gerlind Reinshagens Anfang des Jahres in der Regie von Claus Peymann in Frankfurts Theater am Turm uraufgeführtes Debütstück *Doppelkopf* ersetzt und Fechner für die Regie verpflichtet (ebd., vgl. *Der Spiegel* 1968c). Zur Aufführung dieses Stückes, die nun als drittes in der Folge nach dem *Gehorsam* und den *Räubern* stand, sollte es allerdings erst gar nicht kommen, weil Monk zum Zeitpunkt der geplanten Premiere bereits nicht mehr im Amt war. Die Gründe dafür sind, wie Michael Propfe überzeugend darlegt, vielfältig und ebenso in der Hamburger Kulturpolitik und den spezifischen Gegebenheiten innerhalb des Hauses, wie in der Theaterunerfahrenheit Monks zu suchen (2017: 153). Das vorgestellte Programm zeigte weder Bezug noch Rücksicht auf die spezifischen Erwartungen, die das Hamburger Publikum an das Schauspielhaus stellte. «Er war eine Setzung, keine Werbung oder Verführung, er formulierte einen Anspruch» (ebd.: 159). Eine «gewisse Monochromie» (ebd.: 160) drückt sich zudem in seiner Stückauswahl und Besetzung aus; wie sein Fernsehspielprogramm war es «wenig bunt» (vgl. Monk 1966a: 50). Dennoch sei es, so Propfe, durchaus auch der Ästhetik seiner Bühneninszenierungen zuzuschreiben, das Monk sich nicht in dieser Position halten konnte (Propfe 2017: 157, 161 ff.) – was er «bei Brecht gelernt hatte», war zwar geeignet, bildungsbürgerliche Abonnent*innen zu verärgern, aber nicht, an den modernen Theaterdiskurs anzuschließen.

2.

Mit ihrem Eröffnungsstück *Über den Gehorsam. Szenen aus Deutschland, wo die Unterwerfung des eigenen Willens unter einen fremden als Tugend gilt,* knüpfen Monk und Hubalek thematisch an frühere Arbeiten wie *Stalingrad* (1962) an, in denen sie Kritik am Militarismus übten (vgl. Schumacher 2017a: 60 f., 62 f.). Das Konzept orientiert sich, wie Monk gegenüber der Presse erklärte (vgl. Kipphoff 1968), an Joan Littlewoods satirischer Revue *Oh What a Lovely War* (1963). Die gemeinsam mit Hubalek verfasste Szenenfolge weist jedoch kaum Songs auf; statt ihrer treten als musikalisches Element die Jazz-Einspielungen des von Hans C. Koller geleiteten Sextett des Deutschen Schauspielhauses hinzu, dessen Musiker[6] während der Aufführung im Bühnenhintergrund platziert waren.

Ihren Anfang nehmen die insgesamt 15 Szenen mit dem Auftritt von zwei Clowns, die sich als Gehorsame, «*der Feine*» (Gert Haucke) und «*der Grobe*» (Heinz Schubert) vorstellen, und fortan durch das Programm führen, das sie mit absurden Dialogen über die Demokratie (Szene 5), die Rolle des Gewissens bei der Erfüllung militärischen Gehorsams in künftigen Kriegen (die Szenen 10 und 12) und Autoritäten, die vermeintlich die Bewahrung des Friedens zum Ziel haben (Szene 15), ergänzen und beschließen. Viermal (Szene 3, 6, 9 und 14) erzählen überdies «Sechs rechtschaffende Deutsche [...] aus ihrem Leben». Während unter diesen eine Figur auf Kurt Georg Kiesinger anspielt und der von Fechner verkörperte ‹Rechtschaffende› als Auschwitz-Kommandant Rudolf Höss benannt wird, lassen die anderen sich als exemplarische Biografien von autoritären Charakteren im Sinne Theodor W. Adornos lesen, wie sie Heinrich Mann auch in *Der Untertan* (1914) entworfen hat. Derselben Grundidee gehorchen auch die anderen Szenen, die unterschiedliche Konstellationen aus der jüngeren deutschen Geschichte wie der Gegenwart entwerfen, die Folgsamkeit einforderten: die zweite Szene «Vom Schlagen» erläutert, aus Walter Hävernicks volkskundlicher Studie *Schlagen als Strafe* zitierend (Wagner 1968a), Gewalttätigkeit

---

6 Besetzung: Hans C. Koller (Tenor-Saxophon), Frank St. Peter (Alt-Saxophon), Peter A. Herbolzheimer (Bass Trombone), Horst Mühlbrandt (Organ), Hans Hartmann (Bass), Bill Moody (Drums).

als etabliertes – deutsches – Erziehungsprinzip, in «Der Dienstunterricht im Heere» zitieren fünf Frauen, während sie den Ausdruck «der Soldat» durch «*mein Mann*», «*mein Sohn*» und «*mein Verlobter*» ersetzen, aus den Dienstvorschriften für Soldaten der Bundeswehr und in «20.7.1944» (Szene 13) verweigern drei Generäle (Josef Dahmen, Karl Meixner und Fritz Wagner) Claus Schenk Graf von Stauffenberg die Unterstützung für dessen versuchten Staatsstreich.

In der Inszenierung zeichnet sich *Über den Gehorsam* durch eine minimalistische bühnenbildnerische und szenische Ausgestaltung aus. Bei ihrem ersten Auftritt nehmen die Darsteller*innen in einer Reihe Theaterbestuhlung Platz, die eine leere Bühne an ihrem rechten und linken Rand einfasst, um dort bis zu ihrem jeweiligen Einsatz zu verharren und nach Abschluss der entsprechenden Szene auch wieder dorthin zurückzukehren. Während die Clowns in ihren Auseinandersetzungen zumeist mit großen Schritten die Bühne auf ihrer horizontalen Achse durchqueren, sind die anderen Szenen sehr statisch und manche darunter wie *Tableaux Vivants* choreografiert (Abb. 62), die allerdings keiner wiedererkennbaren Vorlage ihre Referenz erweisen (vgl. Barck 2008). Häufig treten die Darsteller*innen jedoch lediglich an die Rampe. Ihre Körper finden sich dann durch Vordergrundbeleuchtung hervorgehoben, während die Tiefe des Bühnenraums, in Dunkelheit getaucht, unkenntlich ist. In diesem Punkt erscheint die Inszenierung dem Gestaltungskonzept von MAUERN ähnlich (siehe Kap. 8). Was 1963 innerhalb der formalen Umgebung des Fernsehspiels eine irritierende Artifizialität entfalten konnte, wirkt jedoch nicht in der Bühneninszenierung. «Monk langweilte Millionen Fernsehzuschauer», überschrieb deswegen A. Borski in der *Berliner Zeitung* seine Rezension (Borski 1968). «Wozu das Ganze in Farbe gedreht wurde, bleibt vollends schleierhaft. Oder sehen Sie einen Sinn darin, sechs Leute in blauen Anzügen vor einer schwarzen Wand koloriert zu sehen?» (ebd.).

Im Tonfall ziemlich scharf, fiel das Urteil der Kritik nach der Premiere nahezu einmütig negativ aus. «*Mit dem ungeduldigen Erwarten beginnt meistens eine Reihe von Enttäuschungen*» – diesen Satz, ein Zitat aus der achten Szene, «Aus der Töchterschule ins Leben: Im Brautstand», stellt Klaus Wagner als Motto seiner Rezension in der *FAZ* voran (siehe Wagner 1968a). Diese Parodie auf das in Monks Fernsehspielen häufig verwandte Stilmittel spielt auf eine fünfzehnminütige Verzögerung des Aufführungsbeginns an, die darin begründet lag, dass die Liveübertragung im Fernsehen erst nach der Sendung der TAGESSCHAU erfolgen konnte. «Mangel an Augenmaß für theatermögliche Proportionen und eine dürre, schulmeisternde Didaktik» zeichneten Wagner zufolge den «programmatisch gemeinten Eröffnungsabend» aus (ebd.). «Die Brecht-Schüler Monk und Hubalek verstehen sich auf die Kunst des hinterhältigen Zitats», lobt hingegen Christa Rotzoll in der *Frankfurter Rundschau*, nur hätten sich beide zu sehr auf diese Kunst verlassen (Rotzoll 1968). Als «Agit-Prop-Theater von gestern mit einigen Kabarett-Effekten» bezeichnete Wolfgang Paul im *Tagesspiegel* die Szenenfolge, die wenig pointiert den deutschen Hang zur Gehorsamkeit vortrage (Paul 1968). «Die Technik der Fernsehübertragung war makellos» war das Beste, was er über die Aufführung im Theater zu sagen wusste (ebd.).

Zusammengefasst offenbaren die Äußerungen in der Presse zwei Tendenzen: Zum einen erweist sich die Orientierung an Brecht in Dramaturgie und Inszenierung von *Über den Gehorsam* als zu direkt und, wie Propfe kondensiert, den «ästhetischen Vorbildern geradezu versteinert» (2017: 161). Zum anderen fokussiert die Kritik in besonderem Maße Monks Karriere beim Fernsehen. Auch die in lobender Absicht geäußerten Hinweise auf die fernsehgerechte Aufarbeitung dieser Theaterpremiere, deren Ausstrahlung durch ein Interview mit Monk und Hubalek im Nachmittagsprogramm sowie eine Diskussions-

11 1968–1970: Zwischen-Spiele

62 *Über den Gehorsam* (1968): Bühnenarrangement der 4. Szene «Gehorsam der Revolutionäre»

sendung am Abend[7] redaktionell gerahmt wurde (Paul 1968, E. J. 1968), dienen letztlich dazu, Monk auf seinen Platz zu verweisen. Der Fernsehregisseur scheitert an der Kulturinstitution Theater. Das «Debakel» des Eröffnungsabends wiederholte sich, so Hellmuth Karasek in der *Zeit*, nach der Premiere der *Räuber*. Mit dieser Inszenierung habe sich der Intendant seine «zweite Chance» verspielt (Karasek 1968).

Im Unterschied zu *Über den Gehorsam* sind *Die Räuber* nicht als Aufzeichnung des Premierenabends, sondern in der Re-Inszenierung erhalten, die zwar in den Originalkulissen, aber als Fernsehspiel produziert und am 23. November 1969 in der ARD ausgestrahlt wurde.[8] Anhand dieser Fassung lässt sich dennoch feststellen, dass Monks Konzept keine in formal-ästhetischer Hinsicht als radikal zu bezeichnende Aktualisierung des Schiller'schen Klassikers vorsah, wie sie etwa 1966 von Peter Zadek an der Bremer Volksbühne realisiert worden war. Dessen Inszenierung hatte seinerzeit mit expressivem, körperbetontem und raumgreifendem Spiel vor einem spektakulären, Pop Art-inspirierten Bühnenbild (Abb. 63) heftigen Widerspruch provozieren können (vgl. *Der Spiegel* 1966), weil sich der Regisseur damit offensiv gegen die etablierte Vorstellung von der Institution Theater als Vermittlerin literarischen Bildungsguts richtete. Zadek räumte Text und Sprachausdruck nur eine untergeordnete Bedeutung ein, sein primäres Ziel war die ästhetische Erfahrung von Theater zu erweitern (Kraus 2007: 86–92). Darum ging es Monk keineswegs. Ebenso wenig strebte seine Inszenierung einen vordergründigen Gegenwartsbezug an, wie die zeitgleichen Aufführungen am Stadttheater Oberhausen (R.: Günter Büch) und an den Städtischen Bühnen Münster (R.: Horst Gnekows), die Schillers Räuber von 1781 in direkter Weise als Kommunarden von 1968 interpretierten (vgl. Kraus 2007: 91 f., *Der Spiegel* 1968d). Monks Konzept orientierte sich vielmehr an der Klassiker-

---

7   Moderiert von Theo Sommer diskutierten hier Joachim C. Fest, Henning Rischbieter, Herausgeber des Magazins *Theater heute*, der evangelische Theologe Jürgen Moltmann und der Journalist Johannes Gross über das Stück und den Begriff des Gehorsams (siehe Paul 1968).

8   Wie anhand der Disposition nachvollziehbar (EMA 460), wurde die Kulisse im Zeitraum 21.2–1.3.1969 im Studio Hamburg eingerichtet und das Fernsehspiel zwischen dem 3.3. und 18.3.1969 produziert; täglich wurden 1–3 Szenen aufgenommen und anschließend 1–3 Szenen geprobt, die dann am Folgetag aufgenommen wurden. Der MAZ-Schnitt erfolgte im Zeitraum 24.3.–26.3.1969.

11 1968–1970: Zwischen-Spiele

63 *Die Räuber*: Bühnenbild der Inszenierung von Zadeks an der Bremer Volksbühne (1966)

64 *Die Räuber*: Bühnenbild der Inszenierung von Egon Monks am Deutschen Schauspielhaus in Hamburg (1968), hier: Nachstellung in der Fernsehspielfassung von 1969

bearbeitung Brechts nach dem Vorbild des *Urfaust*, nach welchem die Handlung als eine geschichtliche kenntlich bleiben, aber dennoch die Parallelen zur Gegenwart aufzeigen sollte (vgl. Surbiotto 1975, Kraus 2007: 91). Daher hielt er sich auch an die Praxis der Brecht'schen Klassikerbearbeitung, die dem Originaltext Szenen hinzufügt (vgl. Karasek 1968). Das Bühnenbild von Ekkehard Grübler lässt den Einfluss seines ‹Lehrers› Caspar Neher deutlich erkennen: die Bauten sind nur in Umrissen markiert, einzelne Requisiten wie die Kostüme hingen sind sehr detailreich und nach historischem Vorbild ausgestaltet (vgl. Abb. 64). Für Monks *Räuber*-Inszenierung am Deutschen Schauspielhaus lässt sich somit ein ähnlich konservatorischer Ansatz konstatieren, der seinen früheren Dramenadaptionen für das Fernsehen zugrunde lag und sich Rezensionen zufolge auch in den früheren Bühneninszenierungen formulierte.

Vordergründig scheiterte die Premiere der *Räuber* am 15. September 1968 zunächst an einem schlecht eingeübten Ensemble und «verendet[e]» damit, wie Karasek urteilte, «in einer Anhäufung von Pannen und Peinlichkeiten» (Karasek 1968). Doch auch die Idee, Schiller in gestischem Schauspiel zu inszenieren, war offenbar geeignet, Anstoß zu erregen (Ferber 1968, Wagner 1968b, Kaiser 1968, Rischbieter 1968: 20). Monk interpretierte die Kritik an seinen Inszenierungen in der Hauptsache politisch motiviert. Wie er in der *Frankfurter Rundschau* vom 19. September 1968 erklärte, wähnte er sich als Opfer einer gegen ihn als Sozialisten gerichteten Kampagne, die ihre «politische Gegnerschaft» in Geschmacksurteilen verschlüsselte (siehe Ceasar 1968) – eine Folgerung, die wohl in Erinnerung an seine Erfahrungen in der DDR 1953 erfolgte (vgl. Schumacher/Stuhlmann 2012: 170). Nach dieser Stellungnahme, deren Veröffentlichung Monk, wie Propfe zu berichten weiß, in letzter Minute doch lieber zurückgezogen hätte, nahmen die empörten Pressereaktionen zu (Propfe 2017: 164, vgl. Rumler 1968, Sperr/Sperr 1969). Der publizistische Skandal, der sich daraufhin um seine Intendanz entfaltete, blieb so gewichtig in Erinnerung, dass er die Hamburger Kulturbehörde noch im Jahr 1985 davor zurückschrecken ließ, Monk eine besondere Ehrung als «Hamburger Autor» zuteil werden zu lassen.[9] Zur Schlichtung des Konflikts versprach Monk zunächst, künftig weniger selbst zu inszenieren und bot schließlich am 12. Oktober dem Kultursenator Gerhard Kramer seinen Rücktritt an (Propfe 2017: 166). Rolf Hochhuth, der in dem Hamburger Intendanten einen Mitstreiter für das politische Theater sah, forderte ihn in einem am 17. Oktober aufgesetzten Brief mit Nachdruck zum Bleiben auf. «Was bedeutet es schliesslich [!], dass die Presse Ihre zwei ersten Inszenierungen verwarf – ginge es nach den Gazetten, ich hätte mich spätestens nach der Berliner Soldaten-Premiere vergiften müssen», versuchte er Monk zu beschwichtigen. Dessen Reaktion erschien ihm als Ausdruck politischer Naivität: «Sie mussten doch w i s s e n, dass man Sie mit Hass empfangen würde und als Wilderer im heiligen Revier des bundesdeutschen Theaters. Gucken Sie sich die Leute an, die feixen werden, wenn Sie gehen – und b l e i b e n Sie [Herv. i. O.]».[10] Als Monk dieser Brief erreichte, war sein Rücktritt jedoch bereits amtlich.

Allem Anschein nach hatte sich Monk bei seinem Amtsantritt zu viel aufgebürdet, als er parallel zur Entwicklung des Spielplans mit Hubalek die Revue *Über den Gehorsam* fertigzustellen hatte und anschließend neben seinen Leitungsaufgaben die Probenarbeit für zwei Inszenierungen bewältigen musste. Ungeachtet dessen scheint das Problem jedoch auch darin zu liegen, dass seine politisch-didaktisch fundierte Programmatik und Ästhetik, die im Fernsehen erfolgreich gewesen war, nicht den Anforderungen des modernen Theaters genügte. In der Spielplanung und der Auswahl der Regisseure verweigerte er sich jenen modernen Tendenzen, die primär den Horizont der ästhetischen Erfahrung zu erweitern suchten, ohne damit zugleich eine politische Motivation zu verfolgen. Nach Monks Definition sollte das Theater ein Ort sein, der einen produktiven Diskurs mit dem Publikum ermöglichte, der letzten Endes eine Veränderung der Gesellschaft bewirken sollte. Diese Möglichkeit negierten aber die jüngeren politisch motivierten Ästhetiken, die, wie *Die Publikumsbeschimpfung*, in der Performation konfrontative Strategien verfolgten (Fischer-Lichte 2010: 22, vgl. Kraus 2007: 88). Was Monk am Schauspielhaus plante, konnte also die Avantgarde ebenso wenig bedienen wie das bürgerliche Publikum. Seine Intendanz scheiterte daher gewissermaßen an der Mittler-Position, die er einzu-

---

9   Aufschlussreich ist in diesem Zusammenhang das Antwortschreiben der Kulturbehörde (Blank) an die Staatskanzlei vom 15. August 1985 auf die Anfrage des Bürgermeisters Dr. Klaus von Dohnanyi vom 29. April 1985 hin, «ob Herr Monk gelegentlich als Hamburger Autor geehrt werden sollte». Siehe hierzu StA-HH 131–1II_6640.
10 Rolf Hochhuth an Egon Monk, Riehen/Schweiz, am 17. Oktober 1968, siehe EMA 582.

nehmen bestrebt war und die in der Fernsehspielproduktion – da sie mit der Definition des Mediums Fernsehen als Mittler zwischen populärer und elitärer Ansprache des Publikums korrespondierte – erfolgreich gewesen war. Das Moment eines – mithin gescheiterten – Versuchs der Rückübertragung vom Fernsehen ins Theater zeichnet sich auch in der Ästhetik seiner Bühneninszenierungen ab.

Nachdem *Die Räuber* ein Jahr später als Fernsehspiel ausgestrahlt worden waren, sahen sich die Kritik*innen veranlasst, ihr Urteil über Monks Inszenierung zu revidieren. Während der Theaterkritiker Friedrich Luft in der *Welt* noch betonte, dass der NDR sich vor der Schauspielhaus-Premiere zu Produktion verpflichtet hatte und nun «an drei aber schon sehr langen Stunden des düsteren Totensonntags [dafür] streng gebüßt werden» müsse (Luft 1969), sah die Mehrheit den Regisseur in seinem «Medienelement rehabilitiert» (Schmidt-Ospach 1969). Karaseks Frage, «was sich [...] Monk, außer äußerlichsten Brecht-Reminiszenzen, davon versprach, daß er die Monologe von Franz und Karl aus dem Stück an die Rampe nahm» (Karasek 1968), schien nun beantwortet: was im Theater «einfach nur ungemäß und lächerlich» war (ebd.), erwies sich in der isolierenden Großaufnahme als wirkungsvoll. «Das ist kein Raumtheater», erklärte K. H. Kramberg in der *Süddeutschen Zeitung*. Die Kulisse sei derart gestaltet, dass sie den Aktionsraum der Schauspieler*innen einschränke. Um dennoch die «große Bewegung von Schillers Jugenddrama» zu zeigen, «brachten die Darsteller jene innere Bewegung ins Spiel», die sich schließlich nicht in Gängen oder expressiven Gebärden, sondern «nur physiognomisch» mitteilen könne. «Nur die Großaufnahme kann das akzentuieren, die Kamera, die das aufnimmt, wird damit zum Mittel der theatralischen Komposition» (Kramberg 1969, vgl. ebenso Schmidt-Ospach 1969, E. J. 1969). Die Fernsehspielfassung der *Räuber* offenbart somit, folgert Propfe, «welch grandioses Mißverständnis diesem Unternehmen zugrunde lag» (2017: 163). Monks Inszenierungskonzept bedarf also der Mittel des televisuellen Erzählens und Darstellens und konnte letztlich deswegen nicht als Bühnendarbietung überzeugen.

3.

Während Monk auf der Bühne gewissermaßen wie für das Fernsehen inszenierte, war er nach seiner Rückkehr an dieses Medium offenbar nicht gewillt, sich wieder rückhaltlos auf die filmische Form einzulassen, wie es vor seinem Weggang von der Kritik goutiert und von Fachkolleg*innen wie etwa Rolf Hädrich (z. B. MORD IN FRANKFURT) mittlerweile durch Nachahmung bestätigt worden war.

Die erste Inszenierung, mit der sich Monk als Fernsehregisseur zurückmeldete, war eine Adaption von Arnold Weskers Bühnenstück *Their Very Own and Golden City* (1966), die unter dem Titel GOLDENE STÄDTE am 14. Oktober 1969 in der ARD gesendet wurde. Da Wesker ein Mitglied der – als *Angry Young Men* apostrophierenden – Autorengruppe um John Osborn, Edward Bond und John Arden war (Oppel 1966, Weise 1969: 79), deren Bühnenstücke seit Beginn der 1960er-Jahre häufig für das Fernsehen der Bundesrepublik adaptiert wurden, erscheint naheliegend, dass der Hessische Rundfunk Monks Vorschlag annahm (Mütze 1969, *Deutsches Fernsehen* 1969: 17). Drei der bekannteren Dramen Weskers waren zuvor im Auftrag verschiedener Sendeanstalten als Fernsehspiele realisiert worden: 1965 *Roots* unter dem Titel TAG FÜR TAG sowie *I'm Talking about Jerusalem* (NÄCHSTES JAHR IN JERUSALEM)[11] für das ZDF, 1967 *Chips with Everything* (BRATKARTOFFELN

---

11 Der hier fehlende erste Teil der sogenannten «Wesker-Trilogie» ist sein Debütstück *Chicken Soup with*

INBEGRIFFEN) für den SDR und Anfang des Jahres 1969 erneut *Roots* für den BR (Hickethier 1980: 127). Monk indes unterstrich mit dieser Stückauswahl die zuvor erfolgte öffentliche Selbstpositionierung als Sozialist.

Der im April 2016 verstorbene Dramatiker Wesker lud stets dazu ein, seine Werke vor dem Hintergrund seiner Biografie, dem sozialistisch orientierten jüdischen Elternhaus aus dem Londoner East End und dem kulturpolitischen Engagement zu interpretieren, das er als einen integralen Bestandteil seiner künstlerischen Arbeit begriff (Weise 1969: 81, vgl. Seletzky 1975: 312 f., Billington 2012). Sein Realismus speist sich aus der «Wirklichkeit seiner Erfahrung» (Wesker 1961: 400, zit. n. Oppel 1966: 370). Wesker verstand sich als sozialistischer Autor, dem die Aufgabe zukommt, «das kulturelle Niveau der Arbeiterklasse zu heben» und «in ihr die Bereitschaft zu eigenen Entscheidungen und zur Selbstbestimmung zu wecken» (Oppel 1966: 347). Neben einer autobiografischen Note tragen seine Stücke deswegen auch «eine agitatorische» (ebd.). Sie zeugen von einem ins Utopische zielenden Glauben an die Veränderbarkeit der Gesellschaft und gleichzeitig von einer pessimistischen Einschätzung ihrer praktischen Realisierbarkeit, die offenbar die Weltanschauung des Dramatikers prägt (Seletzky 1975: 300, Zimmermann 1998). Im Unterschied zu seinen zwischen 1958 und 1962 verfassten und in seinem Heimatland erfolgreich uraufgeführten Stücken zeigt sich *Their Very Own and Golden City* nicht an einer detaillierten Milieuschilderung von Arbeiter*innen und jüdisch-sozialistisch geprägten Lebenswelten interessiert, sondern prononciert stattdessen die Probleme des engagierten Intellektuellen.

Während eines Besuchs der Kathedrale von Durham im Jahr 1926 kann der angehende Architekt aus der Arbeiterklasse, Andrew Cobham (Ernst Jacobi), seine spätere Ehefrau Jessie Sutherland (Ingeborg Hartmann) und seine Freunde, den Dichter Paul Dobson (Uwe-Jens Pape) und den Theologiestudenten Stoney Jackson (Gerd Heinz), von seiner Idee der gleichermaßen schönen wie sozialistisch organisierten «*Goldenen Städte*» begeistern. Zur Verwirklichung seiner Pläne vertrauen alle Beteiligten auf die Unterstützung der Labour-Partei. Andrew wird sich jedoch fortwährend genötigt sehen, Kompromisse einzugehen, die in letzter Konsequenz den Verrat der eigenen Ideale nach sich ziehen. Auf Anraten des alten Gewerkschaftsfunktionärs Jake Latham (Erik Jelde) und der resoluten Aristokratentochter Kate Ramsey (Ingrid Resch) engagiert er sich von 1933 an in der Kommunalpolitik. Als sich 1936 die Labour-Partei in der Frage des Kriegseintritts zu spalten droht, spricht er sich öffentlich gegen seinen Mentor Latham aus, der zum Generalstreik gegenüber den kriegswichtigen Industriezweigen aufrufen will. 1947 legt Andrew, mittlerweile in seinem Beruf äußerst angesehen, der jungen Labour-Regierung seine Pläne für die «*Goldenen Städte*» vor. Der Vorsitzende des Stadtrats versagt ihm jedoch die Unterstützung, weil die Ressourcen bereits durch die Programme zur Gesundheitsvorsorge und der Sanierung der Elendsviertel erschöpft sind. Frustriert will Andrew aufgeben, doch seine Vertraute und Geliebte Kate Ramsey kann ihn erneut motivieren. Gemeinsam mit den Freunden aus Jugendtagen planen sie, sechs «*Goldene Städte*» zu errichten und die Bauarbeiten unabhängig von staatlicher Hilfe durch die Anzahlung ihrer zukünftigen Bewohner*innen zu finanzieren. Zwischen 1948 bis 1990 findet das Projekt weitere Anhänger*innen. Nach drei Jahren der Planung und zehn Jahren Bauzeit sind zwei Drittel der ersten ‹Goldenen Stadt› fertig gestellt. Die Vertreter der Gewerkschaften weigern sich jedoch, die Finanzierung der Industrieanlagen zu bezuschussen. Auf Drän-

---

Barley (dt. *Erbsensuppe mit Graupen*), das im Sommer 1958 am Belgrade Theatre in Coventry uraufgeführt wurde.

gen der Vorsitzenden Brian Cambridge (Gottfried Kramer) und Ted Worthington (Conny Palme) gibt Andrew fünf der geplanten Stadtanlagen auf, aber die Unterstützung der Gewerkschaften bleibt weiterhin aus. Wie der konservative Minister für Stadt- und Landplanung Reginald Maitland (Tilo von Berlepsch), tatsächlich der größte Befürworter von Andrews Plänen, raten ihm die Gewerkschaftsführer letztlich, die Privatindustrie zu beteiligen. Als Andrew im hohen Alter für seine Verdienste geadelt wird, haben sich seine Jugendfreunde von ihm abgewandt, seine Ehe ist zerrüttet und von dem ursprünglichen Entwurf der «Goldenen Städte» ist nunmehr allein ein Beispiel zweckentfremdeter wohlgefälliger Architektur geblieben. So sieht Andrew sich und seine Ideen am Ende endgültig vom *Establishment* vereinnahmt.

1964 verfasst, reflektiert die parabolische Handlung des Stücks in gewisser Weise die Schwierigkeiten, denen Wesker in seiner kulturpolitischen Arbeit mit der von ihm mitbegründeten Initiative *Centre 42*, als deren Leiter er von 1961–1971 fungierte, begegnete (Baker 1998, Zimmermann 1998: 61). Die sechs «Goldenen Städte», die Andrew Cobham im Rahmen des Stücks realisieren will, korrespondieren in der Zahl mit den Kulturfestivals, die *Centre 42* in Kooperation mit den Gewerkschaften im Herbst des 1962 erfolgreich in sechs mittelenglischen Städten durchführen konnten, während die weiteren geplanten Festivals aufgrund fehlender Ressourcen aufgegeben werden mussten (siehe Barker 1998). Dass Monk ausgerechnet mit diesem Stück an seine Regiearbeit für das Fernsehen anknüpfen wollte, mag auch als Kommentar auf seinen kürzlich erfolgten Fehlschlag am Deutschen Schauspielhaus gelesen werden. Was den Stoff jedoch überdies für eine Adaption empfohlen haben dürfte ist, dass dieser eine Art Panorama der Verhaltensweisen unterschiedlicher gesellschaftlicher Typen entwirft, die auf einen zentralen Konflikt reagieren. Darin ähnelt das Drama jenen Vorlagen, die Monk vor seiner neorealistisch inspirierten Phase für das Fernsehspiel ausgewählt und umgesetzt hatte. Auch für die Gestaltung kehrte der Regisseur in gewisser Weise zum Konzept seiner Fernsehinszenierungen aus der ersten Hälfte der 1960er-Jahre zurück.

Monks Adaption für das Fernsehen hält sich relativ eng an Weskers Vorlage. Nach dieser ist das Handlungsgeschehen in zwei Akten organisiert und soll in der Anlage derart verstanden werden, dass die im Jahr 1926 situierte Passage, die das Schauspiel eröffnet, die erzählte Gegenwart bildet, von der ausgehend die in späteren Jahrzehnten situierten Szenen als Prolepsen ausstrahlen (Wesker 1969: 386). Im ersten Akt stellen die siebte und die letzte der insgesamt 12 Szenen abermals die Situation in der Kathedrale von Durham dar, in der Andrew, Jessie, Paul und Stoney die Idee der «Goldenen Städte» entwickeln. Die Radikalität ihrer Vorstellungen und der jugendliche Enthusiasmus, mit denen sie den utopischen Entwurf weiter ausmalen, kontrastieren die zunehmende Resignation, die mit dessen Übertragung in die Praxis einhergeht (vgl. Zimmermann 1998: 61). Der zweite Akt alterniert dieses Muster. Nachdem der in die Zukunft fortschreitende Ablauf in der vierten Szene noch einmal unterbrochen wird, beschreibt die sechste Szene den gesamten Handlungszeitraum der Jahre 1948 bis 1990 und ist als kontinuierliche Abfolge von Situationen mit fließenden Übergängen konzipiert, um «den Eindruck ununterbrochener Bewegung» zu suggerieren, «als ob sich das Bildnis des jungen Dorian Grey in das des alten, bösen Mannes verwandelt» (Wesker 1969: 435). Die letzte Szene kehrt zur Ausgangssituation in der Kathedrale von Durham zurück und beschließt die Handlung damit, dass die jungen Erwachsenen, die sich in diesem Gebäude eingeschlossen wähnten, einen Weg nach draußen finden (ebd.: 459).

Monk realisierte GOLDENE STÄDTE als elektronisches Fernsehspiel. Der überwiegende Teil der Handlung ist daher in Studio-Kulissen und in Schwarz-Weiß-Bildern umgesetzt.

Dem Spielgeschehen der ersten Szene in der Kathedrale von Durham ist eine *found footage*-Montage vorangestellt, die nach dem Rhythmus von Charles Ives' Experimentalstück *The Unanswered Question* (ca. 1907/8) Ansichten der Architektur von englischen Arbeitervierteln auf- und abblendet. Die temporale Verortung ist durch die Einblendungen der Jahreszahlen markiert, die bildschirmfüllend in weißer Schrift vor schwarzem Hintergrund gestaltet, die entsprechenden Szenen einleiten. Einige Passagen der Vorlage sind gekürzt, sodass der zweiten Akt des Fernsehspiels allein aus der langen sechsten Szene besteht.

Die Kathedrale von Durham (Abb. 61) erscheint in Monks Inszenierung als der einzige vollständig ausgestaltete Ort. Begleitet von den letzten Klängen des Musikstücks eröffnet die erste Sequenz mit einem gedrehten Kameraschwenk, der das Kreuzrippengewölbe aus der Untersicht abtastet und sich durch die anschließende Großaufnahme als subjektive Perspektive des Protagonisten Andrew Cobham herausstellt, der, den Kopf in den Nacken gelegt, die sakrale Architektur bewundert (Abb. 65). Während die Bewegung seines Kopfes einen Halbkreis durch den statisch fixierten Bildkader beschreibt, lassen herabscheinendes Licht und eine tiefenunscharfe Komposition sein Gesicht plastisch hervortreten. Die folgende tiefenscharfe Aufnahme etabliert eine frontal ausgerichtete Totalansicht des Kirchenmittelschiffs, die den Altar als zentralen Fluchtpunkt wählt. Von Säulen flankiert, erstreckt sich hinter diesem ein großes gotisches Spitzbogenfenster, dessen Lichteinfall die Details des Raums in starken Hell-Dunkel-Kontrasten modelliert (Abb. 66). Während die Kamera in ihrer statischen Position verbleibt, bewegt sich Andrew Cobham, von dem Plan ergriffen, eine Architektur zu schaffen, die der Schönheit dieser Kirche gleichkommt, durch ihren Mittelgang auf die Kamera zu und wieder weg. Zweimal folgt die Kamera mit einem sanften Linksschwenk seinen Bewegungen, als er um die Säulen herumläuft und die Kanzel besteigt, um dann wieder in ihre starre Ausgangsposition zurückzukehren und diese, nur in ihrer Weite verringert, weiterhin aufrecht zu erhalten, als zuerst Jessie, dann Paul und Stoney die Szenerie betreten. Die erste Unterbrechung dieser andauernden Totalen erfolgt erst nach zehn Minuten.

Die Dauer der Aufnahme, die Lichtführung und der die geometrischen Fluchtlinien betonende Aufbau der Bildkomposition verleiht den Aufnahmen innerhalb der Kathedrale eine irritierende Künstlichkeit. Auch die weiteren dort situierten Sequenzen, die im ersten Akt des Fernsehspiels den in die Zukunft fortschreitenden Handlungsablauf dreimal unterbrechen, folgen den eingangs etablierten Gestaltungsprinzipien. Die Dialoge der Freund*innen sind in andauernden Totalen repräsentiert, die den Fokus auf das lichtumflutete Fenster der Kirche legen, während die Gestalt der Sprechenden, die ihrerseits mit dem Rücken zur Kamera positioniert sind, nur in Umrissen erkennbar bleibt. Im Kontrast dazu zeichnet sich die Einrichtung der zukünftig situierten Szenen durch wenige Requisiten aus, die den Charakter der Schauplätze nur umschreiben. Während die Tiefe des Raumes in Dunkelheit getaucht ist, hebt die Ausleuchtung hier expressiv die Gestalt der agierenden Darsteller*innen im Bildvordergrund her-

65 GOLDENE STÄDTE (1969): Andrew Cobham (Ernst Jacobi) in der Nahaufnahme

11 1968–1970: Zwischen-Spiele

66 GOLDENE STÄDTE (1969): Szenenbild der Kathedrale von Durham

67 GOLDENE STÄDTE (1969): Andrew Cobham im Gespräch mit den Gewerkschaftsfunktionären

vor, als wären sie an der Rampe einer Bühne platziert. Diese Anmutung verstärkt sich dadurch, dass das Gegenüber des Raumes nicht im Gegenschuss repräsentiert wird. Der erste Eindruck, dass diese Szenen in einem anderen Szenenbild präpariert wurden, trügt jedoch. Tatsächlich verhindert die Beleuchtung nur, dass die architektonischen Merkmale der von Herbert Kirchhoff gestalteten Kulisse im Hintergrund Kontur gewinnen können. Dennoch bleiben sie in vielen Szenen wage durchscheinend erkennbar (siehe Abb. 67). Der Protagonist Andrew Cobham verlässt also somit nie den Schauplatz, an dem er seinen Traum entwickelte.

Auf der funktionalen Ebene ist diese Verfahrensweise als Versuch zu betrachten, die temporale Orientierung der Szenen zu veranschaulichen, die der Dramatiker intendierte. Da szenisches Spiel keinen Konjunktiv formulieren kann, stellt sich in der Rezeption jedoch ein gegenteiliger Effekt ein: die Szenen in der Kathedrale erscheinen schlicht als

11 1968–1970: Zwischen-Spiele

Rückblenden – als Erinnerung an einen strahlend schönen Traum, der sich in der Tagespolitik verliert (vgl. Weise 1969: 106, Zimmermann 1998: 61).

Im Interview zeigte sich Monk bemüht, die Deutung des Stücks dahingehend zu vereinfachen, dass Cobhams Plan an der mangelnden Unterstützung der Labour-Partei und der Gewerkschaften scheitert, die sich als sozialistisch ausgeben, aber nicht sind (*Deutsches Fernsehen* 1969: 17). Weder das Stück noch die Inszenierung durch Monk lassen sich jedoch mit Bestimmtheit auf diese Interpretation einschränken. Vielmehr ist es ein Widerspruch zwischen einem utopischen Ideal und dem Handeln von Menschen, der aufgezeigt wird. Andrew Cobham ist als Modellfigur eines Sozialisten entworfen, der durch seine Entscheidungen die Idee des Sozialismus verrät, weil er, um sein Vorhaben zu verwirklichen, falsche Kompromisse eingeht.

Zur Unterstreichung der vorgetragenen Interpretation – die er dem Autor zuschreibt – hat Monk wohl den Schluss in Abweichung zu Weskers Vorlage gestaltet. Nach dieser tragen die jungen Männer in einer akrobatischen Choreografie, mit der sie einen Streitwagen nachbilden, Jessy auf ihren Schultern aus der Kirche (siehe Wesker 1969: 459). Im Fernsehspiel hingegen sehen wir weder die jungen Leute einen Ausweg aus der Kathedrale suchen, noch ob oder wie sie diese verlassen. Stattdessen endet Monks Fassung mit einer Folge, in der zunächst Andrew Cobham, mittlerweile sehr alt und frustriert, in einem Monolog sein Handeln bedauert, in der anschließenden Szene jedoch wieder mit Kate Ramsey und Reginald Maitland beim Kartenspiel sitzt (Min. 152: 45–153: 28). Während durch die Wiederaufnahme von Ives' musikalischem Thema am Ende von Andrews Monolog bereits akustisch auf die Ausgangssituation verwiesen wurde, endet das Fernsehspiel schließlich mit einer totalen Ansicht auf den leeren hellen Altarraum und blendet schwarz ab. Die Szenen sind durch Texteinblendungen unterbrochen, die in Auszügen eine Rede von William Morris, einem Pionier der sozialistischen Bewegung in England und Begründer des *Arts and Crafts Movements*, aus dem Jahr 1886 wiedergeben, die Wesker – ohne dessen intendierte Verwendung innerhalb der Inszenierung kenntlich zu machen – seinem Drama voranstellt (vgl. Wesker 1969: 387):

> *Der Klassenkampf in England ist in eine neue Phase eingetreten, die die einst gefürchteten Gewerkschaften sogar zu Verbündeten des Kapitals machen könnte, da sie sich ihrerseits zu einer Art privilegierten Gruppe unter den Arbeitern entwickelt haben.* *(Min. 151:23)*

In einem blasierten Plauderton berichtet Andrew daraufhin beim Kartenspiel, wie ihn nach seinem letzten öffentlichen Vortrag eine junge Frau angesprochen habe. Verächtlich das «*Sir*» in seinem Namen aussprechend, habe sie ihm erklärt, dass sie zwar an das glauben könne, was er erzählte, nicht aber an ihn. Andrew schmunzelt: «*In Wahrheit mögen wir die Menschen gar nicht, stimmt's?*», sagt er in die Runde, «*wir mögen nur unsere Vorstellung, dass wir Menschen mögen*». Die anschließende zweite Einblendung gibt die Fortsetzung der Rede wieder:

> *In der Tat repräsentieren die Gewerkschaften längst nicht mehr die Arbeiterklasse in ihrer Gesamtheit, sondern sind dafür verantwortlich, den menschlichen Teil der kapitalistischen Maschinerie in gutem Betriebszustand und frei vom kleinsten Sandkorn der Unzufriedenheit zu halten.* *(Min. 153: 29)*

Während nach Weskers Vorlage die Figuren die Arbeiterin emporheben und somit idealisieren – worin offenbar ihr erster Fehler besteht –, existiert dem von Monk verfassten

Schluss zufolge die Utopie nur ohne Menschen. Ob damit ausgesagt sein soll, dass sie menschliches Handeln nicht einkalkuliert, oder sie nur als Vorstellung existieren kann, lässt sich nicht festschreiben.

Mit GOLDENE STÄDTE kehrt Monk in interessanter Weise zur Form des elektronischen Fernsehspiels zurück und erprobt dafür erneut eine Ästhetik, die sich in einem Zwischenraum von Theater und Film positioniert. Auch seine nachfolgende Produktion, INDUSTRIELANDSCHAFT MIT EINZELHÄNDLERN, schließt an diese Idee an. Das am 7. Dezember 1970 in der ARD ausgestrahlte Fernsehspiel ist die zweite – und letzte – Regiearbeit, für die er selbst das Drehbuch verfasste, ohne sich dabei den Stoff eines anderen Autors anzueignen. Es ist die eigenwilligste Produktion in Monks Gesamtwerk.

4.

INDUSTRIELANDSCHAFT MIT EINZELHÄNDLERN porträtiert einen Drogisten (Horst Tappert), der von der Gerechtigkeit des freien Marktes überzeugt ist und Mittelstand mit Gesinnung gleichsetzt. Nach 20 Jahren, in denen er am wirtschaftlichen Aufschwung partizipierte, erweist sich sein Geschäft nun als unprofitabel. Als er deswegen im Frühjahr seine Angestellte entlassen muss, ist er noch zuversichtlich, den wirtschaftlichen Ruin durch dieselben Maßnahmen abwenden zu können, mit denen Großunternehmen auf den Konkurrenzkampf reagieren. Er muss jedoch feststellen, dass sich das Kaufverhalten seiner Kund*innen nicht steuern lässt. Im Sommer kann er nicht, wie zuvor jedes Jahr, den Laden für einen vierwöchigen Urlaub mit der Familie schließen. Da jedoch die Stammkundschaft während der Ferienzeit ausbleibt, macht sich auch dieser Schritt am Ende nicht bezahlt. Im Herbst sind die Ersparnisse der Familie fast aufgebraucht. Um das Sortiment zu halten, investiert der Drogist den verbleibenden Rest seines Privatvermögens und nimmt im Winter einen Bankkredit auf. Im folgenden Frühjahr ist auch dieses Kapital ausgeschöpft, der Drogist ist zahlungsunfähig. Trotz dieser Entwicklung war er nicht müde geworden, gegenüber befreundeten Einzelhändlern und dem Sohn (Marcel Werner) am Frühstückstisch die Errungenschaften des marktwirtschaftlichen Systems und den Charakter der «großen Kapitalisten» zu preisen. Dieselben Reden hält ihm der Filialleiter der Bank (Gert Haucke), als er ihm einen weiteren Kredit verweigert. Der Drogist sieht seine Existenz vernichtet. Er muss das in einem gediegenen Stadtviertel gelegene Ladengeschäft und die angrenzende Wohnung im Hochparterre verkaufen und mit der Familie in einen Sozialbau in der Vorstadt ziehen. Am Morgen schließt er sich der Masse der Angestellten an, die mit der S-Bahn in Richtung Innenstadt fahren, um sich als Verkäufer in einem Kaufhaus zu verdingen. Am Ende wähnt er sich jedoch wieder zufrieden als kleiner, aber notwendiger Teil des Wirtschaftskosmos.

Der Niedergang des Drogisten ist in fünf Akten erzählt, deren Ausdehnung durch Schwarzblenden markiert ist und, dem Aufziehen eines Vorhangs nachempfunden, jeweils mit einer totalen Bildansicht eröffnen, während ein Erzähler im *voice-over* die vorliegende Situation beschreibt. Im Unterschied zu GOLDENE STÄDTE ist das erneut von Herbert Kirchhoff verantwortete Szenenbild durchgängig so naturalistisch ausgestaltet und wiedergegeben wie etwa in WILHELMSBURGER FREITAG. Die Außensituationen beruhen auf vorgefundenen Schauplätzen der Stadt Hamburg, die Innensituationen hingegen sowohl auf Bauten im Studioatelier als auch solchen, die innerhalb von *locations* eingerichtet wurden – ein heute absolut gängiges, damals aber noch immer bemerkenswertes Vorgehen, wie die Ausführungen des Kameramanns Kurt Weber erkennen lassen (vgl. 1972). Die Bildsprache dieses Fernsehspiels unterscheidet sich indes in markanter Weise von Monks Fernsehfilmen der Jahre 1964–66.

11 1968–1970: Zwischen-Spiele

68 INDUSTRIELANDSCHAFT MIT
EINZELHÄNDLERN (1970): Totale
Außenansicht der Drogerie

Im Bildaufbau folgt die visuelle Ästhetik einem Konzept, das sich nach David Bordwell als «planimetrisch» (*planimetric style*) bezeichnen lässt; ein den klassischen Konventionen des Spielfilms zuwiderlaufendes visuelles Kompositionsmuster, das er prominent etwa in Jean-Luc Godards LE MÉPRIS (1963) und Rainer Werner Fassbinders KATZELMACHER (1969) eingesetzt sieht. Filmhistorisch ließe sich dieses Muster zwar im Ansatz auf den Stil Buster Keatons (z. B. THE GENERAL) zurückführen, im Falle Godards wie Fassbinders deutet Bordwell es jedoch als bewusst eingesetztes Mittel zur Herstellung einer Bühnenanmutung, die schließlich auch direkt aus dem Repräsentationskonzept des Theaters hergeleitet sein mag (Bordwell 2008: 312–329, Bordwell/Thompson 2007; 2014, vgl. Kappelhoff 1999). In vergleichbarer Weise ließ sich Weber in der Kameraführung für INDUSTRIELANDSCHAFT MIT EINZELHÄNDLERN von der Idee leiten, die «formale Verwandtschaft mit der Bühne zu betonen», die Monks Drehbuchvorlage vorsah (1972: 418). Diejenigen Anlagen, die sich in der Inszenierung von GOLDENE STÄDTE bereits angekündigt hatte, finden sich mit äußerster Stringenz ausgeführt: die Kamera nimmt ihr Gegenüber aus einer frontalen Perspektive in den Blick und etabliert ihren zentralen Fluchtpunkt grundsätzlich in der Mitte des Bildausschnitts, um die Objekte ihrer Abbildung symmetriebetont anzuordnen (vgl. Abb. 68). Darüber erhalten die Filmbilder eine gemäldeartig arrangierte Anmutung. In ihrem Raumeindruck wirken sie mitunter abgeflacht, weil die Abstände zwischen den Gegenständen als Folge der gewählten Kamerablende optisch verringert erscheinen. Die Lichtgestaltung der Szenerien ist expressiv angelegt. In den totalen Ansichten, die das Drogeriegeschäft aus der Außenperspektive abbilden, lässt sie die Einzelheiten des Innenraums deutlich erkennbar, «leserlich wie auf einer Bühne», hervortreten (ebd.: 418), während der Treppenaufgang, der sich links neben dem Schaufenster befindet, mitunter deutlich dunkler erscheint.

Die Kamera verbleibt überwiegend in einer statischen Position und repräsentiert ganze Szenen aus einer andauernden Einstellung. Als der Drogist beispielsweise im ersten Akt seiner Frau (Marianne Kehlau) die Ergebnisse seiner Geschäftsanalyse darlegt, geht er im Lagerraum auf und ab und bewegt sich dabei entlang der horizontalen Bildachse, während die Frau in einer Pose mit dem Rücken zur Kamera verbleibt und die Umrisse ihres Körpers somit die vertikale Bildachse markieren. Aber auch in dialogischen Situationen, die mithilfe des Schuss-Gegenschuss-Verfahrens umgesetzt sind, findet sich die frontale

11 1968–1970: Zwischen-Spiele

69 INDUSTRIELANDSCHAFT MIT
EINZELHÄNDLERN (1970): Der
Drogist (Horst Tappert) mit
seinem Sohn (Marcel Werner)
und der Ehefrau (Marianne
Kehlau)

Kameraausrichtung wieder. Da die klassischen Konventionen der Filmgestaltung ein derartiges Vorgehen in der Regel konfrontativen Konstellationen (z. B. das Duell im Western) vorbehält, während Figuren im Gespräch normalerweise in einer dreiviertel-eingedrehten Körperhaltung gegenüber der Kamera abgebildet sind, kann auch diese Verfahrensweise einen verfremdenden Effekt generieren.

Innerhalb des Bildausschnitts zusätzlich durch ein Fenster gerahmt, sind einige Spielszenen wie stumm ablaufende *Tableaux vivants* kreiert, in denen die Ausführungen des Erzählers die Wiedergabe von Dialogen ersetzen und über die Gedanken und Stimmungen des Protagonisten Auskunft geben (Abb. 69). Wiederholt werden dabei dieselben Bildmotive aufgenommen und durch leichte Variationen innerhalb des ansonsten gleichbleibenden Aufbaus die Veränderung der Situation visualisiert. In drei verschiedenen *Tableaux* ist beispielsweise der Protagonist in einem Bildarrangement positioniert, welches ihn, von außen durch das Wohnzimmerfenster aufgenommen, linksseitig des Fensterkreuzes abbildet. Im ersten dieser Bilder nimmt er noch eine Pose stolzer Entschlossenheit ein, im zweiten Bild ist sein Kopf bereits gesenkt, um im dritten dieser Folge die Haltung eines gebrochenen Mannes einzunehmen (Abb. 70–72). Diese dritte Pose ist in ein *Tableau* eingebunden, das zum Ende des dritten Akts die Verzweiflung des Drogisten unkommentiert bebildert (Min. 1:03:01–1:05:45). Es beginnt mit einer Folge von vier jeweils nur drei Sekunden andauernden totalen Ansichten durch den Fensterrahmen, die den Protagonisten in Rückenansicht am Wohnzimmertisch sitzend in einem sich steigernden Zustand der Trunkenheit zeigen. Da zwischen ihnen die Einstellungsgröße leicht verändert ist, stellt sich der Effekt eines *jump-cuts* ein. Mit dem fünften Bild (Min. 1:03:13) beginnt eine zweiminütige Plansequenz, die den in der Nacht erwachten Mann zunächst in diesem Zimmer beobachtet und dann, an der äußeren Hauswand entlang fahrend, seiner Bewegung in das anliegende, verdunkelte Schlafzimmer folgt, wo er das Licht anmacht und dann das Fenster öffnet. Erst jetzt sind atmosphärische Geräusche vernehmbar. Im Hintergrund dreht sich die Frau leise weinend im Bett herum. Der Drogist schleudert seine Schuhe von sich, legt sich bekleidet ins Bett, und während er den Kopf auf das Kissen legt, rekadriert ein Zoom durch das Fenster sein Gesicht in der Großaufnahme.

Obgleich die reichhaltigen Details, da sie Vollständigkeit suggerieren, den Filmbildern eine realistische Anmutung verleihen, ist die Bildästhetik der INDUSTRIELANDSCHAFT

11 1968–1970: Zwischen-Spiele

70 INDUSTRIELANDSCHAFT MIT EINZELHÄNDLERN (1970): Tableaux der Gesten des Drogisten – Entschlossenheit

71 INDUSTRIELANDSCHAFT MIT EINZELHÄNDLERN (1970): Tableaux der Gesten des Drogisten – Zweifel

72 INDUSTRIELANDSCHAFT MIT EINZELHÄNDLERN (1970): Tableaux der Gesten des Drogisten – Verzweiflung

MIT EINZELHÄNDLERN also bewusst stilisiert gehalten. Ergänzt wird diese artifizielle Form der visuellen Inszenierung durch die ebenso stilisierte Sprache des Erzählers, der Dialoge und der Monologe, in denen sich der Protagonist ergeht.

Die Formulierungen des Erzählers, dem Monk selbst seine Stimme leiht, tragen den Charakter gesprochener Prosa. Die einzelnen Sätze sind lang und werden mit wohlgesetzten Pausen in neutraler Intonation vorgetragen. Der Wortlaut hingegen lässt eine ironische Haltung gegenüber der Figur des Drogisten und seinen vergeblichen Bemühungen, den ökonomischen Abstieg abzuwenden, erkennen. Während der Mann am Esszimmertisch seiner Frau gegenüber sitzt und den Kopf über einen Stapel Papiere gebeugt hält, referiert die Stimme aus dem Off:

Er hatte den Verkaufserlös durch die Zahl der Quadratmeter ihres Geschäftsraums dividiert und so ihren Umsatz pro Quadratmeter errechnet, dann diese Summe durch einen neuen Divisor, die Zahl der beschäftigten Personen, also zwei, geteilt und nun den Umsatz pro Arbeitskraft pro Quadratmeter als des Quotienten Wert vor sich. Diese Zahl konnte ihm, vorerst, nur wenig sagen, da er früher solche Untersuchungen nicht angestellt hatte, sie also mit keiner anderen Zahl vergleichen, keinen Aufstieg oder Abfall ermitteln konnte. Er behielt sie im Sinn. (Min. 15:15–15:48)

Die Worte des Erzählers befördern die Distanz gegenüber der Handlung des Drogisten, die wiederum, mit der auktorialen Haltung des Sprechenden korrespondierend, aus einer Perspektive aufgenommen ist, die die Szene von außerhalb, durch das Fenster, in den Blick nimmt. Auch bilden sie einen Kontrast zu den Aussagen des Protagonisten, der sich in direkter Ansprache der Kamera mit Selbsterklärungen an die Zuschauer*innen wendet und im Brustton der Überzeugung das System preist, an dem er scheitert. Sein Vorbild ist die Großindustrie: «*Ob nun ein haushoher Kran im Hafen riesige Ballen schwenkt, oder ob ich einer Haus-*

frau eine Tube Zahnpasta über den Ladentisch zuschiebe, ist und bleibt im Grunde das gleiche, nämlich Handel», erklärt er dem Publikum (Min. 07:20). Daher meint er auch dem Wirtschaftsteil der Tageszeitung auch die Strategien entnehmen zu können, die ihn aus seiner Lage befreien: «*Des Methods-Time-Measurement zum Beispiel, abgekürzt MTM, des Work-Factor-Verfahrens, des Punktesystems, des MKF-Systems,* «*Macht-Konzern-Fetter*», *sagen Arbeiter dazu. Das lässt hoffen, dass es auch uns fetter machen wird*» (Min. 08:17).

Die Übertragungsversuche des Drogisten, der kaum versteht, wovon er spricht, wirken umso absurder, wenn er sich bemüht, die Verfahren zur Effektivitätssteigerung in seinen Arbeitsalltag zu integrieren und dafür mit seiner Frau ein *«ökonomisch günstiges Verkaufsverhalten»* einübt. Während er ein Kundengespräch simuliert und dabei die notwendigen Handgriffe und Gänge durch den Laden vorführt und gleichzeitig kommentiert, stoppt sie die Zeit und protokolliert seine Angaben: *«Bis jetzt hast du genickt, gesprochen, gelächelt, bist gegangen, hast dich gedreht, hast hingelangt, hinaufgelangt, hinübergelangt, hinuntergelangt, hineingelangt»*, trägt sie auf seine Bitte hin vor, *«hast zugegriffen, getragen, hingelegt, losgelassen, dich gebückt, aufgerichtet, bist treppauf gestiegen, treppab gestiegen, hast gezeigt»* – *«und gedacht»*, fügt er mit erhobenem Zeigefinger hinzu, um dann mit seiner Demonstration fortzufahren (Min. 22:26–22:42). Als sie ihm am Ende das Protokoll zeigt, muss er feststellen, dass ihm die Analyse der Arbeitsschritte nicht weiter hilft.

Immer wieder kommen dem Drogisten Zweifel an seinen Chancen, die seine Stimme im *voice-over* ausspricht. Als weitere subjektive Erzählperspektive treten surreale Montagesequenzen hinzu, die seine Befürchtungen und Wunschvorstellungen bebildern. Als er einer ratlosen Kundin gegenüber steht, wähnt er sich in der Vorstellung bereits auf der Beerdigungsfeier seines Geschäfts. Unterstrichen durch überzeichnete Farbkontraste und eine *Fisheye*-Perspektive schmücken plötzlich Trauerkränze die Theke und Sargträger bringen sich in der Ladenmitte in Position, während Orgelspiel die Szenerie musikalisch untermalt (Min. 25:23–27:35). In der Nacht aber beschwört er das Wunschbild *«seiner Industrielandschaft»* herauf, die er sich in den Goldrahmen des großformatigen Ölbilddrucks hineinträumt, das seinem Bett gegenüber die Schlafzimmerwand ziert (Min. 29:00–33:00). Statt der Berglandschaft erscheint dem Drogisten eine Fabrikanlage, deren Umrisse mit einem *zoom-in* auf das Bild schärfer werden, der gleichzeitig den Gemälderahmen aus dem Bildausschnitt rückt. Ein sogleich anschließender *zoom-out* eröffnet ein Panorama der Stadt Hamburg aus der Luftansicht, gefolgt von Impressionen des Hafens, des Bahnhofs und des Rathauses, um dann – wie die Stimme des Erzählers erläutert – *«im Mittelgrund»* die Banken und Geschäftshäuser in den Blick zu nehmen. «*Wie er es schon oft in der* TAGESSCHAU *gesehen hat»*, erträumt sich der Drogist eine Gruppe von Geschäftsmännern, die aus dem Portal eines modernen Gebäudes in schwarze Limousinen steigen. Danach kehrt seine Imagination zu den Industrieanlagen des Hafens zurück. Zu den einsetzenden Orchesterklängen Richard Wagners[12] schließt nun eine Serie von totalen Ansichten der Fabriken an: rauchende Schornsteine, Silos und Transportverkehr auf dem Gelände in diskontinuierlicher Anordnung, gefolgt von Plankameraschwenks, die die Architektur der Fabrik abtasten, während sich das musikalische Motiv euphorisch immer weiter emporschwingt, um schließlich mit Fanfaren die Panoramaansicht einer Schmelzanlage zu begleiten, aus der sich rotglühend flüssiges Metall ergießt. Zuletzt platziert sich der Drogist selbst in das Bild. Aus dem Türrahmen seines Geschäftseingangs tritt er auf den hell ausgeleuchteten Bürgersteig und posiert, ein Grinsen auf seinem Gesicht, den

---

12 Komponist und Stück sind nicht im Abspann ausgewiesen, den Hinweis auf eine Wagner-Komposition verdanke ich Schöffler 1972: 428.

11 1968–1970: Zwischen-Spiele

Daumen hoch, wenn ein *zoom-out* den Gemälderahmen erneut in den Bildausschnitt rückt und somit das Wunschbild wie den ersten Akt beschließt (Abb. 73).

Am Ende des zweiten Akts, als der Sommer, der keine Besserung seiner Lage bringen konnte, seinem Ausklang zugeht, kann er sich nicht mehr derart positiv in der bewunderten «Industrielandschaft» verorten. Er sieht sich als kleine Figur am inneren Rand des Bilderrahmens balancieren und taumeln. Als würde sie von dessen Innerem abgestoßen werden, droht die Figur aus dem Rahmen zu fallen. Mit einer Hand kann sich jedoch am oberen Rand festhalten und den kleinen Körper zurück in das Bild schwingen (44:28–45:13). Weiterhin ist der Drogist also nicht bereit, sich von seiner Vorstellung zu lösen. Zum Anschluss des dritten Akts jedoch, als der Herbst sich dem Ende neigt, bildet sich an der Stelle des Öldruckmotivs eine Registrierkasse ab. Mit einem Zoom in das Bild eröffnet sich dem Drogisten eine Szene, wie er, seine Frau und der Sohn inmitten ihres Mobiliars auf dem Bürgersteig vor dem Laden stehen, während zwei Spediteure das Geschäftsinventar in einen Umzugswagen tragen (Min. 1:05:45–1:06:22).

Die den vierten Akt beschließende Sequenz (Min. 1:23:05–1:34:17) ändert das bekannte Schema. Bevor der Drogist das Gespräch mit dem Filialleiter der Bank führt, stellt er sich, noch an der Fußgängerampel gegenüber dem Eingang stehend, in drei Variationen vor, wie er die Bank betritt und dieser – jeweils durch ein schnelles Heranzoomen auf sein Gesicht verdeutlicht – seine Ankunft bemerkt. In der Vorstellung sieht sich der Drogist eine unterwürfige Haltung gegenüber dem Bankbeamten einnehmen und – seine Bitte um einen neuen Kredit wird abgewiesen – wieder aus der Schalterhalle herauswanken. Dann wird die Ausgangssituation wieder aufgenommen. Als der Drogist im Büro des Filialleiters sitzt, erläutert die Erzählerstimme, dass ihm die folgende Situation genauso prägnant in Erinnerung bleiben wird wie seine Kriegserfahrung. Drei Sekundenbilder, die auf die Umgebung «*des russischen Erdlochs*» verweisen, in dem er den Panzerangriff überlebt hatte, unterbrechen dabei die halbtotale Ansicht des im Sessel zusammengesunkenen Mannes, um anschließend dasselbe Muster mit Detailaufnahmen aus dem Zimmer wieder aufzunehmen. Die folgende Gesprächssituation ist in der Form einer Ellipse, als eine Folge von *Tableaux* dargestellt, für die jeweils aufs Neue *eine* Kameraperspektive etabliert wird und in denen die Schauspieler jeweils konstant auch *eine* Pose beibehalten. Sie eröffnen mit einem eingefrorenen Bild, anhand dessen die Stimme des Erzählers die Ausgangssituation beschreibt – der Drogist fordert Mitleid, erklärt sich, droht dem Filialleiter. Das anschließende szenische Spiel ist zwar durch eine gleichbleibende Perspektive aufgenommen, wird jedoch punktuell angehalten, wenn der Protagonist selbst im *voice-over* sein Handeln kommentiert. «*Habe ich zu schweres Geschütz aufgefahren?*», fragt er sich etwa, seine Drohgebärde bedauernd. Der Filialleiter antwortet ihm schließlich in sanftem Tonfall und mit freundlichem Gesichtsausdruck. Was von dem ehemaligen Geschäftsmann nun erwartet werden dürfte, sei nicht ein «*anti-marktwirtschaftlicher Schrei um Hilfe*», sondern «*Einsicht in die Notwendigkeit des natürlichen Ausleseprozesses*», «*Achtung vor dem Gesetz des Markts*» und ein würdevoller Abtritt von diesem. Die Ausführungen sind mithilfe von *jump-cuts* und plötzlich einsetzenden Schärfeverlagerungen repräsentiert, die die nachlassende Aufmerksamkeit des Drogisten verdeutlichen. Mit dem Fortschritt der Szene erscheint so die Rede des Filialleiters immer stärker zusammengekürzt, bis nur noch die markigen Formulierungen seiner Satzanfänge von ihr übrigbleiben.

Im fünften Akt begehrt der Drogist ein letztes Mal auf. Wütend streift er nachts durch die Innenstadt. Im Morgengrauen findet er sich in der Hafengegend inmitten der von ihm bewunderten «Industrielandschaft» wieder und sieht dort – wie fotografische Aufstellungen inszeniert (Abb. 74) – Arbeiter vor Fabrikgebäuden stehen (Min. 1:40:25–1:42:04).

11 1968–1970: Zwischen-Spiele

73 INDUSTRIELANDSCHAFT MIT EINZELHÄNDLERN (1970): Traumvorstellung des Drogisten: er (Horst Tappert) im Zentrum der «Industrielandschaft»

74 INDUSTRIELANDSCHAFT MIT EINZELHÄNDLERN (1970): Fotografische Aufstellung von Arbeitern

Er gibt auf. Als er am Ende des fünften Akts jedoch in einem Leitartikel der Tageszeitung die Bestätigung findet, dass «*unternehmerische Initiative*» auch beim Angestellten zu finden und «*zum Funktionieren des großen Ganzen unentbehrlich*» sei, ist sein Selbstbewusstsein wieder aufgerichtet. Während der Drogist, in einer Plankamerafahrt repräsentiert, auf dem Weg zu seinem Arbeitsplatz ist, unterstreicht der letzte Monolog des Erzählers, wie der Protagonist «*schon wieder klotzig auf dem Boden der Marktwirtschaft*» stünde,

> *war schon wieder fest im Glauben an die Unentbehrlichkeit und Unverletzlichkeit einer freien, rechtlichen, demokratischen und vor allem angeborenen Unternehmerinitiative. Dies, angesichts der eigenen rückhaltlos eingestandenen Unfähigkeit zu denen zu gehören, die erstens eine hatten und sie zweitens auch zu gebrauchen wussten.*   (Min. 1:48:03–1:48:28)

Von der Fachkritik wurden beide Fernsehspiele nicht besonders positiv, aber auch nicht einhellig negativ aufgenommen. Als «zähe Fleißaufgabe» bezeichnete Anneliese de Haas zwar die GOLDENEN STÄDTE (Haas 1970) und auch die INDUSTRIELANDSCHAFT MIT EINZELHÄNDLERN erschien einigen «verkrampft» (Ruf 1970); es sei ein Lehrstück «frei nach Brecht (und in einer Sprache frei nach Sternheim)», erklärte E. J. in der *Frankfurter Allgemeinen Zeitung*, «die künstlerische Kraft des Schriftstellers Monk» reiche jedoch nicht aus. «Ein kleiner Brecht und ein kleiner Sternheim, zusammengezählt, ergeben immer nur einen noch kleineren Monk» (ebd.). Sybille Wirsing und Manfred Delling hingegen hoben anerkennend die Differenzqualität gegenüber den Konventionen des Fernsehfilms hervor: «Monks Fernsehfilm ist strapaziös, weil er sich nicht an die herrschenden Sehgewohnheiten hält, mit denen man nur herrschende Zustände widerspiegeln kann», begründete Letzterer sein Lob (Delling 1970, vgl. Wirsing 1970).

4.

Wenn Monk mit den Fernsehspielen GOLDENE STÄDTE und INDUSTRIELANDSCHAFT MIT EINZELHÄNDLERN – wie in der «Tele-Re-Vision» (Schmidt-Ospach 1969) der *Räuber* – eine Ästhetik erprobt, die sich im Zwischenraum von Theater und Film formuliert, ist das vor dem Hintergrund der Stilgeschichte als Versuch zu werten, der Ästhetik des realistischen Fernsehspiels einen neuen Impuls zu verleihen. Da die in der Mitte der 1960er-Jahre realisierte Form der audiovisuellen Inszenierung zunehmende Verbreitung für sozial-engagiertes Erzählen im Fernsehen fand, begann sich diese als Konvention für realistische Darstellungen auszubilden und eignete sich somit zunehmend weniger dazu, Verfremdungseffekte zu produzieren. Monks Ästhetik in dieser Phase bewegte sich jedoch nicht allein zwischen den medialen Vorbildern Film und Theater, sondern ebenfalls zwischen zwei Polen der ästhetischen Entwicklung des Fernsehens.

Die Eigenwilligkeit insbesondere von INDUSTRIELANDSCHAFT MIT EINZELHÄNDLERN, aber auch die kontinuierlich nachvollziehbaren Merkmale des Monk'schen Zugangs zur Frage des Realismus, offenbaren sich umso prägnanter, wenn das Fernsehspiel im Vergleich mit den zwei wohl umstrittensten Produktionen dieser Tage betrachtet wird, die ihrerseits die Extreme markieren, zwischen denen sich Monks Ästhetik positioniert: das von Ulrike Meinhof verfasste und in der Regie von Eberhard Itzenplitz umgesetzte Fernsehspiel BAMBULE (SWF), dessen Ausstrahlung ursprünglich für den 24. Mai 1970 geplant war, und Peter Zadeks am 12. Januar 1971 im Abendprogramm der ARD gezeigte Studioinszenierung DER POTT (WDR). Diese Produktionen nehmen aus ganz unterschiedlichen Gründen eine Sonderstellung in der bundesdeutschen Fernsehgeschichte ein. BAMBULE verdankt sie in erster Linie seiner Absetzung. Nachdem sich die Drehbuchautorin zehn Tage vor dem Programmtermin an der gewaltsamen Haftbefreiung von Andreas Baader beteiligt hatte, wurde die Ausstrahlung auf Geheiß des SWF-Intendanten Helmut Hammerschmidt zurückgenommen – eine Entscheidung, die seinerzeit auf heftige Proteste im Hause wie in der Öffentlichkeit stieß und als «spektakulärer Zensurfall» galt; bis zum 24. Mai 1994 wurde BAMBULE nicht im deutschen Fernsehen gezeigt (Hodenberg 2006: 428, vgl. Rechlin 1999: 153 ff.).

Mit ihrem Drehbuch für BAMBULE schloss Meinhof an einen thematischen Schwerpunkt ihrer journalistischen Arbeit an. Seit 1964 hatte sie sich in Hörfunk- und Fernsehfeatures dem Heimführsorgesystem und der Situation von berufstätigen Müttern und Gastarbeiter*innen gewidmet (vgl. Hodenberg 2006: 428, Colvin 2009: 50 ff.). Dass sie sich am Ende der 1960er-Jahre der Ausdrucksform des fiktionalen Fernsehspiels zuwandte, korrespondiert mit der allgemeinen Entwicklung dieser Gattung. Anknüpfend an die Tradition des «zeitkritischen» Fernsehspiels und in Reaktion auf die gesellschaftliche Umbruchssituation in Westdeutschland nahm es mit den ausgehenden 1960er-Jahren zunehmend eine «journalistische» bzw. «faktografische» Ausrichtung an, die fiktionale Darstellung mit dem Ziel der Information über spezifische Inhalte verband (vgl. Schneider 1980: 16, Hickethier 1980: 289–302, Zimmermann 1994: 286; 310, Hißnauer/Schmidt 2013: 115 ff.). Für einen Vergleich mit der Ästhetik Monks ist dieses Fernsehspiel jedoch vor allem interessant, weil es ebenso Züge eines von Brecht inspirierten Realismuskonzepts aufweist, aber auf dieser Grundlage eine deutlich radikalere politische Aufforderung an die Zuschauer*innen formuliert.

BAMBULE porträtiert Mädchen in einer Einrichtung für schwererziehbare Jugendliche und deren Versuche, sich gegen die dortigen repressiven Strukturen, die diesen Ort der staatlichen Fürsorge einem Gefängnis vergleichbar machen, aufzulehnen. Nach einem gescheiterten Fluchtversuch zu Beginn der Handlung muss Monika (Christine Diersch) den Tag in einer Arrestzelle verbringen. Ihr Gespräch mit der progressiven Erzieherin Frau Lack (Antje Hagen) offenbart, in Rückblenden visualisiert, ihren Werdegang als «Heimzögling», der von körperlichen und seelischen Misshandlungen geprägt ist. In einem parallel erzählten Handlungsstrang stellt Irene (Dagmar Biener), deren Flucht am Morgen geglückt war, fest, dass ihr außerhalb des Heims nur der Weg in die Prostitution zu bleiben scheint, und kehrt deswegen am Folgetag in die Anstalt zurück. In der Arrestzelle trifft sie auf Iv (Petra Redinger), die in der Nacht den titelgebenden Aufruhr angezettelt hatte, bei dem die Jugendlichen das Mobiliar ihres Schlafsaals zertrümmerten. Als Frau Lack erneut durch sanftes Zureden der aufgestauten Frustration der Mädchen begegnet, fordert Irene wütend ein, dass endlich ihre Position gehört wird. Die Erzieherin verlässt daraufhin stumm den Raum und lässt die Mädchen mit der Frage allein zurück, wie sie ihre Situation ändern könnten.

Durch das gewählte Sujet und die feministische Komponente der Erzählung[13] darf BAMBULE als eine bemerkenswerte Ausnahmeerscheinung für das westdeutsche Fernsehspiel zu Beginn der 1970er-Jahre gelten – auch ohne den Verweis auf Meinhofs Werdegang in der RAF zu bemühen. Das gilt jedoch weniger für die formale Ästhetik des Fernsehspiels. Das Geschehen ist in Schwarz-Weiß-Aufnahmen inszeniert, die mithilfe von Hand- bzw. Schulterkameraführung und vereinzelt eingesetzten verkanteten Perspektiven auf eine dokumentarische Anmutung, einen Unmittelbarkeitseffekt ausgerichtet sind. Dabei erreicht die audiovisuelle Inszenierung jedoch weder die kontrastreiche Qualität der Bildkomposition noch die Dynamik der Montage, die etwa Ken Loachs in seiner sozial-engagierten Ausrichtung ähnlich konzipierten CATHY COME HOME von 1967 auszeichnet. Im Vergleich eher behäbig folgt Itzenplitz' Inszenierung den mittlerweile etablierten Konventionen für realistisches Erzählen im Fernsehfilm, gegenüber denen Monk sich in der INDUSTRIELANDSCHAFT MIT EINZELHÄNDLERN durch die planimetrische Bildkomposition und ihre satte Farbigkeit abgrenzt.

Beide Produktionen ähneln sich zunächst dahingehend, dass ihre Erzählungen Modellsituationen entwerfen, die aktuelle gesellschaftliche Bedingungen reflektieren: die Hamburger Drogerie wie das Berliner Mädchenheim symbolisieren ein System, das Anpassung

---

13 So wird auch explizit die Unterdrückung von weiblicher Sexualität als Bestandteil der Erziehungsmaßnahmen thematisiert: in einer der Rückblenden beobachtet eine Nonne, wie Monika mit sichtlichem Genuss ihre Haare befühlt und kämmt. Als sie daraufhin dem Mädchen gewaltsam die Haare schneiden will und Monika flieht, jagt sie diese durch die Flure des Klosters. In einer Ecke kauernd wird Monika schließlich von mehreren Nonnen überwältigt. Eine weitere Rückblende zeigt, wie Monika, nachdem ein privater Brief ihre lesbischen Neigungen offenbarte, aus dem Kloster verwiesen und in das gefängnisartige Erziehungsheim überführt wird.

fordert und zugleich diejenigen, die sich anpassen, zerstört (vgl. Colvin 2009: 54, 66 ff.). Der offensichtliche Unterschied zwischen den Fernsehspielen liegt zunächst darin, dass BAMBULE allein durch die Wahl des Handlungsortes seine Systemkritik sehr viel schärfer formuliert. Darüber hinaus unterscheiden sie sich jedoch in der Form der Ansprache des Publikums und den darüber angestrebten Rezeptionseffekten. Monks audiovisuelle Inszenierung stellt den Protagonisten wie in einem Glaskasten aus, der es erlauben soll, seine Handlungen zu beobachten, seine Motive zu hinterfragen und seine Haltung zu kritisieren, um die Zuschauer*innen schließlich davon zu distanzieren. Mit den Mädchen in BAMBULE hingegen sollen sich die Zuschauer*innen identifizieren, also letztlich ihre Position einnehmen. Daher lässt sich BAMBULE auch nicht auf die Intention beschränken, die individuelle Situation einer «Randgruppe» zu beleuchten, wie die Fernsehforschung nahelegt (vgl. Hodenberg 2006: 428, Hickethier 1980: 294). Es ist ein Agitationsstück.

Der Dramaturgie von KUHLE WAMPE ODER: WEM GEHÖRT DIE WELT? ähnlich, überschreitet das Fernsehspiel in seiner letzten Szene den Rahmen der porträtierenden Darstellung (siehe Min. 1:22:56–1:27:28, vgl. Kap. 5). Mithilfe einer Konzentration auf die Gesichter der Darstellerinnen, deren Ausdruck in Großaufnahmen exponiert wird, richten sich die offenen Fragen und ausgesprochenen Positionen im Dialog zwischen Irene und Iv auch an die Zuschauer*innen. Die Forderung ist zunächst, ebenso wie Irene gegenüber der Erzieherin, eine subjektive Position zu beziehen («*Ich rede*») und diese wirkungsvoll zu artikulieren, um im Anschluss eine Verständigung über gemeinsame Ziele zu erreichen. «*Wenn wir wüssten, wat wir wollen*», bekundet Irene gegenüber Iv, «*könnte Frau Lack sich auch für uns entscheiden.*» Sie spricht darüber zugleich die Uneinigkeit der Protestbewegung wie die Möglichkeit einer Allianz zwischen den Protestierenden der jüngeren Generation und denjenigen an, die sich in der Bundesrepublik als ‹Erzieher› positionierten: die Intellektuellen der Nachkriegszeit also, zu denen Monk wie auch Meinhof selbst gehörten. Gleichwohl Frau Lack bislang immer brav die ihr auferlegten Regeln befolgt habe, meint Irene in ihr eine potenzielle Befürworterin zu erkennen. Schließlich sei sie zumindest zur Kommunikation bereit. «Wenn –», entgegnet Iv zweifelnd, «*Wir machen ne Aktion und wat passiert? Bambule. Alles kaputt, die Bullen, aus, bums*». Irene unterstreicht daraufhin: «*Wir müssen eben viel mehr reden, warum wir dis machen, was wir wolln* [...]». Die Konfrontation aber bleibe notwendig: «*Wer Terror macht, den schmeißen se raus. Wer sich gut fügt, der wird vergessen*», so Irene, «*wer sich fügt, wird fertigjemacht* [...] *Dafür sind se dann nett zu dir, dass se dich kaputt jemacht ham'. Ne du, ne*». Ihre letzten Worte erklingen aus dem Off, während die Kamera auf Ivs Gesicht zoomt. Diese erinnert sich daran, dass Frau Lack Nachtdienst haben wird. Die kommende *Bambule* wird also, wie die Schlusseinblendung des Titels über der Großaufnahme ihres Gesichts andeutet, die progressive Erzieherin treffen. In einer Bildkomposition, die der Schlusseinstellung von KUHLE WAMPE gleicht, endet BAMBULE daher mit einer Bestätigung der Forderung nach Widerstand mit Gewalt, die sich auch gegen Befürworter*innen richtet, die sich systemkonform verhalten (Abb. 75–76).

In der positiven Bestimmung von Gewalt liegt eine entscheidende Differenz zwischen den Positionen, die Meinhof und Monk in der Öffentlichkeit artikulierten und die zugleich überindividuell einen Konflikt zwischen den Vertreter*innen der «45er»- und «68er»-Generationen in den Medien begründet; viele derjenigen, die als Jugendliche den Krieg miterlebt hatten, sahen in gewalttätigen Auseinandersetzungen die Gefahr eines neuen «1933» aufziehen (Hodenberg 2006: 420–428). Der von Dieter Meichsner und Rolf Hädrich verantwortete Fernsehfilm ALMA MATER (NDR 1969), in dem ein remigrierter jüdischer Universitätsprofessor sich angesichts der eskalierenden Studentenproteste an der

Freien Universität Berlin erneut zum Verlassen des Landes gezwungen wähnt, folgt diesem Deutungsmuster. Darüber hinaus ist es die radikale Position gegenüber dem Staat, die einen Konflikt zwischen den Generationen provoziert, da die Bundesrepublik für Vertreter*innen der «45er»-Generation noch immer den bisher besten aller deutschen Staaten darstellte, während er in der Terminologie der «68er» immer häufiger als faschistisch tituliert wurde (vgl. Hodenberg 2006: 426).

Die Gewaltfrage bildet jedoch nur eine Komponente des Fernsehspiels BAMBULE. Meinhofs Anliegen indes, investigativ in Lebensbereiche vorzudringen, die von der Gesellschaft unbeachtet waren und ihren Angehörigen eine Möglichkeit der Artikulation zu verschaffen, eint sie ebenso mit einer Reihe von Fachkollegen, wie die solidarische Haltung mit den Porträtierten, die ihrer Arbeit die Grundlage gab. Auch die Dokumentationen, die beispielsweise Christian Geissler oder Klaus Wildenhahn zu dieser Zeit realisierten, waren von vergleichbaren Motiven angeleitet (vgl. Hißnauer/Schmidt 2013: 144 ff.). Monks Arbeit hingegen ist nicht von einer «Geste der Hinwendung» (Wildenhahn 1975: 209) be-

75 BAMBULE (1970): Schlusseinstellung mit Titeleinblendung

76 KUHLE WAMPE ODER: WEM GEHÖRT DIE WELT? (1932): Schlusseinstellung

stimmt bzw. findet sich diese zumindest nicht in seinen Fernsehproduktionen realisiert, womit auch eine entscheidende konzeptionelle Differenz zu diesem Vertreter der «Zweiten Hamburger Schule» (Hißnauer/Schmidt 2013) benannt ist. Monks Themen der Wahl sind zwar gegenwarts- und sogar offen kapitalismuskritisch, aber in einer dramatisch sehr verdichteten und stilisierenden Form vorgetragen, die zu der Frage Anlass geben, ob sich Monk damit überhaupt an ein Massenpublikum wenden wollte – zumindest die Sprachspiele in INDUSTRIELANDSCHAFT MIT EINZELHÄNDLERN scheinen sich doch primär an intellektuelle Rezipient*innen zu richten. Ungeachtet dessen liegen Monks Fernsehspiele und -filme der sozial-engagierten Ausrichtung der westdeutschen Fernsehproduktion näher als derjenigen Tendenz, für die Zadeks DER POTT das Extrembeispiel bildet (vgl. Abb. 77).

Im Unterschied zu BAMBULE stellt DER POTT aus formal-ästhetischen Gründen eine Ausnahmeproduktion der frühen 1970er-Jahre dar (vgl. Hickethier 1980: 211 f.; 310, Hickethier/Hoff 1998: 349). Das Fernsehspiel basiert auf Tankred Dorsts Bearbeitung von Sean O'Caseys Anti-Kriegs-Stück *The Silver Tassie* (1927, dt. *Der Preispokal*, 1952), die Zadek zuvor bereits für die Bühnen in Wuppertal (1967) und Stuttgart (1970) inszeniert hatte. Für seine Fernsehfassung suchte der Regisseur – an die experimentelle Verfahrensweise, die er 1969 mit ROTMORD erprobt hatte anknüpfend – die technischen Möglichkeiten der elektronischen Studioproduktion auszuschöpfen und kreierte mithilfe des Blue

11 1968–1970: Zwischen-Spiele

77 DER POTT (1971): Totale eines Szenenbilds von Guy Peellaert

78 INDUSTRIELANDSCHAFT MIT EINZELHÄNDLERN (1970): Inszenierung der Traumsequenz «Beerdigung».

Screen-Verfahrens bewusst künstlich anmutende Bilderwelten (ebd., zu ROTMORD vgl. Karasek 1969). Nicht von ungefähr bemühte die Kritik seinerzeit das Adjektiv «popig» zur Charakterisierung dieses Fernsehspiels (vgl. Blumenberg 1971, *Der Spiegel* 1971a: 51). Für die Szenenbildgestaltung war der belgische Künstler Guy Peellaert verantwortlich, der durch seine von der Pop Art inspirierten Comiczeichnungen *Les Aventures de Jodelle* (1966, dt. Übersetzung 1967) und *Pravda, la survireuse* (1967, dt. Übersetzung 1968) bekannt war. In den mehrfach gestaffelten Flächen und wie Collagen erscheinenden Arrangements der Szenenbilder für DER POTT scheint bereits die Ästhetik seiner Illustrationen für *Rock Dreams* auf (Cohen/Peellaert 1973).

Das sich antithetisch gegenüber der üblichen naturalistischen Studioinszenierung von Theaterstücken im Fernsehen positionierende Gestaltungskonzept dient dazu, das im Ersten Weltkrieg situierte Geschehen als Groteske zu beschreiben (Hickethier 1980: 212 f.). Der Handlungsverlauf des Stückes findet sich dabei gegenüber der Vorlage dekonstruiert. Der Einsatz der Verfahren ist so vielfaltig, dass die Inszenierung das perzeptive Fassungsvermögen extrem herausfordert und darüber den Inhalt des Stückes in den Hintergrund treten lässt. Diese ästhetische Überbietungsstrategie zielt offenbar auf eine Erweiterung der ästhetischen Erfahrung, wie sie Zadek auch mit seinen Bühneninszenierungen anstrebte (vgl. *Der Spiegel* 1971b). Durch den Anschluss an die Pop Art negiert er für seine Zeitgenoss*innen damit zugleich die Idee einer politischen Funktion von Kunst (vgl. Kraus 2007: 133 f. u. 161 f.). Pop Art bedient sich zwar ähnlicher ästhetischer Verfahren wie die Kunstwerke der klassischen Moderne, wie bspw. eine expressionistische Farbgebung und die Technik der Collage bzw. der Fotomontage. Im Unterschied zu modernen Kunstwerken zielen diese jedoch nicht auf eine verborgene Aussage, sie verweisen nur auf andere Ausdrücke, die häufig, aber nicht ausschließlich der Populärkultur entstammen, und verwickeln die Betrachter*innen in ein Formspiel, dessen Zweck in sich selbst begründet liegt (Jameson [1984] 1986: 58, 62). Der Ausdruck «Pop» in den Fernsehkritiken zu DER POTT fungiert deswegen auch als Chiffre für ein politisch wirkungsloses Gestaltungskonzept. «Da Zadek seinem Material offenbar nicht vertraut, es ihm vielleicht schlicht gleichgültig ist», urteilt daher Hans C. Blumenberg in der *Zeit*, «zieht er immer neue Kaninchen aus dem Hut, um dem Betrachter nur ja nicht jene Distanz zu spendieren, die einen Reflexionsprozeß [!] in Gang setzen könnte» (1971). Dennoch begrüßte Blumenberg – wie andere Kritiker*innen seinerzeit – das Experiment (ebd.). «Mit den billigen Bildern im Hintergrund», schrieb *Der Spiegel*, «ist das Fernsehspiel endlich ein ganzes Stück vom alten realistischen Kino abgerückt – und weitergekommen» (1971a: 51). Somit werden im «Pop» im Allgemeinen und den neuen tricktechnischen Verfahren im Besonderen also auch die Potenziale erkannt, das Fernsehen wieder als ein Medium zu definieren, das weniger einem mimetischen Realismus zustrebt, sondern formästhetische Innovationen befördert.

Im Bereich des Fernsehfilms stieß diese Bewegung auf den Widerstand der Programmverantwortlichen: «Das Fernsehen», zitiert *Der Spiegel* zu diesem Thema den WDR-Fernsehspielleiter Günter Rohrbach, «sollte sich als ästhetisches Medium nicht verselbstständigen» (*Der Spiegel* 1971b: 153). Die «enormen manieristischen Reizmittel der Retorten-Kunst», befürchtete dessen NDR-Kollege Dieter Meichsner, könnten «schwerwiegende Ablenkungseffekte erzeugen» (ebd.: 153 f.). Monk, der sich zu diesem Sachverhalt nicht geäußert hat, dürfte aus seiner Sozialisation heraus eine entpolitisierte Kunst nicht nur abgelehnt, sondern wahrscheinlich sogar ihre Möglichkeit negiert haben. Dennoch war er seinerzeit durchaus an den Gestaltungsmöglichkeiten der Tricktechnik interessiert, wie ein Entwurf für eine Verfilmung von Carl Sternheims Novelle *Posinsky* (1918) aus dem Zeitraum 1969–1973 belegt. Für den angedachten Film sollte die Szenenbildnerin Ellen Schmidt ihm eine «perfekte Jugendstilwohnung» herrichten und der Komponist Alexander Goehr die Musik beisteuern. «Posinskys Visionen», vermerkte Monk sich in einer losen Notiz, «könnten mit neuen elektronischen Verfahren hergestellt werden, deren Künstlichkeit, die sonst Anwendung verbietet, hier willkommen wären».[14] Monk hätte den Einsatz derartiger Verfahren also realistisch motiviert, indem er sie der Ausgestaltung einer subjektiven Erzählebene vorbehalten hätte, während er die intersubjektive Ebene in einem vergleichbar naturalistischen Szenenbild umzusetzen gedachte, wie es Kirchhof für die INDUSTRIELANDSCHAFT gestaltet hatte.

In der klaren Trennung zwischen subjektiver und objektiver Weltwahrnehmung durch die Inszenierung, die sich in der konzeptionellen Skizze für «Posinsky» wie den realisierten

---

14 Egon Monk, Notiz zum Projektentwurf «Posinsky», 4 Bl., o. D., EMA 1031.

Produktionen dieser Phase ausdrückt, liegt der maßgebliche Unterschied zu den Fernsehfilmen der Jahre 1964-66. Darüber hinaus ist es der Mangel an ästhetischen Strategien, mithilfe derer die Zuschauer*innen in das Geschehen involviert werden, die Monks Regiearbeiten dieser Phase von jenen früheren abgrenzt. Es sind wieder Fernsehspiele, die in selbstreflexiver Weise auf die Merkmale der Ausgangsformen verweisen, aus denen das Fernsehspiel historisch hervorgegangen ist. In gewisser Hinsicht reaktualisiert Monk nach seiner Rückkehr vom Theater also das Gestaltungskonzept, das seine «zeitkritischen» Arbeiten für das Fernsehen von 1962/63 auszeichnet. Während in diesen jedoch die Kulisse selbst als Bühne gestaltet war, wird die theatrale Anmutung der Fernsehspiele von 1969/70 durch die filmische Auflösung, das heißt mittels Kadrierung sowie die Wahl der Perspektive und der Einstellungsgröße hergestellt. In diesen Verfahren der Bildkomposition lässt sich zudem eine Tendenz zur Ästhetisierung der Oberflächenstruktur ausmachen, die sich in Monks nachfolgender Produktion fortschreibt, der fünfteiligen Verfilmung von Hans Falladas *Bauern, Bonzen und Bomben*, die er anstatt des Projekts «Posinsky» realisierte.

BAUERN, BONZEN UND BOMBEN ist zugleich das Projekt, das den Beginn einer entschiedenen Hinwendung zur Geschichtsdarstellung in Monks Schaffen markiert; INDUSTRIELANDSCHAFT MIT EINZELHÄNDLERN blieb tatsächlich der letzte realisierte Film, mit dem er sich in (relativ) direkter Weise auf die Gegenwart bezieht. Für einen Autor, der sich zuvor durchaus interessiert gezeigt hatte, zu aktuellen Themen Stellung zu beziehen und als «politischer Fernseherzähler» (Prümm 2007) gilt, sollte diese Wendung zumindest ein Moment der Irritation hervorrufen können. Die bisherige Forschung scheint sich indes einig, in Monks Fallada-Verfilmung eine bruchlose Fortführung seiner programmatischen Anliegen der 1960er-Jahre zu sehen (ebd., Prümm 1995a, Gast 2009).

79 Bauern, Bonzen und Bomben (1973)

12 1973–1978: Re(tro)-Visionen
Bauern, Bonzen und Bomben, Die Gewehre der Frau Carrar und «Hilferding»

«The past is a different country: they do things differently there».
(L. P. Hartley, The Go-Between)

1.

Die 1970er-Jahre werden gewöhnlich als Phase der Politisierung der bundesrepublikanischen Medienlandschaft beschrieben. Diese Diagnose kann sich ebenso auf die strukturellen Reformen in den Verlagshäusern und Sendeanstalten stützen, die ihren Mitarbeiter*innen Mitbestimmungsrechte einräumten, wie auf die Durchsetzung der Idee eines «engagierten Journalismus», der das professionelle Selbstverständnis von ‹Autoren› unterschiedlicher Bereiche bestimmte (vgl. Hodenberg 2006: 397 ff.). Klaus Wildenhahn realisierte mit Emden geht nach USA (NDR 1975/76) zu dieser Zeit einen seiner bekanntesten Dokumentarfilme, und Absolvent*innen der Deutschen Film- und Fernsehakademie wie Christian Ziewer thematisierten in Fernsehfilmen wie Liebe Mutter, mir geht es gut (WDR 1972) Lohnkämpfe, Streiks und Betriebsstilllegungen (vgl. Hickethier 1991). Nicht zuletzt ist es das Jahrzehnt, in dem der Neue Deutsche Film internationalen Ruhm erlangte (vgl. Elsaesser 1989). Insgesamt stellen sich die 1970er-Jahre im Bezug auf das Filmschaffen, ob im Kino oder im Fernsehen, jedoch als eine recht disparate Phase dar, in der die politisierende, sozial-engagierte Ausrichtung von einer Tendenz der Ästhetisierung unterströmt wurde, die im Fernsehen mit einer wachsenden Ausrichtung des Programms auf unterhaltende Angebote korrespondierte. Einen prominenten Ausdruck fand sie dort in mehrteilig erzählten Literaturverfilmungen, die mit großem Ausstattungsaufwand als internationale Co-Produktionen realisiert wurden. Als «Wiederentdeckung der Vergangenheit in Hochglanzbildern» charakterisieren Helmut Schanze und Bernhard Zimmermann deswegen auch diese Phase der westdeutschen Fernsehgeschichte (Schanze/Zimmermann 1994: 43).

Die von Monks Nachfolger Dieter Meichsner verantwortete Reihe *Verfilmte Literatur. Große Erzähler reflektieren die Gesellschaft ihrer Zeit,* in deren Rahmen Monks BAUERN, BONZEN UND BOMBEN nach dem gleichnamigen Roman von Hans Fallada entstand, nimmt im Angebot des westdeutschen Fernsehens der 1970er-Jahre eine Scharnierposition ein. In Verlauf dieses Jahrzehnts – und bis in die 1980er-Jahre hinein – stellten sich Adaptionen populärer Unterhaltungsliteratur als große Publikumserfolge heraus (Hickethier/Hoff 1998: 350). Den Beginn der Eigenproduktion in diesem Bereich markiert die vierteilige, während der Weihnachtszeit 1971 im ZDF ausgestrahlte Verfilmung von Jack Londons DER SEEWOLF (orig. *The See-Wolf*, 1904) in der Regie von Wolfgang Staudte und Sergiu Nicolaescus. In den folgenden Jahren sendete das ZDF jährlich mindestens eine derartige Großproduktion nach einer Vorlage der Abenteuerliteratur des 19. Jahrhunderts im Feiertagsprogramm (ebd.). Daneben erwiesen sich Stoffe der Schemaliteratur als äußerst beliebt. So entstanden etwa im Auftrag des ZDF Adaptionen der populären Gesellschaftsromane von Eugenie Marlitt, während der SDR ihrer Nachfolgerin die Reihe *Die Welt der Hedwig Courths-Mahler* widmete, die zwischen April und November 1974 fünf Liebesdramen in das ARD-Hauptprogramm brachte (siehe *Der Spiegel* 1974: 169). Gemeinsam ist diesen Produktionen, dass sie in einer bisher im bundesrepublikanischen Fernsehfilm nicht realisierten visuellen Opulenz inszeniert waren und mit ihren spannungsreichen, häufig sozial-romantisch verklärenden Geschichten offenbar eskapistische Rezeptionsbedürfnisse befriedigen sollten (Hickethier/Hoff 1998: 350, vgl. Hickethier 1994b: 332). Sie erlaubten einerseits dem Modernitätsdruck auszuweichen, der die Alltagswelt bestimmte, und anderseits von den innenpolitischen Spannungen abzulenken, die infolge der Ölkrise und den terroristischen Aktionen der RAF und der Bewegung 2. Juni die Öffentlichkeit in der Bundesrepublik bestimmten. Mit dem Ziel, «inmitten dieses Kataraktes von Banalität den Zuschauern etwas von Qualität zu vermitteln» (Meichsner 1996: 336), suchte die Reihe *Verfilmte Literatur* sich durch die Stoffauswahl von den Adaptionen der Unterhaltungsliteratur abzugrenzen, während ihre Beiträge zugleich einer «Popularisierung des kulturellen Erbes» befördern sollten (Schanze/Zimmermann 1994: 52). Wie sich den Aussagen ihres Initiators Meichsner entnehmen lässt, liegt dem Konzept jedoch zugleich eine antithetische Positionierung gegenüber den ästhetischen Formen zugrunde, die das Erzählen und Darstellen mit realistischem Anspruch im Fernsehen mittlerweile konventionell angenommen hatte.

Da das sozial-engagierte Fernsehspiel in den 1970er-Jahren dazu tendierte, den ästhetischen Ausdruck dem Ziel der Illustration eines beklagenswerten Sachverhalts, einer These unterzuordnen, geriet es ab Mitte des Jahrzehnts auch zunehmend in die Kritik (Schneider 1980: 15 f.). Meichsner sah in dieser Form eine «Schule von geradezu vulgärem Verismus» realisiert (Meichsner 1996: 336). «Zu einem Zeitpunkt, [...] als man glaubte, es genüge, dem Mann auf der Straße Kamera und Mikrophon vor die Nase zu halten», erläuterte er rückblickend, hätten sich Rolf Hädrich, Monk und er «der Literatur als Abhilfe gegen die Banalisierung» entsonnen (ebd.). Nur vordergründig bezieht sich sein Vorwurf auf den Sprachausdruck, den er im Fernsehspiel damals «auf den Hund gekommen» nannte (ebd.: 331). In verkürzter Form wiederholt er 1993 im Interview gegenüber Anja Weller nur seine bereits 1972 formulierte Ablehnung der «Puristen unter den Dokumentarfilmern» sowie jener Autor*innen, die sich auf das Aufzeichnen fremder Aussagen beschränkten (Meichsner 1972: 407).[1] In dieser Methode befand er offenbar die Arbeit des ‹gestaltenden Autors› herabgewürdigt. Vor allem dürfte Meichsner jedoch, der bei verschiedenen Gelegenheiten Theodor Fontane als Vorbild nannte, in diesen Filmen seinen Anspruch an ein vollständiges Wirklichkeitsbild nicht erfüllt sehen (vgl. ebd., FAKTEN [2001], Min. 0:15–0:50). Daher intendierte der amtierende NDR-Fernsehspielleiter nach meinem Dafürhalten mit der Reihe *Verfilmte Literatur* auch eine Rückbesinnung auf die Tradition des literarischen Realismus, die sich, wie von George Lukács definiert, ein geschlossenes Gesamtbild der Wirklichkeit wiederzugeben zum Ziel nimmt (Lukács 1969a: 67 f., vgl. 1969b). Die Verpflichtung zur «Werktreue», die sich als übergeordnetes Konzept der Literaturadaption für diese Reihe konstatieren lässt (vgl. Schanze/ Zimmermann 1994: 52), entspringt demnach einer Verbeugung vor dem *Großen Erzähler*, der eben jenes realistische Gesamtbild in der Vorlage bereits realisieren konnte. Da sich dieses im Hinblick auf historische Stoffe als «Realitätsausschnitt einer vergangenen Epoche» (Hickethier 1980: 212) auffassen ließ, konnte die Literaturverfilmung zugleich auch eine Alternative zu den dokumentarischen Geschichtsdarstellungen anbieten, die das Fernsehen zu dieser Zeit produzierte. Zumindest indirekt antwortete das Reihenkonzept damit auf die anhaltende publizistisch ausgetragene Debatte um das Dokumentarspiel.

Mit ‹dem› Dokumentarspiel sind jene Produktionen bezeichnet, die seit 1964 (bis 1987) im Auftrag der ZDF-Redaktion *Dokumentarspiel* produziert wurden und sich, obwohl sie in einer szenisch gestalteten Form auftraten, als non-fiktional ausweisen; sie knüpfen damit an die Tradition der seit den 1950er-Jahren im britischen und US-amerikanischen Fernsehen vertretenen *dramatized documentary* an, in denen die ‹Dokumentation› auf der Vorstufe der Produktion verbleibt (Hickethier 1979: 53–56; Zimmermann 1994: 286, ausführlich Hißnauer 2011: 249–270). Diese seinerzeit wie ein distinktes Format wahrgenommenen ZDF-Produktionen (siehe Delling 1975) standen hauptsächlich deswegen in der Kritik, weil sie sowohl in Presseverlautbarungen als auch mittels der Form ihrer Darstellung einen Anspruch auf Deutungshoheit über das Geschichtsbild formulierten. Während im selben Zeitraum andere Fernsehproduktionen sich bereits bemüht zeigten, die Mehrdeutigkeit von Geschichtsschreibung zu markieren,[2] trachtete diese Form danach, ein vollständiges, geschlossenes historisches Setting zu entwerfen und seine Künstlichkeit zu verschleiern (ebd.: 131 f.). Die Szenenbildgestaltung lässt dabei ein fetischistisches Verhältnis zur Ausstattung erkennen, das historische Authentizität mit Ähnlichkeit und

---

1   Meichsner nennt keine Namen, könnte sich aber unter anderem auf Klaus Wildenhahn beziehen, der als erklärter Befürworter des Direct Cinema seinerzeit als «Purist» unter den Dokumentarfilmer*innen galt (Hißnauer/Schmidt 2013: 190). Ebenfalls könnte er Erika Runges im Sinn gehabt haben, die ihre *Bottroper Protokolle* (1968) als wörtliche Wiedergabe ihrer Interviews mit Arbeiter*innen im Ruhrgebiet ausgegeben hatte.
2   Von den späten 1960er-Jahren an wurden im Fernsehen der Bundesrepublik eigentlich in sehr vielfältiger Weise formal-ästhetische Zugriffe für die audiovisuelle und populär ausgerichtete Geschichtsdarstellung erprobt (ausführlich: Hißnauer 2011b). Darunter finden sich zwar einige Beispiele, die ambivalente «Lektüren» beförderten und sich im Sinne Christian Hißnauers als «doku-dramatisch» begreifen ließen. Das bedeutet jedoch auch, dass sie ebenso als «Tatsachen-Interpretationen poetischer Art» (Momos 1967) gelten können, wie etwa das Dokumentartheater, also mithin der realistischen Kunst zugeordnet würden und somit in der Kritik auch *zuerst* deren Kriterien dieses Diskurses zu genügen hatten.

der Echtheit von Objekten gleichsetzte (vgl. Saupe 2012: 145, Pirker/Rüdiger 2010). Gäbe es «das Dokumentarspiel [...] von morgen an in der vertrauten Form nicht mehr», eröffnete Walter Jens deswegen seine Rezension zu dem Dokumentarspiel DIE MÜNCHNER RÄTEREPUBLIK (ZDF 1971, R.: Hellmuth Ashley), sähen sich viele Menschen unweigerlich «der Chance beraubt, ihre wahren Talente zu zeigen! Die Haarkünstler – könnten sie noch im Akkord die Dürer-Koteletten- und W-Form-Bärte herstellen?», fragte er hämisch. «Die Ausstatter – würden sie am Ende den schönen Tagen nachtrauern müssen, da sie noch in Spezialgeschäften [...] nach einem Fayence-Ofen aus dem Empire für das Zimmer des Herrn Generals fahnden durften?» (Momos 1971).

Wie sich an derselben Kritik ablesen lässt, diente der Ausstattungsfetischismus nur als Aufhänger für eine Polemik, die sich auf ein politisch reaktionäres Geschichtsbild bezog, das im ZDF-Dokumentarspiel übermittelt wurde. Während seine Erzählungen sich auf Politiker und andere Entscheidungsträger fokussierten, vereinfachten sie historische Prozesse und negierten tendenziell die strukturelle Dimension der Geschichte. Als «Geschichtsunterricht im Stil von ehegestern», dem die «Bestätigung des Satzes ‹Männer machen die Geschichte›» zukomme, bezeichnete Jens sie daher (Momos 1971). Die Inszenierung bediente sich dafür, wie Manfred Delling analysiert, fortwährend derselben stereotypen Muster:

> Im Augenblick, wo einer einen Entschluss faßt, springt er auf und zerbröselt seine Zigarette. [...] Fiese Typen und Hochgestellte kommen immer sehr überraschend und ohne anzuklopfen. [...] Trustherren und Staatsmänner unterzeichnen auch beim Reden dauernd Dokumente. [...] Wenn der Held ins Philosophieren kommt und grundsätzlich wird, lädt er seinen Gesprächspartner zum Spaziergang im Park ein (Staatsmann), oder zum Ausritt (Militär), oder auf den Golfplatz (Wirtschaftskapitän). *(Delling 1975: 132 f.)*

Es sind zwar durchaus poetische Kriterien – «ästhetisches Versagen» und «politische[r] Verzicht [...] einer emanzipatorischen Aufklärung des Bürgers» (ebd.: 135) –, die die Ablehnung dieser Form begründen. In der Konsequenz zielt der Vorwurf gegenüber dem ZDF-Dokumentarspiel jedoch darauf, dass diese Produktionen ebenso wenig über Geschichte auszusagen vermögen wie SISSI oder andere Kostümfilme (Delling 1975: 118, 122), im Unterschied zu diesen aber beansprucht, nach Kriterien des non-fiktionalen Diskurses beurteilt werden zu können (vgl. Eitzen 1997). Da sie über die Stereotype überzeitliche Erklärungsmuster kolportieren, verfahren sie in der Konsequenz ahistorisch (vgl. Koch 2003). Die «konventionellen Dokumentarspiele», resümierte daher auch Delling, «sind nichts anderes als die Fortsetzung der Historienmalerei eines Anton von Werner im elektronischen Zeitalter» (1975: 133).

Als «Geschichtsunterricht von ehegestern» ließ sich das ZDF-Dokumentarspiel auch im Hinblick auf die Ansätze und Schwerpunkte der modernen Historiografie begreifen, die sich der Alltags- und Mentalitätengeschichte zuwandte (vgl. Daniel 2004: 220–232, Erll 2005: 50 ff.). Dieser Hintergrund erklärt, wieso die Literaturverfilmung als Beitrag zur Geschichtsrepräsentation erklärt werden konnte und konturiert auch den Stellenwert des werktreuen Adaptionskonzepts der Reihe *Verfilmte Literatur*: Während die textnahe Verfilmung das realistische Gesamtbild auf den Bildschirm zu übersetzen versuchte, das veranschaulichen konnte, wie Menschen vergangener Epochen gelebt haben mögen, findet sich in ihrem Erzähler die Figur des ‹Augen- und Zeitzeugen› repräsentiert, der seit den 1960er-Jahren im Fernsehen für die Vermittlung von zeithistorischer Erfahrung fungierte und für die Authentizität des historischen Portraits bürgte (vgl. Hickethier 1980: 213, Zimmermann 1994: 286 f.; Lersch 2009: 176, ausführlich Keilbach 2008). «Fallada als Autorität» übertitelte Egon Netenjakob so auch seine Rezension zu Monks BAUERN, BONZEN UND BOMBEN (siehe 1973), während Valentin Polcuchs die Verfilmung im Rahmen der Vorankündigung in der *Welt* als «Zeugenaussage» über das Jahr 1929 bezeichnete (Polcuch 1973).

Das Adaptionskonzept der Reihe verwehrt sich allerdings gegen formal-ästhetische Zugriffe experimenteller Art, die im Ansatz die Medialität der Geschichte mitreflektieren, wie es beispielsweise Meichsner (Buch) zuvor in NOVEMBERVERBRECHER – EINE ERINNERUNG (NDR 1969, R.: Carlheinz Caspari) und Hädrich (Buch u. Regie) mit ERINNERUNGEN AN EINEN SOMMER IN BERLIN (NDR 1972) probiert hatten. Ihre Zusammenarbeit aus dem Jahr 1975, die dreiteilige Fontane-Verfilmung DER STECHLIN, zeigt eine vergleichbare, auf Temporalkolorit bedachte Szenenbildgestaltung wie das kritisierte Dokumentarspiel und dürfte ebenso geeignet sein, nostalgische Rezeptionsbedürfnisse zu befriedigen wie die Adaptionen der Unterhaltungsliteratur (Schanze/Zimmermann 1994: 52, Hickethier 1980: 213). Derweil bildet DER STECHLIN ein hervorragendes Beispiel dafür, wie eine historisch situierte Literaturverfilmung von ‹großem Format› in den 1970er-Jahren inszeniert war: in einer am Kinofilm orientierten Bildsprache, die in der Repräsentation die Schauwerte des historischen Settings ebenso betont wie ein klassischer Historienfilm, im Unterschied zu diesem aber die Authentizität der Darstellung für sich in Anspruch nimmt. Sowohl Monks Stoffauswahl als auch das Gestaltungskonzept, dass er für seine Adaption entwickelte, sind nachvollziehbar von diesen Strömungen beeinflusst.

2.

Fallada hat mit *Bauern, Bonzen und Bomben* die historisch verbürgten Ereignisse um die Protestaktionen der Schleswig-Holsteinischen Landvolkbewegung im Umkreis von Neumünster im Jahr 1929, die er dort selbst als Lokalreporter[3] für den *Generalanzeiger* verfolgt hatte, zu einem Zeitroman verdichtet (Sadek 1983). Dieser nimmt Aktualität und Wahrhaftigkeit in der Darstellung für sich in Anspruch, verleugnet aber nicht seinen Status «als Werk der Phantasie» (Fallada [1931] 2009: 5, vgl. Becker 2007: 80–83). In der fiktiven Stadt Altholm in Pommern situiert, sind die empirischen Ereignisse aus kompositorischen Gründen verändert und ihre Protagonisten in ein Ensemble fiktiver Figuren übersetzt, die unterschiedliche gesellschaftliche Typen der Weimarer Republik repräsentieren. «Meine kleine Stadt steht für tausend andere und für jede große auch», formuliert es Fallada in seinem Vorwort (Fallada [1931] 2009: 5).

Wolfgang Gast zufolge liegt Monks Auswahl des Stoffes in der Korrespondenz begründet, die zwischen dem ästhetischen Konzept der Neuen Sachlichkeit, wie es sich in dieser Vorlage aktualisiert, und Monks «eigenen dokudramatischen Vorstellungen des politischen Fernsehspiels», die er «vor allem seit Mitte der 1960er-Jahre im NDR […] entwickelt» habe (Gast 2009: 202). Diese Einschätzung bleibt leider unbegründet. Da sich Übereinstimmungen zwischen den Gestaltungsprinzipien der Neuen Sachlichkeit und denjenigen aufzeigen lassen, die Monk ab 1963 für das realistische Fernsehspiel postulierte, ist sie dennoch nicht so ohne Weiteres von der Hand zu weisen. So berühren sich diese Konzepte in ihrem Realitäts- und Aktualitätsbezug. Auch die «Pragmatisierung literarischer Texte in Hinblick auf ihre gesellschaftliche Aufgabe» im Kontext der neusachlichen Bewegung (Becker 2007: 88), ihre Absage an eine zweckfreie Kunst, finden ihre Entsprechung in Monks Programmkonzept ebenso wie die implizite Anforderung an eine «ent-sentimentalisierte» und «anti-psychologische» Form der Darstellung (ebd.: 88–92).

---

3   Vgl. Fallada, Hans: «Landvolkprozess», in: *Die Weltbühne*, 25 (1929), S. 832–835.

Der vielzitierte Ausspruch Monks, «private Leidenschaften interessieren mich nicht» (Delling 1963) – den er im Interview mit dem *Hamburger Abendblatt* anlässlich der Ausstrahlung seines Mehrteilers erneuerte (Dreessen 1973) –, liest sich vor diesem Hintergrund sogar wie eine Reformulierung von Erik Regers Diktum, dass das «leidenschaftliche Innenleben von Herr[n] und Frau Meier» keine Bedeutung besitze (Gast 2009: 190, vgl. Reger 1929: 14, hier zit. n. Becker 2007: 85). Gast verkennt mit seiner These jedoch den Widerspruch, den die neu-naturalistische Dimension der neusachlichen Ästhetik prinzipiell zu einem Realismuskonzept provoziert, das sich affirmativ auf Brecht beruft.

Bereits Falladas Vorwort markiert die Herausforderung, der sich der Bearbeiter Monk zu stellen hatte. Die «höchste *Naturtreue*», gibt der Verfasser dort zu erkennen, sei in «der Wiedergabe der Atmosphäre, des Parteihaders [!], des Kampfes aller gegen alle» angestrebt (Fallada [1931] 2009: 5, Herv. JS). Sicherlich lässt sich diese Aussage auch als ein Anspruch an Wahrhaftigkeit auslegen. Der «Autor [sollte] diesmal im Buch ganz fehlen», unterstrich Fallada jedoch an anderer Stelle. «Mit keinem Wort sollte er andeuten, was er selbst über das Erzählte dachte, das war Sache des Lesers» (Fallada 1957: 23). Da die bloße «Kenntnisnahme des Zustands», wie Brecht über die *Rolle des Zeitstücks* formulierte, nicht gleichbedeutend mit seiner Kritik sei, die sich die realistische Darstellung zum Ziel nehmen sollte (GBA 21: 558), ist es vor allem diese um Neutralität bemühte Haltung gegenüber dem Dargestellten, die den zentralen Widerspruch bestimmt.

Den Einschätzungen der damaligen Rezensenten nach zu urteilen, fiel im Ergebnis der politische Aussagegehalt von *Bauern, Bonzen und Bomben* «ambigue» aus (Bredohl 1992: 525, vgl. Zachau 2009: 96 ff.). Dieses Moment, das Georg Lukács der «weltanschauliche[n] Verworrenheit» des Autors zuschreiben würde ([1932] 1980: 66),[4] dürfte unter anderem in der unkommentierten Figurenrede innerhalb des Romans begründet liegen, die ebenso anti-moderne und anti-sozialdemokratische wie antisemitische Inhalte aufweist und darüber Deutungsangebote für konservative und nationalistische Leser*innen machen konnte (Theilig/Töteberg 1980: 74f). Der der KPD nahestehende Autor K. A. Wittfogel bezeichnete *Bauern, Bonzen und Bomben* daher auch als «faschistische[n] Kolportageroman» (Wittfogel [1932] 1970: 32). Da Fallada jedoch den Sprachgebrauch seiner Gegenwart zu dokumentieren intendierte, bleibt zweifelhaft, ob ihm deswegen eine reaktionäre und gar eine antisemitische Haltung zugesprochen werden sollte (Turner 2003: 484–487, vgl. Shookman 1990; ders. 1994, Bredohl 1992).

Für Kurt Tucholsky war *Bauern, Bonzen und Bomben* ein «politisch [...] hochinteressanter Roman», dem er unter dem Pseudonym Ignaz Wrobel am 7. März 1931 die umfassende Rezension in der *Weltbühne* widmete, die heute wohl bekannter ist als der Roman selbst (zit. n. Tucholsky GS 14: 114–119, hier: 114). Als «großes Kunstwerk» befand er diesen freilich nicht. Die Technik sei simpel, «es ist der brave, gute, alte Naturalismus». Doch auch wenn «der Verfasser [...] es uns vielleicht gar nicht [hat] zeigen wollen», springen «dem Leser in die Augen», dass in Falladas Kleinstadtportrait diejenigen Konstellationen nachgezeichnet würden, die die «Blutschuld der nicht mehr bestehenden Republik» bildeten (ebd.: 117). Aus diesem Grund empfiehlt er den Roman «jedem, der über Deutschland Bescheid wissen will» (ebd.).

So ist die Stadt; so ist das Land, vor allem das niederdeutsche, und so ist die Politik. Man sieht hier einmal deutlich, wie eben diese Politik nicht allein in wirtschaftliche Erklärungen

---

4 Diese Einschätzung über den Autor formuliert Lukács im Zusammenhang seiner Analyse von Falladas Erfolgsroman *Kleiner Mann, was nun?* (1931), siehe 1980: 66 f.

aufzulösen ist; wie sich diese Menschen um-einanderdrehen, sich bekämpfen und sich verbünden, sich anziehen und abstoßen, sich befehden und verbrüdern ... *(GS 14: 117).*

Inmitten eines Diskurses, der nach einer Veranschaulichung von geschichtlichen Prozessen fragt, konnten Aussagen wie diese für Monk den Gebrauchswert der Vorlage für eine Verfilmung definieren.

Monks Nachlass weist einen umfangreichen Bestand an Unterlagen auf, die die Bearbeitung des Romans von der ersten Strichfassung über Notizen zu Gestaltungsideen bis zum Treatment dokumentieren und von den Recherchen zeugen, die Monk im Vorfeld der Produktion durchführte.[5] Letztlich sollten sich diese jedoch allein zur Verifizierung von Falladas Darstellung und zur Untermauerung seiner Autorität als Augenzeuge der Ereignisse dienlich erweisen. Die Einschätzungen des Kritikers Tucholsky aber, die Monk passagenweise abgetippt hat, bilden offenbar die Richtschnur, an der sich seine Stoffbearbeitung orientierte. Aus ihr extrahierte er die offenen Fragen wie: «warum revoltieren die Bauern?», die er im Zuge seiner Adaption für das Fernsehen beantworten wollte, und ihr entnahm er auch die Schwerpunkte seiner Adaption, die er dennoch im Einklang mit dem Konzept der Reihe *Verfilmte Literatur* und seiner bisher verfolgten Praxis ziemlich eng an die Textvorlage entlang realisierte.

Für seine Verfilmung hat Monk zwar den Ort der Handlung zurück nach Schleswig-Holstein, nicht aber in die Stadt Neumünster verlegt, und nur teilweise sind die Dreharbeiten dort umgesetzt worden. Die Chronologie der Ereignisse, die Namen der Figuren und ihre Charakterisierung entsprechen im Wesentlichen der Vorlage, sie sind nur in ihrem Umfang etwas reduziert und daraufhin zugespitzt, die Reaktionen unterschiedlicher Typen auf den Aufstand der Bauern nachzuzeichnen. Das episodisch angelegte Handlungsgeschehen des Romans ist in fünf Teile von je ca. 90 Minuten Spielzeit übersetzt: während die Folgen 1+2 das Geschehen aus dem ersten Buch «Die Bauern» und die Folgen 3+4 jenes des zweiten Buchs «Die Städter» erzählen, stimmen die Ereignisse des fünften Teils im Prinzip mit dem dritten Buch «Der Gerichtstag» überein. Wie im Roman sind zudem ein Vor- und ein Nachspiel, die sich nahtlos in die linear konzipierte Ereignisfolge einfügen, extra ausgewiesen.

Im Vorspiel *«Ein kleiner Zirkus namens Monte»* sieht sich Herrmann Stuff (Arno Assmann), der Lokalredakteur der *«Chronik für Altholm und Umgebung»* gezwungen, einen Artikel über Parteikorruption zurückzuziehen, mit dem er den amtierenden SPD-Bürgermeister Gareis angreifen wollte. Er nimmt daraufhin eine despektierliche Bemerkung, die der Direktor des gastierenden Wanderzirkus gegenüber dem Annoncenwerber Max Tredup (Ernst Jacobi) über die Zeitung geäußert haben soll, zum Anlass für eine schlechte Kritik über die Eröffnungsvorstellung. Kurz darauf, wie der erste Teil DIE BAUERN erzählt, eskaliert ein spontan organisierter Widerstand des Landvolks im nahe der Stadt gelegenen Dorf Baakenfleth: durch ein Strohfeuer auf der Ausfahrtstraße hindern die Bauern den Vollstreckungsbeamten Kalübbe (Gottfried Kramer) und dessen Gehilfen Thiel (Peter Danzeisen) daran, die zwei Ochsen in den nächsten Ort zu treiben, die

---

[5] Zu Monks Quellen gehörten u. a. Artur Rosenbergs *Entstehung und Geschichte der Weimarer Republik 1928–1935* (1955) und *Die Republik von Weimar* (1966) des Münchner Zeithistorikers Helmut Heiber, aber auch Ernst von Salomons Roman *Die Stadt* (1932), der ebenfalls die Landvolkbewegung in Schleswig-Holstein portraitierte und dessen Darstellung Monk offenbar mit der Falladas verglich. Der Neumünsterer Augen- und Zeitzeuge Paul Siecks, der seinerzeit den Bauernprozess als Lokalredakteur des *Courier* verfolgt hatte, war Monk bei der Suche nach historischen Fotografien und Dokumenten vor Ort behilflich. Siehe EMA 47.

sie zur Tilgung einer Steuerschuld im Auftrag der Landesregierung in Schleswig gepfändet und zur Zwangsversteigerung feilgeboten hatten. Durch Zufall kann Tredup diese Ereignisse fotografisch festhalten. Für 1.000 Reichsmark wird er diese Aufnahmen später an die Landesregierung verkaufen, die daraufhin ein Strafverfahren gegen den Anführer der Baakenflether Bauern, Reimers (Henry Kielmann), einleiten kann. Aus Prostest initiieren die Führer der Landvolkbewegung um Graf Bandekow (Ernst von Klipstein) und Padberg (Hartmut Reck), den Chefredakteur der Bauernzeitung, daraufhin einen Sprengstoffanschlag auf das Präsidialgebäude in Schleswig, mit dem der zweite Teil DIE DEMONSTRATION seinen Anfang nimmt. Im Anschluss an ihre Aktion wollen sie mit einem Protestmarsch durch die Innenstadt von Altholm auf die Anliegen der Bauern aufmerksam machen. Eine schwarze Fahne, die der Freikorpsanhänger Gustav Henning (Reinhardt Firchow) an der Spitze des Zuges mitführt, veranlasst den örtlichen Polizeiobermeister Frerksen (Eberhard Fechner), die Demonstration zu stoppen. Infolge seines gewaltsamen Eingriffs kommt es zu Polizeiausschreitungen, bei denen unter anderem Henning und der Bauer Banz (Heinz Lieven) schwer verletzt werden. Durch die gezielten Falschangaben eines Polizeispitzels, der sich im Auftrag des Regierungspräsidenten Temborius (Wolfgang Engels) in den Demonstrationszug eingeschleust hatte, sieht sich Altholms Bürgermeister Gareis (Siegfried Wischnewski) veranlasst, die anschließende Versammlung der Bauern mithilfe der Landespolizei aufzulösen. Angeregt durch einen Artikel von Tredup und Stuff verhängen die Bauern der umliegenden Dörfer im dritten Teil DIE STÄDTER einen Boykott über Altholm. Entgegen der Weisung des Bürgermeisters organisieren sich örtliche Vertreter von Industrie und Handel – u. a. Medizinalrat Dr. Lienau (Otto Kurth), Textilkaufmann Braun (Fritz Wemper) und der Geschäftsmann Emil Manzow (Gert Haucke) – zu einer «*Versöhnungskommission*». Ihr Verhandlungsversuch mit den Führern der Landvolkbewegung schlägt jedoch fehl. Im vierten Teil ALLE GEGEN ALLE wird Polizeimeister Frerksen von Seiten der Landesregierung seines Amtes enthoben. Verärgert über die Abberufung seines Parteigenossen, nötigt Bürgermeister Gareis daraufhin den Zeitungsverleger Gebhard (Wolfgang Kieling), seinen Lokalredakteur Stuff zu entlassen, den er für das negative Presse-Echo auf Frerksen verantwortlich wähnt. Um Stuffs Posten übernehmen zu können, erpresst Tredup seinerseits den Kollegen: wenn er nicht binnen sechs Wochen die Stadt verließe, würde er ihn wegen eines Falls von Beihilfe zur Abtreibung anzeigen, in den Stuff verwickelt war. Der Plan scheint erfolgreich. Im fünften Teil, DER GERICHTSTAG, darf Tredup die «*Chronik*» als Prozessbeobachter vertreten. Nach einem publizistischen Angriff auf den Bürgermeister wird er jedoch sogleich entlassen. Als er daraufhin das versteckte Geld aus dem Verkauf der Fotos bergen will, um mit seiner Familie die Stadt verlassen können, wird er von dem Bauern Banz erschlagen, der zuvor durch Zufall auf das Versteck gestoßen war. Unterdessen muss Gareis, als er in der Gerichtsverhandlung zu den Weisungen der Regierung über einen erweiterten Polizeieinsatz befragt wird, unter Eid zugeben, dass er den Geheimbefehl, dem er im Falle von Ausschreitungen Folge leisten sollte, nie gelesen hat. In der Konsequenz nötigt ihn ein Parteikader von seinem Posten zurückzutreten, weiß ihn aber durch dieselbe Position in Breda an der Ruhr zu entschädigen. Die Angeklagten im Landvolkprozess Graf Bandekow, der Redakteur Padberg und der Fahnenträger Henning, erhalten, wie anschließend das Nachspiel «*Ganz wie bei Zirkus Monte*» erzählt, ein geringes Strafmaß. Im Rahmen ihrer Siegesfeier kann Manzow die Verhandlungen zur Versöhnung zwischen den Altholmer Geschäftsleuten und den Bauern wieder aufnehmen. Bei einem erneuten Demonstrationsaufgebot der Landvolkbewegung, die mit dem Zug am Bahnhof eintrifft, den Gareis wiederum in Richtung Breda besteigt, ist nun auch die Hakenkreuzfahne zu sehen.

Ursprünglich sollte Falladas Roman den Titel «Ein kleiner Zirkus namens Monte» tragen (Fallada 1957: 23, Zachau 2009: 99, Anm. 40), und «wie bei Zirkus Monte» sind auch Vorgänge in der norddeutschen Kleinstadt, die BAUERN, BONZEN UND BOMBEN portraitiert: sie gleichen der Vorstellung eines mittelmäßigen Provinzzirkus, einer Darbietung also, die weniger professionell, weniger raffiniert nur als ein großstädtisches Vorbild eine Illusion darüber entfalten kann, was sich hinter ihr verbirgt. Das Personal dieses Ortes versinnbildlicht eine tief gespaltene Gesellschaft, die von Armut, Günstlingswirtschaft, Parteikorruption und Gesinnungsjournalismus geprägt ist. Wie Zirkus-Akteure sind die Figuren auf bestimmte Rollenmuster festgeschrieben.

Monk übernimmt für seine Adaption zu großen Teilen den Wortlaut der Dialoge und zitiert Schrifttextteile mithilfe von Einblendungen; es sind Kapitelüberschriften, aber auch Textauszüge, die innerhalb der Filmerzählung als Artikel der fiktiven Altholmer «Chronik» ausgewiesen werden und zur Gliederung der episodischen Erzählung sowie stellenweise zur Unterbrechung einzelner szenischer Darstellung eingesetzt sind (Abb. 80). Mit dieser Verfahrensweise knüpft er zwar im Prinzip an seine Arbeiten aus den 1960er-Jahren an, die Ähnlichkeit zu Fernsehspielen wie ANFRAGE, MAUERN oder EIN TAG ist jedoch marginal. In BAUERN, BONZEN UND BOMBEN folgt die Gestaltung in allen Teilen einem sich in formal-ästhetischer Hinsicht unauffällig gebärdenden Stil filmischer Erzählweise. Die Mise en Scène und die Montage entwerfen eine vollständige imaginäre Welt und verzichten auf jegliche Analogien zur Theaterbühne – sei es im Szenenbild oder durch die Kameraperspektive, wie es Monk in INDUSTRIELANDSCHAFT MIT EINZELHÄNDLERN erprobt hatte. Zwischen den in 16mm Umkehrfilm (Dia) realisierten Außenaufnahmen und den Innenaufnahmen, die mithilfe von mehreren simultan geführten elektronischen Kameras in Studiokulissen umgesetzt wurden, ist kaum ein Unterschied auszumachen.[6] Hickethiers Beobachtung einer ‹Filmisierung› (1995a: 30) in Monks Spätwerk ist somit insofern zu unterstreichen, als BAUERN, BONZEN UND BOMBEN eine deutliche Anlehnung an die Bildsprache des Kinos erkennen lässt.

Wie die Titelbildgestaltung der Serie selbst, sind die Zwischentext-Tafeln zum Teil in Sütterlin gehalten. Die historische Anmutung dieser Typografie ergänzt ein Szenenbild, das, von Ellen Schmidt gestaltet, in der Auswahl der Drehorte und in einer überaus detailreichen Requisitenausstattung auf Lokal- und Temporalkolorit bedacht, also mithin auf den Effekt der historischen Authentizität ausgerichtet ist (vgl. Koch 2003). Das fetischistische Verhältnis zur Ausstattung korrespondiert in diesem Fall jedoch mit der «übersteigerten Gegenständlichkeit» der neusachlichen Ästhetik (Kappelhoff 2008: 42) und dem Erzählstil Falladas, der die Figuren seines Romans über die Beschreibung von Räumen als «Kulturtypen» im Sinne Jurij Lotmanns entwirft (Gansel 2009: 44 f.). Da sich Falladas Stil seinerseits vom dem «kinematografischen Blick auf die Welt» beeinflusst zeigt (Prümm 1995b: 265 f., vgl. Becker 1995: 21), lässt sich die Mise en Scène als eine Rückübersetzung in die Form des Films auffassen.

Der extern fokalisierten Erzählweise des Romans entsprechend (Gansel 2009: 46), nimmt die Kamera in der filmischen Repräsentation des Geschehens eine distanzierte und objektivierende Haltung ein (vgl. Kuhn 2011: 158 ff.). Mithilfe der Montage finden sich zwar durchaus bestimmte Konstellationen stärker betont, einzelne Gesichtsausdrücke

---

6 Das gilt sowohl für die Qualität der Bildoberfläche als auch für die Auflösung der jeweiligen Situationen. Letzteres ist dem Umstand geschuldet, dass die Bildsprache insgesamt sehr ruhig und statisch ist und nur selten vom Schuss-Gegenschuss-Verfahren Gebrauch macht, an dem sich die Unterschiede der Repräsentationstechniken festmachen ließen.

stärker hervorgehoben und mitunter wird durch Schuss-Gegenschuss-Verfahren die Zuspitzung einer Konfrontation suggeriert. Im Unterschied zu Monks Fernsehspielen und -filmen aus den Jahren 1964–1966 nimmt die Kamera jedoch nicht die Blicke der Figuren auf und agiert ebenso wenig als deren scheinbar beteiligte Begleiterin. Vielmehr wird ihr die Rolle einer behavioristischen Beobachterin zuteil, die das Verhalten der Figuren innerhalb ihrer Umgebung und in ihren sozialen Interaktionen aufzeichnet, ohne sich auf deren Befindlichkeit einzulassen. Unbewegt, in lang anhaltenden totalen oder halbtotalen Einstellungen registriert sie die kleinen Intrigen in den Hinterzimmern, etwa, wenn Stuff und Henning sich am Pissoir verbrüdern, und streift in kurzen Momentaufnahmen ganz nebenbei die private Situation Einzelner: den zerfallenen Hof des Bauern Banz oder die Ehefrau des Polizeiinspektors Frerksen, die, immer in geduckter starrer Haltung, jederzeit einen Schlag ins Gesicht zu erwarten scheint.

Die Bildgestaltung zeigt sich von der neusachlichen Malerei inspiriert. Die Ausstattung des Szenenbilds scheint einem Gemälde von Otto Dix oder Christian Schad entnommen. Diese Verfahrensweise, die zu den konventionellen Mitteln der Gestaltung eines historischen Spielfilms gehört, zielt auf einen *déjà-vu*-Effekt (Kaes 1987: 37). Nach bekannten Merkmalen – wie etwa die von Schmissen gezeichneten Wangen der deutschnationalen städtischen Geschäftsleute oder der hohen Stehkragen im Anzug des Regierungspräsidenten Temborius – weisen Kostüm und Maske in BAUERN, BONZEN UND BOMBEN die Figuren als Typen der Weimarer Gesellschaft aus. So ist es die Ähnlichkeit gegenüber der Repräsentation und nicht der Realität selbst, die den fiktionalen Entwurf der historischen Welt authentisch erscheinen lässt. Darüber hinaus finden sich jedoch auch die Repräsentationstechniken neusachlicher Malerei adaptiert: Im überwiegenden Anteil sind die Aufnahmen tiefenscharf komponiert. Der «spitzpinseligen» Malweise eines Dix oder Schad vergleichbar, bleibt somit jedes Einzelstück der Raumausstattung deutlich erkennbar (Bulk 2012: 101); selbst wenn Akteur*innen in Großaufnahmen abgebildet sind, finden sich ihre Gesichter nur sehr selten durch Schärfenverlagerungen vom Bildhintergrund getrennt. Die Bildoberfläche erscheint dabei auf irritierende Weise glatt, die Welt, die sie abbildet, wie erstarrt (vgl. Kappelhoff 2008: 38–44).[7] Auch die in monochromen Farbnuancen gehaltene Gestaltung der verschiedenen Schauplätze scheint mir von der neusachlichen Gemäldeästhetik beeinflusst. Die Amtszimmer der öffentlichen Gebäude sind allein in Braun- und Grüntönen gehalten, das Separee der Kneipe, in der die «Versöhnungskommission» nach ihren gescheiterten Verhandlung mit den Bauernführern eine Orgie feiert, hat rot tapezierte Wände, die einen Widerschein auf den feisten, betrunkenen Gesichtern der distinguierten Herren hinterlässt – eine kleinstädtische, provinzielle Nachbildung von Dix' Berliner «Großstadt»-Triptychon (1927/28). Helligkeit und Klarheit herrscht hingegen an den Schauplätzen auf dem Lande vor. In Panoramaeinstellungen repräsentiert, werden ebenso die natur-romantische Motivik der Malerei aufgenommen und Wälder und Wiesen – die in der Abendstimmung auch drohend und unheimlich wirken – den urbanen Sujets gegenübergestellt (siehe Abb. 79).

In der Erkundung der unterschiedlichen Milieus gerät die visuelle Ästhetik daher wesentlich naturalistischer, als es Monk in seinen früheren Arbeiten gezeigt hatte. Der Kulissenbau der Wohnküche der Familie Tredup bezeugt durch jedes Ausstattungsdetail ihre Armut (Abb. 81–82): das Mobiliar steht eng beieinander, die Kacheln in der Koch-

---

7 Für diesen ‹Tiefenschärfe-Effekt› in der neusachlichen Malerei siehe beispielsweise Franz Radziwill «Morgen an der Friedhofsmauer» (1927), für Flächigkeit und filigrane Detaildarstellung Christian Schad «Halbnackt» (1929) sowie für die monochrome Farbgebung insbesondere die Portraitmalerei von Otto Dix.

80 BAUERN, BONZEN UND
BOMBEN (1973): Insert «Die
Chronik»

nische sind von Ruß geschwärzt und die Textur der Wände, schmutzig und vergilbt, atmet geradezu die Feuchtigkeit im Raum. Besonders intensiv vermittelt eine Szene zu Beginn des dritten Teils (III. Min. 5:08–12:31) die Atmosphäre dieses Milieus: Als Max Tredup im Morgengrauen erwacht, hindert ihn seine Frau (Hanelore Hoger) aus dem Bett zu steigen, weil er sonst die schlafenden Kinder wecken würde. Sie nutzt die Gelegenheit, ihn mit der Frage nach dem Verbleib des Geldes zu konfrontieren, das er für den Verkauf der Fotos erhalten und – auch vor ihr – versteckt hat. Es entspinnt sich ein Dialog, der in mehreren Wiederholungsschleifen um ihre Anklage kreist, er würde seiner Familie die Unterstützung versagen, während er abstreitet, jemals eine Zahlung erhalten zu haben. Ihr Disput gerät immer heftiger. Die Tochter Grete dürfe nicht mehr ohne Wäsche in die Schule gehen. «*Gib mir Geld für Schlüpfer!*», ruft sie aus. «*Geld, Geld, Geld. Ein Schwein werd' ich noch*», entgegnet er. Er werde Geld stehlen oder Grete zu Manzow schicken, der sich bekanntermaßen an kleinen Mädchen vergeht. Bis zu diesem Finale, in dem sich Tredup aufsetzt (III, Min. 11:09), liegen beide, von einer andauernden Nahaufnahme erfasst, Kopf an Kopf, aber ohne sich anzusehen, in grau-verwaschenen Bezügen und karierten Laken. Ihre Gesichter sind rotwangig und verschwitzt, noch von der Bettschwere gezeichnet. Hier ist die Atmosphäre so eindrücklich gezeichnet, dass man sie fast riechen kann, womit genau jener Effekt erreicht wäre, den Tucholsky in seiner Rezension des Romans mehrfach hervorhebt. Stellenweise wirkt das Geschehen auch in der visuellen Inszenierung «so unheimlich echt, daß es einem graut» (GS 14: 113) und fällt ziemlich «unappetitlich» aus (ebd.: 116).

Trotz dieser Anlagen wäre es zu weit gegriffen, die Mise en Scène insgesamt als naturalistisch im Sinne Brechts zu charakterisieren. Hinsichtlich der distanzierten, objektivierenden Erzählhaltung – die weder die subjektive Perspektive einzelner Figuren aufnimmt, aus denen sich auch nur auf ihre Wahrnehmung der Situationen schließen ließe, noch ihnen gegenüber Gefühle des Mitleids einfordert – erweist sie sich allerdings kongruent gegenüber dem Konzept der Neuen Sachlichkeit. Auch das Innenleben von Herrn und Frau Tredup bleibt uns letztlich verborgen. An ausgewählten Punkten beschränkt sich die Inszenierung jedoch nicht darauf, die portraitierten Zustände gewissermaßen nur zu konstatieren. Neben Dialogen, die offenbar hinzugefügt wurden, um Zusammenhänge zu erläutern, die vor dem erzählten Zeitraum liegen und die Kenntnisse des Publikums übersteigen könnten, weicht Monks Adaption bezeichnenderweise an genau

12 1973–1978: Re(tro)-Visionen

81 Bauern, Bonzen und Bomben (1973): Max Tredup (Ernst Jacobi) und seine Ehefrau (Hannelore Hoger) in der Nahaufnahme

82 Bauern, Bonzen und Bomben (1973): Die Wohnküche der Familie Tredup

denjenigen Punkten von der Vorlage ab, in denen die Motive Nationalismus, Antisemitismus und Faschismus beleuchtet werden. Diese Hinzufügungen und Auslassungen deuten darauf hin, dass der Bearbeiter, wie auch Gast feststellt (2009: 203), bestrebt war, den Stoff einer Historisierung im Sinne Brechts zu unterziehen[8] und mithilfe der Inszenierung so aufzubereiten, dass die Zuschauer*innen die Zusammenhänge erkennen und – an den Standpunkt der Gegenwart erinnert – sich davon distanzieren können.

Ein markanter Ausdruck für dieses Verfahren findet sich am Ende des zweiten Teils, als ein Schutzpolizist die Versammlung der Bauern auflösen will (II, Min. 1:11:40–1:14:44)

---

8 Wieso Gast dennoch folgert, Monks Verfilmung stelle eine «Transformation» des Romans (i. S. Kreuzer 1993) und des «ästhetischen Konzepts [der Literatur, JS] der Neuen Sachlichkeit» in die Form des Film dar (Gast 2009: 202), will mir deswegen nicht einleuchten.

und an seiner Ansprache gehindert wird, weil die Kapelle in jenem Moment, als er an die Rampe der Bühne tritt, die Nationalhymne anspielt und er sich gezwungen sieht, so lange in salutierender Haltung zu verharren, bis der Gesang, in den die versammelte Bauernschaft einstimmt, beendet ist. Nach dem Abschluss der letzten Strophe meint er endlich die Gelegenheit nutzen zu können, seine Stimme zu erheben. Doch schon den Ansatz seines Versuchs wissen die versammelten Bauern dadurch zu verhindern, dass sie abermals die erste Textstrophe aus dem *Lied der Deutschen* («*Deutschland, Deutschland über alles / über alles in der Welt*») anstimmen. Der Schutzpolizist salutiert erneut und verlässt schließlich unverrichteter Dinge das Podium. Die Szene ist kontrastreich in einem Wechsel von Nahaufnahmen des Polizisten und totalen Ansichten der Bauernversammlung aufgelöst und durch Titeltafeln unterbrochen. Diese Schrifteinblendungen, die ihrerseits den Wortlaut eines Berichts wiedergeben, den der Redakteur Stuff, inmitten der Bauern sitzend, für die «*Chronik*» verfasst, pointieren durch ihren abrupten Einsatz, in dem auch der atmosphärische Ton aussetzt, die Absurdität dieses Geschehens und verhindert darüber zugleich das Aufkommen von nationalistischem Pathos. Ironisch kommentiert das Verfahren so, wie der Vertreter der Staatsmacht allein durch seinen nationalistischen Gestus blockiert wird, einen ebenfalls nationalistisch ausgerichteten Gegner zu stoppen.

Während diese Szene auch in ähnlicher Form in der Vorlage angelegt ist (vgl. Fallada 2009: 137) und die audiovisuelle Inszenierung somit akzentuierend verfährt, zeugen andere Abweichungen gegenüber dem Roman deutlicher noch von einem Bemühen, die Ambiguität seiner politischen Aussage (Bredohl 1992: 525) einzuschränken. So trifft auch Tucholskys Behauptung, dass in *Bauern, Bonzen und Bomben* «weit und breit keine Juden da sind, die man für alles verantwortlich machen könnte» (GS 14: 119), weniger auf den Roman denn auf seine Verfilmung zu. Zum Stab des Regierungspräsidenten Temborius gehört der dienstbeflissene Assessor Maier. Von Fallada knapp als «klein, bleich, sehr jüdisch, etwas schwitzend» beschrieben (Fallada 2009: 42), repräsentiert er den Typus eines «Parvenus», der in seinem Bemühen um sozialen Aufstieg und Assimilation seine jüdische Herkunft nicht öffentlich macht (Arendt 1976: 56 ff.) und daher in der Rezeption den antisemitischen Topos des ‹unsichtbaren Juden› im Staatsdienst aufrufen *könnte*, der die Propagandavorwürfe gegenüber der sogenannten ‹Judenrepublik› stützt. Monk tilgt die Makierungen der Jüdischkeit der Figur des Assessors Maier nicht vollkommen. Als Regierungspräsident Temborius im vierten Teil die geplante Abberufung von Polizeiinspektor Frerksen als «*Sühneopfer*» illustriert, um die Versöhnung zwischen Städter und Bauern zu befördern, wendet er sich kurz seinem Untergebenen zu: «*Purim nennt man das bei Ihnen, nicht wahr, Herr Assessor?*» (IV, Min.: 19:00, siehe Fallada 2009: 229). Abgesehen von dieser, leicht zu überhörenden Nebenbemerkung ist die Figur des Assessors jedoch durch keine weiteren sprachlichen oder audiovisuellen Markierungen eindeutig als Jude kenntlich gemacht (vgl. Wohl von Haselberg 2016). Damit vermeidet es Monk allerdings zugleich, den latenten Antisemitismus zu thematisieren, der sich an anderer Stelle in der Figurenrede von Temborius ausdrückt.[9] Offenbar lag es also nicht in seinem Interesse, die

---

9 Im Roman äußert beispielsweise Temborius gegenüber Maier: «‹Habe ich Ihnen nicht schon mal gesagt, es geht auch mit Ihnen in der Preußischen Verwaltung? Warum sollen alle jüdischen Juristen Rechtsanwälte werden? Auch in der Verwaltung können wir Sie brauchen!›» (Fallada 2009: 255). Die tatsächlich in lobender Absicht gebrauchte Formulierung markiert deutlich den Unterschied, den der Regierungspräsident zwischen ‹Ihnen›, den jüdischen Staatsdienern, und dem ‹Wir› der Preußischen Verwaltung macht, der er vorsteht. Kurz darauf sieht er sich dann mit einen Zeitungsartikel konfrontiert, der, die Polizeigewalt am Tag der Demonstration anklagend, ihn selbst als «hervorragenden Vertreter» des «jüdischen Aussaugungssystems» identifiziert, dem «das bodenständige Volk» seine Loyalität versage (ebd.: 257).

Verankerung des Antisemitismus in der deutschen Gesellschaft zu ergründen, sondern diesen in seiner Darstellung – das allerdings ziemlich entschieden – zu vermeiden. Das mentalitätsgeschichtliche Bild, das der Roman über die Weimarer Republik entwirft, findet sich darüber zugunsten der Verständlichkeit vereinfacht.

Tatsächlich äußern sich im Sprachgebrauch vieler Romanfiguren antijüdische Ressentiments. Als «Zigeunerfrechheit, semitisches, widerliches Gehabe» charakterisiert so auch Tredup gegenüber seinen Kollegen die ablehnende Reaktion des Direktors des Zirkus Monte, den er zu einem Inserat in der «Chronik» bewegen wollte (Fallada 2009: 9). Die Differenz zwischen einem latenten Antisemitismus, die Tredups Formulierung offenbart, und jenen faschistoiden Überzeugungen, die etwa dem Freikorpsanhänger Henning zugeschrieben werden dürfen, wenn er die Regierung als «Judenrepublik» bezeichnet, droht darüber zu verschwimmen. In Monks Verfilmung hingegen sind judenfeindliche Bemerkungen allein der Figurenrede von Vertretern der Landvolkbewegung vorbehalten. Der Logik des binären Codes entsprechend, werden diese somit leichter als Faschisten bzw. Protofaschisten erkennbar (vgl. Fiske 1992: 169–174). Die Sprachregelung ist deswegen auch als eines jener Mittel zu betrachten, mithilfe derer Monk die ideologische Nähe zwischen der anti-modern ausgerichteten Landvolkbewegung (vgl. Turner 2003: 487) und dem Nationalsozialismus betont und somit die begrenzte Sicht auf die gesamtpolitische Entwicklung revidiert, die Falladas Darstellung zum Ausdruck bringt.

Wie die brennende Strohballen-Barrikade, die die Bauern auf der Ausfahrtstraße in Richtung der Stadt (als Symbol der Moderne) errichten, ist ihr Aufstand auch im übertragenen Sinne nur ein Strohfeuer. Als solches provoziert es jedoch die folgenreiche Kette von Ereignissen und verhindert zugleich die Sicht auf das, was sich nach Monks Interpretation des Romans im Verborgenen verdichtet: die Machtzunahme der NSDAP.

Bereits in der Sequenz im ersten Teil der Verfilmung, als mit der spontanen Versammlung der Bauern in einem Gasthaus in Baakenfelth die Protestaktionen ihren Anfang nehmen, rufen die akkurat geschorenen Haare und die kurzen Oberlippenbärte der Männer, die in Großaufnahmen exponiert werden, eine Ähnlichkeit mit der Physiognomie Hitler hervor (vgl. Gast 2009: 201). Während ihres Demonstrationszuges durch die Altholmer Innenstadt skandieren die Bauern das ‹Schleswig-Holstein-Lied›. Seit Mitte des 19. Jahrhunderts hatte sich dieses von einem regionalen Einheits- zu einem nationalistischen Durchhaltelied entwickelt, das sich als sehr anknüpfungsfähig an die Blut-und-Boden-Ideologie der Nazis erwies (Rehfeld 2014). Im Film wiederholt sich immer wieder die letzte Zeile «*Schleswig-Holstein, stammverwandt / Wanke nicht, mein Vaterland!*», während die Bauern dazu, im Stechschritt marschierend, mit ihren Stöcken einen gleichmäßigen Rhythmus auf das Straßenpflaster hämmern. In Formation und einheitlich in schwarz gekleidet, somit also uniformiert auftretend, lässt die Bauerndemonstration Assoziationen zu Aufmärschen nationalsozialistischer Gruppen zu.

Eingeleitet durch die Tafel «*Altholm hat die Wahl*» gehen der geschasste Bürgermeister Gareis und sein Assessor im Nachspiel des Mehrteilers auf ihrem Weg in Richtung Bahnhof stumm an einer Mauer entlang, an der Plakate auf die Wahlmöglichkeiten der Bürger verweisen; die hervorstechendste dieser Ankündigungen ist ein Graffito in Großbuchstaben mit dem Wortlaut «*Altholm*» – die kleine Stadt, die für jede größere stehen soll – «*wählt NSDAP! Deine Stimme für Adolf Hitler*» (V, Min. 1:22:00–1:23:22). Die anschließende letzte Szene des Nachspiels stellt, angekündigt durch die Tafel «*Und was kommt dann*»,

---

Noch bevor Temborius den Text laut verlesen lässt, macht er seinen Assessor für diesen Angriff auf seine Person verantwortlich. «‹Ich jüdisch? Na, das danke ich wieder mal Ihnen, Herr Assessor›» (ebd.: 256).

12 1973–1978: Re(tro)-Visionen

83 Bauern, Bonzen,
und Bomben (1973):
Schlusseinstellung

noch einmal die Verbindung zwischen Landvolkbewegung und Nazis deutlich heraus: Als Gareis bereits in den Zug in Richtung Breda eingestiegen ist, neigt er sich durch das Fenster seinem Assessor zu und weist mit einer Kopfbewegung auf die Menschenmasse, die die Hakenkreuzfahne mit sich führt (Abb. 83). «*Die Erben der Landvolkbewegung*», kommentiert er die Versammlung, «die haben wir vergessen». Diese Einsicht, die Gareis gegenüber Stein formuliert, richtet sich an die Zuschauer*innen, denen der Fortgang der Historie bekannt sein dürfte und die somit erkennen sollten, dass die Abfahrt des sozialdemokratischen Bürgermeisters den Anfang vom Ende der Demokratie markiert. Aus Falladas Zustandsschilderung der Weimarer Republik formt Monk damit eine Parabel auf den selbstverschuldeten Untergang der Demokratie.

«Tucholsky hätte in die Hände geklatscht», goutierte Walter Jens Monks Adaption nach der Ausstrahlung des letzten Teils in der *Zeit* (Momos 1973). Erst die «behutsame Deutung» des Regisseurs habe die Erzählvorlage zu jenem «politische[n] Lehrbuch der Fauna Germanica» (siehe GA 14: 112) geformt, das dieser in den atmosphärischen Schilderungen der Milieus verborgen sah, indem Monk dort, «wo Fallada nur zeigt, daß alles so ist, wie es ist, mit Hilfe von unauffälligen Interpretamenten nachzuweisen versteht, warum alles so ist» (Momos 1973). Entschieden begrüßt der Kritiker Jens also, dass die Adaption nicht jene «Weigerung […] Stellung zu beziehen» beinhaltet, die Siegfried Kracauer als das Hauptmerkmal der Neuen Sachlichkeit identifiziert (1984: 174 f.), sondern – im Sinne Brechts – die verdeckten Zusammenhänge, genauer «den Vermittlungsprozeß [!] zwischen der ökonomischen Grundstruktur, dem daraus resultierenden Interessenkampf und der Ideologie, in der sich das Interesse manifestiert» aufzudecken verstand (ebd.). Dem begeisterten Ausruf, «*Das war ein Paukenschlag, Monk*» (ebd.), den der sonst in seiner Rolle als Kritiker Momos eher zum Tadel neigende Jens zum Abschluss seiner Eloge Tucholsky in den Mund legt, wollte sich die Fernsehkritik jedoch nicht rückhaltlos anschließen. «Egon Monk […] verfilmt Fallada so, als wäre dies für ihn die letzte Chance, Untersterblichkeit zu erlangen», heißt es in der *Stuttgarter Zeitung* (R. V. 1973a). Die audiovisuelle Inszenierung gerate zu plakativ – «[d]ie Zeichen der Zeit werden einem als Marmorsäulen aufs Haupt geschlagen» (ebd.) –, und sie labe sich, schrieb Sybille Wirsing im *Tagesspiegel*, an der «Versatzstück-Lust» des «exakt rekonstruierten Milieu[s]» (1973).

Auch der Vorwurf, der Regisseur produziere sich als ‹Deutschlehrer›, wiederholt sich in einigen Rezensionen (siehe R. V. 1973b, E. J. 1973, Paul 1973, Ruf 1973).

Trotz der Änderungen, die Monk im Zuge seiner Adaption vornahm, erwies sich BAUERN, BONZEN UND BOMBEN zudem auch in einer audiovisuellen Form als ein Text mit politisch mehrdeutigem Aussagepotenzial, der 1973 die Kritik ebenso zu Reflexionen über die politische Orientierung seines, freilich nun mit dem Regisseur gleichgesetzten Verfassers anregen konnte, wie der Roman 1931. So meinte Peter Dressen in der Figur des sozialdemokratischen Bürgermeisters Gareis «ein heimliches Wunschportrait» Monks realisiert zu sehen (1975) – eine Vermutung, die dieser später in einer Notiz an sich selbst bestätige.[10] Mit dem «Blick zurück nach halbblinks», wohl ‹im Zorn› also von der SPD abgewandt, sah ihn hingegen Armin Mohler, der unter dem Pseudonym Anton Madler für *Die Welt* schrieb (Madler 1973). Nach den ersten Folgen sei fälschlich der Eindruck entstanden, dass hier «zum ersten Mal in der Geschichte des bundesdeutschen Fernsehens ein Aufstand gegen die Weimarer Republik von rechts her [...] mit Sympathie dargestellt wurde», bemerkte der Autor von *Die konservative Revolution in Deutschland 1918–1932*. Der Grund dafür läge allerdings darin, dass «heute ein Fernsehteam, das einen Aufstand gegen die Staatsgewalt filmt, mit dem Herzen unwillkürlich auf der Seite derer» sei, «die von der Polizei Hiebe» bekämen (ebd.). In diesem «prall mit Politik angefüllten» Mehrteiler würden zwar «alle ihr Fett ab[kriegen]», die «Verteilung der Gewichte» aber sei aufschlussreich: im «Scheinwerferkegel der Diffamation» stünden «haargenau die Vorläufer derer, die nun schon vier Jahre lang in Bonn die Regierungskoalition bilden». Insofern zeigten sich die «Vorteile, heute zur Opposition verdammt zu sein: Man kann einer gewissen Schonung von seiten [!] der kritischen Geister gewiß sein» (ebd.).

Mohlers Einschätzung lief Monks Intentionen offenbar gänzlich zuwider. Er hat seine Kritik, die er als Ausriss archivierte, handschriftlich mit einer längeren Passage aus Tucholskys Rezension überschrieben,[11] in der jener Fallada vor einem drohenden Missverständnis warnt:

> Wenn sie dich kriegen, Hans Fallada, wenn sie dich kriegen: sieh dich vor, daß du nicht hangest! Es kann aber auch sein, daß sie in ihrer Dummheit glauben, du habest mit dem Buch den Sozis ordentlich eins auswischen wollen, und dann bekommst du einen Redakteursposten bei einem jener verängstigten Druckereibesitzer, die in Wahrheit die deutsche Presse repräsentieren. *(GA 14: 119)*

Mohlers Lesart ist von der rechtskonservativen Haltung geprägt, für die er öffentlich bekannt war. Einen kritischen Kommentar auf die Sozialdemokratie sah jedoch auch Wolfgang Paul, der den Mehrteiler im *Tagesspiegel* als «sozialdemokratische Götterdämmerung mit Gareis als Siegfried» charakterisierte (1973). Unterstrichen und handschriftlich mit «zutreffender Gedanke» versehen[12] hat Monk an dieser Kritik eine Passage, die ein aktuell mögliches Verständnis des Filmes in Betracht zieht: «Die ganz Jungen, die als verwöhnte Demokraten aufwuchsen, um nun gegen die Verwöhnung zu protestieren, gegen sie vorzugehen und das neue ‹System›, die Republik von Bonn verteufeln», so Paul,

---

10 «Der Rezensent [...], der über Bauern, Bonzen und Bomben meint, im Bürgermeister Gareis hätte ich mich wohl selbst portraitiert, hatte nicht ganz unrecht», notierte sich Monk, eingebettet in Überlegungen, ob er das Drehbuch für «Café Leon» in der Form einer Ich-Erzählung verfassen sollte. Die undatierte Notiz ist wahrscheinlich im Zeitraum 1995–2000 verfasst. Siehe EMA 1535.
11 Siehe EMA 37.
12 Siehe ebd.

könnten Monks Portrait der Weimarer Republik als «Alibi für ihre volksdemokratischen Neigungen» gebrauchen. «Der SPD-Staat damals, der SPD/FDP-Staat heute – wie ähnlich könnten sie sein für jemanden, der die Praxis nicht kennt» (ebd.). Eine solche Reaktualisierung der Sozialfaschismusthese zu befördern lag offenbar auch nicht in Monks Interesse. Wahrscheinlich zeigt sich seine anschließende Produktion, die zweite Adaption der *Gewehre der Frau Carrar* auch deswegen so bemüht, die Bezugspunkte zu reduzieren, die Brechts Stück für die gesellschaftspolitische Situation der Bundesrepublik bereithalten könnte.

3.

Monks neue Fernsehinszenierung der GEWEHRE DER FRAU CARRAR war (mit Ausnahme des José-Darstellers Kerim Doosry) in den zentralen Rollen mit namhaften Schauspieler*innen besetzt: Hanne Hiob als Protagonistin und Therese Giehse als Nachbarin Frau Perez finden sich durch Gottfried Kramer als Pedro und Ernst Jacobi als Padre flankiert, während Gert Haucke dem «Radiogeneral» Gonzalo Queipo de Llano seine Stimme leiht. Die formale Ästhetik des Fernsehspiels, das am 3. März 1975 im ZDF ausgestrahlt wurde, weicht in vielerlei Hinsicht von Monks Modellinszenierung für das Berliner Ensemble ab (siehe Kap. 6). Die bekannte Spielhandlung ist durch eine Rahmenerzählung umklammert, die sich aus historischen Fotografien aus der Zeit des Spanischen Bürgerkriegs zusammensetzt, die insofern eine bewegte Anmutung erhalten, als sie mit scheinbar suchenden Bewegungen von der Filmkamera abgetastet werden. Die Kompilation ist mit einer Instrumentalkomposition von Alexander Goehr unterlegt und durch einen *voice-over*-Kommentar ergänzt, den Monk selbst spricht. Hiermit setzt der Regisseur offenbar die Idee um, die er zuvor für BAUERN, BONZEN UND BOMBEN verworfen hatte.

Im Unterschied zu ANFRAGE oder SCHLACHTVIEH fügen die fünf bzw. eine Minute andauernden Sequenzen, die DIE GEWEHRE DER FRAU CARRAR als Fernsehspiel eröffnen und beschließen, nicht eine weitere parabolische Erzählebene hinzu, sondern zielen vordergründig darauf, den geschichtlichen Hintergrund des Stücks zu beleuchten. Im Gegensatz zu MAUERN wiederum fordert das Vorspiel in diesem Fall nicht durch eine artifizielle Montagekomposition zu einer rezeptionsseitigen Interpretation der historischen Zusammenhänge auf, die auf der assoziativen Verknüpfung von Bildinhalten basiert, sondern zeigt sich bemüht, die Deutung durch sprachliche Erklärungen festzuschreiben. Die Fotografien bebildern also den gesprochenen Text. Im Prinzip folgen die rahmenden Passagen damit in weiten Teilen dem Muster des sogenannten ‹Erklärdokumentarismus›, das in der Tradition John Griersons bis zum Aufkommen des Direct Cinema und des Cinéma Vérité im Bereich des Dokumentarfilms dominant war (vgl. Nichols 1991: 32 ff., Zimmermann 1994: 285 f., Lersch 2009: 171 f.). Ihr Ziel ist zu informieren. Diesem Zweck dient auch die eingeblendete Landkarte Spaniens, die im Anschluss an das Vorspiel den Übergang zur dramatischen Handlung markiert und anhand derer die Stimme des Kommentators den Verlauf der Frontlinien zwischen republikanischen Milizen und Franco-Faschisten erklärt. Der markanteste Unterschied zwischen dieser Fassung der GEWEHRE DER FRAU CARRAR und Monks Modellinszenierung für das Berliner Ensemble 1952/53 liegt indes in der Mise en Scène.

Das Szenenbild für das andalusische Fischerhaus, das abermals Ellen Schmidt verantwortete, ist in seinem Kulissenbau verwinkelt gestaltet: von einer Diele, die das Zentrum des Hauses bildet, gehen ohne Türen rechts und links kleine Schlafzimmer ab, in deren Mitte sich ein Fenster befindet, während die Betten jeweils die Seitenwände säumen.

Wenn Teresa Carrar das Fischernetz zum Flicken aufnimmt, sitzt sie auf einem Schemel, der am Eingang zu demjenigen Schlafzimmer platziert ist, das in Richtung des Meeres weist. Dort am Fenster hat sich ihr Sohn José aufgestellt, um seinen Bruder beim Fischen zu beobachten. Die Herdstelle, an der die Protagonistin das Brot backt, befindet sich in einem weiteren kleinen Nebenraum, ebenfalls in Richtung des Meeres liegend. Das Hausinnere zieren kaum Dekorationen, die groben Lehmwände sind geweißt, in der Diele bieten nur zwei geflochtene Stühle eine Sitzgelegenheit. Ergänzt durch eine stimmungsvolle Ausleuchtung der Szenerien sowie Meeresrauschen und Geschützfeuer als beständige Geräuschkulisse im Hintergrund, ist diese Ausgestaltung eindeutig auf den Effekt einer regionalen und historischen Authentizität ausgerichtet, die Monk noch in der Rückschau hervorzuheben sich bemüßigt fühlt: «So, wie es im Film zu sehen ist, sieht es dort aus» (Monk 1997: 80), das Netz sei sogar eines der «alten Sachen», die er von seiner Recherche vor Ort in Almería mitgebracht habe (Monk 2007: 162). Das Gestaltungskonzept des Szenenbilds der GEWEHRE DER FRAU CARRAR lässt also jenes, für den historischen Spielfilm typisches fetischisiertes Verhältnis zur Ausstattung und einen ähnlich historistischen – super-naturalistischen – Ansatz erkennen, den bereits die Zusammenarbeit von Schmidt und Monk für BAUERN, BONZEN UND BOMBEN bestimmte. Dieser befindet sich insofern noch im Einklang mit dem Realismuskonzept des epischen Theaters, als der gestaltete Raum den bestimmenden Rahmen für die Darstellung von Interaktion zwischen den Figuren bildet und somit einen funktionalen Wert für die Inszenierung der Handlung besitzt, der – aber eben nicht die Idee von Authentizität selbst – für das Bühnenbild zentral ist. Monk wollte mit seiner zweiten Inszenierung offenbar konzeptionelle Fehler seiner ersten korrigieren. Da ihn der Besuch in Andalusien davon überzeugte, dass die armen Fischerfamilien dort keinen Tisch hatten, an dem der Disput zwischen dem Padre und Pedro stattfinden könnte oder sich der letztere mit José und Pedro zum Kartenspiel setzten könnte (Monk 2007: 162), behelfen sie sich in der entsprechenden Szene mit einem Holzbrett, das sie zwischen sich über die Lehnen der Stühle legen, auf denen sie rücklings Platz nehmen.

Im Unterschied zum Berliner Modell erlauben die Raumkonstruktion und ihre filmische Repräsentation keine Arrangements von Figurengruppen *im* Raum «durchkomponiert wie auf Gemälden» (GBA 29: 36, siehe Kap. 6); die visuelle Auflösung der Situationen folgt vielmehr einer Großaufnahmen-Dramaturgie, die in erster Linie die Gesichter der Darsteller*innen und einzelne ihrer Gesten bedeutsam hervorhebt. In einem starken Kontrast zu Monks erster Fassung der GEWEHRE DER FRAU CARRAR unterstreicht dieses Abbildungsprinzip die Intimität der familiären Situation. Es ersetzt auch vollständig das gestische Schauspiel der Darsteller*innen. Wenn Teresa Carrar am Ende der siebten Szene gegenüber ihrem Bruder ihre Vermutung kundtut, Juan habe sich ohne ihre Zustimmung den Milizionären im Dorf angeschlossen, nimmt die Schauspielerin keine prägnante Körperhaltung ein, die sie als Pose bis zum Eintreffen der Nachbar*innen, die den Leichnam des Sohnes hereintragen, beibehält (vgl. Abb. 84–86). Stattdessen ist die Carrar zunächst in einer orientierenden Halbtotalen, in Rückansicht (aus dem Fenster sehend) aufgenommen, während Pedro im rechten Bildvordergrund platziert ist. Während ihrer Rede, die wie die Reaktionen Pedros im weiteren Verlauf der Szene mithilfe von Nahansichten ihrer Gesichter im Schuss-Gegenschuss-Verfahren umgesetzt sind, wendet sie sich ihm wiederholt mit einer leichten Drehung des Kopfes zu. Er fixiert sie stumm. Indem sie durch Nah- und Großaufnahmen das differenzierte Mienenspiel der Darsteller*innen hervorhebt, wirkt sich die visuelle Inszenierung unterstützend auf das Schauspiel Hiobs aus, die die Figur der Teresa Carrar deutlich fragiler in ihrer Haltung interpretiert als Helene

12 1973–1978: Re(tro)-Visionen

84 DIE GEWEHRE DER FRAU CARRAR (1953): Bühnenarrangement der Szene, in der die Dorfbewohner*innen Teresa Carrar den Leichnahm ihres Sohnes bringen

85 DIE GEWEHRE DER FRAU CARRAR (1975): Visuelle Inszenierung derselben Situation, im Vordergrund: Teresa Carrars jüngerer Sohn José (Kerim Doosry)

86 DIE GEWEHRE DER FRAU CARRAR (1975): Gegenschuss zu Abb. 85, die Reaktion Teresa Carrars (Hanne Hiob) in der Großaufnahme

Weigel in der Inszenierung von 1953. Sie bedenkt den Sohn und den Bruder immer wieder mit liebevollem Gesichtsausdruck, spricht sanfter, freundlicher zu ihnen und zeigt sich verunsichert und sichtlich unangenehm berührt, wenn der Konflikt um das Thema Neutralität – etwa im Disput zwischen Pedro und dem Padre – offensichtlich wird.

Eine weitere, gleichwohl entscheidendere Akzentverschiebung wird in der Inszenierung derjenigen Szene sichtbar, in der sich Pedro und José auf die Suche nach den versteckten Gewehren begeben. Lassen sich diese in der Berliner Fassung sehr schnell in der großen Wäschetruhe auffinden, müssen die Männer hier nach ihnen graben, weil sie in der Erde unterhalb des Hauses verborgen liegen. Mit der Spitzhacke müssen sie erst den Lehmboden aufbrechen und diese Tätigkeit ist so anstrengend, dass sie sich abwechseln müssen, bis sie überhaupt erst den Spaten zur Hand nehmen können. So dauert die Szene fast drei Minuten an. Die Ausführlichkeit der Darstellung dieses Vorgangs und die Verlangsamung, die der Erzählfluss des Fernsehspiels in der Folge erhält, produzieren zunächst einen Wirklichkeitseffekt (i. S. v. Barthes, vgl. Kirsten 2009), verleihen aber darüber hinaus auch der Szene ein besonderes Gewicht: Die Gewehre, die als Symbol für die richtige Haltung im Widerstand gegenüber dem Faschismus fungieren, sind im Fundament verborgen. Es ist kräftezehrend und schwierig sie hervorzuholen – aber es ist möglich. Mit Mühe und Unterstützung, so die naheliegende Folgerung, hätte somit auch der Faschismus verhindert werden können. Die Ausführlichkeit der szenischen Darstellung birgt somit keine funktionslose Leerhandlung, sondern bezieht sich auf die «heimliche Handlung» (Monk 2007: 154), die dem Regisseur zufolge dem Stück zugrunde liegt: «das Scheitern der deutschen Arbeiterbewegung» (ebd.). Diese Aussage ist es auch, die in der von ihm verfassten Rahmenerzählung zum Ausdruck kommt.

Einen «Hinweis Brechts» befolgend, den er «1952 noch nicht kannte» (Monk 1997: 80, vgl. 2007: 161), scheint es, als hätte Monk allein beabsichtigt, mithilfe der dokumentarischen Eröffnung des Fernsehspiels «die Nachteile» der «aristotelische[n] (Einfühlungs-) Dramatik» (GBA 24: 225) aufheben zu wollen, die der Dramatiker selbst in *Die Gewehre der Frau Carrar* eingeschrieben sah. Und wie sich anhand dieser Fassung sehr gut nachvollziehen lässt, verhilft die Rahmenerzählung durchaus dazu, der Figur der andalusischen Fischersfrau etwas von ihrer Individualität zu nehmen, die nachvollziehbare Sorge der Mutter um ihre Kinder in den Hintergrund treten zu lassen und die dramatische Handlung als Parabel über den Faschismus kenntlich zu machen. «Durch diese ausdrückliche Historisierung des Stücks», lobte deswegen wohl auch der Brecht-Biograf Klaus Völker in der *FAZ* drei Tage nach der Ausstrahlung des Fernsehspiels, «wurde eine Episierung erreicht, die sogar die ziemlich fixe Wandlungsdramaturgie am Schluß aufhob» (Völker 1975). Darüber hinaus erfährt die Fabel des Stücks jedoch durch die von Monk beigefügte Rahmenhandlung eine entscheidende Zuspitzung.

Die Rahmenerzählung interpretiert den Faschismus, soweit im Sinne Brechts, als eine Verschärfung des Klassenkampfs (vgl. Bohnen 1982b: 176, 190) und verweist auf die parallele Entwicklung in Deutschland, wie auch Brecht in der *Rede zum II. Internationalen Schriftstellerkongreß* vermerkte, die er 1937 als Grußwort in das belagerte Madrid entsandte (siehe GBA 22.1: 323–325). Dessen aktuellen Bezug formuliert Monk nun jedoch als Deutung der historischen Zusammenhänge aus. «[F]ast ohne nachzudenken», heißt es dazu in seinen veröffentlichten Erinnerungen, sei er «wieder von dem gleichen Grundsatz ausgegangen» (Monk 2007: 161), der ihn 1952 bereits bewegt hatte (vgl. ebd.: 154), aber mit den Mitteln des Theaters wohl nicht ausformulieren konnte. In der Konsequenz vergleicht sein Kommentartext nun die Reaktion der spanischen Arbeiter*innen auf den Militärputsch mit jener der deutschen Arbeiter*innen auf die Machtergreifung Hitlers. Darüber hinaus interpretiert er den Spanischen Bürgerkrieg als historisches Vorspiel für den Zweiten Weltkrieg, an dem das Versagen der demokratisch legitimierten Regierungen angesichts der faschistischen Bedrohung in Europa ablesbar wird. Die «*Nichteinmischung der Demokratien*», erläutert der Sprecher, wirkte sich, da Mussolini und Hitler die spanischen Putschisten mit Waffenlieferungen versorgten, «*am Ende als Einmischung zu Gunsten Francos*» aus (Min. 4:25). Im Anschluss weist das Vorspiel auf die Beteiligung der deutschen Wehrmacht an den Kampfhandlungen hin: In einer Sprachpause folgt auf eine Portraitansicht Hitlers eine Fotoreihe von Jagdfliegern, Bombenabwürfen und Trümmerarchitekturen, die, ohne weitere Erläuterung, auf den Einsatz der Legion Condor verweist, die u. a. 1937 für die Zerstörung Guernicas verantwortlich war. Im Epilog wiederholt der Kommentartext diese Zusammenhänge nochmals explizit: Zwei Jahre nachdem Teresa Carrar ihr Fischerhaus verlassen hat, hätten tausende Spanier*innen über die Pyrenäen nach Frankreich flüchten müssen. «*Aus Furcht vor Hitler hatten ihnen die westlichen Demokratien die Waffen für die Verteidigung der spanischen Demokratie verweigert*», erklärt Monk im Kommentar. «*Aber die Opferung Spaniens besänftigt Hitler nicht, sie bekräftigt ihn im Gegenteil, die Nationen noch im selben Jahr in einen Zweiten Weltkrieg zu stürzen.*»

Indem Monk das Stück durch das Vorspiel bereits so «ausdrücklich» historisiert (Völker 1975), verortet er die anschließende Spielhandlung zugleich mit großem Nachdruck in der historischen Vergangenheit und schränkt darüber die möglichen Lesarten ein, die die parabolische Erzählung vor dem Hintergrund der gesellschaftspolitischen Diskurse im Jahr 1975 hätte entfalten können. Offenkundig wollte Monk nach den Pressereaktionen auf BAUERN, BONZEN UND BOMBEN verhindern, dass Brechts Stück, das zum bewaffneten Kampf gegen den Faschismus aufruft, als Unterstützung derjenigen politischen Gruppierungen aufgefasst werden könnte, die derzeit die Bundesrepublik als faschistisch titulierten.

Während der Produktion hatte Monk nicht ahnen können, dass drei Tage vor ihrer Ausstrahlung Peter Lorenz, der Spitzenkandidat der Berliner CDU für das Amt des Regierenden Bürgermeisters, durch die Bewegung 2. Juni entführt würde, um die Freilassung von u. a. Horst Mahler und Verena Becker zu erpressen – wer das Fernsehspiel am 3. März 1975 sah, hätte zuvor in der ARD um 20:15 Uhr die Sendung REPORT sehen können, die anlässlich dieser Entführung gesendet wurde (*Der Spiegel* 1975: 159). Der Terrorismus aber war zuvor bereits ein die Öffentlichkeit dominierendes Thema und das gesellschaftliche Klima in der Bundesrepublik war insgesamt äußerst angespannt. Erst einen Tag vor der Ausstrahlung der GEWEHRE DER FRAU CARRAR hatten die inhaftierten Mitglieder der RAF ihren dritten kollektiven Hungerstreik beendet, an dessen Folgen Holger Meins am 9. November 1974 verstorben war. Nachdem Rudi Dutschke im Rahmen der Beerdigung am 18. November «Holger, der Kampf geht weiter» ausgerufen hatte, wurde das vielfach als Solidaritätsbekenntnis mit der RAF aufgenommen (vgl. Aust 1985: 299 ff., zur Ereignischronik vgl. Schulz 2917). Vor diesem Hintergrund betrachtet, wollte Monk sicherlich nicht wieder in den Verdacht geraten, «mit dem Herzen» einen «Aufstand gegen die Staatsgewalt» gutzuheißen, wie es ihm Armin Mohler in seiner Kritik zu BAUERN, BONZEN UND BOMBEN in der *Welt* unterstellt hatte. Tatsächlich wurde ein solcher Vorwurf auch nicht in den Rezensionen erhoben. Die Frage aber, «auf welcher Seite [...] B. B. ‹die Generäle› und wo ‹die Demokraten› ausmachen» würde, stellte sich angesichts der Tagesereignisse jedoch durchaus (Ebmeyer 1975). Horst Zierman meinte in der *Welt* nochmals betonen zu müssen, dass «die grobe Schwarzmalerei im Stile ‹die Reichen sind Faschisten, während die Armen dem Terror Paroli bieten›», sich, «auch wenn es den Terror zu Berlin nicht gäbe, schon lange als fragwürdig herausgestellt» habe (Zierman 1975). Es war aber das Stück selbst, das er als schlecht befand, während Monk dessen Unzulänglichkeit durch die Großaufnahme betone (ebd.). Die *Frankfurter Rundschau* hingegen kritisierte, dass Monks Inszenierung der Vorlage «jegliche Schärfe und Spannung» nehme. In ihrem «Bemühen um realistische Malerei» ginge «der Brechtsche Realismus unter» (*ch* 1975).

Während das Urteil über die poetische Qualität des Fernsehspiels eher gemischt (vgl. Paul 1975, Kramberg 1975), zum Teil aber ausgesprochen positiv (J. S. 1975, Völker 1975) ausfiel, ist indes auffällig, dass sich (mit Ausnahme von Zierman) die Rezensent*innen auf den Stil der Inszenierung fokussierten und die Qualität dieser, nicht aber die Vorlage selbst kritisierten. Auch stand die Legitimität, den Einakter erneut im Fernsehen zu zeigen, außer Frage. Brechts Stücke waren zu dieser Zeit, wie Schanze und Zimmermann betonen, sehr häufig auf dem Bildschirm zu sehen (1994: 50). Mitte der 1970er-Jahre gehörte Brechts Werk bereits zum bildungsbürgerlichen Kanon und provozierte, im Unterschied zu Monks Inszenierungen in den frühen 1960er-Jahren, keine empörten publizistischen Reaktionen mehr. «In Bayern, wo ein lebender Linker nicht Lehrer werden kann und Erich Fried nicht in die Lesebücher darf, vermag ein toter Kommunist schon Klassiker zu werden», spitzte es Hellmuth Karasek drei Jahre später zu, als die westdeutschen Theater zu Ehren des 80. Geburtstags des Dramatikers seine Werke wieder verstärkt auf ihren Bühnen zeigten (Karasek 1978: 216). «Daß Brechts Stücke inzwischen eher den Apparat repräsentieren, den sie einst ins Wanken brachten, ist eine bittere, aber notwendige Einsicht» (ebd.).

4.

Eher geeignet, den Apparat zu repräsentieren denn ihn ins Wanken zu bringen, sind auch die Fernsehinszenierungen, die Monk in den 1970er-Jahren realisierte. Er revidierte in dieser Phase – erneut – sein Konzept der audiovisuellen Inszenierung in dem Sinne, dass er seine Inszenierungen wieder stärker der spielfilmischen Verfahrensweise anpasste, ohne jedoch an die neorealistisch inspirierte Erzählweise anzuknüpfen, die seine Fernsehfilme aus der Mitte der 1960er-Jahre auszeichneten, und konnte damit den Ansprüchen genügen, die zu dieser Zeit aufkamen. Die visuelle Ausgestaltung unterschied sich deutlich genug von der konventionellen Form des sogenannten «journalistischen Fernsehspiels». Da sich die Bildästhetik jedoch, trotz ihres artifiziellen Charakters, eher unauffällig gebärdet, konnte sie zugleich die Anforderungen erfüllen, die von Seiten einiger Fachkollegen und -kritiker an die realistische Darstellung im Fernsehen gestellt wurden. Überzeugend triumphiere die Inszenierung «über jene Spielereien à la Zadek, die Gesellschaftskritik mit einer Belustigung der oberen Stände verwechselt», betont so auch Jens in seiner Rezension zu BAUERN, BONZEN UND BOMBEN, um damit zugleich wieder den seinerzeit oft erhobenen Vorwurf zu unterstreichen, Peter Zadeks von der Pop Art inspirierten Inszenierungen würden die realistische Qualität der Vorlagen unterminieren (siehe Momos 1973, vgl. Kraus 2007: 86 ff., Zielinski 1981: 48). Mit der Revitalisierung eines Modells des Realismus, das auch Lukács hätte gutheißen können, reaktualisieren sich ebenso die Argumente, die dieses untermauern. Dass die experimentelle Form der Fernsehspiele ROTMORD und DER POTT eine Ausnahmeerscheinung im bundesdeutschen Fernsehen blieben, liegt deswegen nicht zuletzt in der Konstellation begründet, dass das Fernsehen als ein Medium definiert wurde, das dem Realismus zustrebt, während der Realismusdiskurs seinerseits den ‹Formalismus› solcher Verfahrensweise verbot. Monks BAUERN, BONZEN UND BOMBEN konnte unter diesen Bedingungen zum «Schulbeispiel» (Netenjakob 1973) nicht nur für die Literaturverfilmung avancieren, sondern auch für ihr mittelbares Ziel, die durch die Autorität von Augen- und Zeitzeug*innen abgesicherte Geschichtsrepräsentation, die die Mentalität einer Epoche veranschaulicht.

In den Filmen dieser Reihe generiert sich der Eindruck des Realismus aus dem *déjà-vu*-Effekt, der sich aus der – in der Rezeption womöglich nur unterschwellig spürbaren – Ähnlichkeit mit bekannten Darstellungen des portraitierten historischen Zeitraums einstellt. Darüber hinaus ist es jedoch ein ausgeprägtes paratextuell vermitteltes Authentizitätsversprechen, das den Realismus des historischen Portraits begründet: journalistische Berichte, die zum einen die Augenzeugenschaft der literarischen Vorlage und zum anderen Aspekte wie Rechercheleistungen und die Umsetzung von Dreharbeiten am ‹Originalschauplatz› unterstreichen, die aus dem audiovisuellen Text selbst nicht ersichtlich werden.

Im Hinblick auf seinen Rückgriff auf das Formvokabular der portraitierten Epoche lässt BAUERN, BONZEN UND BOMBEN die Ansätze eines Gestaltungskonzepts erkennen, das Ähnlichkeiten zu den Spielfilmen THE GO-BETWEEN (dt. DER MITTLER, UK 1971, R.: Joseph Loseys) oder BARRY LYNDON (UK 1975, R.: Stanley Kubrick) aufweist und sich demzufolge ebenso als «Retro» charakterisieren lässt (vgl. Baudrillard 1978). Wie Stanley Kubricks drei Jahre später realisierter Spielfilm, der als Musterbeispiel der beschriebenen Verfahrensweise gilt, strebt Monks visuelle Inszenierung eine perfekt anmutende Rekonstruktion der historischen Welt an. Ebenso kritisiert auch diese wie BARRY LYNDON zu großen Teilen nicht offensiv die portraitierten Zustände, sondern «sammelt Indizien und läßt [!] eine Fülle von genau recherchierten Äußerlichkeiten sprechen, durch die die Innenwelt jener Zeit ernüchternd durchscheint» (*Der Spiegel* 1976). Diese Verfahrensweise lässt sich insofern als Verfremdungsstrategie auffassen, als die Perfektion der Rekonstruktion auch die Fremdheit der vergangenen Welt augenscheinlich macht. «The past is a foreign country: they do things differently there» lautet so auch der erste Satz von L. P. Hartley Roman *The Go-Between* (1953), mit dem die Stimme des Erzählers auch in der Verfilmung das Geschehen einleitet und zugleich das Verfremdungsmoment der historischen Distanz kenntlich macht. Ein Film, der durch seine Gestaltung diesen Aspekt betont, anstatt, wie es für den Historismus kennzeichnend ist, das Gegenwärtige in ein historisches Gewand zu kleiden bzw. das Geschehen mithilfe von ahistorischen Motiven (Liebe, Jugend, Familienzusammenhalt) überzeitlich auszudeuten, lässt die Zuschauer*innen gewissermaßen die Vergangenheit als ein ‹fremdes Land› erkunden (vgl. GBA 22.1: 219 f.), das viele Fragen aufwirft.

In der zweiten Hälfte der 1970er-Jahre wurde der von Monk mit BAUERN, BONZEN UND BOMBEN erprobte Zugang zur populären Geschichtsdarstellung insbesondere für die Auseinandersetzung mit der nationalsozialistischen Vergangenheit Deutschlands weiter verfolgt. In gewisser Weise ähnlich verfährt so auch Eberhard Fechners zweiteilige Verfilmung von Walter Kempowskis autobiografischem Roman *Tadellöser & Wolff* (1971), die am 1. und 3. Mai 1975 im ZDF ausgestrahlt wurde.

Fechner ließ sich ebenfalls von dem Prinzip leiten, «literarische Vorlagen so zu behandeln, als seien sie Dokumentarmaterial» (Fechner 1980 [1977]: 207), und die Szenenbildgestaltung hat eine nahezu perfekt anmutende Rekonstruktion des portraitierten historischen Zeitraums zum Ziel. Die Mise en Scène ist sehr ästhetisiert: Der Haupthandlungsstrang, der das Alltagsleben der Rostocker Reeder-Familie Kempowski in den Jahren 1935–1945 erzählt, ist in sepia-getönten Bildern dargestellt, die an die Qualität solcher Fotografien erinnern, die den in der Gegenwart situierten Erzähler (Ernst Jacobi) zu den Ausführungen veranlassen, die das Geschehen rahmen. Wie Aufstellungen zu einem fotografischen Familienportrait sind auch die Situationen inszeniert, die den Alltag der

Kempowskis im ‹Dritten Reich› wiedergeben. Mit Gleichmut und Anpassung reagieren diese auf die Nationalsozialisten, die sie als gute Bildungsbürger eigentlich ablehnen. «*Hauptsache, wir fünf kommen durch*», bekräftigt die Mutter (Edda Seippel) immer wieder. Wie die Figur des Vaters (Karl Lieffen) ist sie durch ritualisiertes Sprechen prägnant als jener Typus charakterisiert, der den Machterhalt des Nationalsozialismus ermöglichte. Der verfremdend intendierte Sprachausdruck produzierte in der Rezeption jedoch einen gegenteiligen Effekt: da Ausrufe wie «*Tu mir die Liebe ...*» und «*Kinder, uns geht's ja noch Gold*» offenbar im Familiengedächtnis vieler Zuschauer*innen verankert waren, konnten sie einen spontanen Eindruck des Wiederkennens, ein kollektiv erfahrenes «Genau so war es» evozieren (vgl. Alfs/Rabes 1982: 106 ff.). Daran zeigt sich, dass Perfektion in der Rekonstruktion einen dem Ziel der Verfremdung entgegenwirkenden Effekt provozieren kann, wenn die erfahrene Ähnlichkeit das entworfene Bild zwar extrem authentisch, aber auch überhaupt nicht fremd erscheinen lässt.

Fechners zweiteiliger Fernsehfilm wurde zu einem großen Publikumserfolg und auch seitens der Fachkritik geradezu emphatisch begrüßt (siehe ebd., vgl. Momos 1975). Das Modell, Alltags- und Mentalitätsgeschichte in der Form einer Familiengeschichte sowie mithilfe des *Coming-of-Age*-Motivs zu erzählen, das TADELLÖSER & WOLFF durch seinen jugendlichen Protagonisten ebenfalls beinhaltet, wurde vielfach in der Literatur und im Fernsehen aufgenommen (Theilig/Töteberg 1981: 59 ff., Zielinski 1981: 50).[13] Schließlich war darüber auch ein Perspektivwechsel in der televisuellen Darstellung des ‹Dritten Reichs› zu vollziehen, der nicht die ideologisch überzeugten Täter*innen, sondern die Dulder*innen und Nutznießer*innen des Systems beleuchtete und den Motiven ihrer Verstrickung nachging, was offenbar auf ein großes Publikumsinteresse stieß. Der Erfolg dieses Modells kann jedoch ebenso der entlastenden Funktionalität zugesprochen werden, die es im Hinblick auf die historische Schuld der deutschen Bevölkerung erfüllen konnte. In der Tendenz führt die begrenzte Perspektive, die das Erzählmuster gegenüber den geschichtlichen Ereignissen aufweist, zu ihrer Verharmlosung und leistet humanisierenden Deutungen Vorschub (im Sinne von: ‹Das waren alles ganz normale Menschen, mit privaten Sorgen und Freuden›). Der «Jubelschrei», der sich anlässlich der Ausstrahlung von TADELLÖSER & WOLFF artikulierte, liegt nach Jens deswegen nicht in der unzweifelhaften ästhetischen Qualität dieser Verfilmung, sondern vielmehr darin begründet, dass der Film «noch nicht einmal in der Form eines Durchblicks erahnen [läßt], [...] wohin die Allianz zwischen den Tadellosen und den Wölfen führt. Ins Massengrab» (Momos 1975).

Dass Fechner seinerseits eine Verharmlosung der NS-Verbrechen intendierte, darf indessen bezweifelt werden. In dokumentarisch angelegten Regiearbeiten wie UNTER DENKMALSCHUTZ – ERINNERUNGEN AN EIN FRANKFURTER BÜRGERHAUS (1975), COMEDIAN HARMONISTS (1979) und insbesondere der ambitionierten dreiteiligen Rekonstruktion des Majdanek-Verfahrens DER PROZESS (1984) setzte er sich in einer kritischen – und im Übrigen auch in einer sehr viel direkteren Weise als Monk – mit der Frage der Täterschaft auseinander. Die Ursache der verharmlosenden Tendenz von TADELLÖSER & WOLFF wäre deswegen in der Stoffgrundlage selbst (siehe Becker 1975), aber auch in Fechners Konzept der Literaturadaption zu suchen (vgl. Alfs/Rabe 1982: 92 f.).[14]

---

13 Hierzu zählen unter anderem: die Fortsetzung der Kempowski'schen Autobiografie EIN KAPITEL FÜR SICH (3 Teile, 1979/80, R.: Eberhard Fechner) und die im Vorabendprogramm ausgestrahlte Serie JAUCHE UND LEVKOJEN (1978, R.: Günter Gräwert, Rolf Hädrich, Rainer Wolffhardt) nach dem gleichnamigen Bildungsroman (1975) von Christine Brückner.

14 Die Forschung fokussierte sich bislang primär auf Fechners dokumentarische Produktionen (siehe: Emmelius 1996, Thiele 2001: 339–378, Hißnauer/Schmidt 2013: 210–289). Hißnauer und Schmidt widt-

Es bleibt zu fragen, wieso sich Monk wie auch Fechner in den 1970er-Jahren so entschieden der Geschichtsdarstellung zuwandten und sich damit zugleich gegenüber den aktuellen gesellschaftspolitischen Entwicklungen ihrer Stimme enthielten. «Geschichte an sich interessiert mich überhaupt nicht», erklärt Monk 1985 im Fernsehinterview gegenüber Karl Prümm (ORT DER HANDLUNG [1987], Min. 13). Die Konzentration auf historische Sujets, die 1973 mit BAUERN, BONZEN UND BOMBEN ihren Anfang nahm, liege vielmehr darin begründet, dass in demjenigen Abschnitt, der das Ende der Weimarer Republik beschreibt, «wie in einer Nussschale» kondensiert vorzufinden sei, «was den Weg durch unser Jahrhundert bestimmt» (ebd.). In seinem Nachruf auf den Regisseur gut 20 Jahre später folgert Prümm, dass die Auseinandersetzung mit Falladas Romanstoff den Beginn eines größeren Projekts, einer televisuellen «Historiografie der ‹deutschen Katastrophe›» markierte, die Monk in den 1980er-Jahren mit DIE GESCHWISTER OPPERMANN und DIE BERTINIS fortführte (2007: 9).

Die Abkehr von einer Darstellung seiner unmittelbaren Gegenwart, die damit zugleich konstatiert werden muss, zeichnet sich auch in erhaltenen Entwürfen des Regisseurs ab. In der Auseinandersetzung mit diesen sind mir keine Hinweise dafür untergekommen, dass Monk bestrebt war, sich direkt auf die bundesrepublikanische Tagespolitik zu beziehen. Alle ab Mitte der 1970er-Jahre erstellten Entwürfe für Originaldrehbücher nehmen eine historische Perspektive ein, deren Schwerpunkt überdies auf dem Zeitraum 1929/30 bis 1933 liegt.

5.

Ab 1975[15] arbeitete Monk an jenem, 1977 im Interview gegenüber Netenjakob angekündigten Projekt «Hilferding» (1977: 121), mit dem er den austromarxistischen Theoretiker und österreichischen sozialdemokratischen Politiker Rudolf Hilferding ins Zentrum eines zweiteiligen Fernsehfilms rücken wollte. Bis 1978 erhielt dieses Vorhaben offenbar seine volle Aufmerksamkeit. Eine umfangreiche Materialsammlung, unter anderem bestehend aus Exzerpten der rezipierten Literatur zur Wirtschaftspolitik der Weimarer Republik und der Geschichte der deutschen Gewerkschafts- und Arbeiterbewegung, Personenregister aller Reichstagsabgeordneten des Jahres 1928 sowie Auszügen von Sitzungsprotokollen des Deutschen Reichstags aus dem Zeitraum 1928/29, verweisen auf einen äußerst intensiven Prozess der Auseinandersetzung.[16] Seine Rechercheergebnisse finden sich in 147 ausformulierten Seiten zusammengefasst, die in sieben Abschnitte[17] gegliedert sind. Das umfassenste Kapitel widmete Monk Hilferdings Theorie zum «demokratischen Sozia-

---

men den fiktional ausgewiesenen Fernsehfilmen zwar einen längeren Abschnitt ihrer Studie (2013: 267–280). Da sie diese jedoch als «typische Zeugnisse seiner dokumentierenden Betrachtungs- und Produktionsweise» (ebd.: 268, Herv. i. O.) definieren, beschränkt sich ihre Analyse auf die Suche nach denjenigen Merkmalen, in denen sich Fechners «dokumentarische Ambitionen» (ebd.: 278) aktualisieren.

15 Als Monk am 15. März 1976 seinen ersten Entwurf an das ZDF verschickte, versah er das Begleitschreiben mit dem Vermerk, dass dieser bereits ein Jahr alt sei, siehe hierzu Egon Monk an Helmut Rasp, Zweites Deutsches Fernsehen, Hauptabteilung Fernsehspiel und Film, 15. März 1976, EMA 1474.

16 Der AdK-Bestand weist insgesamt 22 Konvolute zum Projekt «Hilferding» auf, darunter besagte Sitzungsprotokolle in EMA 1183, eine Bibliografie der Literaturrecherche in EMA 1512 sowie Szenenentwürfe und Texte zur Selbstverständigung in EMA 1470.

17 Siehe EMA 1117. Das Dokument ist wie folgt unterteilt und betitelt: I. «Wer Hilferding war» (S. 2–13), II. «Hilferdings Leben» (S. 14–33), III. «Hilferdings Plan» (S. 34–47), IV. «Die große Koalition» (S. 48–83), V. «Drei Wochen im Dezember 1929» (S. 85–140), VI. «Zeitgenössische Ansichten» (S. 141–144), VII. «Anmerkungen zum Fernsehspiel» (S. 145–147).

lismus im Zeitalter des organisierten Kapitalismus», sodass die Schlussfolgerung zulässig scheint, dass Monk in diesem eine intellektuelle Referenzfigur erkannt hatte. Das Projekt darf somit auch als eines aufgefasst werden, mit dem Monk eine Revision derjenigen politischen Zielvorstellung vornahm, zu der er sich 1968 im *Spiegel*-Interview bekannt hatte (Kap. 11), und die im Wesentlichen eine Überwindung der Klassengesellschaft durch Reformen anstrebt.

Das Handlungsgeschehen des Fernsehfilms «Hilferding» sollte sich auf die Ereignisse der «drei Wochen im Dezember» – so ein weiterer Arbeitstitel – des Jahres 1929 konzentrieren, die der Absetzung Hilferdings von seinem Posten als Reichsfinanzminister im zweiten Kabinett unter Hermann Müller (28. Juni 1928 bis 27. März 1930) vorausgingen. Biografische Stationen des gebürtigen Österreichers, die den Raum der erzählten Zeit überschreiten – seine bürgerliche jüdische Herkunft, den Eintritt in die Partei und das Exil in Zürich und Marseille nach seiner Ausbürgerung 1933 – sollten in der Form von Rück- und Vorausblenden erzählt werden.[18] Somit sind es die Differenzen innerhalb der Großen Koalition und die Konflikte mit den sich radikalisierenden politischen Parteien, die nach dem Entwurf im Zentrum des Fernsehfilms stehen. Ähnlich wie mit BAUERN, BONZEN UND BOMBEN wollte Monk mit «Hilferding» also offenbar eine Geschichte des tragischen Scheiterns der Weimarer Republik erzählen, die in diesem Fall jedoch das Versagen der demokratischen Kräfte thematisieren sollte; das Scheitern der politischen Ambitionen Hilferdings bildet demnach den Scheitelpunkt, von dem aus die «deutsche Katastrophe» ihren Lauf nimmt. Da damit zugleich die verpasste historische Chance einer anderen Sozialdemokratie zum Ausdruck kommen kann, die in der Rezeption jener unter Bundeskanzler Helmut Schmidt gegenüber gestellt würde, lässt sich das Projekt «Hilferding» auch als Kommentar auf die aktuelle politische Situation der Bundesrepublik in den 1970er-Jahren betrachten. Dieser Kommentar tritt freilich im «Kostüm» der historischen Erzählung auf, wie es der Schriftsteller Lion Feuchtwanger, in dem Monk zu dieser Zeit einen Stichwortgeber fand,[19] 1935 über *Sinn und Unsinn* seiner historischen Romane beschrieben hat:

> Ich habe nie daran gedacht, Geschichte um ihrer selbst willen zu gestalten, ich habe im Kostüm, in der historischen Einkleidung, immer nur ein Stilisierungsmittel gesehen, ein Mittel, auf die einfachste Art die Illusion der Realität zu erzielen *(Feuchtwanger [1935] 1984: 496).*

Vor dem Hintergrund der gesellschaftspolitischen wie der fernsehgeschichtlichen Entwicklung in den 1970er-Jahren ist diese historische Kostümierung als eine doppelte Ausweichstrategie zu betrachten. Im Zuge der innenpolitischen Auseinandersetzungen wurde die Bundesrepublik von einem konservativen *roll-back* erfasst (vgl. Wiebel 1999: 25), sodass sich ein offenes Bekenntnis zum demokratischen Sozialismus nach Rudolf Hilferding unter den aktuellen gesellschaftspolitischen Bedingungen nicht anbot. Darüber hinaus spitzten sich die ästhetisierenden Tendenzen, die das Film- und Fernsehschaffen in den 1970er-Jahren unterströmten, am Ende des Jahrzehnts zu einem Paradigmenwechsel zu: Die sich nach dem Film-Fernsehabkommen von 1974 etablierende Praxis der Doppelauswertung hatte im sogenannten «amphibischen Film» auch eine formal-ästhetische

---

18 EMA 1117: 144.
19 In einem Brief an Marta Feuchtwanger vom 14. August 1984 bekennt Monk, dass er, während er mit dem Projekt «Die Ernennung» befasst sei, manchmal nachlese, was Feuchtwanger über den historischen Roman geschrieben habe. Siehe EMA 708.

Ausrichtung auf beide Abspielmedien zur Folge. Da die Grenze zwischen dem Film für das Kino und jenem für das Fernsehen auf diesem Weg immer durchlässiger wurde, fand auch die Debatte um den Gegensatz zwischen den Medien aus den 1950er- und frühen 1960er-Jahren eine Wiederaufnahme, nur um diesmal den Kinospielfilm zu fokussieren, während das Fernsehspiel die Antithese bildete. So forderte Hans C. Blumenberg 1977 in der Zeit, der Kinofilm müsse sich aus «dem Würgegriff des Fernsehens» befreien, «eigene, vom Fernsehen unterscheidende Formen entwickeln» und «die Faszination der großen Leinwand ausspielen» (Blumenberg 1977). Andreas Meyer kritisierte in diesem Kontext scharf den Charakter des «Lehr-, Tendenz- und Gesinnungstheaters» des Fernsehspiels (Meyer 1977, zit. n. Hickethier 1991: 203). Was wenige Jahre zuvor noch als besondere Qualität gelten durfte, pointiert Knut Hickethier, wurde jetzt abgelehnt: «Gesellschaftskritik galt nun als Gesinnungstheater, stattdessen wurde das Geheimnisvolle herbeigewünscht» (1991: 203). Ende der 1970er-Jahre hieß das «Schlüsselwort» für die an das Fernsehspiel gestellte Forderung «Phantasie» (ebd.: 207). Ein opulent ausgestatteter historischer Spielfilm kann im Prinzip gut auf diese Forderung reagieren, zugleich ‹phantasievoll› und realistisch erzählen.

1978 unterbrach Monk die Arbeit an dem Projekt «Hilferding». Die Gründe dafür sind nicht dokumentiert. Zu großen Teilen sind sie wahrscheinlich in den Schwierigkeiten zu suchen, diesen Stoff in ein Drehbuch zu übersetzen (ausführlich Kap. 14). Womöglich scheuten die Fernsehanstalten, wie auch Monk selbst, sich vor dem Hintergrund der zurückliegenden terroristischen Aktionen der RAF und dem Tod ihrer Führungsriege im Herbst 1977 politisch so weit zu exponieren. 1978 nahm zudem die publizistische Kontroverse um die US-amerikanische Mini-Serie HOLOCAUST (1978, R.: Marvin Chomsky) ihren Anfang (Thiele 2001: 320 ff.), die Monk akribisch verfolgte.[20] Als die westdeutsche Ausstrahlung im Januar 1979 eine ungeahnte Resonanz erzeugte, wurde in der Presse vielfach der Vorwurf laut, dass Fernsehen der Bundesrepublik hätte versäumt, ein massentaugliches Angebot zur Auseinandersetzung mit der Ermordung der europäischen Jüdinnen und Juden entwickelt zu haben. Was damals viele Film- und Fernsehschaffenden als Affront auffassten, dürfte auch Monk veranlasst haben, sich in diesem Diskurs positionieren zu wollen. Im Winter 1978/1979[21] begann er sich um die Verfilmungsrechte von Lion Feuchtwangers sogenannter *Wartesaal*-Trilogie – *Erfolg*, *Die Geschwister Oppermann* und *Exil* – zu bemühen.[22] Erst über einen Umweg, lässt sich somit festhalten, ist Monk dazu gekommen, sich erneut in einer filmischen Form mit der Verfolung und Ermordung der deutschen Jüdinnen und Juden auseinander zu setzen.

---

20 Davon zeugen die umfangreichen Pressesammlungen, die Monk hierzu anlegte, siehe EMA 1528.
21 So notiert es Monk für seine Vorbereitung auf Presseanfragen zu DIE GESCHWISTER OPPERMANN, siehe: «Antworten auf zu erwartende Standardfragen», 7.12.1982, 2. Bl., hier: 1, EMA 1085.
22 So geht es aus der Korrespondenz zwischen Monk und Marta Feuchtwanger hervor, siehe Egon Monk an Marta Feuchtwanger, 20. März 1983, EMA 708.

87 Die Geschwister
Oppermann (1983)

13 1983–1988: Gegenbilder deutscher Geschichte
Die Geschwister Oppermann und Die Bertinis

«How is one to tell a tale that cannot be – but must be – told?»
(Elie Wiesel 1978)

1.

«Es sieht so aus, als würde es in Zukunft ein ‹Vor-*Holocaust*› und ein ‹Nach-*Holocaust*› geben, wenn sich jemand – gleich auf welcher Ebene – mit ‹Endlösung› und Antisemitismus beschäftigen wird», prognostizierte Heinrich Böll 1979 (zit. n. Karalus 1982) – und sollte damit Recht behalten. Für die Fernsehgeschichte der Bundesrepublik markiert die Ausstrahlung der US-amerikanischen Mini-Serie zwischen dem 22. und 26. Januar 1979 eine Zäsur. Die vierteilige Sendung hatte eine beispielhafte Massenwirkung entfaltet (Schulz 2007: 218 ff., 228–235, vgl. Knilli/Zielinski 1982, Märthesheimer/Frenzel 1979), deren Nachhall sogar ein Einfluss auf politische Entscheidungen zugesprochen wird. Als der Bundestag im März 1979 die Verjährungsfrist für NS-Verbrechen verlängerte, war dies, so Frank Bösch, nicht zuletzt der Serie Holocaust zuzuschreiben (Bösch 2007: 2). Aufgrund des Erfolgs der Mini-Serie konnte ihre ästhetische Form ein neues Paradigma für die televisuelle Darstellung von historischen Inhalten bereitstellen, das gleichsam ein Versprechen barg, ein Millionenpublikum anzusprechen (Hickethier/Hoff 1998: 356, Hickethier 2009: 308, Kramp 2011: 455 ff.). Für die filmische Darstellung der Shoah setzte sich damit zugleich die Erzählperspektive der Opferposition durch. In der publizistischen Auseinandersetzung um das Für und Wider dieser Serie bildet sich indessen ein Modellfall dafür ab, wie sich in der Frage nach einer realistischen Repräsentation der Shoah die Fragen der Ästhetik mit jenen der Ethik überkreuzen (vgl. Thiele 2001: 318–329). «How is one to tell a tale that cannot be – but must be – told?», pointierte Elie Wiesel, selbst Überlebender der Lager von Auschwitz und Buchenwald, das zentrale moralische Dilemma in seiner einflussreichen Rezension, die am 19. April 1978 – nach der Ausstrahlung der letzten Episode im US-amerikanischen Fernsehen – in der *New York Times* erschienen war (Wiesel 1978). Das Bemühen, eine angemessene ästhetische Antwort auf dieses Problem zu formulieren, kennzeichnet Monks Fernsehfilme aus den 1980er-Jahren. Die publizistischen Auseinandersetzungen, aber auch die vorausgegangenen fiktionalen Darstellungen selbst artikulieren gleichsam die Herausforderungen, denen er sich dabei zu stellen hatte.

HOLOCAUST erzählt den Genozid an den europäischen Jüdinnen und Juden anhand der fiktiven Familie Weiss, deren Mitglieder auf unterschiedliche Weise den Vernichtungsmaßnahmen der Nationalsozialisten zum Opfer fallen. In mehreren parallel erzählten Handlungssträngen werden die verschiedenen Stationen und Institutionen des organisierten Massenmords beispielhaft visualisiert und in Beziehung zu historischen Schlüsselereignissen wie den Aufstand im Warschauer Ghetto oder das Massaker von Babi Jar gesetzt. Über einen weiteren Handlungsstrang finden sich diese Ereignisse wiederum mit der Aufstiegsgeschichte des fiktiven SS-Karrieristen Erik Dorf verknüpft, der sich von einem Mitläufer zu einem Mitverantwortlichen in der Planung der ‹Endlösung› entwickelt, wie die Nationalsozialisten den Genozid euphemistisch nannten.

Die Anlage der Erzählung, nach der sich fiktive Figuren durch ein historisches Geschehen bewegen und in Interaktion mit Figuren der Geschichte treten, entspringt der Tradition des historischen Romans und verweist daher ebenso auf den historischen Spielfilm. Das forminnovative Moment gegenüber diesen liegt in der Dramaturgie der Mini-Serie, deren Muster seine Vorlage im Konzept der Soap Opera findet.[1] Auch die melodramatischen Strategien in der audiovisuellen Inszenierung des Geschehens[2] und die kommerzielle Ausrichtung der Produktion, die in den USA im privatwirtschaftlich organisierten Fernsehen – durch Werbespots unterbrochen – gesendet wurde, fordern den Vergleich zu dieser Form des seriellen Erzählens heraus. Da sie gewöhnlich triviale Inhalte behandelt, erschien sie vielen Kritiker*innen dem Thema unangemessen, da eine triviale Form schließlich, so der Umkehrschluss, die Gefahr berge, den Inhalt zu trivialisieren (vgl. Wiesel 1978, Lietzmann 1978, Jens 1979). HOLOCAUST «verwandelt ein ontologisches Ereignis in eine Schnulze», heißt es auch in der gekürzten deutschen Übersetzung von Wiesels Kritikschrift, die *Die Zeit* einem Dossier beifügte, das am 19. Januar, drei Tage vor der westdeutschen Ausstrahlung der ersten Folge, erschien. «Gekünstelte Situationen, sentimentale Episoden, unwahrscheinliche Zufälle. Wenn sie einen zum Weinen bringen», stellte Wiesel fest, «dann weint man aus den falschen Gründen» (Wiesel 1979). Die Mini-Serie HOLOCAUST kann demnach also nicht den Anspruch an eine realistische – mithin wahrhaftige – Repräsentation des historischen Geschehens erfüllen und ist durch seine Form nur geeignet, Surrogatgefühle zu provozieren. Daher stellt sie laut Wiesel «eine Beleidigung der Opfer» dar (ebd.).

---

1 Im deutschen Sprachraum hat sich für dieses Muster nach Hans W. Geißendörfers Erläuterungen zur LINDENSTRASSE der Begriff der «Zopfdramaturgie» etabliert (vgl. 1990).
2 Dazu zählen u. a. ein exzessiver Musikeinsatz und eine visuelle Einfühlungsdramaturgie durch Großaufnahmen und identifikationsfördernde analytische Montagekompositionen.

Aus genau diesem Grund «hätten [die Deutschen] ‹Holocaust› nicht machen können», stellte Dieter E. Zimmer in seiner Einleitung für das *Zeit*-Dossier fest (Zimmer 1979: 24). Aus Sorge das Andenken der Opfer zu «schänden» (ebd.), hätte man im Land der Täter die «Naivität und Unbefangenheit, die zu einer so forschen Trivialisierung nötig ist», nicht aufgebracht (ebd.). In Anbetracht der Breitenwirkung, die die Serie beim US-amerikanischen Publikum gehabt habe, sei das Konzept jedoch nicht leichtfertig abzulehnen (ebd.). «Was […], wenn viele Menschen anders gar nicht erreichbar sind? Wenn sich viele höchstens so […] dazu gewinnen lassen, das Unausdenkbare wenigstens bedauerlich zu finden?» (ebd.).

Nachdem die Serie in der Bundesrepublik von Folge zu Folge wachsende Einschaltquoten verzeichnete, und zahlreiche Briefe und Anrufe, die in den Redaktionen der ARD eingingen, von der Betroffenheit der Zuschauer*innen zeugten (vgl. Märthesheimer/Frenzel 1979), schien Zimmers Annahme bestätigt. Vermehrt wurde in der Presse nun der Vorwurf laut, dass diejenigen aus dem Feld der historischen Wissenschaft wie der Medienproduktion, die sich bislang um die Thematisierung der Shoah bemüht hatten, versagt hätten. «Das von Historikern und Publizisten seit Jahren beklagte Desinteresse der Öffentlichkeit an der Vergangenheit entpuppte sich», schrieb Joachim C. Fest in der *Frankfurter Allgemeinen Zeitung*, «als das, was es in Wahrheit ist: das Desinteresse von Historikern und Publizisten an der Öffentlichkeit» (Fest 1979, vgl. Höhne 1979). Auch der scheidende Leiter der Abteilung Fernsehspiel und Unterhaltung des WDR, Günter Rohrbach[3], der für den Erwerb der Mini-Serie verantwortlich war, unterstrich diese Deutung: «Eine Gesellschaft von gebildeten Bürgern kommuniziert miteinander in der Hoffnung, daß die Nachrichten irgendwann einmal, und auf welchen Wegen auch immer, unten ankommen.» Die «scheinbar gesicherte[n] Maßstäbe» dieser «Von-oben-nach-unten-Kultur» habe HOLOCAUST nun «entkräftet» (Rohrbach 1979).

Konsequenzialistisch argumentierte auch Marion Gräfin Dönhoff, die in der *Zeit* alle zuvor erhobenen Einwände gegen die Form der Darstellung als unberechtigt zurückwies. Gegenüber «der moralischen Dimension und Botschaft dieses Films» käme «ästhetischen Kategorien» nicht «die geringste Bedeutung» zu (1979). Ein «profundes Mißverständnis von Ästhetik» stellte Fritz J. Raddatz daraufhin fest, da Dönhoff den Begriff mit «Ästhetizismus» gleichsetze. «Es ist aber anders. *Ästhetik ist Moral*» (1979, Herv. i. O.). «Was nützt uns Kunst – wir brauchen Gemüt: zu Ende gedacht ist das ein verheerender Gedankengang», der «in der Morallosigkeit» enden könne (ebd.). «Ergriffenheit – mag sein. Für mich ist es Sportpalast, anders rum» (ebd.).

Auch wenn die emphatische Aufnahme des Medienprodukts seitens der Rezipient*innen an die Wirkung der NS-Propaganda erinnern mag, ist die Gleichsetzung von melodramatischem Erzählen und Darstellen mit dieser ebenso wenig haltbar wie die Identifikation von Ästhetik mit Ästhetizismus. Dennoch bildet genau diese Voraussetzung die Grundlage für Monks Ablehnung entsprechender Strategien der Inszenierung (vgl. Monk in *SZ* 1988: 54), die seinen stilistischen Ausdruck in erheblichem Maße mitbestimmt. Somit hatte er einen guten Grund, durch den Erfolg der Mini-Serie und die Äußerungen der Presse seine Arbeit für das Fernsehen der Bundererepublik in Frage gestellt zu sehen. Nicht allein das ästhetische Konzept der Serie, auch die eingeschriebene Modellvorstellung ihrer Zuschauer*innen, die Fest und Rohrbach so entschieden als zutreffend kennzeichneten, widerspricht den aufklärerischen Idealen, die Monk bisher verfolgt hatte. Das diagnostizier-

---

3   Günter Rohrbach wurde am 1. Februar 1979 Geschäftsführer der Bavaria Film GmbH München und war bis zum 31. Januar 1994 in dieser Funktion für die Filmproduktion tätig.

te Versäumnis aufzuholen stellte ihn demnach vor eine doppelte Herausforderung: erstens eine angemessene Form für die Darstellung der Shoah zu finden, die die Opfer nicht durch Trivialität beleidigt (Wiesel 1978; 1979), und zweitens zu beweisen, dass in einer solchen Form die Ansprache der Rationalität der Zuschauer*innen möglich ist. Das ist jedoch nicht allein eine Frage der Dramaturgie, sondern auch der audiovisuellen Inszenierung.

Als Monk die Arbeit an DIE GESCHWISTER OPPERMANN aufnahm, hatte sich bereits jene «Ikonographie der Nazizeit herausgebildet», die, wie Anton Kaes ausführt, seit den 1970er-Jahren «immer wieder aufs Neue reproduziert» wurde (1987: 29) – und bis heute prägend ist.[4] Während der Dokumentarfilm häufig Propagandamaterial kompilierte, das seinerseits dazu diente, die öffentliche Inszenierung des Nationalsozialismus zu reproduzieren, finden sich im historischen Spielfilm nach dem Vorbild dieser Bilder die Arrangements nachgestellt: Straßenzüge gesäumt von Hakenkreuzfahnen, Menschenmassen und Fackelzüge in der Dunkelheit, Männer in schwarzen Uniformen mit schweren Stiefeln und blonde, streng frisierte Frauen in der Großaufnahme, der rote Lippenstift in derselben Farbnuance wie die Armbinden und Fahnen im Hintergrund. Diese etablierten Muster der Repräsentation des deutschen Faschismus dürften den Regisseur Monk ebenso herausgefordert haben wie das emotionalisierende Konzept der US-amerikanischen Mini-Serie HOLOCAUST. Vor dem Hintergrund, dass der deutsche Faschismus auch eine «ästhetische Anordnung» war, die auf spezifische Wirkungen zielte, wird ihre realistische Rekonstruktion zu einem Problem der Wirkungsästhetik, da ihr Abbild dazu tendiert, auch die Effekte der Inszenierung zu reproduzieren (vgl. Zielinski 1981: 48, ausführlich Friedländer [1982] 1984).

«[M]an kann nicht ausgiebig etwas zeigen, von dem man sich distanzieren will», betonte Wim Wenders anlässlich der Premiere des Kompilationsfilms HITLER – EINE KARRIERE von Joachim C. Fest und Christian Herrendoerfer bei den Filmfestspielen in Berlin 1977 (Wenders 1977). Diese wollten, so die proklamierte Intention der Filmemacher, der Faszination nachspüren, die Adolf Hitler für die deutsche Bevölkerung entfalten konnte. Wenn man das Ergebnis betrachtet, zeigten sie aber selbst nachhaltig fasziniert von der Wirkung der nationalsozialistischen Propagandaarrangements. Dasselbe lässt sich schließlich auch für Filme anführen, die wie beispielsweise MEPHISTO (BRD/U 1981, R.: István Szabó) nach dem gleichnamigen Roman von Klaus Mann oder Rainer Werner Fassbinders LILI MARLEEN (BRD 1981) die suggestive Komponente der NS-Ästhetik explizit thematisieren (vgl. Abb. 88–90). «Eine derartige Betrachtung von Äußerlichem – nicht ‹von außen› – als Mittel der ‹ironischen Distanzierung› zu interpretieren», urteilte Siegfried Zielinski zu LILI MARLEEN, «bedeutet, die mutmaßliche Haltung des Regisseurs zum gesellschaftlichen Gegenstand der Abbildung als einzig mögliche und bedeutende zu verallgemeinern (Zielinski 1981: 48, Herv. i. O.). Solange sie nicht als «konstruierte Äußerlichkeiten», als «nazistische Fassade» kenntlich gemacht würden, seien sie auch nicht als solche erkennbar (ebd.: 49, vgl. Wenders 1977). Vor dem Hintergrund solcher Befürchtungen sind die DIE GESCHWISTER OPPERMANN und DIE BERTINIS daher nicht allein als Gegenbilder zu HOLOCAUST zu betrachten (vgl. Kansteiner 2006: 116; 119 ff., Bösch 2007: 5), sondern ebenso gegenüber jenen Darstellungen des deutschen Faschismus, in denen die ästhetische Anordnung des ‹Dritten Reichs› eine faszinierende, mithin auch erotisch konnotierte Qualität entfalten kann.

---

4   Bildsprachlich einflussreiche Spielfilme dieser Phase waren unter anderem: LA CADUTA DEGLI DEI (I/BRD 1969, dt. DIE VERDAMMTEN, R.: Luchino Viscontis), CABARET (USA 1972, R.: Bob Fosse), LACOMBE, LUCIEN (F u. a. 1974, R.: Louis Malles), IL PORTIERE DI NOTTE (I 1974, dt. DER NACHTPORTIER, R.: Liliana Cavani) und LE DERNIER MÉTRO (F 1980, dt. DIE LETZTE METRO, R: Francois Truffaut).

13 1983–1988: Gegenbilder deutscher Geschichte

88 HITLER – EINE KARRIERE (1977): NS-Propagandaarrangement (*found footage*)

89 MEPHISTO (1981): Nachstellung von NS-Propagandaarrangement

90 MEPHISTO (1981): Fazinierte NS-Anhängerinnen in der Nahaufnahme

2.

Mit Lion Feuchtwangers *Die Geschwister Oppermann* (1933) nahm sich Monk, ähnlich wie mit Hans Falladas *Bauern, Bonzen und Bomben* knapp zehn Jahre zuvor, eine Zustandsbeschreibung als Ausgangspunkt für eine historische Darstellung. Feuchtwangers im ersten Jahr seines Exils in Sanary-sur-Mer verfasster Roman beleuchtet die Verhaltensweisen gesellschaftlich assimilierter deutscher Jüdinnen und Juden, die die Konsequenzen der politischen Machtübernahme der Nationalsozialisten nicht abzuschätzen vermögen. Mit 50 Jahren Abstand soll dessen Reaktualisierung als Film gleichsam die Frage nach dem ‹Warum› beantworten.

Erneut wählte Monk mit der Romanvorlage den Stoff eines Schriftstellers, dessen Werk vor seiner Verfilmung für das Fernsehen in der Bundesrepublik nicht populär war (vgl. *FAZ* 1981). Zwar war Feuchtwanger, bevor er 1933 ausgebürgert wurde, in Deutschland ein sehr bekannter Autor gewesen. Auch international waren – und blieben – seine Romane äußerst erfolgreich, insbesondere in der Sowjetunion und in seinem Exilland USA, wo Feuchtwanger 1956 starb. Während sein Werk in der DDR bereits ab Mitte der 1950er-Jahre neu aufgelegt wurde und die germanistische Forschung ihre editorische und kritische Arbeit an diesem aufnahm, wurde es von der westdeutschen Germanistik erst zum Ende der 1970er-Jahre im Zuge ihrer Auseinandersetzung mit der Literatur des Exils wiederentdeckt (Vaupel 2007: 142–153). Monk hatte indes, wie er am 20. März 1983 der Witwe des Autors, Marta Feuchtwanger, berichtete, ursprünglich die gesamte *Wartesaal*-Trilogie für das Fernsehen adaptieren wollen. Als er dem Produzenten und Eigentümer von Studio Hamburg Gyula Trebitsch diesen Vorschlag unterbreitete, musste er jedoch erfahren, dass die Verfilmungsrechte von *Erfolg* (1930) und *Exil* (1940) bereits vergeben waren.[5]

Das damalig neu erwachte Interesse an der *Wartesaal-Trilogie* dürfte nicht zuletzt in dem Verkaufserfolg begründet liegen, den die Taschenbuchausgabe des ersten Teils – *Erfolg* – nach ihrem Erscheinen 1978 zu verzeichnen hatte (Modick 1981a: 8). Außerdem versprach eine Verfilmung das infolge der HOLOCAUST-Ausstrahlung gesteigerte Publikumsinteresse nach populär aufbereiteten Stoffen über den Nationalsozialismus zu befriedigen. EXIL wurde im Auftrag des WDR als siebenteilige Serie umgesetzt und 1981 in der ARD ausgestrahlt. Der *Frankfurter Allgemeinen Zeitung* zufolge schloss sie sich «nach Fassbinders ‹Alexanderplatz› wie eine Fortsetzung» an die «‹dichterische[...] Berichterstattung über deutsche Geschichte» an (*FAZ* 1981, vgl. Modick 1981b: 208). Für die Realisation war der DEFA-Regisseur Egon Günther verantwortlich – was Klaus Modick als ein Zeichen des Respekts vor der Rezeptionsgeschichte Feuchtwangers von Seiten der Sendeanstalt interpretierte (1981b: 212), aber auch schlicht darauf hinweist, dass die Programmverantwortlichen derartige Literaturverfilmungen als Prestigeprojekte auffassten, die mit hohem Budget und einem renommierten Cast ausgestattet wurden. Das Verfilmungsrecht von *Erfolg* blieb lange Zeit «ungenutzt»[6], was Monk besonders ärgerte, weil er sich mit Vorliebe diesem Roman gewidmet hätte. Erst 1991 wurde ERFOLG – nachdem zuerst Bernhard Wicki im Gespräch war – in der Regie von Franz Seitz als Kinospielfilm realisiert und anschließend in einer dreiteiligen Fassung auch im Fernsehen gesendet. Monks Adaption der *Geschwister Oppermann* wiederum ist als zweiteiliger Fernsehfilm konzipiert, der am 30. und 31. November 1983 zur Hauptsendezeit im ZDF ausgestrahlt wurde. Die Produktion stand damit im Zentrum eines Fernsehprogramms, das sich an-

---

5   Monk an Marta Feuchtwanger, 20. März 1983, EMA 708.
6   Ebd.

lässlich der 50 Jahre zurückliegenden Ernennung Adolf Hitlers zum Reichskanzler dem kulturellen Gedenken an die Opfer der nationalsozialistischen Herrschaft widmete (siehe ZDF 1983, vgl. Ungureit 1982, Visarius 1983). Zeitgleich zur westdeutschen Sendung wurde DIE GESCHWISTER OPPERMANN in 13 Ländern, unter anderem in Österreich, der Schweiz, Großbritannien, Schweden, Kanada, Australien und Neuseeland sowie – einige Tage versetzt – als erste deutsche Produktion im Originalton in Israel ausgestrahlt (Barrey 1983). Das Presse-Echo war enorm und überaus positiv (vgl. exemplarisch: Delling 1983, Kramberg 1983, *liv* 1983, O'Connor 1983, Steinbach 1983, Würker 1983, *Hamburger Abendblatt* 1983).

DIE GESCHWISTER OPPERMANN portraitiert eine bürgerliche jüdische Familie vor dem Hintergrund der politischen Machtübernahme der Nationalsozialisten, die den deutschen Faschismus zu lange nicht als ernsthafte Bedrohung begreift. Martin Oppermann (Wolfgang Kieling), der die Leitung der familieneigenen Möbelhauskette innehat, sieht für den Fall eines Machtwechsels nur finanzielle Einbußen voraus. Am Vorabend der Reichstagswahlen vom 6. November 1932 drängt er deswegen seine Geschwister dazu, die Firma mit dem Familiennamen in eine anonyme Aktiengesellschaft, die *Deutsche Möbel AG*, zu wandeln und ihren Konkurrenten, den nicht-jüdischen Möbelhersteller Heinrich Wels jr., zu beteiligen. So soll dem Geschäft das «*Odium des jüdischen Hauses*» genommen werden. Unterstützung erhält dieser Plan nur von Jacques Lavendel (Kurt Sobotka), dem Ehemann seiner Schwester Klara (Andrea Dahmen), der künftig mit Pogromen rechnet. Der jüngere Bruder Professor Edgar Oppermann (Peter Fitz), Chefarzt am Städtischen Krankenhaus, interessiert sich hingegen nur für seine medizinische Forschung, und der Älteste unter ihnen, der Intellektuelle Dr. Gustav Oppermann (Michael Degen), glaubt nicht an einen langfristigen Erfolg der Nazis. Als während der großen Feier zu Gustav Oppermanns 50. Geburtstag das Radio über den Mandatsverlust der NSDAP berichtet, scheint dessen Optimismus bestätigt. Da anschließend auch die Zeitungen «*Zuversicht an den Börsen*» melden, sieht Martin Oppermann ebenfalls die unmittelbare Gefahr gebannt und lässt die Verhandlungen mit Wels (Eberhard Fechner) durch sein kühles Auftreten scheitern. Unterdessen sieht sich sein 17-jähriger Sohn Berthold (Till Topf) von seinem neuen Klassenlehrer, dem Nationalsozialisten Dr. Vogelsang (Klaus Mikoleit), zu einem Referat zum Thema «*Was bedeutet uns Deutschen heute Hermann der Cherusker?*» aufgefordert. Obwohl Berthold diese Themensetzung als eine Herausforderung erkennt, an der er als Jude scheitern soll, nimmt er sie an. Mit großer Sorgfalt arbeitet er ein Manuskript aus, das auf Grundlage der einschlägigen Historikermeinungen kritisch die Leistungen Hermanns beleuchtet und im Resümee die identitätsstiftende Bedeutung dieser Figur für das deutsche Nationalbewusstsein unterstreicht. Bevor er jedoch seinen Vortrag gegenüber der Klasse mit würdigenden Worten beschließen kann, unterbricht ihn Vogelsang und verlangt eine Entschuldigung für seine «*vaterlandsverräterische*» Rede. Berthold verweigert sich.

Nach Hitlers Ernennung zum Reichskanzler am 30. November 1933 – womit der erste Teil des Fernsehfilms sein Ende nimmt – ruft Martin Oppermann seine Geschwister erneut zu einer Besprechung zusammen. Diesmal stößt der Plan, das Familienunternehmen nun zügig in die *Deutsche Möbel AG* umzuwandeln, auf heftigen Widerstand seitens Gustavs, der darauf beharrt, dass sich das «*deutsche Kulturvolk*» nicht gegen seinen jüdischen Bevölkerungsanteil wenden wird. Doch bereits kurz darauf muss Martin dem nun in SA-Uniform auftretenden Wels acht von neun Filialen des Möbelhauses Oppermann überschreiben; nur bis zum Ende des Jahres darf er das Stammhaus unter seinem Familiennamen weiterführen. Gustav Oppermann, der eine Verhaftung befürchten muss, weil er ein Manifest demokratischer Schriftsteller unterzeichnet hat, flieht auf Anraten seines

Freundes Professor Mühlheim (Gert Haucke) am Folgeabend des «Reichstagsbrandes» in die Schweiz. Auch Berthold Oppermanns Situation spitzt sich nun zu: sollte er sich nicht öffentlich für das Referat entschuldigen, würde er des Gymnasiums verwiesen werden. Da er durch diese Geste seine Würde bedroht wähnt, begeht er Suizid. Am Tag des «Judenboykotts» vom 1. April 1933 marschiert eine SA-Mannschaft im Krankenhaus ein. Während sie diejenigen Patienten, die sich von jüdischen Medizinern haben behandeln lassen, mit einem Stempelaufdruck versehen, der sie als «*Vaterlandsverräter*» markiert, müssen Edgar Oppermann und 28 seiner jüdischen Kollegen die Krankenstationen verlassen und vor dem Haus Aufstellung nehmen. Währenddessen weigert sich Martin Oppermann, seinen jüdischen Angestellten Markus Wolfsohn (Karl Friedrich Gerster) zu entlassen. Am Abend wird er deswegen auf Weisung des Packers Hinkel (Peter Wagenbreth), der nun Leiter der nationalsozialistischen Betriebszelle ist, von der SA abgeführt. Nach mehreren Tagen Haft, unter Schlafentzug und die brutale Misshandlung von Mitgefangenen erlebend, gibt er schließlich der Forderung nach. Als gebrochener Mann sitzt er am Ende auf der Straße (siehe Abb. 91–92).

Das Handlungsgeschehen des Fernsehfilms fällt gegenüber dem des Romans deutlich reduziert aus; es entspricht im Wesentlichen seinen ersten beiden Teilen *Gestern* und *Heute* (siehe Feuchtwanger 2008). Darüber verschiebt sich die funktionale Gewichtung von einzelnen Figuren und mithin die der mit ihnen verknüpften Handlungsstränge. Der dritte Teil des Romans, *Morgen,* erzählt unter anderem, wie Gustav Oppermann, der im Exil von der Existenz der Konzentrationslager erfährt, nach Deutschland zurückkehrt und infolge seiner Aktivitäten im politischen Widerstand in Gefangenschaft gerät. Von Freunden gerettet, stirbt er am Ende in einem Schweizer Krankenhaus. Seine Geschwister überleben indes im Exil. Während die Figur Gustav Oppermann in der Vorlage eine privilegierte Position einnimmt, anhand derer Feuchtwanger die Möglichkeit einer Veränderung von der passiven, zuwartenden Haltung des Intellektuellen zum eingreifenden Handeln durchspielt (vgl. Hans/Winckler 1983: 37 f.), legt Monks Verfilmung den Schwerpunkt auf die Ereignisse, die sich um Martin Oppermann und seinen Sohn Berthold verdichten (vgl. Schmidt 1983). Zudem konzentriert sie sich auf die Darstellung des großbürgerlichen Milieus; der Handlungsstrang um den Möbelhausangestellten Wolfsohn, der im Roman als Stellvertreterfigur eines armen Juden in Berlin fungiert, ist nahezu vollständig gestrichen. Da in der Verfilmung der Werdegang aller überlebenden Familienmitglieder im Ungewissen bleibt, verweigert sie auch den noch als versöhnlich auslegbaren Schluss der Romanhandlung. In der Zeichnung der Lebenswelt der Oppermanns wie auch in der Charakterisierung der Figuren hingegen bleibt der Fernsehfilm der Vorlage sehr ähnlich. Monks Adaption unterscheidet sich damit eindrücklich von der ersten Verfilmung der *Geschwister Oppermann*, dem sowjetischen Spielfilm SEMYA OPPENGEYM (int. THE OPPENHEIM FAMILY).

SEMYA OPPENGEYM wurde 1939 in der Regie von Grigori Roshal im Kontext eines antifaschistischen Propagandabestrebens und mit Unterstützung von Feuchtwanger selbst realisiert (Skolnik 2009). Da die Produktion zugleich unter den Bedingungen einer verschärft anti-trotzkistisch ausgerichteten Kulturpolitik in der UdSSR erfolgte, die ihrerseits offenkundig antisemitisch konnotiert war, findet sich die Geschichte hier in eine kommunistische Widerstandserzählung transformiert. Ihre eigentlichen Helden sind zu klassenbewussten Proletariern umgedeutete und hinzugefügte Nebenfiguren, denen gegenüber die bürgerlichen Protagonisten passiv erscheinen. In der Markierung ihrer *Jewishness*[7] wiederum bedient sich der Film antisemitischer Stereotype: Der Chefarzt Edgar Op-

---

7 ‹Jüdischkeit› verstanden als Eigenschaft der fiktiven Figur, vgl. Wohl von Haselberg 2016: 119 ff.

13 1983–1988: Gegenbilder deutscher Geschichte

91 Die Geschwister Oppermann (1983): Als gebrochener Mann sitzt Martin Oppermann (Wolfgang Kieling) am Ende auf der Straße

92 Die Geschwister Oppermann (1983): Schlussbild, das Möbelhaus Oppermann nach der Enteignung

permann tritt als verträumter Geigenspieler auf und Jacques Lavendel, der hier ein US-amerikanischer Staatsbürger ist, findet sich als ‹kosmopolitischer› Kapitalist überzeichnet (ebd.: 242–244). Monk hingegen, dem zwar nicht dieser Film (siehe Schmidt 1983 [Anhang, Interview mit Egon Monk 12.12.1981: 2]), wohl aber die Stereotype bekannt waren, zeigt sich bemüht, die Figuren so wenig wie möglich als ‹die Anderen› auszuweisen. Darin folgt er zunächst der Vorlage, die von einer Familie erzählt, die ihren religiösen und kulturellen Bezug zum Judentum abgelegt hat. Beinahe alle Figuren tragen betont deutsch anmutende, auf ihre Assimilation verweisende Vornamen (vgl. Wohl von Haselberg 2016: 142). Die Ausnahmen sind Edgar Oppermanns Tochter Ruth (im Film gespielt von Britta Pohland), die als bekennende Zionistin erkennbar sein soll, und der Schwager Jacques Lavendel, der neben Ruth der einzige zu sein scheint, der sich affirmativ auf sein Judentum bezieht. Als Berthold ihn in den Schulferien besucht, trägt Lavendel eine *Kippa*, und der Salon seiner großzügigen Wohnung ist mit *Menorot* geschmückt (vgl. ebd.: 135). Durch die zuvor gezeigte Außenansicht des Mehrfamilienhauses, die im Fenster der Wohnung im Erdgeschoss einen Weihnachtsbaum betont, ist zudem das Fehlen von Weihnachtsschmuck augenfällig. Ein jiddisches Lied, das Lavendel zum Ende jener Szene anstimmt, unterstreicht seine osteuropäische Herkunft, die zugleich die Wahrung jüdischer Traditionen im Haushalt dieser Familie erklärt (siehe I, Min. 1:33:17–1:37:20).

Dass die anderen Mitglieder der Familie Oppermann und einige ihrer Bekannten ebenfalls jüdisch sind, wird hauptsächlich innerhalb der Figurenrede angezeigt – etwa, wenn Gustav oder Edgar die Möglichkeit antisemitischer Ressentiments erwägen oder sich der Prokurist des Familienunternehmens, Siegfried Brieger (Kurt-Otto Fritsch), am Abend von Gustavs Geburtstagsfeier in Sprachwitzen über die jüdische Assimilation mokiert (vgl. Wohl von Haselberg 2016: 154 ff., siehe I, Min. 35:10). Dessen Bemerkung über seine vermeintlich typisch semitische Physiognomie jedoch, an der er, wie er im Roman «behaglich auf seine große Nase weisend» äußert, als Jude erkennbar sei (Feuchtwanger 2008: 43), ist in der Filmszene nicht enthalten. Ingo Loose zufolge spiegelt sich in dieser Auslassung der herrschende Diskurs wider: «Was der Jude Feuchtwanger 1933 schreiben durfte, hielt man in der Bundesrepublik Anfang der 1980er-Jahre nur teilweise für sagbar» (Loose 2010: 98). Doch diese Vorgehensweise des Bearbeiters ist, wenn wir Monks Angaben Glauben schenken mögen, nicht allein der politischen Korrektheit (vgl. ebd.) geschuldet. Sie liegt vielmehr in seiner Interpretation der historischen Situation und seinem Streben nach einer realistischen Darstellung begründet. Wer «aus der Geschichte der jüdischen Deutschen einen Sonderfall» mache, erklärt Monk in seinen veröffentlichten *Anmerkungen zum Drehbuch*, sei bereits «in Hitlers Falle getappt» (Monk 1982b: 172). Die Verfolgung der Familie Oppermann müsse deswegen «von uns Deutschen [...] als Verfolgung von Deutschen durch Deutsche gezeigt werden. Für uns ist das ein deutsches Thema, eine nationale Frage, keine Rassenfrage» (ebd.); sie als letztere zu interpretieren bedeute schließlich, den «Hitlerischen Denk- und Sprachregulierungen» zu erliegen (ebd.).[8] Zwar reduziert Monk die Markierungen, die in der Vorlage die Identität der Oppermanns und ihrer Bekannten als jüdisch ausweisen, um potenzielle antisemitische Lesarten zu minimieren. Das Ziel dieser Verfahrensweise, die die Stellung der Oppermanns als gutsituierte *deutsche* Bürgerliche hervorhebt,[9] ist jedoch, das antisemitische Argument zu unterminieren, das die Annahme, ‹die Juden› seien ‹die Anderen›, als notwendige Bedingung voraussetzt. In diesem Punkt könnte er sich erneut auf Hannah Ahrendt berufen, die in *Elemente und Ursprünge totaler Herrschaft* die Übernahme dieser Verstellung als antisemitischen Topos der Geschichtsschreibung kritisiert (vgl. Arendt 1955: 31).

Als bürgerliche Jüdinnen und Juden sind die Oppermanns nicht ‹die Anderen›. Einer Versuchsanordnung gleich sind sie nach der Romanvorlage beruflich so platziert, dass sie die zentralen Gesellschaftsbereiche Handel, Wissenschaft, Kunst und Bildung exemplarisch abzudecken vermögen (vgl. Hans/Winckler 1983: 37). Da sie sich fest in diesen Positionen etabliert wähnen, können sie auch kaum damit rechnen, binnen eines halben Jahres aus diesen herausgedrängt zu werden und alles zu verlieren: ihren Besitz, ihre Stellung in der Gesellschaft, ihre national definierte Identität, ihre Würde und schließlich, im Falle Berthold Oppermanns, sogar ihr Leben. Es ist somit ein Sturz aus großer Höhe, den die Exposition vorbereitet.

8 Diese Aussagen referiert auch Valentin Polcuch zur Vorankündigung des Films am 29. Januar in der *Welt* (siehe Polcuch 1983).

9 Aus diesem Grund sind in DIE GESCHWISTER OPPERMANN auch jiddische Idiome, die innerhalb filmischer Darstellung häufig die *Jewishness* einer Figur gleich welcher geografischen und sozialen Herkunft signalisieren, dem Sprachausdruck des – offenbar aus Galizien stammenden – Lavendels und des sozialen Aufsteigers Brieger vorbehalten (vgl. Wohl von Haselberg 2016: 168 ff.).

13 1983–1988: Gegenbilder deutscher Geschichte

Der Fernsehfilm eröffnet mit einer zweiminütigen Montagesequenz. Ähnlich wie in den rahmenden Passagen von DIE GEWEHRE DER FRAU CARRAR aus dem Jahr 1975 setzt sich diese aus Zeitungsfotografien und -schlagzeilen des erzählten historischen Zeitraums zusammen, die durch Kamerabewegung und Zoom-Effekte eine bewegte Anmutung erhalten. Im Unterschied zur Verfahrensweise der zweiten CARRAR-Inszenierung ist die Kompilation jedoch nicht mit einem dominierenden Kommentar, sondern allein mit einer Instrumentalkomposition von Alexander Goehr unterlegt. Es sind unterschiedliche Periodika wie die liberale *Vossische Zeitung* und das SPD-Parteiorgan *Vorwärts*, die von einem «Neuen[n] Hungerwinter» künden und Menschen abbilden, die in langen Schlangen vor der Suppenküche anstehen (siehe I, Min. 0:00–2:12). Die anschließenden Sequenzen malen mit großer Ausführlichkeit das bürgerlich-liberale Milieu aus, dem die Familie Oppermann angehört. Die visuelle Inszenierung, für deren Kameraführung Wolfgang Treu verantwortlich zeichnet, zielt auf atmosphärische Geschlossenheit hin und scheint Bewunderung für die Eleganz dieses Reichtums wecken zu wollen. «Anfangs denkt man: Bißchen viel feine Welt und reiche Leute», bemerkte so auch Fritz J. Raddatz, dessen Rezension als Vorankündigung in der *Zeit* erschien (1983).

93 DIE GESCHWISTER OPPERMANN (1983): Die Bibliothek von Gustav Oppermann (Michael Degen)

94 DIE GESCHWISTER OPPERMANN (1983): Gustav Oppermann (Michael Degen)

Zur Einführung der Figur Gustav Oppermann (I/2:12–3:16) tastet die Kamera in einem sanft geführten Halbkreis zunächst die vollen Bücherregale seiner Bibliothek und das leichte Mobiliar im Bauhausdesign seines Arbeitszimmers ab, um ihn schließlich an seinem Schreibtisch sitzend in der Halbtotalen zu exponieren (Abb. 93). Im warmen Licht einer Tischleuchte, Bücher rechts und links von sich platziert, ist er in seine Lektüre vertieft. Er reagiert erstaunt, als er den Kopf hebt und den Hausdiener Schlüter (Rolf Schimpf) am anderen Ende des Zimmers stehen sieht. Höflich erinnert ihn dieser an den Termin mit seinen Geschwistern, was Gustav Oppermann dann, ein bisschen unwillig, mit einem prüfenden Blick auf seine Armbanduhr abnickt (Abb. 94). Seinen 50. Geburtstag beginnt er mit einem Ausritt in der Morgensonne, um anschließend die Geschenke von Freunden und Familie entgegen zu nehmen. Auch seine Geliebte Sybil (Ilona Grübel) besucht ihn, die, gut 20 Jahre jünger und modern gekleidet, sein gelungenes Lebensbild ergänzt. Zufrieden blickt Gustav Oppermann am Abend in die Runde seiner Gäste und quittiert mit einem Lächeln ihre kultiviert ablaufenden Streitgespräche über die Tagespolitik.

13 1983-1988: Gegenbilder deutscher Geschichte

Der Kontrast zwischen der Lebensrealität, die die Kompilation zur Eröffnung bebildert und der Welt, in der sich die Oppermanns bewegen, bildet ein wesentliches Strukturmerkmal der Erzählweise von DIE GESCHWISTER OPPERMANN. Dreimal unterbrechen Montagesequenzen von ca. zwei Minuten Länge, die jene Veröffentlichungen zeigen, aus denen sich die deutsche Bevölkerung zum Jahreswechsel 1932/33 über die gesellschaftspolitische Situation hätte informieren können, jeweils den ersten und zweiten Teil der Filmerzählung. Wenn die Kamera mit suchenden Bewegungen über Schriften und Bilder fährt und durch plötzliche *zoom-in* aus den Fotografien von Politikern die Konstellationen zwischen ihnen herausstellt, betrachtet sie diese eindeutig aus einem gegenwärtigen Standpunkt, der in diesen Dokumenten nach den Anzeichen für die sich verschärfende Krise forscht. Aus der Perspektive der Gegenwart markieren bereits die Schlagzeilen, die die Montagesequenzen jeweils eröffnen, die sich anbahnende Machtverschiebung: «*Hitlers vermeintliche Niederlage*» (I/Min. 50:38) – «*Morgen: Hitler*» (I/Min. 1:09:03) – *Die Krise dauert an*» (I/Min. 1:31:40) – «*Neues Jahr, neuer Kampf*» (I/Min. 1:44:42) – «*30. Januar*» (II/Min. 3:05) – «*Der Reichstag in Flammen!*» (II/Min. 56:50) – «*Boykott*» (II/Min. 1:27:18).

Während die Rekonstruktion der vergangenen Lebenswelt in DIE GESCHWISTER OPPERMANN ähnlich detailliert ausfällt wie in TADELLÖSER & WOLFF, erweitern die Montagesequenzen die begrenzte Perspektive, die die portraitierten Figuren auf die geschichtlichen Ereignisse haben. Darüber hinaus unterstreicht ihr kontrapunktischer Einsatz innerhalb der Szenenfolge die massive Fehleinschätzung der politischen Entwicklung, der die Oppermanns und ihre liberalen Freunde unterliegen. Während die Inhalte der Presse bezeugen, wie sich der Tonfall gegenüber ‹den Juden› sukzessive verschärft und im zweiten Teil des Films von der Gauzeitung der Berliner NSDAP auf die parteiungebundenen Periodika überzugreifen beginnt, veranschaulichen die Reaktionen der Oppermanns, dass sie diese Zeichen nicht erkennen. Selbst als der Chefarzt Edgar Oppermann – nunmehr in einer fingierten Ausgabe – zum Objekt einer antisemitischen Kampagne wird, zuckt er nur mit den Schultern. (II/Min. 16:22). Für die Rezipient*innen, denen die Geschichte der Shoah zumindest teilweise bekannt ist, generiert sich daraus eine Art *Suspense*-Effekt, den auch Raddatz mit einem Verweis auf das Vorbild Brecht hervorhebt:

> Wie [...] dem vornehm-verständnislos-lügnerischen Ehemann der «Jüdischen Frau» (aus «Furcht und Elend des III. Reiches») möchte man auch diesen Herren im Gehpelz und Damen in grauer Wildseide zurufen: «Begreift ihr denn nicht, seht ihr nicht die Schlinge? Wehrt euch, haut ab, rettet euch – kämpft!» *(Raddatz 1983)*

Raddatz' Vergleich mit Brechts Szenenfolge ist auch deswegen naheliegend, weil die Montagesequenzen in DIE GESCHWISTER OPPERMANN, indem sie die kausal-logische Ereigniskette punktuell unterbrechen, ebenso die Geschlossenheit der Erzählform aufbrechen und darüber ihren einzelnen Handlungssequenzen einen Eigenwert zuordnen. DIE GESCHWISTER OPPERMANN lassen sich daher als eine «Gestentafel» lesen, die – ähnlich wie *Furcht und Elend des III. Reiches* – die Reaktionen und Erklärungsmuster unterschiedlicher Typen auf die politische Machtverschiebung veranschaulichen (vgl. Hans/Winckler 1983: 35). Besonders auffällig tritt dieses Moment in jener Sequenz zu Tage, die in elliptischer Form von Berthold Oppermanns Recherchen für sein Schulreferat über Hermann den Cherusker erzählt. Die Befragungen, die er im Familien- und Bekanntenkreis vornimmt, eröffnen dabei nicht nur ein Panorama unterschiedlicher Einschätzungen zur kulturellen Identität der Deutschen, sondern erläutern auch die Funktionalisierung des Hermann-Mythos für die nationalistische Selbstbestimmung (vgl. I, Min. 1:10:45–1:22:25).

Indem Monk sich für die Erzählung der Geschichte der Familie Oppermann dem Organisationsmuster der «Gstentafel» orientiert, verfolgt er ein dramaturgisches Gegenmodell zu HOLOCAUST, das die Zuschauer*innen auffordert, den Beginn von ‹Furcht und Elend des Dritten Reiches› zu beobachten, ohne zur Einfühlung in die individuellen Befindlichkeiten der Figuren einzuladen. Darüber und durch seine Fokussierung auf das Milieu seiner Hauptfiguren hält der Fernsehfilm zugleich die ästhetische Anordnung des deutschen Faschismus auf Distanz. Statt die unheilvolle Faszination der NS-Inszenierungen zu reproduzieren, thematisiert er das Unverständnis, mit dem die (jüdischen) Großbürger darauf reagieren. So ist auch der Fackelzug anlässlich Hitlers Wahlsieg vom 30. Januar 1933 – mithin *das* Musterbeispiel für die performative Dimension der NS-Propaganda – nur in *einer* Aufnahme nachinszeniert, in der SA-Uniformierte an dem Hauptsitz des Möbelhauses Oppermann in der Gertraudenstraße vorbeiziehen (I, Min. 1:54: 59). Ansonsten bleibt dieses Ereignis nur als undeutliches Geräusch im Hintergrund präsent. Edgar Oppermann fühlt sich davon in seiner Forschungsarbeit gestört. Auf seine unwirsche Frage hin erklärt ihm die Oberschwester Helene (Eva Brumby), dass es sich um Joseph Goebbels Rundfunkübertragung handle, die aus dem Radio in der Aufnahme des Krankenhauses zu hören sei. «*Fackelzug. So was gab's doch früher nicht*», entgegnet er ohne auch nur aufzublicken, «*und dann noch im Radio*». Kopfschüttelnd quittiert er das Medienspektakel und ignoriert seine Wirkung. Professor Mühlheim hingegen, der mit dem Dichter Gutwetter (Hannes Messemer) und Sybil den Abend im Haus des gemeinsamen Freundes Gustav Oppermanns verbringt, äußert sich besorgt über den «*entfesselten Kleinbürger*», der sich nun offenbare. Gutwetter aber zeigt sich vom nationalistischen Pathos hingerissen. «*Das Jahrhundert der großen Schlachten hat erst begonnen*», prophezeit er in getragener Intonation.

Ein Jahrhundert der Vernichtung wird es sein. Die Endgeschlechter der weißen Rasse werden unerbittlich aneinander gehen. Der Donner wird sich mit dem Meer, das Feuer mit der Erde begatten. Dafür muss man Gehirne mit Hörnern züchten. Darin sehe ich den Sinn des Dritten Reiches. Eine militante Transzendenz, ein Richtertum aus hohen, wehrenden Gesetzen, Züchtung von Rausch und Opfer für das Sein verwandlungsloser Tiere. Ja, das ist die Perspektive.
(I, Min: 1:53:22–1:54:00)

Völlig verständnislos sehen ihn die beiden anderen Männer an. «*Na schön, wenn Sie meinen. Aber vorher nehmen Sie vielleicht noch einen Cognac und eine Zigarre*», erwidert Mühlheim (1:54:10), und gibt dem Gespräch somit eine prosaische Wendung, die die faschistische Todes- und Opferromantik (vgl. Friedländer 1984) in den Worten des Dichters der Lächerlichkeit preisgibt (vgl. Feuchtwanger 2008: 113).

Die konkreten Folgen dieser Ideologie sind indes keineswegs lächerlich. Als Martin Oppermann in der letzten Handlungssequenz des zweiten Teils von der SA in einen Keller verschleppt wird, um zur Aufgabe seines Widerstands gezwungen zu werden, muss er mit anderen Inhaftierten das Gesicht zur Wand in einer Reihe Aufstellung nehmen und dort stundenlang verharren, während die Männer der SA im selben Raum am Tisch sitzen, Frühstück, Mittag, Abendbrot essen, Karten spielen und trinken (vgl. II, Min. 1:51:18–1:55:00). Unterdessen lassen sie unablässig eine Schallplatte mit aufgezeichneten Hetzreden spielen (Abb. 87). In dieser Schallplatte, die zu Beginn der Szene durch eine Großaufnahme exponiert wird, findet sich der Zusammenhang von Propaganda und Gewaltherrschaft letztlich kondensiert: während ihre drehende Bewegung die zirkuläre, sich fortwährend selbstbestätigende Struktur der Propaganda versinnbildlicht, wird sie aus

13 1983–1988: Gegenbilder deutscher Geschichte

95 Die Geschwister Oppermann (1983): Die zerstörte Bibliothek von Gustav Oppermann

96 Die Geschwister Oppermann (1983): Frau Schlüter versorgt ihren Ehemann

dem szenischen Zusammenhang heraus als ein Folterinstrument markiert, von dem keine dunkle Faszination ausgeht. Es ist die ‹Nazi-Platte›.

Die Oppermanns bagatellisieren die Gefahr, die von der nationalsozialistischen Bewegung ausgeht, und warten geduldig ab. Dadurch verpassen sie jenen Augenblick, in dem sie sich noch hätten retten können. Darauf verweist auch das wiederkehrende Bildmotiv der Uhr, das immer dann exponiert wird, wenn sich eine weitere Stufe der Repression ankündigt. Die Oppermanns können sich jedoch nicht von ihren Verhaltensmustern lösen. Auch ihre kleinen Gesten des Widerstandes sind eine Variation ihres bisherigen Verhaltens. Zur Kennzeichnung dieses Moments bedient sich Monk wiederholender Inszenierungsmuster. So beginnt der zweite Teil des Fernsehfilms nicht nur mit einer Variation derselben Situation, in der die Geschwister Oppermann mit den Prokuristen der Firma zur Besprechung in der Gertraudenstraße zusammenkommen. Auch ihre filmische Auflösung erfolgt in derselben Weise (vgl. II, 5:11–16:22). Ebenso verfährt Monk in jener Szene, die Gustav Oppermanns Reise in das Schweizer Exil einleitet. In exakt derselben Einstellungsfolge, die den Intellektuellen zu Beginn des ersten Teils in seinem Arbeitszimmer vorgestellt hat, sehen wir Gustav Oppermann an seinem Schreibtisch sitzen und überrascht reagieren, als sein Hausdiener Schlüter ihn an die Abfahrt erinnert (II, Min. 50:08–51:40, vgl. Schumacher/Stuhlmann 2012: 172).

Bezeichnenderweise sind in der Repräsentation des Handlungsgeschehens diejenigen Episoden ausgespart, die größeres Potenzial zur emotionalen Involvierung der Rezipient*innen bergen: die Zerstörung jener Bibliothek, deren Schönheit die visuelle Inszenierung zuvor herausgestellt hatte, wird in der anschließenden Sequenz ebenso wenig gezeigt, wie die Misshandlungen, die Schlüter durch die Männer der SA erfahren musste. Stattdessen ist nur das Ergebnis repräsentiert. In einer dritten Wiederholung inszeniert dieselbe Einstellungsfolge, die sich an den vollen Bücherregalen entlanggetastet hatte, auch den Zustand ihrer Verwüstung (siehe Abb. 95). Durch die Tür zur Küche, in der totalen Ansicht, ist anschließend Frau Schlüter zu sehen (Abb. 96), die ihrem Mann, leise weinend, das Gesicht abtupft (II, Min. 54:55–56:50). Von den Reaktionen des Vaters auf Bertholds Suizid gibt sogar nur ein Bericht der Mutter Auskunft (II, Min. 1:24:53–1:27:18). Jene Momente also, die ein melodramatisches Konzept wie HOLOCAUST im szenischen Spiel hervorgehoben hätte, werden in DIE GESCHWISTER OPPERMANN bewusst ausgelassen. Dies bestätigt die These, dass Monk diesen zweiteiligen Fernsehfilm als Gegenentwurf zu dem US-amerikanischen Serienerfolg angelegt hat. Eine vergleichbare Strategie verfolgte Monk auch für DIE BERTINIS.

3.

Die letzte Regiearbeit, die Monk für das Fernsehen der Bundesrepublik realisierte, ist zugleich eine seiner bekanntesten – keiner der Nachrufe auf den Regisseur versäumt es, auf den fünfteiligen Fernsehfilm DIE BERTINIS hinzuweisen, der zwischen dem 31. Oktober und dem 8. November 1988 im ZDF ausgestrahlt wurde.[10] Der Sonderstatus dieses Films liegt nicht zuletzt in der ungebrochenen Popularität seiner Stoffgrundlage, Ralph Giordanos gleichnamigen und weithin bekanntem Roman (1982) begründet, in dem er die Verfolgungsgeschichte seiner Familie verarbeitet hat. Anlässlich der Ersterscheinung im Mai 1982 rühmte Heinrich Böll diesen als «notwendige Ergänzung» zu Christa Wolfs *Kindheitsmuster* (1976), Günter Grass' *Blechtrommel* (1959), Siegfried Lenz' *Heimatmuseum* (1978), Walter Kempowskis *Tadellöser & Wolff* (1971) und der «vielen anderen autobiographisch eingefärbten Romanen über die Epoche, die 1933 begann und 1945 endete» (Böll 1982: 222). Ergänzen konnte Giordano diese Reihe in erster Linie um die Perspektive eines jüdischen Überlebenden der Nazi-Verfolgung. Bis heute gelten *Die Bertinis* als zentrales Werk des Ende 2014 verstorbenen Publizisten, der die ihm zugeordnete Rolle des «Mahners und Wächters» in der Öffentlichkeit stets mit Überzeugung ausgefüllt hatte (Winkler 2014, vgl. Spiegel 2003). Seine Sichtbarkeit als jüdischer Autor verdankt Giordano wiederum nicht zuletzt der fünfteiligen Fernsehadaption seines Romans (Gillman 1995: 34, Reiter 2013: 168 ff.). *Die Bertinis* sind daher als ‹Zeugenaussage› einer moralischen Instanz der Bundesrepublik zu betrachten, deren Bedeutsamkeit zuerst auf die Verfilmung ausstrahlen und dann wieder auf den Roman zurückwirken konnte (vgl. Winkler 2014, FAZ 2014, NZZ 1988).

---

10 Die Folgen 1–2 wurden am 31. Oktober und 1. November, die Folgen 3–5 am 6., 7. und 8. November 1988 gesendet (siehe Festenberg 1988a: 276; Otte 1988).

13 1983–1988: Gegenbilder deutscher Geschichte

Obgleich der Text als Werk der Fiktion ausgewiesen ist, provoziert der Roman eine ambivalente Rezeptionshaltung. Diese basiert auf den erkennbaren Parallelen zwischen den Biografien der fiktiven Figuren und jenen der Familie Giordanos, der als zweitältester Sohn der als Lilly Seligmann geborenen Klavierlehrerin (im Roman: Lea Seelmann) und dem italienischstämmigen Pianisten Alfons Giordano (Alf Bertini) in Hamburg-Barmbek aufwuchs. Aufgrund der jüdischen Herkunftsfamilie der Mutter hatten die Giordanos unter den zahlreichen Ausgrenzungsmaßnahmen der Nationalsozialisten zu leiden und überlebten schließlich, nachdem der Mutter im Februar 1945 die Deportation nach Auschwitz drohte, die letzten Monate des Krieges unter grässlichen Bedingungen in einem Kellerversteck (Petersen 2014, vgl. Thiele/Saloch 2007). Wenig verschlüsselt finden sich in Nebenfiguren auch weitere Personen aus Giordanos Jugend portraitiert, darunter Walter Jens (als Walter Janns), der zu Giordanos Mitschülern an der Gelehrtenschule Johanneum zählte, oder der Journalist Hans-Jürgen Massaquoi (als Hans «Micky» Massakon), der ebenso in Hamburgs Arbeiterviertel Barmbek-Süd aufgewachsen war und seine Erfahrungen 1999 gleichfalls in einen autobiografischen Roman verarbeitete.[11] Der als «Speckrolle» titulierte Lehrer, der innerhalb der Romanhandlung die Brüder Bertini aus nationalsozialistischer Überzeugung quält, hat in Werner Fuss ebenso ein reales Vorbild wie der beschriebene Schulleiter Pottferk im damaligen Direktor des Johanneums Werner Puttfarken (vgl. De Lorent 2010 u. 2012). Nicht zuletzt weist Giordano die Hauptfigur des jugendlichen Roman Bertini, der sich wie der künftige Berichterstatter mit Notizen zu seinen Erlebnissen durch die Handlung bewegt, ziemlich offensiv als Projektion seiner selbst aus (vgl. Giordano 2008: 776 ff.)

Giordano bemühte sich frühzeitig um eine Verfilmung seines Romans. Am 20. Januar 1983 schicke er Heinz Ungureit ein Exemplar – »mit allen guten Wünschen (und, immer noch, in der Hoffnung auf die TV-Bertinis) freundlich zugeneigt«, war darin zu lesen (zit. n. Rauch 2015: 169). Der ZDF-Fernsehspielleiter sicherte sich schnell das Verfilmungsrecht, schließlich entsprach der Roman genau jener Art autobiografisch konturierter Stoffe, die seit dem Ende der 1970er-Jahre gefragt waren.[12] Als Werk eines jüdischen Augenzeugen versprachen *Die Bertinis* auch in der Adaption ein glaubwürdigeres – da mit der Erfahrung des direkt Betroffenem angereichertes – Portrait der historischen Ereignisse zu liefern, als es das in HOLOCAUST erprobte Erzählkonzept vermocht hatte. Darüber hinaus war es die Geschichte eines Überlebenden, die zu großen Teilen aus der Perspektive eines Heranwachsenden erzählt ist. Darin ähnelt der Roman der vom 19. April bis 7. Juni 1982 erfolgreich im ARD-Programm ausgestrahlten Serie *Ein Stück Himmel* (R.: Franz Peter Wirth), die auf der Autobiografie von Janina David (Janina Dawidovicz) basiert, der 1943 die Flucht aus dem Warschauer Ghetto gelang; die Shoah überlebte sie versteckt in einem Kloster (Rauch 2018: 161–222). Wie Davids Vorlage konnte auch Giordanos Buch nicht nur die erleichternde Rezeptionserfahrung versprechen, dass die Hauptfiguren überleben, sondern auch ihre Verfolgungserfahrung mit Sinn anreichern, da sie sich durch die

---

11 *Destined to Witness* (1999, dt. *Neger, Neger, Schornsteinfeger! Meine Kindheit in Deutschland*). Auch Massaquois Erinnerungen wurden verfilmt und am 1.–2. Oktober 2006 mit dem Titel der deutschen Übersetzung als zweiteiliger Fernsehfilm im ZDF ausgestrahlt (R.: Jörg Grünler, B.: Beate Langmaack).

12 Mit Ausnahme von Wolfs *Kindheitsmuster* zählt die von Böll entworfene Reihe schließlich auch eine der zwischen 1974 und 1988 erfolgreich verfilmten Publikationen auf. DIE BLECHTROMMEL (1979, R.: VOLKER SCHLÖNDORFF) war ein internationaler Kinoerfolg, der bei den Filmfestspielen in Cannes mit der Goldenen Palme sowie einem Academy Award für den besten fremdsprachigen Film ausgezeichnet wurde. LENZ' *Heimatmuseum* wurde als dreiteilige Mini-Serie für das Fernsehen adaptiert, die zwischen dem 27. März und dem 1. April 1988 in der ARD ausgestrahlt wurde (vgl. Festenberg 1988b).

Verknüpfung mit dem *Coming-of-Age*-Motiv gleichsam als Erfahrung darstellt, an der die Heranwachsenden ‹reifen› konnten. Zu guter Letzt bot sich Giordanos Roman aber auch aus kompositorischen Gründen für eine mehrteilige Fernsehproduktion an, da die Erzählung bereits episodisch angelegt ist und die Figuren derart gestaltet, dass sie einerseits in ihren Charaktermerkmalen sehr scharf konturiert und unterschiedlich sind, und anderseits sich als Vertreter historischer Typen eignen. Für die Aufgabe der Regie war Monk jedoch ursprünglich gar nicht vorgesehen.

Als Giordano die Verfilmung seines Romans *Die Bertinis* zu forcieren begann, war Monk mit dem Projekt «Die Ernennung» beschäftigt. Noch in der Vorbereitungsphase zu DIE GESCHWISTER OPPERMANN hatte er begonnen, ein Konzept für ein Originaldrehbuch zu erarbeiten, für dessen Realisierung er, nach dem Erfolg der Feuchtwanger-Verfilmung, das ZDF auch bereits hatte gewinnen können; 1987 wollte er mit den Dreharbeiten beginnen (näheres siehe Kap. 14). Wie Ungureit 1985 auf der Jahrestagung der Dramaturgischen Gesellschaft ankündigte, sollte Eberhard Fechner die Giordano-Adaption in Buch und Regie verantworten (vgl. Ungureit 1985: 39). Fechner wiederum behauptete später sogar, dass er bereits vor dem Erscheinen des Romans in das Projekt involviert worden war (Michaelsen 1989: 8).

Fechner war aus mehreren Gründen eine naheliegende Wahl für die gestellte Aufgabe: er hatte sich vielfach, u. a. in der Langzeitdokumentation des von 1975 bis 1981 andauernden Düsseldorfer Majdanek-Verfahrens (DER PROZESS, 1984), den Verbrechen der Nationalsozialisten gewidmet. Zudem wurde ihm eine besondere Sensibilität im Umgang mit autobiografischen Stoffen attestiert. Seine Verfilmungen der Romane von Walter Kempowski, TADELLÖSER & WOLFF (1975) und EINE KLASSE FÜR SICH (1978/79), die mit Giordanos Roman die dichten Milieubeschreibungen gemein haben, waren große Publikumserfolge gewesen, die auch die Kritik zufriedenstellen konnten (siehe Kap. 12). Wegen einer schweren Erkrankung im Sommer 1986 konnte Fechner seinen Regieauftrag jedoch nicht mehr erfüllen. Da er für den Produktionszeitraum nicht versichert werden konnte, übernahm schließlich Monk das Projekt am 2. September desselben Jahres.[13] Die häufig kolportierte Angabe, Monk hätte «fünf Jahre» an den BERTINIS gearbeitet (vgl. Festenberg 1988a, Schmitt 1988, Sichtermann 1988, Stiglegger 2015: 55), ist somit nicht zutreffend.

Dass Monk als ‹Einspringer› für DIE BERTINIS in Frage kam, dürfte vor allem in der langjährigen Freundschaft begründet liegen, die die beiden Regisseure verband. Obwohl beinahe gleichaltrig, war Monk am Beginn von Fechners Regielaufbahn ein Mentor gewesen. Nach dem Erzählkonzept seiner Kempowski-Adaptionen gefragt, zitierte Fechner noch 1979 Monks Definition von Realismus im Fernsehen (Fechner 1979: 35). Monk seinerseits hat sich zu Fechners Arbeit nie öffentlich geäußert. Daher gingen wohl damals alle Beteiligten davon aus, dass sich ihre Konzepte hinreichend ähnlich waren. Aus Monks privaten Notizen und der Korrespondenz mit seinem Freund geht jedoch hervor, dass er nicht nur Giordanos Roman äußerst kritisch gegenüberstand, sondern auch fundamentale Differenzen zwischen seiner und der Arbeit Fechners sah.

Nach seiner Zusage arbeitete Monk zunächst Fechners Drehbücher durch.[14] Anschließend wandte er sich Giordanos Roman zu, den er indessen als »präzise von der Art« ein-

---

13 Siehe Egon Monk an Ralph Giordano, Hamburg, den 15. Okt. 1986, 1 Bl., EMA 572 sowie Egon Monk an Eberhard Fechner, Hamburg, den 7. März 1989, 7 Bl., hier: 2, EMA 641. – Für die folgenden Ausführungen konnten evtl. verfügbare Informationen aus dem Nachlass Fechners nicht mehr berücksichtigt werden, da das Eberhard-Fechner-Archiv in der Akademie der Künste Berlin erst nach der Redaktion, am 1. Dezember 2017, der Forschung zugänglich wurde.

14 Siehe Auszug aus dem Tagebuch Egon Monks (3.9.1986–26.4.1987), EMA 1898.

schätzte, die er »für Verfilmungen bisher als nicht geeignet erklärt« habe. »Kein Ereignis im Zentrum, das Handlung in Gang setzen und Querschnitte durch die Gesellschaft auf natürliche Weise ermöglichen würden«, notierte er am 10. September 1986 in seinem Tagebuch. »Stattdessen eine lange Lebenserzählung: und dann, und dann, und dann. Die Geschichte in einem Satz: Wie die Familie Bertini gegen jegliche Erwartung die 12 Jahre der Naziherrschaft überlebt.«[15]

Während Monk später behauptete, er habe nie verhehlt, dass er den Film nicht als »zweiter Fechner« realisieren könne,[16] war dieser offenbar fest davon ausgegangen, dass sein Freund *Die Bertinis* nach denjenigen Drehbüchern inszenieren würde, die er zwischen 1984 und 1986 verfasst hatte.[17] Stattdessen erarbeitete Monk jedoch eine neue Fassung für einen fünfteiligen Fernsehfilm. Als Fechner davon erfuhr, reagierte er bitter enttäuscht und gekränkt. Wann genau es zu dem Zerwürfnis zwischen den beiden Regisseuren kam, ist heute nicht mehr nachvollziehbar. Monk erinnert sich laut eines Briefes an Fechner, dass sie bis Februar 1987 noch in regelmäßigem Austausch über den Fortgang des Projekts standen. Der Bruch zwischen ihnen scheint sich ihm erst im April 1987 während der Frühjahrstagung der Akademie der Künste in Westberlin angekündigt zu haben, als Fechner ihm dort ein Gespräch verweigerte.[18] Dennoch hielt Monk eine Aussöhnung weiterhin für möglich und kündigte seinem Freund im Juni brieflich an, dass er ihm eine Rolle anbieten und deswegen die aktualisierten Drehbücher zuschicken lassen werde.[19] Fechner antworte nicht Monk, sondern Ungureit[20] und kurz darauf der Presse: «An den ‹Bertinis› zerbrach eine Freundschaft», titelte daraufhin im August 1987 ein Beitrag in der Programmzeitschrift *Gong* (siehe Feder 1987). Fast drei Monate nach der Ausstrahlung der letzten Folge der BERTINIS bekräftigte Fechner diese Aussage in einem Interview gegenüber dem *Stern TV Magazin*, indem er zu erkennen gab, dass er sich von Monk persönlich verraten fühlte (Michaelsen 1989: 8). Nun seinerseits gekränkt, antwortete Monk darauf am 7. März 1989 mit einem siebenseitigen Brief,[21] den er allerdings mit dem Ziel verfasst hatte, sich nicht allein Fechner, sondern gegenüber einer »kleine[n] Öffentlichkeit« gemeinsamer Bekannter zu erklären.[22] Hierin versicherte er, dass er nicht mit der Voraussetzung an die Arbeit gegangen sei, die Drehbücher grundlegend zu ändern. Es sei ihm jedoch nicht möglich gewesen, für ihre »verschiedenen Konzeptionen *wenigstens partienweise* [Herv. JS] einen gemeinsamen Nenner zu finden«.[23]

Die Notizen, die Monks Bearbeitungsprozess dokumentieren, geben zu erkennen, dass er Fechners Spielfilmdrehbüchern generell kritisch gegenüberstand – in seinem Tagebuch bezeichnete er sie als «kuddelig. Ein ausgeschütteter Eimer voll Wirklichkeit».[24] Während

---

15   Ebd., 10.9.1986.
16   Monk an Fechner 1989, S. 2 f., EMA 641 (Monk zitiert hier einen Tagebucheintrag, den er sich nach einem «ausführlichen Gespräch am 4. September» gemacht hatte, vgl. EMA 1898).
17   Eberhard Fechner an Heinz Ungureit, Hamburg am 30. Juli 1987, 2 Bl., hier: 1, EMA 641. Vgl. auch Netenjakob 1989: 125 f.
18   Monk an Fechner 1989, S. 5.
19   Egon Monk an Eberhard Fechner, Hamburg, 4. Juni 1987, EMA 641.
20   Fechner an Ungureit, 30. Juli 1987.
21   Siehe Monk an Fechner 1989, S. 2 u. 6.
22   Eine Kopie des Schreibens erhielten u. a. Ungureit und der Publizist Egon Netenjakob, der die Karriere Monk und Fechners begleitet hatte, vgl. Egon Netenjakob an Egon Monk, Köln, 17. Nov. 1988 sowie Egon Monk an Egon Netenjakob, Hamburg, 9. März 1989, EMA 471.
23   Monk an Fechner 1989, S. 5.
24   Siehe hierzu Monk, Tagebuch, 3.9.1986.

in dieser Formulierung bereits anklingt, dass Monk der Arbeit seines Freundes einen Mangel an Struktur und Zuspitzung auf das Wesentliche attestierte, das eine realistische Erzählung nach seinen Begriffen erforderte, warf er ihm im Falle der *Bertinis* vor, für die Adaption eine naturalistische Form gewählt zu haben: «Anders als im Fall Deiner Filme nach Kempowskis Romanen, [...] ließen sich ‹Die Bertinis›, Chronik des Alltags einer verfolgten Familie in Hitlers Drittem Reich [!], nicht mit der Technik Hauptmanns, Halbes oder Sudermanns erzählen»,[25] erläuterte er in seinem Brief vom 7. März 1989. Das «Funktionieren des SS-Staates» könne aber mit den Mitteln der naturalistischen Schule «weder erfaßt noch wiedergegeben werden».

Monks Kritik, die hier an Brechts Ablehnung naturalistischer Darstellungsverfahren anknüpft, dürfte sich auf die Erzählperspektive beziehen, die das Milieu der Bertinis sehr breit ausmalt, wie auch auf die Figuren, die ihm in der Vorlage bis ins Denunziatorische überzeichnet schienen.[26] In seinem letzten Brief an Fechner besteht Monk darauf, dass ihm nicht bewusst gewesen sei, durch seine Bearbeitungsschritte ihre Freundschaft zu riskieren. Um seinen geschichtsdidaktischen Zielen gerecht zu werden, habe er jedoch nicht anders handeln können: es sei ihm »einzig und allein« darauf angekommen, «die [...] Gelegenheit zu nutzen, auf exemplarische Weise unseren Zuschauern vor Augen zu halten, daß der Weg nach Auschwitz lang war und über viele Stationen führte».[27] Das ließ Fechner nicht gelten und antwortete: «als wäre Deine Art, dieses Thema aufzuarbeiten, die einzig gültige».[28] Diesem Vorwurf wollte Monk zunächst noch recht aggressiv zurückweisen: «Ich habe doch kein Original beiseite gelegt bzw. auf den Müll geworfen,[29] sondern eine Meinung über den einzuschlagenden Weg bei der Umwandlung eines vorgegebenen Stoffs in einen Film», formulierte er für einen weiteren Brief, den er allerdings nicht mehr versandte.[30] Damit wirft er Fechner eigentlich vor, seiner Aufgabe als Bearbeiter nicht nachgekommen zu sein, nämlich gemäß der ‹Brecht-Schule› die Vorlage im Zuge der Adaption zu korrigieren – wie er es schließlich mit Fallada und Feuchtwanger gemacht hatte. Nach Fechners Intentionen fragte er nicht.

Die beträchtliche künstlerische Differenz, die in Monks Worten anklingt, dürfte indessen auch Fechner deutlich geworden sein, als er im Juni 1987 dessen Drehbücher erhielt. Die Unterschiede zwischen beiden Versionen sind so weitreichend, dass sie auf der Basis desselben Materials zwei unterschiedliche Geschichten erzählen.

Der «vorgegebene Stoff», Giordanos Roman, ist in fünf Teile gegliedert. Der erste Abschnitt *Chronik* erzählt die Herkunftsgeschichte der Großeltern und Eltern bis zu jenem Punkt, als Alf Bertini und Lea Seelmann nach dem Abschluss ihrer Ausbildung am Musikkonservatorium heiraten. Der zweite Abschnitt, nach der Adresse ihres Wohnorts *Lindenallee* benannt, umfasst den Zeitraum von der Geburt der Söhne Cesar, Roman und Ludwig bis 1943, als die Familie während des sogenannten Hamburger Feuersturms ausgebombt wird; er erzählt vom Aufwachsen der Brüder im Arbeiterviertel Barmbek, wie sie nach der politischen Machtübernahme der Nazis zunehmend unter der institutionalisierten Diskriminierung zu leiden haben und Roman von der Gestapo gefoltert wird. Im

---

25 Monk an Fechner 1989, S. 5.
26 Ebd., 1.10.1986.
27 Monk an Fechner 1989, S. 7.
28 Eberhard Fechner an Egon Monk, 20. März 1989, 2 Bl., hier: 2., EMA 641.
29 Hiermit bezieht sich Monk auf eine Formulierung am Ende von Fechners Interview mit dem *Stern TV Magazin* (Michaelsen 1989, S. 8), vgl. auch Monk an Fechner 1989, S. 1.
30 Egon Monk, [Entwurf für einen Brief an Eberhard Fechner], 4 Bl., o. D., hier: 1, EMA 641.

dritten Abschnitt kommen die Bertinis im nahe bei Berlin gelegenen Ort *Bodendorf* unter und leben dort so lange in relativer Sicherheit, bis die jüdische Herkunft von Lea und ihrer Mutter Recha (verh. Lehmberg) bekannt wird. Zur Rückkehr nach Hamburg gezwungen, erlebt die Familie im vierten Abschnitt *Das letzte Jahr* des Krieges, in dem Lea erneut schwanger wird. Nachdem sie den Deportationsbefehl erhalten hat, versteckt sich die Familie im Keller eines Abbruchhauses, in dem sich ihre frühere Nachbarin Erika Schwarz eine Behelfswohnung eigerichtet hat. Mit dem Einmarsch der britischen Besatzungstruppen beginnt *Das erste Jahr*, in dem Lea ihre durch die numerische Chromosomenaberration Trisomie 21 beeinträchtigte Tochter Kezia zur Welt bringt, Ludwig eine neue Bindung zum Judentum aufbaut und Roman seine Peiniger mit ihrer Schuld konfrontiert.

Der von Monk realisierte Fernsehfilm DIE BERTINIS beginnt mit einem 25-minütigen Vorspiel, welches das Geschehen der *Chronik* in elliptischer Form darstellt. Das anschließende Handlungsgeschehen umfasst den Zeitraum vom Winter 1932 bis zum Frühjahr 1933, jene Schwellenphase also, in der die NSDAP zu politischer Macht gelangen konnte. Am Tag ihrer Einschulung ins Johanneum – kurz nach dem «Reichstagsbrand» – erfahren Cesar und Roman Bertini, dass sie als Juden im Klassenraum nur auf unbestimmte Zeit geduldet sind. In der letzten Szene meldet sich das erste Mal der Gestapo-Mann «Melone» zu einer spontanen Hausdurchsuchung. Der zweite Teil beschreibt die Jahre zwischen 1935 und 1940, vom Inkrafttreten der «Nürnberger Gesetze» bis zur Besetzung Frankreichs. Während Lea ihren Beruf als Klavierlehrerin aufgeben muss, aber noch den relativen Schutz ihrer «privilegierten Mischehe» genießt, muss der «volljüdische» Freund ihrer Söhne, David Hanf, einen gelben Stern am Revers tragen. Nach den Novemberpogromen 1938 wird er der Schule verwiesen, und sein Vater sieht sich gezwungen, sein Optikergeschäft an einen Nichtjuden zu verkaufen. Nachdem ihn der nationalsozialistisch überzeugte Lehrer «Speckrolle» systematisch gequält hatte, muss Roman das Gymnasium wegen seiner schlechten Noten verlassen. Der dritte Teil beginnt 1941, als Cesar wegen eines Schulaufsatzes zum Thema Jazz von der Gestapo verhört wird. Danach wird auch er der Schule verwiesen. David Hanf und seine Familie werden im Oktober 1942 nach Theresienstadt deportiert, und die Bertinis verlieren schließlich während der Bombenangriffe im Sommer 1943 ihre Wohnung. Zu Beginn des vierten Teils können sie bei Alfs Mutter Emma Bertini unterkommen. Ihr Untermieter Eitel-Fritz Hattenroth duldet sie dort jedoch nicht und vermittelt ihre Verschickung nach Bodendorf. Dort verbleibt die Familie, bis sie im Sommer 1944 zur Rückkehr nach Hamburg gezwungen wird. Der letzte Teil konzentriert sich auf den Zeitraum des letzten Kriegsjahres und endet mit jener Passage, in der die Familie nach langen Wochen im Kellerversteck vom Ende des Krieges erfährt.

Nach Fechners Drehbüchern, deren zweite Fassung Monk zur Bearbeitung vorlag,[31] sollten *Die Bertinis* als vierteilige Mini-Serie erzählt werden. Der erste Teil umfasst den Zeitraum vom 4. September 1940 bis 31. Dezember 1943. Dieser lässt die Handlung *in medias res* mit einem Nachmittag beginnen, den die gesamte Familie im Schrebergarten der Großmutter Recha Lehmberg verbringt und der mit dem Suizid eines Freundes endet. Kurz zuvor hatte dieser eine chiffrierte Nachricht seines nach Auschwitz deportierten Zwillingsbruders erhalten, aus der hervorgeht, das dort Jüdinnen und Juden vergast werden (Fechner I: 151–154). Das Geschehen des zweiten Teils nimmt seinen Anfang mit dem 1. Februar 1943, als die Bertinis von der Niederlage der Wehrmacht bei Stalingrad erfahren, und umfasst in ihrem weiteren Verlauf den Hamburger Feuersturm und ihren

---

31 Die Drehbücher der Teile I–IV befinden sich im Nachlass Monks (EMA 843, 844, 845, 846) und werden im Folgenden zitiert als Fechner I–IV.

Aufenthalt auf dem Land bis zum 2. März 1944. Das letzte Bild zeigt, wie sie das Dorf in der Altmark wieder verlassen müssen, nachdem Roman und Cesar Bertini dort der «Rassenschande» verdächtigt, aber durch die Bemühungen eines Wachtmeisters der Gendarmerie entlastet wurden (Fechner II: 314). Der Handlungsverlauf des dritten Teils folgt im Prinzip der des Romanabschnitts *Das letzte Jahr* im Zeitraum vom 3. April 1944 bis 2. Mai 1945 mit der dennoch entscheidenden Variation, dass Cesar und nicht Roman in diesem Abschnitt von der Gestapo abgeführt und gefoltert wird. Die Folge endet damit, dass die Familie in jenem Kellerversteck, in dem sie beinahe verhungert wären, von der Ankunft der britischen Truppen erfahren und Roman daraufhin die sieben Kerzen der Menora entzündet, deren Licht den Keller erleuchtet (Fechner III: 473 f.). Der letzte Teil ist ebenso entlang der Romanvorlage strukturiert. Er beginnt mit dem 3. Mai 1945 und endet am 3. Mai 1946, als der inzwischen erwachsene Roman Bertini – wieder an einem sonnigen Nachmittag in einer Laubenkolonie – von seinen Angehörigen Abschied nimmt und zu einer Reise mit unbekanntem Ziel aufbricht (Fechner IV: 637–647).

Obwohl sich der Eindruck aufdrängen mag, Monks Adaption der Vorlage Giordanos wäre ausführlicher, womöglich näher am ‹Urtext› konstruiert, liegt darin nicht die Differenzqualität zwischen seiner und Fechners Konzeption. Letztere ist nicht weniger an Giordanos Roman orientiert als Monks, sondern wählt aus diesem andere Ereignisse für die szenische Darstellung aus. Indem Fechner der Nachkriegsepisode ein Viertel seiner geplanten Mini-Serie widmet, pointiert diese letztlich das *Überleben* der Familie Bertini; Monks Fernsehfilm hingegen, der genau diese Episode unterschlägt, konturiert ihre *Verfolgung*. Darüber hinaus beinhalten beider Konzepte unterschiedliche Strategien der filmischen Erzählung und Darstellung. Zum Teil sind diese durch ästhetische Verfahrensweisen bestimmt, die ihren jeweiligen Stil auszeichnen, und lassen somit einen individuellen Zugriff auf das Material erkennen. Ihre Konzepte divergieren aber auch prinzipiell in ihrer wirkungsästhetischen Zielsetzung.

Mit Monks Hinweis auf die «naturalistische Schule» ist Fechners Konzeption allerdings nicht zufriedenstellend charakterisiert. Im Prinzip schließt dieses zunächst an die Konventionen einer populären Filmdramaturgie an, die nach einfacher Verständlichkeit strebt (vgl. Eder 1999). Die Drehbücher sind nach einem Drei-Akt-Schema strukturiert, das, der Dramaturgie des geschlossenen Dramas ähnlich, im ersten Akt einen Konflikt etabliert, welcher im zweiten Akt eine Steigerung erfährt, um im dritten Akt seiner Auflösung zuzustreben. Da es sich um eine serielle Erzählung handelt, löst sich der handlungsbestimmende Konflikt in den Folgen 1 bis 3 jedoch nicht zur Gänze auf, sondern erfährt vielmehr mit der letzten Szene eine weitere emotionalisierende Zuspitzung, die durch Mittel der filmischen Inszenierung intensiviert werden sollte. Ähnlich wie in TADELLÖSER & WOLFF findet sich das Geschehen der historischen Vergangenheit zudem durch eine gegenwärtig situierte Rahmenerzählung eingefasst. In der Eröffnungsszene des ersten Teils entdeckt der Student Lutz Pinkernell durch Zufall im Sperrmüll eine verrostete Stahlkassette, in der sich die Tagebücher von Roman Bertini befinden. Aus ihnen geht, so die Idee, das eigentliche Handlungsgeschehen hervor. Zu Beginn des zweiten Teils übergibt der Student seinen Fund Professor Langheinrich, der am Historischen Seminar der Universität Hamburg tätig ist. Dieser reicht die Dokumente am Anfang des dritten Teils an Direktor Ledebur vom Museum für Hamburgische Geschichte weiter, der seinerseits wiederum zu Beginn des letzten Teils den dort angestellten Archivar Rechschke beauftragt, herauszufinden, wer sich hinter dem Namen «Bertini» verbergen könnte. In der finalen Szene kann Reschke zwar die Vermutung bestätigen, dass es sich hierbei um einen «Decknamen» handelt, nicht aber die Identität des Tagebuchverfassers aufdecken.

Die fortlaufende Rahmenerzählung fungiert als Bindeglied zwischen den Einzelepisoden. Ihre Anlage ersetzt das übliche Verfahren, das die Handlung des jeweils vorangegangenen Teils durch eine *voice-over*-Montagesequenz in Erinnerung ruft, durch erklärende Dialogpassagen, die ihrerseits durch die Übergabe der Tagebücher motiviert sind. En passant unterstreicht ihr Wortlaut immer wieder auch den Quellenwert der fiktiven Dokumente, in denen «alles so minutiös aufgeschrieben» sei, wie der Direktor des Museums seinem Archivar im vierten Teil erklärt, «daß man das Leben einer Hamburger Familie damals direkt vor Augen hat» (Fechner, IV: 476). Da sie weiterhin als seltene «authentische Zeugnisse» (ebd.: 477) ausgewiesen werden, die lediglich die Namen von Personen und Adressen verschlüsseln (ebd.: 644), verbürgt sich die Rahmenhandlung – indirekt auf die Biografie des bekannten Autors Giordano verweisend – für die Glaubwürdigkeit der historischen Darstellung. Als Authentizitätssignal eingesetzt finden sich kürzere Passagen aus den fiktiven Tagebüchern im *voice-over* wieder, die jeweils durch die Stimme desjenigen repräsentiert sind, der gerade im Besitz des fraglichen Dokuments ist. Der «konkretistischen» Zeichensetzung des historischen Spielfilms gehorchend (vgl. Koch 2003), versehen diese Leserstimmen das Spielgeschehen mit exakt anmutenden Datierungen, die die erzählte Zeit jeder Episode fest umreißen und in ihrer Umsetzung bedeutsame Daten der Historie unterstreichen sowie darüber hinaus mit einem individuellen Gefühlsausdruck versehen.

Dem Schema populärer Dramaturgie entsprechend ist die Exposition im ersten Teil auf etwa 25 Minuten Spielzeit angelegt und zielt auf eine schnelle Veranschaulichung der Zusammenhänge (vgl. Eder 1999, bes. 92 f.). In einer Abfolge von 12 unterschiedlich lokalisierten Szenen stellt die Sequenz alle zentralen Figuren innerhalb ihres Milieus vor. Die erste zeigt die Familie in Recha Lehmbergs Kleingarten. Während ihre Anordnung innerhalb des Bildes (die Fechner sehr genau beschreibt) bereits die familiäre Konstellation ausdrückt, wird sie zusätzlich durch den Wortlaut des *voice-over*-Erzählers sowie im Folgenden durch entsprechend angelegte Dialogpassagen vermittelt. Das heißt, wir sehen die Mutter «hochrot an einem Spirituskocher» und den Vater «auf einer Schaukel sitzen» und hören zugleich, dass «Papa [...] mal wieder sein ‹dolce far niente›» pflegte, hingegen «Mama [...] schon mit dem Kochen an[fing], als wir kaum angekommen waren» (Fechner I: 5). Die anschließende Spielsituation gibt detaillierter über das Verhältnis der Figuren zueinander und ihren biografischen Hintergrund Auskunft: «Was ist eigentlich aus Mamas richtigem Vater geworden?», fragt der jüngste Bertini-Sohn Ludwig seine Großmutter. «Dos war a Gornischt von Galizien», gibt sie nach einer Weile zu und nickt in Romans Richtung, der ihm ähnlich sehen solle (ebd.: 9 f.). Im Wortlaut explizit und implizit durch den ‹jiddelnden› Sprachausdruck wird die mütterliche Linie der Familie somit eindeutig als jüdisch markiert (vgl. Wohl von Haselberg 2016: 168 f.). Auch die Herkunft der väterlichen Seite schlägt sich durch italienische Idiome im Sprachausdruck Alf Bertinis wieder: «Noch ein Wort und es gibt ein disastro!», brüllt er etwa im Streit seine Schwiegermutter an (Fechner I:7). Die anschließenden jeweils sehr kurz gehaltenen Szenen führen jene Figuren ein, die eine maßgebliche Rolle für die Rettung der Familie spielen werden: der Nachbarsjunge Mickey Massakon – der «letzte Neger von Barmbek», der sie auf der Straße mit dem Ausruf «Hastu Töne? – Die Bertinis!» begrüßt, um ihren Familiennamen einzuführen (ebd.: 12) – und die Nachbarinnen Fräulein Neiter und Erika Schwarz (ebd.: 17–20). Während beide Frauen mit Lea über den anonymen Absender eines sie diffamierenden Zettels sprechen, den sie bei ihrer Rückkehr im Briefkasten gefunden hat, lässt Erika Schwarz, die später mit Roman Bertini ein Verhältnis eingehen wird, bereits in dieser Szene «keinen Blick» von dem Siebzehnjährigen (ebd.: 19).

Der Handlungsablauf für Fechners Mini-Serie ist ereignis- und spannungsorientiert konzipiert. Einige Szenen wie beispielsweise diejenigen, die den Hamburger Feuersturm bebildern oder solche, die die Brutalität des NS-Regimes hervorheben sollen, sind zudem sehr drastisch angelegt: Nach den Luftangriffen im zweiten Teil ist die Wohnadresse der Bertinis «ein Flammenmeer», auf ihrer Flucht durch brennende Straßenzüge fließt «unaufhaltsam brennender Phosphor» auf sie zu (siehe Fechner II: 176–180). Wenn Cesar im dritten Teil in die Gewalt der Gestapo gerät, sollte explizit die Folterung des jungen Manns bis zu seiner Bewusstlosigkeit dargestellt werden, und am Ende der Szene sollte ein «Blutstrom» den Fußboden «verfärb[en]» (Fechner III: 391 ff.).

Die zur Vordergründigkeit neigende Erzählweise, die sich in Fechners Drehbüchern aktualisiert, ist in der Referenzvorlage seiner Adaption durchaus angelegt und lässt sich daher auch als Akzentuierung eines Stilmittels Giordanos begreifen. Auch Monks Vorwurf an Fechner, sich einer naturalistischen Darstellung zu bedienen, lässt sich zum Teil auf die Erzählweise des Romans zurückführen, die eine deutliche Tendenz zur Naturalisierung aufweist. Dazu gehört, dass die *Jewishness* der Bertinis als eine schlummernde Disposition des Charakters entworfen ist, die durch die Verfolgungserfahrung an die Oberfläche tritt. So spricht Recha Lehmberg, die gemäß der Figurenbiografie kaum Kenntnis von den religiösen und kulturellen Traditionen des Judentums hat, als sie von der Ausweisung aus Bodendorf erfährt, plötzlich spontan ein hebräisches Gebet (Giordano 2008: 469 f.). Überdies finden sich gesellschaftspolitische Konstellationen und Transformationsprozesse in Körper und Psyche der Figuren versinnbildlicht: Der Nazi «Melone» beispielsweise ist, als Roman Bertini ihn in der unmittelbaren Nachkriegszeit aufsucht, soweit abgemagert, dass er äußerlich nicht mehr als der Nazi-Täter von früher erkennbar ist. Cesar Bertini reagiert auf die Eingrenzung von Außen mit einem übersteigerten Sexualverlangen, das die Familie in Gefahr bringt. Diesen Aspekt, wie auch die Überpräsenz der Figur Roman Bertini, hat auch Fechner im Zuge seiner Bearbeitung getilgt. Nach Monks Dafürhalten waren dessen Korrekturen jedoch nicht ausreichend.[32]

Unter dem programmatisch formulierten Ziel zu veranschaulichen, dass «der Weg nach Auschwitz lang war», knüpft Monk zunächst an die epische Anlage der Romanerzählung an, die er als «Chronik der Verfolgung»[33] interpretiert. Seine Filmerzählung folgt einer episodisch angelegten Struktur, nach der spezifische Konflikte und Figurenkonstellationen sich über mehrere Folgen erst entfalten dürfen. Der seriellen Erzählweise Rechnung tragend, sind auch hier am Ende der einzelnen Episoden jeweils dramatische Höhepunkte gesetzt, die das Interesse der Zuschauer*innen für die kommende Ausstrahlung wecken sollen. Doch anstatt die Zuspitzung der Situation der Bertinis durch eine Intensivierung des Erzähltempos insgesamt zu betonen, verlangsamt sich das Tempo vielmehr von Folge zu Folge – bis zu den finalen Sequenzen des fünften Teils, die jene Wochen beschreiben, die die Bertinis im Kellerversteck verbringen müssen. Hier scheint die Zeit wie angehalten.

Die historische Verortung des Spielgeschehens erfolgt, ähnlich wie in DIE GESCHWISTER OPPERMANN, durch Inserts abfotografierter Tageszeitungen. Die in der Großaufnahme exponierten Schlagzeilen heben die bedeutsamen historischen Daten und Ereignisse hervor. Die Funktion dieser Inserts erschöpft sich jedoch nicht in der Markierung von Historizität (vgl. Koch 2003: 226). An die Verfahrensweise der GESCHWISTER OPPERMANN anknüpfend, sind sie im Kontrast zu den szenischen Darstellungen eingesetzt, um eine Diskrepanz zwischen dem politischen Geschehen und dem Wahrnehmungshorizont der fiktiven Figuren aufzudecken; mitunter sind dafür auch allein ikonische Presseabbildungen eingeblendet, die das kulturelle Gedächtnis an bestimmte Ereignisse prägen. Ähnlich

---

32 Vgl. hierzu die mit «Bau» überschriebene Notiz vom 2.10.[19]86, 4 Bl., bes. Bl. 1, EMA 1310.
33 Monk an Fechner 1989, S. 5.

wie in der Rahmenerzählung seiner zweiten Fernsehinszenierung der GEWEHRE DER FRAU CARRAR sind ab der dritten Folge zudem Abbildungen von Landkarten eingefügt, die in roter Einfärbung die Ausbreitung des nationalsozialistischen Machtbereichs in Europa markieren (Abb. 103).

Im Kontrast zur populären Dramaturgie umfasst die Exposition der dramatischen Handlung nicht 25 Minuten des ersten Teils, sondern eigentlich die gesamte Folge. 50 ihrer insgesamt 90 Minuten Spielzeit dienen allein dafür, die Figuren der Familie Bertini und das handlungsbestimmende Milieu einzuführen. Die audiovisuelle Inszenierung kombiniert dafür unterschiedliche Verfahren, die Monk in früheren Phasen seiner Regiearbeit erprobt hatte, zu einer neuen ästhetischen Strategie.

Das Vorspiel ist im Prinzip eine Montagesequenz (vgl. I, bis Min. 25:42). Ausschnitthaft und fast ohne Dialoge bebildert diese den Werdegang der Großeltern- und Elterngeneration. Das markanteste Stilmittel ist dabei die Wiederholung. Jeweils durch eine Text-Bildtafel eingeleitet und in sehr ähnlicher Form filmisch inszeniert, werden die Figuren durch eine dreimalige Variation einer gleichen Situation vorgestellt: Giacomo Bertini (Nino de Angelo als der Jüngere, Drafi Deutscher als der Ältere) spielt immer dasselbe Musikstück auf der Trompete bzw. dirigiert dieses im Vordergrund des Blasorchesters bei seinem Auftritt in der Bierhalle. Dort entdeckt ihn Emma Ossbahr (Christine Röthing/ Elfriede Kutzmany), die seit ihrer Ankunft in Hamburg mit älteren Herren tanzt, die sie anschließend mit nach Hause nimmt. Dreimal verabschiedet sich Recha Seelmann (Zuzana Frenglová/Gisela Trowe) von ihrer Tochter, die in der Obhut der Großeltern verbleibt, während sie im Ballsaal auf den Tischen tanzt und schließlich dort Rudolf Lehmberg kennen lernt. Die Kinder beider Paare spielen dasselbe Stück auf dem Klavier, erst vor ihren Eltern und anschließend im Musikkonservatorium.

Die Bildgestaltung der Sequenz ist zwar überwiegend tiefenscharf komponiert, aber sehr weich in der Ausleuchtung. Es scheint daher, als ob auf ihnen ein goldener Schleier läge. Auch die Ausstattungsdetails des opulent dekorierten Szenenbildes sind in vornehmlich hellen Tönen gehalten und bilden so einen Kontrast zu den anschließenden Sequenzen. Die letzte Szene des Vorspiels ist ein Dialog zwischen der jungen Lea (Nina Hoger) und ihrem Professor (Ernst Jacobi). Eindringlich fragt er sie, ob sie wirklich eine Karriere als Konzertpianistin, die ihr nach seinem Dafürhalten sicher sei, aufgeben will, um Alf Bertini zu heiraten – was sie energisch bejaht (I, Min. 22:19–25:42). Die anschließende Sequenz bildet den Alltag ab, etwa zehn Jahre später (I, Min. 25:43–47:51). Lea Bertini (Hannelore Hoger) steht um sechs Uhr morgens auf, feuert in der winterlich dunklen Küche den Herd an und setzt den Teekessel auf (Abb. 97), um anschließend ihre drei Söhne zu wecken, zu waschen (Abb. 98) und mit Frühstücksbroten zu versorgen. Vom Balkon aus beobachtet sie, wie diese sich in Begleitung ihrer Mutter auf den Weg zur Schule machen. Dann erst macht sie sich für den Tag zurecht. Am Vormittag stopft sie Kohlrouladen, die sie nur deswegen für ihre Familie zubereiten kann, weil ihre Mutter den Einkauf besorgt hat. Ihr Mann Alf (Peter Fitz), der ihr offensichtlich liebevoll zugetan ist, spielt währenddessen Klavier; den Nachmittag, wenn sie ihre Klavierschülerinnen empfängt (Abb. 99), verbringt er Schach spielend mit anderen arbeitslosen Männern im Stadtpark. Lea bleibt unablässig beschäftigt: sie kocht, spült, bügelt, näht und stickt, um sich etwas dazuzuverdienen, bis ihr die Augen schmerzen und sie um Mitternacht ihren Wecker wieder aufzieht (Abb. 100) und ins Bett steigt.

Die 22 Minuten andauernde Sequenz bezieht sich im Prinzip auf dasselbe Motiv wie jene Szene, mit der Fechner die in der Vergangenheit situierte Handlung eröffnet: sie repräsentiert die Ausgangssituation der Bertinis, die in prekären ökonomischen Verhält-

13 1983–1988: Gegenbilder deutscher Geschichte

97 DIE BERTINIS (1988): Lea Bertini (Hannelore Hoger) bei der Morgenroutine

98 DIE BERTINIS (1988): Morgentoilette in der Küche der Familie Bertini

99 DIE BERTINIS (1988): Lea Bertini (Hannelore Hoger) beim Klavierunterricht am Nachmittag

100 DIE BERTINIS (1988): Lea Bertini (Hannelore Hoger) in der nächtlichen Küche

nissen leben, aber auch in der Geborgenheit des Familienzusammenhalts, als ein labiles Gleichgewicht, das durch die Nationalsozialisten bedroht wird. Ebenso markiert sie den Charakter der Figuren in ihrem Verhältnis zueinander. Die Ereignislosigkeit der Szenen und ihre Dialogarmut bilden jedoch einen starken Kontrast zu Fechners Konzeption. Die Ausführlichkeit, mit der Lea Bertini in ihrer Hausarbeit gezeigt wird, erinnert an Passagen aus WILHELMSBURGER FREITAG und somit an die neorealistisch inspirierte Erzählweise, die durch die ostentative Darstellung scheinbar funktionsloser Leerhandlungen einen Wirklichkeitseffekt erzeugt (vgl. Kirsten 2009: 142). Wie diese Darstellungen nur scheinbar funktionslos sind, ist auch die visuelle Inszenierung nur scheinbar mit der neorealistischen Erzählweise kongruent. Durch insgesamt vier kurzgehaltene Inserts von Zeitungsschlagzeilen des *Hamburger Fremdenblatts* und eine Fotografie unterbrochen, zielt die Montage in dieser Sequenz auf einen erweiterten Bedeutungszusammenhang. In prägnanter Weise stellt sie den sozialen Gestus der Figur aus, der diese letztlich daran hindert, die politische Entwicklung zu verfolgen.

Im Unterschied zu den Oppermanns, die auf Grund ihres sozialen Gestus die Konsequenzen der politischen Machtverschiebung falsch einschätzten, nimmt Lea Bertini von dieser Entwicklung um ihrer Lebensbedingungen willen überhaupt gar nicht erst Notiz.

Bezeichnend dafür ist der kurze Dialog, den sie mit ihrer älteren Nachbarin Fräulein Neiter (Gerda Gmelin) führt, die wie gewöhnlich am frühen Abend zu Besuch kommt. Während Lea bügelt, liest Fräulein Neiter aus der Tageszeitung vor, die sie zu diesem Zweck mitgebracht hat. «*Hindenburgs Entscheidung: Keine Hitler-Diktatur*», liest sie die Schlagzeile vom 24. November 1932 vor und kommentiert anschließend lakonisch den kurzen Bericht. «*Interessiert Sie das?*», fragt sie Lea. «*Nich' so*», murmelt diese, mit dem Plätten eines Hemdkragens beschäftigt. Auf der Suche nach etwas Interessantem blättert Fräulein Neiter weiter durch die Zeitung und überschlägt mehrere Artikel, bis sie freudig ausruft: «*Ah! Weiße Wochen bei Tietz!*»[34], um dann – von dem Angebot sichtlich überzeugt – Lea die Preise für Kopfkissenbezüge und Laken vorzutragen. «*Ja*», bestätigt Lea, «*wär schon schön seine Bettwäsche zu erneuern*». Ohne dass sie es aussprechen muss, wird jedoch klar, dass auch das Sonderangebot für sie unerschwinglich ist (siehe I, Min. 40:35–43:23).

Die audiovisuelle Inszenierung der BERTINIS erscheint insgesamt betont nüchtern, geradezu puristisch. In lang andauernden halbtotalen und totalen Einstellungen lässt die Kamera das Verhalten der Abgebildeten beobachten. Bemerkenswerterweise werden deren Mimik und Gestik kaum zusätzlich durch eine analytische Montagekomposition hervorgehoben. Die Gefühle der Figuren, ihre Beziehung zueinander oder ihre Haltung gegenüber spezifischen Situationen drückt sich somit hauptsächlich durch das gestisch angelegte Spiel der Darsteller*innen aus, die sich zu diesem Zweck mit ihrem ganzen Körper komplett abgebildet finden. Zum Teil generieren sich darüber tatsächlich «prägnante Augenblicke», die bestimmte Aspekte des Lebens der Bertinis und ihrer Verfolgung durch die Nationalsozialisten sehr plastisch auszudrücken vermögen, obwohl bzw. gerade weil sie nicht spektakulär inszeniert sind.

Der jüdische Familienhintergrund der Bertinis wird im Vergleich zu Fechners Fassung nur dezent angedeutet. Innerhalb der langen Exposition des ersten Teils finden sich genau zwei Hinweise darauf: im Vorspiel ist es ein Türschild mit dem jüdisch anmutenden Namen «*Ahab Seelmann*», bevor das Innere der Wohnung von Leas Großeltern gezeigt wird; als Recha ihrer Tochter am Vormittag beim Kochen behilflich ist, bezeichnet sie Alf Bertini unwirsch als «*Schlemihl*».[35] Für Lea und ihre Söhne ist Judentum etwas, das ihnen von außen, durch die Nationalsozialisten zugeschrieben wird, und für Roman und Cesar Bertini erst relevant wird, als sie ins Gymnasium kommen. Als sie sich an ihrem ersten Schultag in Begleitung der Mutter mit der Hochbahn auf den Weg machen, kommt ihnen auf der Treppe eine Gruppe Männer in SA-Uniform entgegen, die ihnen gleichsam wie eine braune Welle entgegenfließt und sie umspült, während sie sich gegen diesen Strom treppauf in Richtung der Gleise bewegen (Abb. 101). Später, im Klassenraum, unterbricht der Lehrer «Speckrolle» den Unterricht seines Kollegen und ruft die Bertini-Brüder zusammen mit ihrem Mitschüler David Hanf auf, um auf einer Liste die «*nicht-arische Fraktion*» des Klassenverbandes zu vermerken. Sie müssen dafür aufstehen und erleben, so aus der Masse ihrer Mitschüler herausgehoben, einen Vorgang der Selektion; somit findet sich in dieser Szene der Holocaust bereits präfiguriert. Der freundliche Klassenlehrer tritt währenddessen zur Seite und blickt (Abb. 102), dem Geschehen seinen Rücken zuwendend, aus dem Fenster (I, Min. 1:11:20–1:12:11). Danach nimmt er ungerührt seinen Unterricht wieder auf.

---

34 Wahrscheinlich das Warenhaus Hermann Tietz am Jungfernstieg, das seit 1933 den Namen *Alsterhaus* trägt; die jüdischen Besitzer des Handelsunternehmens Hermann Tietz & Co. wurden 1933 enteignet, vgl. Repplinger 2012.

35 Ansonsten spricht die aus einer bürgerlichen Familie stammende Frau Hochdeutsch, wie die anderen Figuren auch.

13 1983–1988: Gegenbilder deutscher Geschichte

101 DIE BERTINIS (1988): Am Tag der Einschulung von Roman (Sebastian Eble) und Cesar Bertini (Til Dunckel) in die Gelehrtenschule Johanneum kommt den Kindern und der Mutter Lea Bertini (Hannelore Hoger) auf Treppe zum Bahnsteig der Hochbahn eine Gruppe SA-Männer entgegen

102 DIE BERTINIS (1988): Die Geste des Dulders; während Roman und Cesar Bertini an ihrem ersten Tag in der Gelehrtenschule Johanneum als Juden exponiert werden, sieht der Klassenlehrer aus dem Fenster

Jüdisches wird durch diese Szenen als prekärer rechtlicher Status in einer von Nazis beherrschten Öffentlichkeit markiert, das mit dem Privatleben der Bertinis nicht in Verbindung steht. Das System der Zuschreibung und Ausgrenzung wird indessen nicht allein von ideologischen Überzeugungstätern getragen, sondern auch von jenen, die ihr Vorgehen dulden. Die Gestik des Dulders, der der Familie zuvor mit Sympathie begegnet war, aber sich genau in dem Moment von ihnen abwendet, als sie ausgegrenzt werden, findet sich wiederholt als Motiv innerhalb der fünfteiligen Filmerzählung eingesetzt.

Antisemitismus wird hauptsächlich als bürokratischer Akt erkennbar. Nachdem Lea Bertini 1935, zu Beginn des zweiten Teils, bereits ihre Lehrzulassung verloren hat, muss sie sich 1938 auf allen offiziellen Dokumenten, so auch auf ihrer Heiratsurkunde, den Beinamen «Sara» eintragen lassen. Der Standesbeamte (Heinz Heckermann) findet die neue Anweisung unsinnig und ist sichtlich überfordert mit der Situation – in erster Linie jedoch, weil das Dokument kein Feld für die Eintragung aufweist. Mit dem Stift in der Hand gesti-

13 1983–1988: Gegenbilder deutscher Geschichte

103 DIE BERTINIS (1988): Insert einer Landkarte, Ausweitung des nationalsozialistischen Machtbereichs

104 DIE BERTINIS (1988): Insert einer Fotografie von Auschwitz-Birkenau, als ‹Tafel› funktionalisiert

kuliert er über dem Papier, bis ihm eine Möglichkeit zur Improvisation einfällt, und übergibt Lea – am Ende recht zufrieden mit seiner Lösung – die Urkunde (II, Min. 32:22–37:34). Ebenso bürokratisch geht im dritten Teil auch die Enteignung und Deportation der Familie Hanf vonstatten, die in Monks Filmerzählung als Stellvertreterfiguren der mit dem Status der «Volljuden» Behafteten fungieren. Die Sequenz wird eingeleitet durch die ikonische Fotografie des Lagers Auschwitz-Birkenau (vgl. Abb. 104–106), über die der Schriftzug «unbekannt verzogen geblendet» ist (III, Min. 49:19). Der Gerichtsvollzieher (Rudolf Brand) zieht beim Betreten ihrer Wohnung als einziger höflich den Hut und bleibt verunsichert im Flur zurück, weil er keinen Garderobenhaken finden kann, während Davids Vater (Dietrich Mattausch) «Melone» und einen weiteren Gestapo-Mann ins Wohnzimmer führt. Dort erklärt «Melone» dem Familienvater genau, wie die Inventarisierung der Wohnung ablaufen wird. Der Gerichtsvollzieher vermerkt alle Wertgegenstände sorgfältig in Listen und übergibt sie an «Melone», der sie zur Unterschrift an Hanf weiterreicht. Dann geht das Schrift-

13 1983–1988: Gegenbilder deutscher Geschichte

105 DIE BERTINIS (1988): Der Deportationszug am Bahnsteig

106 DIE BERTINIS (1988): Der Bahnsteig vor der Abfahrt des Deportationszugs

stück den gleichen Weg zurück, um am Ende der Kette von der verantwortlichen Amtsperson abgestempelt zu werden (vgl. III, Min. 52:00–101:48). Die Eingliederung des Einzelnen in das System, die dieses Arrangement visualisiert, stellt die Voraussetzung für die Deportation, wie die anschließende Szene veranschaulicht (III, Min. 1:03:43–1:08:46). Auf dem Bahnsteig werden die Namen und Beinamen der Einzelnen – «*Hanf, David Israel!*» – aufgerufen, und nachdem ihre «Meldekarte» überprüft wurde, müssen sie entlang einer langen Kette dort aufgestellter Tische weitere Stationen der Verwaltung anlaufen: das Gewicht des Gepäcks wird kontrolliert, Kleidung ausgesondert, ihre Personendaten mit der Schreibmaschine in eine Liste getippt. Die Mitglieder der Familie Hanf geraten während dieser Prozedur aus dem Blickfeld der Kamera, die, hinter dem Rücken der zahlreichen Helfer*innen, die Reihe der Tische entlangfährt, an deren Ende eine Frau in Schwesterntracht Brot und Tee verteilt. Bis zur Abfahrt des Zuges vergehen, wie Zwischenbilder der Bahnhofsuhr anzeigen, vier Stunden. Danach werden die nun leeren Tische auf dem Bahnsteig wieder weggeräumt.

13 1983–1988: Gegenbilder deutscher Geschichte

Der Film charakterisiert den Nationalsozialismus primär als Verwaltungsapparat, der davon erhalten wird, dass die überwiegende Mehrheit ihre Aufgaben erfüllt,[36] und weniger, wie Frank Bösch angibt, als Denunziationssystem (Bösch 2007: 7). Die Zahl der Überzeugungstäter innerhalb der Filmerzählung ist sehr klein und kondensiert sich letztlich auf den Lehrer «Speckrolle» und den Gestapomann «Melone». Im Unterschied zu den Figuren der Familie Bertini beschränkt sich ihre Zeichnung auf ihre repräsentative Funktion. Insofern ist Bösch wie Wulf Kansteiner Recht zu geben, dass DIE BERTINIS das Bild der NS-Täter nicht deutlich konturieren (vgl. ebd., Kansteiner 2003: 278). In auffälliger Weise weicht der Film darin von der Konzeption ab, die Figuren eher als Individuen denn als Typen zu zeichnen. «Melone» ist in jeder Szene präsent, die einen Nazi-Täter erfordert: er ist es, der nachts in die Wohnung der Bertinis eindringt, den Roman auf der Straße beobachtet, als ein junger Mann wegen «Rassenschande» verhaftet wird, der Cesar foltert und im letzten Teil ist er sogar derjenige, der die im Park versteckten Lebensmittel entdeckt, mit denen Widerstandskämpfer die Familie Bertini versorgen. Daher ist der Mann in der schwarzen Lederkluft und ohne bürgerlichen Namen auch kein Individuum, sondern eine Personifikation der Gestapo.

Der Schwerpunkt der Darstellung liegt eindeutig darauf, die zunehmende Isolation der Familie Bertini herauszustellen, die ihren Höhepunkt schließlich in der langen Passage erreicht, die am Ende des fünften Teils in einer Szenenfolge den Gestus der Verfolgten entfaltet (V/Min. 51:10–125:10). Eng zusammengepfercht in dem dunklen feuchten Keller sind die Bertinis buchstäblich eingekerkert. Durch ein verstecktes Loch in der Wand lässt Erika Schwarz die Familienmitglieder am Abend in ihre Küche. Sogleich geht der Vater zum Herd, schiebt den Kessel und die Herdplatte darunter beiseite, um sich am offenen Herdfeuer zu wärmen. Daraufhin sehen wir in kurzen, aufeinanderfolgenden Szenen die einzelnen Familienmitglieder weitere banale Handlungen ausführen – sich waschen, rasieren, zur Toilette gehen, Eintopf essen und gemeinsam das Geschirr abwaschen – bis sie wieder in dem Loch in der Wand verschwinden, aus dem sie hervorgekommen sind. Kaum ein Wort wird in dieser Sequenz gesprochen. Allein die unscheinbaren, nebensächlichen Gesten führen exemplarisch vor, wie der Alltag dieser Familie in der Verfolgung aussehen kann: ein bemüht geräuschloses Eintauchen der Suppenkelle in den Teller oder die Übergabe dieser beim Abwasch verdeutlichen, wie möglichst lautlos alle Handlungen ausgeführt werden müssen, um nicht von den Nachbar*innen entdeckt zu werden. Der Vater, der sich auch im Versteck rasiert, und die Mutter, die ihrem Mann und den erwachsenen Söhnen beim Abendessen winzige Brotscheiben zuteilt, zeigen das Bemühen, auch im Versteck noch die sozialen Rollen auszufüllen und den Anschein von Normalität zu waren. Dann steigen sie durch das Loch in der Wand wieder in den Keller zurück. Am Ende sind alle so geschwächt, dass die Nachricht vom Einmarsch der britischen Truppen keine Freude auslösen kann (Abb. 107). Auch die Inszenierung deutet den Moment ihrer Erlösung nur durch eine offene Tür an, die plötzlich Licht in den Keller scheinen lässt (Abb. 108). Abrupt folgt die Abblende. In seinem Finale lehnt der Film es somit ab, die Verfolgungserfahrung mit Sinn anzureichern, wie es in Giordanos Roman oder in Fechners Adaption durch religiöse Symbolik – das Entzünden der Kerzen der Menora im Keller – angelegt ist. Obwohl die Figuren überleben, verweigert der Film zum Abschluss somit seinen Zuschauer*innen die Katharsis des *survival tale* und positioniert sich damit quer zum überwiegenden Program-

---

36 Somit erweist sich Monk erneut Hannah Arendt verpflichtet, deren Schriften (unklar war jedoch noch welche) er zur Vorbereitung erneut konsultieren wollte, siehe Egon Monk, Notiz «Chronik/Bau» vom 26.9.[19]86, 2 Bl., hier: 2, EMA 1310.

13 1983–1988: Gegenbilder deutscher Geschichte

107 DIE BERTINIS (1988): Das Kellerversteck; Erika Schwarz (Rosel Zech) informiert die Bertinis vom Einmarsch der britischen Truppen

108 DIE BERTINIS (1988): Schlussbild

mangebot am Ende der 1980er-Jahre (Kansteiner 2003: 270 ff.). Wahrscheinlich hat sich Monk auch um dieses wirkungsästhetischen Zieles willen, das bereits in DIE GESCHWISTER OPPERMANN und EIN TAG angelegt ist, entschlossen, den Fünfteiler genau an dieser Stelle enden zu lassen.[37] Darüber hinaus lassen sich jedoch weitere Gründe anführen.

Zunächst scheint Monks Entscheidung, den letzten Romanabschnitt zu streichen, wenig nachvollziehbar. Die Passage hätte ihm die Gelegenheit verschafft, die Leugnung und Verdrängung der NS-Verbrechen in weiten Teilen der deutschen Bevölkerung – das, was Giordano «die zweite Schuld» nannte – in kritischer Weise darzustellen und damit an seine

---

37 Die einzige Erklärung, die der Bearbeiter selbst dafür anbietet, ist sinngemäß, dass es ein ‹zweiter Film› geworden wäre (Festenberg 1988a) – und da die Nachkriegsepisode nach seiner Anlage der Filmerzählungen jenseits des Punktes zu verorten wäre, an dem die dramatische Zuspitzung ihren Höhepunkt erreicht hat, ist dem natürlich zuzustimmen. Die Frage danach, warum er diese ästhetische Entscheidung getroffen hat, ist damit freilich nicht beantwortet.

Arbeit in den 1960er-Jahren anzuknüpfen. Der Vorlage folgend, hätte er jedoch zugleich von Roman und Ludwig Bertinis Hinwendung zum Judentum erzählen und, um diese Entwicklung zu plausibilisieren, diese Komponente irgendwie zuvor in seine Filmerzählung integrieren müssen – etwa durch religiöse Symbolik, wie es Fechner im Drehbuch des dritten Teils realisiert hat, was Monk aber offenkundig zu vermeiden suchte. Letztlich hätte dieses Vorgehen seinen Entwurf eines Modellfalls der ‹von Nazis zu Juden gemachten Juden› unterminiert. Allein aus kompositorischen Gründen war es daher problematisch, die besagte Passage aufzunehmen. Darüber hinaus hätte er von der Schwangerschaft Lea Bertinis und der Geburt ihrer Tochter erzählen können; auf keinen Fall wollte er jedoch «ein Unglück wie ein mongoloides Kind zu unterhaltenden Zwecken [...] mißbrauchen».[38] Darin sah er offenbar eine Grenze des Darstellbaren überschritten. Gleichwohl er in diesem Fall private Gründe gehabt haben kann,[39] hätte diese Passage auch ein zweifelhaftes Deutungsangebot machen können, das sein Bemühen um eine moralische Haltung gegenüber den Opfern der Shoah gefährdet hätte. Nach der Typologie jüdischer Figuren von Lea Wohl von Haselberg (2016) ist die in der unmittelbaren Nachkriegszeit geborene Tochter Kezia (Giordano) bzw. Miriam (Fechner) als – gleichwohl sehr junge – Repräsentantin der *second generation* aufzufassen (vgl. 2016: 252 f.). Da Lea Bertini das Baby immer verdeckt hält, entspinnt sich in der Romanvorlage Giordanos wie in Fechners Adaption zunächst ein Geheimnis um die Frage, was mit dem Kind sei. Als Roman (Giordano) bzw. Cäsar (Fechner) daraufhin den behandelnden Arzt aufsucht, erklärt dieser, dass das Neugeborene «mongoloid» sei und die Ursache dafür in den problematischen Bedingungen der Schwangerschaft liege, die sich in der körperlichen und geistigen Deformation des kleinen Mädchens niedergeschlagen habe (Giordano 2008: 760 f., Fechner IV: 629). Die Aussage des Arztes entspricht offenbar der medizinischen Kenntnis von 1946 und die Episode lässt sich auf Biografie der Familie Giordano rückführen (vgl. Petersen 2014). Innerhalb der Erzählung wird die Beeinträchtigung des im Zeitraum der Verfolgung gezeugten Kindes jedoch zu einem äußerlich sichtbaren Zeichen für das Leid der Überlebenden der Shoah funktionalisiert: «Vielleicht hättet ihr vergessen können, was hinter euch liegt. Aber *mit* diesem Kind – nie», prognostiziert der Arzt in der Romanhandlung (Giordano 2008: 761, Herv. i. O.). «Sie selbst wird darüber nicht unglücklich sein, denn sie weiß nichts von sich und wird es nie wissen. Aber für Sie, Ihre Angehörige, wird es eine Qual bleiben, solange sie leben», resümiert er nach Fechners Drehbuch. «Dieses Kind hätte nie geboren werden dürfen», steht in beiden Fassungen fest (Giordano 2008: 760, Fechner IV: 629 f.). In dieser Form, als literarisches bzw. filmisches Motiv verwandt, verkörpert das Kind ebenso das Trauma der Überlebenden, wie es die Vorstellung kondensiert, dass sich die Erfahrungen der Opfer in der nachgeborenen Generation wie eine Veränderung ihres biologischen Erbguts eingeschrieben finden – nach Monks Begriffen ein naturalistisches Motiv.[40] Während sich dieses auch als Verharmlosung der Shoah auffassen lässt, scheint überdies das Leben von Menschen mit Behinderungen erheblich abgewertet, wenn ihre Existenz – zwar weniger für sie selbst, aber für ihre Angehörigen – ein so großes Leid bedeutet, dass es mit dem Trauma der Shoah verglichen werden kann.

38 Egon Monk, Tagebuch, Eintrag vom 5.9.1986, EMA 1898.
39 Zwei Kinder Monks waren im Säuglingsalter an einem frühkindlich wirksamen Gendefekt gestorben (persönliche Auskunft von Ulla Monk, Juni 2012).
40 Für eine umfassende Interpretation dieses Motivs fehlt hier leider der Raum. Deswegen möchte ich nur darauf hinweisen, dass sich aus der Konnotation des biblischen Namens Kezia – innerhalb des Romans der Name von Lea Bertinis Großmutter, aber auch nach der biblischen Erzählung das zweite der drei ‹geschenkten› Kinder Hiobs nach seiner Erlösung (Hiob, 42) – eine ambige Deutungsmöglichkeit auftut. Die oben formulierte Interpretation wäre damit dennoch nicht aufgehoben.

4.

Vor dem Hintergrund von Elie Wiesels Kritik an HOLOCAUST, die die Verkürzung der historischen Entwicklung auf die Gaskammer bemängelte (Wiesel 1978), stellt sich die Detailliertheit, mit der Monk in seinen Fernsehfilmen den ersten Anzeichen für die Entrechtung der deutschen Jüdinnen und Juden im nationalsozialistischen Deutschland nachgeht und in den BERTINIS die zunehmende Isolation beschreibt, tatsächlich wie ästhetische Antworten auf die US-amerikanische Mini-Serie dar. «Wir können es doch», lobte Barbara Sichtermann in der Zeit (Sichtermann 1988, ebenso: Festenberg 1988a, NZZ 1988). Monk entwirft jedoch weniger ein Gegenbild der Geschichte, als andere Bilder für ein populär bereits etabliertes Geschichtsbild.

Aus historischer Perspektive betrachtet, weist ihre Einlassung auf die Perspektive der Opfer beide Fernsehfilme als typische Produktionen der 1980er-Jahre aus. Nach Kansteiners Untersuchung bestand das Programmangebot des ZDF zu historischen Themen zu dieser Zeit zu 80 Prozent aus Produktionen, die sich auf die Verfolgung der Jüdinnen und Juden im nationalsozialistischen Deutschland und Europa konzentrierten (vgl. 2003: 259–263). In der historischen Rückschau erscheinen beide Fernsehfilme zudem von einer ebenso typischen zweifachen Ausweichbewegung gekennzeichnet: erstens beschreiben sie strenggenommen nicht die Shoah und zweitens ist die Abwesenheit von individuell gezeichneten Täterfiguren augenfällig, wie es für die überwiegende Mehrheit der Darstellungen aus diesem Produktionszeitraum gilt (vgl. ebd.: 274; 278 f.). Es deutet auch nichts darauf hin, dass Monk intendierte, eines von Beidem zu tun.

Wie Kansteiner *en passant* bemerkt, basiert der «Respekt vor den Kernereignissen des Holocaust [...] auf wichtigen moralischen und politischen Gründen und ästhetischen Konventionen, die die Grenzen der Darstellbarkeit des Holocaust definieren» (ebd.: 274). Präziser ausgedrückt, stehen die genannten Komponenten in einem interdependenten Zusammenhang, der es in der Konsequenz Monk nicht erlaubte, anders zu verfahren. Der Respekt vor den Opfern fordert eine realistische Darstellung ein und verbietet sie zugleich. Wie Walter Jens in seinem Beitrag zur HOLOCAUST-Debatte 1979 zu bedenken gab, ist der Anspruch auf eine wahrheitsgetreue Nachstellung der Shoah letztlich nicht zu erfüllen. Die Grausamkeiten, wie sie etwa Rudolf Höss in seinen Aufzeichnungen niederlegte – die «Todesangst, die Menschen ihre Hände in Beton krallen ließ» oder «das Herumstochern in den brennenden Leichenbergen» –, würden schließlich das Maß des szenisch Darstellbaren übersteigen (Jens 1979). Hierbei geht es nicht allein um bekanntlich historisch wandelbare Konventionen in Hinblick auf die explizite Darstellung von gewalttätigen Inhalten, die dem Publikum nicht zugemutet werden können. Diese Grenzen hatten sich zwischen 1960, als Jaques Rivette den Regisseur von KAPÒ wegen einer Einstellungsfolge von 20 Sekunden scharf kritisierte, und 1978/79 bereits stark geweitet. Das ästhetische wie moralische Problem liegt (und lag damals auch für Rivette) im Akt der Nachstellung und ihrer Repräsentation, die, je präziser sie ausfällt, desto näher sich auch auf jenen Punkt zubewegt, an dem in quasi pornografischer Weise die Qualen von Menschen ausgestellt werden (vgl. Rivette 2006). Darüber hinaus unterliegt dem Akt der Nachstellung, dem *Re-enactment* der Taten, das Moment, die Opfer gleichsam ein zweites Mal zu quälen und zu töten (vgl. Wiesel 1978). Besonders aus deutscher Perspektive scheint in diesem Punkt eine besondere Sensibilität gefordert. Daher kommt Jens auch zu dem Schluss, dass die Dramatik, der Film oder das Fernsehen in der Repräsentation der Shoah eine Übersetzung leisten müssen, die sich daraufhin bewerten ließe, ob sie zu einem Begreifen beizutragen vermöge. Die Szenenfolge, die in DIE BERTINIS die Enteignung und Deportation der

Familie Hanf darstellt – und die in dieser Form nicht in der Romanvorlage angelegt ist – ist als ein solcher Versuch der Übersetzung aufzufassen.

Die Einladung zur Identifikation mit den Opfern in DIE BERTINIS schätzt die Kritikerin der Zeit, Barbara Sichtermann, ungewohnt kritisch ein: den Platz der «Schuldlosen» einzunehmen «gebührt uns nicht», stellt sie in ihrer Rezension fest (1988). Hinter dem Umstand, dass nicht «die Mittäter und Mitläufer» als «Zentralfiguren» vorgeführt würden, vermutet sie ein Tabu. «Denn diese Leute, das waren wir selber, unser Volk in seiner Mehrheit» (ebd.). Dass dieses Tabu auch Monk daran hinderte, das Familienleben, die «Sorgen und Überzeugungen, Ängste und Wünsche» (ebd.) von Gestapo-Mitarbeitern zu beleuchten, möchte ich jedoch bezweifeln. Ungeachtet dessen, dass Giordano ihm dafür keine Vorlage geliefert hat, intendierte der Bearbeiter und Regisseur wahrscheinlich jede – auch nur vorübergehende – Identifikation mit Täter-Figuren zu verhindern. Im Ansatz bietet die Inszenierung diese Möglichkeit jedoch in Hinblick auf Mitläufer-Figuren, deren Verhalten sehr ambivalent, zögernd, zweifelnd und in Zwänge eingebunden dargestellt ist. Darin dürften sich viele der Zuschauer*innen wiedererkannt haben. Sofern dieser Effekt in der Rezeption gelingt, kann er zumindest punktuell einen Widerspruch zur Einlassung auf die Opfer-Perspektive provozieren und darüber jene Erkenntnis der «in der Wirklichkeit verdeckten Zusammenhänge» (Monk 2007: 211), die Kausalität zwischen der wiedererkennbaren unentschlossenen Alltagshaltung und den daraus resultierenden Konsequenzen begreiflich machen. Letztlich liegt dieser Form der Ansprache dieselbe Motivation zugrunde, die das Fernsehspiel EIN TAG mithilfe des Brechts-Zitats kenntlich gemacht hatte: die Aufforderung, sich der nationalen Schande zu stellen (siehe Kap. 10).

Die Orientierung an Brecht ist in der Dramaturgie beider Filmen deutlich erkennbar. Sowohl DIE GESCHWISTER OPPERMANN als auch DIE BERTINIS sind nach dem Konzept der «Gestentafel» organisiert, nach der das Handlungsgeschehen in einer Abfolge von thematisch zusammengesetzten und isolierbaren Szenen-Blöcken dargeboten wird. Aus ihrem Zusammenspiel indessen soll sich in der Rezeption ein «Zeitbild» (Feuchtwanger) der portraitierten Epoche bzw. der «sozialen Kausalität» (Brecht) der gesellschaftlichen Zusammenhänge einstellen. Im Detail sind die Gestaltungskonzepte dieser Filme sehr unterschiedlich, dennoch verfügen beide über ästhetische Strategien, die das Ziel haben, die Konzentration der Rezipient*innen darauf zu richten, das soziale Verhalten von Menschen ganz genau zu beobachten. Die Inserts aus Zeitungsschlagzeilen und Fotografien erweisen sich dabei geeignet, verschiedene Funktionen zu erfüllen: wie ihr Vorbild, die Tafel des epischen Theaters, unterbrechen sie die Kontinuität der Handlung, um die Immersion in die dargebotene Welt und auch die empathische Einlassung auf die fiktiven Figuren punktuell zu stören und kündigen das Thema der anschließenden Sequenz an, um die Aufmerksamkeit auf den Vorgang selbst zu lenken. Vor allen markieren sie jedoch den Unterschied zwischen öffentlicher, politischer Entwicklung und dem Alltagsleben der Portraitierten und erlauben daher, wie Walter Benjamin über das epische Theater schrieb, «die Zustände einmal zu entdecken» (Benjamin 1966: 26). Letztlich inszeniert Monk also wieder *Tableaux*. Da diese im Prinzip den Konventionen gemäß filmisch aufgelöst sind, also keine statisch anmutenden Bildkompositionen aufweisen, die Qualität der Bildoberflächen dem «filmischen» Standard hochwertiger Fernsehfilmproduktionen der 1980er-Jahre entspricht und die Szenenbildgestaltung naturalistisch-atmosphärisch konzipiert ist, wird dieses Moment nicht sofort augenfällig (vgl. Eisenstein 2006 f.). Eine Abkehr von seinem Vorbild Brecht lässt sich deswegen anhand dieser Filme nicht bestätigen. Die ‹Filmisierung› (Hickethier) erweist sich als Oberflächenrauschen.

Den Reaktionen der Fachkritik zufolge scheint die Umsetzung von Monks Konzept in DIE GESCHWISTER OPPERMANN gelungener bzw. schien zumindest besser den Erwartungen der Kritiker*innen genügen zu können. Die Feuchtwanger-Verfilmung wurde durchgehend sehr positiv besprochen. Die Rezensionen attestieren dem zweiteiligen Fernsehfilm zwar durchaus eine belehrende Tendenz, befinden die Darstellung aber insgesamt als sehr berührend. DIE BERTINIS hingegen riefen sehr zwiespältige Reaktionen seitens der Fachkritik hervor, die in einer kleinen publizistischen Kontroverse darüber resultierten, ob der Fünfteiler als ‹authentisch› und darüber ‹anrührend› (vgl. Katz 1988, Sichtermann 1988) oder als ‹zu belehrend› und schlicht ‹langweilig› zu charakterisieren sei (vgl. Thieringer 1988, Schmitt 1988). Daran lässt sich ablesen, dass die angewandten Gestaltungsmittel sehr unterschiedlich aufgenommen wurden. Gerade solche Verfahren der filmischen Inszenierung, die, wie Guido Kirsten pointiert, Wirklichkeitseffekte mithilfe von «Leerhandlungen» erzeugen wollen, können während der Rezeption als ermüdend empfunden werden; der Eindruck eines gesteigerten Realismus stellt sich erst mit Verzögerung ein (vgl. Kirsten 2009: 153). Darüber hinaus dürfte sich hier auch ein Moment enttäuschter Erwartungen manifestieren, da sich Monks betont nüchterne Erzählweise, «rücksichtslos gegen serienverwöhnte Augen» (Festenberg 1988a), deutlich von Giordanos «mit heißem Herzen geschriebene[r]» (ebd.) Vorlage unterscheidet. «Wie kann es dazu kommen», fragt so Uwe Schmitt in der *Frankfurter Allgemeinen Zeitung*,

> daß ein hochangesehener Regisseur und Autor fünf Jahre Arbeit, neun renommierte Hauptdarsteller, siebenundneunzig Nebenfiguren und vierzehn Millionen Mark auf die kolossale Fernsehverfilmung eines Bestseller-Romans verwendet, um am Ende alles in einem Lehrstück zu verschwenden? *(Schmitt 1988)*

Aus solchen kritischen Stimmen in der Presse lässt sich schließen, dass Monks Ästhetik am Ende der 1980er-Jahre in der öffentlichen Wahrnehmung anachronistische Züge anzunehmen begann (vgl. Prümm 1995a: 34). Diese Folgerung gibt wiederum zu der Vermutung Anlass, dass die Programmverantwortlichen der Sendeanstalten aus diesem Grund Monk in den folgenden Jahren nicht mehr mit der Regie vergleichbar hoch budgetierter Prestigeprojekte betrauen wollten und er deswegen keinen Film mehr für das deutsche Fernsehen realisierte. In Hinblick auf die Konventionen des populären Erzählens, die sich im Verlauf der 1990er-Jahre durchsetzten, erscheint diese Einschätzung naheliegend – ich habe sie an anderer Stelle selbst vorgetragen (Schumacher 2011: 30). Angesichts der «melodramatischen TV-Movies», in denen Darstellungen der jüngeren deutschen Geschichte gleich welchen Ereignisses zur «emotionalisierten Beziehungsgeschichte» würde, hätte Monks Konzept «keine Chance» gehabt, erklärt Knut Hickethier in seinem Nachruf auf den verstorbenen Regisseur (Hickethier 2007). Indirekt bestätigt er damit Karl Prümm, der Monk im Rahmen der Vorberichterstattung für DIE BERTINIS in der *Frankfurter Allgemeinen Zeitung* 1987 bereits als «den letzten Repräsentanten einer längst versunkenen Fernsehepoche» portraitiert hatte (Prümm 1987b). «Monk kannte das Fernsehen gut genug, um zu spüren, dass er und sein Medium sich fremd geworden waren», behauptet gar Hans Helmut Prinzler in seinem Nachruf, um dem Anlass angemessen die werkbiografische Lücke von zwanzig Jahren zu plausibilisieren, die sich zwischen der letzten Produktion und dem Tod des Betrauerten im Februar 2007 auftut (Prinzler 2007). Die Fülle der Recherchematerialien, Notizen und Entwürfe für die Projekte «Die Ernennung» und «Café Leon» in dessen Nachlass verweisen jedoch auf das Gegenteil. Bis kurz vor seinem Tod ging Monk davon aus, mindestens einen weiteren Film realisieren zu können.

13 1983–1988: Gegenbilder deutscher Geschichte

Nach dem Abschluss der BERTINIS war Monk auch nicht unbedingt veranlasst, in genereller Hinsicht an seinem Konzept zu zweifeln. Während sich in einigen Kritiken zwar diejenigen Vorwürfe wiederholten, mit denen er seine gesamte Laufbahn über immer wieder konfrontiert gewesen war, erhielt er schließlich mit der Begründung, seine Arbeitsweise wende sich «ganz gezielt gegen den gängigen Fernsehspielrealismus» (*SZ* 1989), im Februar 1989 den Kritikerpreis der Akademie der Künste. Darüber hinaus war ihm von Seiten des ZDF ein Auszug des Protokolls einer Sitzung des Fernsehrats vom 18. November 1988 zugesandt worden, der auch die Wirkung der BERTINIS diskutiert hatte.[41] Da sich nach diesem die Mehrheit der Diskutanten in lobender Weise über seinen Fernsehfilm geäußert hatte und überdies dort Ungureits Einschätzung protokolliert ist, nach der «etwa drei bis vier Produktionen dieser Art pro Jahr» als europäische Ko-Produktionen finanzierbar wären,[42] durfte Monk damit rechnen, sein Projekt «Die Ernennung» künftig im Auftrag des ZDF realisieren zu können. Die Gründe, wieso dieses wie auch seine weiteren Vorhaben nicht produziert wurden, sind deswegen in den Unterlagen zu diesen Projekten selbst zu suchen.

---

41 Auszug aus dem Protokoll der 10. Sitzung des Ausschusses für Musik und Spiel in der VII. Amtsperiode des ZDF-Fernsehrats am 18. November 1988, 17 Bl. (Seite 22–37 zzgl. Deckblatt), übersandt von Erwein O. Spielmann am 8. Februar 1989, EMA 1097.
42 Ebd.: 33.

14 1981–2005: Gedanken-Spiele
«Die Ernennung» und «Café Leon»

1.

Monks unveröffentlichte Projekte spiegeln dieselben Interessen wider, die sich anhand seines filmischen Schaffens ab 1973 nachvollziehen lassen. Die erhaltenen Entwurfspapiere für Originaldrehbücher aus diesem Zeitraum zeugen von einer historischen Perspektive, deren Fluchtpunkt zunächst in der Frage nach den Ursachen und Umständen des Scheiterns der Weimarer Republik liegt. Mit dem Fortschritt des Lebensalters zeigt sich Monks analytischer Blick auf die politische Ereignisgeschichte jedoch in zunehmendem Maße von Betrachtungen überlagert, die sich aus Erinnerungen an sein individuelles Erleben des Zweiten Weltkriegs speisen, bis er sich schließlich, am Ende der 1990er-Jahre, ganz auf seine Jugenderinnerungen fokussiert zu haben scheint. Diese intellektuelle Bewegung wird aus einer chronologischen Rekonstruktion seiner Arbeit an insgesamt fünf Entwürfen für Originaldrehbücher aus dem Zeitraum 1970 bis ca. 2005 erkennbar, die sich in unterschiedlicher Form und Umfänglichkeit im Archiv der Akademie der Künste Berlin befinden.

Noch zu Beginn der 1970er-Jahre wollte Monk, wohl anknüpfend an INDUSTRIELANDSCHAFT MIT EINZELHÄNDLERN, mit einem als «Kartellnovelle» betitelten Projekt erneut einen «politisch-ökonomischen Sachverhalt» der Gegenwart filmisch verarbeiten;[1] die anstehende zweite Novellierung des Gesetzes gegen die Wettbewerbsbeschränkung hatte ihm dazu anscheinend den Anlass gegeben.[2] Nachdem er die Arbeit an BAUERN, BONZEN UND BOMBEN abgeschlossen hatte, schickte er Günter Rohrbach einen Entwurf dieses Vorhabens.[3] Obwohl Rohrbach Zweifel an dessen Umsetzbarkeit anmerkte, zeigte er sich bereit, einen Drehbuchvertrag aufzusetzen[4] – eine Reaktion, die auf das hohe Ansehen in der Branche verweist, das Monk zu diesem Zeitpunkt genoss und Rohrbachs Bemühen widerspiegelt, den freien Autor und Regisseur an den WDR zu binden. Da Monk seinen Filmentwurf jedoch zu Beginn desselben Jahres ebenfalls dem ZDF vorgelegt hatte und von dieser Seite im Juli überraschend eine «Stoffbewilligung» erhielt, musste er dem Fernsehspielleiter des WDR erklären, dass er bis zur Abnahme oder Ablehnung seines Drehbuchs

---

1 Egon Monk an Günter Rohrbach/Westdeutsches Fernsehen, 16. Juni 1973, EMA 513. Das Manuskript selbst ist leider nicht überliefert.
2 Die 21-seitige Projektskizze (EMA 1616) war leider nicht einsehbar. Monks Auseinandersetzung mit dem Thema lässt sich deswegen nur anhand der umfangreichen Sammlung von Pressematerialien nachvollziehen, die er für Recherchezwecke angelegt hatte (siehe EMA 1355, 1356, 1617). Da ihre Datierungen bis in das Jahr 1968 zurückreichen, lässt sich folgern, dass Monk die Berichterstattung zu diesem Thema über vier Jahre verfolgt hatte, bevor er seinen Projektentwurf an die Fernsehanstalten schickte.
3 Monk an Rohrbach 1973.
4 Günter Rohrbach an Egon Monk, 1. August 1973, EMA 513.

«dem ZDF im Wort» stünde.⁵ Warum genau das Projekt letztlich auch dort nicht realisiert wurde, ist anhand des verfügbaren Materials nicht zu rekonstruieren. Dass Monk das angekündigte Drehbuch überhaupt jemals fertiggestellt hat, möchte ich allerdings anzweifeln; in seinem Nachlass zumindest befindet sich kein solches Dokument. Womöglich hat er nach den Produktionsvorbereitungen für DIE GEWEHRE DER FRAU CARRAR schlicht das Interesse an einer weiteren Ausarbeitung der «Kartellnovelle» verloren und sich direkt dem Projekt «Hilferding» zugewandt, auf das sich seine Aufmerksamkeit zwischen 1975 und 1978 konzentrierte (Kap. 12).

Als Monk im Rahmen des Interviews mit Egon Netenjakob 1977 den Arbeitstitel «Hilferding» lancierte, erweckte er mithin den Eindruck, dass er kurz vor der Fertigstellung des Drehbuchs sei. Dasselbe behauptete er auch gegenüber Fritz J. Raddatz, als er diesem zu Beginn des Jahres 1978 die Bitte abschlug, Hellmuth Karaseks gerade publiziertes Buch über Bertolt Brecht für *Die Zeit* zu rezensieren.⁶ Für «Hilferding» ist jedoch kein fertiges Drehbuch überliefert, und der Bestand der hinterlassenen Recherchematerialien und Notizen, der weder Exposé noch Treatment enthält, lässt vermuten, dass er von der finalen Ausarbeitung noch weit entfernt war. Da er bekanntlich zum Jahreswechsel 1978/79 die Vertragsverhandlungen über die Verfilmung von Lion Feuchtwangers *Wartesaal*-Trilogie aufnahm und bis zum Ende des Jahres 1982 mit der Produktion von DIE GESCHWISTER OPPERMANN beschäftigt war, stellte er die weitere Arbeit an «Hilferding» offensichtlich zugunsten dieser Verpflichtung zurück. Damit beginnt sich ein Muster abzuzeichnen, das Monks Tätigkeit als freier Autor und Regisseur bestimmte.

Nach seinem Rücktritt vom Posten als Hauptabteilungsleiter des NDR-Fernsehspiels und der Intendanz am Deutschen Schauspielhaus sah sich Monk immer wieder mit dem Problem konfrontiert, dass jene Projekte, für deren Umsetzung er sich vertraglich verpflichtet hatte, nicht in dem Zeitraum realisiert werden konnten, mit dem er gerechnet hatte. Als sich die Produktion von BAUERN, BONZEN UND BOMBEN terminlich verschob, musste er die geplante Brecht-Sendereihe «Das dramatische Werk»⁷ aufgeben, aus demselben Grund konnte er nicht, wie mit Rolf Liebermann vereinbart, für die Spielzeit 1971/72 die Uraufführung von Walter Steffens *Unter dem Milchwald* (1968/72)⁸ an der Hamburgischen Staatsoper inszenieren⁹ oder Dieter Fortes *Martin Luther & Thomas Münzer oder Die Einführung der Buchhaltung* (1970) als Fernsehspiel für den WDR. In derselben Konstellation dürfte auch begründet liegen, wieso Monk nach 1970 keines seiner Vorhaben für Originaldrehbücher verwirklichte: Aus juristischen wie ökonomischen Erwägungen war er fortwährend gezwungen, die Arbeit an diesen gegenüber den zugesagten Filmprojekten zurückzustellen. Darüber hinaus manifestiert sich jedoch bereits in den Projektskizzen

---

5   Egon Monk an Günter Rohrbach/Westdeutsches Fernsehen, 20. September 1973, EMA 513.
6   Egon Monk an Fritz J. Raddatz/Redaktion *Die Zeit*, Hamburg, den 27. Februar 1978, EMA 407. Hierbei sollte es sich um Karaseks *Bertolt Brecht. Der jüngste Fall eines Theaterklassikers* (1978) handeln.
7   EMA 1599, vgl. Egon Monk an Alfred Berendt, Sender Freies Berlin, Abteilung III. FS-Programm, Hamburg, den 13. März 1971 sowie den an denselben Adressaten gerichteten Brief vom 2. April 1971, EMA 1599.
8   Walter Steffens *Under Milk Wood/Unter dem Milchwald* ist ein Auftragswerk der Hamburgischen Staatsoper, das zu Liebermanns Uraufführungsprogramm gezählt werden kann (vgl. Schmidt/Paszdzierny 2017: 123). Die Oper basiert auf dem Hörspiel von Dylan Thomas, die deutsche Übersetzung stammt von Erich Fried. Nach Monks Absage erfolgte die Uraufführung im Mai 1973 in der Regie von Kurt Horres, damals Direktor der Oper in Wuppertal (siehe Herbort 1973).
9   Siehe hierzu bes. Rolf Liebermann an Egon Monk, Hamburg, den 13. Juni 1969, Rolf Liebermann an Egon Monk, Hamburg, den 3. Februar 1970 sowie Egon Monk an Rolf Liebermann, Hamburg, am 25. August 1971, EMA 558.

zu «Hilferding» ein kreatives Problem, das Monk auch in den folgenden Jahren nicht zu lösen vermochte: offenbar wollte es ihm nicht gelingen, seine Stoffe, an die er mit großem intellektuellen Anspruch herantrat, in eine realisierbare Form zu übersetzen.

Monks Projektarbeit begann immer mit äußerst umfangreichen Recherchen, die ihrerseits zumeist durch das vorangegangene Filmprojekt inspiriert waren. So waren es auch die Nachforschungen zum historischen Hintergrund der GESCHWISTER OPPERMANN, die ihn motivierten, sich intensiver mit den Bedingungen zu befassen, die Hitlers Weg an die Macht begünstigten.[10] Das erste Exposé des daraus resultierenden Projekts «Die Ernennung» schickte er 1981 zu Händen von Dieter Meichsner an den NDR. Zwei Jahre später, nach dem Erfolg der GESCHWISTER OPPERMANN, schien es Monk offenbar angebrachter, das ZDF für die Realisation dieses Vorhabens zu gewinnen.[11] Bereits am 13. Februar 1983 übersandte er Heinz Ungureit – nonchalant darauf hinweisend, dass diesem seine Arbeitsweise schließlich bekannt sei –, kein ausformuliertes Exposé oder Treatment, sondern eine Auswahl an Notizen zum Handlungsverlauf und den biografischen Hintergründen der Hauptfiguren – Auszüge seines «work in progress», wie er gegenüber Ungureit bekannt gab, in dem der Verlauf der Fabel noch «beweglich» sei. In acht Wochen, versprach er indes mittteilen zu können, wie viel Zeit er noch für die Ausarbeitung dieses Stoffes benötigen würde.[12] Bekanntlich stellte er auch dieses Vorhaben bis 1989 zugunsten der fünfteiligen Adaption von Ralph Giordanos Roman *Die Bertinis* vorerst zurück.

Noch während der Produktion für DIE BERTINIS entwickelte Monk eine weitere, unter der Bezeichnung «Der 1. September/Paul Schmidt» zusammengefasste Filmidee, nach der die Ereignisse, die dem fingierten Überfall auf den Sender Gleiwitz 1939 vorausgingen, aus der Perspektive des damaligen Chefdolmetschers im Auswärtigen Amt, Dr. Paul Schmidt, erzählt werden sollten.[13] Schmidt hatte Hitler beim Empfang von ausländischen Politikern und Diplomaten zur Seite gestanden. Die Protokolle dieser Gespräche aus dem Zeitraum 1939–1941 hatte der Historiker Andreas Hillgruber aufgearbeitet und 1967 der Öffentlichkeit zugänglich gemacht.[14] Wie *Der Spiegel* berichtete, erlaubten die Dokumente das bekannte Bild von Hitler neu zu konturieren, indem sie, dessen mutmaßlichen Wortlaut wiedergebend, die wechselnden Rollen nachvollziehen lassen, die er im Umgang mit seinen Gesprächspartnern vorführte (*Der Spiegel* 1967c). Dieses dramatische Potenzial und die Idee, die Figur Hitler als kalkulierenden Schauspieler zu entlarven, könnte den Stoff für Monk empfohlen haben.

Im Zusammenhang mit dem Projekt «Der 1. September/Paul Schmidt» zog Monk auch zum ersten Mal in Betracht, die politische Ereignisgeschichte durch eine Parallelhandlung zu ergänzen, die sich aus seiner Kindheitserinnerung speist:

10 Egon Monk an Marta Feuchtwanger, Hamburg, am 14. August 1984, EMA 708.
11 Laut Friedrich Knilli plante Monk 1983 zudem *Jud Süß* von Lion Feuchtwanger zu verfilmen (2006: 92). Diese Information stützt sich auf einen Bericht in der *Abendzeitung*, siehe (1983): «Bittere Erinnerungen›: Monk verfilmt fürs Fernsehen Feuchtwangers Jud Süß». In: *Abendzeitung* (17. August 1983). In Monks Korrespondenz mit Marta Feuchtwanger findet sich kein Hinweis auf dieses Projekt; er erwähnt es jedoch in seinen Briefen an den Schauspieler Manuel Vaessen (vgl. EMA 441) und den Bühnenbildner Ekkehard Grübler (EMA o. Sign.).
12 Egon Monk an Heinz Ungureit, Zweites Deutsches Fernsehen, HR Fernsehspiel und Film, Hamburg, den 13. Februar 1983, 3 Bl., hier: 2, EMA 1577. Um welche Auswahl es sich hierbei handelt, ist nicht rekonstruierbar.
13 Siehe EMA 1103.
14 *Staatsmänner und Diplomaten bei Hitler. Vertrauliche Aufzeichnungen über Unterredungen mit Vertretern des Auslandes 1939–1941.* Hrsg. u. erl. v. Andreas Hillgruber. Frankfurt a. M.: Bernard & Graefe Verlag für Wehrwesen 1967.

Erste Urlaubsreise.
Ein kleines Ferienhaus der Radiofirma Lorenz, für die
mein Vater seit 32 oder 33 arbeitet.
[...]
Pubertät.
Beobachte die ‹Schleswig-Holstein› auf ihrer Fahrt nach
Danzig.
Show-Tacuen [!] eines U-Boots.
[...]
Wann Ferien-Ende?
Luftschutzübungen, Führerrede in der Aula, Vortrag eines
Wehrmacht-Werbeoffiziers [...]
Lesen.
Kino.
Eisdiele am Nettelbeckplatz nach der Schule.
Mädchen.
Der 1. September.[15]

Ursprünglich plante Monk, das Filmprojekt bis 1989, zum 50. Jahrestag des Überfalls auf Polen zu realisieren.[16] Nach dem Abschluss der BERTINIS nahm er jedoch zunächst die Arbeit an der «Ernennung» wieder auf und im Unterschied zur «Kartellnovelle» blieb auch «Hilferding» ein Gedanken-Spiel, das ihn weiter beschäftigte. Der Wunsch, seine persönlichen Erinnerungen an den Zweiten Weltkrieg zu verarbeiten, verstärkte sich allem Anschein nach sukzessive. So notierte er sich am 1. Juni 1992, dass es ihm «[u]nmittelbar vor der endgültigen Niederschrift der ‹Ernennung›, inmitten also von fremden Angelegenheiten» und «Ereignissen, die stattfanden, als ich fünf Jahre war [,] mehr und mehr wünschenswert» erschiene, «auf die ‹Ernennung› nicht gleich ‹Hilferding› folgen zu lassen».[17] Darunter schrieb er: «Im Mai 95 wird sich zum fünfzigsten Mal der Tag jähren, an dem der Krieg zu Ende ging. Gelegenheit alte Pläne zu studieren».[18] Während er zunächst erwog, «Paul Schmidt» weiter auszuarbeiten und bis 1995 mit einer Neukonzeption der «Ernennung» beschäftigt war, nahm anscheinend die Idee für «Café Leon» Konturen an. Von 1998 bis zu seinem Tod war Monk mit diesem Entwurf beschäftigt. Außerdem kümmerte er sich in den 1990er-Jahren um das Buchprojekt «Auf dem Platz neben Brecht. Erinnerungen an die ersten Jahre des Berliner Ensembles».

Die Vorhaben aus den 1990er-Jahren sind eindeutig autobiografisch inspiriert und motiviert. Während sich Monk mit dem Buchprojekt jedoch vordergründig zum Ziel nahm, Brecht über seine Arbeit zu charakterisieren,[19] wollte er mit «Café Leon» explizit seine persönliche Geschichte erzählen. Die erzählten Ereignisse entspringen der Erinnerung an seine Jugend, die Zeit als Flakhelfer, die ersten Liebeserfahrungen und ebenso an seine Freunde Oswald Ebert und Heinz Creutzig, deren Identität nur durch eine Änderung des Nachnamens verfremdet ist. Zugleich wollte er damit jenem Generationenportrait wi-

---

15   Egon Monk, Notiz, o. D., EMA 1106.
16   Egon Monk, Notiz vom 25.12. 1987, EMA 1103.
17   Die Notiz ist den Unterlagen zum Projekt «Café Leon» in EMA 1532 zugeordnet, die sich ihrerseits in einem Aktenordner befinden, der durch zehn Reiter unterteilt ist, hier siehe «Nachgeschichte», 2 Bl.
18   Ebd.
19   Egon Monk an Dr. Erdmut Wizisla, Bertolt-Brecht-Archiv, Hamburg, den 26. November 2001, EMA 547.

dersprechen, das Claus Hubalek in seinem Debütroman *Unsere jungen Jahre. Tagebuch eines Zwanzigjährigen* (1947) entworfen hatte (vgl. Schumacher 2017a). Monk zufolge projizierte sein Schulfreund darin Einsichten der frühen Nachkriegszeit auf die Jahre 1943/44 und zeichnete das Bild einer deutschen Jugend, die aus «lauter Beinahedemokraten» und «Frühantifaschisten» bestanden zu haben schien. Für Monk kam das der Überbetonung der historischen Rolle der illegalen KPD durch Walter Ulbricht gleich. Vor allem befand er jedoch den etablierten Vorstellung von der betrogenen Generation als falsch. Was ihn beträfe, notiert er sich im Mai 1995, habe er sich in seiner Jugend nicht um etwas betrogen erlebt und eigentlich nur an Mädchen gedacht.[20]

Am Abend der Feierlichkeiten zu seinem 75. Geburtstag im Berliner Filmmuseum verkündete Monk, dass er in Kürze mit den Dreharbeiten zu «Café Leon» beginnen werde. Barbara Möller, die zu diesem Anlass am 18. November 2002 einen weiteren «Geburtstagsartikel» für das *Hamburger Abendblatt* verfasste, berichtete – wohl Monks Aussagen referierend –, dass auch das Manuskript für das Brecht-Buch «lange fertig» sei. Monk gehöre aber «offensichtlich zu jenen Autoren, die ihre Texte nur unter vorgehaltener Pistole herausrücken», plausibilisierte sie die vierjährige Verzögerung des Erscheinungstermins. «Entrissen hat ihm auch noch keiner das ebenfalls fertige Drehbuch zu dem Fernsehfilm ‹Die Ernennung›. Auch auf diesem Text [...] sitzt er noch eisern» (Möller 2002).

Wie im Falle von «Hilferding» hat Monk jedoch weder für die «Die Ernennung» noch für «Café Leon» eine vollständig ausgearbeitete Drehbuchfassung hinterlassen, auch das Buch über die Zusammenarbeit mit Brecht ist niemals fertig geworden. Offenbar war es ihm auch hier nicht möglich, den Stoff seiner Erinnerungen an das Berliner Ensemble in eine geeignete narrative Form zu überführen (vgl. Slevogt 2017: 15 f.; 26 f.). Erdmut Wizisla bezeichnete die Textauswahl, die Monk 1997 dem Leiter des Bertolt-Brecht-Archivs zugeschickt hatte, passend als «Konvolut». Zwar wünsche er sich Monks Erinnerungen bald gedruckt zu sehen, ahne dennoch, was es bedeute, aus jener Zusammenstellung von Niederschriften «ein druckfertiges Manuskript zu erarbeiten. [...] Im Moment sind manche Teile eher Gestrüpp. Da muß umgeordnet, gestrafft, ergänzt, kommentiert werden».[21]

Machte Monk also bewusst falsche Angaben oder meinte er tatsächlich kurz vor der Fertigstellung dieser Projekte zu stehen? Wahrscheinlich trifft beides zu. Schließlich pflegte Monk sich in der Öffentlichkeit stets strategisch zu verhalten. Wenn er jedoch für sich allein notiert, dass er «[u]nmittelbar vor der endgültigen Niederschrift der ‹Ernennung›» sei,[22] mag das eher als eine Fehleinschätzung gelten, der er ebenso unterlegen haben kann, als er im November 2002 die Dreharbeiten zu «Café Leon» ankündigte. Im Januar 2003 noch begab sich der Szenenbildner Wolf Sesselberg, der für Monk DIE BERTINIS ausgestattet hatte, in seinem Auftrag auf Motivsuche nach Berlin,[23] und Monk prüfte, wie lange Titellisten bezeugen, Jazz-Einspielungen auf ihre Eignung für seinen Film.[24] Noch im selben Jahr verschlechterte sich sein Gesundheitszustand jedoch rapide,[25] sodass er das Projekt «Café Leon» auch aus diesem Grund nicht abschließen konnte.

20 Egon Monk, Notiz, Mai 1995, 1. Bl., Leon-Ordner, Reiter «Nachgeschichte», EMA 1532.
21 Siehe Dr. Erdmut Wizisla, Stiftung Archiv Akademie der Künste/Archivabteilung Literatur Bertolt-Brecht-Archiv an Egon Monk, Berlin, den 5. Februar 1997, EMA 547.
22 «Nachgeschichte», EMA 1532.
23 Egon Monk, Notiz vom 15. Januar 2003 in Leon-Ordner, Reiter «Prod.[uktion]», EMA 1532. Zwischenzeitlich hatte Sesselberg unter anderem Heinrich Breloers TODESSPIEL (1997) und Dieter Wedels sechsteilige Mini-Serie DER KÖNIG VON ST. PAULI (1998) ausgestattet.
24 Siehe Leon-Ordner, letzter unbenannter Reiter, EMA 1532.
25 Für diesen Hinweis danke ich Nicky Rittmeyer.

Wie das unvollendete Buch «Auf dem Platz neben Brecht» sind die Filmprojekte «Die Ernennung» und «Café Leon» als Konvolute erhalten geblieben. Da sie in Textstufen überliefert sind, die kaum valide Aussagen über die intendierte Inszenierung zulassen, kann ich nur die verschiedenen Erzählmuster nachzeichnen und auf Basis der Ergebnisse meiner Filmanalysen schlussfolgern, in welcher Form ausgewählte Passagen hätten inszeniert werden können.[26]

2.

Der hinterlassene Materialbestand für das Filmprojekt «Die Ernennung» ist sehr umfangreich. Zu einem großen Teil besteht dieser aus Sammlungen von Rechercheunterlagen, die Monk zwischen 1981 und 1995 angelegt hatte. Darüber hinaus sind verschiedene Entwürfe zur Konzeption des Vorhabens erhalten. Da diese allerdings in sehr unterschiedlichen Textformen vorliegen, die mithin unterschiedliche Stufen der Bearbeitung wiedergeben, ist der Vergleich zwischen ihnen etwas problematisch. Dennoch lassen sich aus den vorliegenden Entwürfen drei unterschiedliche Versionen für «Die Ernennung» rekonstruieren. Diese sind zwar alle zwischen November 1932 und Januar 1933 situiert und umkreisen so gleichsam die Frage, welche Bedingungen die Machtübernahme der NSDAP möglich machen konnten, in Hinblick auf die Fabelkonstruktionen weichen sie jedoch stark voneinander ab.

Die Ausgangsidee für das Filmprojekt, dessen erste Fassung dem Zeitraum zwischen 1981 und 1986 entstammt, war, diejenigen personellen Konstellationen innerhalb der Reichskanzlei in den Blick zu nehmen, die 1933 den politischen Machtwechsel erlaubten. Während der Titel bereits auf die geschichtspolitische Intention verweist, die dieser Idee zugrunde lag, gibt Monk in seinem ersten Exposé ausdrücklich zu erkennen, dass er mithilfe der «Ernennung» ein populäres Geschichtsbild revidieren wollte. «Unsere Vorstellung vom Untergang der Weimarer Republik», schreibt er hier, seien weitestgehend geprägt von Fotos und Wochenschauberichten – Schlange stehenden Arbeitslosen, Aufmärschen der SA, Straßenschlachten sowie dem «Fackelzug schließlich, der in unserem Bewusstsein mit dem 30. Januar identisch geworden ist».[27] Entgegen dieser Vorstellung sei jedoch, wie er nach einem Absatz weiter ausführt, «nicht auf der Straße über das Schicksal der ersten Republik entschieden worden, sondern in Amtszimmern und Salons, auf Hintertreppen und Nebenwegen».[28] Die Geschichte der Machtübernahme der NSDAP sei «in der Hauptsache die Geschichte einiger ehrgeiziger, eitler und selbstsüchtiger Männer, die sich in ihrem [...] Kampf um die Macht am Ende gegenseitig lähmten».[29] «In diesem Schurkenstück», formulierte Monk in der Entwurfsfassung seines Exposés, sei «Hitler selbst der am wenigsten interessante Schurke».[30] Innerhalb der geplanten Filmerzählung stellt dieser deswegen nur eine Randfigur dar, während sich der zentrale Konflikt zwischen Kurt von Schleicher und Franz von Papen entwickelt, die nach der Auflösung des letzten Präsi-

---

26 Auch im Hinblick auf die inhärente Frage nach der Geschichtsdeutung, die diesen Projekten zugrunde liegt, beschränke ich mich hier die Auswahl an Ereignissen und Personen der Geschichte nachzuvollziehen, die Monk für die geplanten Filmerzählungen vornahm, und in welcher Form er sie jeweils darzubieten plante. Eine Rückführung auf das Material seiner Recherche würde den Rahmen dieses Kapitels überschreiten.
27 Exposé «Die Ernennung» [Fassung Ia, JS] 1981, 4 Bl., hier: 1, EMA 1524.
28 Ebd.: 1.
29 Exposé «Die Ernennung», [1981], 29 Bl., hier: 2.
30 Entwurf zum Exposé «Die Ernennung», [Fassung 1a, JS], o. D., 19 Bl., hier: 8.

dialkabinetts mit konkurrierenden Regierungsplänen an Reichspräsident Hindenburg herantreten (vgl. hierzu Kolb/Pyta 1992, bes. 173 ff., Winkler 1993: 553 ff., Morsey 2001, Pyta 2007). Im Hinblick auf das starke Interesse an der Figur Hitler in den populären Geschichtsrepräsentationen des Fernsehens seit dem Ende der 1970er-Jahre ist dieser Fokus durchaus ungewöhnlich zu nennen.

Konkretere Vorstellungen zur Realisierung der Filmidee lassen sich dem erhaltenen Drehbuchbuchfragment[31] und einer sogenannten *Step-Outline*[32] entnehmen, die die geplante Abfolge von Szenen und Sequenzen ohne Dialoge und Angaben zu ihrer Ausgestaltung wiedergibt. Nach dieser eröffnet die zweiteilig angelegte Filmerzählung nach dem bekannten Muster von Monks Fernsehfilmen mit einem kurzen Vorspiel. Im ersten Bild verbeugt sich Hitler vor Hindenburg, während die anknüpfend eingeblendete Zeitungsschlagzeile vom 30. Januar 1933 «Hitler: Reichskanzler» verkündet. Im Kontrast dazu montiert folgt die Schlagzeile des 24. November 1932: «Hindenburgs Entscheidung: Keine Hitler-Diktatur!» Die anschließende Spielhandlung setzt am 1. Dezember 1932 ein. Der noch amtierende Reichskanzler Papen und Schleicher, Reichswehrminister in dessen Kabinett, stellen Hindenburg ihre Regierungspläne vor: während Papen eine Verfassungsänderung anstrebt, die ein autoritäres Staatsmodell zum Ziel hat, konzentriert sich Schleichers Bestreben auf die Bekämpfung der Arbeitslosigkeit. Daher will er sich für ein die Parteigrenzen überschreitendes Bündnis zwischen Gewerkschaften und dem kompromissbereiten Flügel der NSDAP unter Gregor Strasser einsetzen. Hindenburg favorisiert jedoch Papen als Reichskanzler. Am folgenden Tag lässt Schleicher deswegen die Kabinettsmitglieder durch Oberstleutnant Eugen Ott von einem Planspiel der Reichswehr unterrichten. Nach diesem war man zu dem Ergebnis gekommen, dass die Reichswehr einen Ausnahmezustand nicht erfolgreich exekutieren könnte, wenn sie auf einen organisierten Zusammenschluss von kommunistischen und nationalsozialistischen Kräften treffen würden, wie er sich beim Berliner Verkehrsstreik vom 3.–7. November 1932 gezeigt hatte. Danach ist im Kabinettssaal nur noch ein Minister bereit, Papens Pläne zu unterstützen, und Schleicher wird Reichskanzler. Um seinen früheren Förderer zu stürzen, nimmt Papen daraufhin mithilfe des Bankiers Baron von Schröder Kontakt zu Hitler auf. Am 4. Januar 1933 treffen sie zu einer geheimen Unterredung in Köln zusammen, bei der auch der Unternehmer Wilhelm Keppler und Heinrich Himmler anwesend sind. Der im Auftrag des Journalisten Hellmuth Elbrechter tätige Pressefotograf Hermann (eine fiktive Figur) kann die Ankunft der Männer in Schröders Haus dokumentieren; «Hitler und Papen gegen Schleicher» titelt die *Tägliche Rundschau* vom 5. Januar 1933. Hindenburg fordert daraufhin Schleicher auf, ebenfalls Verhandlungen mit Hitler aufzunehmen. Im Geheimen unterstützt er jedoch bereits die Verschwörung Papens, in die auch Oskar von Hindenburg, der Staatssekretär Otto Meissner und Joachim von Rippentrop verwickelt sind. Mit dem Ziel, ihn künftig als neuen Reichswehrminister einzusetzen, beordert Hindenburg Werner von Blomberg, der als Leiter der deutschen Militärdelegation an der Genfer Abrüstungskonferenz teilnimmt, nach Berlin zurück. Als der Industrielle Otto Wolff, der zu Schleichers engeren Vertrauten zählt, davon erfährt, rät er diesem, sofort den Ausnahmezustand zu erklären, Blomberg erschießen zu lassen und Hindenburg «nach Ostpreußen abzuschieben».[33] Hermann Göring, der den als Vermittler auftretenden Werner von Alvensleben missversteht, befürchtet nun einen Putschversuch der Ge-

---

31 Fragment des Drehbuchentwurfs «Die Ernennung» [Fassung Ia, JS], 244 Bl., o. D., EMA 1526.
32 *Step-Outline* «Die Ernennung» [Fassung Ib, JS], 49 Bl., o. D., EMA 1191.
33 *Step-Outline*, Bl. 37.

neräle. Er informiert Meissner, dass er sofort die Berliner SS und SA alarmieren könne, um das Reichswehrministerium in der Wilhelmstraße abzuriegeln. Meissner wiegelt jedoch ab. Am Morgen des 30. Januar wird Blomberg von Hindenburg vereidigt, und die Mitglieder der neuen Regierung betreten unter Papens Führung durch die Hintertür die Räume der Reichskanzlei. Während eine Montagesequenz zum Abschluss alle Schauplätze in Erinnerung ruft und im *voice-over* die Radioreportage über den Fackelzug anlässlich der Ernennung Hitlers zu hören ist, informieren Texteinblendungen über den weiteren Werdegang der portraitierten Akteure. Im letzten Bild vernichtet der Pressefotograf Hermann, der mit seinem jungen Assistenten Erwin zuvor den Fackelzug auf der Straße beobachtet hatte, die Negative seiner Fotografien, die das Kölner Geheimtreffen dokumentieren.

«Die Ernennung» der ersten Fassung ist als Geschichtsdrama konzipiert. Nicht mit dokumentarischem Anspruch, sondern in einer erkennbar verdichteten Form wollte Monk also die Konstellationen veranschaulichen, die Hitlers Weg an die Macht erlaubten. Die von ihm entworfenen Figuren sollen zwar ihren historischen Vorbildern nicht widersprechen, sie sind aber zu Typen kondensiert, die verschiedene Facetten einer letztlich undemokratisch eingestellten Clique repräsentieren. Wie ein Hofstaat gruppieren sich die Weimarer Politiker um den Reichspräsidenten Hindenburg und verwickeln sich demnach in eine Art höfisches Intrigenspiel, aus dem Hitler unbeabsichtigt als Sieger hervorgeht.[34] Dieser Grundidee folgt auch der sich im Drehbuchfragment abbildende Entwurf, der allerdings in Hinblick auf die Strukturierung der Erzählung von der *Step-Outline* abweicht. So beginnt dem Drehbuch zufolge die Handlung nicht mit dem skizzierten Vorspiel, sondern setzt *in medias res* mit dem 1. Dezember 1932 ein: Während Papen durch den Garten und die Hintertür das Reichspräsidentenpalais in der Wilhelmstraße betritt, fährt Schleicher in einer Staatskarosse vor dem Hauptportal vor. Unter den gesetzten Vorzeichen ist nicht davon auszugehen, dass Monk eine Einfühlung in diese Figuren anstrebte. Dennoch stellen sich, den Szenenentwürfen nach zu urteilen, unter allen Schleicher und vor allem sein Vertrauter Kurt von Hammerstein als die heimlichen Sympathieträger heraus. Während der Erste zumindest skrupulöser und gebildeter als Papen entworfen ist,[35] zeichnet sich Hammerstein durch seine Einsicht in die Motivation der Akteure in diesem Intrigenspiel aus.

Ein weiterführender inhaltlicher Vergleich zwischen der *Step-Outline* und dem Drehbuch-Fragment ist leider nicht möglich, da letzteres nicht vollständig ausgearbeitet ist, sondern lediglich Entwürfe für die entscheidenden Gesprächssituationen, von wenigen Ausnahmen abgesehen, also nur Dialoge und Monologe enthält. Da sich diese in ihrem verschriftlichten Umfang kaum hätten szenisch umsetzen lassen können, vermute ich, dass Monk mit dem Ziel späterer Kürzung zunächst alle Einfälle niederschrieb. Obwohl eine *Step-Outline* konventioneller Weise eine Stufe der Bearbeitung abbildet, die zwischen dem Exposé bzw. Treatment und dem Drehbuch zu positionieren ist, müssen die undatiert erhaltenen Texte nicht in dieser Reihenfolge erstellt worden sein. Nach meinem Dafürhalten repräsentiert die *Step-Outline* einen späteren Bearbeitungsstand und mithin die Revision eines ursprünglich puristischer angelegten Vorhabens, das sich in dem Sinne ‹dramatisch› bezeichnen lässt, als seine Realisierung eigentlich keine filmische Form des Erzählens erfordert. Mit Ausnahme der Eröffnung, in der Papen und Schleicher ergänzt

---

34 Entwurf zum Exposé «Die Ernennung», Bl. 7, Exposé 1981, Bl. 2.
35 In einem der Szenenentwürfe für die Unterredung bei Hindenburg macht Schleicher Papen auf die falsche Anwendung eines Schiller-Zitats aufmerksam. Siehe Drehbuch [Ia], Reiter «1.12.», S. 24–25, EMA 1526.

durch einmontierte Zeitungsschlagzeilen vorgestellt werden sollen, sind die Szenenentwürfe innerhalb des Drehbuchs wie für ein Bühnendrama angelegt. Die Ausdehnung der einzelnen Szenen strukturiert sich hauptsächlich durch die Auf- und Abtritte von Männern in Uniformen, die sich in verschiedenen Umgebungen zum Gespräch zusammenfinden. Zur oberflächlichen Auflockerung konzipierte Monk tatsächlich auch genau jene stereotype Situationen, die Manfred Delling 1975 am ZDF-Dokumentarspiel monierte, und lässt so beispielsweise Hammerstein während eines – für das Militär typischen – Ausritts im Tiergarten[36] Schleicher erklären, wieso Hindenburg «die Welt nicht mehr [versteht]» (Delling 1975: 132 f., siehe Kap. 12). Demgegenüber weist das Konzept der *Step-Outline* einige Konzessionen an eine filmische Form des Erzählens auf. Diese drücken sich zum einen in elliptisch angelegten Passagen aus, die das politische Geschehen in Montagesequenzen zusammenfassen, wie es Monk in DIE GESCHWISTER OPPERMANN realisiert hat.[37] Zum anderen findet sich erst hier das Figurenensemble um die fiktive Figur des Pressefotografen Hermann ergänzt und damit zugleich um Möglichkeiten der visuellen Inszenierung erweitert.

Offensichtlich wollte Monk mithilfe der Figur des Pressefotografen, den er als Zuarbeiter des einflussreichen Journalisten Elbrechters ausweist,[38] die Einbindung von ikonischen Fotografien kompositorisch motivieren. Dieses an das Bildgedächtnis der Zuschauer*innen appellierende Verfahren verfügt über ein ambivalentes Wirkungspotenzial. Einerseits dient es im konventionellen Sinne der Authentifizierung der historischen Darstellung, andererseits erlaubt es jedoch, die Abbildungen selbst zu kommentieren, was in Anbetracht der programmatischen Aussagen innerhalb des Exposés durchaus Monks Anliegen gewesen sein könnte. Zumindest potenziell kann die Inszenierung des Herstellungsvorgangs die begrenzte Aussagefähigkeit solcher Fotografien ausstellen, die immer nur eine durch Auswahl und Perspektive determinierte Momentaufnahme darstellen können, die im Sinne Brechts «beinahe nichts» über die Zusammenhänge auszusagen vermag (GBA 21: 469). Diese Möglichkeit könnte Monk, als er nach dem Abschluss der BERTINIS die Arbeit an dem Filmprojekt wieder aufnahm, dazu inspiriert haben, in seiner zweiten Version der «Ernennung» die Figur des Pressefotografen stärker hervorzuheben. Wahrscheinlich suchte er aber nur nach einem Mittel, die Zuschauer*innen in einer vereinfachenden Form über die politischen Zusammenhänge zu informieren – oder auch zu kommentieren. Hermann tritt immer in Begleitung seines jugendlichen und als unbedarft charakterisierten Assistenten Erwin auf, dem der Fotograf die Motivation der verschiedenen politischen Akteure erläutert. Die Einführung dieser fiktiven Figuren lässt sich deswegen als Merkmal einer Hinwendung zu einer mehr belehrend intendierten Form des Erzählens deuten, wie sie sich auch in den Produktionen DIE GESCHWISTER OPPERMANN und DIE BERTINIS abzeichnet.

Das Konzept der zweiten Version der «Ernennung» von 1989 lässt sich aus dem erhaltenen Treatment[39] und einem weiteren Drehbuchfragment[40] rekonstruieren. Im Unterschied zum Drehbuch der ersten Version ist dieses wiederum einer Erzählung ähnlich

---

36 Vgl. Drehbuch-Fragment [I], Reiter «2.12».
37 Siehe *Step-Outline*, Bl. 7.
38 Nach Axel Schildt zählte Elbrechter, Mitarbeiter der politischen Monatszeitschrift *Die Tat*, zu Schleichers wichtigsten Beratern und fungierte als Vermittler zwischen ihm und Georg Strasser sowie als Ideengeber für deren Arbeitsbeschaffungsprogramme (Schildt 1981: 87 ff.).
39 «Die Ernennung» [Fassung II, JS], Treatment, 23 Bl., Dezember 1989, EMA 1206.
40 «Die Ernennung» [Fassung II, JS], Fragment eines Drehbuchs, 127 Bl., o. D., EMA 1468.

verfasst und weist sehr detaillierte Beschreibungen der Umgebungen sowie des Verhaltens der Figuren, aber kaum ausformulierte Dialoge auf.

Dem Treatment nach zu urteilen fokussiert sich diese Fassung auf den Zeitraum zwischen dem 3. November und dem 1. Dezember 1932. Von dem Vorhaben des ersten Exposé-Entwurfs, allein die «Sphäre der Intrige»[41] unter den politischen Akteuren zu betonen, ist Monk hierin abgerückt. Die Erzählung eröffnet mit einer ausführlichen Darstellung des in der ersten Fassung nur am Rande erwähnten Berliner Verkehrsstreiks, welchen der Pressefotograf Hermann und sein Assistent Erwin zu dokumentieren beauftragt sind. Sie werden somit zu Augenzeugen der gewalttätigen Auseinandersetzungen zwischen den Streikenden und der Landespolizei, die der Reichstagswahl am 6. November vorangingen (vgl. hierzu Winkler 1993: 533 ff.; 1987: 765–773). Im Anschluss an diese Illustration der Vorgänge auf der Straße verlagert sich der Fokus der Erzählung sukzessive wieder in Richtung einer Portraitierung der Politiker. Dabei wechseln sich zunächst Innen- und Außensichten auf die weitere Entwicklung des Geschehens ab. Hermann nimmt an einer Pressekonferenz am 17. November teil, während der Reichspressechef Erich Marcks den Rücktritt des Präsidialkabinetts verkündet.[42] Anschließend betreten die Vorsitzenden der bürgerlichen Parteien das Portal der Reichskanzlei: der nationalkonservative Alfred Hugenberg (DNVP) und der deutschliberale Eduard Dingeldey (DVP), Prälat Ludwig Kaas für das katholische Zentrum und Fritz Schäffer für die Bayerische Volkspartei (BVP). Mitten unter ihnen betritt auch Adolf Hitler die Stufen des Gebäudes. Am 24. November empfängt der Staatssekretär Otto Meissner die Vorsitzenden der Parteien, um mit ihnen die Möglichkeit der Kanzlerschaft Hitlers zu erörtern. Während Hugenberg sich explizit gegen diese ausspricht, geben alle anderen zu verstehen, dass die Entscheidung allein Hindenburg obliege und sie sich seiner Weisung fügen wollten. Als dieser Hitler die Vollmachten des Kanzlers eines Präsidialkabinetts verweigert, scheitern auch die Koalitionsverhandlungen mit den Vorsitzenden der genannten Parteien. Hermann Göring lädt daraufhin zu einer Pressekonferenz im Kaiserhof ein und äußert zu diesem Anlass die Prognose, dass nur noch wenige Monate vergehen würden, bis «der Führer Reichskanzler» und die NSDAP an der Spitze der Macht stünden. Der Pressefotograf Hermann spielt unterdessen die Möglichkeiten der Regierungsbildung durch, indem er die Fotos der in Frage kommenden Politiker in verschiedenen Konstellationen wie in einer Patience auf dem Tisch anordnet. Sein letztes Blatt beginnt er mit Hindenburg und Papen, zu denen sich am Ende nur noch ein Foto platzieren lässt – das von General Kurt von Schleicher.[43] Auf diesen und den Kreis seiner Unterstützer aus den Reihen der Reichswehr, der Gewerkschaftsfunktionäre, der Industrie und der konservativen Politik fokussieren sich die anschließenden Passagen der Erzählung, in denen nun alle Schleicher von der Idee zu überzeugen versuchen, sich für das Amt des Reichskanzlers zur Verfügung zu stellen. Am 30. November sieht sich Hindenburg in der Tagespresse für seine Entschlussunfähigkeit kritisiert. Daraufhin erhalten Papen und Schleicher am 1. Dezember die Aufforderung, sich am Abend zur Unterredung mit dem Reichspräsidenten einzufinden. «Na, endlich», meint Papen, «zu früh» befindet hingegen Schleicher.[44] Damit endet diese Fassung – dem Treatment nach zu urteilen. Ob Monk im Anschluss an die Ereigniskette der ersten Version anknüpfen wollte, geht aus diesem Dokument nicht hervor, ist aber wahrscheinlich.

41 Entwurf zum Exposé, Bl. 9.
42 Treatment 1989, Bl. 4.
43 Ebd.: 10.
44 Ebd.: 22 f.

Die zweite Version der «Ernennung» erscheint, zumindest was ihren ersten Teil betrifft, stärker auf eine visuelle Inszenierung hin konzipiert. «Es diesmal umgekehrt machen. Aus Bildern Bilder werden lassen», hatte sich Monk im Herbst 1987 zu dem Projekt «Paul Schmidt» notiert[45] und sich von dieser Idee offenbar auch im Dezember 1989 für die Exposition der «Ernennung» anleiten lassen. Wie den Angaben des Drehbuchs zu entnehmen ist, plante er Fotografien von Streikposten zu reinszenieren, die anhand von entsprechenden Abzeichen an ihrer Kleidung sowie durch die Schilder, die vor ihren Körper gespannt von den Forderungen künden, als Mitglieder sowohl der kommunistischen Revolutionären Gewerkschafts-Opposition (RGO) als auch der nationalsozialistischen Betriebszellenorganisation (NSBO) erkennbar sind (vgl. Diethart/Stahr 1992). Ebenso sollten die Straßenschlachten aus der Perspektive des Fotografen nachgestellt werden, der sich plötzlich inmitten dieses Geschehens wiederfindet und mit seiner Kamera so auch festhalten kann, wie ein Polizist einen der Streikposten erschießt.[46] Offenkundig war Monk also daran gelegen, die Atmosphäre von Gewalt und Chaos am ‹Vorabend› von Hitlers Ernennung zu vermitteln; das historische Bildmaterial dient ihm dafür als Quelle und Vorbild für die szenische Einrichtung. Dass er damit dem Moment des Spektakulären einen vergleichsweise großen Raum innerhalb seiner Filmerzählung gewährt, ließe sich als Anpassung an ein unterstelltes Publikumsbedürfnis auslegen. Die Ausweitung des Handlungszeitraums weist jedoch auf eine Verschiebung des Interesses hin, das Monk mit der Erzählung verfolgte: während die erste Fassung tendenziell eine Bloßstellung der «ergeizige[n], eitle[n] Männer» fokussiert, zielt die zweite Fassung verstärkt auf eine Erläuterung der Zusammenhänge. Die Funktion der Passage scheint mir somit in der Vorbereitung einer Geschichtsdeutung zu liegen. Unmissverständlich kennzeichnet Monk in seinem Treatment die Initiatoren des Streiks als Handlanger der «Diktaturparteien» NSDAP und KPD, gegen die «keine, wie immer geartete, demokratische Regierung eine Chance» gehabt habe.[47] Vor diesem Hintergrund lässt sich die ausführliche szenische Darstellung der gewalttätigen Auseinandersetzungen vor der Reichstagswahl am 6. November 1932 als eine Reformulierung derjenigen Interpretation lesen, die der Regisseur auch der Montagesequenz in MAUERN zugrunde legte. Während das Fernsehspiel von 1963 jedoch einen Totalitarismus-Vergleich anstrebte, dient der erste Abschnitt der «Ernennung» vielmehr der Erklärung, wieso sich die Weimarer Politiker am Rande eines Bürgerkriegs wähnten und zunächst in Schleicher, später in Hitler den «starken Mann»[48] zu finden meinten, der an der Spitze der Regierung diesen Zustand verhindern könnte.

Offenbar vertraute Monk nicht auf das historische Wissen seines Zielpublikums, das er dem Verständnis des «Schurkenstücks» zugrunde legte. Deutlicher als in der ersten ordnet Monk der Figur des Pressefotografen Hermann in der zweiten Fassung die Funktion zu, im Dialog mit seinem Assistenten Erwin die politischen Zusammenhänge zu erläutern. Als fiktive Wesen (Eder 2008) hingegen gewinnen beide Figuren wenig Kontur. Kaum mit individuellen Eigenschaften ausgestattet, erschöpft sich die Charakterisierung Hermanns letztlich darin, dass er überdurchschnittlich gut über das Tagesgeschehen informiert ist. Erwin nicht. Die Szenen mit diesen beiden Figuren im Zentrum erscheinen

---

45 Siehe EMA 1106.
46 Siehe Drehbuch-Fragment [II], EMA 1468, Bl. 17–19. Da die Beschreibung der o. A. Vorgänge fünfmal durch den Hinweis «Hermann sieht» unterbrochen ist, sollte die Szene also mithilfe des Schuss-Gegenschuss-Verfahrens als subjektive Sicht dieser Figur repräsentiert werden.
47 Treatment 1989, EMA 1206, Bl. 4.
48 Ebd.: 18.

deswegen wie für den Schulunterricht konzipiert. Unverschleiert manifestiert sich hierin das didaktische Moment, das die Fachkritik an Monks Ästhetik immer wieder moniert hatte. Nicht auszuschließen ist jedoch, dass Monk die Figur bewusst nach dem Vorbild Brechts als eine zu gestalten intendierte, die die szenisch dargestellten Vorgänge gleichsam aus der Perspektive der Gegenwart heraus kommentiert. Auch kennzeichnen Monks Formulierungen im Treatment, nach denen Marcks und die Vertreter der bürgerlichen Parteien vor dem Portal der Reichskanzlei «auftreten», diese Situation als ein theatralisch anmutendes Ereignis. Dies deutet ferner darauf hin, das die Szene auch dementsprechend choreografiert, als ‹Auftritt auf der politischen Bühne› inszeniert werden sollten.[49] Als Brecht'sche Konstruktion ließe sich schließlich auch die Abfolge von Situationen lesen, in denen die Vertreter unterschiedlicher Gesellschaftsbereiche an Schleicher herantreten, um ihn zur Übernahme der Regierungsgeschäfte zu bewegen, und darüber ihre jeweilige sich gegenseitig widersprechende Motivation offenlegen: während sich die Vorsitzenden der freien Gewerkschaft eine Rückkehr zur Tarifordnung versprechen,[50] erwartet der Industrielle Wolff, dass Schleicher die Interessen der Privatwirtschaft vertreten werde.[51]

Die dritte Fassung der «Ernennung» ist als dreiteiliger Fernsehfilm konzipiert, aber nur der erste Teil mit dem Titel «3 Tage im November» ist zu einem Drehbuch ausgearbeitet.[52] Darüber hinaus sind keine Dokumente überliefert, aus denen sich die Gesamtkonzeption oder Bearbeitungsstufen ermitteln ließen, die zwischen dieser und der vorherigen Fassung vermitteln.

Wie der Titel bereits anzeigt, fokussiert sich der erste Teil auf den Berliner Verkehrsstreik. Seine Dramaturgie ist streng nach dem Prinzip der Wiederholung komponiert: an drei aufeinander folgenden Tagen beobachtet und dokumentiert der Fotograf, der hier den Namen Max Shadow trägt, die Vorgänge auf der Straße. Anschließend nimmt er im Auftrag der (fiktiven) Presseagentur «Zeit im Bild» an Parteiveranstaltungen im Berliner Sportpalast teil, um die Redner der KPD, der NSDAP und der SPD zu portraitieren.

Max Shadow ist als etwas zynisch veranlagter Einzelgänger modelliert und erinnert an den Typus des Reporters im klassischen Hollywoodfilm. Auch die Besetzung der Presseagentur weist Parallelen zu entsprechenden Darstellungen wie etwa in HIS GIRL FRIDAY (USA 1940, R.: Howard Hawks) auf. Ein reizbarer Chef verteilt am Morgen die Aufträge, um die die Fotografen untereinander konkurrieren. Statt nach der großen Story jagen Max Shadow und seine Kollegen jeden Tag auf der Suche nach Bildern durch die Stadt, hoffend, dass ihnen bis zum Abend eine Momentaufnahme gelinge, die mehr als nur illustratives Beiwerk für die nächste Ausgabe der Tageszeitung ist.

Durch die Anordnung der Ereignisse, nach der auf eine Sequenz, die Max Shadows Beobachtungen auf der Straße bebildert, jeweils eine politische Propagandaveranstaltung folgt, wird ein Kausalzusammenhang zwischen dem Lohnstreik und dem Wahlkampf der Parteien evoziert. Darüber hinaus finden sich die Presseerzeugnisse des historischen Zeitraums, die Monk im Zuge seiner Recherchen gesichtet hatte,[53] wieder als zentrales Mittel der Gestaltung eingesetzt. Im Unterschied zu den früheren Fassungen sind sie weder illustrativ

---

49 Ebd.: 4.
50 Ebd.: 14.
51 Ebd.: 18.
52 «Drei Tage in November» [=«Die Ernennung», Fassung III, JS], Drehbuch für den ersten Teil eines dreiteiligen Fernsehfilms, 111 Bl., 23. September 1995, siehe EMA 1469.
53 Siehe EMA 1516, Zusammenstellung von Pressemeldungen für den Zeitraum 1.11.1932 bis 30.11.1932, mit Anmerkungen Monks versehen, 267 Bl., o. D.

noch für eine elliptische Erzählweise funktionalisiert, sondern sollten für eine Montage eingesetzt werden, die als Reminiszenz an den sowjetischen Revolutionsfilm konzipiert ist. Als Max Shadow beobachtet, wie ein junger Mann während der Ausschreitungen von einem Polizisten erschossen wird, ist die Szene durch Ausschnitte eines Zeitungsberichts unterbrochen, die ihrerseits, zum Teil auf nur ein Wort reduziert, in sehr kurzer Dauer nur eingeblendet sein dürften.[54] Das Verfahren ist ähnlich wie jenes angelegt, mit dem Monk in BAUERN, BONZEN UND BOMBEN den nationalistischen Gestus ironisiert hatte (Kap. 12). In diesem Fall will die Rhetorik jedoch auf den Widerspruch zwischen der Brutalität der Ereignisse und der Nüchternheit der Darstellung in der Presse hinaus. Am folgenden Tag gleicht die Situation auf der Straße einem «Kriegsschauplatz».[55] Die Streikenden haben Barrikaden errichtet und liefern sich einen offenen Kampf mit der Landespolizei, die beauftragt ist, die Wiederaufnahme des öffentlichen Nahverkehrs durch Streikbrecher zu bewachen. Wieder ist die szenische Darstellung, während der sich Streikende und Polizei nun einen Schusswechsel liefern, durch kurze, wie zusätzliche Gewehrschüsse fungierende Einblendungen unterbrochen. «Keine Wahlmüdigkeit! / Wer zu Hause bleibt / stärkt / Reaktion / und Radikalismus! Wählt / für Verfassung / Demokratie / und Parlament», künden diese, «Wählen ist Pflicht / Wählt die Mitte / Wählt! / Wählt! / Wählt!».[56] Max Shadow fotografiert unterdessen die Vorgänge; das letzte Motiv, das durch den Sucher seiner Kamera zu sehen ist, zeigt einen Bus, der zwei Polizisten als Deckung dient, während sie auf höhergelegene Ziele feuern.

Die offenbar auf eine Steigerung des Erzähltempos angelegte Montage zielt auf einen Pathoseffekt. In bemerkenswerter Weise findet sich das Konzept, mit deren Hilfe Sergej. M. Eisenstein die Sinnhaftigkeit der revolutionären Erhebung beschwor, für einen Aufruf zur Teilnahme an der parlamentarisch organisierten Demokratie funktionalisiert. Ungewohnt deutlich legt der Verfasser Monk damit seine Sympathien für die SPD der Weimarer Republik offen, die sich als «Mitte» zwischen den Extremen «Reaktion» (bürgerliche Parteien und NSDAP) und «Radikalismus» (KPD) positioniert. Darauf verweist auch das Banner, das die Rednertribüne für die Kundgebung der SPD im Sportpalast schmückt, die Max Shadow in der anschließenden Sequenz besucht.[57]

Die Sequenz hebt sich durch eine Variation von den Repräsentationen der anderen Parteiveranstaltungen ab. Diese beginnen immer damit, dass die jeweiligen Redner von ihren Anhänger*innen durch die ‹Hymne› ihrer Bewegung begrüßt werden: während die Parteigänger*innen der KPD *Die Internationale* anstimmen und die der NSDAP das *Horst-Wessel-Lied*, beginnt die Kundgebung der SPD mit dem Gesang von *Brüder, zur Sonne, zur Freiheit*. Am Rande dieser Veranstaltung trifft Max Shadow jedoch auf einen Journalisten, der ihn in ein Gespräch über die politische Lage verwickelt. Währenddessen bittet Shadow ihn um Feuer für eine Zigarette. Die drei Streichhölzer, die der Journalist nacheinander abstreicht – die in der Zahl sowohl mit den drei Pfeilen im Emblem der SPD wie mit deren Wahlkampfzielen korrespondieren –, zünden jedoch nicht. Daraufhin nimmt er Shadow die Zigarette aus der Hand und entzündet den Tabak durch Glutübertragung. Während dieses Moment Solidarität symbolisiert, ist damit zugleich jener Augenblick markiert, in dem der Pressefotograf eine Politisierung erfährt.

Im Vergleich zu den früheren Fassungen erscheint diese dritte Version der «Ernennung» in ihrem Aufbau harmonischer und im Hinblick auf die Darstellung atmosphäri-

---

54 Drehbuch [III] 1995, EMA 1469, Bl. 75–83.
55 Ebd.: 101.
56 Ebd.: 99–104.
57 Ebd.: 108.

scher angelegt. Da es jedoch die einzige Fassung ist, die in einem ausgearbeiteten Drehbuch vorliegt, kann dieser Eindruck selbstredend täuschen. Dennoch kann ich festhalten, dass die Entwurfsfassungen ziemlich unterschiedlich konzipiert sind und von einer kreativen Flexibilität im Umgang mit den verschiedenen Möglichkeiten der Gestaltung zeugen. Angesichts der Diversität der Formen, die Monks realisierte Fernsehspiele und -filme angenommen haben, ist dieser Umstand eigentlich nicht verwunderlich. Offenkundig konnte Monk sich in diesem Fall, wie auch den anderen Versuchen ein Originaldrehbuch zu verfassen, nicht entschließen, seine Ideen endgültig festzuschreiben. «Stoffe melden während der Arbeit plötzlich unvorhergesehene Ansprüche an, verlangen Mitbestimmung, entwickeln sich gar nicht nach eigenen Gedanken», hatte er 1983 in seinem Begleitschreiben an Ungureit erklärt.[58] «Die Erennung» verblieb jedoch in jenem beschriebenen Stadium der Beweglichkeit und über einen Zeitraum von fünfzehn Jahren «work in progress».[59]

Darüber, ob «Die Erennung» realisiert worden wäre, wenn Monk das Drehbuch fertig gestellt hätte, lassen sich nur Spekulationen anstellen. Die Filmerzählung, gleich welcher Fassung, ist sicherlich nicht nach dem Schema populärer Dramaturgie aufgebaut, sondern, für Monks Stil charakteristisch, als Szenenfolge angelegt. Dennoch sind es weniger prinzipielle denn spezifische, auf dieses Projekt bezogene Gründe, die es nicht zur Realisierung empfohlen haben. Der Themenschwerpunkt Weimarer Republik war wenig anknüpfungsfähig an den populären Diskurs der 1990er-Jahre. Zwar war 1989 Bernhard Wickis Spielfilm DAS SPINNENNETZ nach Joseph Roths gleichnamigem Roman, der seinerseits Gesellschaftsstrukturen beleuchtet, die den Nationalsozialismus begünstigten, durchaus ein künstlerischer Erfolg (vgl. Grob 1989). Der Fokus der filmischen Auseinandersetzung mit der deutschen Geschichte verblieb im Kino wie im Fernsehen jedoch in der Darstellung des Zeitraums 1933–1945. Anlässlich der entsprechenden Gedenktage engagierte sich das öffentlich-rechtliche Fernsehen weiterhin für derartige Produktionen (vgl. Kramp 2011).[60] Unter diesen wäre Monks Erzählweise aber noch möglich gewesen. Gegenüber den historischen ‹Event-Movies› hingegen, die ab Mitte der 2000er-Jahre produziert wurden – DIE LUFTBRÜCKE (2005, Dror Zahavi), DIE STURMFLUT (2006, R.: Jorgo Papavassiliou), DRESDEN (2006, R.: Roland Suso Richter) – hätte sich «Die Erennung» tatsächlich anachronistisch ausmachen können. Monks letztes Projekt «Café Leon» hingegen wäre weder thematisch noch strukturell bedingten Hinderungsgründen ausgesetzt gewesen.

3.

Die Unterlagen zum Filmprojekt «Café Leon» sind weniger umfänglich als die zur «Erennung». In diesem Fall liegt keine auch nur fragmentarisch ausgearbeitete Skriptfassung im konventionellen Sinne vor. Die Entwurfsskizzen sind in der Form einer Erzählung verfasst und weisen kaum Dialoge auf.[61] Darüber hinaus beinhaltet dieses Konvolut je-

---

58 Monk an Ungureit 1983, EMA 1577.
59 So benennt es Monk in seinem Brief an Ungureit 1983.
60 Dazu gehören unter anderem DREI TAGE IM APRIL (1995, R.: Oliver Storz), der am 7. April in der ARD gezeigt wurde, und der dreiteilige Fernsehfilm DEUTSCHLANDLIED (1995, R.: Tom Toelle), der einen Monat später zum Anlass des 50. Jahrestages des Kriegsendes ebenfalls in der ARD ausgestrahlt wurde; die 12-teilige Serie KLEMPERER – EIN LEBEN IN DEUTSCHLAND (1999, R.: Kai Wessel) ist ein weiteres Beispiel, dass auch breiter angelegte Formen der Geschichtsdarstellung in den 1990er-Jahren noch produziert wurden.
61 Einen Eindruck vermittelt die Tonaufzeichnung der Lesung von Leonard Scheicher, die im Rahmen der

doch zahlreiche Notizen unterschiedlichen Datums, die Überlegungen zur Gestaltung dokumentieren, aber auch private Erinnerungen festhalten, die Monk in die Filmerzählung einbinden wollte. Die verschiedenen Skizzen und Szenenentwürfe sind von ihrem Verfasser in einem Aktenordner – gemäß ihrer geplanten Abfolge innerhalb der Plotstruktur – vorsortiert und können somit in ihrer Gesamtheit ein recht vollständiges Bild der Fabel vermitteln.[62]

Die geplante Handlung umfasst ungefähr den historischen Zeitraum der als *Battle of Berlin* bekannten britischen Luftangriffe von November 1943 bis März 1944.[63] Im Zentrum der Erzählung stehen drei 16-jährige Berliner Gymnasiasten – Oswald Ebert, Heinz Acker und Robert Thiel (hinter dem sich Monk verbirgt) –, die 1943 als Flakhelfer eingezogen werden. Durch ihre Erfahrungen in NS-Jugendorganisationen sind sie mit militärischen Ritualen vertraut. Sie kennen den Sinn der Kommandos und wissen genau, welche Haltung sie auf welchen Befehl hin anzunehmen haben. Die Kasernenumgebung entpuppt sich dennoch als ein Ort, dessen Regeln sie erst erlernen müssen. Zu Beginn besuchen sie an den Vormittagen weiterhin die Schule, während sie an den Nachmittagen ihren Dienst verrichten; mit Zunahme der Luftangriffe auf Berlin wird der Schulbetrieb jedoch eingestellt. Nach Hause und zu ihren Eltern können die Jungen nur während der offiziellen Diensturlaube. Mußestunden in der Kaserne verbringen sie mit Lesen und Musikhören, und an den freien Abenden fahren sie mit der Straßenbahn in das Jazzlokal am Kurfürstendamm, auf das der Filmtitel verweist. Im Jazz und dem Kennenlernen von Mädchen liegt das Hauptinteresse der drei Freunde. Einmal besuchen sie ein Bordell, wo Robert Thiel sein erstes Mal erleben will. Von der Jugendlichkeit der schönen Prostituierten ebenso irritiert wie von ihrer geschäftsmäßigen Abgeklärtheit, kann er jedoch nicht mit ihr schlafen. Im Café Leon lernt er später Äpfelchen kennen. Sie und ihre zwei Freundinnen treffen sich häufiger mit Robert Thiel und seinen Freunden. Eines Nachts flüchten sie zusammen in den Luftschutzkeller des Lokals, wo die Jazzband weiter spielt und die Jugendlichen tanzen, während die Bomben auf die Stadt niedergehen. Robert vergisst seinen Luftschutzhelm und bekommt am Folgetag deswegen Ärger von seinem Vorgesetzten. An einem weiteren Abend, wenig später, nehmen die Mädchen die drei Freunde mit in ihre Wohnung. Sie hören Musik, trinken, tanzen stumm und eng umschlungen im Wohnzimmer und Robert hat zum ersten Mal Sex mit Äpfelchen. Mit dem Abend des 15. Februar 1944, als die Mädchen vergeblich auf die Jungen im Café Leon warten, weil diese einem besonders schweren Bombardement der britischen Luftwaffe entgegen sehen, endet die Erzählung.

«Café Leon» weist die genretypischen Merkmale eines *Coming-of-Age-Dramas* auf. Die Erzählung ist als Abfolge von Episoden organisiert, die ihrerseits den Weg der Protagonisten von ihrer Ablösung aus der Welt der Kindheit und den Übergang in die Welt der Erwachsenen beschreiben (vgl. Schumacher 2013). Nach Monks Notizen zum «Bau»[64] sollte der Luftangriff, der die Filmhandlung beschließt, diese auch eröffnen: eingeleitet durch das Geräusch herannahender Flugzeuge sollte der tiefschwarze Nachthimmel zu sehen sein, der in klar definierten Bahnen vom Licht der Suchscheinwerfer durchschnitten wird.

---

feierlichen Archiveröffnung am 23. Oktober 2014 stattfand und online verfügbar ist unter URL: <www.adk.de/de/programm/aktuell/index.htm?we_objectID=33491> (Zugriff: 28.11.2017).

62 Siehe EMA 1532.
63 URL: <http://webarchive.nationalarchives.gov.uk/20070706011932/http://www.raf.mod.uk/bombercommand/feb44.html> (Zugriff: 28.11.2017).
64 Siehe Leon-Ordner, EMA 1532.

Unterbrochen durch ein Schwarzbild würde daraufhin *C Jam Blues* in der Einspielung von Duke Ellingtons erklingen und der Titel über einer Totalen des Inneren des Café Leon erscheinen. Die anschließende Handlung, die mit der Rekrutierung der Protagonisten während des Schulalltags ihren Anfang nimmt, ist somit als Rückblende markiert. Demnach finden sich die Ereignisse der Erzählung also nach einem zirkulären Muster angeordnet, das die Handlungsepisoden in eben jener Nacht des 15. Februar 1944 fluchten lässt. Diejenigen Ereignisse, die in dem so erzeugten narrativen Zwischenraum erzählt werden, stellen sich deswegen als Stationen eines *rite de passage* dar und der Luftangriff selbst als finaler Moment der Initiation (vgl. ebd.: 310). Da die Protagonisten diesen Übergang in die Welt der Erwachsenen nicht freiwillig aus ihrer Entscheidung heraus beschreiten, sondern sich durch den Krieg gezwungen sehen, perpetuiert Monks Erzählung genau jenes Bild der gewaltsam entrissenen Jugend, das er laut seiner früheren Angaben konterkarieren wollte.

Schon die Betitelung der ersten Handlungssequenz als «Heranziehung» suggeriert, dass Robert Thiel und seine Freunde aus ihrer gewohnten Umgebung quasi *gesogen* werden. Ihre Fahrt zur Kaserne – «mit der Straßenbahn an die Front»[65] – kündigt das bevorstehende Ende der vermeintlich sorglosen Jugendjahre bereits an. Mit dem Kasernengelände in Berlin-Tegel betreten die Protagonisten eine neue, sehr fremdartig anmutende Eigenwelt. Der Handlungsverlauf der Passage weist dabei Parallelen gegenüber dem Anfang von EIN TAG auf: Sofort nach ihrer Ankunft in der Kaserne müssen die Jugendlichen in militärischer Formation Aufstellung nehmen, danach werden sie in Uniformen eingekleidet, die ihre Individualität zumindest äußerlich aufhebt. Dann müssen sie wieder zum Appell antreten, um anschließend in die Funktionsweise der Flak eingeführt zu werden. Monks Erzählung beschreibt die Entdeckung der Kasernenwelt aus der Perspektive eines Neuankömmlings. Mit ironischer, als jugendliche Naivität maskierter Distanz nimmt der Erzähler scheinbar verwundert seine Umgebung, das Verhalten und den Militärjargon der Unteroffiziere zur Kenntnis, nach dem die Schränke der Unterkunft als «Spinde» bezeichnet werden, die Unterkunft selbst als «Stube» und dass er, wenn er sich dort aufhält, nicht etwa «in», sondern «auf der Stube» ist.[66]

Monks Notizen geben leider keine Auskunft darüber, wie er das angestrebte Verfremdungsmoment mit filmischen Mitteln zu generieren plante. In Anbetracht seiner realisierten Filme scheint mir der Einsatz einer kommentierenden Erzählerstimme im *voice-over* unwahrscheinlich – auch wenn dieses Verfahren gerade im retrospektiv erzählten *Coming-of-Age*-Film sehr häufig Anwendung findet. Die Ähnlichkeit, die diese Passage gegenüber EIN TAG aufweist, lässt indes vermuten, dass Monk sie auch ähnlich, als Abfolge von Einzelsituationen und primär in starren Totalansichten des Geschehens inszeniert hätte, allerdings ohne dabei den Bildern auch deren dokumentarisch anmutende Qualität zu verleihen. Wie die Untersuchung seiner realisierten Filme zeigt, war Monks Ästhetik schließlich immer auch der jeweils aktuellen Vorstellung von Modernität verpflichtet.[67]

Im Unterschied zu den Insassen des Konzentrationslagers können die Heranwachsenden jenen, den Regeln des Militärs unterworfenen Ort, der in «Café Leon» auch mithin die Welt der Erwachsenen repräsentiert, für kurze Zeit entfliehen, um entweder ihre Eltern

---

65 Der Titel einer Skizze innerhalb des Konvoluts EMA 1532, 1. Bl., o. D.
66 Ausführlich siehe EMA 1534, längere Erzählfassung (45 Seiten), vgl. Lesung Leonard Scheicher, bes. Min. 5:25–6:14.
67 Dafür spricht auch die dokumentierte Auseinandersetzung mit digitalen Repräsentationstechniken, siehe Leon-Ordner, Reiter «Prod[uktion]», EMA 1532.

zu besuchen und wieder in die Rolle des Kindes zurückzukehren, oder um sich in das Café Leon unter Gleichaltrige zu begeben. Wie den Notizen zum dramaturgischen Aufbau der Filmerzählung zu entnehmen ist, bewegen sich die Protagonisten ständig zwischen diesen Orten hin und her. Die jugendliche Figuren werden darüber als *liminal personae* markiert, die sich in einem ambiguen Entwicklungszustand befinden, in dem sie nicht mehr Kind, aber auch nicht Erwachsene sind, und deswegen auf der Suche nach ihrer Rolle zwischen den Welten umherirren. Das Café Leon, ein Amüsierlokal, das nur zum vorübergehenden Verweilen bestimmt ist, repräsentiert deswegen die Zwischenwelt der Jugendlichen (vgl. Schumacher 2013: 309). Zugleich bietet der Jazzclub ihnen einen Schutzraum vor der Militärpflicht, dem Krieg und der Politik.

Da Jazz von afroamerikanischen oder jüdischen Musiker*innen komponiert und gespielt und deswegen von den Nationalsozialisten verboten worden war, konnotiert die Musikrichtung eine anti-nazistische Haltung. Deren Grundlage liegt indes nicht unbedingt in einer politischen Überzeugung, sondern vielmehr in einer undefinierten Sehnsucht nach Freiheit. Die Jazzkultur widerspricht grundlegend den nationalsozialistischen Gesellschaftsnormen, die sich in den hierarchischen Strukturen ihrer Institutionen, ihren hochgeschlossenen Uniformen und den geordneten Bewegungsformationen ihrer Massenaufmärsche repräsentiert findet und denen im Jazz das Moment der freien Improvisation oder die wilden, individuell ausgeführten Bewegungsfiguren des Swing-Tanzens gegenüberstehen. Kurz: wer Jazz liebt, kann kein Nazi sein – so zumindest der populäre Topos.[68]

Mit der ersten dort situierten Szene wird das Café Leon als ein Ort eingeführt, an dem sich junge Frauen freizügiger als im Alltag verhalten. Als Robert Thiel und seine Freunde den Vorraum betreten, können sie Mädchen beobachten, die ihr Make-up auffrischen und ihre Strümpfe zurechtrücken, wohlwissend, dass sie den jungen Männern dabei einen Blick auf ihre Beine erlauben. Eine weitere Faszination bietet offenbar die Kleidung von Hans Werner Kleves Jazzcombo. Ausführlich beschreibt der Erzähler die schmal geschnittenen schwarzen Hosen und Revers der Anzüge, die ein sehr viel geschmeidigeres Körperbild formen, als die ausgebeulten Hosen seines Zivilanzugs oder die Uniformtracht, die das Straßenbild im Berliner Alltag bestimmt.[69] Nicht zuletzt bietet Jazz also auch eine Alternative gegenüber dem martialischen Männlichkeitsbild der Nazis – «flink wie die Windhunde, zäh wie Leder und hart wie Kruppstahl», wie es Hitler anlässlich der Rede an die Hitlerjugend am 14. September 1935 formuliert hatte.[70]

Neben seiner Funktion als biografische Formel, die eine frühzeitige intuitive Ablehnung des Nationalsozialismus markiert, erfüllt das literarisch und filmisch etablierte Motiv der Jazz-Begeisterung eine strukturgebende Funktion für «Café Leon», erlaubt es doch, den intensiven Einsatz von Musik durch die Handlung selbst zu motivieren.

Den Entwürfen zufolge sollte die Musik im konventionellen Sinne als Gestaltungsmittel der Emotionssteuerung eingesetzt werden. Handlungsorte und -situationen finden sich durch die jeweilige Musikauswahl mit Stimmungen besetzt, die sie als positive oder negative Erfahrung kennzeichnen. Während die Eröffnung mit *C Jam Blues* bereits beschwingt angelegt ist, lässt sich Ähnliches für jene Szenen postulieren, in denen die Jugendlichen im

---

68 Obwohl Jazz mit der Machtergreifung der Nationalsozialisten in Deutschland offiziell verboten wurde, bediente sich die Propagandamaschinerie Joseph Goebbels im Rundfunkkrieg des Zweiten Weltkriegs einer Jazzformation «Charlie and his Orchestra» (ausführlich Kater 1992: 122 ff., vgl. Schlegel 2005).
69 Leon-Ordner, Reiter «Dienst 1+2», EMA 1532, vgl. 1534.
70 Schmitz-Berning 1998: 195 f.

Café dem Kriegsalltag entfliehen können. Die prominenteste unter diesen ist die Szene, in der Robert Thiel und seine Freunde die Nacht im Luftschutzkeller des Café Leons verbringen. Während der Raum sie vor dem Bombardement selbst schützt, verhelfen Musik und Tanz dazu, die Gefahr zu ignorieren.[71] Wenn die Jugendlichen sich jedoch an jenen Orten befinden, die als Welt der Erwachsenen bzw. der Kindheit gelten, sind diese auch durch andere Musikrichtungen markiert: Während der Schulveranstaltung, die ihre «Heranziehung» einleitet, wird ein NS-Lied gesungen – das der Erzähler ironisch als «besonders feierlich» bezeichnet –, in der Kaserne spielt das Radio meist Polkas.[72]

Die zentrale Szene der nach Monks Ordnung als «Endlich» benannten Sequenz, in der die Protagonisten schließlich die Nacht in der Wohnung der Mädchen verbringen dürfen, ist als Reihe von Musikernamen beschrieben:

> Miller, Dorsay, Shaw.
> Dann Aufforderung sich näher zu kommen.
> Count Basie.
> Und wenn man sich sehr nahe gekommen ist:
> Duke Ellington. Und Kurt Weil: Speak Low.[73]

Dem musikalischen Finale aus dem Broadway-Musical *One Touch of Venus* (1943) nach zu urteilen, ordnet Monk der Szene eine romantische, etwas melancholische Atmosphäre zu, die das Ende der sich intensivierenden Liebesbeziehung zwischen Robert Thiel und Äpfelchen bereits ankündigt. In der letzten Szene des Films, wenn die Jungen im Flakeinsatz sind und ihre Freundinnen vergeblich im Café Leon auf sie warten, wollte er diese Stimmung offenbar etwas abschwächen. «Und was spielt Hans Werner Kleve dazu?», vermerkte er in diesem Zusammenhang. «Nicht Gloomy Sunday. Eher etwas unsentimentales.»[74] Welche Wirkung diese Verfahrensweise entfalten könnte, ist kaum einzuschätzen, zumal Monk weder Angaben zur Musikauswahl noch zur konkreten Inszenierung der Situationen macht. Dennoch lässt sich festhalten, dass ein derartig konzipierter Abschluss mit dem Hinweis auf den Kriegseinsatz von Heranwachsenden, wie er beispielsweise auch in AMERICAN GRAFFITI (USA 1973, R.: George Lucas) realisiert ist, eher einen wehmütigen Eindruck provozieren dürfte.

In den Schriften zu «Café Leon» spiegelt sich dasselbe Phänomen wider, das sich in Monks Episode zu AUGENBLICK DES FRIEDENS zeigte. Sie stehen einerseits für die distanzierte Haltung des Autors, der den Stoff seiner Erinnerung zu einem Film verarbeitet und Episoden nach ihrer Eignung für die Erzählung auswählt. Andererseits zeugen sie von dem Bestreben des Autobiografen, die Figur des jugendlichen Flakhelfers Robert Thiel – in der er selbst erkennbar sein wird und offensichtlich auch sein will – authentisch und zugleich seiner öffentlichen Person entsprechend als künftigen Intellektuellen zu formen. «Zu Hause [...] Ruhepunkt. Von Mama versorgt. Am Radio. Mit einem Buch. Zuschauer sollen wissen, wo ich herkam», notierte er sich beispielsweise als Anmerkung für die Sequenz «Urlaub 1».[75] Zudem plante Monk weitere, in seinen früheren Filmen verwandte Motive wieder aufzunehmen. Wie in BERLIN N 65 wollte er auf das zerbombte Hinterhaus

---

71 Leon-Ordner, Reiter «Bau», Szene 11, EMA 1532.
72 Leon-Ordner, Reiter «Freizeit 2».
73 Leon-Ordner, Reiter «Endlich».
74 Leon-Ordner, Reiter «15.2.1944» [II].
75 Siehe Leon-Ordner, Reiter «Urlaub 1».

der Mietskaserne in der Wöhlertstraße, in der er aufgewachsen war, und seine Nachbarin Martha Creutzig verweisen, die bis zum offiziellen Kriegsende den Luftschutzhelm nicht mehr abnahm.[76] Den BERTINIS ähnlich hingegen sind zwei Szenenentwürfe konzipiert, die das sexuelle Begehren der jungen Männer veranschaulichen. Die erste Übereinstimmung findet sich in einer Szene, in der die Jungen in der Straßenbahn Mädchen beobachten, denen beim Hinsetzen die Röcke hochrutschen. Sie bebildert im Prinzip dieselbe Situation wie eine Szene im zweiten Teil der BERTINIS, in der die älteren Bertini-Brüder mit ihren Freunden im Hamburger Stadtpark auf einer Parkbank sitzend darauf warten, dass der Wind die Röcke der vorbeigehenden Mädchen erfasst (vgl. DIE BERTNIS, II; Min. 0:00:15–0:01:10). In der realisierten Filmszene summen die jungen Männer im Chor eine Jazz-Melodie und goutieren jeden erhaschten Blick auf entblößte Körperteile mit einem kollektiven «Ohhh» im Rhythmus der Melodie. Die Straßenbahnszene in «Café Leon» hingegen sollte von extradiegetischer Musik begleitet werden, deren Takt die Schuss-Gegenschuss-Montage bestimmt, die die Blicke der Jungen und die Reaktionen der Mädchen repräsentierten, die Gefallen an der Beobachtung empfinden. Die zweite und zugleich markantere Übereinstimmung zwischen «Café Leon» und DIE BERTINIS ist der Bordellbesuch Robert Thiels, dessen Geschehen nahezu identisch mit jener Szene am Ende des zweiten Teils ist, in der Roman Bertini eine Prostituierte aufsucht (vgl. II, ab Min. 1:73:12). Während die Situation selbst auch in Giordanos Roman enthalten ist (siehe Giordano 2008: 261 f.), entspringen die Details ihres Ablaufs, wie Monks Notizen zu erkennen geben, seiner Erfahrung.[77] Wie Roman Bertini wartet also Robert Thiel, peinlich berührt von der Situation, erst einen längeren Zeitraum vor der Tür der jungen Frau. Als er dann jedoch vor ihr steht, kann er zunächst in der nahezu Gleichaltrigen «nicht die Hure erkennen» und reagiert entsetzt, dass sie überhaupt nicht verschämt agiert, sondern «routiniert» das Geschäft abwickeln will.[78] Fluchtartig verlässt er deswegen das Bordell. Ungeachtet des individuell anmutenden Charakters dieser Episode, gehört die erste Erfahrung mit käuflichem Sex zu den zentralen Motiven der männlich perspektivierten Jugenderzählung, die darüber als eine wichtige Station der *rite de passage* zum Erwachsensein vorgestellt wird. Ebenso gehört es zu diesem Repertoire, dass die erste intime Begegnung eines heranwachsenden Mannes mit einer Frau erfolgt, die – wie auch Äpfelchen in «Café Leon» – in sexueller Hinsicht erfahrener ist.

Ob Monk seine privaten Erinnerungen zielgerichtet zu Motiven der *Coming-of-Age*-Erzählung verdichtete und ihrem Muster gemäß anordnete oder die Entsprechungen, die sich anhand seiner konzeptionellen Überlegungen feststellen lassen, einem intuitiven Vorgehen geschuldet sind, kann ich nicht beurteilen. Möglicherweise ist es auch allein dem funktionalen Einsatz der Jazzmusik geschuldet, dass einige Szenenentwürfe zu «Café Leon» auffällige Parallelen zu diversen populären Spielfilmen aufweisen, die innerhalb desselben Zeitraums situiert sind. Besonders markant ist die Ähnlichkeit gegenüber dem US-amerikanischen Spielfilm SWING KIDS (USA 1993, R.: Thomas Carter), der eine Gruppe von drei heranwachsenden Männern ins Zentrum stellt, die der Hamburger «Swing Jugend» angehören (vgl. Ueberall 2004, Kater 1992: 153 ff.). Wie es auch in «Café Leon» angelegt ist, bildet die Jazzkultur in SWING KIDS eine Art Parallelwelt innerhalb des faschistischen Deutschlands, in der die portraitierten Jugendlichen eine Zuflucht vor dem Alltag finden können. Lokal manifestiert sich diese im Café Bismarck, das in der Eröffnungsse-

---

76 Ebd.
77 Leon-Ordner, Reiter «Puff».
78 Ebd.

quenz als Ort fern der herrschenden Regeln der Nationalsozialisten vorgestellt wird, in dem die Jugendlichen ungehemmt Lindy Hop tanzen können.[79]

Während SWING KIDS jedoch vordergründig das Ziel verfolgt, den Nationalsozialismus für ein unwissendes, vornehmlich jugendliches Publikum begreiflich zu machen, scheint sich «Café Leon» eher an eine wissende Zielgruppe zu wenden. Die Hinweise auf die NS-Herrschaft fallen, soweit es aus den Unterlagen ersichtlich ist, eher reduziert aus. So ist beispielsweise in einer Szene, während der die Flakhelfer Waffen putzen, im Hintergrund eine Rede Hitlers im Radio zu hören.[80] Als Robert Thiel ein Museum besucht, betrachtet er ein Gemälde, auf dem Hitler als «Feldherr» dargestellt ist, «in wehendem Mantel, das Auge entschlossen auf den Sieg gerichtet».[81]

Auf Momentaufnahmen kondensierte Markierungen, die sich aus medialen Repräsentationsformen des portraitierten Zeitraums speisen, entsprechen der Verfahrensweise, die in allen Filmen Monks realisiert ist. Offenbar wollte er in «Café Leon» jedoch nicht an die ästhetische Strategie seiner Literaturverfilmungen anknüpfen und das historisch situierte Handlungsgeschehen durch die Einbindung von Zeitungsschlagzeilen, ikonischen Bildern oder Ähnliches unterbrechen. Es sind zwar Überlegungen zur Einbindung von *found footage* und archivierten Tonaufnahmen von den Berliner Bombenangriffen dokumentiert, ihr Einsatz scheint jedoch nicht auf den Effekt der Verfremdung, sondern auf jenen der Authentifizierung des Geschehens zu zielen.[82] Monk wollte «Café Leon» also in einer geschlossenen Form erzählen, die allein die fingierte Perspektive des jugendlichen Erzählers repräsentiert. Daher aktualisiert sich in diesem Projekt ein weniger analytisches Verhältnis zu den geschichtlichen Ereignissen, als es Monk in der Aneignung von fremden Stoffen gezeigt oder für «Die Ernennung» konzipiert hatte. Zugleich scheint er weniger bemüht, eine distanzierte Rezeption der Handlung zu befördern. Da er sich allein auf das Material berufen will, das ihm die Erinnerung zur Verfügung stellt, passiert ihm offenbar auch genau das, was sich etwa an Walter Kempowskis *Tadellöser & Wolff* und seiner Verfilmung durch Eberhard Fechner kritisieren ließ: es entfällt jeglicher Hinweis auf die Shoah.

Um abschließend noch einmal zu spekulieren: Im Unterschied zur «Ernennung» erscheint mir die Anknüpfungsfähigkeit zwischen diesem Projekt und dem populären Diskurs ausreichend gegeben. ‹Jugend› gehört wie ‹Liebe› zu den überzeitlich einsetzbaren Motiven, die in der Vergangenheit wie in der Gegenwart situiert werden können. Zu Beginn der 2000er-Jahre hätte sich «Café Leon» damit recht gut in das Panorama der erfolgreichen deutschen Spielfilme einreihen können.[83] Auch im Hinblick auf die Darstellung von deutscher Geschichte ist «Café Leon» kaum übermäßig kritisch – im Gegenteil: Ob-

---

79 Ungeachtet der historischen Referenz auf die subkulturelle Bewegung in Hamburg handelt es sich hierbei um ein filmisch vielfach genutztes Motiv, um eine jugendliche Fluchtbewegung vor den Bedingungen des Zweiten Weltkriegs auszudrücken, das sich seinerseits auf die freiheitliche Konnotation dieses Tanzstils zurückführen lässt. Bereits Filme, die *innerhalb* des beschriebenen Zeitraums produziert wurden, konnotieren unterschiedliche Richtungen des Swing Dance Freiheit. Bekannt ist insbesondere das Filmmusical HELLZAPOPPIN' (USA 1941). Populäre Wiederaufnahmen des Motivs, die dem Spielfilm SWING KIDS vorausgingen, finden sich beispielsweise in YANKS (UK 1979, R.: John Schlesinger), HOPE AND GLORY (UK 1987, R.: John Boorman) und A LEAGUE OF THEIR OWN (USA 1992, R.: Penny Marshall).
80 Leon-Ordner, Reiter «Dienst 1».
81 Leon-Ordner, Reiter «Urlaub 3».
82 Leon-Ordner, Reiter «Nachgeschichte».
83 Gegenwärtig situierte Jugendfilme waren z.B. ABSOLUTE GIGANTEN (1999. R.: Marco Petry), CRAZY (2000, R.: Hans-Christian Schmidt) und SCHULE (2000, R. Marco Petry), historische Jugendfilme aus diesem Produktionszeitraum u. a. SONNENALLEE (1999, R.: Leander Hausmann), NVA (2005, R.: Leander Hausmann) und NAPOLA – ELITE FÜR DEN FÜHRER (2004, R.: Dennis Gansel).

wohl es wahrscheinlich nicht in seinem Sinne war, befördert Monks Erzählung durch die Verknüpfung von Motiven der Jugenderzählung mit den Ereignissen des Bombenkriegs die Narration von der ‹Opfernation›: Unbedarfte Jugendliche fallen einem Krieg zum Opfer, der von einem Unrechtssystem initiiert wurde, dessen Unrechtmäßigkeit genau daran erkennbar ist, dass es unbedarfte Jugendliche in den Krieg gezwungen hat. Das erinnert sehr an DIE BRÜCKE (R.: Berhard Wicki) von 1959.[84]

Schon während der Bearbeitung war Monk sich offenbar bewusst, dass sich «Café Leon» als Fremdkörper in seinem Œuvre ausmachen könnte. «Aufpassen, daß für die Werbung (Pressenotizen, Artikel fürs Programmheft, Inhaltsangaben, Interviews) keine zu großen Worte benützt werden», notierte er sich im November 2001.

Bei Gelegenheit ausnahmsweise nicht B. sondern Dürrenmatt zitieren, der geraten hat, den Vordergrund möglichst genau wiederzugeben, denn dann werde sich der Hintergrund von ganz allein ergeben.[85]

Noch bevor das Drehbuch fertig geschrieben war, arbeitete Monk also an einer Rechtfertigungsstrategie für seine ästhetischen Entscheidungen. In diesem Zusammenhang plante er auch, seinen Film durch eine Dokumentation zu rahmen, für die sein älterer Sohn Sebastian Monk die Regie übernehmen sollte, während er sich Gisela Tuchtenhagen oder Kurt Weber für die Kameraarbeit wünschte.[86] Das Vorhaben «Café Leon» lässt sich somit auch als Teil eines umfassenderen Projekts deuten, mit dem Monk an der Deutung seines Schaffens für die Nachwelt arbeitet.

---

84 Zum Topos der Opfernation in audiovisuellen Geschichtsdarstellungen der 2000er-Jahre siehe Steinle 2009, ausführlich Ebbrecht 2011.
85 Leon-Ordner, Reiter «Prod[uktion]», o. D., EMA 1532.
86 Ebd.

15 Schlussbild

«Fragen Sie mal nach, wer Egon Monk [...] noch kennt».
(Dieter Stolte, 2014)

1.

Am Anfang dieser Studie stand die Herausforderung, die Fernseharbeit des prominenten NDR-Fernsehspielleiters, Autors und Regisseurs Egon Monk neu zu perspektivieren. Um das Werk dieses ‹Autors› in seiner Gesamtheit zu erschließen, habe ich mich an der Chronologie seiner biografischen Stationen orientiert. Obwohl meine Arbeit damit die Form einer Werkbiografie annimmt, war es nicht mein Anliegen, Werk und Leben der Person Egon Monk zu verknüpfen. Die Ergebnisse meiner Auseinandersetzung mit den Voraussetzungen des biografischen Schreibens und der Figur des ‹Autors› haben mich vielmehr dazu angeleitet, meiner Untersuchung ein theoretisches Konzept der hypothetischen Autorschaft zugrunde zu legen. Monks biografische Daten dienten mir in erster Linie als Referenzpunkte in der Mediengeschichte, die ich auf empirische Entwicklungen der Ästhetik im Bereich des Fernsehspiels bzw. -films im Verhältnis zu theoretischen Modellen des Realismus befragt habe. Der ‹Autor›, dessen Karriereweg ich auf diesem Wege re/konstruiert habe, ist nicht mit der Person identisch zu erachten, die zu Lebzeiten den Namen ‹Egon Monk› trug, aber auch kein kontrafaktisches Konstrukt (vgl. Spoerhase 2007a: 96 ff.), da ich das Werk so nah wie mir möglich nach den verfügbaren Quellen re/konstruiert habe. Somit kann die weitere Forschung auf verschiedenen Ebenen an die Ergebnisse meiner Arbeit anschließen: an den Modellentwurf für eine medienwissenschaftliche Werkbiografie, die die Auseinandersetzung mit dem Schaffen eines ‹Autors› als Scharnier auffasst, um medientheoretische und -historische Fragestellungen zu verbinden, sowie an die neu erhobenen Daten und ausgeführten Zusammenhänge zu Monks Schaffen als Drehbuchautor und Regisseur.

Wenn auch Monks Karriereweg in der Retrospektive bemerkenswert erscheint, sind die Positionswechsel, die seine Werkbiografie kennzeichnen – seine ‹Lehrzeit› am Theater, der Wechsel zum Hörfunk und von dort aus zum Fernsehen – nicht ungewöhnlich für diese Phase der westdeutschen Mediengeschichte. Im Gegenteil: hierin findet sich gleichsam das modellhafte Moment der Werkbiografie Monks. Vergleichbaren Wegen, die sich im Zuge der Etablierung und Ausdifferenzierung des Mediensystems in der Bunderepublik eröffneten, folgten auch viele weitere Medienschaffende seiner Generation, unter ihnen auch jene, mit denen Monk ein Netzwerk relativ stabiler Arbeitsbeziehungen knüpfte wie etwa Rolf Liebermann oder Dieter Meichsner (vgl. Schumacher/Stuhlmann 2017a). Dieses Moment und die Tatsache, dass Monks Karriere über 40 Jahre umfasst, die von entscheidenden gesellschaftspolitischen wie kulturellen Umbrüchen geprägt waren, gegenüber denen sich die populär ausgerichtete Medienproduktion zu verhalten hatte, machte sein Werkschaffen zu einem geeigneten Bezugspunkt für die Veranschaulichung einer Kultur- und Fernsehgeschichte der Bundesrepublik.

15 Schlussbild

Im Mittelpunkt meiner Studie stand das Anliegen, das ästhetische Konzept von Egon Monks Regiearbeiten für das Fernsehen zu bestimmen. Unter der Prämisse, dass sich das Konzept in der formalen Ästhetik seiner Fernsehspiele und -filme aktualisiert, habe ich alle zwischen 1953 und 1988 realisierten Produktionen auf ihre ästhetische Differenzqualität hin analysiert. Während für ausgewählte Fernsehspiele aus der ersten Hälfte der 1960er-Jahre Einzeluntersuchungen vorlagen, an die ich in meinen Analysen anknüpfen konnte, ist die Mehrheit dieser Regiearbeiten zuvor noch nicht wissenschaftlich betrachtet worden. Darüber hinaus habe ich erstmals das Werk um die unveröffentlicht gebliebenen Projekte ergänzt, die sich im Egon-Monk-Archiv der Akademie der Künste Berlin befinden. Drei Filmprojekten, deren Arbeitstitel seit 1977 in Pressemeldungen und daran anschließend sogar in wissenschaftlichen Beiträgen erwähnt wurden, galt dabei mein besonderes Interesse: Auf der Basis von Monks verschiedenen Entwurfsfassungen und Notizen habe ich «Hilferding» (1974–1978), «Die Ernennung» (1981–1998) und «Café Leon» (1998–2005) rekonstruiert. Die Variationsbreite, die sich in diesen und insbesondere in den Entwürfen für «Die Ernennung» abzeichnet, bestätigt die kreative Flexibilität, die die Fernseharbeit des Verfassers insgesamt auszeichnet.

2.

Monks ästhetischer Ausdruck nahm zwischen 1953 und 1988 sehr unterschiedliche Formen an. Diese Vielfältigkeit liegt darin begründet, dass er seinem Vorbild Brecht in einem entscheidenden Punkt verpflichtet blieb: Im Anschluss an dessen Konzept des epischen Theaters stellt auch Monks Konzept des realistischen Erzählens im Fernsehen eine politisch intendierte Wirkungsästhetik dar, die die Zuschauer*innen in eine distanzierte und ‹mitdenkende› Haltung gegenüber den präsentierten Vorgängen versetzen und von diesen entfremden will. Da diese Wirkungsästhetik in Abhängigkeit zu Konventionen der Erzählung und Darstellung verfasst ist, die ihrerseits einem stetigen Wandel unterworfen sind, muss sich auch der formal-ästhetische Ausdruck fortwährend neu justieren, der diese zu stören intendiert. Somit ist es die Verknüpfung mit Brechts Idee der Verfremdung – die die Suche nach einer adäquaten Ausdrucksform für das Anliegen des Realismus gleichsam in Bewegung hält –, die Monks Konzept des realistischen Erzählens im Fernsehen eine produktive Flexibilität verleiht. Zugleich fordert ihn die inhärente Dynamik der Medienentwicklung jedoch dazu auf, die Möglichkeiten des Brecht'schen Grundmodells auszutarieren. Dies gibt Monk auch in jener Aussage zu erkennen, die ich als Motto dieser Arbeit vorangestellt habe: Als er 1983 im Interview mit Karl Prümm festhielt, dass es «[s]eit Brecht [...] von Jahrzehnt zu Jahrzehnt immer schwieriger geworden» sei, «vor lauter Meinungen über die Wirklichkeit» zu dieser «überhaupt erst einmal durchzustoßen» (Monk 2007: 211), weist er damit auf die wachsende Komplexität der Medienkultur hin, mit der er sich seit den Anfängen seiner Regielaufbahn am Berliner Ensemble konfrontiert sah. Er konnte zwar wiederholt auf dem aufbauen, was er «bei Brecht gelernt hatte» (ebd.: 181 f.). Seit den frühen 1950er-Jahren hatte sich das populäre Medienangebot jedoch insgesamt stark erweitert. Während diese Entwicklung nicht zuletzt der Etablierung des Fernsehens als Massenmedium zuzuschreiben ist, bildet sich in dessen Programm wiederum eine Fülle an unterschiedlichen Angeboten ab, die «Meinungen über die Wirklichkeit» formulieren. Dazu gehören diverse Ausdrucksformen, die nach Wirklichkeitsnähe streben und somit dem ästhetischen Paradigma des Realismus angehören, und ebenso solche, die – aus kulturkritischer Perspektive – eine Verschleierung der «sozialen Kausalität» (GBA 22.1: 419) bezwecken, deren Zusammenhänge aufzudecken Monk als Ziel seiner Fernseharbeit definierte (Netenjakob 1977: 121, Monk 2007: 211).

Die wachsende und veränderliche Medienumgebung veranlasste Monk die Adaption von Brechts Modell immer wieder neu zu erproben. Somit kreist sein ästhetisches Konzept des realistischen Erzählens im Fernsehen zwar um Brechts Idee der Verfremdung, und zum Teil übernimmt er in der audiovisuellen Inszenierung seiner Fernsehspiele und -filme auch Verfahren, die sich auf das epische Theater zurückführen lassen. Wie sich anhand der werkimmanenten Reihen, entlang derer ich die Entwicklung seines Stils untersucht habe, nachvollziehen lässt, war Monk in der Umsetzung dieser Idee jedoch sehr offen dafür, sich ästhetischer Verfahren zu bedienen, die anderen Modellen des Realismus entlehnt sind. Daher ist auch nicht von *einem* durchgängig mit der Funktionslogik der Brecht'schen Wirkungsästhetik kohärentem Konzept der Verfremdung zu sprechen, das Monks Ästhetik zugrunde liegt, sondern vielmehr von verschiedenen Verfremdungsstrategien, die sich in seinen Regiearbeiten aktualisieren. Deren Differenz lässt sich in erster Linie im Hinblick auf die historisch spezifischen Konventionen der Erzählung und Darstellung bestimmen, die sie jeweils als Fläche der Abgrenzung definieren.

3.

Zunächst ist festzuhalten, dass sich nicht alle Regiearbeiten Monks durch eine prominente ästhetische Strategie der Verfremdung auszeichnen (z. B. nicht die ersten westdeutschen Fernsehspiele DAS GELD LIEGT AUF DER STRASSE [1958] und DIE BRÜDER [1958] sowie die Schauspieladaptionen DIE GEWEHRE DER FRAU CARRAR [1953; 1975] und WASSA SCHELSNOWA [1963]).[1] Die auffälligste und mithin direkt auf Brechts Konzeptionen zurückführende Strategie findet sich in der Reihe der «zeitkritischen» Fernsehspiele von 1962–1963 wieder. Diese beruht im Wesentlichen auf der Idee, die Künstlichkeit des Dargestellten durch selbstreflexive Verweise herauszustellen. Indem beispielsweise in bühnenhaft anmutender Studioumgebung umgesetzte Spielszenen mit filmischen Außenaufnahmen kombiniert werden, die im visuellen Ausdruck an die Bildsprache journalistischer Produktionen erinnern, parodiert ANFRAGE (1962) die Konvention des illusionär gestalteten Fernsehspiels, das in seiner medialen Umgebung immer mit dem Realitätseindruck dokumentarischer Beiträge konfrontiert ist. Obwohl in den Beispielen dieser Reihe zum Teil auch Bildmaterial eingebunden ist, dem eine dokumentarische Qualität zugesprochen werden könnte, war mit ihnen somit keine Gattungsüberschreitung (vgl. Hißnauer/Schmidt 2013:102) angestrebt; Monks Fernsehspiele sind daher nicht als Dokudramen *avant la lettre* in dem Sinne zu verstehen, dass der ‹Autor› mit ihnen intendierte, den «Wald der Fiktion» (Umberto Eco) zu verlassen. In formal-ästhetischer Hinsicht knüpft diese Reihe vielmehr an die Tradition des politischen Theaters und Films der späten 1920er- und frühen 1930er-Jahre an. Dem Musterbeispiel KUHLE WAMPE ODER: WEM GEHÖRT DIE WELT? (1932) vergleichbar sind ANFRAGE, SCHLACHTVIEH (1963) und MAUERN (1963) «polyphon» (Gersch 1975: 55) aufgebaut, um mithilfe einer Kombination vielfältiger ästhetischer Mittel «auf spielerische und gleichzeitig aggressive Weise die ‹Beziehungen zwischen den Erscheinungen der Wirklichkeit»› (ebd.) aufmerksam zu machen. Im Unterschied zum klassischen Agitprop thematisieren Monks Fernsehspiele jedoch nicht den Zusammenhang zwischen Ökonomie und Machtverteilung und agitieren auch nicht im engeren Sinne, sondern führen gesellschaftliche Konstellationen in der Bundes-

---

[1] LEBEN DES GALILEI (1962) bildet die Ausnahme in dieser Reihe.

15 Schlussbild

republik der Gegenwart auf historische Kontinuitäten zurück. Vergleichsweise ‹aggressiv› fordern sie darüber jedoch die Zuschauer*innen zu einer Haltungsänderung in Bezug auf die angesprochenen Themen auf.

Die Verfremdungsstrategie der Regiearbeiten aus dem Zeitraum 1964–1966 beruht ebenfalls auf einem Bruch mit den Konventionen der Erzählung und Darstellung im fiktionalen Fernsehspiel bzw. -film der Bundesrepublik. Sie[2] gehorcht jedoch einer anderen Funktionslogik, die mit Brechts Konzept nur wenig zu tun hat: In unterschiedlichem Maße zwar, aber dennoch deutlich, sind WILHELMSBURGER FREITAG (1964), EIN TAG – BERICHT AUS EINEM DEUTSCHEN KONZENTRATIONSLAGER 1939 (1965), BERLIN N 65 (1965) und PREIS DER FREIHEIT (1966) von der Erzählweise des neorealistischen Spielfilms inspiriert. Statt den Bruch mit den Konventionen des Unterhaltungsfilms offensiv zu markieren, rufen diese Fernsehfilme allein durch ihre Nicht-Berücksichtigung die gewohnten Verfahren filmischer Erzählung und Darstellung in Erinnerung und generieren aus dieser Differenzerfahrung den Effekt eines gesteigerten Realismuseindrucks (vgl. Glasenapp 2012). Das gemeinsame charakteristische Moment der Fernsehfilme von 1964–1966 ist darin zu finden, dass die Ereigniskette der Erzählung nicht durch das zielgerichtete Handeln der Figuren motiviert ist, sondern sich als Abfolge von Augenblicken ihres Alltags darstellt. Im engeren Sinne sind sie nicht dramatisch angelegt, sie thematisieren vielmehr die Wahrnehmungsbedingungen der Figuren, die sich in prinzipiell unübersichtlichen Situationen zurechtzufinden suchen. Die audiovisuelle Inszenierung zeichnet sich durch eine sehr dynamische Bildsprache aus, die durch Hand- bzw. Schulterkameraführung, Reißschwenks und plötzliche *zoom-ins* eine dokumentarische Anmutung gewinnt. Da die Kamera sowohl die Figuren beobachtet als auch ihren Blick auf die Welt aufzunehmen scheint, findet sich auch die strikte Trennung zwischen objektiv und subjektiv gesetzten filmischen Beschreibungen zum Teil derart aufgelöst, wie es Gilles Deleuze für den neuen Realismus im Film als zentralen Unterschied zu einer traditionellen Auffassung beschrieben hat (ZB: 13 ff.).

Nach seinem Rücktritt von der Intendanz des Deutschen Schauspielhauses im Oktober 1968 re-aktualisierte Monk in gewisser Hinsicht das Gestaltungskonzept seiner «zeitkritischen» Fernsehspiele, um diesmal einen Gegenentwurf zu der filmischen Unmittelbarkeitsästhetik seiner Regiearbeiten von 1964–1966 vorzustellen, deren Verfahren inzwischen im sogenannten «journalistischen Fernsehspiel» den Status einer Konvention realistischen Erzählens im Fernsehen angenommen hatte. Wie in den Fernsehspielen von 1962–1963 formuliert sich die Verfremdungsstrategie von GOLDENE STÄDTE (1969) und INDUSTRIELANDSCHAFT MIT EINZELHÄNDLERN (1970) gleichsam in einem Zwischenraum von Theater und Film aus. Während in ANFRAGE oder MAUERN jedoch die Kulisse für das szenische Spiel als Bühne gestaltet war, wird in den Fernsehspielen von 1969–1970 durch Verfahren der visuellen Komposition eine theatrale Anmutung generiert: durch einen geometrisch austaxierten, «planimetrischen» (vgl. Bordwell 2008: 312–329) Bildaufbau schneidet die Kamera aus vollständig ausgestatteten, naturalistischen Szenenbildern gleichsam ‹Bühnenflächen› heraus, auf denen die Darsteller*innen agieren. Obgleich der Bildhintergrund sehr wirklichkeitsnah gestaltet ist, vermittelt die audiovisuelle Inszenierung einen Eindruck irritierender Künstlichkeit und befördert daher eine distanzierte Rezeptionshaltung gegenüber dem Geschehen. In INDUSTRIELANDSCHAFT MIT EINZELHÄNDLERN wird dieser Effekt zudem durch auffällige, wie *Tableaux Vivants* choreografier-

---

2   EIN TAG – BERICHT AUS EINEM DEUTSCHEN KONZENTRATIONSLAGER 1939 (1965) bildet hier jedoch die Ausnahme.

te Szenen unterstützt, in denen der Protagonist in Posen erstarrte Haltungen einnimmt, und durch surreale, in expressiver Farbgebung gestaltete Traumsequenzen zusätzlich betont. Sowohl hinsichtlich der deutlich markierten Trennung von objektiven und subjektiven filmischen Beschreibungen als auch im Hinblick auf den verhaltensentlarvenden Charakter der Inszenierung ist das Gestaltungskonzept dieser Reihe wieder mit dem Modell Brechts kompatibel.

Die Tendenz zur Ästhetisierung in der Bildkomposition, die sich anhand der Zwischen-Spiele von 1969–1970 feststellen lässt, schreibt sich in Monks nachfolgender Produktion BAUERN, BONZEN UND BOMBEN (1973) fort. Das hervorstechendste Merkmal der fünfteiligen Adaption von Hans Falladas neusachlichem Roman (1931) sind die opulent ausgestalteten Szenenbilder, die durch Detailreichtum und die Imitation materieller Qualitäten in der Requisitenausstattung ein plausibles und sinnlich fassbares Bild der historischen Welt von 1929 entwerfen. Während die Gestaltung des Szenenbilds auf Bildvorlagen aus dem portraitierten Zeitraum basiert, zeigt sich die Kameraästhetik von Repräsentationstechniken der neusachlichen Malerei (z. B. Christian Schad oder Otto Dix) inspiriert. Die Ähnlichkeit mit bekannten Darstellungen der Weimarer Republik zielt auf einen *déjà-vu*-Effekt, aus dem wiederum ein Authentizitätseindruck resultiert. In Hinblick auf den Rückgriff auf das Formvokabular der portraitierten Epoche lässt sich das Gestaltungskonzept von BAUERN, BONZEN UND BOMBEN als «Retro» charakterisieren (vgl. Baudrillard 1978). «Retro»-Gestaltung kann insofern als Verfremdungsstrategie gelten, als infolge der perfekt anmutenden historischen Rekonstruktion auch die Fremdheit der vergangenen Welt augenscheinlich wird. Ein solcher Film lässt die Zuschauer*innen die Vergangenheit gewissermaßen wie ein ‹fremdes Land› erkunden, anstatt sie diese ihrer Erfahrungsrealität anzunähern (vgl. GBA 22.1: 219 f.). Der realistische Eindruck dieses Mehrteilers indes, der von der Kritik wie der medienwissenschaftlichen Forschung als akkurates historisches Portrait aufgenommen wurde (vgl. Prümm 1995a: 48 f., vgl. Gast 2009), beruht jedoch nicht zuletzt auf einem paratextuell vermittelten Authentizitätsversprechen, d. h., eine Vor- und Hintergrundberichterstattung, die die Autorität des Autors Fallada als Augenzeugen der beschriebenen Ereignisse beschwor und die akribischen Recherchen des Bearbeiters sowie die vermeintlichen Dreharbeiten am Originalschauplatz betonte, die für die Zuschauer*innen kaum ersichtlich werden können.

Für DIE GESCHWISTER OPPERMANN (1983), nach dem gleichnamigen Roman von Lion Feuchtwanger (1932), und DIE BERTINIS (1988) auf der Grundlage des Bestsellers von Ralph Giordano (1982), führte Monk verschiedene der zuvor erprobten ästhetischen Mittel zu einer synthetisierenden Verfremdungsstrategie zusammen. Beide Produktionen sind als Gegenentwürfe sowohl zur US-amerikanischen Mini-Serie HOLOCAUST (1978) als auch zu jener «Ikonographie der Nazizeit» konzipiert, die als visuelle Repräsentation des Nationalsozialismus im Spielfilm seit den 1970er-Jahren «immer wieder aufs Neue reproduziert» wurde (Kaes 1987: 29). Da die «ästhetische Anordnung» des deutschen Faschismus auf spezifische Wirkungen zielte (vgl. Zielinski 1981: 48), kann ihr «Retro»-Abbild potenziell auch die Effekte dieser Inszenierung reproduzieren und dem Nationalsozialismus eine schaurige und mithin erotisch aufgeladene Faszination verleihen (vgl. Friedländer 1984). Monk verzichtete daher beinahe vollständig auf die Nachstellung nationalsozialistischer Propagandaarrangements. Die auffälligste formal-ästhetische Neuerung in diesen Filmen sind indessen die Inserts aus Zeitungsschlagzeilen und Fotografien aus dem portraitierten Zeitraum. Diese sind erneut nach dem Vorbild der Tafeln im epischen Theater dazu funktionalisiert, die Kontinuität der Handlung zu unterbrechen. Sie zersetzen damit die Geschlossenheit der Erzählung in eine Abfolge von thematisch zusammengesetzten und isolierbaren Szenen-Blöcken. Punktuell stören sie die rezeptionsseitige Immersion in die dargebotene Welt und die empathische Einlassung auf die fiktiven Figuren. Vor allem machen sie jedoch auf den Unterschied zwischen der öffentlichen politischen Entwicklung und dem Alltagsleben der Portraitierten aufmerksam. In der zum Teil sehr ausführlichen Darstellung von Alltagshandlungen knüpft Monk im Prinzip an die neorealistische Erzählweise an. Die visuelle Ästhetik entspricht jedoch dem ‹filmischen› Standard hochwertiger Fernsehfilmproduktionen der 1980er-Jahre; das Szenenbild ist naturalistisch-atmosphärisch konzipiert und die Spielszenen den Konventionen gemäß aufgelöst. Die Dramaturgie indessen zeigt sich deutlich von Brecht beeinflusst und zielt darauf, die Konzentration der Rezipient*innen darauf zu richten, das Verhalten von Menschen unter den Bedingungen der nationalsozialistischen Herrschaft genau zu beobachten.

Die Analyseergebnisse zur formalen Ästhetik der Fernsehspiele und -filme, die Monk zwischen 1953 und 1988 realisierte, lassen die Schlussfolgerung plausibel erscheinen, dass er für die audiovisuelle Inszenierung seiner unvollendet gebliebenen Projekte ästhetische Strategien entwickelt hätte, die auf die jeweils dominanten Gestaltungskonzepte filmischer Repräsentation im Fernsehen Bezug nehmen und diesen Standard durch Abweichung variieren. Die hohe Flexibilität, die Monks Konzept des realistischen Erzählens im Fernsehen auszeichnet, hätte es ihm prinzipiell ermöglicht, sich den fortlaufenden Entwicklungen im Bereich des fiktionalen Erzählens im Fernsehen anzupassen. Seine kreative Flexibilität scheint ihn jedoch, wie sich anhand der sehr unterschiedlichen Entwurfsfassungen zur «Ernennung» nachvollziehen lässt, auch darin gehindert zu haben, sich für einen der vielen möglichen Wege zu entscheiden.

4.

Die ‹soziologische› Erzählhaltung, die sich in DIE GESCHWISTER OPPERMANN und DIE BERTINIS aktualisiert, lässt sich in der Retrospektive für alle Regiearbeiten Monks konstatieren. Der Leitsatz «Theater besteht darin, daß lebende Abbildungen von überlieferten oder erdachten Geschehnissen zwischen Menschen hergestellt werden, und zwar zur Unterhaltung», den Brecht im *Kleinen Organon für das Theater* formulierte (GBA 23: 66), war für Monk auch die Maxime des Erzählens im Fernsehen. Ungeachtet der verschiedenen Verfremdungsstrategien, die er im Laufe seiner Karriere erprobte, fokussieren seine Fernsehspiele und -filme immer soziales Verhalten. Dieser Aspekt markiert auch das zentrale Moment der Überschneidung zwischen Brechts Idee des epischen Theaters und der Funktion des Fernsehens, die sich seit den 1950er-Jahren in der Bundesrepublik etablierte. Als «Medium der gesellschaftlichen Selbstverständigung» zeichnet sich dieses durch eine Reihe unterhaltend ausgerichteter Angebote aus, die soziales Verhalten spiegeln und darüber auch modellierende und disziplinierende Wirkung entfalten (vgl. Hickethier 2008c). Insofern scheint es auch passend, dass Monk das Fernsehen als «das größte permanent spielende Volkstheater» charakterisierte (siehe Olsen 1992). Durch seinen Anschluss an Brecht unterscheidet sich Monks Erzählweise jedoch von einer Vielzahl der unterhaltenden Fernsehangebote dahingehend, dass der vorführende, belehrende Aspekt in seinen Fernsehspielen und -filmen relativ unverschleiert auftritt und nicht mithilfe von emotionalisierenden ästhetischen Verfahren ‹gute› oder abgrenzungswürdige Handlungen markiert werden. In der Gesamtschau betrachtet zielen die audiovisuelle Inszenierung der Fernsehspiele und -filme Monks darauf, das Verhalten der Figuren aus der Distanz beobachtbar zu machen. Zwar kann im Nachvollzug seiner stilistischen Entwicklung der Eindruck entstehen, dass sich in seinen Regiearbeiten auch die Tendenz zu einer verstärkten

Einlassung auf einzelne Figuren abzeichnet – etwa, wenn ANFRAGE oder SCHLACHTVIEH den BERTINIS gegenüber gestellt würden. Auf Produktionen wie INDUSTRIELANDSCHAFT MIT EINZELHÄNDLERN oder BAUERN, BONZEN UND BOMBEN kann sich dieser Eindruck jedoch nicht stützen.

Als Ergebnis der formalen Analyse ist festzuhalten, dass mit Ausnahme der Produktionen, die die Opfer der Shoah ins Zentrum ihrer Handlung rücken, Monks Filme kaum einer empathischen Anteilnahme mit den Figuren einladen. Die ihm zugeschriebene «kritische Parteilichkeit mit den Betroffenen» (Hickethier 1980: 307) lässt sich daher nur anhand dieser Filme feststellen, nicht aber als charakteristisches Merkmal von Monks «Fernsehspielkonzeption» insgesamt bezeichnen (vgl. ebd.). Michael Kaisers Behauptung indessen, dass «das engagierte Eintreten für die deutsche Arbeiterschaft» die Fernsehproduktionen der «Hamburger Schule» bestimmte und dies auf den Einfluss Monks zurückzuführen sei (2001: 76), stützt sich offenbar allein auf WILHELMSBURGER FREITAG (ebd.: 73 ff.) – einen anderen Film, der die Lebenswelt von Arbeiter*innen ins Zentrum der Handlung rückt, hat Monk schließlich nicht realisiert. Auch lassen sich bezeichnenderweise weder in seinen Regiearbeiten aus den 1970er-Jahren noch in den Projektentwürfen aus diesem Zeitraum Anzeichen dafür finden, dass sich Monk der sozial-engagierten Ausrichtung der Fernsehproduktion anschloss, die das Leben von ‹Randgruppen› beleuchten oder «Betroffenen» die Möglichkeit zur öffentlichen Artikulation verschaffen wollte. Im Unterschied zu den Dokumentationen Klaus Wildenhahns sind Monks Regiearbeiten nicht von einer «Geste der Hinwendung» (Wildenhahn 1975: 209) gezeichnet – womit auch eine maßgebliche konzeptionelle Differenz zu diesem Vertreter der «Zweiten Hamburger Schule» (Hißnauer/Schmidt 2013) benannt ist.

Der Stellenwert, den Kaiser WILHELMSBURGER FREITAG zuordnet, verweist unterdessen auf eine bemerkenswerte Differenz, die sich zum Teil zwischen den zeitgenössischen Einschätzungen der Kritiker*innen zu Monks Fernsehspielen und -filmen und späteren Einordnungen innerhalb der wissenschaftlichen Auseinandersetzung mit dessen Schaffen auftut. Diese Differenz wird im direkten Vergleich von WILHELMSBURGER FREITAG mit PREIS DER FREIHEIT deutlich: nachdem WILHELMSBURGER FREITAG 1964 im Fernsehen der Bundesrepublik gesendet wurde, rief dieser Fernsehfilm kein besonders positives Echo seitens der Kritik hervor. Für Walter Jens war es «ein interessanter Versuch» (Momos 1964a). Den Ansprüchen an eine realistische Darstellung konnte dieser jedoch nicht genügen: «Kurzum, es war alles sehr typisch; aber gerade die Typik [...] machte diesen Film am Ende unglaubhaft und langweilig» (ebd.). Die Anlage der Filmerzählung charakterisierte Jens gar als «Heidegger-Rätsel, eine Metaphysik des Kleinbürgerzimmers» und forderte Monk zum Abschluss seiner Rezension auf: «Ein andermal besser – weniger typisch, dafür konkreter» (ebd.). Ein großer Erfolg bei den Fachkritiker*innen seinerzeit war hingegen das zwei Jahre später ausgestrahlte Fernsehspiel PREIS DER FREIHEIT, das Monk in Zusammenarbeit mit Dieter Meichsner realisiert hatte. Laut der veröffentlichten Rezensionen zeichnet sich dieses durch «menschenkennerisch[e] Portraitstudien» (de Haas 1966), ein «unerbittlich[es] Bemühen um Wahrhaftigkeit» und «Bilder von einer beklemmenden Schönheit» aus (*Videns* 1966). Margret Trappmann machte an diesem Film den Stil Egon Monks fest (siehe 1966), und das Fachmagazin *Theater heute* druckte in der August-Ausgabe 1966 das komplette Drehbuch ab (siehe [Meichsner] 1966). Während PREIS DER FREIHEIT in der Forschungsliteratur kaum Erwähnung findet, wurde WILHELMSBURGER FREITAG retrospektiv zum Musterbeispiel erhoben, das den Stil der «Hamburgischen Dramaturgie» respektive der «Hamburger Schule» repräsentiert (siehe Schöffler 1972: 426, Hickethier 1995a: 31 f., Kaiser 2001: 73, Hißnauer/Schmidt 2013: 110). Der Grund für diese unterschiedlichen Einschätzungen sind sowohl im Thema als auch den feinen Unterschieden der formalen Ästhetik zu finden, die den einen Film gleichsam mehr in der Gegenwart seiner Produktionszeit verankern als den anderen. PREIS DER FREIHEIT ist zwar WILHEMSBURGER FREITAG in formal-ästhetischer Hinsicht ähnlich. Im Unterschied zu diesem Film thematisiert PREIS DER FREIHEIT jedoch, wenn er den Verhaltensweisen von Grenzposten an der deutsch-deutschen Grenze nachspürt, eine historisch spezifische Konstellation. Vor dem Hintergrund, dass die Ost-West-Geschichte ein etabliertes Genre des deutschen Fernsehspiels war, das über Konventionen verfügte, von denen PREIS DER FREIHEIT abwich, konnte dieser Film zum Zeitpunkt seiner Erstausstrahlung eine ästhetische Differenzerfahrung ermöglichen und somit eine forminnovative Antwort auf eine gemeinhin als gesellschaftspolitisches Problem anerkannte Konstellation anbieten. In diesem Aktualitätsbezug und den vergleichsweise eindeutig verfassten Deutungsangeboten liegt zugleich begründet, dass PREIS DER FREIHEIT mittlerweile veraltet erscheint. WILHELMSBURGER FREITAG hingegen ist offen strukturiert und daher so unspezifisch in seiner Aussage, dass die Filmerzählung heute noch unterschiedliche Lesarten erlaubt. Die Rätselhaftigkeit der Filmerzählung, die Jens damals kritisierte, erweist sich somit im Nachhinein als Gewinn.

5.

Im populären Mediengedächtnis ist der Name Monk weniger mit seinen gegenwartsorientierten Regiearbeiten verknüpft denn mit seinen audiovisuellen Geschichtsdarstellungen in Erinnerung geblieben. Neben EIN TAG sind es die in den 1980er-Jahren als Gegenbilder zur US-amerikanischen Mini-Serie HOLOCAUST konzipierten Literaturverfilmungen DIE GESCHWISTER OPPERMANN und DIE BERTINIS die nach wie vor als Musterbeispiele einer gelungenen Auseinandersetzung mit dem Nationalsozialismus im (west)deutschen Film angeführt werden. In Ratgebern für die politische Bildungsarbeit und den Schulunterricht werden sie als bewährte Anschauungsbeispiele für die geschichtliche Auseinandersetzung empfohlen[3] und dienen in der Film- und Fernsehkritik als Richtschnur – häufig, um besprochenen Filmen eine Alternative gegenüberzustellen (vgl. *fzs hagalil online* 1999, Wilke 2004: 8, Loose 2009: 7, Wick 2013, Körner 2014). Fraglich erscheint mir allerdings, ob die Rezensent*innen dabei auch tatsächlich Monks von Brecht inspirierte Ästhetik vor Augen haben. Das gilt ebenso für Produzent*innen, wenn sie etwa im Rahmen von Interviews auf den Namen ‹Monk› verweisen. So betonten beispielsweise die Drehbuchautorin Gabriela Sperl und der Produzent Joachim Kosack (TeamWorx) im Rahmen der Vorberichterstattung über den zweiteiligen Fernsehfilm DIE FLUCHT (2006, R.: Kai Wessel), dass sie ihr Vorhaben «in der Tradition von Egon Monk und Eberhard Fechner» sehen (*Blickpunkt: Film* 2007). In der formalen Ästhetik dieses Fernsehfilms lassen sich nur wenig Parallelen zu den Arbeiten der Genannten feststellen – und das wollten Sperl und Kosack wahrscheinlich auch nicht ernsthaft behaupten. Die Namen ‹Monk› und ‹Fechner› werden in diesen Zusammenhängen vielmehr als Hinweis auf eine Tradition im Fernsehen der Bundesrepublik funktionalisiert, die der öffentlich-rechtliche Rundfunk gern für sich in Anspruch nimmt. «Über die Jahrzehnte wurden diese Geschichtsstudien, die Erkundung der NS-Zeit im fiktionalen und dokumentarischen Erzählen, zu einem wesent-

---

3 Siehe *bpb* 2013, vgl. *filmsortiment.de*, URL: <http://www.filmsortiment.de/judenverfolgung-im-ns_staati/dvd/unterrichtsfilm-lehrfilm-schulfilm/80258>, Landeszentrale für politische Bildung Baden-Württemberg, URL: <https://www.lpb-bw.de/publikationen/27jan/medien.htm> (Zugriff: 28.11.2017).

lichen Identitätsmerkmal der öffentlich-rechtlichen Sender», präzisiert es Thorsten Körner (2014) in seiner ausführlichen Kritik zu Unsere Mütter, unsere Väter (2013, R.: Philipp Kadelbach). Auch für Körner steht der Name ‹Monk› exemplarisch für diese Tradition, die er «von der klaren Pädagogik des ‹Nie wieder!› und ‹Wehret den Anfängen!› gespeist» sieht (ebd.). Im Unterschied zu jenen «fast soziologisch anmutenden Klärungsversuchen» sei Unsere Mütter, unsere Väter jedoch ein «innerdeutscher Gefühlsdialog», der sich «radikal der Innenwelt» seiner fünf Protagonst*innen «verschreibt» (ebd.).

Während sich die Tradition auf den Ergebnissen meiner Studie aufbauend näher charakterisieren lässt, eröffnet sich auch eine Perspektive zur Kritik der Funktionslogik aktueller – populärer wie akademischer – Diskurse über die audiovisuelle Geschichtsdarstellung und ihren Stellenwert in der deutschen Erinnerungskultur, für die Monk neben weiteren als ‹Vater-Figur› dient.

Die populäre Geschichtsdarstellung in der Form des Fernsehfilms ist heute ein fester Bestandteil der Erinnerungskultur in der Bundesrepublik. Dieser Umstand lässt sich nicht zuletzt auf das Engagement jener Medienschaffenden zurückführen, die die Historikerin Christina von Hodenberg als «45er-Generation» beschreibt (2006), und zu deren prominenten Vertreter*innen Egon Monk gehört. Durch deren Bemühungen seit den 1960er-Jahren, die Auseinandersetzung mit dem Nationalsozialismus in den Massenmedien zu forcieren, erfolgte erst die Aufnahme des Fernsehspiels in das Medienensemble der kritischen Öffentlichkeit – wenig später gefolgt vom Kinospielfilm aus der Bewegung des Neuen Deutschen Films in den 1970er-Jahren. Zugleich etablierte sich damit eine didaktische Ausrichtung der filmischen Geschichtsdarstellung, die auch mit der Popularisierung psychoanalytischer Thesen und einem neo-marxistisch inspirierten Geschichtsverständnis seitens der Produzent*innen korrespondiert, die ein kollektives ‹Durcharbeiten› traumatischer Erfahrungen, ein ‹Lernen-aus-der-Geschichte› nahelegen. Der Fernsehfilm kann diese Aufgabe nur erfüllen, wenn er sich auch dem Ziel der Aufklärung verschreibt und somit dem ästhetischen Paradigma des Realismus zuordnet. In dieser Konstellation liegt die Antwort auf die in meiner Einleitung formulierte Frage, in welcher Hinsicht Monks Fernsehbeiträge, wie Dieter Stolte behauptet, «*politisch* mindestens so viel bewegt [haben, JS] wie Nachrichtenmagazine oder Reportagen» (Hachmeister 2014, Herv. JS).

Der selbstreflektierende Umgang mit der jüngeren Geschichte ist bis heute ein zentraler Baustein in der Selbstbestimmung kultureller Identität der Bundesrepublik. Aus diesem Grund bieten Ausstrahlungen von Fernsehfilmen mit zeitgeschichtlicher Thematik auch regelmäßig Anlass für publizistische Auseinandersetzungen. Im Unterschied zu vielen gesellschaftspolitisch relevanten Themen, denen sich Filme annehmen können, werden Repräsentationen historischer Inhalte nicht nur in akademischen Debatten, sondern auch in der journalistischen Kritik regelhaft auf ihre ‹Angemessenheit› hin befragt. ‹Was darf wie gezeigt werden?› ‹Wie sind die Notwendigkeiten der Faktentreue und der dramatischen Verdichtung in Einklang zu bringen?› ‹Für welche Figuren der Geschichte ist eine emphatische Anteilnahme angebracht?› sind Fragen, die diese Form der Filmkritik strukturieren. Dahinter steht häufig die Sorge, die Zuschauer*innen könnten die szenisch inszenierte Geschichtsinterpretation ‹falsch› verstehen, womit unterschiedliche Befürchtungen benannt sein können: die Kompetenz der Zuschauer*innen, den Status (Fiktion/Non-Fiktion) eines Medienangebots abzuschätzen, ihre Kritikfähigkeit gegenüber der Suggestivkraft des Mediums Film, aber auch die Geschichtsinterpretation selbst. Somit sind es nicht selten die Deutungsangebote über den tieferen ‹Sinn› der Geschichte, der über das *emplotment* (Hayden White) vermittelt wird, die – auch aus guten Gründen – die Kritik an einem Fernsehangebot herausfordern. Der konkrete Film dient in diesen Fällen nur als Beispiel, an dem sich eine Auseinandersetzung um Werte und Ausrichtung der Erinnerungskultur festmachen lässt. «Wie gestalte ich meine Erinnerungsverantwortung aus?», fragt so auch Körner am Ende seiner Kritik zu UNSERE MÜTTER, UNSERE VÄTER. «Ist sie vielleicht auch ein aggressiver Akt gegenüber der Erinnerung der anderen? Muss ich mit dem Soldaten, der mein Vater war, fiktional paktieren, um ihn real besser zu verstehen?» (Körner 2014).

Der didaktische Impuls und die Art und Weise, wie in der Filmkritik Positionierungen zur Ästhetik mit Argumenten moralischer Prägung untermauert werden, deutet darauf hin, dass Filme mit historischem Inhalt heute wie selbstverständlich dem ästhetischen Paradigma des Realismus zugeordnet werden bzw. ein Konsens darüber besteht, dass sie es *sollten*. Diese Forderung gilt zwar nicht ausschließlich, aber in besonderem Maße für populär ausgerichtete Erzählungen über die Shoah bzw. den Nationalsozialismus.[4] Vor diesem Hintergrund offenbart sich die Aussage Sperls und Kosacks in der Vorankündigung zu ihrem Film DIE FLUCHT somit zum einen als Hinweis auf die Tradition des realistischen Fernsehspiels bzw. -films. Darüber hinaus dienen die Namen ‹Monk› und ‹Fechner› hier als ein dem Marketing zuträgliches Versprechen, dass sie für die bekannten Herausforderungen der audiovisuellen Darstellung deutscher Zeitgeschichte eine ‹angemessene› Form gefunden haben.

Eine Antwort auf die Frage, inwiefern jüngere Produktionen wie DIE FLUCHT oder UNSERE MÜTTER, UNSERE VÄTER tatsächlich an Monks Konzept des realistischen Erzählens anschließen, erfordert nicht nur eine genauere Untersuchung ihrer Mittel der Erzählung und Darstellung, sondern auch den Vergleich mit anderen Konzepten für den geschichtsthematisierenden Film, die sowohl während Monks Wirken als auch zu historisch späterer Zeit innerhalb und außerhalb des deutschen Fernsehens erprobt wurden. Festhalten lässt sich jedoch, dass sich mit der Adaptation neorealistischer Ästhetik für den Fernsehfilm ab Mitte der 1960er-Jahre auch eine zentrale Voraussetzung dieses Filmstils für den Mainstream-Realismus popularisiert hat: die Assoziation von Realismus mit phänomenaler Ähnlichkeit gegenüber der Wahrnehmungsrealität, die u. a. durch mundartliche Dialoge und die Umsetzung der Dreharbeiten an vorgefundenen *locations* hergestellt werden soll. Für den historisch situierten Film geht damit – im Anschluss an das «Retro»-Konzept der späteren 1970er-Jahre – auch das Streben nach einem Höchstmaß an Akkuratesse in der Nachbildung historischer Settings einher. ‹Zeittypische› Architektur, Requisiten-Ausstattung und Kostüme, die in erster Linie dem Temporalkolorit zuträglich sind, gehören heute ebenso wie die Einbindung von *found footage* oder ihre möglichst exakte Nachbildung zu den standardisierten ästhetischen Mitteln zur Authentifizierung der filmisch inszenierten historischen Welt.

Der Effekt der Authentizität entspringt jedoch weniger der – häufig gar nicht überprüfbaren – Ähnlichkeit einer Darstellung mit der Realität, sondern stellt sich vielmehr auf Grund einer Ähnlichkeit mit anderen, bereits als ‹authentisch› anerkannten Darstellungen und der zugleich erfahrenen Differenz gegenüber solchen Angeboten ein, die als ‹nicht-authentisch› gesetzt sind. Nur vor dem Hintergrund des Unähnlichen, des Fremdanmutenden können wir das Ähnliche erfahren. Authentifizierung wirkt somit letztlich wie ein umgekehrter Verfremdungseffekt: Während Verfremdung darauf zielt, die Dar-

---

4   Dasselbe Muster findet sich in Kritiken zu filmischen Auseinandersetzungen mit politischer Gewalt, etwa der RAF oder dem NSU-Komplex (siehe z. B. die publizistischen Beiträge zu TATORT – DER ROTE SCHATTEN [2017], vgl. exemplarisch Baum 2017, Festenberg 2017, Huber 2017, Körte 2017, Oliver 2017). Die Mini-Serie KU'DAMM 56 (2016) hingegen, die u. a. Gewalt in Geschlechterbeziehungen thematisiert, war anscheinend nicht geeignet, eine öffentliche Kontroverse auszulösen.

15 Schlussbild

stellung artifiziell und darüber uns bekannte Handlungen und Zusammenhänge fremd erscheinen zu lassen, provozieren die ästhetischen Strategien der Authentifizierung den Eindruck, dass wir die vorgestellte fremde Welt eigentlich kennen. Darin liegt der entscheidende konzeptionelle Unterschied zwischen Monks programmatischem Realismus und dem Mainstream-Realismus, der die Filmproduktion im deutschen Fernsehen gegenwärtig dominiert. Somit ist es vor allem der didaktische Impuls der Fernseharbeit Monks, kaum jedoch die von der Brecht'schen Idee der Verfremdung inspirierte Ästhetik seiner Regiearbeiten, die das deutsche Fernsehen nachhaltig prägten.

Anhang

Werkverzeichnis Egon Monk

Regiearbeiten für das Musik- und Sprechtheater (1950–1967)

Herr Puntila und sein Knecht Matti
Schauspiel von Bertolt Brecht, Inszenierung für das Berliner Ensemble am Rostocker Stadttheater 1950 (Premierendatum nicht überliefert).

Der Günstling
Oper von Rudolf Wagner-Régeny, Libretto: Caspar Neher, nach einem von Georg Büchner bearbeiteten Stoff von Victor Hugo, Dirigent: Fritz Müller, Inszenierung am Rostocker Stadttheater, Premiere am 13.5.1950.

Biberpelz und Roter Hahn
[Der Biberpelz u. Der Rote Hahn], Schauspiel von Gerhart Hauptmann, bearbeitet von Bertolt Brecht, Inszenierung für das Berliner Ensemble am Deutschen Theater Berlin, Premiere am 24.3.1951.

Herrnburger Bericht
Chorwerk von Bertolt Brecht und Paul Dessau, Inszenierung für das Berliner Ensemble, Premiere im Rahmen der Weltjugendfestspiele Berlin (UA) am 5.8.1951.

Urfaust
Schauspiel von Johann Wolfgang Goethe in der Bearbeitung von Bertolt Brecht, Inszenierung für das Berliner Ensemble am Landestheater Potsdam am 23.4.1952 sowie am Deutschen Theater Berlin am 15.5.1953 (Matinee).

Die Gewehre der Frau Carrar
Schauspiel von Bertolt Brecht, Inszenierung für das Berliner Ensemble am Deutschen Theater Berlin, Premiere am 16.11.1952.

Zum guten Nachbarn
Schauspiel von Gerd Oelschlegel nach dem Hörspiel *Romeo und Julia in Berlin*, Inszenierung für das Theater am Kurfürstendamm, Premiere (UA) am 16.6.1954.

Bilderbogen aus Amerika
Revue nach Motiven von John Latouche, Musik: Jerome Moss, Inszenierung für die Komödie am Kurfürstendamm, Premiere (UA) am 22.11.1954 (= Berliner Festwochen 1954).

1001 Macht
Kabarett-Programm für «Die Stachelschweine», Premiere am 16.12.1955.

Keine Fallen für die Füchse
Schauspiel von Claus Hubalek, Inszenierung für die Städtischen Bühnen Frankfurt am Main, Premiere (UA) am 11.4.1957.

Die Schule der Frauen
Oper nach der Komödie *L'école des femmes* von Molière, Komposition: Rolf Liebermann, Libretto: Heinrich Strobel, Bühnenbild: Caspar Neher, Dirigent: Hans Schmidt-Isserstedt; Fernsehproduktion des NDR, aufgenommen im Schlosstheater Celle und der Stadt Celle, ausgestrahlt als Eurovisions-Sendung am 30.11.1958.

Aufstieg und Fall der Stadt Mahagonny
Oper in 3 Akten von Kurt Weill und Bertolt Brecht, Inszenierung für die Hamburgische Staatsoper, Bühnenbild u. Kostüm: Caspar Neher, Dirigent: Janos Kulka, Premiere am 19.9.1962.

Figaro läßt sich scheiden
Oper in 2 Akten von Giselher Klebe nach der gleichnamigen Komödie von Ödön von Horváth, Inszenierung für die Hamburgische Staatsoper, Bühnenbild: Alfred Siercke, Dirigent: Leopold Ludwig, Premiere (UA) am 28.6.1963.

Der goldene Bock
Oper in 4 Akten von Ernst Krenek, Inszenierung für die Hamburgische Staatsoper, Bühnenbild: Alfred Siercke, Dirigent: Ernst Krenek, Premiere (UA) am 16.6.1964.

Werkverzeichnis Egon Monk

Das Gesicht
Schauspiel von Siegfried Lenz, Inszenierung für das Deutsche Schauspielhaus in Hamburg, Premiere (UA) am 18.9.1964.

Boris Godunow
Oper in 4 Akten von Modest Mussorgski nach Motiven des gleichnamigen Dramas von Alexander Puschkin, Inszenierung für die Hamburgische Staatsoper, Bühnenbild: Teo Otto, Dirigent: Ernest Ansermet, Premiere am 28.10.1964.

Das Lächeln am Fuße der Leiter
Oper in 2 Akten von Antonio Bibalo nach der Novelle von Henry Miller, Inszenierung für die Hamburgische Staatsoper, Bühnenbild: Alfred Siercke, Dirigent: Theodor Bloomfield, Premiere (UA) am 6.4.1965.

Arden muß sterben
Oper in 2 Akten von Alexander Goehr nach einem Libretto von Erich Fried, Inszenierung für die Hamburgische Staatsoper, Bühnenbild: Ekkehard Grübler, Dirigent: Charles Mackerras, Premiere (UA) am 5.3.1967.

Die Räuber
Schauspiel von Friedrich Schiller, Inszenierung für das Deutsche Schauspielhaus Hamburg, Premiere am 15.9.1968.

Über den Gehorsam. Szenen aus Deutschland, wo die Unterwerfung des eigenen Willens unter einen fremden als Tugend gilt
Schauspiel-Revue von Claus Hubalek u. Egon Monk, Inszenierung für das Deutsche Schauspielhaus Hamburg, Premiere am 1.9.1968.

Autor- und Regiearbeiten für den Hörfunk (1953–1960)

Die Gewehre der Frau Carrar
Hörspiel nach dem Schauspiel von Bertolt Brecht, Regie: Egon Monk, gesendet am 23.1.1953.

Sergej Michailowitsch Eisenstein – Die Tragödie einer genialen Begabung
Hörbild von Egon Monk (Autor) für den RIAS-Schulfunk, Reihe: *Wissen und Wahrheit*, gesendet am 14.3.1955.

Platons «Politeia»
Hörbild von Egon Monk (Autor) für den RIAS-Schulfunk, Reihe: *Der Traum vom besseren Staat*, gesendet am 22.3.1955.

Das Leben des deutschen Schriftstellers Kurt Tucholsky
Hörbild von Egon Monk (Autor) für den RIAS-Schulfunk, Reihe: *Sprechen – Schreiben – Schweigen*, gesendet am 13.4.1955.

Fahne, Vaterland und Flintenweiber (Im Osten nichts Neues – Der Zweite Weltkrieg in der sowjetischen Literatur)
Hörbild von Egon Monk (Autor) für den RIAS-Schulfunk, Reihe: *Wissen und Wahrheit*, gesendet am 16.5.1955.

Thomas Münzer
Hörbild von Egon Monk (Autor) für den RIAS-Schulfunk, Reihe: *Der Traum vom besseren Staat*, gesendet am 17.5.1955.

Segen und Fluch der Maschine
Hörbild von Egon Monk (Autor) für den RIAS-Schulfunk, gesendet am 31.5.1955.

Trotzki
Hörbild von Egon Monk (Autor) für den RIAS-Schulfunk, Reihe: *Wissen und Wahrheit*, gesendet am 6.6.1955.

Der Wohlfahrtsstaat – Geschichte und Verwirklichung der sozialen Sicherheit
Hörbild von Egon Monk (Autor) für den RIAS-Schulfunk, gesendet am 21.6.1955.

«Vier Bretter und eine Leidenschaft» – Das elisabethanische Theater – Shakespeare, Marlow, Jonson
Hörbild von Egon Monk (Autor) für den RIAS-Schulfunk, Reihe: *Sprache und Dichtung*, gesendet am 22.6.1955.

Die Geschichte der Atomenergie
Hörbild (Autor: Egon Monk) für den RIAS-Schulfunk, gesendet am 8.7.1955.

Ilja Grigorjewitsch Ehrenburg – Portrait eines Chamäleons
Hörbild von Egon Monk (Autor) für den RIAS-Schulfunk, Reihe: *Wissen und Wahrheit*, gesendet am 11.7.1955.

Autor- und Regiearbeiten für den Hörfunk (1953–1960)

Gottfried Keller – Ein Lebensbild
Hörbild von Egon Monk (Autor) für den RIAS-Schulfunk, Reihe: *Sprache und Dichtung*, gesendet am 13.7.1955.

Der «Sonnenstaat» des Thomas Campanella
Hörbild von Egon Monk (Autor) für den RIAS-Schulfunk, Reihe: *Der Traum vom besseren Staat*, gesendet am 16.8.1955.

Maxim Gorki – Ein Lebensbild
Hörbild von Egon Monk (Autor) für den RIAS-Schulfunk, gesendet am 7.9.1955.

Robert Fultons Narrheit – Das Leben des Erbauers der ersten Dampfschiffe
Hörbild von Egon Monk (Autor) für den RIAS-Schulfunk, gesendet am 9.9.1955.

Die Fackel von Wien – Leben und Werk des Schriftstellers Karl Kraus
Hörbild von Egon Monk (Autor) für den RIAS-Schulfunk, Reihe: *Wissen und Wahrheit*, gesendet am 12.9.1955.

Alle Macht den Räten – Die Geschichte der Räteregierungen in Deutschland und Russland
Hörbild von Egon Monk (Autor) für den RIAS-Schulfunk, Reihe: *Wissen und Wahrheit*, gesendet am 10.10.1955.

Theodor Pli[e]vier – Ein Schriftsteller unserer Zeit
Hörbild von Egon Monk (Autor) für den RIAS-Schulfunk, gesendet am 19.10.1955.

Jean Paul – Leben und Werk
Hörbild von Egon Monk (Autor) für den RIAS-Schulfunk, Reihe: *Sprache und Dichtung*, gesendet am 9.11.1955.

Francis Bacon – Sein Leben und seine Utopie: Das neue Atlantis
Hörbild von Egon Monk (Autor) für den RIAS-Schulfunk, Reihe: *Der Traum vom besseren Staat*, gesendet am 31.1.1956.

Die Hexenprozesse (Friedrich von Spee)
Hörbild von Egon Monk (Autor) für den RIAS-Schulfunk, Reihe: *Die Gemeinschaft und Du*, gesendet am 6.3.1956.

J. M. Reinhold Lenz – Bilder aus seinem Werk und Leben
Hörbild von Egon Monk (Autor) für den RIAS-Schulfunk, gesendet am 29.8.1956.

Vorgeschichte und Ausbruch des Ersten Weltkriegs – Zum 100. Geburtstag von Theobald von Bethmann Hollweg
Hörbild von Egon Monk (Autor) für den RIAS-Schulfunk, Reihe: *Wissen und Wahrheit*, gesendet am 26.11.1956.

Seine Majestät Mr. Seiler
Hörspiel von Walter Jens, Regie: Egon Monk für den RIAS Berlin, gesendet am 13.6.1956.

Ein Löwe hat den Mond verschluckt
Hörspiel von Moscheh Yaakov Ben-Gavriel, Regie: Egon Monk für den RIAS Berlin, gesendet am 5.9.1956.

Geh nicht nach El Kuwehd
Hörspiel von Günter Eich, Regie: Egon Monk für den RIAS Berlin, gesendet am 19.9.1956.

Das Hotel
Hörspiel von Peter Tügel, Regie: Egon Monk für den RIAS Berlin, gesendet am 24.10.1956.

Ich bin gleich wieder da
Hörspiel von Johannes Hendrich, Regie: Egon Monk für den RIAS Berlin, gesendet am 9.11.1956.

Die Festung
Hörspiel von Claus Hubalek, Regie: Egon Monk für den NDR, gesendet am 15.11.1956.

Der Fremde jenseits des Flusses
Hörspiel von Fritz Habeck, Regie: Egon Monk für den RIAS Berlin, gesendet am 9.1.1957.

Tanzen bis zum Umfallen
Hörbild von Egon Monk für den RIAS-Schulfunk, gesendet am 5.3.1957.

Ursachen und Entstehung des Antisemitismus
Hörbild von Egon Monk (Autor) für den RIAS-Schulfunk, Reihe: *Wissen und Wahrheit*, gesendet am 20.3.1957.

Die Büchse Münchhausen
Hörspiel von Johannes Hendrich, Regie: Egon Monk für den RIAS Berlin, gesendet am 17.6.1957.

Wie Sand am Meer
Hörspiel von Josef Martin Bauer, Regie: Egon Monk für den RIAS Berlin, gesendet am 3.7.1957.

Wolfgang Leonhardt: Das Ende einer Illusion
Hörbild von Egon Monk (Autor) für den RIAS Berlin, Reihe: *Wissen und Wahrheit*, gesendet am 19.8.1957.

Ochs und Esel bei der Krippe
Feature von Eberhard Kleineberg u. Hans Joachim Sobanki, Regie: Egon Monk für den NDR, Reihe: *Moralische Dramaturgie*, gesendet am 24.12.1957.

Menschen im Regal
Hörspiel von Georg Bedau, Regie: Egon Monk für den RIAS Berlin, gesendet am 10.3.1958.

Anabasis
Hörspiel von Wolfgang Weyrauch, Regie: Egon Monk für den NDR, gesendet am 24.3.1959.

Maria Stuart
Hörspiel von Goetz Kozuszek, Regie: Egon Monk für den NDR, gesendet am 16.9.1959.

Die Reifeprüfung
Hörspiel von Werner Klose, Regie: Egon Monk für den NDR, gesendet am 23.8.1959.

Auf einem Maulwurfshügel
Hörspiel von Franz Hiesel, Regie: Egon Monk für NDR/ORF, gesendet am 25.10.1959.

Schiller auf der Schaubühne des 20. Jahrhunderts
Feature-Reihe von Egon Monk, 1959/60.

Izanagi und Izanami
Hörspiel von Erich Fried, Regie: Egon Monk für den NDR, gesendet am 30.3.1960.

Tönende Theatergeschichte
Feature-Reihe (10 Teile) von Egon Monk für den NDR, gesendet 1960.

Autor- und Regiearbeiten für das Fernsehen (1953–1988)

DIE GEWEHRE DER FRAU CARRAR
Fernsehspiel/Schauspieladaption, Buch: Egon Monk u. Peter Palitzsch nach dem Schauspiel von Bertolt Brecht, gesendet im Versuchsprogramm des Fernsehens der DDR am 11.9.1953.

DAS GELD LIEGT AUF DER STRASSE
Fernsehspiel, produziert i. A. NWRV. Buch: Werner-Jörg Lüddeke nach seinem Hörspiel *Das Geld, das auf der Straße liegt*, gesendet am 10.2.1958.

DIE BRÜDER
Fernsehspiel, produziert i. A. NWRV. Buch: Wolfgang Bentel nach dem Roman *Pierre et Jean* von Guy de Maupassant, gesendet am 21.12.1958.

LEBEN DES GALILEI
Fernsehspiel/Schauspieladaption, produziert i. A. NDR. Buch: Egon Monk nach dem Schauspiel von Bertolt Brecht, gesendet am 11.1.1962.

ANFRAGE
Fernsehspiel, produziert i. A. NDR. Buch: Egon Monk u. Joachim C. Fest nach dem Roman von Christian Geissler, gesendet am 15.2.1962.

SCHLACHTVIEH
Fernsehspiel, produziert i. A. NDR. Buch: Christian Geissler, gesendet am 14.2.1963.

WASSA SCHELESNOWA
Fernsehspiel/Schauspieladaption, produziert i. A. NDR. Buch: Egon Monk nach dem Schauspiel von Maxim Gorki und der Bearbeitung für das Berliner Ensemble u. dem Bühnenbild von Teo Otto (P.: 23.12.1949, R.: Bertolt Viertel), gesendet am 4.4.1963.

MAUERN
Fernsehspiel, produziert i. A. NDR/SFB. Buch: Gunther R. Lys u. Egon Monk, gesendet am 30.5.1963.

AUFSTIEG UND FALL DER STADT MAHAGONNY
Oper in 3 Akten von Kurt Weill u. Bertolt Brecht, Aufzeichnung der Inszenierung für die Hamburgische Staatsoper am 16.9.1962 i. A. NDR, gesendet am 24.6.1963.

WILHELMSBURGER FREITAG
Fernsehspiel, produziert i. A. NDR. Buch: Christian Geissler, gesendet am 19.3.1964.

LES ECHANGES
Feature über *Les Echanges – Komposition für 156 Maschinen* von Rolf Liebermanns, produziert i. A. NDR, gesendet am 15.3.1965.

EIN TAG – BERICHT AUS EINEM DEUTSCHEN KONZENTRATIONSLAGER 1939
Fernsehspiel, produziert i. A. NDR. Buch: Gunther R. Lys, Claus Hubalek u. Egon Monk, gesendet am 6.5.1965.

BERLIN N 65
(DER AUGENBLICK DES FRIEDENS, Episode II), produziert i. A. NDR u. a. Buch u. Regie: Egon Monk, gesendet am 25.11.1965.

PREIS DER FREIHEIT
Fernsehfilm, produziert i. A. NDR. Buch: Dieter Meichsner, gesendet am 15.2.1966.

ÜBER DEN GEHORSAM. SZENEN AUS DEUTSCHLAND, WO DIE UNTERWERFUNG DES EIGENEN WILLENS UNTER EINEN FREMDEN ALS TUGEND GILT
Liveübertragung der Schauspiel-Revue, realisiert durch das Deutsche Schauspielhaus Hamburg und den NDR. Buch: Claus Hubalek u. Egon Monk, Bild-Regie: Hans Brecht, gesendet am 1.9.1968.

GOLDENE STÄDTE
Fernsehspiel, produziert i. A. HR. Regie u. Buch: Egon Monk nach dem Schauspiel *Their Very Own and Golden City* von Arnold Weseker, gesendet am 14.10.1969.

DIE RÄUBER
Studioaufzeichnung nach der Inszenierung für das Deutsche Schauspielhaus Hamburg am 15.9.1968, gesendet am 23.11.1969.

INDUSTRIELANDSCHAFT MIT EINZELHÄNDLERN
Fernsehspiel, produziert i. A. NDR. Regie u. Buch: Egon Monk, gesendet am 7.12.1970.

BAUERN, BONZEN UND BOMBEN
Fernsehfilm in 5 Teilen, produziert i. A. NDR. Regie u. Buch: Egon Monk nach dem Roman von Hans Fallada, gesendet zw. 23.4. u. 8.5.1973.

DIE GEWEHRE DER FRAU CARRAR
Fernsehspiel/Schauspieladaption, produziert i. A. ZDF. Regie u. Buch: Egon Monk nach dem Schauspiel von Bertolt Brecht, gesendet am 3.3.1975.

DIE GESCHWISTER OPPERMANN
Fernsehfilm in 2 Teilen, produziert i. A. ZDF. Regie u. Buch: Egon Monk nach dem Roman von Lion Feuchtwanger, gesendet am 30. u. 31.1.1983.

DIE BERTINIS
Fernsehfilm in 5 Teilen, produziert durch Objektiv Film, Katharina Trebitsch und Die Zeit TV für ZDF/ORF/SRG/La S. E. P. T. i. A. ZDF. Regie u. Buch: Egon Monk nach dem Roman von Ralph Giordano, gesendet zw. 31.10. u. 7.11.1988.

Nicht realisierte Projekte (1955–2005)

«Radetzkymarsch» [1955]
Entwurf einer Bühnenadaption des gleichnamigen Romans von Joseph Roth für die Freie Volksbühne Berlin in Zusammenarbeit mit Caspar Neher.

«Der gute Gott von Manhattan» [1962/63]
Kinospielfilmadaption des gleichnamigen Hörspiels von Ingeborg Bachmann in Zusammenarbeit mit der Autorin.

«So schön war mein Markt» [1963]
Entwurf für ein Originalfernsehspiel über den Schwarzmarkthandel in der Nachkriegszeit.

«Schwierige Trauer» [1967]
Entwurf für ein Fernsehspiel nach der Kurzgeschichte *Schwierige Trauer. Eine Grabrede auf Henry Smolka* von Siegfried Lenz.

«Was Budka dachte als sein Freund Feld begraben wurde» [1968]
Entwurf für ein Originalfernsehspiel nach autobiografischen Motiven.

«Posinsky» [1969–1972]
Entwurf einer Adaption der gleichnamigen Novelle von Carl Sternheim.

«Das dramatische Werk» [1970–1971]
Entwurf für eine Sendereihe zu Bertolt Brecht für den SFB in Zusammenarbeit mit Hans Mayer.

«Die Kartellnovelle» [1973]
Entwurf für ein Originalfernsehspiel.

«Hilferding» [1974–1978]
Entwurf für einen zweiteiligen Fernsehfilm über den austromarxistischen Theoretiker und sozialdemokratischen Politiker Rudolf Hilferding.

«Die Ernennung» [1981–1998]
Entwurf für einen mehrteiligen Fernsehfilm über

die nationalsozialistische Machtübernahme in Deutschland.

«30. Juni 1934/Ernst Röhm» [1984]
Entwurf für einen Fernsehfilm.

«Der 1. September/ Paul Schmidt» [1989]
Entwurf für einen Fernsehfilm über den Dolmetscher Adolf Hitlers.

«Café Leon» [1998–2005]
Entwurf für einen Fernsehfilm/Kinofilm nach autobiografischen Motiven.

Veröffentlichte Reden und Textbeiträge

- [1962]: «Über den Autor und sein Stück». In: Bühnen der Stadt Köln (Hrsg.): *Programmblätter des Schauspielhauses (1962–63). Claus Hubalek: Stalingrad*, S. 4–6.
- (1966a): «Parteinahme im Fernsehspiel. Egon Monk über die Arbeit seiner Fernsehspielabteilung anläßlich einer Preisverleihung». In: *Theater heute* 8 (1966), S. 49–50.
- (1966b): «Der Einfluss Brechts». In: Thomas, Ernst i. A. des Deutschen Musikrates (Hrsg.): *Zeitgenössisches Musiktheater. Hamburg 1964. Internationaler Kongress. Hamburg: Deutscher Musikrat, Deutsche Sektion des internationalen Musikrates Hamburg* (1966), S. 70–74.
- (1966c): [Damit warten wir, bis Cas kommt]. In: Einem, Gottfried von/Melchinger, Siegfried (Hrsg.): *Caspar Neher. Bühne und Bildende Kunst im XX. Jahrhundert*. Velber bei Hannover: Friedrich Verl., S. 140–143.
- (1968): «Über den Gehorsam». In: *Programmheft des NDR 8/68 zur Direktübertragung der Uraufführung am Deutschen Schauspielhaus in Hamburg*. Hamburg.
- (1972): «Notizen zu ‹Industrielandschaft mit Einzelhändlern›». In: Schöffler, Heinz (Hrsg.): *Fernsehstücke*. Frankfurt a. M.: Fischer-Taschenbuch-Verlag, S. 411–415.
- (1978): «Bertolt Brechts erste Probe in Berlin. Inszenierender Dichter oder Bühnenpraktiker?». In: *Die Zeit*, Nr. 7 (10. Feb. 1978), S. 33.
- (1980): «Andersens Märchen». In: Raddatz, Fritz J. (Hrsg.): *Die Zeit-Bibliothek der 100 Bücher*. Frankfurt a. M.: Suhrkamp, S. 245–250.
- (1982a): «Die Geschwister Oppermann. Drehbuch nach dem Roman von Lion Feuchtwanger». In: ZDF Information u. Presse (Hrsg.): *Fernsehfilm «Die Geschwister Oppermann». Mit einem Vorwort v. Marta Feuchtwanger*. Frankfurt a. M.: Fischer-Taschenbuch-Verlag, S. 17–162.
- (1982b): «Anmerkungen zum Drehbuch». In: ZDF Information u. Presse (Hrsg.): *Fernsehfilm «Die Geschwister Oppermann». Mit einem Vorwort v. Marta Feuchtwanger*. Frankfurt a. M.: Fischer-Taschenbuch-Verlag, S. 165–172.
- (1983a): «Andersens Märchen». In: Andersen, Hans Christian: *Mutter Holunder. 21 Märchen aus dem Teekessel. Ausgewählt u. mit einem Vorwort von Bernd Jentzsch*. Weinheim/Basel: Beltz & Gelberg, S. 17–24.
- (1983b): «Anmerkungen zu ‹Ein Tag›». In: Nierhaus, Herbert (Hrsg.): *Fernsehspiele – Politische Bildung für Millionen. 20 Jahre DAG-Fernsehpreis*. Berlin: Spiess, S. 97–103 [Wiederabdruck der Rede von 1966].
- (1993): «Auskünfte». In: Müller, Heiner/Berliner Ensemble (Hrsg.): *Drucksache 4 – Berliner Ensemble 1953 – Syberberg filmt bei Brecht. Mit Beiträgen von Hans Jürgen Syberberg, Käte Reichel, Egon Monk*. Berlin: Alexander-Verlag, S. 135–140.
- (1995): «Anmerkungen zu ‹Ein Tag›. Rede zur Verleihung des DAG-Fernsehpreises in Berlin am 23. April 1966.» In: Felix Jürgen u. a. (Hrsg.): *Deutsche Geschichte. Egon Monk – Autor, Dramaturg, Regisseur*. Augen-Blick. Marburger Hefte zur Medienwissenschaft 21. Marburg: Schüren, S. 65–80 [Wiederabdruck der Rede von 1966].
- (1997): «Damit warten wir, bis Cas kommt.» In: Tretow, Christine / Gier, Helmut (Hrsg.): *Caspar Neher – Der größte Bühnenbauer unserer Zeit*. Opladen/Wiesbaden: Westdt. Verl., S. 26–35.
- (1998): «Die Gewehre der Frau Carrar». In: Hecht, Werner (Hrsg.): *Alles was Brecht ist ... Fakten – Kommentare – Meinungen – Bilder*. Frankfurt a. M.: Suhrkamp, S. 72–81.
- (1999a): «Anmerkungen zu Wilhelmsburger Freitag». In: Wiebel, Martin (Hrsg.): *Deutschland auf der Mattscheibe. Die Geschichte der Bundesrepublik im Fernsehspiel*. Frankfurt a. M.: Verlag der Autoren, S. 72–80.
- (1999b): «Ein Tag – Ein Film für, nicht gegen die Zuschauer». In: Martin Wiebel (Hrsg.): *Deutschland auf der Mattscheibe. Die Geschichte der Bundesrepublik im Fernsehspiel*. Frankfurt a. M.: Verlag der Autoren, S. 81–86 [Wiederabdruck der Rede von 1966].
- (2007): *Regie Egon Monk. Von Puntila zu den Bertinis. Erinnerungen*. Hrsg. v. Rainer Nitsche. Berlin: Transit.

Quellen- und Literaturverzeichnis

Archivgut

[EMA] Egon-Monk-Archiv, Akademie der Künste Berlin
- nicht realisierte Filmprojekte von Egon Monk
- Sendemanuskripte RIAS Schulfunk, Autor Egon Monk
- Rechercheunterlagen u. weitere Arbeitsmaterialien für realisierte und nicht realisierte Projekte von Egon Monk
- Pressesammlungen von Egon Monk
- Korrespondenzen
- Drehbücher DIE BERTINIS (Teil I–IV) von Eberhard Fechner, zweite Fassung, Juli–September 1986, zur Bearbeitung für Egon Monk

[o. Sign.] NRD Fernseharchiv
[o. Sign.] NDR Unternehmensarchiv
[StA-HH] Staatsarchiv Hamburg
- Unterlagen zur Verleihung der Ehrenprofessur der Hansestadt Hamburg
- Norddeutscher Rundfunk, Geschäftsbericht für die Rechnungsjahre 1956–1961
- Norddeutscher Rundfunk, Korrespondenzen und Pressespiegel zu Schlachtvieh

Nachschlagewerke

[ÄG] *Ästhetische Grundbegriffe. Historisches Wörterbuch in sieben Bänden.* 6 Bde., Wörterbuch von A bis Z, 1 Registerband. Hrsg. v. Karlheinz Barck, Martin Fontius, Dieter Schlenstedt, Burkhart Steinwachs u. Friedrich Wolfzettel. Stuttgart/Weimar: Metzler 2000–2005.

[BHB] *Brecht-Handbuch*, 5 Bde. Hrsg. v. Jan Knopf. Stuttgart/Weimar: Metzler 2001–2003.

[BL] *Brecht Lexikon.* Hrsg. v. Ana Kugli u. Michael Opitz. Stuttgart/Weimar: Metzler 2006.

[HWPh] *Historisches Wörterbuch der Philosophie.* 13 Bde. Hrsg. v. Joachim Ritter. Darmstadt: Wissenschaftliche Buchgesellschaft 1971–2007.

[MPL] *Metzler Philosophie. Begriffe und Definitionen.* Hrsg. v. Peter Prechtel u. Franz-Peter Burkard, 2., erweiterte u. aktualisierte Auflage. Stuttgart/Weimar: Metzler 1999.

[LdjA] *Lexikon deutsch-jüdischer Autoren*, 21 Bde. Hrsg. v. Archiv Bibliographia Judaica, Red. Renate Heuer. München (u. a.): Saur 1992–2014.

Werkausgaben

[GM] Andersen, Hans Christian: *Gesammelte Märchen.* Hrsg. u. z. T. neu übersetzt von Floriana Storrer-Madelung mit einem Nachwort von Martin Bodmer. Frankfurt a. M.: Fischer Taschenbuch-Verlag 2005.

[GBA] Brecht, Bertolt: *Werke. Große kommentierte Berliner und Frankfurter Ausgabe.* Hrsg. v. Werner Hecht, Jan Knopf, Werner Mittenzwei u. Klaus-Detlef Müller. Berlin/Weimar: Aufbau; Frankfurt a. M.: Suhrkamp 1988–2000.

[BB] Deleuze, Gilles: *Das Bewegungs-Bild.* Kino 1 [frz. 1983]. Übers. v. Ulrich Christians u. Ulrike Bokelmann, Frankfurt a. M.: Suhrkamp 1989.

[ZB] Deleuze, Gilles: *Das Zeit-Bild.* Kino 2 [frz. 1985]. Übers. v. Klaus Englert, Frankfurt a. M.: Suhrkamp 1991.

[LW] Lenin, Wladimir Iljitsch: *Werke*, 42. Bde. Hrsg. v. Institut für Marxismus-Leninismus beim ZK der SED. Berlin/DDR: Dietz 1964.

[GA] Tucholsky, Kurt: *Gesamtausgabe. Texte und Briefe.* 22 Bde. Hrsg. v. Antje Bonitz, Dirk Grathoff, Michael Hepp, Gerhard Kraiker, Reinbek: Rowohlt, 1996–2011.

[poet.]: *de arte poetica* (Poetik). In: Aristoteles: *Werke* in deutscher Übersetzung, Bd. 5. Übers. u. erl. v. Arbogast Schmitt, hrsg. v. Hellmut Flashar. Berlin: Akademie Verlag 2009.

[PU] Wittgenstein, Ludwig: *Philosophische Untersuchungen* [1953]. Auf der Grundlage der Kritisch-genetischen Edition neu hrsg. v.

Joachim Schulte, mit einem Nachwort des Herausgebers. Frankfurt a. M.: Suhrkamp 2003. [rep.]: *de re publica* (Politeia). In: Platon: *Sämtliche Werke*, Bd. 3. Übers. v. Friedrich Schleiermacher, Neuausgabe auf der Grundlage der Bearbeitung von Walter F. Otto, Ernesto Grassi u. Gert Plamböck, hrsg. v. Ursula Wolf. Reinbek: Rowohlt 2000, S. 195–537.

Monografien und Aufsätze in Sammelbänden und Fachzeitschriften

Albersmeier, Franz-Josef (2003): «Filmtheorien in historischem Wandel». In: ders. (Hrsg.): *Texte zur Theorie des Films*. Stuttgart: Reclam, S. 3–29.

Alfs, Günter / Rabes, Manfred (1982): *Genauso war es ... Kempowskis Familiengeschichte «Tadellöser & Wolff» im Urteil des Publikums*. Oldenburg: Heinz Holzberg Verlag.

Alt, Peter-André (2002): «Mode ohne Methode? Überlegungen zu einer Theorie der literaturwissenschaftlichen Biographik». In: Klein, Christian (Hrsg.): *Grundlagen der Biographik. Theorie und Praxis des biographischen Schreibens*. Stuttgart/Weimar: Metzler, S. 23–40.

Arendt, Hannah (1955): *Elemente und Ursprünge totaler Herrschaft* [engl. 1951], von ders. übertragene u. neu bearb. Ausgabe. Frankfurt a. M.: Europäische Verlagsanstalt

- (1964): *Eichmann in Jerusalem. Ein Bericht von der Banalität des Bösen* [engl. 1964]. München: Piper & Co.
- (1976): «Die verborgene Tradition». In: *Die verborgene Tradition. Acht Essays*. Frankfurt a. M.: Suhrkamp, S. 46–73.

Aust, Stefan (1985): *Der Baader Meinhof Komplex*. Hamburg: Hoffmann und Campe.

Bachleiter, Norbert / Syrovy, Daniel (2011): «Realismus und Naturalismus (1840–1890)». In: Martínez, Matías (Hrsg.): *Handbuch Erzählliteratur. Theorie, Analyse, Geschichte*. Stuttgart/Weimar: Metzler, S. 245–258.

Balázs, Béla (2001): *Der sichtbare Mensch oder die Kultur des Films* [1924]. Frankfurt a. M.: Suhrkamp.

Baker, Clive (1998): «Vision and Reality: Their Very Own and Golden City and Centre 42». In: Dornan, Reade W. (Hrsg.): *Arnold Wesker. A Casebook*. New York/London: Garland, S. 89–96.

Barck, Joanna (2008): *Hin zum Film zurück zu den Bildern. Tableaux Vivants: «Lebende Bilder» in Filmen von Antomoro, Korda, Visconti und Pasolini*. Bielefeld: transcript.

Barnett, David (2014): *Brecht in practice: theatre, theory and performance*. London: Bloomsbury.

- (2015): *A history of the Berliner Ensemble*. Cambridge: Cambridge UP.

Barthes, Roland (1956): «Probleme des literarischen Realismus». In: *Akzente. Zeitschrift für Literatur*, 3 (1956), S. 303–307.

- (1990): «Diderot, Brecht, Eisenstein» [frz. 1974]. In: *Der entgegenkommende und der stumpfe Sinn. Kritische Essays III*. Frankfurt a. M.: Suhrkamp, S. 94–102.
- (2006a): «Der Tod des Autors» [frz. 1967]. In: *Das Rauschen der Sprache. Kritische Essays IV*. Aus dem Französischen v. Dieter Hornig. Frankfurt a. M.: Suhrkamp, S. 57–63.
- (2006b): «Der Wirklichkeitseffekt» [frz. 1968]. In: *Das Rauschen der Sprache. Kritische Essays IV*. Aus dem Französischen v. Dieter Hornig. Frankfurt a. M.: Suhrkamp, S. 164–172.

Bartosch, Sebastian (2017): «‹Die Notwendigkeit auszuwählen›: Zum ‹epischen› Prinzip der Raumgestaltung in Egon Monks Fernsehspielen zwischen 1962 und 1970». In: Schumacher, Julia / Stuhlmann, Andreas (Hrsg.): *Die «Hamburgische Dramaturgie» der Medien. Egon Monk (1927–2007) – Autor, Regisseur, Produzent*. Marburg: Schüren 2017, S. 169–181.

Baudrillard, Jean (1978): «Geschichte: ein Retro-Scenario». In: *Kool Killer oder Der Aufstand der Zeichen*. Aus dem Französischen übersetzt v. Hans-Joachim Metzger. Berlin: Merve, S. 49–58.

Bazin, André (1981): «William Wyler oder der Jansenist der Inszenierung» [1948]. In: *Filmkritiken als Filmgeschichte*. Hrsg. v. Klaus Eder, München/Wien: Hanser, S. 41–62.

- (2009a): «Ontologie des photographischen Bildes» [frz. 1945]. In: *Was ist Film? Mit einem Vorwort von Tom Tykwer und einer Einleitung von François Truffaut*. Hrsg. v. Robert Fischer, aus dem Französischen v. Robert Fischer u. Anna Düpee. Berlin: Alexander Verlag, S. 33–42.
- (2009b): «Theater und Film» [frz. 1951]. In: *Was ist Film?*, S. 162–217.

- (2009c): «Entwicklung der Filmsprache» [frz. 1951/52/55]. In: *Was ist Film?*, S. 90–109.
- (2009d): «Der filmische Realismus und die italienische Schule nach der Befreiung» [frz. 1948]. In: *Was ist Film?*, S. 295–326.
- (2009e): «Ladri di Biciclette» [frz. 1948]. In: *Was ist Film?*, S. 335–352.
- (2009f): «Ein großes Werk: Umberto D» [frz. 1952]. In: *Was ist Film?*, S. 375–379.
- (2009g): «La Terra Trema» [frz. 1948]. In: *Was ist Film?*, S. 327–334.
- (2009h): «Plädoyer für Rossellini: Brief an Guido Aristarco, Chefredakteur von Cinema Nuovo» [frz. 1955] In: *Was ist Film?*, S. 391–402.

Becker, Sabina (1995): «Neue Sachlichkeit im Roman». In: dies./Weiß, Christoph (Hrsg.): *Neue Sachlichkeit im Roman. Neue Interpretationen zum Roman der Weimarer Republik.* Stuttgart/Weimar: Metzler, S. 7–26.
- (2000a): *Die Ästhetik der neusachlichen Literatur (1920–1933).* Köln u. a.: Böhlau (= Neue Sachlichkeit, Bd. 1).
- (2000b): *Quellen und Dokumente.* Köln u. a.: Böhlau (= *Neue Sachlichkeit*, Bd. 2).
- (2007): «Die literarische Moderne der zwanziger Jahre. Theorie und Ästhetik der Neuen Sachlichkeit.» In: *Internationales Archiv für Sozialgeschichte der deutschen Literatur*, 27, 1 (2007), S. 73–95.

Begemann, Christian (2007): «Einleitung». In: ders. (Hrsg.): *Realismus. Epoche – Autoren – Werke.* Darmstadt: WBG, S. 7–10.

Behmer, Markus / Bernard, Birgit / Hasselbring, Bettina (Hrsg.) – (2014): *Das Gedächtnis des Rundfunks: Die Archive der öffentlich-rechtlichen Sender und ihre Bedeutung für die Forschung.* Wiesbaden: Springer VS.

Beilenhoff, Wolfgang (2005): *Poetika Kino. Theorie und Praxis des Films im russischen Formalismus.* Frankfurt a. M.: Suhrkamp.

Benjamin, Walter (1966): «Was ist das epische Theater?» 2. Fassung [1939]. In: *Versuche über Brecht.* Hrsg. v. Rolf Tiedemann. Frankfurt a. M.: Suhrkamp, S. 22–30.

Berg-Walz, Benedikt (1995): *Vom Dokumentarfilm zur Fernsehreportage.* Berlin: Verlag für Wissenschaft und Forschung.

Berliner Ensemble / Weigel, Helene (Hrsg.) – (1952): *Theaterarbeit. 6 Aufführungen des Berliner Ensembles.* Redaktion: Ruth Berlau, Bertolt Brecht, Claus Hubalek, Peter Palitzsch, Käte Rülicke. Dresden: VVV Dresdner Verlag.

Bleicher, Joan Kristin (1994): «Anmerkungen zur Rolle der Autoren in der historischen Entwicklung des deutschen Fernsehens». In: Faulstich, Werner (Hrsg.): *Vom ‹Autor› zum Nutzer. Handlungsrollen im Fernsehen.* München: Fink, S. 27–61.
- (1997): «‹Zum Raum wird hier die Zeit› (Richard Wagner). Anmerkungen zum Verschwinden der Vergangenheit im Fernsehprogramm». In: Hickethier, Knut / Müller, Eggo / Rother, Rainer (Hrsg.): *Der Film in der Geschichte. Dokumentation der GFF-Tagung.* Berlin: Rainer Bohn Verlag, S. 56–62.

Böker, Uwe (1981): «Dramatische Perspektive und visionäre Thematik im epischen Theater Arnold Weskers. Am Beispiel von ‹Their Very Own and Golden City›». In: *Maske und Kothurn*, 27, 2–3 (1981), S. 208–218.

Bösch, Frank (2007): «Film, NS-Vergangenheit und Geschichtswissenschaft». In: *Vierteljahrshefte für Zeitgeschichte*, 54 (2007), S. 1–32.

Böttcher, Wolfgang (1952): «Die Regie Bertold Viertels». In: Berliner Ensemble / Weigel, Helene (Hrsg.): *Theaterarbeit. 6 Aufführungen des Berliner Ensembles.* Redaktion: Ruth Berlau, Bertolt Brecht, Claus Hubalek, Peter Palitzsch, Käte Rülicke. Dresden: VVV Dresdner Verlag, S. 58–59.

Bohnen, Klaus (1982) «Produktionsprozess bei Brecht. Zur Entstehung der ‹Gewehre der Frau Carrar›». In: ders. (Hrsg.): *Brechts «Gewehre der Frau Carrar».* Frankfurt a. M.: Suhrkamp, S. 167–194.

Bolter, Jay David / Grusin, Richard (2000): *Remediation. Understanding New Media.* Cambride: MIT Press.

Bordwell, David (1997): *On the history of film style.* Cambridge/London: Harvard UP.
- (2008): *Poetics of Cinema.* New York, NY (u. a.): Routledge.

Bordwell David / Thompson, Kristin (2007): «Shot-Consciousness». In: *Observations on Film Art* (16. Jan. 2007), URL: <http://www.davidbordwell.net/blog/2007/01/16/shot-consciousness/> (Zugriff: 28.11.2017).
- (2014): «The Grand Budapest Hotel: Wes Anderson takes the 4:3 challange». In: *Observations on Film Art* (26. März 2014), URL: <http://www.davidbordwell.net/blog/2014/03/26/the-grand-budapest-hotel-wes-anderson-takes-the-43-challenge/> (Zugriff: 28.11.2017).

Bordwell, David / Staiger, Janet / Thompson, Kristin (1985): *The Classical Hollywood Cinema. Film Style and Mode of Production to 1960.* New York: Columbia UP.

Bornau, Manfred (1979): *Studien zur Rezeption Arnold Weskers in der Bundesrepublik Deutschland.* Frankfurt a. M.: Verlag Peter D. Lang.

Bundeszentrale für politische Bildung (2013): «Geschichtssendungen über den Nationalsozialismus». In: *Deutsche Fernsehgeschichte in Ost und West*, Dossier, URL: <http://www.bpb.de/gesellschaft/medien/deutsche-fernsehgeschichte-in-ost-und-west/143092/geschichtssendungen-ueber-den-nationalsozialismus> (Zugriff: 28.11.2017).

Brauerhoch, Annette (1991): *Zwischen Literatur und Fernsehen. Konzepte des Autorenfilms.* Arbeitshefte Bildschirmmedien 28, Siegen (= Fernsehen in der Bundesrepublik Deutschland, DFG-Sonderforschungsbereich 240 der Univ.-GH-Siegen).

Bredohl, Thomas M. (1992): «Some Thoughts on the Political Opinions of Hans Fallada: A Response to Ellis Shookman». In: *German Studies Review* 15, 3 (1992), S. 525–545.

Breuer, Ingo (2004): *Theatralität und Gedächtnis. Deutschsprachiges Geschichtsdrama seit Brecht.* Köln u. a.: Böhlau.

Brink, Cornelia (1998): *Ikonen der Vernichtung. Öffentlicher Gebrauch von Fotografien aus nationalsozialistischen Konzentrationslagern nach 1945.* Berlin: Akademie-Verlag (= Schriftenreihe des Fritz-Bauer-Instituts, Bd. 14).

Bruch, Noël (1973): *Theory of Film Practice.* London: Secker & Warburg.

Buchloh, Stephan (2002): *«Pervers, Jugendgefährdend, Staatsfeindlich». Zensur in der Ära Adenauer als Spiegel des gesellschaftlichen Klimas.* Frankfurt a. M.: Campus.

Buchmann, Ditte (Hrsg.) – (1986): *«Eine Begabung muss man ermutigen ...» Wera und Claus Küchenmeister erinnern sich an Brecht.* Berlin: Henschel.

Büttner, Sylvia (2015): *Egon Monk und das gesellschaftskritische Fernsehspiel: Aufbau, Konzeption und Entwicklung der Hauptabteilung Fernsehspiel im Norddeutschen Rundfunk 1960 bis 1968 unter der Leitung des Regisseurs, Dramaturgen und Autors Egon Monk.* Diss. Universität Hamburg, Online-Ressource, URL: <http://ediss.sub.uni-hamburg.de/volltexte/2015/7131/> (Zugriff: 28.11.2017).

Bulk, Julia (2012): «Die Rezeption der Neuen Sachlichkeit in den 1960er-/1970er-Jahren». In: Kunstmuseum Stuttgart in Kooperation mit dem Lehrstuhl für Mittlere und Neuere Kunstgeschichte der Staatlichen Akademie der Bildenden Künste Stuttgart (Hrsg.): *Das Auge der Welt. Otto Dix und die Neue Sachlichkeit. Katalog anlässlich der Ausstellung im Kunstmuseum Stuttgart vom 10. Nov. 2012 bis 7. April 2013.* Red. Ilka Voermann. Ostfildern: Hatje Cantz, S. 98–112.

Bunia, Remigius (2007): «Fingierte Kunst. Der Fall Esra und die Schranken der Kunstfreiheit». In: *Internationales Archiv für Sozialgeschichte der deutschen Literatur* 32, 2 (2007), S. 161–182.

Buschey, Monika (2007): *Wege zu Brecht. Wie Katharina Thalbach, Benno Besson, Sabine Thalbach, Regine Lutz, Manfred Wekwerth, Käthe Reichel, Egon Monk und Barbara Brecht-Schall zum Berliner Ensemble fanden.* Berlin: Dittrich Verlag.

Caldwell, John T. (2008): *Production Cultures. Industrial Reflexivity and Critical Practice in Film and Television.* Durham: Duke UP.

– (2013): «Zehn Thesen zur Produktionsforschung». In: *montage/AV* 22,1 (2013), S. 33–47.

Chiellino, Carmine (1979): «Der neorealistische Film». In: Arnold, Heinz Ludwig (Hrsg.): *Italienischer Neorealismus*, Text+Kritik. Zeitschrift für Literatur 63 (1979), S. 19–31.

Classen, Christoph (1999): *Bilder der Vergangenheit. Die Zeit des Nationalsozialismus im Fernsehen der Bundesrepublik Deutschland 1955–1965.* Köln u. a.: Böhlau.

Cohn, Nik / Peellaert, Guy (1973): *Rock Dreams. Bildergeschichte und Rock-Lexikon und Discographie. 20 Jahre Popmusik von A – Z.* München: Schünemann.

Colvin, Sarah (2009): *Ulrike Meinhof and West German Terrorism. Language, Violence, and Identity.* Rochester, NY: Camden House.

Daniel, Ute (2004): *Kompendium Kulturgeschichte. Theorien, Praxis, Schlüsselwörter.* Frankfurt a. M: Suhrkamp.

Deiters, Hans-Günter (1973): *Fenster zur Welt. 50 Jahre Rundfunk in Norddeutschland.* Hamburg: Hoffmann und Campe.

Delling, Manfred (1975): «Das Dokument als

Illusion». In: Rüden, Peter von (Hrsg.): *Das Fernsehspiel. Möglichkeiten und Grenzen.* München: Fink, S. 115–135.

De Lorent, Hans Peter (2010): «Werner Puttfarken – Schulleiter und praktizierender Antisemit» (= Schule unterm Hakenkreuz – Nazibiographien 10). In: *hlz – Zeitschrift der GEW Hamburg,* 9 (2010), S. 46–51. Online-Ressource, URL: <https://www.gew-hamburg.de/sites/default/files/hlz/artikel/9-2010/magazin-nazibiographien-10.pdf> (Zugriff: 28.11.2017).

– (2012): «Werner Fuss: ‹die Speckrolle› – Ralph Giordanos Albtraum» (= Schule unterm Hakenkreuz – Nazibiographien 15). In: *hlz – Zeitschrift der GEW Hamburg,* 1–2 (2012), S. 51–57. Online-Ressource, URL: <http://www.gew-hamburg.de/sites/default/files/hlz/artikel/1-2-2012/06-magazin-nazibiografie-werner-fuss.pdf> (Zugriff: 28.11.2017).

Deutsches Schauspielhaus (1968a): *Programmheft Spielzeit 1968/69,* H.1, Red. Hans-Günter Martens, inhalt. Verantw. Claus Hubalek. Hamburg: Conrad Kayser.

– (1968b): *Programmheft Spielzeit 1968/69,* H.4, Red. Hans-Günter Martens, inhalt. Verantw. Claus Hubalek. Hamburg: Conrad Kayser.

Diederichs, Helmut H. (2004): «Filmkritik und Filmtheorie. Analyse, Urteil & utopischer Entwurf». In: Jacobsen, Wolfgang / Kaes, Anton / Prinzler, Hans Helmut, in Zusammenarbeit mit dem Filmmuseum Berlin – Deutsche Kinemathek (Hrsg.): *Geschichte des Deutschen Films.* Stuttgart/Weimar: Metzler, S. 498–510.

Diner, Dan (2011): «Kaleidoskopisches Denken. Überschreibungen und autobiographische Codierungen in Hannah Arendts Hauptwerk» (Version 1.0). In: *Docupedia-Zeitgeschichte,* URL: <http://docupedia.de/zg/Arendt.2C_Elemente_und_Urspr.C3.BCnge_totaler_Herrschaft?oldid=84588> (Zugriff: 28.11.2017).

Distelmeyer, Jan (2005): *Autor Macht Geschichte – Oliver Stone, seine Filme und die Werkgeschichtsschreibung.* München: Text+Kritik.

Doering-Manteuffel, Anselm (2000): «Westernisierung. Politisch-ideeller und gesellschaftlicher Wandel in der Bunderepublik bis zum Ende der 60er Jahre». In: Schildt, Axel / Siegfried, Detlef / Lammers, Karl Christian (Hrsg.): *Dynamische Zeiten. Die 60er Jahre in den beiden deutschen Gesellschaften.* Hamburg: Hans Christians Verlag (= Hamburger Beiträge zur Sozial- und Zeitgeschichte, hrsg. v. d. Forschungsstelle für Zeitgeschichte Hamburg, Bd. 37, Red. Josef Schmid), S. 311–341.

Durzak, Manfred (1989a): *Literatur auf dem Bildschirm. Analysen und Gespräche mit Leopold Ahlsen, Rainer Erler, Dieter Forte, Walter Kempowski, Heiner Klipphardt, Wolfdietrich Schnurre und Dieter Wellershoff.* Tübingen: Max Niemeyer.

– (1989b): «Die Ergänzung der Literatur durch die Fernsehadaption: Gespräch mit Walter Kempowski». In: *Literatur auf dem Bildschirm. Analysen und Gespräche mit Leopold Ahlsen, Rainer Erler, Dieter Forte, Walter Kempowski, Heiner Klipphardt, Wolfdietrich Schnurre und Dieter Wellershoff.* Tübingen: Max Niemeyer, S. 197–210.

– (1989c): «Alltag im Dritten Reich – doppelt belichtet. Fechners Kempowski-Adaptionen». In: *Literatur auf dem Bildschirm. Analysen und Gespräche mit Leopold Ahlsen, Rainer Erler, Dieter Forte, Walter Kempowski, Heiner Klipphardt, Wolfdietrich Schnurre und Dieter Wellershoff.* Tübingen: Max Niemeyer, S. 211–232.

Ebbrecht, Tobias (2011): *Geschichtsbilder im medialen Gedächtnis. Filmische Narrationen des Holocaust.* Bielefeld: transcript.

– (2007): «History, Public Memory and Media Event. Codes and conventions of the historical event-television in Germany». In: *Media History* 13, 2–3 (2007), S. 221–234.

Ebbrecht, Tobias / Steinle, Matthias (2008): «Dokudrama in Deutschland als historisches Ereignisfernsehen – eine Annäherung aus pragmatischer Perspektive». In: *MEDIENwissenschaft: Rezensionen/Reviews* 3 (2008), S. 250–256.

Eberle, Anette (2009): «Sehen und Verstehen: Konzentrationslager im europäischen Dokumentarfilm». In: Benz, Wolfgang / Distel, Barbara (Hrsg.): *Dachauer Hefte. Studien und Dokumente zur Geschichte der nationalsozialistischen Konzentrationslager* 25 (2009), S. 174–189.

Eco, Umberto (2004): *Im Wald der Fiktionen. Sechs Streifzüge durch die Literatur.* München: Deutscher Taschenbuch Verlag.

Eisenstein, Sergej M. (2006a): «Montage der Attraktionen» [1923]. In: Lenz, Felix / Diederichs, Helmut H. (Hrsg.): *Jenseits der Ein-*

stellung. Schriften zur Filmtheorie. Frankfurt a. M.: Suhrkamp, S. 9–14.
- (2006b): «Montage der Filmattraktionen» [1924]. In: *Jenseits der Einstellung*, S. 15–40.
- (2006c): «Jenseits der Einstellung» [1929]. In: *Jenseits der Einstellung*, S. 58–74.
- (2006d): «Béla vergißt die Schere» [1926]. In: *Jenseits der Einstellung*, S. 50–57.
- (2006e): «Dramaturgie der Film-Form» [1929]. In: *Jenseits der Einstellung*, S. 88–111.
- (2006f): «Montage 1938» [1938]. In: *Jenseits der Einstellung*, S. 158–201.
- (2006g): «Dickens, Griffith und wir» [1942]. In: *Jenseits der Einstellung*, S. 301–366.

Eitel, Wolfgang (1979): «Neorealismus-Rezeption. Vom Schweigen, Schwätzen und Nachdenken über italienische Literatur in Deutschland». In: Arnold, Heinz Ludwig (Hrsg.): *Italienischer Neorealismus.* Text+Kritik. Zeitschrift für Literatur 63 (1979), S. 47–58

Elsaesser, Thomas / Hagener, Malte (2011): *Filmtheorie zur Einführung.* Hamburg: Junius.

Engell, Lorenz (2005): «Jenseits von Geschichte und Gedächtnis. Historiographie und Autobiographie des Fernsehens». In: *montage/AV* 14, 1 (2005), S. 60–79.

Erll, Astrid (2005): *Kollektives Gedächtnis und Erinnerungskulturen. Eine Einführung.* Stuttgart/Weimar: Metzler.

Fallada, Hans (2009): *Bauern, Bonzen und Bomben* [1931]. Reinbek: Rowohlt.
- (1957): *Heute bei uns zu Haus: Ein anderes Buch: Erfahrenes und Erfundenes.* Reinbek: Rowohlt.

Fauth, Søren R. / Parr, Rolf (2016) – (Hrsg.): *Neue Realismen in der Gegenwartsliteratur.* Paderborn: Wilhelm Fink Verlag.

Fechner, Eberhard (1979) «Familiengeschichte als Zeitgeschichte». In: ZDF – Information und Presse (Hrsg.): *Tadellöser & Wolff; Ein Kapitel für sich. Materialien zu ZDF-Fernsehprogrammen; Koproduktionen mit ORF und SRG.* München: Goldmann, S. 31–46.
- (1980): «Das Fernsehspiel – Dichtung und Wahrheit» [1977]. In: Schneider, Irmela (Hrsg.): *Dramaturgie des Fernsehspiels. Die Diskussion um das Fernsehspiel 1952–1979.* München: Fink, S. 207–215.

Feuchtwanger, Lion (1983): «Der Film ‹Potemkin› und mein Buch ‹Erfolg›». In: Arnold, Heinz Ludwig (Hrsg.): *Lion Feuchtwanger,* Text+Kritik. Zeitschrift für Literatur 79/80 (Oktober 1983), S. 73–74.
- (1984): «Vom Sinn und Unsinn des historischen Romans» [1935]. In: *Ein Buch nur für meine Freunde.* Frankfurt a. M.: Fischer, S. 494–501.
- (2008): *Die Geschwister Oppermann* [1933]. Berlin: Aufbau.

Felix, Jürgen u. a. (Hrsg.) – (1995): *Deutsche Geschichten. Egon Monk – Autor, Dramaturg, Regisseur.* Augen-Blick. Marburger Hefte zur Medienwissenschaft 21. Marburg: Schüren.

Finger, Juliane / Wagner, Hans-Ulrich (2014): «‹Was bleibt von Fernseh-Darstellungen des Holocaust›? Ein integrativer Ansatz zur empirischen Verknüpfung von Rezipienten- und Journalistenperspektive». In: Loosen, Wiebke / Dohle, Marco (Hrsg.): *Journalismus und (sein) Publikum. Schnittstellen zwischen Journalismusforschung und Rezeptions- und Wirkungsforschung.* Wiesbaden: Springer VS, S. 335–355.

Fischer, Robert (2009): «Was ist Kino, was ist Film? [Vorwort] Zu dieser Ausgabe». In: Bazin, André: *Was ist Film? Mit einem Vorwort von Tom Tykwer und einer Einleitung von François Truffaut.* Hrsg. v. Robert Fischer, aus dem Französischen von Robert Fischer u. Anna Düpee. Berlin: Alexander Verlag 2009, S. 11–16.

Fischer-Lichte, Erika (2010): *Ästhetik des Performativen.* Frankfurt a. M.: Suhrkamp.

Fiske, John (1992): *Television Culture.* London u. a.: Routledge.

Friedländer, Saul (1984): *Kitsch und Tod. Der Widerschein des Nazismus* [frz. 1982]. Aus dem Französischen von Michael Grendacher. München/Wien: Hanser.

Gansel, Carsten (2009): «Zwischen Auflösung des Erzählens und ‹Präzisionsästhetik› – Hans Falladas Frühwerk ‹Die Kuh, der Schuh, dann du› und das moderne Erzählen». In: ders./Liersch, Werner (Hrsg.): *Hans Fallada und die literarische Moderne.* Göttingen: V&R Unipress (= Deutschsprachige Gegenwartsliteratur und Medien, Bd. 6), S. 35–50.

Gast, Wolfgang (2009): «Die Transformation von Literatur der Neuen Sachlichkeit in das Fernsehspiel – Egon Monks dokudramatische Adaption von Hans Falladas Roman ‹Bauern, Bonzen und Bomben›». In: Gansel, Carsten / Liersch, Werner (Hrsg.): *Hans Fallada und die literarische Moderne.* Göttingen: V&R Unipress (= Deutschsprachige Gegenwartsliteratur und Medien, Bd. 6), S. 187–204.

Geissler, Christian (1996): *Anfrage* [1960]. Mit einem Nachwort v. Thomas Rothschild. Hamburg: Rotbuch Verlag.

- (2014) *Schlachtvieh / Kalte Zeiten* [1963/1965]. Mit einem Nachwort v. Michael Töteberg. Hamburg: Verbrecher Verlag.

Geißendörfer, Hans Wilhelm (1990): «Wie Kunstfiguren zum Leben erwachen. Zur Dramaturgie der Lindenstraße». In: *Rundfunk und Geschichte* 38, 1–2 (1990), S. 48–66.

Genette, Gérard (1992): *Fiktion und Diktion*. Aus dem Französischen von Heinz Jatho, München: Fink.

Gersch, Wolfgang (1975): *Film bei Brecht. Bertolt Brechts praktische und theoretische Auseinandersetzung mit dem Film*. München: Hanser.

- (1998): «Brechts Auffassung vom Film». In: Hecht, Werner (Hrsg.): *Alles was Brecht ist ... Fakten – Kommentare – Meinungen – Bilder*. Frankfurt a. M.: Suhrkamp, S. 207–211.

Gertken, Jan / Köppe, Tilmann (2009): «Fiktionalität». In: Winko, Simone / Jannidis, Fotis / Lauer, Gerhard (Hrsg.): *Grenzen der Literatur. Zu Begriff und Phänomen des Literarischen*. Berlin/New York: de Gruyter, S. 228–266.

Gilman, Sander L. (1995): *Jews in Today's German Culture*. Bloomington: Indiana UP.

Glasenapp, Jörn (2012): «Die Schonung der Realität. Anmerkungen zu Bazins Neorealismus». In: Ölschläger, Claudia / Perrone Capano, Lucia / Borsò, Vittoria unter Mitarb. v. Leonie Schulte (Hrsg.): *Realismus nach den europäischen Avantgarden. Ästhetik, Poetologie und Kognition in Film und Literatur der Nachkriegszeit*. Bielefeld: transcript, S. 163–188.

Göttler, Fritz (2004): «Westdeutscher Nachkriegsfilm». In: Jacobsen, Wolfgang / Kaes, Anton / Prinzler, Hans Helmut, in Zusammenarbeit mit dem Filmmuseum Berlin – Deutsche Kinemathek (Hrsg.): *Geschichte des Deutschen Films*. Stuttgart/Weimar: Metzler, S. 167–206.

Gottschalch, Wilfrid 1972: «Hilferding». In: *Neue Deutsche Biographie*, hrsg. v. der historischen Kommission bei der Bayrischen Akademie der Wissenschaften, Bd. 9, S. 137–138.

Grice, Paul (1989): *Studies in the Way of Words*. Cambridge/London: Harvard UP.

Grimm, Reinhold (1966): «Naturalismus und episches Drama.» In: ders. (Hrsg.): *Episches Theater*. Köln/Berlin: Kiepenheuer & Witsch, S. 13–35.

Grisko, Michael / Helms, Günter/[Rainer Wolffhardt] (2012): «‹Das Fernsehen hat es ja gar nicht nötig […] nach dem Index zu schielen›. Ein Interview». In: Helms, Günter (Hrsg.): «Schicht um Schicht behutsam freilegen». Die Regiearbeiten von Rainer Wolffhardt. Hamburg: Igel Verl. Wissenschaft und Literatur, S. 335–359.

Grob, Norbert (2004): «Film der sechziger Jahre». In: Jacobsen, Wolfgang / Kaes, Anton / Prinzler, Hans Helmut, in Zusammenarbeit mit dem Filmmuseum Berlin – Deutsche Kinemathek (Hrsg.): *Geschichte des Deutschen Films*. Stuttgart/Weimar: Metzler, S. 207–244.

Hall, Stuart (2013): «Kodieren/Dekodieren» [engl. 1973]. In: *Ideologie, Identität, Repräsentation* (= Ausgewählte Schriften, Bd. 4). Hrsg. v. Juha Koivisto u. Andreas Merkens. Hamburg: Argument-Verlag, S. 66–80.

Hans, Jan / Winckler, Lutz (1983): «Von der Selbstverständigung des Künstlers in Krisenzeiten. Lion Feuchtwangers ‹Wartesaal-Trilogie›». In: Arnold, Ludwig Heinz (Hrsg.): *Lion Feuchtwanger*, Text+Kritik. Zeitschrift für Literatur 79/80 (1983), S. 28–48.

Hanuschek, Sven (2009): «Biographisches Arbeiten als Methode. Literaturwissenschaften.» In: Klein, Christian (Hrsg.): *Handbuch Biographie. Methoden, Traditionen, Theorien*. Stuttgart/Weimar: Metzler, S. 339–348.

Hartung, Günter (2004): «Furcht und Elend des Dritten Reiches» [1976]. In: *Der Dichter Bertolt Brecht* (= Gesammelte Aufsätze und Vorträge, Bd. 3). Leipzig: Leipziger Universitätsverlag, S. 249–294.

Hauff, Andreas: «Caspar Neher und Kurt Weill. Ihre Zusammenarbeit und Freundschaft». In: Tretow, Christine / Gier, Helmut (Hrsg.): *Caspar Neher – Der größte Bühnenbauer unserer Zeit*. Opladen/Wiesbaden: Westdt. Verl., S. 90–124.

Hellwig, Karin (2009): «Biographisches Arbeiten als Methode. Kunstgeschichte». In: Klein, Christian (Hrsg.): *Handbuch Biographie. Methoden, Traditionen, Theorien*. Stuttgart/Weimar: Metzler, S. 349–356.

Hemecker, Wilhelm (Hrsg.) – (2009): *Die Biographie – Beiträge zu ihrer Geschichte*. Berlin/New York: de Gruyter.

Hermann, Hans-Christian von (1998): «Eine Anordnung von Schlagbolzen. Brechts und Eisensteins ästhetische Arsenale». In: Akademie der Künste (Hrsg.): *Eisenstein und Deutschland. Texte. Dokumente. Briefe.* Konzeption u. Zusammenstellung v. Oksana Bulgakowa. Berlin: Henschel Verlag, S. 157–164.

Ursula Heukenkamp (2000): «Der Zweite Weltkrieg in der Prosa der Nachkriegsjahre (1945–1969)». In: dies. (Hrsg.): *Deutsche Erinnerung. Berliner Beiträge zur Prosa der Nachkriegsjahre (1945–1960).* Berlin: Schmidt, S. 295–372.

- (2002): «Jugend als Argument? Drei Selbstbehauptungsversuche: Bruno Hampel, Claus Hubalek, Wolfdietrich Schnurre». In: Winter, Hans-Gerd (Hrsg.): *«Uns selbst mussten wir misstrauen». Die «junge Generation» in der deutschsprachigen Nachkriegsliteratur.* München 2002, S. 111–126

Hickethier, Knut (1979): «Fiktion und Fakt. Das Dokumentarspiel und seine Entwicklung bei ZDF und ARD». In: Kreuzer, Helmut / Prümm, Karl (Hrsg.): *Fernsehsendungen und ihre Formen. Typologie, Geschichte und Kritik des Programms in der Bundesrepublik Deutschland.* Stuttgart: Reclam, S. 53–70.

- (1980): *Das Fernsehspiel der Bundesrepublik. Themen, Form, Struktur, Theorie und Geschichte 1951–1977.* Stuttgart: Metzler.
- (1986a): «Das Fernsehspiel». In: Fischer, Ludwig (Hrsg.): *Literatur in der Bundesrepublik Deutschland bis 1967.* München: Hanser, S. 585–597.
- (1986b): «Literatur und Massenmedien». In: Fischer, Ludwig (Hrsg.): *Literatur in der Bundesrepublik Deutschland bis 1967.* München: Hanser, S. 125–141.
- (1991): «Die Zugewinngemeinschaft. Zum Verhältnis von Film und Fernsehen in den sechziger und siebziger Jahren». In: Hoffmann, Hilmar / Schobert, Walter (Hrsg.): *Abschied vom Gestern. Bundesdeutscher Film in den sechziger und siebziger Jahren.* Frankfurt a. M.: Deutsches Filmmuseum, S. 190–209.
- (1994a): *Geschichte der Fernsehkritik in Deutschland.* Berlin: Sigma.
- (1994b): «Das Fernsehspiel und der Kunstanspruch der Erzählmaschine Fernsehen». In: Schanze, Helmut / Zimmermann, Bernhard (Hrsg.): *Das Fernsehen und die Künste* (= Geschichte des Fernsehens in der Bundesrepublik, Bd. 2). München: Fink, S. 303–348.
- (1995): «Egon Monks ‹Hamburgische Dramaturgie› und das Fernsehspiel der 60er Jahre». In: Felix, Jürgen u. a. (Hrsg.): *Deutsche Geschichten. Egon Monk – Autor, Dramaturg, Regisseur.* Augen-Blick. Marburger Hefte zur Medienwissenschaft 21. Marburg: Schüren, S. 19–33.
- (1998): «Stuttgarter Stil – das Fernsehspiel des Süddeutschen Rundfunks». In: Fünfgeld, Hermann (Hrsg.): *Von außen besehen. Markenzeichen des Süddeutschen Rundfunks,* Südfunkhefte 25, Red. Edgar Lersch, Thomas Gebel, Wolfgang Wunden. Stuttgart, S. 381–402.
- (2000): «Der Zweite Weltkrieg und der Holocaust im Fernsehen der fünfziger und frühen sechziger Jahre». In: Greven, Michael Th./ Wrochen, Oliver von (Hrsg.): *Der Krieg in der Nachkriegszeit. Der Zweite Weltkrieg in Politik und Gesellschaft der Bundesrepublik.* Opladen: Leske+Budrich, S. 93–112.
- (2002): «Verstellte Blicke. Teilung und Wiedervereinigung: ganz fiktiv». In: *epd medien* 97 (2002), S. 27–35.
- (2003): *Einführung in die Medienwissenschaft.* Stuttgart: Metzler.
- (2008a): «Intermedialität und Fernsehen – technisch-kulturelle und medienökonomische Aspekte». In: Paech, Joachim / Schröter, Jens (Hrsg.): *Intermedialität analog/digital. Theorien – Methoden – Analysen.* München: Fink, S. 449–462.
- (2008b): «Vielfältige Ansätze, aber keine ambitionierte Programmatik. Das Fernsehspiel und andere fiktionale Sendungen beim NWDR». In: Wagner, Hans-Ulrich (Hrsg.): *Die Geschichte des Nordwestdeutschen Rundfunks,* Bd. 2. Hamburg: Hoffmann und Campe, S. 358–374.
- (2008c): «Fernsehen, Rituale und Subjektkonstitution. Ein Kapitel Fernsehtheorie». In: Bartsch, Anne / Brück, Ingrid / Fahlenbrach, Kathrin (Hrsg.): *Medienrituale. Rituelle Performanz in Film, Fernsehen und Neuen Medien. Rainer Viehoff zum 60. Geburtstag.* Wiesbaden: VS Verlag für Sozialwissenschaften, S. 47–58.
- (2010): «Egon Monk, der Fernsehfilm und die Medienwissenschaft». In: Kirchner, Andreas / Pohl, Astrid / Riedel, Peter (Hrsg.): *Kritik der Ästhetischen – Ästhetik der Kritik. Festschrift für Karl Prümm zum 65. Geburtstag.* Marburg: Schüren, S. 249–259.
- (2012): *Film- und Fernsehanalyse.* Stuttgart/Weimar: Metzler.

- (2017): «Egon Monk und die gesellschaftspolitische Grundlegung von Fernsehspiel und Fernsehfilm in den 1960er-Jahren». In: Schumacher, Julia / Stuhlmann, Andreas (Hrsg.): *Die «Hamburgische Dramaturgie» der Medien. Egon Monk (1927–2007) – Autor, Regisseur, Produzent*. Marburg: Schüren, S. 67–80.
Hickethier, Knut, u. Mitarb. v. Peter Hoff (1998): *Die Geschichte des deutschen Fernsehens.* Stuttgart/Weimar: Metzler.
Hinck, Walter (1966): *Die Dramaturgie des späten Brechts.* Göttingen: Vandenhoeck & Ruprecht (= Palaestra. Untersuchungen aus der deutschen und englischen Philologie und Literaturgeschichte, Bd. 229).
Hirsch, Wolfgang / de Cruppe, Thomas / Bleicher, Joan / Hickether, Knut (1990): «Zur Struktur des Fernsehprogramms der fünfziger Jahre – eine Stichprobenuntersuchung der Jahre 1953–1959». In: Hickethier, Knut (Hrsg.): *Der Zauberspiegel – Das Fenster zur Welt. Untersuchungen zum Fernsehprogramm der fünfziger Jahre*, Arbeitshefte Bildschirmmedien 14, Siegen (= Fernsehen in der Bundesrepublik Deutschland, DFG-Sonderforschungsbereich 240 der Univ.-GH-Siegen), S. 47–82.
Hißnauer, Christian (2007): «Hamburger Schule – Klaus Wildenhahn – Eberhard Fechner. Fernsehdokumentarismus der zweiten Generation». In: Becker, Andreas R. / Hartmann, Doreen / Lorey, Don Cecil / Nolte, Andrea (Hrsg.): *Medien – Diskurse – Deutungen. Dokumentation des 20. Film- und Fernsehwissenschaftlichen Kolloquiums.* Marburg: Schüren, S. 118–126.
- (2008): «Das Doku-Drama in Deutschland als journalistisches Politikfernsehen – eine Annäherung und Entgegnung aus fernsehgeschichtlicher Perspektive». In: *MEDIENwissenschaft: Rezensionen/Reviews* 3 (2008), S. 256–265.
- (2010a): «Geschichtsspiele im Fernsehen: Das Dokumentarspiel als Form des hybriden Histotainments der 1960er und 1970er Jahre». In: Arnold, Klaus / Hömberg, Walter / Kinnebrock, Susanne (Hrsg.): *Geschichtsjournalismus. Zwischen Information und Inszenierung.* Berlin u. a.: LIT, S. 293–316.
- (2010b): «MöglichkeitsSPIELräume. Fiktion als dokumentarische Methode. Anmerkungen zur Semio-Pragmatik fiktiver Dokumentationen». In: *MEDIENwissenschaft Rezensionen* 1 (2010), S. 17–28.
- (2011): *Fernsehdokumentarismus. Theoretische Näherungen, pragmatische Abgrenzungen, begriffliche Klärungen.* Konstanz: UVK.
- (2012): «Die RAF als Baader-Meinhof-Komplex. Realitätsfiktionen im bundesdeutschen Spiel- und Fernsehfilm». In: Hoffmann, Kay / Kilborn, Richard / Barg, Werner C. (Hrsg.): *Spiel mit der Wirklichkeit.* Konstanz: UVK, S. 355–376.
- (2014): »*Stahlnetz + Kommissar = Tatort?* Zur Frühgeschichte bundesdeutscher Krimiserien und -reihen«. In: Hißnauer, Christian / Scherer, Stefan / Stockinger, Claudia (Hrsg.): *Zwischen Werk und Serie. Fernseh- und Gesellschaftsgeschichte im »Tatort«.* Bielefeld: transcript, S. 147–218.
- (2017): «Das andere Wirken eines Fernsehspielchefs. Egon Monks Einfluss auf die Zweite Hamburger Schule des Fernsehdokumentarismus». In: Schumacher, Julia / Stuhlmann, Andreas (Hrsg.): *Die «Hamburgische Dramaturgie» der Medien. Egon Monk (1927–2007) – Autor, Regisseur, Produzent.* Marburg: Schüren, S. 201–217.
Hißnauer, Christian / Schmidt, Bernd (2011): «Die Geschichte des Fernsehdokumentarismus in der Bundesrepublik Deutschland. Forschungsdefizite und Forschungstrends. Ein Überblick». In: *Rundfunk und Geschichte* 37, 3-4 (2011), S. 87–97.
- (2013): *Wegmarken des Fernsehdokumentarismus: Die Hamburger Schulen.* Konstanz: UVK.
Hodenberg, Christina von (2006): *Konsens und Krise. Eine Geschichte der westdeutschen Medienöffentlichkeit 1945–1973.* Göttingen: Wallstein Verlag.
Hohnhäuser, Josef (1979): «Brecht und der Kalte Krieg. Materialien zur Brecht-Rezeption in der BRD» [1973]. In: Arnold, Heinz Ludwig (Hrsg.): *Bertolt Brecht II, Text+Kritik. Zeitschrift für Literatur.* Sonderband, zweite Auflage. München: Richard Boorberg Verlag, S. 192–203.
Holthusen, Hans E. (1965): «Hannah Arendt, Eichmann und die Kritiker». In: *Vierteljahrshefte für Zeitgeschichte* 13, 2 (1965), S. 1–13.

Jannidis, Fotis / Lauer, Gerhard / Martínez, Matías / Winko, Simone (1999): «Rede über den Autor an die Gebildeten unter seinen Verächtern. Historische Modelle und systematische Perspektiven». In: dies. (Hrsg.): *Rückkehr*

des Autors. Zur Erneuerung eines umstrittenen Begriffs. Tübingen: Niemeyer, S. 3-36.
Joost, Gesche (2008): *Grundzüge der Filmrhetorik. Theorie, System und Praxis einer audio-visuellen Medienrhetorik.* Bielefeld: transcript.
Jordan, James (2013): «‹And The Trouble Is Where to Begin to Spring Surprise on You. Perhaps a Place You Might Least Like to Remember›. This Is Your Life and the BBC's Images of the Holocaust in the Twenty Years Before Holocaust». In: Jensen, Olaf / Sharples, Caroline (Hrsg.): *Britain and the Holocaust. Remembering and Representing War and Genocide.* Basingstoke, Hampshire: Palgrave Macmillan, S. 90-114.
Kaes, Anton (1987): *Deutschlandbilder. Die Wiederkehr der Geschichte als Film.* München: Edition Text+Kritik.
Kaiser, Michael (2001): *Filmische Geschichts-Chroniken im Neuen Deutschen Film: Die Heimat-Reihen von Edgar Reitz und ihre Bedeutung für das deutsche Fernsehen.* Diss. Universität Osnabrück, Online-Ressource, URL: <http://d-nb.info/964492962/34> (Zugriff: 28.11.2017).
Kansteiner, Wulf (2006): *In Pursuit of German Memory. History, Televison, and Politics after Auschwitz.* Ohio: Ohio UP.
- (2003): «Ein Völkermord ohne Täter? Die Darstellung der ‹Endlösung› in den Sendungen des Zweiten Deutschen Fernsehens». In: Zuckermann, Mosche (Hrsg.): *Medien – Politik – Geschichte.* Göttingen (= Tel Aviver Jahrbuch für deutsche Geschichte, Bd. 31), S. 253-286.
Kamp, Werner (1999): «Autorkonzepte in der Filmkritik». In: Jannidis, Fotis / Lauer, Gerhard / Martínez, Matías / Winko, Simone (Hrsg.): *Rückkehr des Autors. Zur Erneuerung eines umstrittenen Begriffs.* Tübingen: Niemeyer, S. 441-464.
Kappelhoff, Hermann (2008): *Realismus. Das Kino und die Politik des Ästhetischen.* Berlin: Vorwerk 8.
Kater, Michael (1992): *Different Drummers. Jazz in the Culture of Nazi Germany.* New York/Oxford: Oxford UP.
Keilbach, Judith (2004): «Politik mit der Vergangenheit. Der 50. Jahrestag der Befreiung der Konzentrationslager im US-amerikanischen und im bundesdeutschen Fernsehen». In *Zeitgeschichte-online,* Thema: Die Fernsehserie «Holocaust» – Rückblicke auf eine «betroffene Nation», hrsg. von Christoph Classen, März 2004, URL: < http://www.zeitgeschichte-online.de/sites/default/files/documents/fsh_keilbach.pdf> (9.9.2017).
- (2005): «Die vielen Geschichten des Fernsehens. Über einen heterogenen Gegenstand und seine Historisierung». In: *montage/AV* 14, 1 (2005), S. 29-41.
- (2014): «The Eichmann trial on East German Television. On (not) Reporting about a Transnational Media Event». In: *VIEW Journal of European Television History and Culture* 3, 5 (2014), S. 17-22.
Keilbach, Judith / Thiele, Matthias (2003): «Für eine experimentelle Fernsehgeschichte». In: Bleicher, Joan Kristin (Hrsg.): *Fernsehgeschichte: Modelle – Theorien – Projekte.* Hamburger Hefte zur Medienkultur 2, S. 59-75.
Kersten, Heinz (1963): *Das Filmwesen in der sowjetischen Besatzungszone Deutschlands. Bonner Berichte aus Mittel- und Ostdeutschland,* hrsg. v. Bundesministerium für gesamtdeutsche Fragen. 2. grundlegend überarbeitete u. wesentlich erweiterte Auflage. Bonn/Berlin: Deutscher Bundes-Verlag.
Kessler, Frank (1998): «Fakt oder Fiktion? Zum pragmatischen Status dokumentarischer Bilder». In: *montage/AV* 7,2 (1998), S. 63-78.
Kind, Thomas (1996): «Die Fernsehsendungen nach literarischer Vorlage im NWDR/NWRV Hamburg 1951-1961». In: Schanze, Helmut (Hrsg.): *Fernsehgeschichte der Literatur. Voraussetzungen – Fallstudien – Kanon.* München: Fink, S. 113-152.
Kirsten, Guido (2009): «Die Liebe zum Detail. Bazin und der ‹Wirklichkeitseffekt› im Film». In: *montage/AV* 18,1 (2009), S. 141-162.
- (2013): *Filmischer Realismus.* Marburg: Schüren.
- (2014): «Gleichheitseffekt, Empathie, Reflexion und Begehren. Poetiken des Realismus». In: *montage/AV* 23, 2 (2014), S. 77-104.
Klein, Christian (2002): «Einleitung: Biographie zwischen Theorie und Praxis. Versuch einer Bestandsaufnahme». In: ders. (Hrsg.): *Grundlagen der Biographik. Theorie und Praxis des biographischen Schreibens.* Stuttgart/Weimar: Metzler, S. 1-22.
- (2009) – (Hrsg.): *Handbuch Biographie. Methoden, Traditionen, Theorien.* Stuttgart/Weimar: Metzler.

Klimmer, Christoph (2009): *Zur Fiktionalitätsbestimmung audiovisueller Medientexte.* Unveröffentlichte Magisterarbeit, Universität Hamburg.

Knilli, Friedrich (2006): «Dreißig Jahre Lehr- und Forschungsarbeit zur Mediengeschichte des Jud Süß: Ein Bericht». In: Przyrembel, Alexandra / Schönert, Jörg (Hrsg.): *«Jud Süß». Hofjude, literarische Figur, antisemitisches Zerrbild.* Frankfurt a. M./New York: Campus, S. 75–124.

Knilli, Friedrich / Zielinski, Siegfried (Hrsg.) – (1982): *Holocaust zur Unterhaltung. Anatomie eines internationalen Bestsellers.* Berlin: Elefant Press.

Knopf, Jan (1986): «Verfremdung». In: Hecht, Werner (Hrsg.): *Brechts Theorie des Theaters.* Frankfurt a. M.: Suhrkamp, S. 93–142.

– (1996): «Bertolt Brecht: *Leben des Galilei*» Sichtbarmachung des Unsichtbaren. In: *Dramen des 20. Jahrhunderts,* Bd. 2. Ditzingen: Recalm, S. 7–27.

Kobayashi, Wakiko (2009): *Unterhaltung mit Anspruch. Das Hörspielprogramm des NWDR-Hamburg und NDR in den 1950er Jahren.* Berlin u. a.: LIT.

Koebner, Thomas (1975): «Das Fernsehspiel – Themen und Motive». In: Rüden, Peter von (Hrsg.): *Das Fernsehspiel. Möglichkeiten und Grenzen.* München: Fink, S. 20–65.

– (1995): «Rekonstruktion eines Schreckensorts». In: Felix, Jürgen u. a. (Hrsg.): *Deutsche Geschichten. Egon Monk – Autor, Dramaturg, Regisseur.* Augen-Blick. Marburger Hefte zur Medienwissenschaft 21. Marburg: Schüren, S. 52–64.

Königstein Horst (1997): «Doku-Drama. Spiel mit Wirklichkeiten». In: Blaes, Ruth / Heussen, Gregor A. (Hrsg.): *ABC des Fernsehens. Reihe praktischer Journalismus,* Bd. 28. Konstanz: UVK, S. 245–253.

Kolb, Eberhard / Pyta, Wolfram (1992): «Die Staatsnotplanung unter den Regierungen Papen und Schleicher». In: Winkler, Heinrich August u. Mitarb. v. Elisabeth Müller-Luckner (Hrsg.): *Die deutsche Staatskrise 1930–1933. Handlungsspielräume und Alternativen.* München: R. Oldenbourg Verlag (= Schriften des Historischen Kollegs, hrsg. v. der Stiftung Historisches Kolleg, Kolloquium 26.), S. 155–182.

Korte, Helmut (1978): – (Hrsg.): *Film und Realität in der Weimarer Republik. Mit Analysen der Filme «Kuhle Wampe» und «Mutter Krausens Fahrt ins Glück».* Frankfurt a. M.: Fischer-Taschenbuch-Verlag.

– (1997): «Historische Wahrnehmung und Wirkung von Filmen. Ein Arbeitsmodell». In: Hickethier, Knut / Müller, Eggo / Rother, Rainer (Hrsg.): *Der Film in der Geschichte. Dokumentation der GFF-Tagung.* Berlin: Rainer Bohn Verlag, S. 154–166.

– (1998): *Der Spielfilm und das Ende der Weimarer Republik. Ein rezeptionshistorischer Versuch.* Göttingen: Vandenhoeck & Ruprecht.

Koutsourakis, Angelos (2012): «Specters of Brecht in Dogme 95: Are Brecht and Realism Necessarily Antithetical?». In: Weidauer, Friedemann, J. (Hrsg.): *Der B-Effekt – Einflüsse von/auf Brecht. The B-Effect. Influences of/on Brecht.* Madison: Wisconsin UP (= The Brecht Yearbook, Bd. 37), S. 43–64.

Kramer, Sven (2008): «Christian Geissler: Critical Companion of the Left». In: Berendse, Gerrit-Jan / Cornils, Ingo (Hrsg.): *Baader-Meinhof Returns. History and Cultural Memory of German Left-Wing Terrorism.* Amsterdam/New York: Rodopi, S. 157–170.

Kratzmeier, Denise (2010): *Es wechseln die Zeiten. Zur Bedeutung von Geschichte in Werk und Ästhetik Bertolt Brechts.* Würzburg: Königshausen & Neumann.

Krause, Peter (2009): «Kann das Böse ‹banal› sein? Hannah Arendts Bericht aus Jerusalem». In: *Zeithistorische Forschungen / Studies in Contemporary History* 6, 1 (2009), Online-Ressource, URL: <http://www.zeithistorische-forschungen.de/16126041-Krause-1-2009> (Zugriff: 28.11.2017).

– (2011): «‹Eichmann und wir›. Die bundesdeutsche Öffentlichkeit und der Jerusalemer Eichmann-Prozess 1961». In: Osterloh, Jörg / Vollnhals, Clemens (Hrsg.): *NS-Prozesse und deutsche Öffentlichkeit. Besatzungszeit, frühe Bundesrepublik und DDR.* Göttingen: Vandenhoeck & Ruprecht (= Schriften des Hannah-Arendt-Instituts für Totalitarismusforschung, hrsg. v. Günther Heydemann, Bd. 45), S. 283–306.

Kracauer, Siegfried (1984): *Von Caligari zu Hitler. Eine psychologische Geschichte des deutschen Films. Mit 64 Abbildungen* [engl. 1947]. Übersetzt v. Ruth Baumgarten u. Karsten Witte. Frankfurt a. M.: Suhrkamp.

– (1985): *Theorie des Films. Die Errettung der*

äußeren Wirklichkeit [engl. 1960]. Vom Verfasser revidierte Übersetzung v. Friedrich Walter u. Ruth Zellschan, hrsg. v. Karsten Witte. Frankfurt a. M.: Suhrkamp.

Kramp, Leif (2011): *Das Fernsehen als Faktor der gesellschaftlichen Erinnerung* (= Gedächtnismaschine Fernsehen, Bd. 1). Berlin: Akademie-Verlag

Kuhn, Markus (2011): *Filmnarratologie. Ein erzähltheoretisches Analysemodell*. Berlin/New York: de Gruyter.

Kuhn, Markus / Scheidgen, Irina / Weber, Nicola Valeska (2013): «Genretheorien und Genrekonzepte». In: dies. (Hrsg.): *Filmwissenschaftliche Genreanalyse. Eine Einführung*. Berlin u. a.: de Gruyter, S. 1–38.

Kuhn, Thomas (1976): *Die Struktur wissenschaftlicher Revolutionen* [engl. 1962], zweite revidierte und um das Postskriptum von 1969 ergänzte Auflage. Frankfurt a. M.: Suhrkamp.

– (1978): «Neuere Überlegungen zum Begriff des Paradigma» [1974]. In: *Die Entstehung des Neuen. Studien zur Struktur der Wissenschaftsgeschichte*. Hrsg. v. Lorenz Krüger. Frankfurt a. M.: Suhrkamp, S. 389–420.

Lang, Joachim (2006): *Episches Theater als Film. Bühnenstücke Bertolt Brechts in den audiovisuellen Medien*. Würzburg: Königshausen & Neumann.

Landeszentrale für politische Bildung Hamburg (1999) – (Hrsg.): *Es begann 1952 in Hamburg. Die Anfänge des Dokumentarismus im Fernsehen*. Hamburg: Eigenverlag.

Lenz, Felix (2008): *Sergej Eisenstein: Montagezeit. Rhythmus, Formdramaturgie, Pathos*. Bielefeld: transcript.

– (2006): «Kontinuität und Wandel in Eisensteins Film- und Theoriewerk». In: ders./ Diederichs, Helmut H. (Hrsg.): *Sergej M. Eisenstein. Jenseits der Einstellung. Schriften zur Filmtheorie*. Frankfurt a. M.: Suhrkamp, S. 433–452.

Lessing, Gotthold Ephraim (2012): *Laokoon oder über die Grenzen der Mahlerey und Poesie* [1766]. Stuttgart: Reclam.

Lindner, Burkhardt (2006): «Die Entdeckung der Geste. Brecht und die Medien». In: Arnold, Heinz Ludwig (Hrsg.): *Bertolt Brecht I*, Text+Kritik. Zeitschrift für Literatur. Sonderband, dritte Auflage: Neufassung. München: Richard Booberg Verlag, S. 21–32.

Loewy, Hanno (2003): «Fiktion und Mimesis. Holocaust und Genre im Film». In: Frölich, Margit / Loewy, Hanno / Steinert, Heinz (Hrsg.): *Lachen über Hitler – Auschwitz-Gelächter? Filmkomödie, Satire und Holocaust*. München: Edition Text+Kritik, S. 37–64.

Loose, Ingo (2009): «Die Ambivalenz des Authentischen. Juden, Holocaust und Antisemitismus im deutschen Film nach 1945». In: *Medaon. Magazin für jüdisches Leben in Forschung und Bildung* 4 (2009), S. 1–19.

– (2010): «Attribute des Jüdischen im deutschen Nachkriegsfilm: Zur Etikettierung des Anderen nach dem Holocaust». In: Wende, Waltraud «Wara» (Hrsg.): *Krisenkino. Filmanalyse als Kulturanalyse: Zur Konstruktion von Normalität und Abweichung im Spielfilm*. Bielefeld: transcript, S. 91–110.

Lukács, Georg (1969a): «Es geht um den Realismus» [1938]. In: Raddatz, Fritz J. (Hrsg.): *Marxismus und Literatur. Eine Dokumentation in drei Bänden*, Bd. 2, Reinbek: Rowohlt, S. 60–86.

– (1969b): «Aus der Not eine Tugend» [1932]. In: Raddatz, Fritz J. (Hrsg.): *Marxismus und Literatur. Eine Dokumentation in drei Bänden*, Bd. 2, Reinbek: Rowohlt, S. 166–177.

– (1980): «Hans Fallada – Die Tragödie eines begabten Schriftstellers unter dem Faschismus» [russ. 1936]. In: *Sammlung. Jahrbuch für antifaschistische Literatur und Kunst* 3 (1980). Frankfurt a. M.: Röderberg, S. 59–71.

Lys, Gunther R. (1987): *Kilometerstein 12,6. Mit einem Vorwort von Günter Kunert und einem Nachwort von Micheal Rohrwasser* [1948]. Basel/Frankfurt a. M.: Roter Stern/Stroemfeld.

– (1988): «Erfahrungsstufen des Lebens. Von A bis Z». In: Kunert, Günter (Hrsg.): *Aus fremder Heimat. Zur Exil-Situation heutiger Literatur*. München: Hanser, S. 13–24.

Mahl, Bernd (1986): *Brechts und Monks Urfaust-Inszenierung mit dem Berliner Ensemble 1952/53. Materialien, Spielfassung, Szenenfotos, Wirkungsgeschichte*. Stuttgart u. a.: Belser.

Märthesheimer, Peter / Frenzel, Ivo (Hrsg.) – (1979): *Im Kreuzfeuer. Der Fernsehfilm «Holocaust». Eine Nation ist betroffen*. Frankfurt a. M.: Fischer.

Marg, Volkwin / Fleher, Gudrun (Hrsg.) – (1983): *Architektur in Hamburg seit 1900. Ein Führer* zu *192 sehenswerten Bauten*. Hamburg: Sauter u. Lackmann.

Martínez, Matías (1999a): «Autorschaft und Intertextualität». In: Jannidis, Fotis / Lauer, Gerhard / Martínez, Matías / Winko, Simone (Hrsg.): *Rückkehr des Autors. Zur Erneuerung eines umstrittenen Begriffs*. Tübingen: Niemeyer, S. 465–480.

- (1999b): «Einführung: Autor und Medien». In: Jannidis, Fotis / Lauer, Gerhard / Martínez, Matías / Winko, Simone (Hrsg.): *Rückkehr des Autors. Zur Erneuerung eines umstrittenen Begriffs*. Tübingen: Niemeyer, S. 433–440.

Martínez, Matías / Scheffel, Michael (2012): *Einführung in die Erzähltheorie*. München: Beck.

Marszalek, Magdalena / Mersch, Dieter (Hrsg.) – (2016a): *Seien wir realistisch. Neue Realismen und Dokumentarismen in Philosophie und Kunst*. Zürich/Berlin: diaphanes.

- (2016b): «*Seien wir realistisch*. Einleitung». In: dies. (Hrsg.): *Seien wir realistisch. Neue Realismen und Dokumentarismen in Philosophie und Kunst*. Zürich/Berlin: diaphanes, S. 7–27.

Mayer, Hans (1986): «Anti-Aristoteles». In: Hecht, Werner (Hrsg.): *Brechts Theorie des Theaters*. Frankfurt a. M.: Suhrkamp, S. 32–44.

- (1996a): «Erinnerungen an Brecht». In: *Brecht*. Frankfurt a. M.: Suhrkamp, S. 11–96.
- (1996b): «Brecht und die Tradition» [1961]. In: *Brecht*. Frankfurt a. M.: Suhrkamp, S. 97–241.
- (1996c): «Die plebejische Tradition» [1949]. In: *Brecht*. Frankfurt a. M.: Suhrkamp, S. 309–323.

Meeker, David (2017): *Jazz on the Screen. A Jazz and Blues Filmography*. Washington D. C.: Library of Congress, Online-Ressource, URL: <https://memory.loc.gov/natlib/ihas/warehouse/jots/200028017/0001.pdf> (Zugriff: 28.11.2017).

[Meichsner, Dieter (1966)]: «Das Fernsehspiel: Preis der Freiheit». In: *Theater heute* 8 (1966), S. 51–64.

Meichsner, Dieter (1972): «Die flüchtigste ist zugleich die lebendigste Kunst». In: Schöffler, Heinz (Hrsg.): *Fernsehstücke*. Frankfurt a. M.: Fischer-Taschenbuch-Verlag, S. 403–409.

- (1996): «‹Wir wollten Literatur nicht auf diese ungute Art und Weise als Stoffsteinbruch für Fernsehspiele benutzen›. Interview mit Dieter Meichsner am 20.7.1993». In: Schanze, Helmut (Hrsg.): *Fernsehgeschichte der Literatur. Voraussetzungen – Fallstudien – Kanon*. München: Fink, S. 331–337.

Mittenzwei, Werner (1967): «Die Brecht-Lukács-Debatte». In: *Sinn und Form* 1 (1967), S. 235–269.

- (1986a): *Das Leben des Bertolt Brecht oder Der Umgang mit den Welträtseln*, Bd.1, Berlin/Weimar: Aufbau Verlag.
- (1986b): *Das Leben des Bertolt Brecht oder Der Umgang mit den Welträtseln*, Bd. 2, Berlin/Weimar: Aufbau Verlag.

Modick, Klaus (1981a): *Lion Feuchtwanger im Kontext der zwanziger Jahre: Autonomie und Sachlichkeit*. Königstein: Scriptor.

Möckel, Benjamin (2014): *Erfahrungsbruch und Generationsbehauptung. Die ‹Kriegsjugendgeneration› in den beiden deutschen Nachkriegsgesellschaften*. Göttingen: Wallstein.

Morsey, Rudolf (2001): «Papen, Franz von», in: *Neue Deutsche Biographie*, Bd. 20 (2001), S. 46–48 [Online-Ausgabe, URL: <http://www.deutsche-biographie.de/ppn118591649.html> (Zugriff: 28.11.2017)].

Müller, Hans-Harald (1983): «‹Stalingrad›. Zur Geschichte und Aktualität von Theodor Plieviers Roman». In: Theodor Plievier: *Stalingrad*. Hrsg. u. mit einem Nachwort versehen v. Hans-Harald Müller. Köln: Kiepenheuer & Witsch, S. 435–453.

Müller, Jürgen E. (2008): «Intermedialität und Medienhistoriographie». In: Paech, Joachim / Schröter, Jens (Hrsg.): *Intermedialität analog/digital. Theorien – Methoden – Analysen*. München: Fink, S. 31–46.

Mundhenke, Florian: (2017): *Zwischen Dokumentar- und Spielfilm: zur Repräsentation und Rezeption von Hybrid-Formen*. Wiesbaden: Springer VS.

Nestriepke, Siegfried (1956): *Neues Beginnen. Die Geschichte der Freien Volksbühne*. Berlin: arani Verl. Gesell.

Netenjakob, Egon (1977): «Realismus und Fernsehspiel. Gespräche mit Egon Monk und Klaus Wildenhahn». In: Programmdirektion Deutsches Fernsehen/ARD (Hrsg.): *Notizen zum ARD Programm. 25 Jahre Deutsches Fernsehen 1952–1977*. München: Wenschow S. 113–127.

- (1984): *Liebe zum Fernsehen. Ein Portrait des festangestellten Filmregisseurs Klaus Wildenhahn*. Berlin: Spiess.

- (1989): *Eberhard Fechner. Lebensläufe dieses Jahrhunderts.* Weinheim/Berlin: Quadriga Verlag.
- (1994): *TV-Filmlexikon. Regisseure, Autoren, Dramaturgen 1952–1992.* Frankfurt a. M.: Fischer.

Nichols, Bill (1991): *Representing Reality. Issues and Concepts in Documentary.* Bloomington/Indianapolis: Indiana UP.

Ní Dhúill, Cautríona (2009): «Widerstand gegen die Biographie: Siegrid Weigels Ingeborg-Bachmann-Studie». In: Hemecker, Wilhelm (Hrsg.): *Die Biographie – Beiträge zu ihrer Geschichte.* Berlin/New York: de Gruyter, S. 43–70.

Odin, Roger (1998): «Dokumentarischer Film – dokumentarisierende Lektüre». In: Hohenberger, Eva (Hrsg.): *Bilder des Wirklichen. Texte zur Theorie des Dokumentarfilms.* Berlin: Vorwerk 8, S. 286–303.

Ölschläger, Claudia / Perrone Capano, Lucia / Borsò, Vittoria (2012): «Neorealismen nach den europäischen Avantgarden – Zur Konzeption des vorliegenden Bandes». In: dies. unter Mitarb. v. Leonie Schulte (Hrsg.): *Realismus nach den europäischen Avantgarden. Ästhetik, Poetologie und Kognition in Film und Literatur der Nachkriegszeit.* Bielefeld: transcript, S. 7–12.

Oppel, Horst (1966): «Arnold Wesker: The Chicken Soup Trilogy». In: ders. (Hrsg.): *Das moderne englische Drama. Interpretationen.* Berlin: Erich Schmidt Verlag, S. 344–370.

Ort, Claus-Michael (2007): «Was ist Realismus?». In: Begemann, Christian (Hrsg.): *Realismus. Epoche – Autoren – Werke.* Darmstadt: WGB, S. 11–26.

Peitsch, Helmut (1981): «Theodor Pliviers Stalingrad». In: Fritsch, Christian / Winckler, Lutz (Hrsg.): *Faschismuskritik und Deutschlandbild.* Berlin: Argument-Verl. (= Literatur im historischen Prozeß N. F., 2; Argument-Sonderband 76), S. 83–102.
- (2009): *Nachkriegsliteratur 1944–1989* (= Schriften des Erich Maria Remarque-Archivs, Bd. 24). Göttingen: V&R unipress.

Perrone Capano, Lucia (2012): «Die ausstrahlende Kraft des Neorealismus. Neorealistische Bilder und Schreibweisen in der deutschen Nachkriegsliteratur». In: Ölschläger, Claudia / Perrone Capano, Lucia / Borsò, Vittoria unter Mitarb. v. Leonie Schulte (Hrsg.): *Realismus nach den europäischen Avantgarden. Ästhetik, Poetologie und Kognition in Film und Literatur der Nachkriegszeit.* Bielefeld: transcript, S. 87–107.

Petersen, Peter (2014): «Lilly Giordano». In: *LexM. Lexikon verfolgter Musiker und Musikerinnen der NS Zeit*, Online-Ressource, URL: <http://www.lexm.uni-hamburg.de/object/lexm_lexmperson_00005725> (Zugriff: 28.11.2017).

Pfau, Sebastian (2003): «Ein Tag. Bericht aus einem deutschen Konzentrationslager 1939. Analyse eines Fernsehspiels von Egon Monk». In: *HALMA (Hallische Medienarbeiten)* 8/17 (2003), S. 39–63.

Pietrzynski, Ingrid (2003): «Der Rundfunk ist die Stimme der Republik ...». Bertolt Brecht und der Rundfunk der DDR 1949–1956. Berlin: Trafo-Verl.

Pirker, Eva Ulrike / Rüdiger, Mark (2010): «Authentizitätsfiktionen in populären Geschichtskulturen: Annäherungen». In: Pirker, Eva Ulrike / Rüdiger, Mark et al. (Hrsg.): *Echte Geschichte. Authentizitätsfiktionen in populären Geschichtskulturen.* Bielefeld: transcript, S. 11–30.

Propfe, Michael (2017): «Die 76 Tage des Egon Monk. Intendant am Deutschen Schauspielhaus in Hamburg». In: Schumacher, Julia / Stuhlmann, Andreas (Hrsg.): *Die «Hamburgische Dramaturgie» der Medien. Egon Monk (1927–2007) – Autor, Regisseur, Produzent.* Marburg: Schüren, S. 153–168.

Prümm, Karl (1987): «Das Eigene im Fremden. Überlegungen zum autobiographischen Erzählen im Medium Fernsehen mit einer Einzelanalyse des Fernsehspiels Berlin N 65 (1965) von Egon Monk». In: Fischer, Jens Malte / Prümm, Karl / Scheuer, Helmut (Hrsg.): *Erkundungen. Beiträge zu einem erweiterten Literaturbegriff. Helmut Kreuzer zum sechzigsten Geburtstag.* Göttingen: Vandenhoeck & Ruprecht, S. 372–390.
- (1995a): «Inszeniertes Dokument und historisches Erzählen. Die Fernsehfilme von Egon Monk». In: Felix, Jürgen u. a. (Hrsg.): *Deutsche Geschichten. Egon Monk – Autor, Dramaturg, Regisseur.* Augen-Blick. Marburger Hefte zur Medienwissenschaft 21. Marburg: Schüren, S. 35–51.

- (1995b): «Exzessive Nähe und Kinoblick. Alltagswahrnehmung in Hans Falladas Roman ‹Kleiner Mann – was nun?›». In: Becker, Sabina / Weiß, Christoph (Hrsg.): *Neue Interpretationen zum Roman der Weimarer Republik*. Stuttgart/Weimar: Metzler, S. 255–272.
- (2002): «Dokumentation des Unvorstellbaren. *Ein Tag. Bericht aus einem deutschen Konzentrationslager 1939*. Hinweis auf einen noch immer verkannten Film». In: Wende, Waltraud «Wara» (Hrsg.): *Geschichte im Film. Mediale Inszenierungen des Holocaust und kulturelles Gedächtnis*. Stuttgart/Weimar: Metzler, S. 123–140.
- (2004): «Fernsehen und Film. Ambivalenz und Identität». In: Jacobsen, Wolfgang / Kaes, Anton / Prinzler, Hans Helmut, in Zusammenarbeit mit dem Filmmuseum Berlin – Deutsche Kinemathek (Hrsg.): *Geschichte des Deutschen Films*. Stuttgart/Weimar: Metzler, S. 545–566.
- (2017): «Erforschung einer Schreckenswelt. Der Fernsehfilm EIN TAG von Gunther R. Lys, Claus Hubalek und Egon Monk». In: Schumacher, Julia / Stuhlmann, Andreas (Hrsg.): *Die «Hamburgische Dramaturgie» der Medien. Egon Monk (1927–2007) – Autor, Regisseur, Produzent*. Marburg: Schüren, S. 101–117.

Pudowkin, Wsevolod I. (2003): «Über die Montage» [ca. 1940]. In: Albersmeier, Franz Joseph (Hrsg.): *Texte zur Theorie des Films*. Stuttgart: Reclam, S. 74–96.

Pyta, Wolfram (2007): «Schleicher, Kurt von». In: *Neue Deutsche Biographie*, Bd. 23 (2007), S. 50–52 [Online-Ausgabe: URL: <http://www.deutsche-biographie.de/ppn118608037.html> (Zugriff: 28.11.2017)].

Rajewsky, Irina (2008): «Intermedialität und remediation. Überlegungen zu einigen Problemfeldern der jüngeren Intermedialitätsforschung». In: Paech, Joachim / Schröter, Jens (Hrsg.): *Intermedialität analog/digital. Theorien – Methoden – Analysen*. München: Wilhelm Fink, S. 47–60.

Rauch, Raphael (2015): «Die Bertinis (Roman von Ralph Giordano, 1982, und Fernsehserie von Egon Monk, 1988)». In: Benz, Wolfgang (Hrsg.): *Handbuch des Antisemitismus*, Bd. 8, Nachträge und Register. Berlin/Boston: de Gruyter, S. 167–172.
- (2018): *«Visuelle Integration»? Juden im westdeutschen Fernsehen nach «Holocaust»*. Göttingen: Vandenhoeck & Ruprecht.

Reiter, Andrea (2013): *Contemporary Jewish Writing. Austria After Waldheim*. New York/London: Routledge.

Rittmeyer, Nicky (2013): «Egon Monk und seine ‹Hamburgische Dramaturgie des Fernsehspiels›». In: Trautwein, Wolfgang / Bernhard, Julia (Hrsg.): *Aufbrüche in die Moderne*. Berlin: Akademie der Künste, S. 116–124.
- (2017a): «Im Spannungsfeld zwischen Künstlerwerkstatt und Forschungsstätte. Das Egon-Monk-Archiv in der Akademie der Künste». In: Schumacher, Julia / Stuhlmann, Andreas (Hrsg.): *Die «Hamburgische Dramaturgie» der Medien. Egon Monk (1927–2007) – Autor, Regisseur, Produzent*. Marburg: Schüren, S. 265–278.
- (2017b): «Fundstücke aus dem Nachlass». In: Schumacher, Julia / Stuhlmann, Andreas (Hrsg.): *Die «Hamburgische Dramaturgie» der Medien. Egon Monk (1927–2007) – Autor, Regisseur, Produzent*. Marburg: Schüren, S. 279–281.

Rivette, Jacques (2006): «Über die Niedertracht» [frz. 1961]. In: Seibert, Marcus (Hrsg.): *Kino muss gefährlich sein*. Frankfurt a. M.: Verlag der Autoren, S. 130–133.

Ross, Dieter (1966): «Ein künstlerischer Bericht. Bemerkungen zur Form des Fernsehspiels ‹Preis der Freiheit›». In: *Rundfunk und Fernsehen. Vierteljahrsschrift*. Hrsg. v. Hans-Bredow-Institut für Rundfunk und Fernsehen an der Universität Hamburg 14–1 (1966), 119–120.

Rülicke-Weiler, Käthe (Hrsg.) – (1979): *Film- und Fernsehkunst der DDR. Traditionen, Beispiele, Tendenzen*. Hrsg. v. d. Hochschule für Film und Fernsehen d. DDR. Berlin (Ost): Henschel-Verlag.

Ryan, Marie Laure (1980): «Fiction, Not-Factuals, and the Principle of Minimal Departure». In: *Poetics* 9, 4 (1980), S. 403–422.
- (1991): *Possible Worlds, Artificial Intelligence, and Narrative Theory*. Bloomington: Indiana UP.

Sadek, Martin (1983): «Bauern, Bonzen und Bomben. Realität und Roman». In: Wolff, Rudolph (Hrsg.): *Hans Fallada. Werk und Wirkung*. Bonn: Bouvier, S. 42–63.

Schanze, Helmut / Zimmermann, Bernhard (1994): «Fernsehen und Literatur. Fiktionale

Fernsehsendungen nach literarischer Vorlage». In: dies. (Hrsg.): *Das Fernsehen und die Künste*. (= Geschichte des Fernsehens in der Bundesrepublik, Bd. 2). München: Fink, S. 19–66.

Schaeffer, Jean-Marie (2013): «Fictional vs. Factual Narration». In: Hühn, Peter / Pier, John / Schmidt, Wolf / Schönert, Jörg (Hrsg.): *the living handbook of narratology*. Hamburg: Hamburg University, Online-Resourcem, URL: <http://www.lhn.uni-hamburg.de/article/fictional-vs-factual-narration> (Zugriff: 28.11.2017).

Schildt, Axel (1981): *Militärdiktatur mit Massenbasis? Die Querfrontkonzeption der Reichswehrführung um General Kurt von Schleicher am Ende der Weimarer Republik*. Frankfurt a. M.: Campus.

– (1995): *Moderne Zeiten. Freizeit, Massenmedien und ‹Zeitgeist› in der Bundesrepublik der 50er Jahre*. Hamburg: Hans Christians Verlag (= Hamburger Beiträge zur Sozial- und Zeitgeschichte, Bd. 31).

Schildt, Axel / Siegfried, Detlef / Lammers, Karl Christian (Hrsg.) – (2000): *Dynamische Zeiten. Die 60er Jahre in den beiden deutschen Gesellschaften*. Hamburg: Hans Christians Verlag (= Hamburger Beiträge zur Sozial- und Zeitgeschichte, Bd. 37).

Schildt, Axel / Siegfried, Detlef (2009): *Deutsche Kulturgeschichte. Die Bundesrepublik – 1945 bis zur Gegenwart*. München: Carl Hanser Verlag.

Schmidt, Johannes (1983): *Die Darstellung der Machtergreifung Hitlers in Lion Feuchtwangers Roman Die Geschwister Oppermann und in Egon Monks gleichnamigem Fernsehspiel. Eine vergleichende Analyse*. Unveröffentlichte Magisterarbeit, Universität Hamburg.

Schmidt, Monika (2015): «Ein Tag – Bericht aus einem deutschen Konzentrationslager 1939». In: Benz, Wolfgang (Hrsg.): *Handbuch des Antisemitismus. Judenfeindschaft in Geschichte und Gegenwart*. München: Saur, S. 90–93.

Schmidt, Dörte / Pasdzierny, Matthias (2017): «‹Ein Versuch Farbe zu bekennen›. Egon Monks Zusammenarbeit mit Ernst Krenek und Alexander Goehr». In: Schumacher, Julia / Stuhlmann, Andreas (Hrsg.): *Die «Hamburgische Dramaturgie» der Medien. Egon Monk (1927–2007) – Autor, Regisseur, Produzent*. Marburg: Schüren, S. 121–149.

Schmitt, Peter (1980): *Faust und die «Deutsche Misere». Studien zu Brechts dialektischer Theaterkonzeption*. Erlangen: Palm u. Enke.

– (1981): *Materialien zu Bertolt Brechts UR-FAUST-Inszenierung*. Erlangen: Palm u. Enke.

Schmitz, Matthias (1983): «Feuchtwanger/Eisenstein oder: Romanmontage und Montagefilm. Anmerkungen zu einem produktiven Mißverständnis». In: Arnold, Heinz Ludwig (Hrsg.): *Lion Feuchtwanger*. Text+Kritik. Zeitschrift für Literatur 79/80 (1983), S. 75–85.

Schmitz-Berning, Cornelia (1998): *Vokabular im Nationalsozialismus*. Berlin u. a.: de Gruyter.

Schneider, Irmela (1980): «Das Fernsehspiel und seine Funktion – Eine historische Skizze». In: dies. (Hrsg.): *Dramaturgie des Fernsehspiels. Die Diskussion um das Fernsehspiel 1952–1979*. München: Fink, S. 9–17.

– (1985): «Zwischen den Fronten des oft Gehörten und nicht zu Entziffernden: Das deutsche Hörspiel.» In: Thomsen, Christian W./Schneider, Irmela (Hrsg.): *Grundzüge der Geschichte des europäischen Hörspiels*. Darmstadt: Wiss. Buchgesellschaft, S. 175–206.

Schöffler, Heinz (1972): «Bemerkungen des Herausgebers». In: ders. (Hrsg.): *Fernsehstücke*. Frankfurt a. M.: Fischer-Taschenbuch-Verlag, S. 423–429.

Schoenberner, Gerhard (1995): «Frühe Theaterarbeit». In: Felix, Jürgen u. a. (Hrsg.): *Deutsche Geschichten. Egon Monk – Autor, Dramaturg, Regisseur*. Augen-Blick. Marburger Hefte zur Medienwissenschaft 21. Marburg: Schüren, S. 6–18.

Schütz, Erhard (2006): «Neue Sachlichkeit». In: *Literaturwissenschaftliches Lexikon. Grundbegriffe der Germanistik*. Hrsg. v. Horst Brunner und Rainer Moritz. 2., überarbeitete u. erweiterte Auflage. Berlin: Erich Schmidt Verlag, S. 293–296.

Schulz, Sandra (2007): «Film und Fernsehen als Medien der gesellschaftlichen Vergegenwärtigung des Holocaust: Die deutsche Erstausstrahlung der US-amerikanischen Fernsehserie Holocaust im Jahr 1979». In: *Historical Social Research* 32, 1 (2007), S. 189–248.

Schulz, Jan-Hendrik (2017): «Zur Geschichte der Roten Armee Fraktion (RAF) und ihrer Kontexte: Eine Chronik (Überarbeitete Chronik aus dem Jahr 2007)». In: *Zeitgeschichte-online*, URL: <http://www.zeitgeschichte-online.de/sites/default/files/documents/schulz-raf_

chronik-erweitert-ueberarbeitet.pdf> (Zugriff: 28.11.2017).
Schumacher, Julia (2011): «Egon Monks Fernsehspiele der 1960er Jahre». In: *Rundfunk und Geschichte* 37, 3–4 (2011), S. 19–30.
- (2013): «Jugendfilm». In: Kuhn, Markus / Scheidgen, Irina / Weber, Nicola Valeska (Hrsg.): *Filmwissenschaftliche Genreanalyse. Eine Einführung.* Berlin/Boston: de Gruyter, S. 295–313.
- (2014): «Egon Monk: Mauern – von Vätern und Söhnen». In: Henselder, Jan (Hrsg.): *Borderland – audiovisuelle Quellen zur Berliner Mauer.* Visual Culture Press 5 (2014), Berlin, S. 20–25.
- (2017a): «Der Schulfreund – Claus Hubalek». In: dies./Andreas Stuhlmann (Hrsg.): *Die «Hamburgische Dramaturgie» der Medien. Egon Monk (1927–2007) – Autor, Regisseur, Produzent.* Marburg: Schüren, S. 53–64.
- (2017b): «Ringen um den Realismus. Die zeitgeschichtlichen Filmprojekte 1975–2003 (Mit einem unveröffentlichten Brief von Alexander Goehr)«. In: dies./Andreas Stuhlmann (Hrsg.): *Die «Hamburgische Dramaturgie» der Medien. Egon Monk (1927–2007) – Autor, Regisseur, Produzent.* Marburg: Schüren, S. 243–264.
Schumacher, Julia / Stuhlmann, Andreas (2012): «Kleines Organon für das Fernsehen. Egon Monk als Erbe Brechts». In: Hilzinger, Sonja (Hrsg.): *Gewalt und Gerechtigkeit. Auf den Schlachthöfen der Geschichte (Brecht-Tage 2011).* Berlin: Matthes & Seitz, S. 162–176.
- (2017a) – (Hrsg.): *Die «Hamburgische Dramaturgie» der Medien. Egon Monk (1927–2007) – Autor, Regisseur, Produzent.* Marburg: Schüren.
- (2017b): «‹M-O-N-K...vier Buchstaben repräsentieren eine Institution›. Einleitung». In: dies. (Hrsg.): *Die «Hamburgische Dramaturgie» der Medien. Egon Monk (1927–2007) – Autor, Regisseur, Produzent.* Marburg: Schüren, S. 7–12.
- [im Erscheinen 2018]: «‹Sie hat geraucht› – Zur Kodierung der Emotion im epischen Theater Bertolt Brechts». In: Zhu, Jianhua (Hrsg.): *Akten des XIII. Internationalen Germanistenkongresses Shanghai 2015.* Frankfurt a. M./ New York/London: Peter Lang.
Schweinitz, Jörg (2006): *Film und Stereotyp. Eine Herausforderung für das Kino und die Filmtheorie. Zur Geschichte eines Mediendiskurses.* Berlin: Akademie-Verlag.
Schwitzke, Heinz (1960): *Vier Fernsehspiele – Hildesheimer/Maas/Hubalek/Lommer.* Stuttgart: Cotta.
Searle, John R. (1979): «The Logical Status of Fictional Discourse». In: *Expression and Meaning. Studies in the Theory of Speech Acts.* Cambridge: Cambridge UP, S. 58–75.
Seel, Martin (2007): «Realismus und Anti-Realismus in der Theorie des Films». In: *Die Macht des Erscheinens. Texte zur Ästhetik.* Frankfurt a. M.: Suhrkamp, S. 152–175.
Seletzky, Martin (1975): «Arnold Wesker: The Old Ones». In: Fehse, Klaus-Dieter / Platz, Norbert H. (Hrsg.): *Das zeitgenössische englische Drama. Einführung, Interpretation, Dokumentation.* Frankfurt a. M.: Athenäum Fischer-Taschenbuch-Verlag, S. 299–315.
Shookman, Ellis (1990): «Making History in Hans Fallada's Bauern, Bonzen und Bomben: Schleswig-Holstein, Nazism, and the Landvolkbewegung». In: *German Studies Review* 13 (1990), S. 461–480.
- (1994): «Figuring out Hans Fallada: A Replay to Thomas Bredohl». In: *German Studies Review* 17 (1990), S. 79–81.
Siegfried, Detlef (2000): «Zwischen Aufarbeitung und Schlußstrich. Der Umgang mit der NS-Vergangenheit in den beiden deutschen Staaten 1945 bis 1969». In: Schildt, Axel / Siegfried, Detlef / Lammers, Karl Christian (Hrsg.): *Dynamische Zeiten. Die 60er Jahre in den beiden deutschen Gesellschaften.* Hamburg: Hans Christians Verlag (= Hamburger Beiträge zur Sozial- und Zeitgeschichte, hrsg. v. d. Forschungsstelle für Zeitgeschichte Hamburg, Darstellungen, Bd. 37, Red. Josef Schmid), S. 77–113.
Skolnik, Jonathan (2009): «Class War, Anti-Fascism, and Anti-Semitism: Grigori Roshal's 1939 Film *Sem'ia Oppengeim* in Context.» In: Wallace, Ian (Hrsg.): *Feuchtwanger and film.* Bern: Peter Lang, S. 237–246.
Slevogt, Esther (2012): «Ritterschlag mit dem Damoklesschwert. Egon Monk und Bertolt Brecht 1949–1953». In: Weidauer, Friedemann, J. (Hrsg.): *Der B-Effekt – Einflüsse von/auf Brecht. The B-Effect. Influences of/on Brecht.* Madison: Univ. Wisconsin Press (= The Brecht Yearbook, Bd. 37), S. 163–177.
- (2017): «Auf dem Platz neben Brecht. Egon

Monks Jahre am Berliner Ensemble 1949–1953». In: Schumacher, Julia / Stuhlmann, Andreas (Hrsg.): *Die «Hamburgische Dramaturgie» der Medien. Egon Monk (1927–2007) – Autor, Regisseur, Produzent*. Marburg: Schüren 2017, S. 15–28.

Spoerhase, Carlos (2007a): «Hypothetischer Intentionalismus. Rekonstruktion und Kritik». In: *Journal of Literary Theory* 1 (2007), S. 81–110.

– (2007b): *Autorschaft und Interpretation. Methodische Grundlagen einer philologischen Hermeneutik*. Berlin u. a.: de Gruyter.

Stadt Duisburg / Filmforum der Volkshochschule (Hrsg.) – (1979): *3. Duisburger-Filmwoche '79*. Duisburg: Filmforum.

– (1981): *Bilder aus der Wirklichkeit. Aufsätze zum dokumentarischen Film und Dokumentation. 4. Duisburger-Filmwoche '80*. Duisburg: Filmforum.

Steinle, Matthias (2009): «Geschichte im Film: Zum Umgang mit den Zeichen der Vergangenheit im Dokudrama der Gegenwart». In: Korte, Barbara / Paletschke, Sylvia (Hrsg.): *History Goes Pop. Zur Repräsentation von Geschichte in populären Medien*. Bielefeld: transcript, S. 147–166.

– (2010): «Alles Dokudrama? – über das Neue im Alten eines schillernden Begriffs». In: *MEDIENwissenschaft: Rezensionen/Reviews* 1 (2010), S. 10–16.

Stigllegger, Marcus (2015): *Auschwitz-TV. Reflexionen des Holocaust im Fernsehen*. Wiesbaden: Springer VS.

Storz, Oliver (1980): «Gibt es schon Fernseh-Regeln, und wie kann man sie lernen?» [1963]. In: Schneider, Irmela (Hrsg.): *Dramaturgie des Fernsehspiels. Die Diskussion um das Fernsehspiel 1952–1979*. München: Fink, S. 133–141.

Stuhlmann, Andreas (2017a): «Radio Days. Egon Monks Arbeit für den RIAS Berlin und den Rundfunk des NDR 1953–1959 (Mit einem unveröffentlichten Brief von Caspar Neher an Egon Monk)». In: Schumacher, Julia/ders. (Hrsg.): *Die «Hamburgische Dramaturgie» der Medien. Egon Monk (1927–2007) – Autor, Regisseur, Produzent*. Marburg: Schüren, S. 29–42.

– (2017b): «Von der ‹Nutzanwendung› der (Literatur-)Geschichte. Hans Mayer als Freund und Mentor Egon Monks». In: Schumacher, Julia/ders. (Hrsg.): *Die «Hamburgische Dramaturgie» der Medien. Egon Monk (1927–2007) – Autor, Regisseur, Produzent*. Marburg: Schüren, S. 43–52.

– (2017c): «Egon Monks idealer Zuschauer. Walter Jens sieht fern». In: Schumacher, Julia/ders. (Hrsg.): *Die «Hamburgische Dramaturgie» der Medien. Egon Monk (1927–2007) – Autor, Regisseur, Produzent*. Marburg: Schüren, S. 219–231.

Struck, Wolfgang (2003): «Bilderstürme. Zeitgeschichte in deutschen Fernsehfilmen». In: Frick, Werner / Komfort-Hein, Susanne (Hrsg.): *Aufklärungen. Zur Literaturgeschichte der Moderne*. Tübingen: Max Niemeyer, S. 421–438.

Surbiotto, Arrigo (1975): *Bertolt Brecht's adaptations for the Berliner Ensemble*. London: Modern Humanities Research Assoc.

Suvin, Darko (2008): «Emotion, Brecht, Empathy vs. Sympathy». In: Weidauer, Friedmann J. (Hrsg.): *Gestus – Musik – Text / Gestus – Music – Text*. Madison: Univ. of Wisconsin Press (= Brecht-Jahrbuch, Bd. 33), S. 53–68.

Swales, Martin (1997): *Epochenbuch Realismus. Romane und Erzählungen*. Berlin: Erich Schmidt.

Szczepanik, Petr / Vonderau, Patrick (Hrsg.) – (2013): *Behind the Screen: Inside European Production Cultures*. New York: Palgrave MacMillan.

Thompson, Kristin (1995): «Neoformalistische Filmanalyse. Ein Ansatz, viele Methoden». In: *montage/AV* 4, 1 (1995), S. 23–61.

Theilig, Ulrike / Töteberg, Michael (1980): «Das Dilemma eines deutschen Schriftstellers. Hans Fallada und der Faschismus». In: *Sammlung. Jahrbuch für antifaschistische Literatur und Kunst* 3 (1980). Frankfurt a. M.: Röderberg, S. 72–88.

Thiele, Martina (2001): *Publizistische Kontroversen über den Holocaust im Film*. Diss. Univ. Göttingen, Online-Ressource, URL: <http://ediss.uni-goettingen.de/handle/11858/00-1735-0000-000D-F211-4> (Zugriff: 28.11.2017).

Thiele, Dieter / Reinhard, Saloch (2007): *Auf den Spuren der Bertinis. Ein literarischer Spaziergang durch Hamburg*. Korrigierter Nachdruck der Erstauflage von 2003. Hamburg: VSA-Verl.

Töteberg, Michael (2014): «Erzählen in Bildern, Nachdenken in Worten. Zur Film- und Fernseharbeit Christian Geisslers» [Nachwort].

In: Christian Geissler: *Schlachtvieh / Kalte Zeiten* [1963/1965]. Mit einem Nachwort von Michael Töteberg. Hamburg: Verbrecher Verlag, S. 199–245.
- (2017): «Eine produktive Verbindung – auf Zeit: Egon Monk und Christian Geissler». In: Schumacher, Julia / Andreas Stuhlmann (Hrsg.): *Die «Hamburgische Dramaturgie» der Medien. Egon Monk (1927–2007) – Autor, Regisseur, Produzent*. Marburg: Schüren, S. 81–93.

Tolhurst, William E. (1979): «On What a Text is and How it means». In: *British Journal of Aesthetics* 19, 1 (1979), S. 3–14.

Tretow, Christine (2003): *Caspar Neher. Graue Eminenz hinter der Brecht-Gardine und den Kulissen des modernen Musiktheaters. Eine Werkbiographie*. Trier: WVT.

Truffaut, François (1999): «Eine gewisse Tendenz im französischen Film» [1954]. In: ders.: *Die Lust am Sehen*. Frankfurt a. M.: Verlag der Autoren, S. 295–313.

Tuñón de Lara, Manuel (Hrsg.) – (1987): *Der Spanische Bürgerkrieg. Eine Bestandsaufnahme mit Beiträgen von Manuel Tuñón de Lara, Julio Aróstegui, Ángel Viñas, Gabriel Cardona, Josep M. Bricall*. Frankfurt a. M.: Suhrkamp.

Turner, Henry Ashby Jr. (2003): «Fallada for Historians». In: *German Studies Review* 26 (2003), S. 477–492.

Ueberall, Jörg (2004): *Swing Kids*. Hrsg. v. Archiv der Jugendkulturen e. V. Berlin: Verl. Thomas Tilsner.

Ungureit, Heinz (1982): «Die Schwierigkeit, ‹es› begreiflich zu machen». In: ZDF Information u. Presse (Hrsg.): *Fernsehfilm «Die Geschwister Oppermann»*. Mit einem Vorwort v. Marta Feuchtwanger. Frankfurt a. M.: Fischer, S. 9–14.
- (1985): «Die Zukunft des Fernsehspiels im Zeichen der Neuen Medien». In: Dramaturgische Gesellschaft (Hrsg.): *Brauchen Fernsehspiel und Hörspiel eine neue Dramaturgie?* Berlin: Eigenverlag (= Schriften der Dramaturgischen Gesellschaft, Bd. 20, Red. Knut Hickethier), S. 29–42.

Vaupel, Angela (2007): *Zur Rezeption von Exilliteratur und Lion Feuchtwangers Werk in Deutschland 1945 bis heute*. Oxford u. a.: Peter Lang.

Vogel, Juliane (2007): «Realismus und Drama». In: Begemann, Christian (Hrsg.): *Realismus.*

Epoche – Autoren – Werke. Darmstadt: WBG, S. 173–188.

Vonderau, Patrick: «Theorien zur Produktion: ein Überblick». In: *montage /AV* 22,1 (2013), S. 9–32.

Walden, Hans (1980): «‹Symbol deutschen Soldatentums›. Zum Kriegerdenkmal am Stephansplatz». In: *Sammlung 2, Jahrbuch für antifaschistische Literatur und Kunst*, hrsg. v. Hans Naumann, Frankfurt a. M.: Röderberg-Verlag, S. 97–104.

Weber, Kurt (1972): «Kunst, Technik und Ökonomie. Von der Arbeit des Kameramannes». In: Schöffler, Heinz (Hrsg.): *Fernsehstücke*. Frankfurt a. M.: Fischer-Taschenbuch-Verlag, S. 416–422.

Weigel, Sigrid (2006): «Hinterlassenschaften, Archive, Biographie. Am Beispiel Susan Taubes». In: Fetz, Berndard / Schweiger, Hannes (Hrsg.): *Spiegel und Maske. Konstruktionen biographischer Wahrheit*. Wien: Paul Zsolnay Verlag, S. 33–48.

Weigelt, Andreas (2007): «Gunter Reinhold Lys 1907–1990. Mensch und Werk». In: Lys, Gunther R.: *Geheimes Leid – Geheimer Kampf. Ein Bericht über das Außenlager Lieberose des KZ Sachsenhausen*. Hrsg. v. Andreas Weigelt im Auftrag der Evangelischen Kirchengemeinde Lieberose und Land. Mit einem Beitrag von Andreas Weigelt. Berlin: Metropol Verlag, S. 223–408.

Weise, Wolf-Dietrich (1969): *Die «Neuen englischen Dramatiker» in ihrem Verhältnis zu Brecht (unter besonderer Berücksichtigung von Wesker, Osborne und Arden)*. Bad Homburg u. a.: Verlag Dr. Max Gehlen.

Weiß, Monika (2014): Rezension zu: Hißnauer, Christian / Schmidt, Bernd (2013): *Wegmarken des Fernsehdokumentarismus: Die Hamburger Schulen*. Konstanz: UVK. In: *MEDIENwissenschaft: Rezensionen/Reviews* 1 (2014), S. 93–94.

Wekwerth, Manfred (2000): *Erinnern ist Leben. Eine dramatische Autobiografie*. Leipzig: Faber und Faber.

Weller, Anja (1996): «Fernsehspielreihen nach literarischer Vorlage. Vergleich der Redaktionsgeschichten von NDR und ZDF». In: Schanze, Helmut (Hrsg.): *Fernsehgeschichte der Literatur. Voraussetzungen – Fallstudien – Kanon*. München: Fink, S. 248–312.

Wenzel, Miriam (2009): *Gericht und Gedächtnis. Der deutschsprachige Holocaust-Diskurs der sechziger Jahre.* Göttingen: Wallstein.

Wesker, Arnold (1961): «The Reaction against Realism». In: *The Transatlantic Review* 5, Times Literary Supplement (30. Juni 1961).

– (1969): *Gesammelte Stücke. Die Küche, Hühnersuppe mit Graupen, Tag für Tag, Nächstes Jahr in Jerusalem, Der kurze Prozess, Die vier Jahreszeiten, Goldene Städte.* Frankfurt a. M.: Suhrkamp.

White, Hayden (1990): *Die Bedeutung der Form. Erzählstrukturen in der Geschichtsschreibung.* Frankfurt a. M.: Fischer.

Wiebel, Martin (1999): «Im Bildschirm als dem Spiegel der Zeit erschien die Zeit im Spiegel. Anmerkungen zur Geschichte des Fernsehspiels». In: ders. (Hrsg.): *Deutschland auf der Mattscheibe. Die Geschichte der Bundesrepublik im Fernsehspiel.* Frankfurt a. M.: Verlag der Autoren, S. 13–37.

Wildenhahn, Klaus (1975): *Über synthetischen und dokumentarischen Film. Zwölf Lesestunden.* Frankfurt a. M.: Kommunales Kino.

Wilke, Jürgen: «Die Fernsehserie ‹Holocaust› als Medienereignis. In: *Zeitgeschichte-online*, Thema: Die Fernsehserie «Holocaust» – Rückblicke auf eine «betroffene Nation», hrsg. von Christoph Classen, März 2004, Online-Ressource, URL: <http://www.zeitgeschichte-online.de/md=FSHolocaust-Wilke> (9.9.2017).

Winkler, Heinrich August (1987): *Der Weg in die Katastrophe. Arbeiter und Arbeiterbewegung in der Weimarer Republik 1930–1933.* Bonn: Dietz.

– (1992): «Von Weimar zu Hitler. Die Arbeiterbewegung und das Scheitern der ersten deutschen Demokratie», Antrittsvorlesung an der Humboldt-Universität zu Berlin am 28. April 1992, Online-Ressource, URL: <http://edoc.hu-berlin.de/humboldt-vl/winkler-heinrich-august/PDF/Winkler.pdf> (Zugriff: 28.11.2017).

– (1993): *Weimar 1918–1933. Die Geschichte der ersten deutschen Demokratie.* München: C. H. Beck.

Winkler, Heinrich August u. Mitarb. v. Elisabeth Müller-Luckner (Hrsg.) – (1992): *Die deutsche Staatskrise 1930–1933. Handlungsspielräume und Alternativen.* München: R. Oldenbourg Verlag (= Schriften des Historischen Kollegs, hrsg. v. der Stiftung Historisches Kolleg, Kolloquien 26.).

Witte, Karsten (2006): «Brecht und Film. Das zu Sehende jedermann sichtbar machen». In: Arnold, Heinz Ludwig (Hrsg.): *Bertolt Brecht I*, Text+Kritik. Zeitschrift für Literatur. Sonderband, dritte Auflage: Neufassung. München: Richard Booberg Verlag, S. 62–83.

Wittfogel, Karl August (1970): «Bauern, Bonzen, Faschisten – die Geheimnisse von Neumünster» [1932]. In: *Die Linkskurve* 4, 2 (1932). Glashütten im Taunus: Verlag Detlev Auvermann KG. Unveränderter Neudruck der Ausgabe, Berlin, S. 28–32.

Wolff, Rudolph (Hrsg.) – (1983): *Hans Fallada. Werk und Wirkung.* Bonn: Bouvier.

Wohl von Haselberg, Lea (2016): *Und nach dem Holocaust? Jüdische Figuren im (west)deutschen Spielfilm nach 1945.* Berlin: Neofelis.

Wuss, Peter (1998): «Originalität und Stil. Zu einigen Anregungen der Formalen Schule für die Analyse von Film-Stilen». In: *montage/AV* 7,1 (1998), S. 145–165.

Zachau, Reinhard K. (2000): *Hans Fallada. Eine kritische Untersuchung zur Rezeption seines Werks in den Jahren 1930–1997.* Stuttgart: Heinz (= Stuttgarter Arbeiten zur Germanistik, Bd. 371).

– (2009): «Elemente der Neuen Sachlichkeit in Hans Falladas Bauern, Bonzen und Bomben». In: Gansel, Carsten / Liersch, Werner (Hrsg.): *Hans Fallada und die literarische Moderne.* Göttingen: V&R Unipress (= Deutschsprachige Gegenwartsliteratur und Medien, Bd. 6), S. 91–100.

Zeller, Rosemarie (1987): «Realismusprobleme in semiotischer Sicht» [1980]. In: Brinkmann, Richard (Hrsg.): *Begriffsbestimmung des literarischen Realismus.* Darmstadt: WBG, S. 561–587.

Ziegler, Bernhard [Alfred Kurella] (1969): «‹Nun ist dieses Erbe zuende …›» [1937]. In: Raddatz, Fritz J. (Hrsg.): *Marxismus und Literatur. Eine Dokumentation in drei Bänden*, Bd. 2, Reinbek: Rowohlt, S. 43–50.

Zimmermann, Heiner O. (1998): «Arnold Wesker and the Desire for Utopia: Utopia's Enemies and Wesker». In: Dornan, Reade W. (Hrsg.): *Arnold Wesker. A Casebook.* New York/London: Garland, S. 49–74.

Zimmermann, Peter (1994): «Geschichte von Dokumentarfilm und Reportage von der Adenauer-Ära bis zur Gegenwart». In: Ludes, Peter / Schumacher, Heidemarie / Zimmermann, Peter (Hrsg.): *Informations- und Dokumentarsendungen* (= Geschichte des Fernsehens der Bundesrepublik Deutschland, Bd. 3). München: Fink, S. 213–232.

Zipfel, Frank (2001): *Fiktion, Fiktivität, Fiktionalität. Analysen zur Fiktion in der Literatur und zum Fiktionsbegriff in der Literaturwissenschaft*. Berlin: Erich Schmidt.

Presseartikel und Kritiken

Barry, Knut (1983): «Im israelischen Fernsehen. Geschwister Oppermann». In: *Frankfurter Allgemeine Zeitung* (11. Feb. 1983).

Baum, Gerhart (2017): «Die deutsche Geschichte ist kein ‹Tatort›». In: *Spiegel-Online* (17. Okt. 2017), URL: <http://www.spiegel.de/kultur/tv/tatort-ueber-die-raf-die-deutsche-geschichte-ist-kein-tatort-a-1173270.html> (Zugriff: 28.11.2017).

Becker, Rolf (1975): «Tadellos, primig». In: *Der Spiegel*, Nr. 18 (28. April 1975), S. 151–152.

Billington, Michael (2012): «Arnold Wesker: food for thought». In: *The Guardian* (21. Mai 2012), URL: <http://www.theguardian.com/stage/2012/may/21/arnold-wesker-food-for-thought> (Zugriff: 28.11.2017).

Blumenberg, Hans C.[hristoph] (1971): «Bunte Gasmaskenoperette». In: *Die Zeit*, Nr. 3 (15. Jan. 1971), S. 16.

– (1977): «Im Würgegriff des Fernsehens. Das Kino auf der Suche nach dem intelligenten Kommerzfilm» (= Glanz und Elend des neuen deutschen Films II). In: *Die Zeit*, Nr. 37 (9. Sept. 1977), S. 35.

Böll, Heinrich (1982): «Warnung vor Deutschblütlern». In: *Der Spiegel*, Nr. 18 (3. Mai 1982), S. 219–224.

Borski, A. (1968): «So ein Theater». In: *Berliner Zeitung* (3. Sept. 1968).

Canby, Vincent (1971): «The Go-Between». In: *The New York Times* (30. Juli 1971), URL:<http://www.nytimes.com/movie/review?res=EE05E7DF1730E764BC4850DFB166838A669EDE> (Zugriff: 28.11.2017).

Ceasar, Anna Maria (1968): «Sie wollen mich so schnell wie möglich beseitigen». In: *Frankfurter Rundschau* (19. Sept. 1968).

Costa, Maddy (2011): «Edward Bond's Saved: ‹We didn't set out to shock›». In: *The Guardian* (9. Okt. 2011), URL: <http://www.theguardian.com/stage/2011/oct/09/edward-bond-saved-original-cast> (Zugriff: 28.11.2017).

ch (1975): «Unscharf». In: *Frankfurter Rundschau* (5. März 1975).

Delling, Manfred (1963): «Private Leidenschaften interessieren mich nicht» (= Junge deutsche Regisseure: Egon Monk). In: *Film* 2 (1963), S. 56–58.

– (1970): «Ökonomie als Schicksal. Egon Monks neuer TV-Film Industrielandschaft mit Einzelhändlern». In: *Allgemeines Deutsches Sonntagsblatt* (9. Dez. 1970).

– (1983): «Juden in Deutschland 1933: Die große Illusion [Vorschau: ‹Die Geschwister Oppermann› (30./31.1, ZDF).]». In: *Deutsches Allgemeines Sonntagsblatt* (30. Jan. 1983), S. 15.

de Haas, Anneliese (1966): «Preis der Freiheit. Egon Monks neuer Fernsehfilm heute Abend im Ersten Programm». In: *Die Welt* (15. Feb. 1966).

– (1969): «Nachhilfeunterricht». In: *Die Welt* (16. Okt. 1969).

Der Spiegel (1959): «Die Stimmbandmontage». In: *Der Spiegel*, Nr. 14 (1. April 1957), S. 55–57.

– (1962a): «Ball im Parterre». In: *Der Spiegel*, Nr. 38 (19. Sept. 1962), S. 85.

– (1962b): «Stalingrad. Geräusch an der Wolga». In: *Der Spiegel*, Nr. 45 (1962), S. 124–127.

– (1962c): «Ein gewisses Kribbeln». In: *Der Spiegel*, Nr. 42 (17. Okt. 1962), S. 112–116.

– (1963): «Stalingrad Sendung. Schau gestohlen». In: *Der Spiegel*, Nr. 7 (1963), S. 33–34.

– (1964): «Lahmer Aufstieg». In: *Der Spiegel*, Nr. 39 (23. Sept. 1964), S. 122.

– (1965): «Fallex 62». In: *Der Spiegel*, Nr. 50 (8. Dez. 1965), S. 159–161.

– (1966): «Sehr extremes Stück». In: *Der Spiegel*, Nr. 20 (9. Mai 1966), S. 123–124.

– (1967a): «Nach dem Buh. Hochhuth». In: *Der Spiegel*, Nr. 43 (16. Okt. 1967), S. 187–188.

– (1967b): «Schöne Heimat». In: *Der Spiegel*, Nr. 41 (2. Okt. 1967), S. 185–186.

– (1967c): «An sich vernichtet». In: *Der Spiegel*, Nr. 13 (20. März 1967), S. 86–90.

– (1968a): «Gott kommt nicht ins Haus. *Spiegel*-Interview mit dem Intendanten des Deutschen Schauspielhauses Hamburg, Egon Monk». In: *Der Spiegel*, Nr. 36 (2. Sept. 1968), S. 111–113.

- (1968b): «Abend mit Antoinette». In: *Der Spiegel*, Nr. 5 (29. Jan. 1968), S. 136.
- (1968c): «Reinshagen. Steiles Hälschen». In: *Der Spiegel*, Nr. 8 (19. Feb. 1968), 145–147.
- (1968d): «Es rumoort». In: *Der Spiegel*, Nr. 41 (7. Okt. 1968), S. 178–180.
- (1971a): «Große Kirmes». In: *Der Spiegel*, Nr. 3 (11. Jan. 1971), S. 50–51.
- (1971b): «Wie das Meer». In: *Der Spiegel*, Nr. 16 (12. April 1971), S. 153–156.
- (1974): «Oh, von Hedwig». In: *Der Spiegel*, Nr. 15 (8. April 1974), S. 169.
- (1975): «Diese Woche im Fernsehen». In: *Der Spiegel*, Nr. 10 (3. März 1975), S. 159–160.

Deutsches Fernsehen (1969): «‹... wie künftig unsere Gesellschaft gebaut werden soll›. Interview mit Egon Monk über Weskers ‹Goldene Städte›». In: *Deutsches Fernsehen, Nachrichten und Notizen* 42 (1969), S. 17–18.

Dönhoff, Marion (1979): «Eine deutsche Geschichtsstunde». In: *Die Zeit*, Nr. 6 (2. Feb. 1979), S. 1.

Dressen, Peter (1973): «Kein Vergnügen an privaten Gefühlen. Fallada-Regisseur Egon Monk über seine Arbeit». In: *Hamburger Abendblatt*, Nr. 104 (5. Mai 1973), S. 23.

Ebmeyer, Klaus-U. (1975): «Abschied von Therese Giehse». In: *Deutsche Zeitung* (7. März 1975).

Ellis, Samantha (2003): «Edward Bond, Saved, November 1965». In: *The Guardian* (23. April 2003), URL: <http://www.theguardian.com/stage/2003/apr/23/theatre.samanthaellis?INTCMP=SRCH/> (Zugriff: 28.11.2017).

E.J. [Ernst Johann] (1963): «Schlachtvieh». In: *Frankfurter Allgemeine Zeitung* (18. Feb. 1963).
- (1966): «Preis der Freiheit». In: *Süddeutsche Zeitung* (17. Feb. 1966).
- (1968): «Ein Ereignis – dennoch». In: *Frankfurter Allgemeine Zeitung* (5. Sept. 1968).
- (1969): «Die merkwürdige Katastrophe». In: *Frankfurter Allgemeine Zeitung* (27. Nov. 1969).
- (1970): «Leerstück». In: *Frankfurter Allgemeine Zeitung* (9. Dez. 1970).
- (1973): «Bauern, Bonzen und Bomben. Tagebuch des Fernsehers». In: *Frankfurter Allgemeine Zeitung* (25. April 1973).

FAZ (1981): «Ein deutsches Geschichtsdrama». In: *Frankfurter Allgemeine Zeitung* (28. April 1981).
- (2014): «Ein Spezialist der Streitbarkeit. Zum Tod von Ralph Giordano». In: *Frankfurter Allgemeine Zeitung* (10. Dez. 2014).

Ferber, Christian (1968): «Monk und seine Marionetten». In: *Die Welt* (17. Sept. 1968).

Fest, Joachim (1979): «Nachwort zu Holocaust». In: *Frankfurter Allgemeine Zeitung* (29. Jan. 1979), S.1.

Festenberg, Nico von (1988a): «Keller der Vergangenheit». In: *Der Spiegel*, Nr. 44 (31. Okt. 1988), S. 276–280.
- (1988b): «Trogschnauziger Posauk». In: *Der Spiegel*, Nr. 12 (21. März 1988), S. 223–228.

Festenberg, Nikolaus (2017): «Bilder sind die neuen Fakten». In: *Der Tagesspiegel* (5. Nov. 2017), URL: <http://www.tagesspiegel.de/medien/nach-raf-tatort-nun-nsu-krimi-bilder-sind-die-neuen-fakten/20543574.html> (Zugriff: 28.11.2017).

fzs hagalil online (1999): «Frei nach Motiven: Klemperer – Ein Leben in Deutschland». In: *haGalil.com, Jüdisches Leben online* (22.11.1999), URL: <http://www.hagalil.com/deutschland/sachsen/klemperer.htm> (Zugriff: 28.11.2017).

Geissler, Christian (1999): «Prozeß im Bruch. Ein Gespräch mit Christian Geissler nach dessen Eintritt in das achte Lebensjahrzehnt». In: *analyse & kritik – Zeitung für linke Debatte und Praxis*, Nr. 431 (21.10.1999), S. 19.

Grob, Norbert (1989): «Wie ein lächelnder Mörder». In: *Die Zeit*, Nr. 40 (29. Sept. 1989), S. 68.

Hachmeister, Lutz (2014): «‹Die inhaltliche Diskussion kommt zu kurz.› Ein *epd*-Interview mit Dieter Stolte». In: *epd medien* 34 (22. Aug. 2014).

Hamburger Abendblatt (1968): «Menschlich gesehen: Jazz, Malerei und Theater». In: *Hamburger Abendblatt*, (11. November 1968).
- (1983): «Israelische Reaktionen auf die Ausstrahlung des deutschen Fernsehfilms ‹Die Geschwister Oppermann›: ‹Eines der besten Dramen in unserem Fernsehen». In: *Hamburger Abendblatt* (3. Feb. 1983).

Herbort, Heinz-Josef (1973): «Unter dem Milchwald». In: *Die Zeit*, Nr. 22 (25. Mai 1973), S. 23.

Hickethier, Knut (2007): «Leidenschaften interessierten Egon Monk nicht». In: *Die Welt* (28. Feb. 2007), URL: <http://www.welt.de/vermischtes/article740145/Leidenschaften_interessierten_Egon_Monk_nicht.html> (Zugriff: 28.11.2017).

Höhne, Heinz (1979): «Schwarzer Freitag für die Historiker. ‹Holocaust›: Fiktion und Wirklichkeit». In: *Der Spiegel*, Nr. 5 (29. Jan. 1979), S. 22.

H. R. (1968): «Personen und Programme». In: *Theater heute* 3 (1968), S. 36–37.

Huber, Joachim (2017): «Propaganda für die RAF? Widerspruch zu Stefan Aust und der ‹Tatort›-Verschwörungstheorie zum Mord in Stammheim. Ein Kommentar». In: *Der Tagesspiegel* (16. Okt. 2017), URL: <http://www.tagesspiegel.de/medien/tatort-der-rote-schatten-propaganda-fuer-die-raf/20461192.html> (Zugriff: 28.11.2017).

J. J. [Johannes Jacobi] (1958): «Oper als Celler Kulturfilm«. In: *Die Zeit*, Nr. 49 (4. Dez. 1958), S. 30.

Jacobi, Johannes (1957): «Provokation und peinlicher Kompromiß. Vier Bühnen starten Oelschlegel – Fünf Theater spielen Gressiker». In: *Die Zeit*, Nr. 9 (28. Feb. 1957), S. 5.

– (1964): «In jedem lauert ein Tyrann. ‹Das Gesicht› von Siegfried Lenz im Deutschen Schauspielhaus uraufgeführt». In: *Die Zeit*, Nr. 39 (25. Sept. 1964), S. 20.

Jens, Walter (1979): «Schergen, die Theater spielen …». In: *Die Zeit*, Nr. 6 (2. Feb. 1979), S. 12.

J. S. (1975): «Mutter Teresas Denkprozeß. ‹Die Gewehre der Frau Carrar› im Zweiten Fernsehen». In: *Hannoversche Allgemeine Zeitung* (5. März 1975).

Jungen, Oliver (2017): «Wer kämpft, hat schon verloren». In: *Frankfurter Allgemeine Zeitung* (15. Okt. 2017), URL: <http://www.faz.net/aktuell/feuilleton/medien/tatort/der-swr-tatort-der-rote-schatten-15244860.html> (Zugriff: 28.11.2017).

Kaiser, Joachim (1968): «Zwischen Telekolleg und Tosca». In: *Süddeutsche Zeitung* (17. Sept.1968).

Karalus, Paul (1982): «Gegen die Ignoranz der Puristen». In: *Süddeutsche Zeitung* (19. Nov. 1982), S. 11.

Karasek, Hellmuth (1968): «Buh für Bruder Franz. ‹Die Räuber› oder: Monk verspielt die zweite Chance». In: *Die Zeit*, Nr. 38 (20. Sept. 1968), S. 28.

– (1969): «Rotmord im Fernsehen». In: *Die Zeit*, Nr. 17 (25. April 1969), S. 16.

– (1978): «Brecht ist tot». In: *Der Spiegel*, Nr. 9 (27. Feb. 1978), S. 216–217.

Katz, Anne Rose / Thieringer, Thomas (1988): «Auf Kreuzstraßen des Schicksals. Pro und Contra: Egon Monks Verfilmung von Ralph Giordanos ‹Die Bertinis›». In: *Süddeutsche Zeitung* (3. Nov. 1988), S. 54.

Kipphoff, Petra (1967): «Intendantenwechsel in Hamburg». In: *Die Zeit*, Nr. 20 (19. Mai 1967), S. 17.

– (1968): «Monks Schauspiel-Pläne». In: *Die Zeit*, Nr. 8 (23. Feb. 1968), S. 16.

Kließ, Werner (1967): «Egon Monks Hamburgische Dramaturgie. Das Fernsehspiel ‹Zuchthaus›, inszeniert von Rolf Hädrich, produziert von Egon Monk». In: *Film* 6 (1967), S. 39–40.

Körner, Torsten (2014): «Vom Krieg erzählen. UMUV, ein innerdeutscher Gefühlsdialog». In: *epd medien* 21 (23. Mai 2014).

Kramberg, K. H. (1969): «Eine wunderliche Metamorphose. Egon Monks Hamburger ‹Räuber›-Inszenierung im Deutschen Fernsehen». In: *Süddeutsche Zeitung* (25. Nov. 1969).

– (1975): «Generäle über Bilbao». In: *Süddeutsche Zeitung* (5. März 1975).

– (1983): «Repräsentanten einer Zeit. Egon Monks Feuchtwanger-Verfilmung ‹Die Geschwister Oppermann›». In: *Frankfurter Rundschau* (2. Feb. 1983).

liv (1983): «‹Die Geschwister Oppermann› – eine Geschichtslektion in erhellender Form». In: *Neue Zürcher Zeitung* (3. Feb. 1983), S. 9.

Luft, Friedrich (1969): «Unrevidierter Monk». In: *Die Welt* (25. Nov. 1969).

lupus [Wolfgang Werner Paul Baranowsky] (1961): «Bildung im häuslichen Lehnstuhl». In: *Die Zeit*, Nr. 26 (23. Juni 1961), S. 16.

– (1963): «Plötzlich ist die Provinz im Zimmer». In: *Die Zeit*, Nr. 23 (7. Juni 1963), S. 16.

Madler, Anton [Armin Mohler] (1973): «Blick zurück nach halblinks». In: *Die Welt* (10. Mai 1973).

Mander, Gertrud (1966): «Das verfehlte Jerusalem. Arnold Weskers neues Stück enttäuscht in London». In: *Stuttgarter Zeitung* (30. Juni 1966).

Meyer, Andreas (1977): «Auf dem Weg zum Staatsfilm? Bausteine zu einer Situationsanalyse des bundesdeutschen Kinos». In: *Medium* 10 (1977).

Modick, Klaus (1981b): «Die späte Wiederkehr des Lion Feuchtwanger». In: *Der Spiegel*, Nr. 17 (1981), S. 208–215.

Möller, Barbara (2002): «Liebeserklärung an das Café Leon». In: *Hamburger Abendblatt* (28. Nov. 2002), URL: <http://www.abendblatt.de/kultur-live/article562513/Liebeserklaerung-an-das-Cafe-Leon.html> (Zugriff: 28.11.2017).

Momos [Walter Jens] (1964a): «Wilhelmsburger Freitag». In: *Die Zeit*, Nr. 13 (27. März 1964), S. 16.

- (1964b): «Das Eiserne Kreuz, die Zigarette und das Notizbuch». In: *Die Zeit*, Nr. 41 (9. Oktober 1964), S. 16.
- (1965): «Ein Text und drei Melodien». In: *Die Zeit*, Nr. 49 (3. Dez. 1965), S. 16.
- (1967): «Ein Spiel für die Anständigen». In: *Die Zeit*, Nr. 4 (27. Jan. 1967), S. 20.
- (1970): «Der Drogist und die Riesen». In: *Die Zeit*, Nr. 51 (18. Dez. 1970), S. 24.
- (1973): «Warum alles so ist». In: *Die Zeit*, Nr. 20 (11. Mai 1973), S. 24.

Müller, Tobi (2013): «Schweizer Techno anno 1964: ‹Les Echanges› von Rolf Liebermann». In: *SRF Schweizer Radio und Fernsehen*, URL: <http://www.srf.ch/kultur/im-fokus/der-archivar/schweizer-techno-anno-1964-les-echanges-von-rolf-liebermann> (Zugriff: 28.11.2017).

Müller-Marein, Josef (1962): «Über Weill läßt sich nicht streiten. Aufstieg und Fall der Stadt Mahagonny in der Hamburgischen Staatsoper». In: *Die Zeit*, Nr. 38 (21. Sept. 1962), S. 11.

Müntze, Ingeborg (1969): «‹Goldene Brücken› für Egon Monk. Ein neuer Fernsehfilm des ehemaligen Intendanten. Gespräch mit seinem Hauptdarsteller». In: *Hamburger Abendblatt* (14. Oktober 1969).

- (1983): «Gestern gesehen. Geschwister Oppermann (II)». In: *Hamburger Abendblatt* (1. Feb. 1983).

Netenjakob, Egon (1966): «Eine politische Mission. Fünf Jahre Fernsehspiel des NDR (1961–1965) – Eine Konzeption und ein Spielplan». In: *FUNK-Korrespondenz* 47 (1966), S. 1–4.

- (1967): «Endlich eine Fernsehspielkonzeption beim WDR». In: *FUNK-Korrespondenz* 3 (1967).
- (1973): «Fallada als Autorität. Über ein Gespräch mit Egon Monk zu ‹Bauern, Bonzen und Bomben›». In: *FUNK-Korrespondenz* 16–17 (1973), S. 10–14.

Nyáry, Josef (2016): «Als der NDR das ‹Stahlnetz› auswarf». In: *Hamburger Abendblatt* (5. März 2016), URL: <https://www.abendblatt.de/kultur-live/article207126001/Als-der-NDR-das-Stahlnetz-auswarf.html> (Zugriff: 28.11.2017).

NZZ (1988): «‹Die Bertinis› – Egon Monks filmische Version». In: *Neue Zürcher Zeitung* (5. Nov. 1988).

O'Connor, John J. (1983): «TV: Story Of a Family In Nazi Era». In: *The New York Times* (19. Mai 1983).

Olsen, Fred (1992): «Fernsehen als permanentes Volkstheater». In: *Hamburger Abendblatt* (18. Mai 1992), URL: <http://www.abendblatt.de/archiv/1992/article202658125/Fernsehen-als-permanentes-Volkstheater-Egon-Monk-65.html> (Zugriff: 28.11.2017).

Paul, Wolfgang (1966): «Grenzer». In: *Der Tagesspiegel* (17. Feb. 1966).

- (1968): «Ein Abend Gehorsam». In: *Der Tagesspiegel* (3. Sept. 1968).
- (1973): «Auf dem Fernsehschirm (West): Eine Götterdämmerung». In: *Der Tagesspiegel* (10. Mai 1973).
- (1975): «Monks Brecht». In: *Der Tagesspiegel* (5. Mai 1975).

Polcuch, Valentin (1973): «Zeit der Ausweglosigkeit: 1929». In: *Die Welt* (21. April 1973).

- (1983): «Und ein gehöriges Stück Beschämung …». In: *Die Welt* (29. Jan. 1983).

Prinzler, Hans Helmut (2007): «Nachruf für die Mitgliederversammlung der Akademie der Künste» (3. Nov. 2007), URL: <http://www.hhprinzler.de/2007/11/egon-monk/> (Zugriff: 28.11.2017).

Prümm, Karl (1983): «Was unsere Zeit in Bewegung hält. ‹Geschwister Oppermann›. Ein *epd*-Interview mit Regisseur Egon Monk». In: *epd Kirche und Rundfunk* 10 (5. Feb. 1983), S. 1–5.

- (1987b): «Ruhe, wir arbeiten! Egon Monk dreht ‹Die Bertinis›». In: *Frankfurter Allgemeine Zeitung* (12. Dez. 1987).

- (2007): «Ein politischer Fernseh-Erzähler. Nachwirkendes Vorbild – zum Tod von Egon Monk». In: *epd medien* 18 (7. März 2007), S. 8–10.

Pryce-Jones, David (1979): «The march towards fascism». In: *Radio Times* (2–8. Juni 1979), S. 17–19.

Raddatz, Fritz J. (1979): «Rampe als Shiloh-Ranch» (= Holocaust und die Folgen: Heinrich Böll, Dieter Forte und Fritz J. Raddatz melden Zustimmung und vehementen Widerspruch an). In: *Die Zeit*, Nr. 11 (9. März 1979), S. 11.
- (1983): «Würde des Widerstehens». In: *Die Zeit*, Nr. 5 (28. Jan. 1983), S. 42

R. D. [René Drommert]: «Schlachtvieh». In: *Die Zeit*, Nr. 8 (22. Feb. 1963), S. 16.

Rehfeld, Claus-Stephan (2014): «Wanke nicht mein Vaterland», *Deutschlandradio Kultur*, Länderreport (24.7.2014, 13:30 Uhr), URL: <http://www.deutschlandfunkkultur.de/schleswig-holstein-wanke-nicht-mein-vaterland.1001.de.html?dram:article_id=292624> (Zugriff: 28.11.2017).

Repplinger, Roger (2012): «Zu ‹Tietz› geht niemand mehr». In: *Jüdische Allgemeine* (17. Mai 2012), URL: <http://www.juedische-allgemeine.de/article/view/id/13016> (Zugriff: 28.11.2017).

Rischbieter, Henning (1968): «Das Debakel als Ereignis. In: *Theater heute* 10 (1968), S. 19–20.

Rudolph, Johanna (1953): «Weitere Bemerkungen zum Faust-Problem. Zur Aufführung von Goethes Urfaust durch das Berliner Ensemble». In: *Neues Deutschland. Organ des Zentralkomitees der Sozialistischen Einheitspartei Deutschlands*, Nr. 121 (27. Mai 1953), S. 4.

Rohrbach, Günter (1979): «Ende der Von-oben-nach-unten-Kultur? Erkenntnisse und Folgerungen für die Arbeit von Fernsehanstalten». In: *Frankfurter Allgemeine Zeitung* (1. Feb. 1979), S. 19.

Rotzoll, Christa (1968): «Zitieren ist nicht genug. Egon Monks Anfang in Hamburg». In: *Frankfurter Rundschau* (3. Sept. 1968).

Ruf, Wolfgang (1970): «Verkrampftes Lehrstück». In: *Süddeutsche Zeitung* (9. Dez. 1970).
- (1973): «Eher Dokumentarspiel als dramatische Erzählung. Zu Egon Monks Verfilmung von Falladas Roman ‹Bauern, Bonzen und Bomben›». In: *Süddeutsche Zeitung* (2. Mai 1973).

Rumler, Fritz (1968): «Jagdszenen aus Norddeutschland». In: *Der Spiegel*, Nr. 43 (21. Okt. 1968), S. 210–211.

R. V. (1973a): «Marmorn aufdringlich. Falladas ‹Bauern, Bonzen und Bomben›». In: *Stuttgarter Zeitung* (25. April 1973).
- (1973b): «Wie Kain und Abel. ‹Bauern, Bonzen und Bomben› (Schluß)». In: *Stuttgarter Zeitung* (10. Mai 1973).

Schlegel, Dietrich (2005): «Swinging Berlin: Tanzen verboten. Ein Musical erinnert an Jazz im ‹Dritten Reich› und die ‹Swing Jugend›». In: *Jazzzeitung* 5 (2005), S. 21–23, Online-Ausgabe, URL: <http://www.jazzzeitung.de/jazz/2005/05/dossier.shtml> (Zugriff: 28.11.2017).

Schmidt-Ospach, Michael (1966): «Monks Räuber gingen in die Tele-Re-Vision». In: *epd Kirche und Rundfunk* 46 (29. Nov. 1969), S. 16–17.

Schmitt, Uwe (1988): «Monks Deutschstunde. Nach dem zweiten von fünf Teilen: ‹Die Bertinis› (ZDF)». In: *Frankfurter Allgemeine Zeitung* (3. Nov. 1988).

Sichtermann, Barbara: «Das Tabu». In: *Die Zeit*, Nr. 46 (11. Nov. 1988), URL: <http://www.zeit.de/1988/46/das-tabu> (Zugriff 28.11.2017).

Simon, Karl Günter (1965a): «Die Anfragen des Egon Monk» (= Stile und Profile im deutschen Fernsehen 3). In: *Film* 3,10 (1965), S. 36–37.
- (1965b): «Monk und seine Autoren» (= Stile und Profile im deutschen Fernsehen 4). In: *Film* 9 (1965), S. 30–33.

Sperr, Monika / Sperr, Martin (1969): «Ruhe nach Monk. Einige Anmerkungen zu dem gescheiterten Intendanten in Hamburg». In: *Die Zeit*, Nr. 10 (7. März 1969), S. 15.

Spiegel, Paul (2003): «Rede des Präsidenten des Zentralrats der Juden in Deutschland, Paul Spiegel, anlässlich der Verleihung des LEO-BAECK-PREISES 2003 am 17. September 2003 in Berlin an Dr. h. c. Ralph Giordano». In: Zentralrat der Juden in Deutschland, Online-Ressource, URL: <http://www.zentralratdjuden.de/de/article/226.html> (Zugriff: 28.11.2017).

Spirgi, Domenique (2014): «Kultwerk #140: Symphonie ‹Les Echanges›». In: *Tageswoche* (24. Juli 2014), URL: <http://www.tageswoche.ch/de/2014_30/kultur/657901/> (Zugriff: 28.11.2017).

Steinbach, Peter (1983): «Das Lehrstück von der großen Illusion. Zu Lion Feuchtwangers ‹Geschwister Oppermann› im Fernsehen». In: *Bild* [Frankfurt] (2. Feb. 1983), S. 23.

SZ (1989): «Kritikerpreis in Berlin vergeben». In: *Süddeutsche Zeitung* (7. Feb. 1989).

Timm, Roland (1988a): «Kaffee kochen, wenn Hitler Kanzler wird». In: *Süddeutsche Zeitung* (31. Okt. 1988).

- (1988b): «‹Wo's gefühlig wird, muß ich lachen!› Gegen den Haß auf die Vernunft. Egon Monk über seine Verfilmung der ‹Bertinis›». In: *Süddeutsche Zeitung* (2. Nov. 1988), S. 56.

Trappmann, Margret (1966): «Egon Monk: ein Stil». In: *FUNK-Korrespondenz* 9 (1966), S. 17–18.

Visarius, Karsten (1983): «Es liegt in der Luft was Idiotisches (Sendungen zum 50. Jahrestag der Machtergreifung)». In: *Frankfurter Allgemeine Zeitung* (2. Feb. 1983).

Videns (1966): «Langer Atem». In: *Donau-Kurier* (17. Feb. 1966).

Vogel, Gerhard (2004): «Egon Monk: Stationen der Kreativität. Über den Meister der anspruchsvollen Fernsehunterhaltung». In: *Hamburger Flimmern* 11 (2004), Online-Ausgabe, URL: < http://www.filmmuseum-hamburg.de/sammlungen/flimmern/flimmern-11/egon-monk.html> (Zugriff: 28.11.2017).

Wagner, Klaus (1962): «Die Moritat von Mahagonny». In: *Frankfurter Allgemeine Zeitung* (21. Sept. 1962).

- (1968a): «Schwierigkeiten beim Hinauffallen. Egon Monks Einstand im Hamburger Schauspielhaus: Über den Gehorsam». In: *Frankfurter Allgemeine Zeitung* (3. Sept. 1968).

- (1968b): «Schiller – ledern». In: *Frankfurter Allgemeine Zeitung* (17. Sept. 1968).

Wenders, Wim (1977): «That's Entertainment: Hitler». In: *Die Zeit*, Nr. 33 (12. August 1977), S. 34.

Wick, Klaudia (2015): «ZDF-Dreiteiler ‹Tannenbach›. Sorgsamer Geschichtsunterricht». In: *Berliner Zeitung* (2. Jan. 2015), URL: <http://www.berliner-zeitung.de/kultur/film/zdf-dreiteiler--tannbach--sorgsamer-geschichtsunterricht-3489738> (Zugriff: 28.11.2017).

Wiese, Eberhard von (1968): «Das Schauspielhaus auf neuem Kurs. Hamburger Abendblatt-Gespräch mit Intendant Egon Monk / Theater aus moderner Sicht». In: *Hamburger Abendblatt* (10. Aug. 1968), URL: <http://www.abendblatt.de/archiv/1968/article201076883/Das-Schauspielhaus-auf-neuem-Kurs.html> (Zugriff: 28.11.2017).

Wiesel, Elie[zer] (1978): «Trivializing the Holocaust: Semifact and Semifiction». In: *New York Times* (16. April 1978), S. 75.

- (1979): «Eine Beleidigung der Opfer». In: *Die Zeit*, Nr. 4 (19. Jan. 1979), S. 25.

Winkler, Willi (2014): «Er suchte noch im Elend nach Erlösung». In: *Süddeutsche Zeitung* (10. Dez. 2014), URL: <http://www.sueddeutsche.de/kultur/zum-tod-von-ralph-giordano-er-suchte-noch-im-elend-nach-erloesung-1.2261087> (Zugriff: 28.11.2017).

Wirsing, Sibylle (1970): «Gedeih und Verderb». In: *Der Tagesspiegel* (9. Dez. 1970).

- (1973): «Auf dem Fernsehschirm: West: Berechnungen». In: *Der Tagesspiegel* (25. April 1973).

Würker, Wolfgang (1983): «Das Lehrstück Oppermann. Ein Fernsehfilm nach dem Roman von Lion Feuchtwanger». In: *Frankfurter Allgemeine Zeitung* (29. Jan. 1983).

Ziermann, Horst (1975): «Die Gewehre der Frau Carrar». In: *Die Welt* (5. März 1975).

Zimmer, Dieter E. (1979): «Melodrama vom Massenmord». In: *Die Zeit*, Nr. 3 (19. Jan. 1979), S. 23–24.

AV-Medien

A

ABSOLUTE GIGANTEN
Spielfilm BRD 1999. Regie u. Buch: Sebastian Schipper.

ALMA MATER
Fernspiel BRD 1969. Produktion i. A. NDR (Dieter Meichsner), Regie: Rolf Hädrich, Buch: Dieter Meichsner u. Rolf Hädrich, gesendet am 27.11.1969.

AMERICAN GRAFFITI
Spielfilm USA 1973. Regie: George Lucas, Buch: George Lucas, Gloria Katz u. Willard Huyck.

B

BAMBULE
Fernsehspiel BRD 1970. Produktion i. A. SWF. Regie: Eberhard Itzenplitz, Buch: Ulrike Meinhof, ursprünglicher Sendetermin 24.5.1970 (abgesetzt), gesendet am 24.5.1994.

BARRY LYDON
BARRY LYNDON
Spielfilm UK 1975. Regie u. Buch: Stanley Kubrick nach dem gleichnamigen Roman von William Makepeace Thackeray.

DAS BEIL VON WANDSBEK
Fernsehspiel/Dokudrama BRD 1981/82. Produktion i. A. NDR, Regie u. Buch: Heinrich Breloer u. Horst Königstein, gesendet am 12.8.1982.

DIE BRÜCKE
Spielfilm BRD 1959. Regie: Bernhard Wicki, Buch: Bernhard Wicki, Michael Mansfeld u. Karl-Wilhelm Viver.

C

CABARET
CABARET
Spielfilm USA 1972. Regie: Bob Fosse, Buch: Jay Presson Allen nach der Erzählung von Christopher Isherwood, dem Schauspiel von John Van Druden und dem Musical von Joe Masteroff.

CATHY COME HOME
Fernsehfilm UK 1967. Produziert i. A. BBC, Regie: Ken Loach, Buch: Jeremy Stanford u. Ken Loach.

CHELOVEK S KINO-APPARATOM
DER MANN MIT DER KAMERA
Experimentalfilm UdSSR 1929, Regie u. Buch: Dziga Vertov.

CRAZY
Spielfilm BRD 2000, Regie: Hans-Christian Schmidt, Buch: Michael Gutmann u. Hans-Christian Schmidt nach dem gleichnamigen Roman von Benjamin Lebert.

CULLODON
Fernsehspiel UK 1964. Produktion i. A. BBC, Regie u. Buch: Peter Watkins, gesendet am 15.12.1964 (UK), 4.4.1969 (BRD).

D

DONT LOOK BACK
Dokumentation USA 1967, Regie u. Buch: D. A. Pennebaker.

E

ECHO FROM AFAR
Fernsehspiel UK 1958. Produktion i. A. BBC (*Sunday Night Theatre*), Regie: Eric Fawcett, Buch: Jack Pullman, gesendet am 13.12.1959.

ERFOLG
Spielfilm BRD 1991. Regie u. Buch: Franz Seitz nach dem Roman von Lion Feuchtwanger.

ERINNERUNG AN EINEN SOMMER IN BERLIN
Fernsehspiel BRD 1972. Produktion i. A. NDR. Regie u. Buch: Rolf Hädrich nach dem Roman *Es führt kein Weg zurück* von Thomas Wolfe, gesendet am 22.8.1972.

DIE ERMITTLUNG
Fernsehspiel BRD 1966. Produktion i. A. NDR (Egon Monk), Regie: Peter Schulze-Rohr, gesendet am 29.3.1966.

EXIL
Fernsehfilm in 7 Teilen BRD 1981. Produktion i. A. WDR. Regie: Egon Günther, Buch: Robert Muller nach dem Roman von Lion Feuchtwanger, gesendet zw. 26.4. u. 1.6.1981.

F

FAKTEN UND FIKTIONEN. DAS DOKUDRAMA IM FERNSEHEN
Dokumentarfilm BRD 2001. Produktion i. A. WDR/3sat (Red. Reinhard Wulf), Buch u. Regie: Gerhard Lampe [Interviews mit Egon Monk, Rolf Hädrich, Dieter Meichsner, Horst Königstein u. Heinrich Breloer], gesendet am 18.1.2001.

DIE FESTUNG
Fernsehspiel BRD 1957. Produktion i. A. NWRV. Regie: Gustav Burmester, Buch: Claus Hubalek nach seinem Hörspiel, gesendet am 10.5.1957.

DIE FLUCHT
Fernsehfilm in 2 Teilen BRD 2007. Produktion teamWorx i. A. ARTE u. a., Regie: Kai Wessel, Buch: Gabriela Sperl, gesendet am 2.5.2007.

FURCHT UND ELEND DES DRITTEN REICHS
Fernsehspiel BRD 1964. Produktion i. A. NDR (Egon Monk) [Szenenauswahl: «Der Verrat», Regie: Peter M. Ladiges, «Die Rechtsfindung», Regie: Rolf Busch, «Die jüdische Frau», Regie: Klaus-Peter Witt, «Der Spitzel», Regie: Markus Scholz], gesendet am 8.10.1964

G

DER GUTE MENSCH VON SEZUAN
Fernsehspiel BRD 1966. Produktion i. A. SDR. Regie u. Buch: Fritz Umgelter nach dem Schauspiel von Bertolt Brecht, gesendet am 27.11.1966.

THE GO-BETWEEN
DER MITTLER
Spielfilm UK 1971. Regie: Joseph Losey, Buch: Harold Pinter nach dem Roman von L. P. Hartley.

H

HABEN
Fernsehspiel BRD 1964. Produktion i. A. NDR (Egon Monk), Regie: Rolf Hädrich, Buch: Julius Hay, gesendet am 9.5.1964.

HELLZAPOPPIN'
HELLZAPOPPIN – IN DER HÖLLE IST DER TEUFEL LOS
Spielfilm USA 1941. Regie: H. C. Potter, Buch: Net Perrin u. Warren Wilson.

HERR PUNTILA UND SEIN KNECHT MATTI
Fernsehspiel BRD 1968. Produktion i. A. HR, Regie u. Buch: Rolf Hädrich nach dem Schauspiel von Bertolt Brecht, gesendet am 2.10. 1968.

HITLER – EINE KARRIERE
Dokumentation BRD 1977. Regie: Joachim C. Fest u. Christian Herrendoefer, Buch: Joachim C. Fest.

HOLOCAUST
HOLOCAUST – DIE GESCHICHTE DER FAMILIE WEISS
Fernsehfilm in 4 Teilen USA 1978. Produktion i. A. NBC, Regie: Marvin Chomsky, Buch: Gerald Green, gesendet zw. 16.4. u. 19. 4.1978; deutsche Ausstrahlung: zw. 22.1. u. 26.1.1979.

HOPE AND GLORY
HOFFNUNG UND RUHM
Spielfilm UK 1987. Regie u. Buch: John Boorman.

I

IL PORTIERE DI NOTTE
DER NACHTPORTIER
Spielfilm I 1974. Regie: Liliana Cavani, Buch: Liliana Cavani, Italo Moscati u. a.

IM DICKICHT DER STÄDTE
Aufzeichnung der Inszenierung des Schauspiels von Bertolt Brecht an den Münchner Kammerspielen im Dezember 1968, Regie: Martin Batty, gesendet am 21.12.1968.

J

JUDGEMENT AT NUREMBERG
Fernsehspiel (*live*) USA 1959. Produktion i. A. CBS für die Reihe *Playhouse 90* (Season 3, Episode 28), Regie: Georg Roy Hill, Buch: Abby Mann, gesendet am 16.4.1959.

JUDGEMENT AT NUREMBERG
DAS URTEIL VON NÜRNBERG
Spielfilm USA 1961. Regie: Stanley Kramer, Buch: Abby Mann.

JEANNE ODER DIE LERCHE
Fernsehspiel (*live*) BRD 1956. Produktion i. A. SDR, Regie: Franz Peter Wirth, Buch: Hans Gottschalk nach dem Schauspiel von Jean Anouilh, gesendet am 30.1.1956.

K

DER KAUKASISCHE KREIDEKREIS
Fernsehspiel (*live*) BRD 1958. Produktion i. A. SDR, Regie: Franz Peter Wirth, Buch: Hans Gottschalk nach dem Schauspiel von Bertolt Brecht, gesendet am 25.9.1958.

KENNEN SIE GEORG LINKE?
Fernsehfilm BRD 1971. Produktion i. A. NDR, Regie: Rolf Hädrich, Buch: Dieter Meichsner u. Rolf Hädrich, gesendet am 27.6.1971.

KU'DAMM 56
Fernsehfilm in 3 Teilen BRD 2016. Produktion i. A. ZDF, Regie: Sven Bohse, Buch: Annette Hess, gesendet zw. 20.3. u. 23.3.2016.

L

LA CADUTA DEGLI DEI
DIE VERDAMMTEN (GÖTTERDÄMMERUNG)
Spielfilm I/BRD 1969. Regie: Luchino Visconti, Buch: Nicola Badalucco, Enrico Medioli u. Luchino Visconti.

LADRI DI BICICLETTE
FAHRRADDIEBE
Spielfilm I 1948. Regie: Vittoria De Sica, Buch: Cesare Zavattini.

LA TERRA TREMA
DIE ERDE BEBT
Spielfilm I 1948. Regie: Vittoria De Sica, Buch: Antonio Pietrangeli u. Lucino Visvonti nach dem Roman von Giovanni Verga.

LACOMBE LUCIEN
Spielfilm F/I/BRD 1974. Regie: Louis Malles, Buch: Louis Malle u. Patrick Modiano.

LE DERNIER MÉTRO
DIE LETZTE METRO
Spielfilm F 1980. Regie: François Truffaut, Buch: François Truffaut u. Suzanne Schiffman.

LIEBE MUTTER, MIR GEHT ES GUT
Spielfilm BRD 1972. Produktion in Zusammenarbeit mit dem WDR. Regie: Christian Ziewer, Buch: Klaus Wiese u. Christian Ziewer, gesendet am 18.9.1972.

LILI MARLEEN
Spielfilm BRD 1981. Regie: Rainer Werner Fassbinder, Buch: Manfred Purzer, Joshua Sinclair u. a.

M

MANN IST MANN
Aufzeichnung der Inszenierung des Schauspiels von Bertolt Brecht an der Schaubühne am Hallesschen Ufer 1966 i. A. NDR. Regie: Hagen Mueller-Stahl, gesendet 1967.

DIE MANNS – EIN JAHRHUNDERTROMAN
Fernsehfilm in 3 Teilen BRD 2001. Produktion i. A. ARTE u. a., Regie: Heinrich Breloer, Buch: Horst Königstein u. Heinrich Breloer, gesendet am 5.–7.12.2001.

MEPHISTO
Spielfilm BRD/Ungarn 1981. Regie: István Szabó, Buch: Pèter Dobai u. István Szabó nach dem Roman von Klaus Mann.

MORD IN FRANKFURT
Fernsehspiel BRD 1968. Produktion i. A. WDR (Red. Günter Rohrbach), Regie u. Buch: Rolf Hädrich, gesendet am 30.1.1968.

Die Münchner Räterepublik
Dokumentarspiel in 2 Teilen BRD 1971. Produktion i. A. ZDF, Regie u. Buch: Hellmuth Ashley, gesendet am 10.3.1971.

Die Mutter
Aufzeichnung der Inszenierung des Schauspiels von Bertolt Brecht (nach dem Roman von Maxim Gorki) an der Schaubühne am Halleschen Ufer 1970, Produktion i. A. SFB u. SWF, Regie: Peter Stein, gesendet am 8.2.1971.

Mutter Courage und ihre Kinder
Spielfilm DDR 1955. Regie: Wolfgang Staudte, Buch: Emil Burri u. Wolfgang Staudte nach dem Schauspiel von Bertolt Brecht.

N

Nach all der Zeit
Fernsehspiel BRD 1960. Produktion i. A. NDR (Egon Monk), Regie: Hans Lietzau, Buch: Jack Pulman (Übersetzung: Ruth von Marcard), gesendet am 16.11.1960.

Nachrede auf Klara Heydebeck
Fernsehspiel BRD 1969. Produktion i. A. NDR (Hans Brecht), Regie u. Buch: Eberhard Fechner, gesendet am 29.11.1969.

Nachruf auf Jürgen Trahnke
Fernsehspiel BRD 1962. Produktion i. A. HR, Regie: Rolf Hädrich, Buch: Dieter Meichsner nach seinem Roman *Studenten von Berlin*, gesendet am 5.4.1962.

Napola – Elite für den Führer
Spielfilm BRD 2004. Regie: Dennis Gansel, Buch: Dennis Gansel u. Maggie Peren.

Novemberverbrecher – Eine Erinnerung
Fernsehspiel BRD 1968. Produktion i. A. NDR, Regie: Carlheinz Caspari, Buch: Dieter Meichsner u. Karlheinz Dederke, gesendet am 10.11.1968.

NVA
Spielfilm BRD 2005. Regie: Leander Hausmann, Buch: Tom Brussig u. Leander Hausmann.

O

Ort der Handlung: Deutschland. Egon Monk und seine Filme
Dokumentation BRD 1987. Produktion i. A. NDR, Regie: Stephan Reichenberger, Interviews: Karl Prümm [Interviewpartner: Egon Monk, Eberhard Fechner, Walter Jens und Dieter Meichsner], gesendet am 29.11.1987.

P

Der Pott
Fernsehspiel BRD 1971. Produktion i. A. WDR, Regie: Peter Zadek, Buch: Tankred Dorst nach seiner Adaption des Schauspiels *The Silver Tassie* von Sean O'Casey, gesendet am 12.1.1971.

Primary
Der Vorwahlkampf
Dokumentation USA 1960, Regie u. Buch: Robert Drew.

Der Prozess – Eine Darstellung des Majdanek-Verfahrens in Düsseldorf
Dokumentation in 4 Teilen BRD 1984. Produktion i. A. NDR (Hans Brecht), Regie: Eberhard Fechner.

R

Die Revolution entlässt ihre Kinder
Fernsehspiel BRD 1962. Produktion i. A. NDR (Red. Egon Monk), Regie: Rolf Hädrich, Buch: Claus Hubalek nach der Autobiographie von Wolfgang Leonhard, gesendet am 22.5.1962.

S

Semya Oppengeym
The Oppenheim Family
Spielfilm UdSSR 1939. Regie: Grigori Roshal, Buch: Serafima Roshal nach dem Roman *Die Geschwister Oppermann* von Lion Feuchtwanger.

Schule
Spielfilm BRD 2000. Regie: Marco Petry, Buch: Marco Petry u. Stefan Wood.

SING, ABER SPIEL NICHT MIT MIR
Spielfilm Ö 1963. Regie: Kurt Nachmann, Buch: Daniela Holl.

SONNENALLEE
Spielfilm BRD 1999. Regie: Leander Hausmann, Buch: Thomas Brussig, Leander Hausmann in Zusammenarbeit mit Detlev Buck u. Heike Sperling.

DIE STAATSKANZLEI
Dokudrama BRD 1989. Produktion i. A. WDR/NDR. Regie u. Buch: Heinrich Breloer, gesendet am 29.11.1989.

STALINGRAD
Fernsehspiel BRD 1963. Produktion i. A. NDR (Egon Monk), Regie: Gustav Burmester, Buch: Claus Hubalek nach Motiven des Romans von Theodor Plievier und dem Bühnenstück von Claus Hubalek.

DER STECHLIN
Fernsehfilm in 3 Teilen BRD 1975. Produktion i. A. NDR (Dieter Meichsner), Regie u. Buch: Rolf Hädrich nach dem Roman von Theodor Fontane, gesendet zw. 28.3. u. 1.4.1975.

A STRAVINSKY PORTRAIT
Dokumentation BRD/USA 1966. Produktion: Leacock-Pennebaker i. A. NDR (Rolf Liebermann), Regie: Richard Leacock.

SWING KIDS
SWING KIDS
Spielfilm USA 1993. Regie: Thomas Carter, Buch: Jonathan Marc Feldman.

T

TADELLÖSER & WOLFF
Fernsehfilm in 2 Teilen BRD 1975. Produziert i. A. ZDF, Regie u. Buch: Eberhard Fechner nach dem Roman von Walter Kempowski, gesendet am 1. u. 3.5.1975.

TANNBACH – SCHICKSAL EINES DORFES
Fernsehfilm in 3 Teilen BRD 2015. Produziert i. A. ZDF, Regie: Alexander Dierbach, Buch: Martin Pristl, Gabriela Sperl, Josephin Thayenthal, Robert Thayenthal, Gabriela Zerhau, gesendet zw. 4.1. u. 7.1.2015.

TATORT – DER ROTE SCHATTEN
Fernsehfilm BRD i. A. SWR, Regie: Dominik Graf,

Buch: Raul Grothe u. Dominik Graf, gesendet am 15.10.2017.

TODESSPIEL
Dokudrama in 2 Teilen BRD 1997. Produktion i. A. WDR, Regie u. Buch: Heinrich Breloer, gesendet am 15.6.1997.

U

... UND DEINE LIEBE AUCH
Spielfilm DDR 1962, Regie: Frank Vogel, Buch: Paul Wiens.

UNSERE MÜTTER, UNSERE VÄTER
Fernsehfilm in 3 Teilen BRD 2013. Produziert i. A. ZDF, Regie: Phillip Kadelbach, Buch: Stefan Kolditz, gesendet zw. 17.3. u. 20.3.2013.

DIE UNVERBESSERLICHEN
Fernsehfilm in 7 Folgen, BRD 1965–1971. Produktion i. A. NDR (Egon Monk u. Dieter Meichsner), Regie: Claus Peter Witt, Buch: Robert Stromberger, gesendet am 9.5.1965 (Folge I), 15.5.1966 (II: DIE UNVERBESSERLICHEN – NICHTS DAZUGELERNT), 2.4.1967 (III: ... UND IHR OPTIMISMUS), 12.5.1968 (IV: ... UND IHRE SORGEN), 25.5.1969 (V: ... UND IHRE MENSCHENKENNTNIS), 17.5.1970 (VI: ... UND DIE LIEBE), 9.5.1971 (VII: ... UND IHR STOLZ).

V

DIE VERFOLGUNG UND ERMORDUNG JEAN PAUL MARATS
Fernsehspiel BRD 1967, Produktion i. A. NDR (Egon Monk), Regie: Peter Schulze-Rohr, Buch: Peter Schulze-Rohr nach dem Schauspiel [MARATS/SADE] von Peter Weiss, gesendet am 23.11.1967.

VIER STUNDEN VON ELBE 1
Fernsehspiel BRD 1967. Produktion i. A. NDR (Egon Monk), Regie: Eberhard Fechner, Buch: Helga Feddersen, gesendet am 7.3.1967.

W

DER WALZER DER TOREROS
Fernsehspiel BRD 1962. Produktion i. A. NDR, Regie: Peter Beauvais, Buch: Franz Geiger u. Ernst

Laurenze nach dem Schauspiel von Jean Anouilh, gesendet am 20.2.1962.

WIE EIN HIRSCHBERGER DÄNISCH LERNTE
Fernsehspiel BRD 1968. Produktion i. A. NDR (Egon Monk), Regie: Rolf Busch, Buch: Dieter Meichsner, gesendet am 3.10.1968.

Y

YANKS
YANKS – GESTERN WAREN WIR NOCH FREMDE Spielfilm UK 1979, Regie: John Schlesinger, Buch: Collin Welland.

Z

ZUCHTHAUS
Fernsehspiel BRD 1967. Produktion i. A. NDR (Egon Monk), Regie: Rolf Hädrich, Buch: Claus Hubalek nach dem Roman *Die bestrafte Zeit* von Henry Jaeger, gesendet am 25.5.1967.

ZUR SACHE J. ROBERT OPPENHEIMER
Fernsehspiel BRD 1964, Produktion i. A. HR, Regie: Gerhard Klingenberg, Buch: Heiner Kipphardt nach seinem gleichnamigen Schauspiel, gesendet am 23.1.1964.

Abbildungsnachweis

Abb. 1, 13, 84: Die Gewehre der Frau Carrar (DFF 1953).
Abb. 14, 15: Das Geld liegt auf der Strasse (NWRV 1958).
Abb. 2, 16, 17: Die Brüder (NWRV 1958).
Abb. 3, 18, 19, 21, 22, 23: Leben des Galilei (NDR 1961/62).
Abb. 20: Der kaukasische Kreidekreis (SDR 1958).
Abb. 24: *Wassa Schelesnowa* (Berliner Ensemble 1949).
Abb. 25: Wassa Schelesnowa (NDR 1963).
Abb. 26: Auschwitz-Birkenau (Bundesarchiv, B 285 Bild-04413/Stanislaw Mucha/CC-BY-SA).
Abb. 27, 32, 33, 34: Schlachtvieh (NDR 1963).
Abb. 28, 29, 30: Anfrage (NDR 1962).
Abb. 31: Nuit et Brouillard (Nacht und Nebel, Argos Films, 1956).
Abb. 35, 36, 37: Statchka (Streik, Goskino u. Proletkult 1925).
Abb. 4, 38, 39, 40, 41, 42, 43: Mauern (NDR 1963).
Abb. 5, 44, 45, 47: Wilhelmsburger Freitag (NDR 1964)
Abb. 46: Ladri di Biciclette (Fahrraddiebe, Produzioni De Sica 1948)
Abb. 48: Sing, aber spiel nicht mit mir (Wiener Stadthalle-Station Betriebs- u. Produktionsgesellschaft 1963).
Abb. 49: L'Enclos (Der Verschlag, Clavis Film, Triglav Film 1961)
Abb. 50, 53, 54, 55, 56: Ein Tag – Bericht aus einem deutschen Konzentrationslager 1939 (NDR 1965).
Abb. 51, 52: Kapò (Cineritz u. a. 1960).
Abb. 57, 58: Berlin N 65 (NDR 1965).
Abb. 6, 59, 60: Preis der Freiheit (NDR 1966).
Abb. 7, 61, 65, 66, 67: Goldene Städte (HR 1969).
Abb. 62: Über den Gehorsam (NDR 1968).
Abb. 63: *Die Räuber* (Radio Bremen [1966] 2016).
Abb. 64: *Die Räuber* (NDR 1969).
Abb. 8, 68, 69, 70, 71, 72, 73, 74, 78: Industrielandschaft mit Einzelhändlern (NDR 1970).
Abb. 75: Bambule (SDR 1970).
Abb. 76: Kuhle Wampe oder: Wem gehört die Welt? (Prometheus-Film-Verleih u. Vertriebs GmbH, Praesens-Film 1932).
Abb. 77: Der Pott (WDR 1971).
Abb. 9, 79, 80, 81, 82, 83: Bauern, Bonzen und Bomben (NDR 1973).
Abb. 10, 85, 86: Die Gewehre der Frau Carrar (ZDF 1975).
Abb. 11, 87, 91, 92, 93, 94, 95, 96: Die Geschwister Oppermann (ZDF 1983).
Abb. 88: Hitler – Eine Karriere (Interart, Werner Rieb Produktion 1977).
Abb. 89, 90: Mephisto (Mafilm u. a. 1981).
Abb. 12, 97, 98, 99, 100, 101, 102, 103, 104, 105, 106, 107, 108: Die Bertinis (ZDF 1988).

Schumacher/Stuhlmann (Hg.)
Die Hamburgische Dramaturgie der Medien
Egon Monk (1927 - 2007) –
Autor, Regisseur, Produzent
296 S. | einige tw. farb. Abb.
€ 34,00
Aufblende – Schriften zum Film Bd. 17
ISBN 978-3-89472-980-6

Egon Monk hat als Autor, als Regisseur für Theater, Oper und Fernsehen, als Produzent und Hauptabteilungsleiter im NDR und als Intendant des Deutschen Schauspielhauses in Hamburg gewirkt und das Fernsehen zwischen 1960 und 1990 nachhaltig geprägt und einen hohen Qualitätsmaßstab gesetzt. Zu seinen bekanntesten Werken gehören *Bauern, Bonzen und Bomben, Die Geschwister Oppermann, Die Bertinis*.

Dieser Band versammelt Beiträge, die sich Aspekten der Werkbiografie Egon Monks widmen, die bislang noch nicht wissenschaftlich bearbeitet wurden und beleuchtet biografische Stationen und Tätigkeitsfelder, die in der vorliegenden Forschung lediglich als Randbemerkung Erwähnung finden (etwa: seine Arbeit für den Hörfunk, die Oper oder die Intendanz am Deutschen Schauspielhaus). Andere Beiträge verfolgen Spuren der Einflussnahme auf andere Regisseure wie Eberhard Fechner, Klaus Wildenhahn und Rolf Busch. Der seit Oktober 2014 zugängliche Nachlass von Monk beförderte viele neue Erkenntnisse.

www.schueren-verlag.de